BUSINESS ADMINISTRATION CLASSICS 工商管理经典译丛 · 会计与财务系列

人大经管
工商管理经典译丛
会计与财务系列

MANAGERIAL ACCOUNTING

管理会计

——决策制定与业绩激励

斯坎特·达塔(Srikant M. Datar)
马达夫·拉詹（Madhav V. Rajan） 著
王立彦 谌嘉席 郭 放 译

中国人民大学出版社
· 北京 ·

译者序

我曾经翻译过美国学者撰写的管理会计经典教材，其中包括达塔教授和拉詹教授与斯坦福大学查尔斯·亨格瑞（Charles T. Horngren）教授的合著。有一次在北京大学见到来访的达塔教授，我特意将中文版送给他，他非常高兴。

2014 年中期一次专业会议期间，中国人民大学出版社的编辑与我联系，要我对达塔教授和拉詹教授合著的《管理会计——决策制定与业绩激励》谈谈看法，我一看就觉得这本书很有特点。

首先是作者为美国名校学者。哈佛大学商学院和斯坦福大学管理学院分别位于美国东海岸和西海岸，代表着美国商科教学和研究的最高水平。

达塔和拉詹两位教授同为印度裔，都在印度接受大学基础教育，之后赴美国进一步深造，投身于教育和学术研究，对于管理科学领域有着他们独特的认识。两位学者合著的这本书体现了他们对管理会计体系的独特理解。

诚如作者自己在前言中所说，与他们以前参与撰写的成本会计、成本管理教材相比，本书将重心从成本会计转向了管理会计，将读者目标群体设定为未来的管理者（而非会计师）。因此，书中每章都会着重介绍管理者需要做出的决策，以及管理会计提供的信息如何帮助管理者做出决策，让管理会计更加强调对决策的激励和支持。作者认为，管理者不应该局限于管理会计的具体细节，不要被细节所困扰，而应以更高、更广阔的视野把握全局。

从以成本会计为重心转为以管理会计为重心，必然更多地要求现代概念与传统范围的结合，从而发展成关于当今管理者应用的管理会计工具和技术的综合体系。同时，作者还特别强调，成功的管理者不能将管理会计仅仅视为技术工具，尤其不要忽视管理会计的行为方面。

本书的翻译工作由北京大学光华管理学院会计系的教师和研究生完成。在翻译过程中，我们尽可能统一翻译用语和风格，但一定还存在许多有待改进之处。欢迎读者批评指正。

王立彦

于北京大学

前　言

有些学生将来可能会成为创造新产品、新服务的的企业家，有些学生则可能会成为企业经理人——在小企业乃至大型跨国公司任职。我们写这本书的目的就是，为这些未来的创业者或管理者提供核心技能，以便他们将来能够做出正确的决策。本书尽量回避会计处理的具体过程，着重强调培养学生对于成本结构、预算决策以及员工激励等核心概念的整体把握和理解。

本书主要为 MBA 培养计划中的管理会计课程而设计，也可用于商学专业或会计专业的本科教学。

本书的方针

在过去的几年里，我们不断收到老师的反馈：希望我们能够将本书的重心从成本会计转移到管理会计。因为本书的目标群体是未来的管理者，而非会计师。管理会计更加强调培养决策和激励能力，更符合学生的期望。因此，本书的各章都会着重介绍管理者需要做出的决策，以及管理会计提供的信息如何帮助管理者做出决策。比如说，第 7 章将会介绍管理者针对消费者需要做出的决策，有关消费者和公司利润的具体信息将会如何帮助管理者做出正确的决策。

本书旨在帮助未来的管理者，希望他们不要局限于会计的具体细节。换句话说，我们希望管理者站在更高处把握全局，而不要被细节所困扰。具体来说，在运营控制、产品成本和员工薪酬方面的探讨，本书将采用 T 形账户来帮助学生理解和记忆。明白成本在企业中的流转对于未来的管理者来说至关重要，这将会影响到管理者对于定价、生产和存货的决策。

最近几年，一些对管理教育提出批评的人士认为，当前的教育只向学生传授了理论方面的知识，而学生却不能将所学的知识转化为自身的技能，一旦面对实际问题就不知道该如何做了。为此，本书不仅强调理论方面的知识，而且着重介绍实践方法。为了更好地契合实践，本书还将涉及一些行为理论方面的知识，因为管理会计不仅仅是技术，如何与人打交道也是管理会计至关重要的方面。

各章末的作业将会加强学生对于概念的认识，并且给学生提供开放性的思考。本书最后将会给学生提供建议和方法，以便学生将所学运用到实践中。

□ 本书结构概览

本书主要强调成本会计和成本管理的三个特征：(1) 产品、服务和其他相关成本的计算；(2) 分析并使用会计信息做出决策；(3) 获得计划、控制和评价业绩的信息。

成本计算：产品、服务和其他成本对象

本书的第 4～第 7 章将介绍各种成本系统，比如分批成本法、分步成本法和作业成本法等。这些章将讨论管理者如何利用各种成本系统计算总成本和单位成本，还会讨论管理者如何运用这些信息去进行科学量化的决策，比如如何定价，如何实现产量最大化和如何实现成本控制。

分析并使用会计信息做出决策

在实施决策的过程中，管理者首先必须知道哪些收入和成本是必须考虑的，哪些是可以忽略的。

- 第 3 章分析经营利润是如何随销量变化的，并且着重介绍管理者如何利用信息进行资源分配决策。
- 第 8 章介绍如何估计变动成本和固定成本。
- 第 9 章考虑在不同环境下，给定资源限制的条件，管理者如何决策以使利润最大化。
- 第 10 章介绍与质量成本、存货成本和时间成本相联系的收入。
- 第 11 章介绍与资本投资决策相联系的收入。

获得计划、控制和评价业绩的信息

为了有效地实施计划和决策，管理者需要计划行动并且考核结果。

- 第 12 章介绍最常见的计划和控制方法——预算。预算能够帮助管理者将决策转化为具体的计划，并且在组织中实施，同时也为业绩评价提供了标准。预算往往对于员工的行为和管理者的决定都有重大影响。
- 第 13 章介绍方差分析。在年终考核时，管理者将比较真实的业绩和计划的业绩。管理者需要知道真实业绩和计划业绩出现偏差的原因，从中吸取教训，在未来制定更可行的预算。
- 第 14 章介绍平衡计分卡。
- 第 15 章介绍分权管理的利弊以及转移定价。
- 第 16 章介绍各种业绩评价方法，以及业绩评价对于管理者和经理的利益关系。

本书采用了一些常用的教育学方法来介绍管理会计的核心概念。

□ 强调管理决策

在每一章中，我们都采用真实的案例来描述管理者面临的挑战。这些案例将会帮助学生学习如何进行管理决策。这些例子包括：

● 第 2 章介绍了宝马公司选择工厂的决策。管理者对于成本的确认有哪些方法？为什么管理者运用恰当的成本确认是重要的？

● 第 3 章介绍了一个创业者销售助考资料和配套软件的案例。在这个过程中，她需要做出哪些决定才能获得利润？

● 第 9 章介绍了高尔夫俱乐部的建造商经理所面临的决策。他是否需要根据经营情况降低人工成本？

● 第 12 章介绍了英国电子产品生产商 Pace 的预算实例。管理者如何与公司内部的各个部门以及供应链伙伴协作以确保及时的产品供应？

□ 现代概念与传统范围的整合

管理会计中的许多核心概念，如分批成本法，和几年前发展起来的差异分析仍有极大的相关性。其他的概念，如作业成本法和精益会计，就是更新的概念了。我们在本书的部分章节将现代概念与传统概念相结合，发展成关于当今管理者所应用的管理会计工具和技术的综合观点。比如：

● 第 4 章讨论了分批成本法，第 6 章描述了管理者实施作业成本法的环境，第 7 章讲述了分批成本法如何被设计成面向消费者的。

● 第 9 章描述了相关成本的核心概念。第 10 章通过介绍价值流和精益会计，向我们介绍了诸如管理质量、时效性和适时存货的现代实践。

● 第 13 章提出了监控和操作系统的传统差异分析，这被全球许多公司应用到实践中。第 14 章提出了用于战略盈利性分析的差异分析方法。它将差异分析的财务视角扩展到了非财务方法和平衡计分卡。

□ 管理会计实践

每一章都强调了在该章中提出的概念如何在实践中发挥作用。实施这些理念的挑战是什么？为什么这些信息可能很难获得？各种组织做与不做某件事的动机是什么？

● 第 2 章探讨了生产存货产品的优势，讨论了控制这种行为的各种方法。

● 第 8 章描述了为什么管理者可能不会采取使公司利益最大化的行为，因为管理者的决策模型与提升（公司）业绩模型是相悖的。

● 第 10 章提出了测量更高质量和更低存货的财务效益的挑战。

● 第 13 章提醒，差异分析不是用来推卸责任的，而是用来学习和提高的。

每一章的内容都以一个实例结尾。设计这样的实例是为了帮助学生看到课本知识与将知识应用到实践中的差距。这样的安排能使学习更进一步。这些例子通过帮助学生认识到管理会计的真正挑战在于数据不充分、无效和分析不当而非计算，从而帮助学生缩小知识与实践之间的差距。

□ 管理会计的行为方面

本书强调成功的管理者应特别注重管理会计的行为方面，因为管理会计不是一个技术工具。管理会计方法的实施需要理解人的行为，需要判断和睿智的解释。例如：

● 第 1 章讨论了需要用伦理和价值观以及行为和判断来指导和激励人们。

● 第 12 章举例说明了目标的心理影响以及为什么这样的目标能够促进优异的业绩的取得。

● 第 16 章描述了设计一个防范风险和不道德行为的管理控制系统的要素。

□ 清晰的介绍

我们十分注重对本书内容进行清晰的介绍，尤其关注管理者的需求。比如，我们讨论了会计上的概念，如 T 形账户，这是管理者所支持的。我们考虑了简单与细节之间的平衡，以帮助学生理解材料而不会增加额外信息的负担。

□ 强调管理决策过程的实例

每一章都以一个案例研究来结束，这可以增强学生对本章提出的概念的理解。每个案例都会描述一个公司，提出管理者面临的挑战，并且探讨管理者如何应对这一挑战。这些例子提出的问题能检验学生对本章概念的理解情况以及应用概念的创造性。这些实例有多个来源，其中一些来自哈佛商学院。比如：

●"万花筒公司"这个例子来自哈佛商学院，探讨了一个艺术设计公司的成本管理问题（见第 4 章）。

●"Wilkerson 公司"这个例子来自哈佛商学院，探讨了一个水净化设备制造商的成本管理问题（见第 6 章）。

●"是否削减药品种类"这个例子来自哈佛商学院，探讨了诺华制药公司的决策制定问题（见第 9 章）。

●"Liquid Chemical 公司"这个例子来自达顿商学院出版社，探讨了生产高端化工产品的公司的资本投资问题（见第 11 章）。

本书特征

□"实例"专栏

每一章都包含了"实例"专栏中的两个或者更多的概念，这些概念涉及跨多个行业（如零售业、制造业、保健行业以及娱乐业）的真实的成本会计问题。比如：

● 家得宝的存货管理（见第 4 章）。

● Mi Adidas 定制运动鞋的混合成本法（见第 5 章）。

● 医院利用基于时间的作业成本法来降低成本、改善服务（见第 6 章）。

● 返场演唱之后：现场演唱会适时录制（见第 10 章）。

□"成功之匙"专栏

"成功之匙"提炼了每一个章节中的关键概念，使学生将重点放在如何把这些概念应用到实践中。

□ 作业

掌握制定管理决策的技巧需要实践。为了给学生提供应用和实践所学知识的机会，每一章都有大量的作业，包括问答题和练习题。这些题目中包含许多管理问题，需要学生解释他们计算得到的数字，并提出相关的行为建议。

资料来源

对学生：

- MyAccountingLab
- Companion Website-www. pearsonhighered. com/datar

对教师：

- Solutions Manual
- Test Item File and TestGen
- Instructor's Manual
- PowerPoint Presentations
- Image Library
- Instructor's Resource Center-www. pearsonhighered. com/datar

目　录

第 1 章

管理者与管理会计

学习目标

1. 描述成本会计如何支持管理会计和财务会计。
2. 理解管理会计如何影响战略决策。
3. 描述价值链中的企业职能集，确定顾客期望的企业绩效维度。
4. 解释五步决策制定法及其在管理会计中的作用。
5. 描述管理会计师在支持管理人员时应遵循的三个指导原则。
6. 理解管理会计如何适应组织结构。
7. 理解职业道德对管理会计师的重要性。

收益和成本是所有企业关注的问题。在当今全球经济不断发展的环境下，大中小型企业的管理者都必须明白收益和成本是如何产生的，以及一些不可控的风险的存在。管理者通常利用成本会计信息来做出有关企业的研究与开发、预算、生产计划、定价以及产品和服务的决策。

通过学习管理会计学，你会了解那些成功的管理者是如何对企业进行管理的。这有助于你成为决策者。诸如美国联合能源公司（Constellation Energy）、耐克公司和匹兹堡钢人队（Pittsburgh Steelers）等组织的高管都拥有会计背景。

本章将概述管理会计学的主要特点，以及它是如何为企业创造价值的。

本章要点

- 管理者使用管理会计信息来确定企业是如何为顾客创造区别于竞争对手的价值的，从而做出战略决策。
- 管理者执行战略决策，并且通过企业六大主要职能为顾客创造更多的价值。这六大职能是：研发、产品和生产流程设计、生产、营销、分销以及顾客服务。
- 价值创造有利于降低成本，提高生产效率和质量，缩短生产时间，或者提高企业创新能力。
- 为了创造价值，管理者通常采用五步决策制定法：（1）识别问题；（2）获取信息；（3）预测未来；（4）选择方案做出决策；（5）实施决策。
- 为了对决策做出指导，管理者以及管理会计师会权衡不同决策的利弊得失，考虑所做的决定会给执行过程带来怎样的影响，针对不同的决策目的计算不同的成本，依据职业准则来执行决策。

1.1 财务会计和管理会计

如同你们在财务会计课上学到的，会计系统记录已经发生的交易和事项（比如销售与材料采购），把交易中的数据处理成对管理人员和其他使用者（如销售代表、生产监督人员和其他人）有用的信息。对一项交易的处理具体包括收集、分类、汇总和分析。比如，成本按其种类（材料、人工和运输）归集，按月、季或年汇总以决定总成本，然后对其进行分析以评价成本相对于收入而言在各期有什么变化。会计系统通过利润表、资产负债表、现金流量表和业绩报告提供信息，如为顾客服务的成本或开展广告宣传活动的成本。管理人员使用会计信息就他们所负责的活动、业务或职能范围做出决策。理解会计信息对于管理者完成这些任务至关重要。

不同的管理人员通常要求按不同的方式提交或者报告会计信息。以销售订单信息为例，销售经理可能对总的销售额感兴趣，以确定要支付多少佣金。分销经理可能对按地理区域划分的销售订单数量和客户要求的送货时间感兴趣，以保证及时送货。生产经理会关注不同产品的数量和要求的交货日期，以便安排生产。一个理想的数据库（有时称为数据仓库）由琐碎、详细、可被用于多种目的的信息构成。例如，销售订单数据库将包括每份订单的详尽信息，如产品名称、订购数量、售价和交货明细（地点和日期）等。数据库按照方便管理人员获取各自所需信息的方式来存储信息。许多公司正在建立自己的企业资源计划（enterprise resource planning，ERP）系统和单个数据库，收集可供应用的数据，以支持企业的经营活动，如采购、生产、分销和销售。

财务会计与管理会计有不同的目标。**财务会计**（financial accounting）的重点在于向外部各方（如投资者、政府机构、银行和供应商）报告。它计量和记录各项交易，并提供基于《公认会计准则》（Generally Accepted Accounting Principles，GAAP）的财务报表。管理人员对向投资者、政府官员和其他外界公布的财务报表负责。管理人员的薪酬通常直接受到这些财务报表数字的影响。

管理会计（management accounting）计量、分析和报告财务以及非财务信息，帮助管理人员做决策以实现组织目标。

1. 管理人员用管理会计信息选择、传达和实施战略。
2. 他们也用管理会计信息协调产品设计、生产和营销决策并评估业绩。

管理会计信息和报告不必遵循既定的原则或规则。关键问题是：(1) 这些信息如何帮助管理人员把工作做得更好？(2) 生成这些信息的收益大于成本吗？

图表1—1总结了管理会计和财务会计的主要差异。但是要注意，资产负债表、利润表和现金流量表等报表，对管理会计和财务会计而言是一样的。

图表1—1　管理会计和财务会计的主要差异

	管理会计	财务会计
信息的使用目的	帮助管理人员做决策以实现组织的目标	向投资者、银行、监督者和其他外部各方告知组织的财务状况
主要用户	组织的管理人员	外部用户，如投资者、银行、监督者和供应商
关注的重点	面向未来（在2012年编制2013年的预算）	面向过去（在2013年编制2012年的业绩报告）
计量与报告规则	内部的计量与报告不必遵循GAAP，但要基于成本—效益分析	财务报表必须遵循GAAP编制，并经外部独立审计师鉴证
时间跨度与报告类型	时间变化范围从一小时到15～20年，有关于产品、部门、地区和战略的财务与非财务报告	基本上是将公司作为一个整体完成年度或季度财务报告
行为的含义	意在影响管理者和其他员工的行为	主要报告经济事项，但也影响行为，因为管理人员的薪酬通常是基于所报告的财务成果的

我们经常听到经营者使用“成本管理”这一术语。然而遗憾的是，它没有一个统一的定义。我们用**成本管理**（cost management）来描述管理人员为增加消费者价值、实现组织目标所采取的方法和行动。成本管理决策涉及以下方面：是否进入新市场、实施新的组织流程、改变产品设计。会计系统中的信息帮助管理人员管理成本，但信息和会计系统本身不属于成本管理的范畴。

成本管理有许多重点，不只局限于降低成本。成本管理的一些决策会产生额外的成本，比如为了增加收入和利润，决定提高顾客满意度，开发新产品。

1.2 战略决策与管理会计

战略（strategy）是指一个组织如何将自身能力与市场机会相匹配以达成目标。换句话说，战略描述的是一家公司将如何竞争以及其管理人员要寻求什么样的机会。公司一般采用两大类战略中的一类。某些公司，如美国西南航空公司（Southwest Airlines）和共同基金公司 Vanguard，以提供低价、高质量的产品或服务获取利润，实现成长。多年来，这些公司持续盈利，它们审慎地管理着公司成本，从而能以低价为顾客提供高质量的产品和服务，这也是它们不断发展壮大的原因。其他公司，如苹果（电脑、手机和数码产品生产商）和强生集团（制药巨头），也在采用产品差异化经营战略。它们之所以能够盈利并得到发展，是因为它们提供了独特的差异化产品或服务，而这正好迎合了顾客的需求。同时，与那些受欢迎程度较低的竞争者提供的产品或服务相比，这些公司的定价更高。

在两种战略之间做出选择是管理人员工作的一个重要部分。管理会计师与管理人员密切合作，提供有关竞争优势来源的信息来帮助制定战略。例如，本公司相对于其他公司在成本、生产能力或效率上有优势，或者本公司能根据产品新增特色（使公司的产品或服务与众不同）的成本来给产品制定更有利的价格。**战略成本管理**（strategic cost management）集中描述战略问题的成本管理。

管理会计信息帮助管理人员回答下列问题来制定战略：

- 谁是我们最重要的顾客，我们如何向他们提供价值？例如，亚马逊在线售书获得成功后，巴诺书店（Barnes and Noble）通过建立信息和技术基础设施，增强了在线售书能力。丰田公司建立柔性计算机集成制造工厂，使它能够用同样的设备生产不同的汽车，以应对顾客品味的变化。
- 市场上存在什么替代产品，它们在价格和质量方面与我们的产品有何不同？例如，惠普公司比较了它的打印机与市场上其他打印机的功能、质量和价格，然后设计了新的打印机。
- 我们最关键的能力是什么？是技术、生产还是营销？我们如何在新战略中利用它？例如，凯洛格公司（Kellogg Company）利用其品牌声誉推出新的谷物食品。
- 是否有足够的现金支持战略的实施，或者是否需要筹集额外的资金？例如，宝洁公司发行新债券和股票，为战略收购吉列公司（剃须产品制造商）提供资金。

但是，除非得到有效执行，否则再好的设计和再强的能力都是无用的。在下面的部分，我们介绍管理人员为顾客创造价值而采取的行动以及管理会计师如何帮助他们实现这一目标。

1.3　价值链、供应链分析与关键成功因素

顾客对公司的要求不仅仅是价格公平，他们期望公司及时提供高质量的产品或服务。这些顾客的体验决定了他们从产品或服务中获得的价值。在本节，我们探讨公司是如何创造这种价值的。

1.3.1　价值链分析

价值链（value chain）指的是一个业务职能序列，其中顾客有用性被加入了公司的产品或服务。图表 1—2 显示了六项业务职能——研发、产品和生产流程设计、生产、营销、分销以及顾客服务。我们以索尼公司的电视机分部为例来说明这些业务职能。

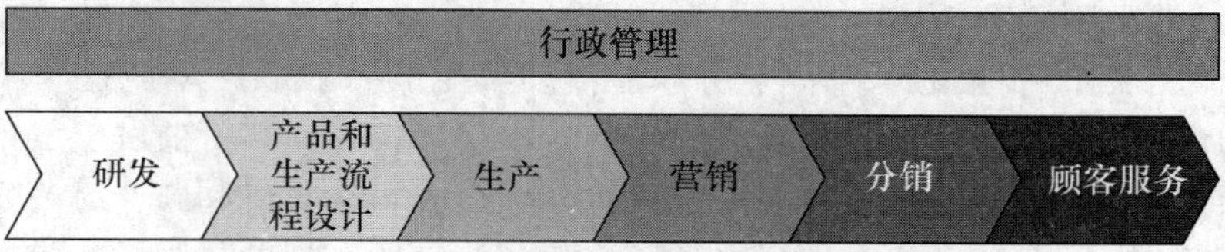

图表 1—2　价值链的不同部分

1. **研发**（research and development）——产生并测试与新产品、新服务或新流程有关的创意。在索尼公司，这一职能包括研究不同电视信号（模拟、数字、高清）的传输方法以及不同形状和厚度的显示屏的清晰度。

2. **产品和生产流程设计**（design of products and processes）——详细计划、设计、测试产品和流程。索尼公司的设计包括确定一台电视机的零件数以及不同产品设计对质量和生产成本的影响。一些价值链的指标泛指前两个步骤的技术发展。①

3. **生产**（production）——取得、运输和存储、协调及集中资源以生产一种产品或提供一项服务。索尼公司一台电视机的生产包括取得并组装电子部件、机壳及用于运输的包装。

4. **营销**（marketing）——向顾客或潜在顾客推广和销售产品或服务。索尼公司通过商展、报刊广告和网络以及销售团队来对其电视机进行营销。

5. **分销**（distribution）——处理订单，将产品或服务送达顾客。索尼公司的分销包括发货给零售商店，通过互联网和顾客购买电视机的其他渠道直销。

6. **顾客服务**（customer service）——向顾客提供售后支持。索尼公司以顾客帮助热线、网络支持和保修等形式提供针对其电视机顾客的服务。

除了六大主要职能外，图表 1—2 显示，企业还具有行政管理职能，包括会计和财务管理、人力资源管理以及信息技术管理，这些都是企业六大主要职能的辅助职能。当我们在接下来的章节讨论价值链时，会将行政管理职能融入主要职能。例如，营销职能包括对不同营销渠道所使用的资源的分析、报告与计算等。同时，生产职能也包括人力资源管理职能中对一线工人的培训。

---

① M. Porter, Competitive Advantage (New York: Free Press, 1985).

每一项职能对索尼公司满足顾客要求并长期保持顾客满意度（和忠诚度）而言都是必要的。公司用**“顾客关系管理”**（customer relationship management，CRM）这个术语描述一个战略，这个战略在所有的企业职能中整合人员和技术，以加强公司与顾客、合作伙伴和分销商的关系。CRM用技术协调所有面向顾客的活动（如营销、销售召回、分销和售后支持）以及向顾客提供产品所必需的设计与生产活动。

不同的企业创造价值的方式不同：美国家居装饰用品零售商劳氏公司（Lowe's）采取降低成本、提高生产率的方式；丰田汽车公司以质量过硬著称；网络拍卖巨头eBay以反应迅速见长；生物技术领军者美国基因泰克公司（Genentech）注重创新；意大利时装品牌古驰则通过建立消费者品牌来创造价值。因此，在不同的时代和不同的行业，企业的一个或某几个职能会比其他的职能相对重要得多。例如，像基因泰克这样的公司主要生产有创新意义的新的生物技术产品，看重的是研发以及产品和生产流程设计。而消费品行业中的古驰之类的公司，注重的是营销、销售和顾客服务以让自己的品牌脱颖而出。

图表1—2描绘了不同业务职能活动发生的一般顺序，但这并不意味着管理人员在计划和管理其作业时应该依价值链的顺序进行。如果价值链上的两个或多个业务职能像一个团队那样齐头并进，公司将会（在成本、质量和新产品开发速度等方面）获益。例如，生产、营销、分销和顾客服务部门的经理参与制定决策，所选择的方案通常会降低公司的总成本。

管理者追踪每一类价值链产生的成本。他们的目标是降低成本、提高效率。管理会计信息也帮助管理者进行成本收益权衡。例如，从外部购买产品便宜还是自己制造便宜？如何在设计和制造方面投入资源以降低营销和顾客服务成本？

成功之匙

管理者通过企业六大主要职能将管理会计信息用于为顾客创造价值，这六大职能是：研发、产品和生产流程设计、生产、营销、分销以及顾客服务。

1.3.2 供应链分析

企业也可以通过改善供应链来实施战略、削减成本和创造价值。**供应链**（supply chain）描述了从最初获得材料和服务到向消费者交货过程中产品、服务和信息的流动，而不论这些流动是发生在同一组织还是多个组织中。想一想可口可乐和百事可乐，许多公司在把这些产品送到顾客手中这一过程中发挥着作用。图表1—3展示了供应链的全貌。成本管理注重整合和协调供应链上所有公司的作业，以及每家公司价值链上每项业务职能的作业，以降低成本。例如，可口可乐公司和百事瓶装集团都与其供应商（如塑料和铝制品公司以及糖料生产商）签约，让它们频繁地把小批量原料直接送往生产车间，以减少原料处理成本。考虑另外一个例子，为降低供应链上的存货水平，沃尔玛公司要求供应商（如可口可乐公司）对存货负责，并且管理在可口可乐仓库和沃尔玛公司的存货。

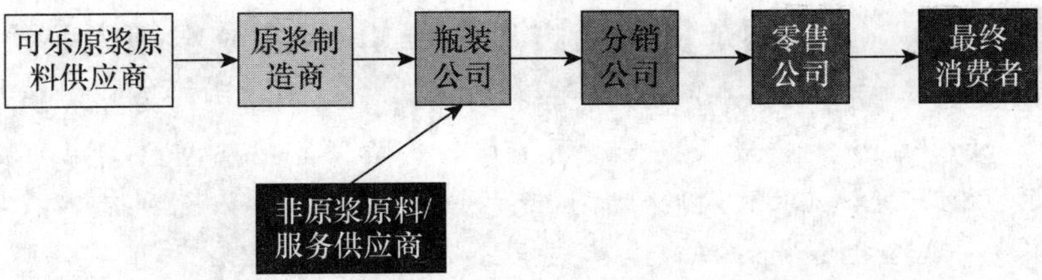

图表 1—3　一家可乐瓶装公司的供应链

□ 1.3.3　关键成功因素

顾客要求公司使用价值链和供应链在以下方面不断改善其表现：

● 成本和效率——公司面临持续降低销售产品或服务成本的压力。为了计算和管理产品成本，管理会计师需要理解导致成本产生的任务或作业（如组装机器或派送产品）。管理人员进行市场调查并确定消费者愿意为产品或服务支付的价格。管理会计师从这个“目标价格”中减去公司认为能够赚取的单位产品营业利润，得到单位产品目标成本。管理人员与管理会计师协同工作，通过避免某些作业（如返工）和降低价值链职能（从初期的研发到顾客服务）中实施作业的成本来达到目标成本。

日益激烈的全球竞争给公司降低成本施加了更多的压力。美国公司正在通过外包部分业务职能削减成本。例如，耐克公司把它的制造业务转移到了中国和墨西哥。花旗集团和美国在线不断增加在西班牙、东欧和印度的软件开发业务。

● 质量——顾客对质量的期望很高。**全面质量管理**（total quality management，TQM）是这样一种哲学：管理人员在整个价值链上改善经营以提供超出顾客预期的产品和服务。通过全面质量管理，公司可设计产品或服务以满足消费者的需要，使产品的生产缺陷和浪费为零（或最小），降低产品库存。管理者利用管理会计信息评价实施全面质量管理的成本和收益。

● 时间——包括许多组成部分。新产品开发时间是指开发并推出一件新产品所用的时间。不断加快的技术创新步伐导致产品生命周期更短，从而要求公司以更快的速度将新产品推向市场。为了制定产品和设计方面的决策，管理者需要了解产品在生命周期内的成本和收益。

顾客响应时间描述了一个组织响应消费者需求的速度。为了提高顾客满意度，组织必须以更快的速度完成作业并确保按时交货。当一台机器上的作业超过可用能力时，会出现延迟或瓶颈。在这种情况下，为了增加产出，管理人员必须增加瓶颈作业的生产能力。管理会计信息可帮助管理者将缓解瓶颈限制的成本和收益量化。

● 创新——持续的产品或服务创新，是公司持续成功的基础。管理会计信息可帮助管理人员对不同的投资决策和研发决策做出评价。

成功之匙

管理者要及时为顾客提供低成本、新颖且高质量的产品和服务，以赢得顾客的心。

实 例　美国杂货连锁店 Trader Joe's 的成本领先秘诀

美国杂货连锁店 Trader Joe's 有一套独特的成本领先秘诀：为顾客提供独特且价格合理的产品。Trader Joe's 的货架上摆满了优质却价格便宜的日常必需品（如散养鸡蛋和天然蓝色龙舌兰甜味剂），以及人们支付得起的国外奢侈品（如比利时黄油华夫饼干和泰国酸辣味腰果），这些在传统的超市里都是买不到的。然而 Trader Joe's 通过严格地管理成本开支，却能够每天以便宜的价格向顾客提供这些商品。

在 Trader Joe's，顾客总是能够购买到自己所需的物品。Trader Joe's 零售商店的规模都相对较小，但里面的商品却是经过精挑细选的，并且经常有新品种上架。一般零售商店能够摆放 5 000 种商品，然而 Trader Joe's 只能摆放 4 000 种，其中 80%的商品都是 Trader Joe's 的自有品牌，管理人员也在努力寻求将这些商品的成本最小化的办法。Trader Joe's 直接从生产商处购买商品，并将这些商品直接运往 Trader Joe's 的仓库，这样就能够节省第三方运输费用。由于商店规模较小，存储空间有限，Trader Joe's 的运货车每天都很忙碌，这样能够使订购更加准确、及时。Trader Joe's 也一直都很重视商品周转率。

能够将产品质量和低廉的价格成功结合使 Trader Joe's 成为全美最炙手可热的零售商之一。据估计，它每平方英尺营业面积的年销售额为 1 750 美元，是其主要竞争者 Whole Foods 的一倍多。

资料来源：Based on Beth Kowitt，"Inside the Secret World of Trader Joe's，" *Fortune*（August 23，2010）；Christopher Palmeri，"Trader Joe's Recipe for Success，" *Businessweek*（February 21，2008）；and Mark Mallinger and Gerry Rossy，"The Trader Joe's Experience：The Impact of Corporate Culture on Business Strategy，" *Graziadio Business Review*（2007，Volume 10，Issue 2）。

1.3.4 可持续发展

越来越多的企业开始通过降低成本、提高效率和质量、缩短时间以及提高创新能力来促进企业的**可持续**（sustainability）发展。可持续发展战略的应用有助于长期改善企业的金融、社会以及环境表现。例如，日本的复印机公司理光为了实现可持续发展，十分注重能源与资源节约，并提倡循环利用纸张，同时注重防止污染，使其产品易于回收。此外，理光还注重提高效率和质量，降低成本。因此，理光通过可持续发展获得了越来越多的利润。

近年来，包括通用电气、Poland Springs 及惠普在内的很多企业在做决策时会更多地考虑可持续发展。可持续发展为何对企业如此重要？原因如下：

- 越来越多的投资者关注可持续发展。这些投资者会根据公司的财务、社会以及环境表现来做出投资决策。同时，他们也会在股东大会上就可持续发展提出问题。
- 那些注重可持续发展的公司会发现这一目标可以吸引和鼓舞员工。
- 顾客更愿意购买那些享有可持续发展声誉的企业的产品，而对于那些不注重可持续发展的企业的产品，他们会有抵触情绪。
- 社会（特别是那些激进的非政府组织）会对不同公司的可持续发展表现进行监督。当他们发现有企业没有遵循可持续发展这一原则、破坏环境的时候，就会采用法律手段来抵制这些公司。诸如中国和印度等国家出台政策鼓励企业可持续发展，并且要求公司对其采取的可持续发展措施做出报告。

除了要跟踪记录本公司的经济状况和可持续发展表现，管理会计师还需要帮助管理者跟踪记录企业竞争者的关键成功因素。竞争者的信息能够作为企业发展的标杆，同时也能够提醒管理者市场是变化莫测的。这些标杆能够激励企业在运营中持续改进，比如西南航空公司承诺准点到达，eBay 让所有顾客都能够进行网上拍卖，劳氏公司削减产品成本。有时，企业在运营过程中应该进行更根本性的变革，如重新设计制造流程以达到削减成本的目的。然而，成功的战略执行需要的远不仅仅是对价值链和供应链的分析以及对关键成功因素的重视。管理者所做的决策有助于制定、整合以及执行战略计划。良好的决策过程，如通用电气公司的计划和控制体系，有助于企业持续、长期地创造价值。

1.4 决策制定、计划与控制

我们以《每日新闻报》(*Daily News*，科罗拉多州丹佛的一家报纸）为例来描述五步决策制定法。在本书后面的章节，我们将讨论管理人员如何使用这种方法做出决策。

《每日新闻报》采用如下战略将其产品差异化：资深记者对所发新闻进行深度分析，使用色彩来增强对读者和广告商的吸引力，建立网站以提供实时更新的新闻、访谈和分析。该报社有足够的能力来实现这一战略。它拥有一家计算机自动化集成的一流印刷厂，并且已经开发了基于网络的信息技术基础设施，其分销网络也是行业中最好的之一。

对《每日新闻报》的经理 Naomi Crawford 来说，最大的挑战是增加收入。为了决定应该做什么，Naomi 采用了五步决策制定法。

1. 识别问题与不确定性。Naomi 有两个主要选择：（a）提高每份报纸的售价。（b）增加每页广告的收费。最大的不确定性是价格或费用增加对需求的影响。需求的减少可能会抵消价格或费用的上涨，从而导致总收入更低。

2. 获取信息。决策之前收集信息有助于管理人员更好地处理不确定性。Naomi 请她的营销经理与读者代表交谈，以估计他们可能对报纸售价提高做出何种反应。她请广告销售经理与现有和潜在的广告客户交谈，以更好地了解广告市场。她还回顾了过去的价格上涨对读者的影响。《每日新闻报》的管理会计师 Ramon Sandoval 提供了过去的广告费上涨或下降及随后广告收入变化的信息。他还收集和分析了竞争对手收取广告费的信息。

3. 预测未来。在收集信息的基础上，Naomi 对未来进行了预测。她得出的结论是：如果提高价格，读者会很不安，这必将导致读者减少。但对于广告费，她有不同的看法。由于预计整个市场的广告费将上涨，因此她相信调高收费不会对销售的广告版面数有影响。

Naomi 意识到，做出预测需要相当多的判断。她仔细评估可能会发生的任何数量偏差：我正确判断读者的情绪了吗？我是否过多地受到涨价的负面宣传的影响？我有多大把握确信竞争对手会上涨广告费？我的这些想法受到他们过去行为的影响吗？环境发生变化了吗？我如何确信自己的销售代表能够说服广告客户支付更高的费用？在再次测试了自己的假设并重新仔细研究了自己的想法后，她对做出的预测和判断很有信心。

4. 选择方案做出决策。在做决策的时候，战略是很重要的准则。在企业的不同部门，会有许多个体在不同的时间做出决策。统一的战略能够将个体和时间线连接起来，并且能够为不同的决策确立相同的目的。决策和战略的调整有助于企业实现发展目标。

为了坚持产品差异化战略，Naomi 在 2013 年 3 月决定将广告费上涨 4%，使每页的广告费达到 5 200 美元，但是报纸的售价保持不变。Naomi 坚信《每日新闻报》独特的风格以及网络影响力能够使读者人数增加，为广告商创造价值。她与销售部门就新的广告费用明细进行了沟通。如果不进行协调，决策就难以使各部门的努力方向一致，否则会导致结果的改变。Ramon 预计广告费用将达到 4 160 000 美元（5 200 美元/页×800 页，广告版面预计将在 2013 年 3 月发售）。

在下面的“实例”专栏中，iTunes 业绩表显示苹果要对其商店中最流行的歌曲作出提价的决定。

实例　iTunes 业绩表：下载量降低，但苹果的利润增加

有没有可能一种产品在其销量低的时候比销量高的时候利润更高？2009 年，苹果改变了将 iTunes 商店里的歌曲统一定价为 0.99 美元的定价结构，分为三个阶梯价格：0.69 美元、0.99 美元、1.29 美元。在此后的每周，苹果商店最畅销前 200 首歌曲的销量占到数字音乐销量的 1/6。现在苹果商店里那些最火的歌曲（如泰勒-斯威夫特和黑眼豆豆合唱团的歌曲）都定价为 1.29 美元。

苹果在 iTunes 商店里实行新的定价模式后的 6 个月里，排行榜前 200 首歌曲的下载量减少了 6%。尽管看起来下载量减少了，但是新的定价带来的利润却比之前要高得多。由于苹果商店的成本、歌曲成本、网络和交易费用以及其他运营成本并不会随单次下载价格的改变而改变，价格上涨使利润增加了 30%，这足以弥补下载量下滑 6%带来的损失。

同时，苹果还对 iTunes 商店里的电影采用了这种新的定价模式，新片的价格为 14.99 美元，其他大多数电影的价格为 9.99 美元。

资料来源：Based on Anthony Bruno and Glenn Peoples, “Variable iTunes Pricing a Moneymaker for Artists,” *Reuters* (June 21, 2009); Glenn Peoples, “The Long Tale?” *Billboard* (November 14, 2009); Eric Savitz, “Apple: Turns Out, iTunes Makes Money Pacific Crest Says; Subscription Services Seems Inevitable”, *Barron's* “Tech Trader Daily” blog (April 23, 2007); and Apple, Inc, “Frequently Asked Questions (FAQ) for Purchased Movies.” Accessed September 23, 2011.

步骤 1 至步骤 4 统称为计划。**计划**（planning）包括选择组织目标，预测达成目标的多种可选方案的结果，决定如何达到预期的目标，向整个组织传达目标以及如何达到目标。在这些计划活动中，管理会计师充当的是业务伙伴的角色，因为他们知道什么可以创造价值以及关键的成功因素是什么。

最重要的计划工具是预算。**预算**（budget）是管理层拟定的行动计划的数量表示，帮助协调实施计划时需要完成的工作。2009 年 3 月，广告收入预算为 4 160 000 美元。2009 年 3 月的全部预算包括预计的发行收入和为完成销售目标所需的生产、分销和顾客服务成本，预计的现金流和潜在的融资需求。因为编制预算的过程横跨多个业务职能，因此要求在整个公司内部及供应商和客户间进行

协调与沟通。

5. 实施决策、评价业绩与学习改进。《每日新闻报》的管理人员采取行动执行2009年3月的预算。管理会计师收集信息，比较实际业绩与计划或预算的业绩（也称为计分）。这种信息完全不同于Naomi在步骤2中收集的预决策计划信息。预决策计划信息能够使她更好地理解不确定性，做出预测和决策。实际业绩与预算业绩的比较显示了信息的控制作用或后决策作用。**控制**（control）包括：采取行动实施计划决策，确定如何评价业绩，以及提供反馈和学习以有助于未来制定决策。

业绩评价告诉管理人员，他们及下属部门的业绩如何。将报酬与评价联系起来有助于激励管理人员。这些报酬包括内在的（工作做得好所带来的自我满足）和外在的（与业绩挂钩的工资、奖金和晋升）。预算既是一个计划工具，也是一个控制工具。因为预算是能与实际业绩做比较的基准。

现在考虑《每日新闻报》的业绩评价。2009年3月，这家报社出售广告版面，开发票，收款。这些发票和收据在会计系统中都有记录。图表1—4显示了2009年3月《每日新闻报》的广告收入业绩报告。该报告显示，已售出广告版面760页（比预算的800页少40页）。每页平均收费5 080美元，而预算是每页5 200美元，因此，实际广告收入是3 860 800美元，比预算的4 160 000美元少了299 200美元。

图表1—4　　2013年3月《每日新闻报》的广告收入业绩报告

	实际结果 (1)	预算数 (2)	差异 实际结果－预算数 (3)＝(1)－(2)	差异占预算的百分比 (4)＝(3)÷(2)
销售的广告版面	760页	800页	40页不利差异	5.0%不利差异
每页平均费用	5 080美元	5 200美元	120美元不利差异	2.3%不利差异
广告收入	3 860 800美元	4 160 000美元	299 200美元不利差异	7.2%不利差异

图表1—4中的业绩报告会促使管理会计师提出几个问题，将管理人员的注意力引到问题与机会上。营销部门是否足够努力地去说服广告商，即使每页收费5 200美元，在《每日新闻报》上做广告仍是值得的？为什么实际的每页收费是5 080美元而不是预算的5 200美元？是不是某些销售代表打了折扣？经济环境是否对消费收入下降有影响？是编辑和生产标准下降导致收入下降了吗？对这些问题的回答将促使报社采取后续行动，如增加更多的销售人员或改变编辑政策，这需要营销、编辑和生产等部门协调行动。

管理会计师能够进一步确认广告费涨价后减少或停做广告的广告客户详情，然后管理人员可以决定销售代表何时以及怎样与广告客户联系。

一个计划必须有足够的弹性，以便管理人员能抓住在制定计划时未预见到的突发机会。在任何情况下，控制并不意味着在事件（如耸人听闻的新闻事件）表明未列入计划的行动（花更多的钱报道这个事件）能给公司带来更好的结果（更高的报纸销量）时，管理人员应坚持计划而不变通。

图表1—5的左侧是《每日新闻报》决策制定程序的全貌，右侧重点说明管理会计系统如何帮助制定决策。

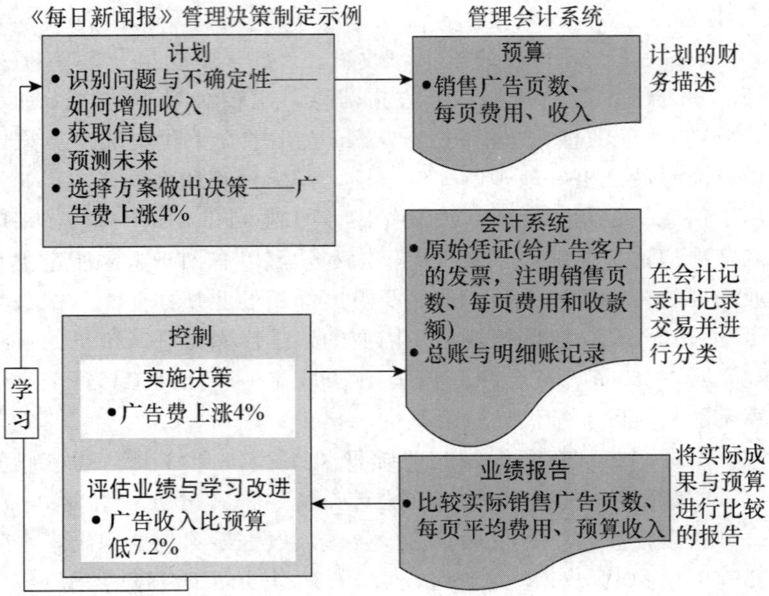

图表 1—5 《每日新闻报》的决策制定

> **成功之匙**
>
> 管理者通常采用五步决策制定法：(1) 识别问题与不确定性；(2) 获取信息；(3) 预测未来；(4) 选择方案做出决策；(5) 实施决策、评价业绩与学习改进。管理会计信息是这些决策中的关键环节。

1.5 关键的管理会计指导原则

有三条重要的指导原则可帮助管理会计师在战略和经营决策中为企业提供最大的价值：引入成本—效益原则，全面重视行为性和技术性考虑，以及为不同目的使用不同成本。

1.5.1 成本—效益原则

管理会计师不断面对分配资源的决策，如是否购买一套新的软件包或者雇用一名新员工。在制定这些决策时应该使用**成本—效益原则**（cost-benefit approach）：如果资源给公司带来的预期收益超过预期成本，就应该消耗资源。虽然预期收益与预期成本不容易量化，但成本—效益原则对资源的分配决策很有用处。

以某公司第一次建立预算系统为例。之前该公司使用历史记录，而很少用到正式计划。建立一套预算系统的一个主要好处是，它迫使管理人员提前制定计划，比较实际情况与预算信息，并且采取正确的行动。这些行动导致不同的决策，这些决策将比使用历史记录系统所做的决策带来更多的收益。新预算系统的预期收益超过了预期成本。预期成本包括实物资产、管理人员和其他人员培训以及经营投资。

□ 1.5.2 行为性和技术性考虑

成本—效益原则是一条准则，用来帮助管理人员做决定，如是否要按提议建立一套预算系统来取代现有的历史记录系统。在回答为什么要编制预算这一问题时，考虑人（行为）的因素。

基于不同的协作、计划和动机，在组织内编制预算会产生不同的决策集。管理会计系统要同时承担两种任务，一种是技术性的，一种是行为性的。技术性考虑通过以适当的格式（如实际结果与预算数）及要求的频率（如每周或每月）提供所需信息（如多种价值链范畴的成本），帮助管理人员做出理性的经济决策。行为性考虑激励管理人员和其他员工瞄准公司目标努力奋斗。

会计师和管理人员都应该时刻记住，管理系统绝不仅限于技术性问题。管理主要是一项人的活动，应该关注怎样才能帮助个人更好地完成工作，如帮助他们理解哪些作业是有价值的，哪些没有。而且，行为性考虑建议，当员工表现不佳时，管理人员应当与他们单独讨论改善业绩的方法，而不只是交给他们一份强调其业绩差的报告。

□ 1.5.3 为不同目的使用不同成本

本书会仔细考察计算成本的不同方法，因为出于不同目的会使用不同成本。会计外部报告使用的成本概念可能不适合管理人员用于内部的日常报告。

考虑微软公司为推出一件新产品而发生的广告成本。该产品预计使用寿命是两年或两年以上。在向股东提供的外部报告中，新产品电视广告成本在发生当年就已被全部费用化计入利润表。GAAP要求这种成本在外部报告中直接费用化。与之相反，为了在内部评估管理业绩，电视广告成本会被资本化，然后在几年内摊销。如果微软认为资本化的处理方式能更准确、更公平地反映发布新产品的管理人员的业绩，微软会将这些广告成本资本化。

现在我们讨论组织结构如何影响管理会计师的报告职责。

1.6 组织结构与管理会计师

我们首先关注总的管理职能，然后详细考察会计和财务职能。

□ 1.6.1 直线部门和参谋部门的关系

大多数组织区分直线管理和参谋管理。**直线管理**（line management），如制造、营销和分销管理，直接对实现组织目标负责。例如，生产部门经理可能把目标定为预算营业收入、产品质量和生产安全达到特定水平，以及符合有关环境的法律要求。同样，医院的儿科要对病人的账单、成本和服务质量负责。**参谋管理**（staff management），如管理会计师、信息技术和人力资源管理向直线管理提供建议和协助。一位车间经理（直线职能）可能负责购买新设备，一位管理会计师（参谋职能）则是作为车间经理的一个业务伙伴，为他进行不同价格设备的运营成本的详尽比较。

组织（如丰田公司和戴尔公司）越来越多地使用团队来达到其目标。这些团队可能同时涉及直线管理和参谋管理，这样可以同时获得所有决策信息。结果是传统的直线管理和参谋管理之间的区别已不再像十年前那样清晰了。

□ 1.6.2 首席财务官与主计长

首席财务官（chief financial officer，CFO）在许多国家也称为**财务总监**（finance director），是负责监督一个组织财务运营的主管人员。CFO 的职责因组织而异，但通常包括如下方面：

- 主计——包括为提交给管理人员的报告和为提交给股东的报告提供财务信息，监督会计系统的整体运行。
- 财务——包括银行融资和长短期融资、投资和现金管理。
- 风险管理——包括管理利率、汇率变动引起的财务风险，以及管理衍生工具。
- 税务——包括所得税、销售税以及国际税务筹划。
- 投资者关系——解答投资者的问题，与投资者互动。

内部审计包括审核、分析财务记录和其他记录，以检查组织财务报告的完整性及对组织政策和程序的遵守情况。

主计长（controller）也称首席会计官，是主要负责管理会计和财务会计的财务经理。本书着重讲解主计长作为首席管理会计经理的职责。如今，主计长在自己的部门之外不行使任何直线权力。但是，主计的概念保持了这样一个传统：主计长在某特殊的情况下行使控制职能，即主计长通过报告和解释相关数据施加一种影响，推动直线管理人员在实施战略时做出以更加可靠的信息为基础的决策。

图表 1—6 是鞋类与服装领导者耐克公司的有关 CFO 和公司主计长的组织结构图。CFO 是一个参谋管理人员，向首席执行官（CEO）报告。和大多数公司一样，耐克的主计长向 CFO 报告。耐克公司在每个大区分部（如美国、亚太地区、拉丁美洲和欧洲）都有自己的区域主计长。有时每个国家还有一个国家主计长。像图表 1—6

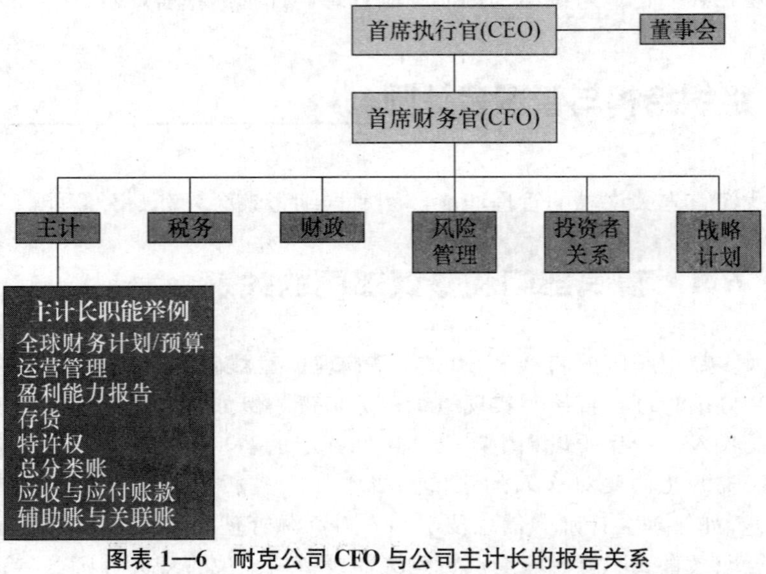

图表 1—6 耐克公司 CFO 与公司主计长的报告关系

这样的组织结构图显示了正式的报告关系。在大多数组织中还存在非正式的关系，管理人员在执行决策时必须认识到这一点。非正式关系的例子包括经理间的朋友关系（无论是职业朋友还是私人朋友），以及高层管理者对其决策时所依靠的经理的个人偏好。

考虑管理人员如何设计和实施战略以及组织结构，然后想想管理会计师和主计长的角色。毋庸置疑，成功的管理会计师必须具备技术和分析能力，以及行为和人际技巧。

1.6.3 超越数字的管理会计①

对外行人来说，会计师就好像"数字人"。确实，大多数会计师都是业务熟练的财务经理，但他们的技能并不仅限于此。管理会计师若想取得成功，除了拥有基本的分析能力之外还必须有其他的技能和特征。

- 能在跨职能团队中工作并且成为管理人员的业务伙伴。管理会计师只是简单地在技术上胜任管理会计工作是不够的，他们必须能够协同工作，了解经营问题，理解不同个人的动机，尊重其他成员的观点，展示热情与信任。
- 促进基于事实的分析，做出实际的关键的判断。管理会计师必须提出一些棘手的问题让管理人员思考，特别是在编制预算时。他们细心地做这些事情，意在改进计划和决策。在安然公司的案例中，管理会计师应该对公司复杂的经营模式能否盈利提出疑问。
- 领导和激励人们进行改变与创新。即使新想法是好的，实施起来也不容易。当瑞典的加热元件制造商采用它的创新成本系统时，主计长和管理会计师团队确信，这一改变得到了很好的理解，因为所有的管理人员接受了新方法的教育培训，管理人员成为新系统的拥护者。
- 清晰、公开、坦诚地沟通。传递信息是会计人员工作的一个重要部分。几年前，Pitney Bowes 公司（一家身价 40 亿美元的集成邮件和文档管理解决方案全球提供商）对报告方式创新，以向管理人员提供关键领域的反馈。因为公司的管理会计师团队清晰地设计和公开地传达了创新方案，所以它获得了成功。
- 有强烈的正直感，做正确的事情。管理会计师不能屈从于管理人员的压力而操纵财务信息。他们必须永远牢记自己对组织和股东的承诺。在世通公司，会计人员在高级经理的压力下隐瞒了几百万美元的费用。由于会计人员缺乏诚实和勇气去做正确的事情，最终世通公司破产了，一些会计人员因为自己的行为而被判刑。

1.7 职业道德

人们对于职业道德的关注从来没有像今天这么多。全球最大的会计师事务所安达

① 资料来源：Based on Eric Dash and Andrew Ross Sorkin, "Government seizes WaMu and sells some assets," *New York Times*, September 25, 2008; Wendy Garling, "Winning the Transformation Battle at the Defense Finance and Accounting Service," *Balanced Scorecard Report*, May-June 2007; Kalama Gollakota and Vipin Gupta, "WorldCom Inc.: What went wrong," Richard Ivey School of Business Case No. 905M43. London, ON: The University of Western Ontario, (c) 2007; and Mark Green, Jeannine Garrity, Andrea Gumbus, and Bridget Lyons, "Pitney Bowes Calls for New Metrics," *Strategic Finance*, May 2002.

信在审计活动中弄虚作假，住房抵押贷款公司 Countrywide Financial 被指控欺诈，天然气和电力公司安然会计造假，美国投资银行雷曼兄弟财务造假，通信公司 WorldCom 爆出会计丑闻，这些都严重损害了公众对企业的信任度。无论是直线管理还是参谋管理，公司里的员工都必须符合企业乃至社会对于他们的职业准则的期望。

在运行良好的经济社会里，道德是根基。当人们道德意识淡薄时，为了赢得供应合同，供应商可能会向管理人员行贿，而不是致力于提高质量和削减成本。因此，顾客对于他们生产的产品的质量不会抱任何希望，也就不会产生购买的欲望，该产品自然就失去了市场。成本高的原因在于付给供应商的价格较高，而生产出来的产品却很少。投资者对于财务报告的真实性持怀疑的态度，将会影响他们的投资决策，从而导致他们不愿意投资以及资源的不合理配置。荷兰国际超市运营商阿诺德（Ahold）的会计丑闻、全球知名的多元化制造公司泰科国际有限公司（Tyco International）的会计舞弊案以及其他的会计丑闻都证明，只要企业有不道德的行为，其价值就会毁于一旦。

1.7.1 制度支持

会计师有特殊的道德义务，比如他们必须为提交给企业内部和外部的财务信息的真实性承担责任。2002 年通过的《萨班斯-奥克斯利法案》（Sarbanes-Oxley Act）是美国立法机构根据一系列公司和证券监管问题制定的监管法规。该法案强调加强企业内部控制和企业管理、对管理者的监督，以及公布上市公司的商业实践活动。这些法规要求管理者和会计师严格遵守职业道德准则，同时，对违反法规的人会给予刑事处罚。这些法规也让雇员能够有渠道报告企业的违法行为以及不道德行为（这些雇员也被称作内部举报者）。

《萨班斯-奥克斯利法案》要求企业首席执行官和首席财务官保证企业财务报表能够准确地反映出企业实际的运营结果。为了加强审计独立性，《萨班斯-奥克斯利法案》要求上市公司成立独立的审计委员会，审计委员会的成员全部由独立董事组成，主要负责公司的招聘、赔偿以及是否终止某上市会计师事务所对公司的审计。该法案限制审计事务所为审计客户提供非审计服务（如咨询和税收服务），因为这会降低财政独立性。《萨班斯-奥克斯利法案》成立了上市公司会计监管委员会来监管、评估以及调查审计人员的工作情况。

那些在多个国家拥有管理会计师的专业会计师事务所尤其推崇较高的职业道德准则。每一家可提供认证服务的会计师事务所都表示，该法案从管理会计和财务管理两个方面表明了企业对于会计师的技术知识能力的要求。

在美国，管理会计师协会（Institute of Management Accountants，IMA）也发布了对会计师的道德准则的规定。图表 1—7 显示了该协会关于会计师能力、保密、正直以及可靠性的准则。为了给其成员提供支持，使他们能够始终遵守职业道德，美国管理会计师协会还开通了道德服务热线。成员们能够通过电话与协会道德咨询服务组的专业咨询师就道德困境进行讨论。这些咨询师能够帮助成员识别主要的道德问题，并找到可行的方案来解决这些问题，当然，这些过程都是保密的。美国管理会计师协会仅仅是帮助管理会计师处理道德领域里出现的问题的组织之一。

图表 1—7　　管理会计和财务管理从业人员道德行为准则

管理会计和财务管理从业人员有义务对公众、职业、所在组织以及自身保持道德行为的最高标准。正是意识到这一义务，管理会计师协会发布了以下职业道德实践标准。无论在国内还是在国际，坚持这些标准都是达到管理会计目标的组成部分。管理会计和财务管理从业人员不应做出违背这些标准的行为，也不应允许其组织中的其他人做出有违标准的行为。

管理会计师协会职业道德实践公告

管理会计和财务管理从业人员的行为应该合乎道德，职业道德行为承诺包括表达我们的价值观的原则和指导我们的行为的准则。

原则

管理会计师协会的道德原则包括：诚实、公正、客观和负责任。从业人员应该按这些原则行事，同时鼓励组织中的其他人遵守这些原则。

准则

从业人员不遵守下列准则可能会受到惩戒。

能力

每一位从业人员有责任做到：

- 通过不断丰富知识和提高技能来保持适当水平的专业能力。
- 按照相关法律、法规和技术标准履行职责。
- 提供准确、清晰、简洁、及时的决策支持信息和建议。
- 确认那些可能妨碍做出可靠判断或妨碍活动顺利进行的职业限制或其他约束，并就此加强沟通。

保密

每一位从业人员有责任做到：

- 除非法律要求或经授权，禁止披露在工作中获取的机密。
- 告知所有相关方正确使用保密信息，并且监督下属的活动以确保得到遵守。
- 禁止使用保密信息获取不道德的或非法的利益。

正直

每一位从业人员有责任做到：

- 减少实际利益冲突，定期与企业合作伙伴非正式沟通，避免表面的利润冲突，告知各方任何潜在的冲突。
- 禁止从事各种可能会妨害其合法地履行职责的活动。
- 禁止从事或支持各种有损本职业名誉的活动。

可靠性

每一位从业人员有责任做到：

- 公正、客观地传达信息。
- 披露所有能合理预见到的会影响使用人理解报告、分析和建议的相关信息。
- 根据组织政策和适用的法律披露信息的延迟或不足、及时性、过程或者内部控制。

资料来源：IMA Statement of Ethical Professional Practice，Institute of Management Accountants，www. imanet. org.　Reprinted with permission.

成功之匙

管理者必须一直秉持职业道德，保持正直诚实。在大多数国家，这已经上升到法律的高度。管理会计师也有能力、保密、正直以及可靠性方面的道德义务。

□ 1. 7. 2　典型的道德挑战

管理会计师在很多方面会面临道德问题。这里有两个例子：

- 例 A：一位部门经理正在考虑一套软件产品的商业潜能。出于内部报告的目的，该软件的开发成本被资本化为一项资产而不是作为一项费用。经理的奖金部分取决于部门的利润。经理认为将开发成本作为资产是合理的，因为新产品会产生利润，但是他拿不出证据支持自己的观点。该部门最近开发的两种产品并不成功。管理会计师不赞同经理的看法，但他希望避免与经理发生个人冲突。

- 例 B：一位包装供应商正参与一份新合同的投标。他邀请购买方的管理会计师免费度周末，观看“超级碗”比赛，但在邀请时对新合同只字未提。这名会计师不是供应商的私人朋友，他知道成本问题是这个新合同的关键，担心供应商会向他询问竞争对手的报价细节。

在上面的每一个例子中，会计师都面临一种道德困境。例 A 涉及能力、可靠性和正直。管理会计师应该要求该部门经理提供可靠证据来证明新产品在商业上是可行的。如果经理拿不出这样的证据，那么将开发成本在当期费用化是合适的。例 B 涉及保密和正直。

道德问题不总是显而易见的。例 B 中的供应商可能没有打算提出有关投标的问题。但对许多公司来说，例 B 中利益冲突的迹象足以令其禁止员工接受这种来自供应商的“好处”。图表 1—8 是 IMA 给出的解决道德冲突的指导原则。例 B 中的会计师应该与其直接上司讨论，如果同意接受邀请，那么应该通知供应商，邀请是在会计师所在公司的有关政策（包括信息保密政策）允许的范围内获准的。

图表 1—8　道德冲突的解决

在执行职业道德实践标准时，你可能会面对如何确定不道德行为或如何解决道德冲突的问题。当面临道德问题时，你应当遵从本组织建立的解决这种冲突的规则。如果这些规则不能解决道德冲突，你应该考虑以下行动方针：

1. 与直接上司讨论该问题，除非有迹象表明该上司也卷入其中。在这种情况下，应上报到高一级的管理层。如果直接上司是首席执行官或相同级别管理者，那么可向审计委员会、执行委员会、董事会、受托人委员会或业主反映。假如直接上司未卷入该道德问题，那么越级汇报应该在其知晓的情况下进行。并且除非法律要求，与非本组织聘请的权威机构或个人讨论这些道德问题是不恰当的。
2. 私下与 IMA 道德顾问或其他公正的顾问讨论以澄清相关的道德问题，可更好地理解可能的行动方针。
3. 有关道德冲突中的法律义务与权利问题，请咨询你自己的律师。

资料来源：IMA Statement of Ethical Professional Practice，Institute of Management Accountants，www.imanet.org. Reprinted with permission.

全球大多数职业会计组织都发布了有关职业道德的声明。这些声明中包括许多在图表 1—7 和图表 1—8 中讨论的相同问题。例如，英国特许管理会计师协会（Chartered Institute of Management Accountants，CIMA）确认的四个基本原则与图表 1—7 相同，涉及能力、保密、正直和可靠性。

学习自测

金宝汤公司发生了如下成本：

1. 罐装车间为生产西红柿汤购入的西红柿的成本。
2. 为重新设计包装以延长 Pepperidge Farm 饼干的保鲜时间而购入的材料的成本。
3. 支付给广告代理商 Backer，Spielvogel，Bates 的广告费，它们代理金宝汤公司在“健康须知”栏目做的广告。

4. 支付给食品专家的工资，他们正在研究推出热量最低的比萨饼调料 Prego 的可行性。

5. 支付给西夫韦的兑换金宝汤商品的优惠券。

6. 顾客咨询金宝汤产品使用方法的免费热线电话的成本。

7. 早餐食品 Swanson Fiesta 的生产线工人的手套成本。

8. 为大超市派送 Pepperidge Farm 饼干的送货人员的手提电脑成本。

要求：

按照图表 1—2 的价值链，将各项成本按业务职能进行分类。

解答

1. 生产	2. 产品和生产流程设计
3. 营销	4. 研发
5. 营销	6. 顾客服务
7. 生产	8. 分销

决策要点

下面是对本章学习目标的总结，决策问题代表与学习目标相关的关键问题，指南则是对该问题的回答。

决策问题	指南
1. 如何区别财务会计与管理会计？	财务会计的重点在于向外部各方提供基于《公认会计准则》(GAAP) 的财务报表。管理会计提供未来方向的信息，来帮助管理者（内部各方）做出决策并实现组织目标。
2. 管理会计师如何支持战略决策？	管理会计师提供有关竞争优势来源的信息，为战略决策做出贡献。
3. 公司如何增加价值？顾客期望公司的业绩维度是什么？	公司通过研发、产品和生产流程设计、生产、营销、分销以及顾客服务来增加价值。顾客希望公司通过成本、效率、质量、及时性和创新来实现业绩。
4. 管理人员如何实施战略？	管理人员通过五步决策制定法来实施战略：(1) 识别问题与不确定性；(2) 获取信息；(3) 预测未来；(4) 选择方案做出决策；(5) 实施决策、评价业绩与学习改进。前四步是计划决策，包括确立组织目标，预测在不同的实现目标的方法下能取得的结果，以及决定如何实现预定目标。第五步是控制决策，包括采取行动实施计划决策，以及进行业绩评价和反馈以帮助制定未来的决策。
5. 管理会计师有什么指导原则？	有三条指导原则帮助管理会计师增加其对管理人员的价值：(1) 引入成本—效益原则；(2) 重视行为性和技术性考虑；(3) 为不同目的使用不同成本。
6. 管理会计职能如何整合在组织结构中？	在组织中，管理会计是主计长的组成部分之一。在大多数组织中，主计长向首席财务官报告，而后者是最高管理团队的一名关键成员。
7. 管理会计师的道德责任是什么？	管理会计师在能力、保密、正直和可靠性等相关问题上负有道德责任。

重要术语

budget 预算
chief financial officer (CFO) 首席财务官
controller 主计长/首席会计官
control 控制
cost management 成本管理
cost-benefit approach 成本—效益原则
customer relationship management (CRM) 顾客关系管理
customer service 顾客服务
design of products and processes 产品和生产流程设计
distribution 分销
financial accounting 财务会计
financial director 财务总监
learning 学习
line management 直线管理
management accounting 管理会计
marketing 营销
planning 计划
production 生产
research and development (R&D) 研发
staff management 参谋管理
strategic cost management 战略成本管理
strategy 战略
supply chain 供应链
sustainability 可持续
total quality management (TQM) 全面质量管理
value chain 价值链

作 业

简答题

1—1 "管理会计不应该受到财务会计的约束。"解释理由并举例。

1—2 管理会计师如何帮助企业制定发展战略?

1—3 描述价值链上的企业职能。

1—4 "管理会计只关乎成本"。你同意这一说法吗? 给出你的理由。

1—5 描述五步决策制定法。

1—6 区分计划决策与控制决策。

1—7 假设你是新上任的主计长。如果工厂经理对你说:"在我看来,会计只需要为股东和美国政府记录下运营状况就可以了,我最烦他们干涉我的日常运营活动。我会尽全力做好自己的本职工作,该怎么做才能够更好我心里有数,没有哪个会计能够比我自己更了解我的职责,他们对于我来说一点用都没有。"你听后该怎么回答呢?

1—8 管理会计职能是在哪一步开始融入企业结构的?

1—9 列举美国管理会计师主要在哪四个领域遵守职业道德行为准则? 这些准则是什么机构设定的?

1—10 如果说已成文的政策不足以指导解决道德冲突问题,那么管理会计师能够做些什么呢?

练习题

1—11 (价值链以及成本归类)戴尔公司有如下成本支出:

a. 车间装配 Inspiron 灵越系列产品的电力支出;

b. 将 Inspiron 灵越系列产品运往零售连锁店的运输费用;

c. 支付给独立设计公司的 Inspiron 14R 电脑的设计费用;

d. 支付给研发下一代迷你电脑的工程师的薪酬;

e. 戴尔员工拜访主要客户,向其展示戴尔能够与其他电脑连接的支出;

f. 购买竞争者的产品,为戴尔可能推出的产品做测试的费用;

g. 支付给电视和网络运营商的广告费用；

h. 从外部供应商处购买用于戴尔打印机的线缆的支出。

要求：将每一项成本归类到如图表 1—2 所示价值链中的企业职能。

1—12　(价值链以及成本归类) 生物制药公司辉瑞有如下成本支出：

a. 重新设计泡罩型包装以防药品材料和容器损坏的费用；

b. 为了促进新药品的推广使用，寄送给医生的视频资料的费用；

c. 用户咨询药品使用方法、副作用以及其他信息的免费热线电话的费用；

d. 对等待政府批准的药品进行试验而发生的设备购买费用；

e. 为推销针对脱发人士研发的生发产品而推出的电视购物节目中演员的薪酬；

f. 生产设备的过程中包装部门工人的劳务费；

g. 对超额完成销售任务的销售人员的奖励；

h. 通过联邦快递将药品发往医院的快递费用。

要求：将每一项成本归类到如图表 1—2 所示价值链中的企业职能。

1—13　(成功之匙) Morten 建筑公司为许多大型项目提供建筑建议。该公司的管理者认为建筑就是对人的管理。下面列举了决定该公司成功的所有因素：

a. 提供新颖的工具以简化和改进施工过程。

b. 与供应商建立良好的合作关系，因为在施工材料紧缺时，需要它们多次运输材料。

c. 对工具和施工技术进行整合以避免施工项目出错。

d. 持续对员工进行关于新工具和新设备的培训。

e. 以主要竞争对手的毛利百分比作为公司的盈利基准。

要求：把上面这些因素与对管理者而言至关重要的成功因素匹配起来。

1—14　(规划和控制决策) Granfield 是一家生产和销售扫把、拖把的公司。它采取以下步骤计划和控制决策，下面的步骤不分先后顺序。

要求：说明哪些是计划决策，哪些是控制决策。

a. Granfield 要求营销部门想办法从其最新的竞争对手 Swiffer 手中夺回市场份额。

b. 在新产品推出后，Granfield 预测其市场份额。

c. Granfield 将生产新产品的实际成本和预期成本进行比较。

d. Granfield 设计部门推出了一款新产品以和 Swiffer 直接竞争。

e. Granfield 预测在下一财年的第一季度销售 3 万件新产品的成本。

1—15　(职业道德和部门业绩报告) Maria Mendez 是 Hestor Shoe 公司的一个部门主计长，James Dalton 是该部门经理。Mendez 向 Dalton 负有直线责任，但她同时向公司主计长负有参谋责任。

面对达到本年度部门预算收入的沉重压力，Dalton 要求 Mendez 在 12 月 31 日记入 200 000 美元的收入。顾客订单是拿到了，但那批鞋还在生产过程中，可能要到 1 月 4 日左右才能送货。Dalton 告诉 Mendez：“关键问题是拿到订单，而不是送货。你应该支持我，不要阻碍我实现部门目标。”

要求：

1. 描述 Mendez 的道德责任。

2. 如果 Dalton 直接命令 Mendez 将该笔销售入账的话，确定 Mendez 应该怎么办。

1—16　(互联网公司的计划决策和控制决策) PostNews. com 给其会员提供了多项服务。比如电视收视指南，本地天气、餐馆、电影院信息。其最主要的收入来源是横幅广告费以及会员费。其最新的数据如下：

时间	广告收入（美元）	实际会员人数	每个会员月会员费（美元）
2011 年 6 月	415 972	29 745	15.50
2011 年 11 月	867 246	55 223	20.50
2012 年 6 月	892 134	59 641	20.50
2012 年 11 月	1 517 950	87 674	20.50
2013 年 6 月	2 976 538	1 479 251	20.50

下面是该公司 2013 年 6—10 月所做的决策：

a. 2013 年 6 月：从 2013 年 7 月开始，将会员费升至每月 25.50 美元。下表显示了本月交费的预计会员人数。

b. 2013 年 6 月：通知现有会员从 7 月开始，每月会员费为 25.50 美元。

c. 2013 年 7 月：给会员提供邮箱服务，并升级其他在线服务。

d. 2013 年 10 月：根据下表中显示的 2013 年 7—9 月的数据，会员人数和会费收入都大幅下滑，营销部的副部长将被免职。

e. 2013 年 10 月：从 2013 年 10 月开始，将会员费降至每月 22.50 美元。

2013 年 7—9 月该公司的业绩表现如下：

时间	预计会员人数	实际会员人数	每个会员月会员费（美元）
2013 年 7 月	145 000	129 250	25.50
2013 年 8 月	155 000	142 726	25.50
2013 年 9 月	165 000	145 643	25.50

要求：

1. 将以上所有的决策分类，判断它们是计划决策还是控制决策。

2. 分别给出 PostNews.com 还可能做出的两种计划决策和两种控制决策的例子。

1—17　（管理会计指导原则）下面每个事项适用哪一条管理会计指导原则——成本—效益原则、行为性和技术性考虑、为不同目的使用不同成本。

1. 分析是保留记账职能还是将其外包。

2. 决定给表现出色的日本分部员工发奖金，以及给瑞典分部的员工提供特别假期。

3. 在决定是否推出新产品时考虑整个价值链成本，在计量存货价值时则只考虑生产成本。

4. 考虑多雇用一个销售人员的需求。

5. 给每个销售人员报酬选择权，让他们决定选择低工资、高提成还是高工资、低提成。

6. 在考虑两套系统后选择更贵的计算机系统。

7. 建立一套参与式的预算系统，让中下层经理自己设定业绩目标，而不是由高层管理层强加给他们。

8. 在财务报告中把研发费用列支为当期费用（美国 GAAP 的要求），但在经理业绩评价中把它们资本化并分期摊销。

9. 引入员工利润分享计划。

1—18　（首席会计官和首席财务官的作用）George Jimenez 是计算机行业设备制造公司 Balkin 电子的首席会计官。该公司有可能提拔他担任首席财务官。

要求：

1. 在下表中指出每种企业活动的主要管理人员。

企业活动	首席会计官	首席财务官
管理应付账款		
与投资者沟通		
对不同业务线的战略评估		
为厂房改造提供预算资金		
管理公司短期投资		
与审计人员协商费用		
评估多种产品的盈利性		
衡量设计的新产品的成本与利润		

2. 根据上表以及你对首席会计官和首席财务官职责的理解，哪种培训或者经验对于 Jimenez 晋升首席财务官这一职位更有帮助？

1—19　（职业道德和“年末游戏”）Linda Butler 是 Daniel 食品公司快餐分部新上任的会计主管。根据 Daniel 食品公司的报告，在过去的五年里，公司每年的盈利率至少为 15%，而同期快餐分部每年的盈利率为 20%。近几年，经济进入衰退期，公司的会计主管估计今年的盈利率将为 10%。在年财政年度结束（12 月 31 日）前一个月，Butler 估计快餐分部的盈利率只有 8%。这令快餐分部的经理 Rex Ray 不太高兴，但是他带着狡猾的微笑说：“让年末游戏开始吧！”

Butler 得知“年末游戏”的方法不少，而这些或多或少是前任分部会计主管所默许的。

a. 将独立承包商负责的包装机器的月度修理推迟至次年1月。

b. 延长本财政年度的截止时间，以使得下一年的一些销售业务能够被纳入本年度。

c. 更改次年1月的运输文件日期，把这些销售业务记到本年度。

d. 给超额完成12月销售目标的销售人员双倍的红利。

e. 减少12月的广告数量，把这些广告递延到下一年。

f. 让Daniel食品公司的广告代理商推迟到次年1月再结算当年12月的广告费（或者让这些机构变通一下，掩盖12月的日期），从而把本期的广告费用递延至下一期。

g. 说服运输商把本年度12月的商品运走，尽管运输商本来不愿意这样做。

要求：

1. 解释为什么快餐分部的经理想进行上述"年末游戏"。

2. 快餐分部的会计主管犯难了，因为他读了本章图表1—7所示的《管理会计师道德行为标准》。请据此将以上年末游戏分为两类：可以接受的；不可以接受的。

3. 如果Ray说年末游戏在Daniel公司每一个分部都存在，并且Butler不这样做的话，快餐分部将受到严重的打击，确定Butler该怎么做。

章末案例

英国汽车公司：会计部门的组织结构

下文引自英国汽车公司（British Motor Company）官员的发言：

> 我认为，我们所有人都应该为成本会计跟上了英国商业发展的步伐而感到自豪。在20世纪下半叶，我们公司取得了巨大的进步。但是我坚信未来将见证我们更大的进步。实际上，只要我们保持管理会计这门科学与时俱进，进步将是水到渠成的。现在整个汽车行业的运营都和我们以前熟知的有所不同，达到了更高的水平。因此，我们应该从一个全新的角度来看待管理会计，而它在企业管理中也是一个不可或缺的因素。
>
> 我的看法是，功能成本法是现代企业其他职能的基础。成本要素贯穿企业的每一个阶段。在很大程度上，它能够对整个企业的构成（比如产品、市场和运营方式）产生影响。
>
> 我们必须而且有必要建立复杂、广泛的负责成本计算的组织形式，但是它们工作的原则都是一样的，那就是找出各项运营活动的成本，以免因差错发现得太晚而来不及弥补。我想大家可能都很感兴趣：为什么区域首席会计官现在是向区域经理报告而不是向公司总部首席会计官报告。这是因为地方性组织也要准备承担起责任，其财务室现在将由所在部门的管理者监管。
>
> 每一个区域、部门和企业活动都有自己完整的一套会计服务。比如每一个装配车间都设有自己的财务室，以收集内部的运营报告为己所用，同时向总公司递交财务报表。

资料来源：From IMA Statement of Ethical Professional Practice, Institute of Management Accountants, www.imanet.org. Reprinted with permission.

问题

1. 你认为发言中"现在整个汽车行业的运营都和我们以前熟知的有所不同，达到了更高的水平"这句话是什么意思？

2. (a) 每一个区域、部门和企业活动都有自己完整的一套会计服务有什么好处？这会带来职业道德方面的挑战吗？(b) 在第1章提到的首席财务官的职责中，你认为哪些方面不会转移到区域会计组织形式中？

3. 就会计组织形式画出三个方框：一个代表公司总部首席会计官，一个代表车间首席会计官，另一个代表车间经理。按照上述体系，将这些方框用横线正确连接起来。

用虚线代表“参谋管理”的关系，用实线代表“直线管理”的关系。说明新的组织结构的主要好处以及复杂之处。

4. 车间首席会计官必须同时扮演两种角色——车间经理的得力助手和公司总部首席会计官的“间谍”。会计师的职责应是怎样的才能处理好这两个互相冲突的角色？

第 2 章

成本术语及其用途

学习目标

1. 定义并举例说明成本对象。
2. 区分直接成本和间接成本。
3. 解释变动成本和固定成本。
4. 谨慎解析单位成本。
5. 区分存货性成本和期间成本。
6. 举例说明存货性成本和期间成本的流量。
7. 解释为什么要在不同目的下使用不同的产品成本计算法。
8. 描述成本会计和成本管理的一个框架。

"成本"一词对你而言意味着什么？是不是你为某些有价值的产品（比如手机）支付的价格？或者是资金流出，比如说每月的房租？或者是对利润有影响的因素，比如说工资？与个人一样，企业也需要解决不同的开支问题。在不同的发展阶段，企业对于这些开支的重视程度不尽相同。当市场形势大好的时候，企业尽可能多地关注销售，这时对成本的关注度就稍弱。但是当市场形势欠佳的时候，企业的重心又开始从销售转向了成本削减。遗憾的是，当市场举步维艰的时候，企业往往会发现它们削减成本的速度还不够快，这就导致了第 11 章所讲的破产。近期有很多这样的破产例子，如通用汽车、美国航空公司的母公司 AMR 以及美国最大的相机零售商和冲印连锁店 Ritz 相机公司。

从上述例子中不难看出，管理者必须密切关注该如何了解和管理成本。诸如公益协会United Way、世界著名的医疗机构马约诊所（Mayo Clinic）和数码产品生产商索尼开始在报告中使用大量的成本概念和术语，并且要求管理者对此有所了解，以便能够有效利用这些报告来管理企业。本章讨论成本的概念和术语，它们是用于外部报告和内部报告的会计信息的基础。下面的"本章要点"是对本章内容的概述。

本章要点

● 要决定一件东西（比如一个部件）的成本，企业首先会分类收集、积累生产活动中的各项成本，然后将成本分派到利益对象身上。

● 成本分派能够追溯到某个具体的对象自然是最好的。但是当成本分派不能够追溯到某个具体的对象时，或者追溯的成本太高时，就只能分配成本而不是代理成本。

● 对于某一特定时间段和企业活动，变动成本是指那些成本的总额在相关范围内随着业务量的变动而呈线性变动的成本。固定成本则是相对于变动成本而言的，指成本总额在一定时期和一定业务量范围内，不受业务量增减变动影响而保持不变的成本。

● 存货性成本就是资产负债表上某一产品的全部成本。它是指发生时作为资产，随后在销售时变为销售成本的产品成本。利润表里的所有成本除了存货性成本之外都是期间成本。

● 对于制造企业而言，所有的生产成本（包括直接材料、直接人工和制造费用）都是存货性成本。

, ● 在售出商品与收入相匹配之前，制造企业的存货性成本要经过三个库存商品账户，即直接材料、在产品和产成品。

● 除了售出商品之外的所有成本（如营销成本和配送成本都是期间成本）。这些成本在其产生当期要与收入相匹配。

● 产品或服务成本可以用多种方法计算，这主要取决于企业进行计算的目的。

● 成本信息在管理者做出定价、产品结构、成本管理、计划、控制和业绩评价等战略决策时用处颇大。

2.1 成本与成本术语

组织将**成本**（cost）定义为达到某一特定目的而耗用或放弃的资源。成本（如直接材料或广告的费用）通常用取得货物或劳务所必须付出的货币数量来衡量。**实际成本**（actual cost）是已发生的成本（历史成本或过去成本），它应与**预算成本**（budgeted cost）区分开，预算成本是一种预计或预测的成本（未来成本）。

当你考虑成本的时候，不可避免地想找到某个特定事项的成本。我们把这个“事项”叫做**成本对象**（cost object），它可以是需要计量成本的任何事项。假设你是宝马公司位于南卡罗来纳州斯帕坦堡市工厂的一位管理人员。宝马公司在这个工厂生产几种款式不同的轿车和运动汽车。你认为成本对象是什么？现在看图表 2—1。

图表 2—1　宝马公司成本对象示例

成本对象	说明
产品	一辆 BMW X6 运动汽车
服务	提供信息的热线电话、对宝马经销商的支持
项目	增强宝马汽车 DVD 系统的研发项目
顾客	购买了宝马公司多种型号汽车的宝马经销商 Herb Chambers Motors
作业	装配生产机器，维修生产设备
部门	环境、健康和安全部门

你将看到，宝马公司的管理人员想知道各种产品（如 BMW X6）的成本，也想知道项目、服务和部门的成本，以便运用他们的成本知识指导诸如产品创新、质量和顾客服务等决策。

现在考虑宝马公司的管理人员是否想知道一个成本对象的预算成本或实际成本。在做决策时，管理人员几乎总是需要知道这两种类型的成本。将预算成本和实际成本进行比较有助于管理人员评估他们的工作，并且知道如何才能在未来做得更好。

一套成本系统如何决定不同成本对象的成本呢？通常有两个基本步骤：归集和分派。**成本归集**（cost accumulation）是通过会计系统以有组织的方式进行成本数据的收集。例如，在斯帕坦堡市工厂，宝马公司收集（归集）不同范围的成本，如不同材料类型、不同人工类别的成本和监督成本。然后，管理人员和管理会计师把归集的成本分派给指定的成本对象，如宝马公司在该工厂生产的不同类型的轿车。宝马公司的管理人员使用这一成本信息有两个主要目的：一是制定决策，例如，如何为不同类型的轿车定价或研发和营销投入应是多少；二是实施决策，通过影响和激励员工的工作和学习来实现，例如，对降低成本的员工给予奖励。

既然我们知道分派成本是有用的，就应把注意力转向一些概念，这将有助于我们分派成本。再考虑一下我们刚才讨论的不同类型的成本——材料成本、人工成本与监督成本。你可能在想，有些成本（如材料成本）比其他成本（如监督成本）更容易分派到成本对象。你将会看到，确实是这样。

成功之匙

某一对象的成本主要是在两个阶段决定：首先人们收集各种形式的成本数据，其次将收集到的成本数据分派给成本对象。

2.2 直接成本与间接成本

现在我们介绍成本是如何被分为直接成本和间接成本的，以及将成本分派至成本对象的方法。

- **直接成本**（direct costs）与某个特定成本对象相联系，并能以经济可行（有成本效益）的方式追溯到该成本对象。比如，钢铁或轮胎成本是 BMW X6 的直接成本。钢铁或轮胎成本能方便地追溯到 BMW X6。BMW X6 生产线上的工人要求仓库发料，在材料调拨单上确认供应给 BMW X6 的材料成本。同样，工人在工时卡片上记录花在 BMW X6 上的工作时间。人工成本能方便地追溯到 BMW X6，这是直接成本的另一个例子。**成本追溯**（cost tracing）这一术语被用来描述把直接成本分派到特定成本对象的过程。
- **间接成本**（indirect costs）与某个特定成本对象相联系，但不能以经济可行（有成本效益）的方式追溯到该成本对象。比如，在斯帕坦堡市工厂监督不同型号汽车生产的管理人员的工资是 BMW X6 的间接成本。由于工厂管理对 BMW X6 的生产是必要的，因此工厂管理成本与成本对象（BMW X6）相关。由于工厂管理者也监督其他产品（如 BMW Z4 跑车）的生产，因此，工厂管理成本是间接成本。与钢铁或轮胎成本不同，工厂管理服务没有调拨单，实际上不可能将工厂管理成本追溯到 BMW X6。**成本分配**（cost allocation）这一术语用来描述把间接成本分派到特定成本对象的过程。**成本分派**（cost assignment）是一般用语，包括两个方面：（1）将直接成本追溯到成本对象；（2）将间接成本分派到成本对象。图表 2—2 以 BMW X6 为例，描述了直接成本和间接成本以及成本分派的两种形式——成本追溯与成本分配。

2.2.1 成本分派的一个例子

管理人员希望将成本准确地分派到成本对象上。不准确的产品成本会误导管理人员，使他们弄不清不同产品的盈利性，从而导致管理人员不知不觉地推广非盈利产品而忽视盈利产品。一般来说，管理人员对成本对象的直接成本（如 BMW X6 的钢铁

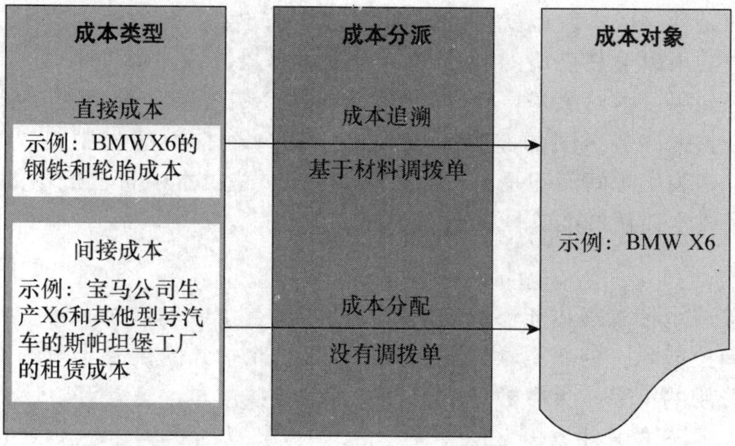

图表 2—2　将成本分派至成本对象

和轮胎成本）的准确性更自信。

间接成本则提出了更多的挑战。考虑一下租赁成本。按照每种型号汽车占用的房屋面积分派租赁成本是合理的。这种方法合理、准确地计量每一种型号的汽车使用的房屋资源。一种型号的汽车占用的房屋面积越大，给它分派的租赁成本就应该越多。但要准确分派其他间接成本，如将工厂管理成本分派到 BMW X6 就困难得多。这些成本能以每一种型号的汽车的生产工人人数为基础来分派吗？或者以每一种型号的汽车产量为基础？或者采用其他方法？如何计量每种型号的汽车使用的工厂管理份额目前尚不清楚。

□ 2.2.2　影响直接/间接成本分类的因素

有几个因素影响着成本是直接成本还是间接成本：

● 成本的重要性水平。成本数额越小——成本越不重要，将成本追溯到某个特定成本对象就越不具有经济可行性。以一家邮购公司为例，如地极公司（Land's End），对它来说，将每一笔包裹邮费作为直接成本追溯到每个顾客是经济可行的。但恰好相反，每次寄给顾客的包裹所含的发票成本可能作为间接成本入账。为什么？尽管发票成本能追溯到每一个顾客，但这么做是没有成本效益的。确切知道每次邮递业务的发票成本（0.5 美分一张）所带来的收益还比不上追溯所花的处理和管理成本。

● 可用的信息收集技术。信息收集技术的进步使我们能把更多的成本划为直接成本。例如，条形码使许多生产厂商现在能把一些以前划作间接成本的低成本材料（如回形针和螺丝钉）划入产品的直接成本。在戴尔公司，有条形码的零部件（如计算机芯片和 CD-ROM 驱动器）在生产流程的每一点都能被方便地扫描。就像超级市场给顾客结算一样，条形码能被快捷地读取并记录到成本档案中。

● 运营设计。如果公司的设施（或其中一部分）专门用于一种特定成本对象，如某一特定产品或特殊顾客，就能简单地把它所发生的成本划作直接成本。例如，通用化学公司（General Chemicals）专门用于生产苏打的设备的成本就是苏打的直接成本。

请注意，某种特定成本可能对一个成本对象来说是直接成本，对另一个成本对象来说则是间接成本。也就是说，直接成本与间接成本的区分取决于成本对象的选择。例如，如果以宝马公司的装配车间为成本对象，该车间监管人员的工资就是直接成本；但如果成本对象是一种产品（如 BMW X6 汽车），则就是间接成本，因为装配车间同时装配许多不同的车型。应该记住的一个有用的规则是，成本对象的定义越广——是装配车间而不是 BMW X6 汽车——总成本中直接成本的比例就越大，管理人员对成本数量的准确性就越有把握。

成功之匙

直接成本指管理者能够以经济可行的方法直接追溯到成本对象的成本。管理者能够分派间接成本，但是要做到准确分派却是一个很大的挑战。随着信息技术的进步以及信息费用的下降，大多数成本都可以归为直接成本，这就可以使管理者避免间接费用分派中的不准确性。

2.3 成本性态模式：变动成本与固定成本

成本系统记录资源的取得成本，如材料、人工和设备成本，并追踪这些资源如何用于生产和销售产品或服务。记录资源的取得和使用成本，使得管理人员能够认清成本的性态。在许多会计系统中都能发现两种基本的成本性态模式。**变动成本**（variable cost）是总额变动与相关作业或数量总水平变动成比例的成本。**固定成本**（fixed cost）是在一定时期内总额保持不变，而不论相关作业或数量的总水平变化有多大的成本。成本根据特定的作业和特定的时间段而被定义为变动的或固定的。实务调查一再显示，确认一项成本是变动成本还是固定成本，能为制定管理决策提供有价值的信息，也是评价业绩的重要资料。为了描述成本的两种基本模式，再一次考虑宝马公司位于南卡罗来纳州斯帕坦堡市的工厂的成本。

1. 变动成本：如果宝马公司每辆 BMW X6 汽车的方向盘的购买成本是 600 美元，那么总的方向盘成本应该是 600 美元乘以生产的汽车总数，如下表所示。

BMW X6 的产量 (1)	每个方向盘的变动成本（美元） (2)	方向盘的总变动成本（美元） (3)=(1)×(2)
1	600	600
1 000	600	600 000
3 000	600	1 800 000

方向盘成本是变动成本的一个示例，因为总成本的变化与汽车产量变化是成比例的。每单位的变动成本是固定的。第（2）列中每个方向盘的变动成本是一样的，第（3）列中方向盘的总变动成本与第（1）列中 BMW X6 的产量成比例变化。在考虑变动成本性态时，应始终关注总成本。

图表 2—3 中的图 A 描述了方向盘的总变动成本。总变动成本用一条从左到右向上倾斜的直线表示。有时用术语“严格变动”或“按比例变动”来描述图 A 中的变动成本。

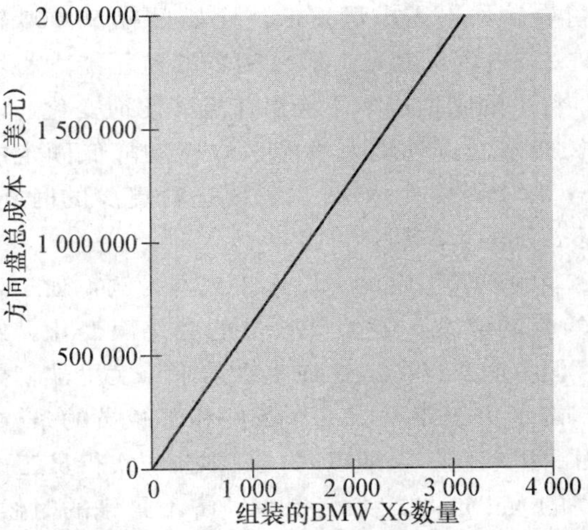

图A　组装每辆BMW X6的方向盘的变动成本600美元

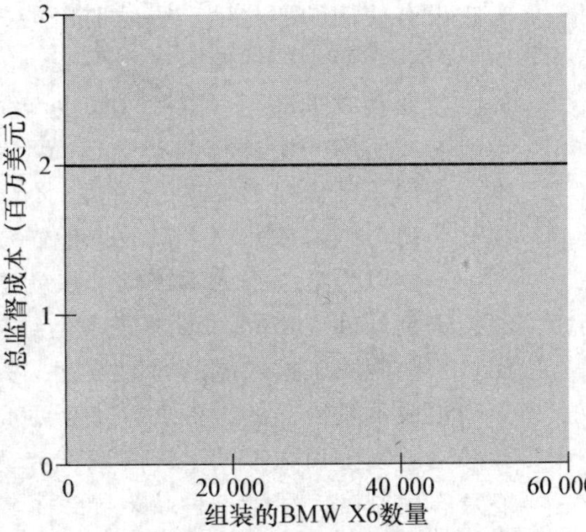

图B　BMW X6组装线的监督成本

图表 2—3　变动成本与固定成本图

考虑一个关于不同作业的变动成本的例子——斯帕坦堡工厂付给每个安装机器的工人每小时 20 美元的工资。安装所耗人工成本相对于安装工时来说是一种变动成本，因为其总数随安装所耗用的小时数成比例变化。

2. 固定成本：假设宝马公司每年发生 2 000 000 美元的 BMW X6 生产线监督总成本。在一定时期，生产的汽车在指定数量范围内，这些成本的总额保持不变（见图表 2—3 中的图 B）。但其单位固定成本随已装配汽车数量的增加而变得越来越小，如下表所示。

BMW X6 组装线年度总固定监督成本（美元）(1)	BMW X6 的产量 (2)	每辆 BMW X6 的固定监督成本（美元）(3)=(1)/(2)
2 000 000	10 000	200
2 000 000	25 000	80
2 000 000	50 000	40

总的生产线监督成本是固定的 2 000 000 美元，每辆 BMW X6 的固定监督成本随其产量的增加而减少。不要被单位固定成本变动误导了。与变动成本一样，当考虑固定成本时，应始终关注总成本。当总作业或数量水平发生显著变化时总成本保持不变，该成本就是固定成本。

为什么有些成本是变动的，有些是固定的？回顾一下，成本通常是用取得货物或服务而必须支付的货币数量来计量的。方向盘总成本是变动成本，因为宝马公司只在需要的时候才购买方向盘。BMW X6 车生产得越多，就要按比例获得越多的方向盘，也就会按比例发生越大的成本。

将变动成本的描述与宝马公司为监督 BMW X6 装配线而发生的每年 2 000 000 美元的固定成本相比较。在宝马公司开始生产 BMW X6 之前，甚至在它知道将要生产多少辆 BMW X6 之前，工厂的监督水平就已经确定了。假定宝马公司有监督年产 60 000辆 BMW X6 的能力。如果需求量只有 55 000 辆，生产能力将出现闲置。

因为需求量低，本来有能力监督 60 000 辆 BMW X6 生产的监督员只能监督 55 000辆 BMW X6 的生产。但是，因为在短期内监督成本不会减少，宝马公司必须为它没有使用的那些生产线的监督能力付费。如果需求量更低，比如只有 50 000 辆 BMW X6，而生产线监督成本不变，仍是 2 000 000 美元，那么闲置的监督能力将增加。与变动成本不同，资源（如生产线监督）的固定成本不能迅速且简便地变化，以与所需或所用的资源相匹配。然而，从长期来看，管理人员能采取行动降低固定成本。比如，因为对 BMW X6 的需求量低，BMW X6 生产线只需要运行更少的时间，宝马公司可以解雇监督人员或把他们转移到别的生产线。

不要以为某一个成本事项本来就是变动的或者固定的。以人工成本为例，当工人的工资是计件工资时，人工成本是纯粹的变动成本，随生产数量的变化而变化。例如，一些制衣工按缝制的衬衫数领工资。但有时工厂的人工成本在未来年度里被划分为固定成本是恰当的。例如，工会协商制定了关于年薪、工作条件和不减员的条款，并严格限制公司在不同工厂间调配劳动力的机动性。长期以来，日本公司实行员工的终身雇用制度。尽管这种政策导致了较高的人工成本，尤其是在经济不景气的时候，但其好处是员工忠诚度很高，对公司全身心奉献并带来高生产力。下面的“实例”专栏描述了汽车共享服务如何给公司提供机会，把拥有汽车的固定成本转换为按需租赁汽车的变动成本。

实 例　　汽车租赁公司 Zipcar 帮助 Twitter 减少固定成本

在美国的一些城市，选择汽车租赁公司 Zipcar 已经成为企业减少自有汽车的燃油、保险和停车费用的一种方式。Zipcar 为城市居民和企业提供“按需”服务，他们可以按周、天甚至小时来租赁 Zipcar 的汽车，费用为每小时 8 美元，每天 78 美元（其中包括燃油和保险费，每天的行驶里程为 180 公里）。

让我们想想 Zipcar 的存在对企业意味着什么。许多小企业都拥有一两辆汽车，用于参加会议、接待客户以及处理公司大小事务。当然，大企业拥有的汽车更多，主要用于接送高管和客户参加会议、商务午餐和往返机场。通常，拥有这些汽车给企业带来了非常高的固定成本，包括购车费用、维修费用和多名司机的保险费用。

然而，现在像 Twitter 之类的公司可以在需要汽车时找到 Zipcar，从而减少交通费用和其他成本费用。在旧金山市中心，Twitter 的管理者向 Zipcar 租赁汽车去会见风险投资人以及硅谷的合作伙伴。微博开创者、Twitter 联合创始人杰克·多西指出：“我们更愿意使用 Zipcar 到圣何塞去接投资者或者穿越城市做事情。”从商业角度来说，Zipcar 将 Twitter 和其他公司的自有汽车的固定成本转化成了变动成本。当企业增长放缓，或者企业并不需要汽车接待客户时，Twitter 就不会受到拥有汽车的固定成本的拖累。当然，当企业发展态势良好的时候，Twitter 的管理者会更频繁地使用 Zipcar，他们不会再为购买和维修汽车掏自己的腰包。

资料来源：Based on Paul Keegan，“Zipcar-the best new idea in business.” *Fortune*（August 27，2009）；Elizabeth Olsen，“Car sharing reinvents the company wheels.” *New York Times*（May 7，2009）；Zipcar，Inc.，“Zipcar for business case studies”；Zipcar，Inc.，“Zipcar rates and plans.”

一个特定的成本项目可能对于某个作业水平来说是变动的，对于另一个作业水平来说则是固定的。以航空公司机队的年注册和执照成本为例，注册和执照成本对于拥有的飞机数来说是变动的，对于某一架飞机的年飞行里程来说则是固定的。

为了关注重点概念，我们把成本性态分为变动的和固定的。有些成本既有变动成分也有固定成分，被称为混合成本或半变动成本。例如，公司的电话成本既有固定的每月租金，也有按分钟计的通话费。我们将在第 8 章讨论混合成本，以及分离混合成本中固定成分和变动成分的技术。

□ 2.3.1　成本动因

成本动因（cost driver）是在一定时间内影响成本的变量，如作业或数量水平等。换句话说，在作业或数量水平变化和总成本水平变化之间存在因果关系。例如，如果产品设计成本随产品零件数的变化而变化，那么零件数就是产品设计成本的一个成本动因。同样，行驶里程常常是分销成本的一个成本动因。

变动成本的成本动因是作业或数量水平，它们的变动引起变动成本成比例变动。例如，装配的车辆数是方向盘总成本的成本动因。如果安装工人按小时拿工资，那么安装工时数就是总（变动）安装成本的成本动因。

短期内固定的成本在短期内没有成本动因，但在长期内有。考虑一下惠普公司彩色打印机的测试成本。该成本包括测试部门设备和人员等较难改变的成本，因此，短期内测试成本不随产量变动。在这种情况下，产量在短期内就不是测试成本的成本动因。但从长期来看，惠普公司会增减测试部门的设备和人员以与未来产量水平相适应，那么产量就是测试成本的成本动因了。

□ 2.3.2　相关范围

相关范围（relevant range）是一个正常作业或数量水平的区间，在此区间内，作业或数量水平与待考察的成本之间存在某种特定的关系。例如，固定成本只有在一个给定的作业或数量范围（公司预期在此范围内经营）和一个给定的时间段（通常是一个特殊预算期间）内才是固定的。假设宝马公司与 Thomas Transport Company（TTC）签订合同，向宝马公司的经销商运送 BMW X6。TTC 公司租用两辆卡车。每辆卡车的年固定租金为 40 000 美元，年最大运程为 120 000 英里。在当年（2012 年），两辆车预计运程合计为 170 000 英里。

图表 2—4 反映了在不同运程数水平下的年固定成本：运程低于 120 000 英里时，TTC 只使用一辆车；运程为 120 001～240 000 英里时，需要两辆车；运程为 240 001～360 000 英里时，需要三辆车。只要 TTC 增加卡车以提供更多的运程，这一模式将持续下去。给定 2012 年的预计运程为 170 000 英里，120 001～240 000 英里这一范围就是 TTC 的预计运程范围，进而得出卡车固定成本为 80 000 美元。在上述相关范围内，运程英里数的变化不会影响年固定成本。

每年的固定成本可能会发生变化。比如，如果 2013 年两辆车的总租金成本增加 2 000 美元，总固定成本就会增加到 82 000 美元（其他不变）。如果发生这一变动，在 120 001～240 000 英里这个运程范围内，总租金成本将固定在 82 000 美元这个新水平上。

相关范围的基本假定同样适用于变动成本。也就是说，在相关范围之外，像直接材料这样的变动成本可能不会随产量成比例变动。比如，超过一定的产量之后，直接材料成本可能会以更低的比率上升，因为材料的价格折扣变大了。

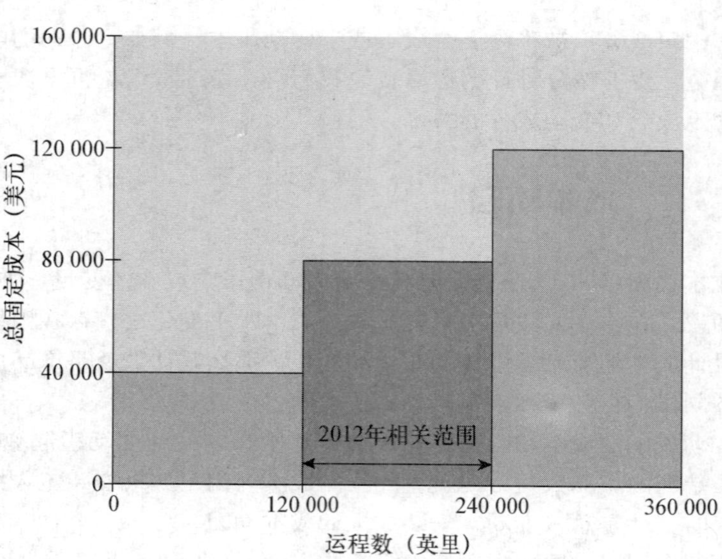

图表 2—4 TTC 公司的固定成本

□ 2. 3. 3 成本类型之间的联系

我们已经介绍了两种主要的成本分类：直接成本/间接成本和变动成本/固定成本。成本可能同时是：

- 直接成本和变动成本；
- 直接成本和固定成本；
- 间接成本和变动成本；
- 间接成本和固定成本。

图表 2—5 显示了 BMW X6 的四种成本类型。

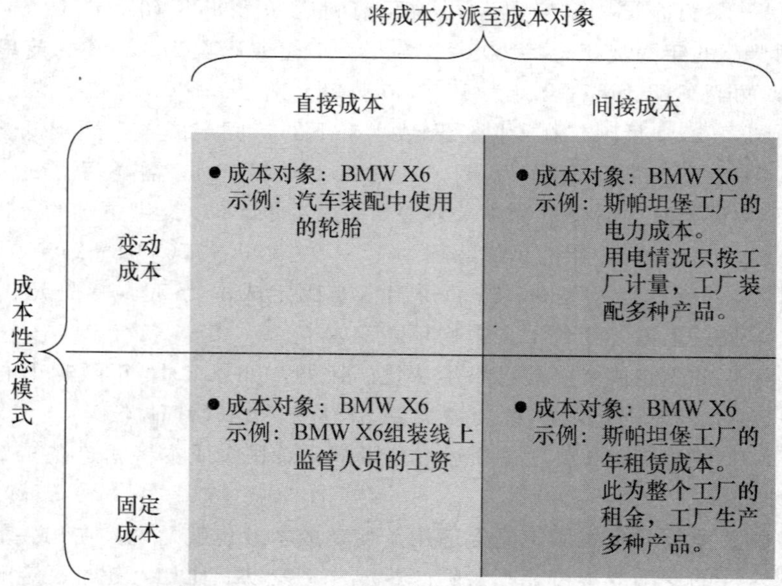

图表 2—5 汽车制造商的四种成本类型

成功之匙

变动成本总量水平及其在总成本中所占比重随相关经营活动水平的变化而变化。尽管相关经营活动水平发生变化，但是在一定时期内，固定成本总额仍然保持不变。相关范围是指经营活动范围内动因与成本的特定关系。

2.4 总成本与单位成本

前面集中讨论了与作业和数量水平相联系的总成本性态模式，现在我们考虑单位成本。

2.4.1 单位成本

总的来说，决策制定者应该考虑总成本而不是单位成本。但在许多决策情形下，计算单位成本是必要的。考虑以下情况：一个演出经纪人决定邀请 Lady Gaga 到新洋基体育场演出，他估计这项活动的成本为 3 000 000 美元。知道这一点对决策有帮助，但还不够。

在做出决策之前，这个经纪人必须预测可能观看演出的人数。如果不知道总成本和参加者的人数，他就不能明智地决定一个可行的入场费以补偿这项活动的成本，甚至不能决定是否应该举行这项活动。所以他用总成本（3 000 000 美元）除以预计观看演出的人数来求得单位成本。如果有 60 000 人参加，单位成本是每人 50 美元；如果有 30 000 人参加，单位成本骤升至每人 100 美元。

除非总成本"单位化"（即依据作业或数量水平进行平均），否则对 3 000 000 美元的成本很难做出解释。单位成本以一种方便易懂的方式整合了总成本和人数。

会计系统通常会报告总成本数和单位平均成本数。**单位成本**（unit cost）也叫**平均成本**（average cost），用总成本除以单位数量计算得到。单位可以用不同的方式表示，比如，组装的汽车、递送的包裹或者工作小时。假设 Tennessee Products 公司的孟菲斯制造厂 2012 年生产 500 000 套扬声器系统的生产成本为 40 000 000 美元，那么单位成本是 80 美元：

$$\frac{\text{总生产成本}}{\text{产品数量}}=\frac{40\,000\,000}{500\,000}=80\ (\text{美元/套})$$

如果商品售出了 480 000 套，另外 20 000 套属于期末存货，单位成本这一概念有助于管理者决定利润表以及资产负债表中的总成本。这也就构成 Tennessee Products 公司向其股东、银行以及政府的最终财务报告。

利润表中的售出产品成本，480 000 件×80 美元/件	38 400 000 美元
资产负债表中的期末存货成本，20 000 件×80 美元/件	1 600 000 美元
500 000 套产品的总生产成本	40 000 000 美元

在价值链的各个环节都能找到单位成本——例如，产品设计的单位成本、上门销售的单位成本，以及顾客服务电话的单位成本。管理人员把整个价值链上的单位成本加起来，就可以计算不同产品或服务的单位成本，进而测定每一种产品或服务的获利能力。例如，管理人员使用这种信息决定应该在哪种产品上投入更多的资源（如研发

和营销资源)，以及确定产品价格。

2.4.2 谨慎使用单位成本

虽然在财务报告及产品组合与定价决策中经常使用单位成本，但就许多决策来说，管理人员应该考虑总成本而不是单位成本。以 Tennessee Products 公司的孟菲斯制造厂为例，假设 2012 年的成本 40 000 000 美元包括 10 000 000 美元的固定成本和 30 000 000 美元的变动成本（每套扬声器系统的变动成本为 60 美元）。又假设 2013 年总固定成本和单位变动成本与 2012 年相同。预计 2013 年不同产量下的总变动成本、总固定成本和总成本预算如下（单位：美元）：

产量 (1)	单位变动成本 (2)	总变动成本 (3)=(1)×(2)	总固定成本 (4)	总成本 (5)=(3)+(4)	单位成本 (6)=(5)÷(1)
100 000	60	6 000 000	10 000 000	16 000 000	160.00
200 000	60	12 000 000	10 000 000	22 000 000	110.00
500 000	60	30 000 000	10 000 000	40 000 000	80.00
800 000	60	48 000 000	10 000 000	58 000 000	72.50
1 000 000	60	60 000 000	10 000 000	70 000 000	70.00

假设 2013 年的产量比 2012 年的产量少 500 000 套，如果工厂经理仍然使用 2012 年每套 80 美元的成本来进行计算，就会低估实际的总成本。如果生产 200 000 套，那么实际成本应该是 22 000 000 美元。单位成本 80 美元乘以 200 000 套等于 16 000 000 美元，这低估了实际总成本 6 000 000 美元（22 000 000−16 000 000）。80 美元的单位成本只有在产量为 500 000 套时才成立。

在此情况下，过度信赖单位成本会导致产量下降到 200 000 套时没有足够的现金来支付成本。如上表所示，对于这种决策，管理人员应该考虑总变动成本、总固定成本和总成本，而不是单位成本。通常先计算总成本，如果特殊决策有需要的话，再计算单位成本。

成功之匙

单位成本或平均成本是指用一定数额的总成本除以相关的产品数量得到的成本。总的来说，管理者在做决策时，应该注重总成本，而不是单位成本。

2.5 企业部门、存货类型、存货性成本与期间成本

在这一部分，我们描述公司持有存货的不同类型和一些常用的生产成本分类。

2.5.1 制造业、商业与服务业公司

下面介绍三大经济行业中每一行业的公司的例子。

1. **制造业公司**（manufacturing-sector company）购买原材料和零部件，最终将

其转化为产成品。比如，汽车公司捷豹、手机生产商诺基亚、食品制造集团亨氏、电脑公司东芝。

2. **商业公司**（merchandising-sector company）购买成品，然后在不改变商品基本形式的情况下出售有形产品。在零售业，代表性的公司如美国最大的实体书店巴诺、美国塔吉特百货公司；在运输业，代表性的公司如美国最大的医疗设备供应商 Owens and Minor；在批发业，代表性的公司如电子零件供应商艾睿电子。

3. **服务业公司**（service-sector company）提供服务（无形产品），如对客户提供法律建议或进行审计。具体包括：律师事务所，如 Wachtell，Lipton，Rosen & Katz；会计师事务所，如安永；银行，如巴克莱银行（BarclaysBank）；共同基金公司，如富达投资（Fidelity）；保险公司，如安泰保险（Aetna）；运输公司，如新加坡航空公司；广告公司，如盛世广告（Saatchi & Saatchi）；电视台，如特纳广播公司（Turner Broadcasting）；网络服务提供商，如 Comcast；旅行社，如美国运通（American Express）；经纪公司，如美林集团（Merrill Lynch）。

□ 2.5.2 存货的类型

制造业公司购买原材料和零部件，然后将其转化为不同的产成品。这些公司的存货通常包括下列三种存货中的一种或几种：

1. **直接材料存货**（direct materials inventory）。库存和生产过程中待用的直接材料（如生产移动电话所需的电脑芯片和部件）。

2. **在产品存货**（work-in-process inventory）。部分完工但还没有全部完工的产品（如处于生产过程不同阶段的移动电话），也叫半成品（work in progress）。

3. **产成品存货**（finished goods inventory）。全部完工但尚未售出的产品（如移动电话成品）。

商业公司购买有形产品后售出，不改变其基本形态。它们只持有一种存货，即保持初始购入形态的产品，称作商业存货。服务业公司只提供服务或无形产品，它们不持有有形产品存货。

□ 2.5.3 常用的生产成本分类

通常用三个术语描述生产成本，即直接材料成本、直接人工成本和间接生产成本。

1. **直接材料成本**（direct material costs）是所有最终成为成本对象（在产品和产成品）的一部分并且能以经济可行的方式追溯到成本对象的材料取得成本。直接材料的取得成本包括运输（抵港交付）费用、销售税金和关税。直接材料成本的例子有生产 BMW X6 的钢铁和轮胎，以及生产移动电话的计算机芯片的费用。

2. **直接人工成本**（direct manufacturing labor costs）包括所有能经济可行地追溯到成本对象（在产品和产成品）的生产工人薪酬。如支付给机器操作工和组装工的工资和福利，他们把买入的直接材料转化为产成品。

3. **间接生产成本**（indirect manufacturing costs）是所有与成本对象（在产品和产成品）相关但不能经济可行地追溯到成本对象的生产成本。如物料、润滑剂等间接材料、车间维修和保洁等间接人工、厂房租金、车间保险费、车间财产税、车间折旧以及车间管理人员薪酬。这一类成本也称**制造费用**（manufacturing overhead costs）或**车间费用**（factory overhead costs）。我们在本书中交替使用“间接生产成本”和“制造费用”这两个概念。

下面我们介绍存货性成本与期间成本的区别。

□ 2.5.4 存货性成本

存货性成本（inventoriable costs）是指发生时作为资产负债表上的资产，只在销售时变为销售成本的所有产品成本。对制造业公司来说，所有的生产成本都是存货性成本。以移动电话制造商 Cellular Products 为例。（从直接材料存货发出）用于生产的直接材料（如计算机芯片）成本、直接人工成本以及间接生产成本共同创造出了新的资产，这种新资产开始是在产品，然后变成产成品（移动电话）。因此，生产成本包含在在产品存货和产成品存货中（它们是“可计入的”），以便计算出创造这些新资产的成本。

当移动电话售出时，它们的生产成本要与销售收入相配比，**收入**（revenues）是因向顾客提供产品或服务而收到的资产流入（通常是现金或应收账款）。销售成本包括所有为生产售出品而发生的生产成本（直接材料成本、直接人工成本和制造费用）。移动电话可能在不同于生产期间的会计期间售出，因此应在生产产品的会计期间将生产成本存货化计入资产负债表，而在售出时将生产成本费用化计入利润表，以实现收入与费用的配比。

对于商业公司（如沃尔玛），存货性成本是其以原样售出的商品的采购成本。这些成本包括商品本身的成本以及诸如运输费、保险费和商品管理费等其他成本。服务业公司只提供服务或无形产品，没有可供出售的有形产品存货，也就意味着没有存货性成本。

□ 2.5.5 期间成本

期间成本（period costs）是利润表中除销售成本之外的所有成本。期间成本被当做会计期间的费用，因为人们预计它们会带来当期收益而不是未来收益（因为没有充分的证据表明存在未来收益）。在发生当期将这些成本费用化以实现收入与费用的配比。

对于制造业公司而言，利润表中的期间成本是所有的非生产成本（如设计成本和分销成本）。对于商业公司而言，利润表中的期间成本是所有与售出商品成本无关的成本，如销售人员的人工成本和广告成本。对于服务业公司而言，由于没有存货性成本，其利润表中的所有成本都是期间成本。

> **成功之匙**
>
> 存货性成本是指当存货售出时，从资产负债表转移到利润表的成本。期间成本在发生当期计入利润表。

2.6 存货性成本与期间成本的流转举例

我们通过一家制造业公司的利润表来描述存货性成本与期间成本的流转，对制造业公司来说，存货性成本与期间成本的区别是最具体的。

图表 2—6 举例说明了一家银行按直接成本/间接成本和变动成本/固定成本进行分类的期间成本。

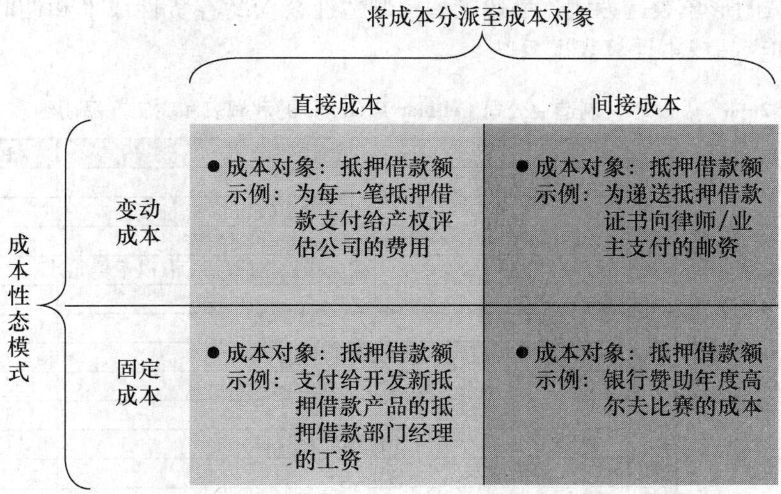

图表 2—6　一家银行按直接/间接成本和变动/固定成本分类的期间成本

□ 2.6.1　制造业公司示例

观察一下图表 2—7 和图表 2—8 中 Cellular Products 公司的成本流。图表 2—7

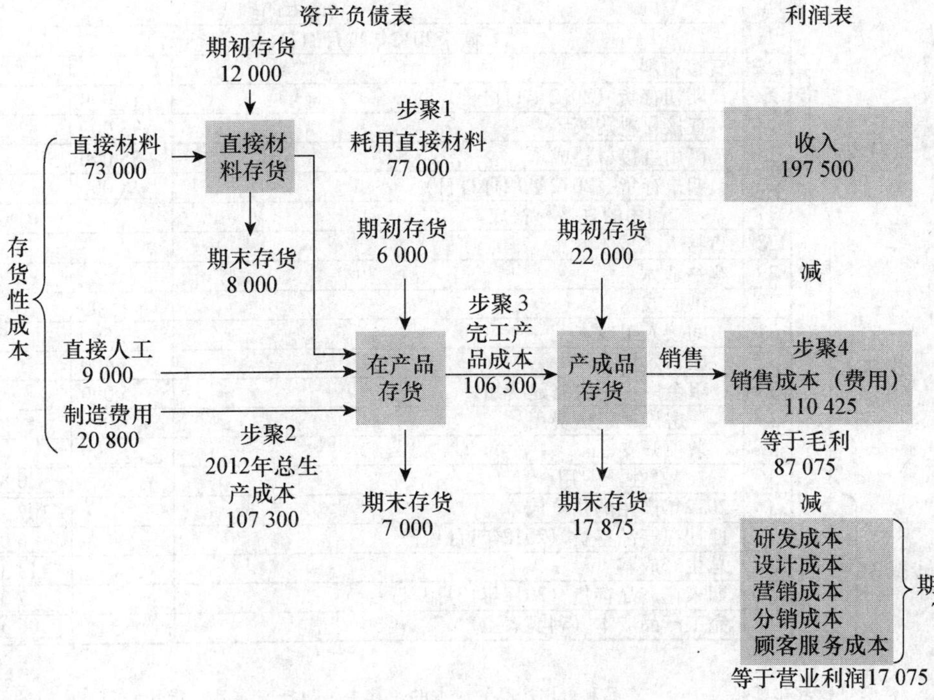

图表 2—7　制造业公司 Cellular Products 的成本与收入流（美元）

形象地强调了一家制造业公司存货性成本流与期间成本流的区别。注意，如前面章节描述的那样，存货性成本经资产负债表的在产品存货和产成品存货账户，然后进入利润表的产品销售成本。期间成本直接费用化，进入利润表。图表 2—8 采用了图表 2—7 的形象表达方式，描述了一家制造业公司的存货性成本和期间费用如何在利润表和产品成本计算表上反映。

图表 2—8　　制造业公司 Cellular Products 的利润表和完工产品明细表

步骤		A	B	C	D
	1	**表A：利润表**			
	2	Cellular Products			
	3	利润表			
	4	截至2012年12月31日(以千美元计)			
	5	收入		197 500	
步骤 4	6	产品销售成本			
步骤 4	7	期初产成品存货（2012年1月1日）	22 000		
步骤 4	8	完工产品成本（见表B）	106 300		
步骤 4	9	可供销售产品成本	128 300		
步骤 4	10	期末产成品存货（2012年12月31日）	17 875		
步骤 4	11	销售成本		110 425	
	12	毛利		87 075	
	13	营业成本			
	14	研发、设计、营销、运输以及顾客服务成本	70 000		
	15	总营业成本		70 000	
	16	营业收入		17 075	
	17				
	18	**表B：完工产品成本**			
	19	Cellular Products			
	20	完工产品成本明细表[a]			
	21	截至2012年12月31日(以千美元计)			
步骤 1	22	直接材料			
步骤 1	23	期初存货（2012年1月1日）	12 000		
步骤 1	24	直接材料购买	73 000		
步骤 1	25	可用直接材料成本	85 000		
步骤 1	26	期末存货（2012年12月31日）	8 000		
步骤 1 / 步骤 2	27	耗用的直接材料成本		77 000	
步骤 2	28	直接人工成本		9 500	
步骤 2	29	生产成本			
步骤 2	30	供应成本	1 900		
步骤 2	31	间接人工成本	2 500		
步骤 2	32	成本效用	3 400		
步骤 2	33	租金——厂房修建费用	5 000		
步骤 2	34	厂房设备租赁费用	7 000		
步骤 2	35	杂项开支	1 000		
步骤 2	36	总生产费用		20 800	
步骤 2 / 步骤 3	37	2012年产生的生产成本		107 300	
步骤 3	38	期初在产品存货（2012年1月1日）		6 000	
步骤 3	39	总生产成本		113 300	
步骤 3	40	期末在产品存货（2012年12月31日）		7 000	
步骤 3	41	完工产品成本（利润表上）		106 300	

注意：这些步骤是关于生产产品和售出产品的成本的，其中仅包括产成品存货开始和结束时的数据，并不是利润表的主体。

首先，我们追溯图表 2—7 左侧和图表 2—8 表 B 中显示的直接材料流。

步骤 1：2012 年耗用的直接材料成本。注意图表 2—7 中期初存货是 12 000 美元，购入的直接材料是 73 000 美元，二者相加就是直接材料存货，然后从直接材料存货中减去耗用的直接材料 77 000 美元，剩下的就是直接材料期末存货 8 000 美元，而本年的期末存货就变成了下一年的期初存货。

图表 2—8 表 B 中耗用的直接材料成本计算如下：

2012 年 1 月 1 日期初直接材料存货	12 000 美元
＋2012 年购入的直接材料	73 000 美元
－2012 年 12 月 31 日期末直接材料存货	8 000 美元
＝2012 年耗用的直接材料	77 000 美元

步骤 2：2012 年发生的总生产成本。总生产成本是 2012 年生产的所有产品的直接生产成本和 2012 年发生的制造费用。Cellular Products 公司将生产成本分为前述三种类型：

（1）2012 年耗用的直接材料（图表 2—8 表 B）	77 000 美元
（2）2012 年的直接人工成本（图表 2—8 表 B）	9 500 美元
（3）制造费用（图表 2—8 表 B）	20 800 美元
2012 年发生的总生产成本	107 300 美元

在图表 2—7 中，注意观察这些成本如何使在产品存货增加。

步骤 3：2012 年完工产品成本。**完工产品成本**（cost of goods manufactured）是指已经完工的产品的成本，不管这些产品是在当前还是以前会计期间开工生产的。

注意图表 2—7 中的在产品存货与步骤 1 中描述的直接材料存货有非常相似的结构。在产品期初存货是 6 000 美元，2012 年发生的总生产成本是 107 300 美元，二者之和就是在产品存货。2012 年发生的一部分生产成本留在期末在产品存货成本中。7 000 美元的在产品期末存货变成了下一年的期初存货，2012 年的完工产品成本 106 300 美元从在产品存货中减掉，计入产成品存货。

图表 2—8 表 B 中 2012 年完工产品成本的计算如下：

2012 年 1 月 1 日在产品期初存货	6 000 美元
＋2012 年发生的总生产成本	107 300 美元
＝报账的总生产成本	113 300 美元
－2012 年 12 月 31 日在产品期末存货	7 000 美元
＝2012 年完工产品成本	106 300 美元

步骤 4：2012 年的销售成本。销售成本是在当前会计期间销售给顾客的产成品存货成本。图表 2—7 中，产成品存货期初余额是 22 000 美元，2012 年完工产品成本 106 300 美元计入产成品存货。产成品存货期末余额 17 875 美元变成了下一年的期初余额，2012 年销售成本 110 425 美元从产成品存货中减掉。

产品销售成本是一项与收入配比的费用。图表 2—8 表 A 中 Cellular Products 公司的产品销售成本计算如下：

2012 年 1 月 1 日期初产成品存货	22 000 美元
＋2012 年完工产品成本	106 300 美元
－2012 年 12 月 31 日期末产成品存货	17 875 美元
＝2012 年产品销售成本	110 425 美元

图表 2—9 显示了 Cellular Products 生产成本流程的有关总分类账 T 形账户。注意：完工产品成本（106 300 美元）是在会计期间完工的所有产品成本。这些成本都是存货性成本。当期完工的产品转入产成品存货。当产品被售出时，这些成本就变成会计期间的产品销售成本。同时也要注意，截至 2012 年 12 月 31 日，在产品存货（7 000 美元）中的直接材料、直接人工和制造费用及产成品存货（17 875 美元）将作为一项资产进入资产负债表。当产品在下一年被售出时，这些成本将变成费用。

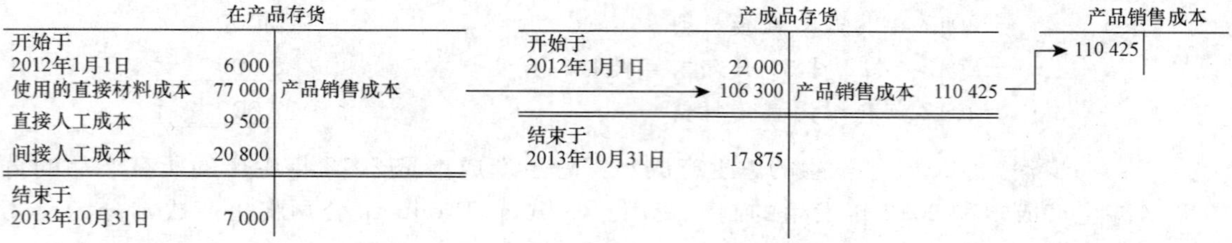

图表 2—9 Cellular Products 生产成本流程的有关总分类账 T 形账户（千美元）

我们现在编制 Cellular Products 公司 2012 年的利润表。该表显示在图表 2—7 的右侧和图表 2—8 表 A 中。Cellular Products 公司的收入是 197 500 美元。2012 年费用化的存货性成本等于销售成本 110 425 美元。

毛利＝收入－销售成本＝197 500－110 425＝87 075（美元）

研发、设计、营销、分销和顾客服务成本 70 000 美元是 Cellular Products 公司的期间成本。该期间成本包括销售人员工资、营销部门所用计算机及其他设备的折旧、分销用仓库的租金，等等。期间成本有助于计算**营业利润**（operating income）。营业利润由营业总收入减去销售成本和营业成本（不包括利息费用和所得税）得到。Cellular Products 公司的营业利润是 17 075 美元（毛利 87 075 美元－期间成本 70 000 美元）。

刚开始学习成本会计的人总是认为当期发生且与存货无关的间接成本都是期间成本，如租金、电话费和折旧费等。当这些成本发生在营销部门或者公司总部时，它们是期间成本。但是当它们发生在生产部门时，它们是间接生产成本，是存货性成本。

注意，库存直到被销售出去才产生费用，管理者可以生产比预期销售量更多的产品而不会减少公司的净收入。事实上，用这种方法增加库存可以帮助企业将当期的固定生产成本的花费推迟到下一个阶段，从而增加企业的毛利率和运营收入。本章附录对这一重要影响作了详细阐述，此外对企业试图阻止管理者参与这种存在潜在风险的活动作了描述。

□ 2.6.2 存货性成本与期间成本概要

图表 2—7 显示了一家制造业公司的存货性成本和期间成本的区别。产成品的生产成本包括直接材料、其他直接生产成本（如直接人工成本）和间接生产成本（如监督、生产控制和机器维修成本）等。所有这些成本都是可计入存货的：产品完工前，这些成本被分派到在产品存货，产品售出前，又被分派到产成品存货。所有非生产成本（如研发、设计和分销成本）都是期间成本。

商业公司的成本流与制造业公司相似，存货性成本和期间成本都流经利润表。但商业公司的成本流更容易理解和追溯。图表 2—10 显示了零售商或批发商（它们购买货物用于再出售）的存货性成本与期间成本的区别。其唯一的存货性成本是商品成本。（这对应于制造业公司的产成品成本。）购买的货物作为商品存货持有，其成本作为一项资产计入资产负债表。当货物售出时，它们的成本作为销售成本计入利润表。零售商或批发商也有营销、分销和顾客服务成本，这些是期间成本。在利润表中，期间成本从收入中扣除主要成本与加工成本。下面的“实例”专栏介绍了诺德斯特龙（Nordstrom）的成本结构。

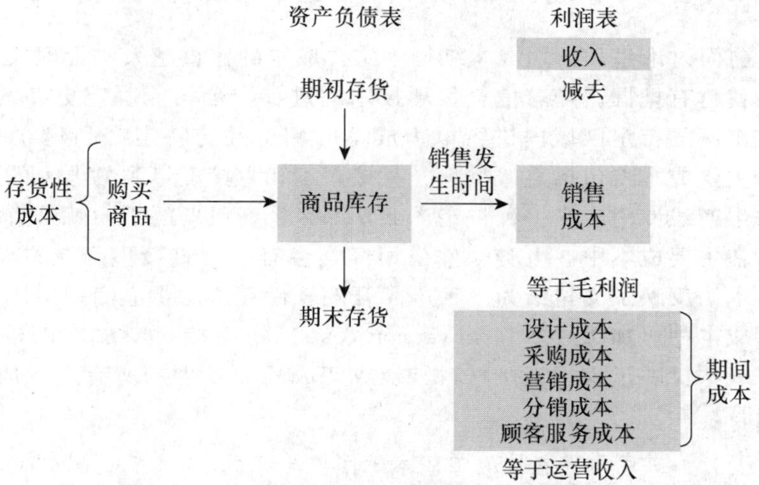

图表 2—10 商业公司（零售或批发商）的收入和成本流

实 例 诺德斯特龙的成本结构促进其发展

在近年的全球经济衰退期间，由于经济增速下滑，顾客消费习惯发生改变，零售业严重受挫。自2009年以来，包括电子产品零售店电路城（Circuit City）、美国影片租赁连锁公司百视达（Blockbuster）、美国第二大连锁书店Boarders在内的许多老牌零售商，都由于收入难以抵消零售业务高昂的固定成本费用（如高昂的租金和人力成本）而纷纷宣告破产。还有一些零售商干脆选择关门。然而，也有一些零售商抵抗住了经济下行的压力，准备在消费者购买力回升时加快发展。

尽管许多零售商都由于固定成本过高而失败，但是高档连锁百货店诺德斯特龙却拥有更灵活的成本结构。它主要采用变动成本的商业模式，其40%～45%的销售成本和一般行政管理费用（销售管理费用）都是可变的。这些成本包括薪酬（大多数销售人员赚取佣金）、津贴、广告费、运输费和操作费。由于在经济衰退期间消费者的购买力下降，诺德斯特龙努力削减成本以减小销售不振对利润的不利影响。同时，诺德斯特龙的成本结构使其能够在市场回暖时把握住市场新机遇。

例如，2009年，诺德斯特龙的收入为82亿美元，其销售管理费用仅占25.5%。2011年，其销售管理费用上升至26.7%，然而其收入增加至105亿美元。诺德斯特龙灵活的变动成本使其能够率先削减成本，然后只需要增加少量的销售管理费用，便能够实现快速发展。

资料来源：Based on Nordstrom，Inc.，2012. 2011 Annual Report. Seattle，WA：Nordstrom，Inc.；Zacks Equity Research，“Nordstrom Pinned to Neutral，” May 22，2012.

2.6.3 主要成本与加工成本

主要成本与加工成本是在生产成本系统中用于描述成本分类的两个术语。**主要成本**（prime cost）是所有直接生产成本。对 Cellular Products 公司而言：

主要成本＝直接材料成本＋直接人工成本＝77 000＋9 500＝86 500（美元）

前面讨论过，公司成本结构中主要成本的比重越大，管理人员对产品成本的准确性就越有把握。随着信息收集技术的进步，公司能确定更多的直接成本。例如，能在工厂的特定区域内进行电力成本的测量并与特定产品建立联系。在这种情况下，主要成本将包括直接材料、直接人工和直接度量到的电力的成本。而且，如果一条生产线专门生产一种特定产品，那么生产设备的折旧就是直接生产成本，应该包括在主要成本中。电脑软件公司经常会有一个直接生产成本项目——购入技术。这一术语反映了支付给为一种产品开发软件算法的供应商的费用，该费用也包括在主要成本中。**加工成本**（conversion costs）指直接材料成本以外的其他生产成本。加工成本反映了为把直接材料转换成产成品而发生的所有生产成本。对 Cellular 公司而言：

加工成本＝直接人工成本＋间接生产成本＝9 500＋20 800＝30 300（美元）

注意，直接人工成本既是主要成本也是加工成本。

有一些生产部门，如计算机集成制造（computer-integrated manufacturing, CIM）工厂，只有很少的工人。工人的职责是监控生产流程并维护生产多种产品的设备。CIM 工厂的成本系统中没有直接人工成本这一类，因为直接人工成本很小，也很难将它追溯到产品。在 CIM 工厂，唯一的主要成本是直接材料成本，加工成本仅包含间接生产成本。

成功之匙

对于制造业公司而言，生产成本（直接材料成本、直接人工成本、制造费用）都是存货性成本；非生产成本计入期间成本。对于商业公司而言，唯一的存货性成本就是商品成本。

2.7 计量成本需要判断

计量成本需要判断，是因为对成本进行定义和分类有许多可供选择的方法。不同的公司，甚至同一公司内的不同部门，都可能对成本进行不同的定义和分类。公司要注意成本的定义和成本的计量方式。我们首先以人工成本计量为例来说明这一点。

2.7.1 人工成本的计量

虽然各公司对人工成本的分类不同，但大多数公司有如下分类：

- 直接人工成本（能追溯到某个产品的人工成本）；
- 制造费用（稍后有关于制造费用中的重要人工成分的例子）；
- 间接人工报酬；
  —车间工人；
  —车间保安；
  —返工人工（直接人工返修不合格品所耗费的时间）；
  —支付给车间工人的加班工资（稍后解释）；
  —闲置时间（稍后解释）；
- 经理、车间主管、监管员的工资；
- 工资附加成本，如卫生保健福利、养老金成本等（稍后解释）。

注意，间接人工常常划分为许多子类（如车间工人和闲置时间）来获得有关不同类别间接人工的信息。同时也要注意，经理工资通常不归入间接人工成本。而监管员、车间主管和所有其他生产部门管理层的薪酬都归入与人工相关的制造费用的一个独立类别。

2.7.2　加班工资和闲置时间

进行详细成本分类的目的在于把某一成本与特定的动因联系起来。需要特别提及两类间接人工——加班工资和闲置时间。**加班工资**（overtime premium）是支付给工人（直接人工和间接人工）的超过其正常工资的工资。加班工资通常被作为间接成本或制造费用的一部分。举个例子，George Flexner 是一位为多种产品编写软件的初级软件程序员。在正常工作时间，他的薪酬是每小时 20 美元，在加班工作时间，薪酬是每小时 30 美元（为相当于原工资一倍半的加班费）。他的加班工资是每加班 1 小时 10 美元。如果某一周他工作了 44 小时，包括加班 4 小时，那么他总的薪酬可以分类如下：

直接服务人工：44 小时×20 美元/小时	880 美元
加班工资：4 小时×10 美元/小时	40 美元
44 小时的总薪酬	920 美元

在本例中，为什么支付给直接人工的加班工资通常被认为是间接成本而不是直接成本呢？毕竟，这份工资可以追溯到 George 加班时编写代码的具体产品。加班工资一般不被当作直接成本，是因为加班通常是随机的。例如，假设 George 在特定的工作日为两种产品各编写 5 小时的代码，这 10 小时中包括 2 小时加班时间。那么 George 的 2 小时加班时间应该纳入加班工资吗？或者应该根据两种产品所耗用时间按比例分摊工资吗？按比例分摊加班工资没有增加某一特定产品的成本——因为它恰巧发生在加班时间内。相反，加班工资被归因于繁重的工作量，其成本被认为是费用的一部分，由两种产品共同承担。

有时加班不是随机的。比如，一个顾客要求的“加急活”可能是加班的唯一原因。在这种情况下，加班工资就被认为是该项业务的直接成本。间接人工成本的另一个子类是直接和间接生产或服务人工的闲置时间。在**闲置时间**（idle time）会给非生产时间的人工支付工资，这些非生产时间常常是因缺少订单、机器故障、材料短缺、不良计划等类似情况引起的。例如，如果 George 在等待另一个同事将代码传给他，本周有 3 小时没有工作，George 的收入分类如下：

直接服务人工：41 小时×20 美元/小时	820 美元
闲置时间（服务费用）：3 小时×20 美元/小时	60 美元
加班工资（服务费用）：4 小时×10 美元/小时	40 美元
44 小时的总收入	920 美元

很明显，闲置时间与某一特定业务没有联系，就像我们之前讨论过的那样，加班工资也是如此。加班工资和闲置时间都被认为是间接成本。

□ 2.7.3 定义会计术语的好处

管理人员、会计师、供应商和其他人如果能完全理解和认同本章以及后面章节所介绍的成本术语的分类与意义，将会避免许多麻烦。

以人工成本及工资附加成本（如雇主为雇员支付的社会保障金、人身保险、健康保险和养老金等）为例，一些公司把这些成本计为制造费用。而在另一些公司，与直接人工相关的工资附加成本被当做额外的直接人工成本。例如，一名软件工程师的总工资由每小时 20 美元的基本工资和每小时 5 美元的附加工资组成。一些公司把 20 美元计为直接人工成本，而将 5 美元计为制造费用；另一些公司把整个 25 美元计为直接人工成本。后一种方式更合理，因为单位基本工资和附加工资合起来才是获得直接人工服务的成本。

应注意的是，在任何情况下，都要明确直接人工包括什么，不包括什么，以预防有关成本—报酬合同、所得税和工会事宜的纠纷。一些国家（如哥斯达黎加和毛里求斯）向在当地设厂的公司提供极大的税收优惠。在某些情况下，要取得税收优惠资格，工厂的直接人工成本在其产品总生产成本中应达到一定百分比。

当直接人工成本不能准确定义，而为获得税收优惠资格需要计算直接人工百分比时，对于是否把附加工资成本记入直接人工成本产生了争议。公司试图把附加工资作为直接人工成本的一部分，以使直接人工成本占总生产成本的比例更高。而税务机关认为，附加工资成本是制造费用的一部分。除了附加工资外，其他有争议的项目还有培训期的工资、闲置时间的工资、假期工资、病假工资以及加班工资等，因此，为避免纠纷，合同与法律应尽可能地明确有关定义和计量方法。

□ 2.7.4 产品成本的多种含义

实务中的许多成本项目是有歧义的。以“产品成本”这一术语为例，**产品成本**（product cost）是按某一特定目的分派给一个产品的所有成本的总和。不同目的会导致不同的产品成本计量方法，如图表 2—11 价值链上的括号所示。

- 产品定价、产品结构决策。为了就定价以及哪种产品能够带来最大利润做出决策，管理者十分关注不同产品的总盈利能力，因此将价值链中企业职能里产生的成本分派到不同的产品上。
- 政府补贴合同。与政府签订合同后，政府会在产品成本和预先设定的边际利润

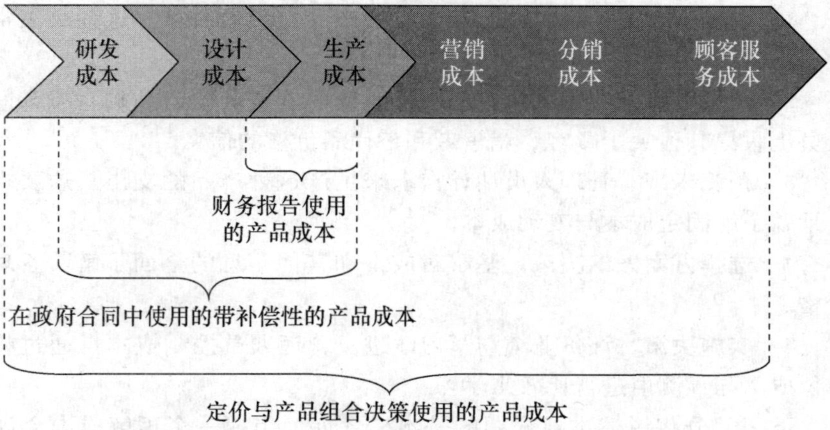

图表 2—11 为不同目的使用不同产品成本

的基础上对承包商进行补贴。这种成本加成法通常用于服务和开发类合同，因为在这些行业很难预测产品设计、制造和测试要花费多少成本。由于这类合同将成本风险转嫁给了政府，因此在计算某一产品成本时，国防部和能源部之类的机构就允许（或不允许）的成本项目作出了详尽的规定。例如，一些政府机构明确指出营销费用、运输费用和顾客服务费用不在补贴范围之内，但是政府可能会对研发费用进行部分补贴。政府机构只愿意对开发商在合同范围内与交货最紧密相关的成本进行补贴。从图表2—11 的第二个括号中可以看出，某合同下的产品成本包括所有的设计和生产成本，但是只会对研发成本进行部分补贴。

- 根据《公认会计准则》提供外部财务报表。《公认会计准则》规定，只有生产制造成本能够在财务报表中归为存货项目。为了计算存货性成本，产品成本仅包括可盘存产品（生产制造）成本。

如图表 2—11 所示，财务报表上的产品成本只包括很小一部分，仅仅包括可盘存产品成本。当政府进行合同补贴后，其成本的范围有所增大。当包括产品定价和产品组合决策成本后，成本的范围最大。

本小节关注在计算产品成本时，不同的目的会导致企业职能价值链中包括不同的成本项目。管理者必须对成本的概念以及本章介绍的成本分类法有一个清晰而明确的认识。图表 2—12 总结了主要的成本分类。

图表 2—12 成本分类

1. 经济功能	3. 关于作业或数量水平的性态模式
(1) 研究与开发	(1) 变动成本
(2) 产品、服务和加工的设计	(2) 固定成本
(3) 生产	4. 总量或平均
(4) 营销	(1) 总成本
(5) 分销	(2) 平均成本
(6) 顾客服务	5. 资产或费用
2. 向成本对象分派	(1) 存货性成本
(1) 直接成本	(2) 期间成本
(2) 间接成本	

使用第 1 章描述的五步决策制定法，思考不同的成本分类如何帮助管理人员制定决策和评价业绩。

1. 识别问题与不确定性。考虑有关产品定价的决策。这种决策常常取决于生产此产品的支出。

2. 获取信息。管理人员在每一个业务职能上确定产品的直接和间接成本。管理人员也收集其他关于顾客、竞争者和替代品价格的信息。

3. 预测未来。管理人员估计在未来生产这种产品的支出。这要求预测产品的销售量并了解固定成本与变动成本。

4. 选择方案做出决策。基于对成本和其他信息的全面了解，管理人员选择一个价格。

5. 实施决策、评价业绩与学习改进。管理人员控制成本，通过将实际总成本和单位成本与预测值进行比较来学习。

下一部分将讲述本章介绍的基本概念如何组成一个理解成本会计与成本管理的框架，这一框架能被应用于许多专题的研究，如战略评估、质量管理以及投资决策等。

成功之匙

管理者能够依据成本计算目的将不同的成本分派给同一个成本对象（比如某个产品）。因此，了解成本分类法和成本这一术语的含义尤为重要。

2.8 成本会计和成本管理的框架

在大量实务应用中，成本会计和成本管理的三个特征是：

1. 计算产品、服务和其他成本对象的成本。
2. 为制定决策而分析相关信息。
3. 获取成本计划、成本控制和业绩评价方面的信息。

我们将在第 3～第 12 章讨论这些观念。这些观念也构成了学习本书后面一些专题的基础。

2.8.1 计算产品、服务和其他成本对象的成本

我们已经看到了产品成本的不同目的与不同计量方法。无论目的是什么，成本系统都要追溯直接成本，将间接成本分派到产品。第 4～第 7 章将介绍用于计算产品和服务的总成本及单位成本的基本系统，如作业成本法，并讨论管理人员如何使用这些信息来制定策略及制定价格、产品组合和成本管理决策。

2.8.2 为制定决策而分析相关信息

在制定战略设计和实施方面的决策时，管理人员必须明白哪些收入与成本是需要考虑的，哪些是不需要考虑的。管理会计师帮助管理人员区分哪些信息是相关的，哪些是无关的。考虑外购产品还是自制产品的决策，成本系统显示自制的单位成本是

25美元。一个供应商的报价是每单位22美元，乍一看外购好像比自制便宜。假定25美元的自制成本中有5美元是厂房租金，无论自制还是外购，都必须支付。即，如果选择外购，厂房闲置，5美元的租金仍然会发生。在这种情况下，自制就比外购便宜。这是因为自制只产生每单位20美元的增量成本，而外购的增量成本是每单位22美元。每单位5美元的租金与决策无关，因为不管自制还是外购，它都会发生。分析相关信息是制定决策的关键。

管理者在做出生产何种产品以及生产多少产品的战略决策时，必须明白收入和成本是如何随产量的变化而变化的。同时，管理者需要区分固定成本和变动成本。第3章分析营业利润是如何随产品销量的变化而变化的，以及管理者是如何利用这些信息做出投入多少广告费的决策的。第8章讨论如何预测成本的固定因素和可变因素。第9章讨论在不同情况下，相关性概念对决策的影响，同时还将阐述管理者如何在资源有限的情况下使利润最大化。第10章介绍相关收入以及质量、存货和时间成本。第11章阐述相关成本和基于投资决策的资本成本。

□ 2.8.3　获取成本计划、成本控制和业绩评价方面的信息

在成本计划和成本控制中，预算是最常用的方法。预算迫使管理者向前看，将战略转化为计划，与公司各部门进行协调与沟通，并且制定业绩评价的标准。由于管理者致力于让成本符合预算目标，因此预算对于管理者行为和决策有着至关重要的作用。第12章讨论企业的预算体系。

在报告期结束时，管理者会将实际结果与业绩目标进行比较，他们的任务在于找出实际结果与业绩目标存在差异的原因，并将这些差异作为反馈，从中获取信息以进一步促进企业发展。管理者通常会使用这些差异信息以及非金融测量指标（如次品率和顾客满意度）来控制和评价各个部门、机构以及管理者的业绩表现。

第13章讨论方差分析。第14章介绍平衡计分卡这一执行企业决策的工具。第15章阐述企业分权的利弊，以及利用价格转移来协调各管理者之间的行动。第16章提出多种方法来评价业绩以调整管理者和企业所有者之间的利益。第12～第16章都聚焦于管理者执行战略决策时所采用的手段。

附录　变动成本法和归纳成本法

当公司固定成本高时，比如在半导体、汽车以及钢铁行业，管理者必须把握好企业生产能力，并且做好可用生产量的使用决策。同时，管理者也要做出生产和库存决策。管理者做出的决策和会计选择会对制造业公司的营业收入造成一定的影响。

在这里，我们着重讨论生产制造成本中的库存成本选择。前面提到，对于制造业公司来说，所有的生产成本都是存货性成本。其在发生时作为资产，随后在销售时变为完工产品成本。**归纳成本法**（absorption costing）是存货成本计算方法的一种，其中所有的生产成本都是存货性成本。可采用归纳成本法衡量一切生产资料的成本，无论其是变动成本还是固定成本。Cellular Products公司就是采用归纳成本法的一个例子。在大多数国家，企业在进行外部会计活动时，《公认会计准则》（GAAP）会要求使

用归纳成本法。

□ 存货堆积

归纳成本法的问题在于它让管理者通过增加产量在一定时期内增加营业收入，即使顾客没有更多的产品需求。更多的期末存货也能够使公司的利润和营业收入实现较高的增长。为了调整管理者和股东之间的利益，公司依据营业收入报告，对管理者进行频繁的评估和奖励。更多的存货让管理者的业绩表现看起来更好。

为了阐述存货的作用，我们回到 Cellular Products 公司的例子。我们提供了与例子中成本信息相一致的额外信息。除了产品数量外，其他数字都以千为单位。

- 所有生产制造成本的成本动因都是生产的产品数量。
- 价值为 22 000 美元的期初产成品存货包括 400 件产品，每件 55 美元。
- 单位直接材料成本为 40 美元，单位直接生产人工成本为 5 美元。
- 可变制造费用中唯一的项目就是每件产品的供应成本为 1 美元。
- 固定制造费用成本合计 18 900 美元。Cellular Products 公司使用这笔费用成本生产了 2 100 件产品，因此其单位固定制造费用为 9 美元（18 900÷2 100）。因此，每件产成品存货都有 9 美元的固定制造费用。例如，Cellular Products 公司一年中生产了 100 件产品，这些产品都是存货性成本，那么每件产品都有 9 美元的固定制造费用（合计 900 美元），而不是每件 189 美元的固定制造费用（18 900÷100）。固定制造费用以及 2 000 件（2 100－100）未生产的产品将被记入费用账（9×2 000＝18 000（美元））。
- 归纳成本法下的单位制造成本为每件 55 美元（包括每件 40 美元的直接材料成本、每件 5 美元的直接人工成本、每件 9 美元的固定制造费用）。因此每件产成品存货的价值为 55 美元。
- 有 70 000 美元的营业（期间）成本为固定成本。
- 期初以及期末在产品存货包括刚开始投入的直接材料。这些信息让我们重点关注产成品存货，因而简化了讲解过程。企业可以通过增加在产品存货增加营业收入。

图表 2—13 显示了 Cellular Products 公司 2012 年归纳成本收入是如何随生产量的变化而变化的。前两列描述的是产成品成本和利润表。从图表 2—8 可以看出，期初存货数量为 400 件，产量为 1 900 件，销量为 1 975 件，期末存货为 325 件。此时，Cellular Products 公司的销售成本为 110 425 美元，营业收入为 17 075 美元。从图表 2—13 可以看出，表 B 中显示了 2012 年产品生产量为 1 900 件以及公司的其他活动，总的生产制造成本为 107 300 美元，其构成如下：

直接材料制造成本＝40×1 900
＝76 000＋1 000（额外的直接材料在产品存货）
＝77 000（美元）

直接人工成本＝5×1 900＝9 500（美元）

可变制造费用＝1×1 900＝1 900（美元）

固定制造费用总额为 18 900 美元（间接人工成本 2 500 美元；企业公共事业费用 3 400 美元；租金——厂房修建费用 5 000 美元；厂房设备租赁费用 7 000 美元；杂项

开支1 000美元）。

图表2—13　　Cellular Products公司不同产量对归纳成本收入带来的影响

	A	B	C	D	E
1	**表A：产量数据和利润表**				
2	Cellular Products				
3	截至2012年12月31日（以千为单位，金额以美元计）				
4		2012年产品数量为1 900件（见图表2—8）		2012年产品数量为2 100件	
5	**产量数据**				
6	期初存货		400		400
7	产品数量		1 900		2 100
8	可供销售产品数量		2 300		2 500
9	销量		1 975		1 975
10	期末存货		325		525
11	**利润表**				
12	企业收入（100美元/件×1 975件；100美元/件×1 975件）		197 500		197 500
13	产品销售成本				
14	期初产成品存货（2012年1月1日）（55美元/件×400件；55美元/件×400件）	22 000		22 000	
15	完工产品成本（见B列）（1 900件，2 100件）	106 300		115 500	
16	可供销售产品成本（2 300件，2 500件）	128 300		137 500	
17	期末产成品存货（2012年12月31日）（55美元/件×325件；525件）	17 875		28 875	
18	产品销售成本（1 975件；1 975件）		110 425		108 625
19	毛利		87 075		88 875
20	营业成本				
21	研发、设计、营销、运输和顾客服务成本	70 000		70 000	
22	总营业成本		70 000		70 000
23	营业收入		17 075		18 875
24	**表B：完工产品成本**				
25	Cellular Products 完工产品成本明细表				
26	截至2012年12月31日（以千为单位，金额以美元计）				
27		2012年产品数量为1 900件（见图表2—8）		2012年产品数量为2 100件	
28	直接材料				
29	期初存货（2012年1月1日）	12 000		12 000	
30	直接材料购买	73 000		73 000	

31	可供使用直接材料成本	85 000		85 000	
32	期末存货（2012 年 12 月 31 日）	8 000		0	
33	已使用直接材料		77 000		85 000
34	直接人工成本		9 500		10 500
35	制造费用				
36	供应费用	1 900		2 100	
37	间接人工成本	2 500		2 500	
38	企业公共事业费用	3 400		3 400	
39	租金——厂房修建费用	5 000		5 000	
40	厂房设备租赁费用	7 000		7 000	
41	杂项开支	1 000		1 000	
42	总生产费用		20 800		21 000
43	2012 年产生的生产成本		107 300		116 500
44	在产品期初存货（2012 年 1 月 1 日）		6 000		6 000
45	总生产费用		113 300		122 500
46	在产品期末存货（2012 年 12 月 31 日）		7 000		7 000
47	完工产品成本（利润表上）		106 300		115 500

说明：在销售量同为 1 975 件的前提下，2012 年利润表上的产品数量为 2 100 件，而不是 1 900 件（除了产品数量外，所有的数字都以千为单位）。

第 3 列和第 4 列揭示了生产库存给企业带来的影响。产品期初存货为 400 件，产量从 1 900 件上升到 2 100 件（增加了 200 多件），销量保持不变，为 1 975 件，期末存货从 325 件上升到 525 件。此时，Cellular Products 公司的销售成本为108 625 美元，营业收入为 18 875 美元。从图表 2—13 可以看出，表 B 中显示了 2012 年产品生产量为 2 100 件以及公司的其他活动，总的生产成本为 116 500 美元，其构成如下：

直接材料制造成本＝40×2 100

＝84 000＋1 000（额外的直接材料在产品存货）

＝85 000（美元）

直接人工成本＝5×2 100＝10 500（美元）

可变制造费用＝1×2 100＝2 100（美元）

固定制造费用总额（同第 1 列和第 2 列）为 18 900 美元（间接人工成本 2 500 美元；企业公共事业费用 3 400 美元；租金——厂房修建费用 5 000 美元；厂房设备租赁费用 7 000 美元；杂项开支1 000 美元）。

Cellular Products 公司的手机产量从 1 900 件增加到 2 100 件，其营业收入增加了 1 800 美元，或者 10.5%（1 800÷17 075）。原因在于在归纳成本下，200 件额外产成品存货分担的固定制造费用为 1 800 美元（9×200），这些都没有计入 2012 年的成本。这 200 件额外产成品存货成本为 11 000 美元（55×200）。然而，Cellular Products 公司生产 200 件产品仅产生 9 200 美元的可变制造费用（46×200）。尽管没有产生额外的固定制造费用，这 200 件产品在产成品期末存货里会产生 1 800 美元的固定制造费用，而这将会计入成本，因此 Cellular Products 公司的营业收入从 17 075 美元增加到 18 875 美元。

为什么 Cellular Products 公司的管理者会做出这样的决策？或许是因为该公司管理者预计需求会迅速增长，希望增加库存以应对来年可能的商品紧缺。然而，对于那些需求不稳定、产品淘汰风险较高的行业来说，这个决定是有风险的。管理者增加库存的其他原因可能是他们想要通过归纳成本法下的营业收入得到更多的分红。大多数情况下，营业收入的增加意味着税收的增加。许多人都认为，如果管理者增加库存的出发点不是为了企业利益的最大化，而仅仅是为了增加个人收入，那么这种行为是不合乎职业道德的。

企业高层能否通过权力的制约和平衡来限制管理者通过归纳成本法生产库存产品呢？答案是肯定的，我们接下来将看到，库存生产是无法完全避免的。管理者有许多巧妙的方式可用来生产库存，如果他们不过度生产的话，是很难被发现的。例如：

- 工厂经理有可能不顾客户的产品需求，转而生产那些制造费用最高的产品（此举称为"随意选取"生产线），而这会导致企业难以按照事先答应客户的日期交货。
- 为了增加产量，管理者可能会推迟设备维修时间。尽管这样会使当期营业收入增加，但是如果未来维修成本上升，设备性能下降，企业的营业收入会大幅下滑。

图表 2—13 中的例子仅仅关注 2012 年。如果 2012 年手机的期末存货为 525 部，那么在 2013 年，管理者可能会进一步增加期末存货，并且通过生产存货增加该年的营业收入。当然最终的存货规模还会受到一定的限制（由于存储空间的限制和管理层的监督控制）。这些限制能够减小管理者持续利用归纳成本法给企业带来不良影响的可能性，例如过度存储。然而，当企业业绩表现不佳时，管理者可以在一段时期内进行库存生产，从而增加营业收入。在企业业绩表现良好时，管理者可以减少库存生产，因而营业收入也会相应地有所减少。

□ 对修正业绩评价的建议

企业高层可以采取下面这些步骤来减小归纳成本法带来的不利影响。

- 通过精心计划和编制库存预算来限制管理者进行库存生产的自由。如果实际库存超出了计划的成本，企业高层可以对库存进行调查。
- 在内部会计体系库存中包含资产持有费以阻止管理者建立库存。例如，在评估管理者的业绩时，规定每月库存费用只能占库存投资的 1%，并且计算损坏率和淘汰率。现在越来越多的公司开始将库存费作为衡量管理者绩效的标准。
- 加大对长期（如 3～5 年）业绩表现良好的管理者的奖励比重，这样可以打消管理者在年底进行库存生产的念头。
- 业绩评价手段要包括非金融和金融变量。Cellular Products 公司就使用非金融手段来对其管理者进行业绩评价，例如（使用图表 2—13 中的第二种情况）：

(a) $\dfrac{\text{2013 年期初存货数量}}{\text{2013 年期末存货数量}}=\dfrac{400}{525}=0.76$

(b) $\dfrac{\text{2013 年生产产品数量}}{\text{2013 年售出产品数量}}=\dfrac{2\,100}{1\,975}=1.02$

企业高层更乐意看到第一个比例较大，第二个比例较小的情况。

- 在内部使用另一种存货成本替代方案，这种方案不能给管理者进行库存生产的理由。下面就是方法之一。

除了正规的业绩评价体系外，公司也有自己的行为准则来打击那些只有利于管理者，而对公司无益的行为。公司会建立要求雇员恪守本职的价值和文化体系。稍后我们在第 16 章会做进一步讨论。

□ 变动成本法

变动成本法（variable costing）是库存成本法的一种，其中固定制造费用不包含在变动成本中，而是在发生时当作期间成本。在归纳成本法下，所有的变动制造成本（直接的和间接的）都属于变动成本，同时，变动的非制造成本被当作期间成本，计入变动成本。

□ 比较利润表

如果 Cellular Products 公司采用变动成本法而不是归纳成本法，那么其营业收入又会有怎样的变化呢？图表 2—14 展示了变动成本法下的利润表，图表 2—13 也对归纳成本法下的两种情况进行了分析，从中不难看出这两种方法之间的区别。变动成本利润表采用了贡献毛益这一形式。（**贡献毛益**（contribution margin）指总收入和总变动成本的差额，第 3 章会对这个概念做详细的阐述。）为什么可以用贡献毛益表示这些差额？

图表 2—14　　Cellular Products 公司不同产量对归纳成本收入带来的影响

	A	B	C	D	E
1	产量数据和利润表				
2	Cellular Products				
3	截至 2012 年 12 月 31 日（以千为单位，金额以美元计）				
4		2012 年产品数量为 1 900 件		2012 年产品数量为 2 100 件	
5	**产量数据**				
6	期初存货		400		400
7	产品数量		1 900		2 100
8	可供销售产品数量		2 300		2 500
9	销量		1 975		1 975
10	期末存货		325		525
11	**利润表**				
12	企业收入（100 美元/件×1 975 件；100 美元/件×1 975 件）		197 500		197 500
13	产品销售成本				
14	期初产成品存货（2012 年 1 月 1 日）（46 美元/件×400 件；46 美元/件×400 件）	18 400		18 400	

15	完工产品变动成本（46 美元/件×1 900 件；2 100 件）	87 400*		96 600**	
16	可供销售产品成本（2 300 件，2 500 件）	105 800		115 000	
17	期末产成品存货（2012 年 12 月 31 日）（46 美元/件×325 件；525 件）	14 950		24 150	
18	可供销售产品变动成本（1 975 件；1 975 件）		90 850		90 850
19	贡献毛益		106 650		106 650
20	固定制造费用		18 900*		18 900**
21	营业成本				
22	研发、设计、营销、运输和顾客服务成本	7 000		7 000	
23	总营业成本		7 000		7 000
24	营业收入		17 750		17 750

*图表 2—13 中完工产品总成本 106 300 美元为图表 2—14 中完工产品变动成本 87 400 美元与固定制造费用 18 900 美元之和。

**图表 2—13 中完工产品总成本 115 500 美元为图表 2—14 中完工产品变动成本 96 600 美元与固定制造费用 18 900 美元之和。

说明：在销售量同为 1 975 件的前提下，2012 年利润表上的产品数量为 2 100 件，而不是 1 900 件（除了产品数量外，所有的数字都以千为单位）。

制造成本和非制造成本的差额在归纳成本法里十分重要，其在毛利表中突出显示。同时，变动成本和固定成本的差额也对变动成本法至关重要，其在贡献毛益表中突出显示。

注意在变动成本法和归纳成本法下，固定制造费用 18 900 美元是如何计入成本的。依据变动成本法，利润表中减去固定制造费用 18 900 美元，将其计入 2012 年的成本。相反，在归纳成本法下，这 18 900 美元首先被当作存货性成本。按照售出产品和生产产品的比例，这 18 900 美元中仅有小部分计入 2012 年的售出产品成本。剩下的都成了资产——部分成为期末产成品存货，出现在 2012 年 12 月 31 日的企业财报中。

无论 Cellular Products 公司生产的产品数量为1 900 件还是 2 100 件，在变动成本法下，营业收入保持不变，为 17 750 美元。这低于归纳成本下的营业收入 18 875 美元。当 Cellular Products 公司生产的产品为 2 100 件，售出的产品为 1 975 件时，就会产生 1 125 美元的差额。由此得出：存货性固定制造费用为 9×2 100＝18 900（美元），固定制造费用为 9×1 975＝17 775（美元），而在归纳成本法下，这笔费用被计入当期损益，这就是1 125 美元差额的由来。然而，在变动成本法下，固定制造费用不属于存货性成本。值得注意的是，在图表 2—13 和图表 2—14 中，每件产品 46 美元的变动制造成本也以同样的方法计算。当 Cellular Products 公司生产的产品为 1 900 件，售出的产品为 1 975 件时，在变动成本法下，营业收入为17 750 美元，然而在归纳成本法下，营业收入为 17 075 美元，这就会产生 675 美元的差额。由此得出：存货性固定制造费用为 9×1 900＝17 100（美元），固定制造费用为 9×1 975＝17 775（美元），而在归纳成本法下，这笔费用被计入当期损益，这就是 675 美元差额的由来。然而在变动成本法下，固定制造费用不属于存货性成本。

图表 2—14 指出了变动成本的另外一个重要方面。营业收入仅仅取决于产品的销量，与产品的数量无关。不管 Cellular Products 公司生产了 1 900 件还是 2 100 件产

品，销售 1 975 件产品最终的营业收入是一样的，为一17 750 美元。在变动成本法下，Cellular Products 公司的管理者不能靠生产库存来增加营业收入。为什么呢？大家可以从之前的算式看到，在变动成本法下，只有售出产品数量能够推动营业收入的增长。

□ 比较归纳成本法和变动成本法

为什么归纳成本法和变动成本法下的营业收入数据通常会不同呢？总的来说，如果在一段时期内，产量超过销量会导致库存增加，那么归纳成本法下的营业收入就会高于变动成本法下的营业收入。相反，如果存货减少，那么变动成本法下的营业收入就会高于归纳成本法下的营业收入。营业收入差额产生的主要原因在于：(1) 增加存货，将固定制造费用计入存货成本。(2) 减少存货，将固定制造费用不计入存货成本。

我们可以从下列算式中得出归纳成本法和变动成本法下的营业收入差额，这主要是着眼于固定制造费用的期初存货以及固定制造费用的期末存货（单位：美元）：

	归纳成本法下的营业收入	−	变动成本法下的营业收入	=	归纳成本法下固定制造费用的期末存货	−	归纳成本法下固定制造费用的期初存货
产量（1 900 件）低于销量（1 975 件）或者期末产成品存货（325 件）少于期初产成品存货（400 件）	17 075	−	17 750	=	325×9	−	400×9
			(675)	=	2 925	−	3 600
			(675)	=	(675)		
产量（2 100 件）低于销量（1 975 件）或者期末产成品存货（525 件）少于期初产成品库存（400 件）	18 875	−	17 750	=	525×9	−	400×9
			1 125	=	4 725	−	3 600
			1 125	=	1 125		

在归纳成本法下，固定制造费用的期末存货会被推迟到将来某一时期。例如，当生产的产品数量为 2 100 件，售出的产品数量为 1 975 件时，4 725 美元的固定制造费用会被作为 2012 年 12 月 31 日的企业财报中的部分期末产成品存货推迟到 2013 年。然而，3 600 美元的期初产成品存货固定成本会被计入销售成本。在变动成本法下，这些固定制造费用都不属于存货性成本。因此，在归纳成本下，营业收入增加了 1 125 美元（4 725−3 600）。

现在管理者面对越来越大的减少库存的压力。一些公司开始采取准时制生产策略大幅减少库存，这种体系的特点在于其仅仅在有需求时才进行生产。这些算式说明，随着 Cellular Products 公司减少其存货量，归纳成本法和变动成本法下的营业收入差额很小。想想 2012 年的那个算式。如果 Cellular Products 公司没有 325 件期末存货和 400 件期初存货，只有 20 件期末存货和 15 件期初存货，那么 Cellular Products 公司在归纳成本法和变动成本法下的营业收入差额将会从 675 美元下降到 45 美元（20×9－15×9）。

总之，归纳成本法和变动成本法的主要差异表现在固定制造费用上。

- 在变动成本法下，固定制造费用不属于存货性成本，其被计入期间成本。
- 在归纳成本法下，固定制造费用属于存货性成本，其被计入产成品存货。

在内部报告中使用变动成本法，企业可以打消管理者想要建立产成品存货的想法，而归纳成本法却导致了建立产成品存货想法的滋生。变动成本法注重区分变动生产制造成本和固定生产制造成本。而这一区别对于管理者做出短期决策十分重要（从第 3 章的成本—产量（或销量）—利润依存关系分析以及第 12 章和第 13 章的成本计划与成本控制中可以看出）。

公司在内部报告中将变动成本法用于短期决策和业绩评价，将归纳成本法用于长期决策，可获得不同的好处。由全球最大的国际性管理会计师组织——英国特许管理会计师协会展开的调查显示，尽管大多数企业采用的是归纳成本法体系，但是超过 75%的公司称变动成本法是它们在做决策过程中最常用的或第二常用的手段。

学习自测

Foxwood 公司是一家主营金属与木材切割业务的生产商，将产品销往住宅建筑市场。2012 年的资料如下（单位：美元）：

砂纸	2 000
材料装卸成本	70 000
润滑剂和冷却剂	5 000
间接人工杂项费用	40 000
直接人工	300 000
直接材料（2012 年 1 月 1 日）	40 000
直接材料（2012 年 12 月 31 日）	50 000
产成品（2012 年 1 月 1 日）	100 000
产成品（2012 年 12 月 31 日）	150 000
在产品（2012 年 1 月 1 日）	10 000
在产品（2012 年 12 月 31 日）	14 000
厂房租金	54 000
折旧——机器设备	36 000
厂房设备财产税	4 000
厂房设备火灾保险费	3 000
购入直接材料	460 000
销售收入	1 360 000
促销费用	60 000
销售人员工资	100 000
分销成本	70 000
顾客服务成本	100 000

要求：

1. 编制附有产成品成本计算表的利润表。将各生产成本科目分为直接成本或间接成本。用 V 或 F 标明各生产成本科目是变动成本还是固定成本（当成本对象是单位产品时）。如有疑问，在判断总成本是否随产品数量的变动而变动的基础上回答。

2. 假设直接材料与厂房租金都是为了生产 900 000 单位的产品而发生的，确定分派给每单位产品的直接材料成本和单位厂房租金。假定厂房租金是固定成本。

3. 若下一年预测产量为 1 000 000 单位，重新计算要求 2 中的直接材料以及厂房租金。假定成本性态模式不变。

4. 作为一个管理咨询人员，向公司董事长简要解释为什么要求 2 与要求 3 中直接材料单位成本不发生变动，厂房租金的单位成本却发生变动。

解答

1. 见下表。

Foxwood公司利润表

2012年1月1日—12月31日

单位：美元

销售收入		1 360 000
产品销售成本：		
期初产成品（2012年1月1日）	100 000	
本期产成品成本（计算见下表）	960 000	
可供销售产品成本	1 060 000	
期末产成品（2012年12月31日）	150 000	910 000
毛利		450 000
营业成本		
促销费用	60 000	
营销人员工资	100 000	
分销成本	70 000	
顾客服务成本	100 000	330 000
营业利润		120 000

Foxwood公司产成品成本计算表

2012年1月1日—12月31日

单位：美元

直接材料			
期初存货（2012年1月1日）		40 000	
购入直接材料		460 000	
可用直接材料成本		500 000	
期末存货（2012年12月31日）		50 000	
本期耗用的直接材料		450 000（V）	
直接人工		300 000（V）	
间接生产成本			
砂纸	2 000（V）		
材料装卸成本	70 000（V）		
润滑剂和冷却剂	5 000（V）		
间接制造人工杂项费用	40 000（V）		
厂房租金	54 000（F）		
折旧——机器设备	36 000（F）		
厂房设备财产税	4 000（F）		
厂房设备火灾保险费	3 000（F）		214 000
2012年发生的生产成本			964 000
加：期初在产品（2012年1月1日）			10 000
生产成本合计			974 000
减：期末在产品（2012年12月31日）			14 000
产成品成本（进入利润表）			960 000

2. $$\text{直接材料单位成本}=\text{已使用直接材料}\div\text{生产数量}$$
$$=450\ 000\div 900\ 000$$
$$=0.50\text{（美元/件）}$$

$$\text{厂房租赁单位成本}=\text{厂房租赁成本}\div\text{生产数量}$$
$$=54\ 000\div 900\ 000$$
$$=0.06\text{（美元/件）}$$

3. 直接材料成本是可变的，因此其总量能够从450 000美元增加至50 000美元（1 000 000×0.50）。然而，单位成本保持不变：50 000÷1 000 000＝0.50（美元/件）。

相反，厂房租赁成本54 000美元却是固定的，因此，其总量不会改变。但是厂房租赁单位成本由0.060美元/件下跌为0.054美元/件：54 000÷1 000 000＝0.054（美元/件）。

4. 我们可以从要求3的答案中得到想要的解释。作为会计，大家应该认识到不同的成本行为模式有时会造成误解。人们最常犯的错误就是认为总单位成本（通常包括单位变动成本和单位固定成本）是衡量总成本与生产水平成比例变化的指标。下一章讨论区分成本行为模式的必要性。大家必须特别注意单位平均固定成本。大多数情况下，由于人们难以区分单位固定成本和单位变动成本，因此经常会出现判断错误。

决策要点

下面是对本章学习目标的总结，决策问题代表与学习目标相关的关键问题，指南则是对该问题的回答。

决策问题	指南
1. 管理人员如何确定成本对象?	成本对象是任何需要独立计量成本的事项。例如产品、服务、项目、顾客、产品种类、作业和部门。
2. 管理人员如何决定一项成本是直接成本还是间接成本?	直接成本是与某一个成本对象相关，并能以经济可行的方式追溯到该成本对象的成本。间接成本是与某一成本对象相关，但不能经济可行地追溯到该成本对象的成本。同一成本可能既是某一对象的直接成本又是另一对象的间接成本。本书使用成本追溯来表示把直接成本分派到成本对象的过程，用成本分配来表示间接成本的分派。
3. 管理人员如何决定一项成本是变动的还是固定的?	变动成本总额随相关的作业或数量水平变动。固定成本总额在一个给定时间段保持不变，而无论相关的作业或数量水平如何变动。
4. 管理人员应该如何估计成本信息?	总的来说，应该关注总成本而不是单位成本。在做总成本估计时，将变动成本当做单位成本而把固定成本当做总额。若某一对象的单位成本包括固定成本部分，则要谨慎对待。
5. 存货性成本与期间成本在会计中有什么区别?	存货性成本是指所有在发生时先作为资产，然后在销售时变成销售成本的产品成本。期间成本是指在发生时全部费用化的产品成本，包括利润表中除产品销售成本外的所有成本。
6. 存货性成本流与期间成本流在制造业公司和商业公司中有什么区别?	存货性成本经资产负债表的在产品存货和产成品存货账户，然后进入利润表的产品销售成本。期间成本直接费用化，进入利润表。
7. 为什么管理者把不同的成本分派给相同的成本对象?	根据目的，管理人员可以把不同的成本分派给同一成本对象。例如，在制造业对外报告中，产品的存货性成本只包括生产成本。但是在制定定价和产品组合决策时多数来自价值链的成本都会被分派给产品。
8. 成本会计和成本管理的三个关键特征是什么?	成本会计和成本管理的三个特征是：(1) 计算产品、服务和其他成本对象的成本；(2) 为制定决策而分析相关信息；(3) 获取成本计划、成本控制和业绩评价方面的信息。

重要术语

absorption costing　归纳成本法
actual cost　实际成本
average cost　平均成本
budgeted costs　预算成本
contribution margin　贡献毛益
conversion cost　加工成本
cost accumulation　成本归集
cost　成本
cost allocation　成本分配
cost assignment　成本分派

cost driver 成本动因
cost object 成本对象
cost of goods manufactured 完工产品成本
cost tracing 成本追溯
direct costs 直接成本
direct manufacturing labor costs 直接人工成本
direct material costs 直接材料成本
direct materials inventory 直接材料存货
factory overhead costs 车间费用
finished goods inventory 产成品存货
fixed cost 固定成本
idle time 闲置时间
indirect costs 间接成本
indirect manufacturing costs 间接生产成本
inventoriable costs 存货性成本
manufacturing overheads costs 制造费用
manufacturing-sector companies 制造业公司
merchandising-sector companies 商业公司
operating income 营业利润
overtime premium 加班工资
period costs 期间成本
prime costs 主要成本
product cost 产品成本
relevant range 相关范围
revenues 收入
service-sector company 服务业公司
unit cost 单位成本
variable cost 变动成本
variable costing 变动成本法
work in progress 半成品
work-in-process inventory 在产品存货

作 业

简答题

2—1 定义成本对象，并列举三个例子。

2—2 为什么管理者认为直接成本比间接成本更准确?

2—3 列出影响直接成本和间接成本分类的三个因素。

2—4 定义变动成本和固定成本，并各举几个例子。

2—5 什么是成本动因? 举出例子。

2—6 什么是相关范围? 相关范围这一概念在解释成本如何发生时有什么作用?

2—7 解释为什么要谨慎解读单位成本。

2—8 区分存货性成本和期间成本。

2—9 定义产品成本。描述计算产品成本的三大不同目的。

2—10 考虑固定制造费用计入成本的时间，解释变动成本法和归纳成本法中的主要概念问题。

练习题

2—11 （计算和解释单位生产成本）Massachusetts Office Products（MOP）在其 Vaasa 工厂生产三种不同的纸——优质型、豪华型和普通型。每种产品都有其专门的生产线。工厂目前的生产成本分为三类：直接材料成本、直接人工成本和间接生产成本。2013 年 7 月工厂总间接生产成本是 190 百万美元（其中 25 百万美元是固定的）。这一总数在产品中按照各生产线的直接人工成本来分派。2013 年汇总数据如下（单位：百万美元）：

	优质型	豪华型	普通型
直接材料成本	88	53	64
直接人工成本	11	20	19
间接生产成本	41	88	61
生产数量	50	100	80

要求：

1. 计算 2013 年 7 月每种产品的单位生产成本。

2. 假设 2013 年 8 月产量为 90 百万单位的优质型纸，140 百万单位的豪华型纸，160 百万单位的普通型纸。说明为什么 7 月的单位成本信息会误导 8 月总生产成本的预测值。

2—12 （服务业公司的成本分类）Clear Focus 公司是一个组织专家小组为消费品制造公司提

供专业指导的市场营销调研公司。每个专家小组有8位专家。在新产品质量评定会的每个会期，每位专家可得到50美元的报酬。公司聘请一名独立的市场营销分析师，组织专家小组来进行新产品质量评定。这名分析师主持一定数量的会议后，可得到一笔固定的报酬，即每个会期可得到2200美元。公司派一名雇员参加每次会议以确保会议顺利进行。

要求：将下列成本项目进行分类：

1. 对每个独立的专家小组划分直接成本（D）和间接成本（I）。

2. 以专家小组的数量为成本动因，划分变动成本（V）和固定成本（F）。

对下列每个成本项目，你将会有两个答案（D或I；V或F）：

A. 专家小组中每位专家的报酬；

B.《消费者报告》的年订阅费；

C. 为邀请专家参加新产品质量评定会而发生的电话费用（对每位专家的电话没有做记录）；

D. 指导20个专家小组进行新药品质量评定会的专家负责人费用；

E. 提供给每位专家的餐饮费；

F. 办公室的租赁费；

G. 记录每位专家评定内容的录音带的成本（这些录音带送往生产被评定产品的公司）；

H. 公司自有汽车耗用汽油的成本（公司雇员每月提交票据）。

2—13 （商业公司的成本分类）Big Box Entertainment（BBE）在丹佛有一家大商店。这家商店有一个影视制品分部和一个音乐制品分部（出售CD、唱片、磁带）。BBE分别报告这两个分部的年度收入。

要求：将下列成本项目进行分类：

1. 对影视制品分部划分直接成本（D）和间接成本（I）。

2. 以影视制品的销量为成本动因来划分变动成本（V）和固定成本（F）。

对下列每个成本项目，你将会有两个答案（D或I；V或F）：

A. 每个影视制品分销者的年聘用费；

B. BBE的电费（整个商店统一结算）；

C. 进货成本；

D.《时尚影视》的年订阅费；

E. 租用计算机软件进行财务预算的费用；

F. BBE免费给顾客提供爆米花的成本；

G. BBE的防震保险费；

H. BBE购进影视制品的运费。

2—14 （制造业公司的成本分类）日本的日产公司位于北九州的工厂组装两款汽车（Teana和Muranos）。每款汽车使用独立的装配线。

要求：将下列成本项目进行分类：

1. 对日产组装的汽车（Teana或Muranos）划分直接成本（D）和间接成本（I）。

2. 以汽车装配量为成本动因来划分变动成本（V）和固定成本（F）。

对下列每个成本项目，你将会有两个答案（D或I；V或F）：

A. Muranos的轮胎成本；

B. 日产公关部经理的薪酬；

C. 一年一度的Teana零部件供应商答谢晚宴费用；

D. Muranos产品设计主管的薪酬；

E. Teana发动机从日本横滨运到美国加利福尼亚的运费；

F. 日产的用电成本（全厂统一结算）；

G. 生产高峰时期雇用临时工人的费用（以小时为计量单位）；

H. 日产的年度保险费用。

2—15 （变动成本和固定成本）Combined Minerals（CM）拥有在Fraser岛的沙滩上开矿的专利。CM的成本如下：

A. 开采每吨海滩沙需要向转包者支付90美元（开采的海滩沙运到陆地提取钛铁、金红石、锆石后，必须再运回原处）。

B. 开采每吨海滩沙需要向政府支付采矿税和环境保护税30美元。

C. 支付给驳船主的费用。此驳船主每天将海滩沙运到陆地，再将提取矿质后的残沙运回Fraser岛。收费标准是每天运送量以100吨为进级，即：每天运送量0～100吨，每月收费140000美元；每天运送量101～200吨，每月收费28000美元；依此类推。每条驳船每月工作25天。即使每天运送量少于 100 吨，或每月 CM 公司要求的工作天数少于 25 天，每月仍需要支付 140 000 美元费用。

CM 公司近来每天开采 180 吨海滩沙，每月工作 25 天。

要求：

1. 确定开采每吨海滩沙的变动成本和 CM 每月的固定成本。

2. 依据图表 2—3 和图表 2—4，分别为 CM 公司绘制变动成本图和固定成本图。根据图表分析公司的相关范围。

3. 假定有两种情况：(a) 每天开采量为 180 吨；(b) 每天开采量为 210 吨。请问两种情况下开采每吨海滩沙的单位成本分别是多少？有什么不同？请给出解释。

2—16 (成本动因和职能) 下表中右列的典型成本动因与左列的职能不匹配：

职能	典型成本动因
1. 会计	A. 送出的发票数量
2. 人力资源	B. 采购订单数量
3. 数据处理	C. 研究员数量
4. 研发	D. CPU 时间
5. 采购	E. 雇员人数
6. 分销	F. 处理交易的数量
7. 票据	G. 交付货物的数量

要求：

1. 匹配以上职能和相应的典型成本动因。

2. 给每个职能再列出一个成本动因。

2—17 (总成本和单位成本) 学生会为举行毕业派对而聘请了一个乐团和一位宴会负责人。乐团演奏一晚的固定费用是 2 000 美元，宴会负责人举办一次活动收取 1 200 美元的固定费用以及 18 美元/人的额外费用。宴会负责人为派对提供零食和饮料。参加派对的学生会付 10 美元的入场费，以降低学生会举办这次活动的成本。

要求：

1. 画图描述对于不同的参与程度，学生会的固定成本、可变成本以及总成本。

2. 假定有 100 人参加此毕业派对，确定学生会的总成本和每人分摊的单位成本。

3. 假定有 500 人参加此毕业派对，确定学生会的总成本和每人分摊的单位成本。

4. 画图描述不同参与程度下每个参加者的成本。作为学生会主席，你想要申请一笔款项来承担一部分派对的成本。说明你是否会基于每个参加者的成本来提出申请。请给出解释。

2—18 (存货性成本与期间成本) 下面的成本来自三家公司：Whole Foods (制造业公司)、Whirlpool (商业公司)、Google (服务业公司)。

A. Whirlpool 公司买入并出售的 Perrier 矿泉水。

B. Whole Foods 冰箱组装厂生产线的照明用电力。

C. Google 公司更新网页目录所用电脑设备的折旧。

D. Whirlpool 公司商场照明用电。

E. Whole Foods 冰箱组装过程中用于检测零件质量的电脑设备的折旧。

F. Whirlpool 公司营销人员的工资。

G. Google 公司买入的供工程师饮用的 Perrier 矿泉水。

H. Google 公司营销人员的工资。

要求：

1. 区分制造业公司、商业公司和服务业公司。

2. 区分存货性成本和期间成本。

3. 把 A～H 按要求 2 分类，并给出解释。

2—19 (购货成本和销售成本的计算) 下面的数据来自 Maurice 百货商店 2013 年的账户余额 (单位：千美元)：

营销、分销和顾客服务成本	30 000
商品存货 (2013 年 1 月 1 日)	25 000
动力	10 000
管理费用	42 000
商品存货 (2013 年 12 月 31 日)	38 000
采购	156 000
杂项成本	6 000
运输费用	8 000
购货退回和折让	5 000
购货折扣	9 000
利润	295 000

要求：计算采购成本和销售成本。

2—20 (利润表和产成品成本计算表) Alderman 公司 2013 年的账户余额如下 (单位：百万美元)：

年初（末）存货量		年发生额	
年初直接材料存货	19	购进直接材料	305
年初在产品存货	10	直接人工成本	115
年初产成品存货	70	厂房和设备折旧	60
年末直接材料存货	24	公司管理人员的薪酬	6
年末在产品存货	6	杂费支出	30
年末产成品存货	54	年度收入	925
		营销、分销和顾客服务成本	235
		低值易耗品	10
		动力费用	34
		间接人工成本	68

要求：为 Alderman 公司编制 2013 年的利润表，并编制产成品成本计算表作为辅助表。（为进一步讨论这个问题，请看下一题。）

2—21 利润表的进一步解释（续练习题 2—20）。

要求：

1. 针对练习题 2—20，编制产成品成本和销售成本计算表，并与练习题 2—20 的结果进行比较。请详细说明。

2. 如果 Alderman 公司是一家商业公司而不是制造业公司，说明销售经理的薪酬在计算归属上会有什么不同。用如图表 2—9 所示的成本流程，阐明此公司每个装配工人的工资是怎样计算出来的。

3. 工厂监管员的薪酬通常被认为是间接生产成本。确定该薪酬在什么情况下可以被认为是直接生产成本。举例说明。

4. 假定该公司耗用的直接材料及厂房和设备折旧是用来生产 100 万单位产品的。确定归属到这些产品上的直接材料单位成本和归属到这些产品上的厂房和设备折旧单位成本。假定该公司采用直线折旧法。

5. 假定要求 4 中的成本性态模式继续存在，即：直接材料成本归于变动成本，厂房和设备折旧归于固定成本。假定成本在 120 万单位产品中进行分摊，按照要求 4 重新计算。总成本受到什么影响？

6. 假定你是该公司的管理会计师，说明你将怎样向公司总裁阐释要求 4 和要求 5 中单位成本的不同。

2—22 （根据公司的记录计算库存成本）Ron Williams 最近担任了 Mission 制造公司的首席会计官。上个月，前首席会计官不辞而别，会计记录一团糟。Ron 需要了解期末存货余额来报告第一季度的业绩表现。

关于上个月（2013 年 3 月），Ron 勉强拼凑出以下信息（金额单位：美元）：

直接材料购买费用	120 000
在产品存货（2013 年 3 月 1 日）	35 000
直接材料存货（2013 年 3 月 1 日）	12 500
产成品存货（2013 年 3 月 1 日）	160 000
转换成本	330 000
期间总制造费用	420 000
产成品成本	使用的直接材料成本的 4 倍
毛利占收益的比值	20%
收益	518 750

要求：计算以下成本：

1. 产成品存货（2013 年 3 月 31 日）。

2. 在产品存货（2013 年 3 月 31 日）。

3. 直接材料存货（2013 年 3 月 31 日）。

章末案例

Justin Anson 酿酒厂

2012 年 8 月初，位于田纳西州奥克伍德的 Justin Anson 酿酒厂的总裁兼首席运营官 Craig Anson，坐在他的办公室里回想前几天召开的董事会，不知道是应该向瓦雷国家银行提交公司 2012 年的财务报告（见图表 1 和图表 2），以支持其近期 330 万美元的贷款申请，还是应该等到下个月董事会召开时明确之前的讨论结果。2012 年酿酒厂的亏损高达 895 000 美元，引发了争议，这样的结果怎么能够让银行接受呢？争议主要集中在营业利润表中“其他成本”一栏里各种开支的会计处理方面。Anson 知道，要想让酿酒厂正常运营，就需要立刻投入额外的运营费用，他必须尽快针对这些问题做出决定。

图表 1

Justin Anson 酿酒厂资产负债表

2011 年 6 月 30 日和 2012 年 6 月 30 日

单位：千美元

							2011 年	2012 年
流动资产								
现金							2 892	792
应收账款							3 139	4 028
存货：								
桶装散装威士忌的平均生产成本（不含消费税）							9 914	11 067
瓶装的和包装好的威士忌每年 175 000 加仑，平均成本为每加仑 24.75 美元（含消费税）							4 331	4 331
在产品							222	222
原材料及物料							880	519
待摊费用							970	854
流动资产总额							22 348	21 813
固定资产	成本		累计折旧		净利润			
	2011 年	2012 年	2011 年	2012 年	2011 年	2012 年		
土地	66	66			66	66		
建筑物[a]	4 202	4 642	1 760	1 877	2 442	2 765		
工厂设备	158	158	57	83	101	75		
仓储设备	77	141	53	75	24	66		
							2 633	2 972
总资产							24 981	24 785
流动负债								
短期应付票据							2 420	3 300
即将到期的长期债务							506	1 062
应付账款							2 330	1 175
应付联邦消费税							902	—
流动负债总额							6 158	5 537
非流动负债								
以仓库财产抵押为担保的应付票据（9.5%）							7 700	9 020
所有者权益								
主要由 Anson 家族成员持有的普通股							3 960	3 960
留存收益							7 163	6 268
负债和所有者权益合计							24 981	24 785

a. 2012 年 6 月，年内增加和完善的仓库以及在建建筑已经完成了付款，所以这些资产归 Justin Anson 酿酒公司所有。

图表 2

Justin Anson 酿酒厂利润表

2011 年 6 月 30 日和 2012 年 6 月 30 日　　单位：千美元

	2011 年		2012 年	
净销量				
销售给批发商的威士忌		46 200		46 200
产品销售成本				
联邦特产税（按销售桶数）		34 766		34 766
每年 6 月 1 日威士忌的库存——172 000桶	9 914		9 914	
加：用于库存的威士忌的成本（2011 年43 000桶，2012 年 63 000 桶，两年的平均成本是 57.63 美元/50 加仑桶）	2 478		3 631	
	12 392		13 545	
减：2011 年 6 月 30 日和 2012 年 6 月 30 日的威士忌库存（在平均生产成本下，2011 年 172 000 桶，2012 年 192 000 桶）	9 914	2 478	11 067	2 478
每年 7 月 1 日装箱产品和半成品的数量	4 554		4 554	
每年 7 月 30 日装箱产品和半成品的数量	4 554	—	4 554	—
		37 244		37 244
其他被计入产品销售成本的成本				
按每桶 69.30 美元销售时的成本	2 980		4 366	
房屋占用成本：厂房	291		327	
租用建筑	299		629	
仓管人员	207		367	
化学实验室人员和物料用品费	150		183	
折旧：工厂设备	26		26	
仓库设备	13		22	
政府管制和联合设施的费用	7		15	
瓶装酒的成本（人工、玻璃和其他用品）	504	4 477	504	6 439
产品销售总成本		41 721		43 683
运营的毛利率		4 479		2 517
减：销售和广告费用	1 725		2 061	
管理和日常费用	1 100	2 825	1 351	3 412
净利润（亏损）		1 654		(895)

公司历史

Justin Anson 酿酒厂建于 1935 年。在 1934 年，创始人 Justin 从苏格兰来到田纳西州奥克伍德，他决定继承家族的酿酒传统。于是，Justin 在紧挨着小溪的高丘上买下了一大块土地，这条小溪是由石灰岩温泉形成的。然后，他开始在屋后的破旧谷仓里生产波本威士忌酒。慢慢地，Justin Anson 酿酒厂从 1935 年一个名不见传的小作坊发展到 1960 年的一家价值百万美元的公司。Justin 认为酿酒厂得到发展的原因在于其生产的威士忌不仅质量好，而且口味独特。Justin 将其生产的威士忌命名为“Old Trailridge”，他仅有的这个威士忌品牌的好质量归功于蒸馏过程中使用了不含铁的纯净水，以及在储藏过程中特制的炭烧白橡木桶。

1997 年，Justin 的重孙 Craig 成为 Justin Anson 酿酒厂的首席运营官，在接下来的 10 年，他使酿酒厂的销售收入翻了一番。2011 年，Justin Anson 酿酒厂生产的威士忌占到全美的 2%以上。自 2000 年中期以来，该酿酒厂的产量稳步增长；2011 年的财务报表（见图表 1 和图表 2）就是其前些年业绩的有力佐证。1990 年，Justin Anson 酿酒厂的需求大增，但它当时其并没有采取策略去赢得更大的市场份额。但是在 2010 年 12 月的股东大会上，根据行业研究报告，威士忌的销量比 Craig 预测的要多得多，因此董事会决定扩大生产以获得更大的市场份额，而不只是保持稳定。报告显示，随着美国"Y 世代"的长大，纯波本威士忌酒的销量会不断增长。依据这份报告以及其他行业预测，Craig 预计 2011—2019 年纯威士忌的销量会翻一番。就销量而言，由于波本威士忌酒至少得存放 4 年，为了赶上预测的 2014—2019 年消费者对纯波本威士忌酒的需求增加的步伐，Justin Anson 酿酒厂董事会决定在 2011 年的基础上，使 2012 年的威士忌产量增长 50%（见图表 1 和图表 2）。

制造和陈酿的过程

"Old Trailridge" 是一种纯波本威士忌酒，因此通常情况下，它使用至少占总原料 51%的玉米和其他谷物作为原料，同时，只能使用全新（而不是再利用）的美国白橡木桶。一旦谷物经过磨碎和发酵过程，蒸馏出来的液体与石灰岩温泉水混合以得到一定的酒精纯度（1 度相当于 0.5%的酒精含量）。

此时，威士忌的液体还很清，味道刺鼻，尝起来也很酸。这时就需要储藏了。它们会被倒入 50 加仑的炭烧橡木桶里，然后搬往储藏室。在威士忌倒进木桶之前，其成本包括生产过程中所有的直接和间接材料成本及人工成本，总额近 1.15 美元/加仑（如图表 2 所示）。1984—2011 年的产量保持不变，在此期间所有的成本都和 Justin Anson 酿酒厂 2011 年的成本一样。

为了使陈年威士忌口感更好，并呈现琥珀色，这种新型波本威士忌酒至少要在特定的温度和湿度条件下储藏 4 年以上。在此期间，这种新型威士忌与烧焦的橡木发生反应，从而吸收部分橡木的味道和颜色。

由于储藏威士忌的酒桶的质量是决定成品酒的最终味道和品质的关键因素，因此 Justin Anson 酿酒厂的那些 50 加仑的木桶都是采用特殊工艺制成的，每个木桶的价格高达 69.30 美元。酒酿好后，这些木桶都不能再加以利用，因此都以低价处理掉了。

Justin Anson 酿酒厂将装满威士忌的木桶放在租赁的陈年室的酒桶架上，或者由厂房隔出的库房里。由于 2012 年产量增加，因此 Justin Anson 酿酒厂只得另外租赁储藏室，年租金为 330 000 美元。由于储藏时间过短或超长都会影响威士忌的质量，而这一过程又主要依赖于温度和湿度条件，因此库房的温度和湿度都需要控制在一定水平。

每隔 6 个月，这些木桶都得从高到低互换位置，并且取样品尝。如果威士忌的质量和等级没有达到一定的标准，那么 Justin Anson 酿酒厂就会采取相应的措施，比如说调整储藏的过程，使其达标。与此同时，员工也会检查每个木桶，看是否有渗漏的现象，定期进行修补。

在这 4 年储藏期结束后，员工会从酒架上搬下这些木桶，将威士忌倒入测量容器，同时过滤橡木的残渣，测量这些威士忌的体积。平均而言，在此过程中，由于蒸发和渗漏，每桶威士忌的损耗为 30%。因此，原本每桶 50 加仑的威士忌就只能产出 35 加仑。在威士忌出库后，美国联邦政府会对每加仑征收 23.10 美元的税收，因此在测量时，政府酒类税务代理会在场进行监督。这种波本威士忌酒出库后就会进行装瓶，由于税收套住了大量的资金，因此装瓶后的威士忌会以最快的速度发给批发商。2011—2012 年，Justin Anson 酿酒厂售出了 30 100 桶重新灌装的威士忌，相当于 43 000 桶原装威士忌。

2012 年 8 月 3 日董事会会议摘录

Craig：鉴于我们酿酒厂在 2013 年亏损了 895 000美元，我十分担心我们能否获得 330 万美元的贷款。自 1998 年以来，我们一直盈利，今年的净销售额和去年相同，为 462 万美元，但今年出现了亏损。恐怕瓦雷国家银行会考虑是否给我们提供贷款。近期我们的生产效率有些低下。

Sanchez（产品经理）：事情并非像你所说的那样，Craig。你也知道今年我们的产量增加了 50%，产量的增加势必会带来成本的增加。想要生产就必须有投入。

Taylor（首席会计官）：Sanchez，我不大同意你的看法。尽管产量增加会带来生产成本的增加，但是会计师将增加的成本推迟到产品真正售出后才计入成本。大家可以从 2012 年的盈亏报表中看出，由于 2012 年的销量和 2011 年一样，2012 年销售成本没有增加。产品成本的增加大部分都计入了未来的成本，你可以从图表中看出，我们的存货账户增加了 100 万美元。我相信我们今年亏损的真正原因是其他成本的大幅增加，主要是仓储成本的增加。“占用成本”在我们的利润表中实际上包括一批费用，如建筑物的折旧费或者租金、供暖费、供电费、建筑维修费、人工成本和建材费用、房产税以及保险费用。另外，2012 年以来，仓库的人工成本也大幅上升。尽管行政和一般费用也有所上升，但是主要是由于这些额外的资金需要支付更高的利息费用，导致存货的成本增加。

Craig：嗯，Sanchez，关于仓储费用的大幅增加，你怎么看？

Sanchez：Craig，就像之前我说的那样，由于我们已经连续几年加大生产力度，在增加产量的同时，必然会导致仓储费用的增加。你不可能用等量的金钱去多生产 50%的威士忌。

Craig：但我记得 Taylor 说过生产成本的增加导致存货账户发生变化，难道不是这样吗？

Taylor：嗯，不是的，Craig。存货账户只记录那些与生产威士忌相关的费用，而我们的仓储费用属于占用成本，而不属于生产成本。

Sanchez：等一下，Taylor，我认为这些费用中用于蒸馏新波本威士忌的直接人工成本和材料费用同样是有效的生产成本。酿制过程不会随着新波本威士忌的生产而停止。储藏过程绝对是制造工艺中必不可少的一部分，我认为桶的成本和部分仓储的人工成本应被视为存货成本。

Craig：好，Sanchez。我同意你的观点，存放和储藏的成本是产成品成本必不可少的一个组成部分。在波本威士忌还没有储藏之前，我们肯定不能将其推向市场。我认为与储藏相关的所有成本都应该被列入存货性成本。Taylor，你认为呢？

Taylor：当然，Craig。让我们把折旧、利息费用、你的工资、股东股息、广告费用、你秘书的工资进行资本化，也就是说，让我们把所有的费用进行资本化！这样我们可以显示出一笔巨大的库存余额和很小的费用开支。

Craig：你在开玩笑吧，Taylor。恐怕我真的不明白我们为什么不能将所有费用都列入存货账户，因为在我看来，它们都是我们生产最终产品的过程中必不可少的组成部分。你认为你提到的所谓“存货性”成本和陈酿成本之间的区别是什么呢？

Taylor：在我看来，存货性成本就是那些将原材料转化成橡木桶中的威士忌的过程中产生的必要成本。此成本约为每加仑 1.15 美元，包括制造过程中用到的谷物、酵母、麦芽等原材料成本，将这些材料转化成威士忌的直接人工成本以及工人将谷物转化成威士忌的其他管理费用。我不知道怎样将储藏成本纳入产品的存货性成本这个公认的会计账户中。

Craig：我认为我们下个月开会时围绕这个主题进一步讨论。在此期间，我会好好想一想这个问题。

问题

1. 假设 Craig 决定将木桶成本（但不是存放成本和储藏成本）列入存货性成本，那么在 2012 年的利润表和资产负债表中什么项目将会发生改变，新的数量是多少？

2. 如果 Craig 建议将所有的存放成本和储藏成本均列入存货性成本，那么 2012 年的财务报表将会受到怎样的影响？

3. 在你看来，当 Craig 准备将财务报告提交给瓦雷国家银行时，什么样的成本应该包含在存货性成本中呢？

第3章

本量利分析

学习目标

1. 了解本量利（CVP）分析的特征。
2. 掌握盈亏平衡点分析，能够计算既定经营净利润下所需的产出量。
3. 了解税收对CVP分析的影响。
4. 了解管理者在决策过程中如何使用CVP分析。
5. 了解如何通过CVP分析应对不确定性。
6. 使用CVP分析管理固定成本和变动成本。
7. 了解多种产品的CVP分析。
8. 了解服务业和非营利组织中的CVP分析。
9. 能够区分贡献毛益和销售毛利。

随着产品或服务数量的变化，企业的利润状况会如何变动？这是每个管理者关心的问题。比如家得宝的管理者想知道，其一款新电钻需要多大销量才能达到盈亏平衡或实现既定盈利目标。宝洁公司的管理者想知道，其在尼日利亚的业务拓展是如何影响成本、销售价格和利润的。这类问题通常属于假设性分析的范畴，即：如果销售更多电钻会怎样？如果在尼日利亚开展销售业务会怎样？仔细分析这类假设性问题的可能结果和相应选择可以提高决策水平。

对于固定成本较高的企业来讲，关注这种假设性分析尤为重要，因为这类企业的任何决策失误都将带来惨痛的后果。这类固定成本较高的企业包括：航空业的瑞士航空公司和美国航空公司、通信业的环球电讯等公司。因为高额的固定成本意味着需要更大销售额才能达到盈亏平衡点。例如，对多数航空公司的每次航班来讲，大多数乘客带来的收入只能弥补固定成本，之后只有2～5位乘客才会带来利润。所以，尽管2001—2002年航空业不景气，但高额的固定成本依然存在，导致很多航空公司破产。本章介绍的本量利分析有助于管理者应对这类风险。

本章要点

● 在本量利分析中，成本被划分为固定成本和变动成本，来考察销量变化、单位变动成本变化、固定成本变化等不同情形下总收入、总成本和经营净利润的变化情况。

● 本量利分析有助于管理者确定盈亏平衡点（总收入等于总成本的那一点）；确定达到既定经营净利润所需的销售水平；确定广告支出应为多少；确定销售价格是否需要变动。

● 管理者面对不确定性时，通过假定不同情形，测试CVP关系和产出结果对假定变动的敏感性。

● 销量变化后，成本性态中固定成本和变动成本的构成会影响盈亏变动情况。基于风险收益权衡分析，管理者可以采用两种成本的不同组合。

● 本量利分析可以拓展到多种产品联合生产的情形，也可以拓展到多个成本驱动因素的情形，还可以拓展到服务组织和非营利组织。

3.1 本量利分析概述

我们在第 2 章介绍了总收入、总成本和经营净利润的概念。**本量利分析**（cost-volume-profit（CVP） analysis）是对这些因素的性态和关系的研究，即分析当销量变化、价格变化、单位变动成本变化或产品固定成本变化时，这些因素的性态变动关系。我们用下面的例子来说明如何进行本量利分析。

> Emma Jones 是一位年轻的创业者，最近以高分通过了 GMAT。她使用的助考资料是《制胜 GMAT》，包括辅导书和软件。她很喜欢这套资料。商科毕业后，她主动联系辅导书的出版社，谈妥了该书的经销事宜，并在位于波士顿的大学生交易市场出售。近来，Emma 准备打入位于芝加哥的大学生交易市场。她所掌握的信息如下：从批发商处购得该套助考资料的单位价格是 120 美元，未售出的可以按此价格退给批发商；书摊的租赁价格是 2 000 美元；此外，没有其他费用。现在的问题是：Emma 是否需要租一个书摊呢？

与其他管理者一样，Emma 需要以下几步来分析这一问题，以做出使利润最大化的决策：

1. 识别问题与不确定性。任何管理决策都是对一系列行动的选择。是否租赁书摊取决于两个重要因素：助考资料的售价和销量。Emma 所做的任何决策都具有未来的不确定性，是否实现只能在未来确定。未来销量越大、价格越高，Emma 愿意租赁书摊的意愿就越强。

2. 获取信息。面对不确定性时，有些信息可以在一定程度上降低不确定性，管理者需要收集这类信息。Emma 需要收集芝加哥交易市场上参与者的信息，市场上存在的其他考试辅导教材的信息，与芝加哥市场类似的交易市场上 GMAT 助考资料的销售信息等。

3. 预测未来。管理者在预测未来时，应当使用所有可得的信息。Emma 预计，每套 GMAT 助考资料的售价约为 200 美元，这一价位上的销量为 30～60 套。这一预计过程中，Emma 应当理性谨慎地判断。若对未来的预测过于乐观，将导致达不到预期结果却租赁了书摊的结果；若过于悲观，则会出现本可通过租赁书摊获利却丧失了这一机会的情况。

Emma 的预测建立在当前的芝加哥市场与 4 个月前的波士顿市场相似这一基础之上。但她也有几个很不确定的问题：芝加哥市场和波士顿市场有可比性吗？4 个月来，市场情况一直没变化吗？认识上有偏差吗？她之所以决定去芝加哥，就是因为波士顿市场过去两个月来的销量一直未达到预期，这是否预示着她对未来的估计过分乐观了？她是否忽略了某些竞争风险？芝加哥市场上的同类资料供应者会在未来降价销售吗？

Emma 思量再三。她从市场管理处获得了过去几年芝加哥市场的交易情况，对其预测所依赖的假定进行了重新测试。之后，她发现上述预测是合理的、准确的、谨慎的。

4. 选择方案做出决策。Emma 使用本量利分析，决定在芝加哥市场上租一个书摊。

5. 实施决策、评价业绩与学习改进。聪明的管理者总是会不断学习进步。通过比较实际业绩和预测业绩，可以获知为何出现某一结果，并学习进步。Emma 需要考察其对价格和销量的预测是否正确，以便就租赁书摊做出决策。

那么在第四步中，Emma 是如何进行本量利分析的呢？Emma 先将成本划分为固定成本和变动成本，接着计算了相应的贡献毛益。

□ 3.1.1 贡献毛益

2 000 美元的书摊租赁费是固定成本，无论 Emma 卖出多少套助考资料，这一成本都不会发生变化。助考资料的成本是变动成本，因为随着销量的增加，该数额同比例增加；每售出一套助考资料，都会发生 120 美元的成本。Emma 考察了销量为 5 套和 40 套时的经营净利润情况，如下表所示（单位：美元）。

	销售 5 套	销售 40 套
收入	1 000（200×5）	8 000（200×40）
变动成本	600（120×5）	4 800（120×40）
固定成本	2 000	2 000
经营净利润	(1 600)	1 200

上表中销量发生变化后，总收入和总变动成本随之改变。**贡献毛益**（contribution margin）由总收入减去总变动成本得到，即：

贡献毛益＝总收入－总变动成本

销量的改变如何引起经营净利润的变化通过贡献毛益的变化体现出来。如上例中，销售 5 套时贡献毛益为 400 美元（总收入 1 000 美元－总变动成本 600 美元），销售 40 套时贡献毛益为 3 200 美元。在贡献毛益的计算中，应当确保扣除了所有变动成本。假如 Emma 雇用业务员来促进销售，并按销量给予业务员销售佣金，那么计算单位变动成本时，应当考虑销售佣金。

计算贡献毛益和经营净利润时，**单位贡献毛益**（contribution margin per unit）很实用，其定义如下：

单位贡献毛益＝单位售价－单位变动成本

在 GMAT 助考资料的案例中，单位贡献毛益为 200－120＝80（美元）。单位贡献毛益反映了单位售价和单位变动成本的耦合度。与固定成本不同，以 200 美元/套的价格出售 GMAT 助考资料时，Emma 只需要负担 120 美元/套的变动成本即可。

可以根据单位贡献毛益计算贡献毛益：

贡献毛益＝单位贡献毛益×销量

例如，销量为 40 套，则贡献毛益为 80×40＝3 200（美元）。

书摊租赁后，即使尚未开业，Emma 也要负担 2 000 美元固定成本。单位贡献毛益为 80 美元意味着，每销售一套助考资料，Emma 可以获得 80 美元来补偿固定成本。全部固定成本得到补偿后，Emma 就开始盈利了。

图表 3—1 给出了不同销量所对应的不同贡献毛益。这样的利润表称作**贡献式利润表**（contribution income statement），因为其将成本分为固定成本和变动成本来突出贡献毛益。

经营净利润＝贡献毛益－固定成本

销量从 0 增加到 1 套、5 套时，每增加一套，贡献毛益增加 80 美元；固定成本获得的补偿越来越多，相应地，经营净亏损不断减少。当销量达到 25 套时，贡献毛益达到 2 000 美元，刚好补偿了所有固定成本，此时经营净利润为 0；当销量达到 40 套时，贡献毛益又增加了 1 200 美元（3 200－2 000），增加的这一部分全部变成了经营净利润。图表 3—1 中从左向右看，贡献毛益的增加额恰好等于经营净利润的增加额。

图表 3—1 **贡献式利润表** 单位：美元

	A	B	C	D	E	F	G	H
1				销量				
2				0	1	5	25	40
3	总收入	200	每套	0	200	1 000	5 000	8 000
4	变动成本	120	每套	0	120	600	3 000	4 800
5	贡献毛益	80	每套	0	80	400	2 000	3 200
6	固定成本	2 000		2 000	2 000	2 000	2 000	2 000
7	经营净利润			(2 000)	(1 920)	(1 600)	0	1 200

American Apparel 和 Prada 等公司通常生产多种产品，逐一计算单位贡献毛益略显烦琐，因此去掉贡献毛益中的价格量纲，可将其表示为**贡献毛益比**（contribution margin percentage）（或贡献毛益率）：

贡献毛益比（贡献毛益率）＝贡献毛益/总收入

对图表 3—1 中的任一销量来说，有：

贡献毛益比（贡献毛益率）＝3 200/8 000＝0.4 或 40%

贡献毛益率是单位美元收入所带来的贡献毛益。每一美元收入，Emma 可以赚得 40%的贡献毛益。使用贡献毛益率可以很方便地计算任一销售收入的贡献毛益。将贡献毛益率公式中的总收入移项有：

贡献毛益＝贡献毛益率×总收入

而　　经营净利润＝贡献毛益－固定成本

将贡献毛益代入上式，有：

经营净利润＝贡献毛益率×总收入－固定成本

因此，图表 3—1 中，如果 Emma 销售了 40 套资料，则有：

总收入	8 000 美元
贡献毛益率	40%
贡献毛益	3 200 美元
固定成本	2 000 美元

经营净利润　　1 200 美元

若只有一种产品，贡献毛益率公式中分子分母同时除以销量，即有：

$$贡献毛益率=\frac{贡献毛益/销量}{总收入/销量}=\frac{单位贡献毛益}{单位售价}$$

例子中，贡献毛益率=80/200=0.4 或 40%。贡献毛益率有助于计算收入变化对贡献毛益的影响。图表 3—1 中，总收入从 3 000 美元、5 000 美元增加到 8 000 美元，相应的贡献毛益从 1 200 美元、2 000 美元增加到 3 200 美元。

收入为 8 000 美元时的贡献毛益：0.4×8 000	3 200 美元
收入为 5 000 美元时的贡献毛益：0.4×5 000	2 000 美元
收入增加 3 000 美元时的贡献毛益增加：0.4×3 000	1 200 美元

贡献毛益分析有着广泛的应用。例如，家得宝公司管理者可以使用贡献毛益分析来测算经济萧条时销售收入对利润的影响。

成功之匙

贡献毛益分析是测算收入变动对经营净利润影响的快捷、便利的工具。

□ 3.1.2 本量利关系的不同表达方式

图表 3—1 是如何计算得到结果的？该表是根据本量利关系式计算的。要理解本量利分析如何在决策中起作用，就要了解贡献式利润表中的项目结构及其关系。有如下三种方法可用来考察本量利关系：

1. 等式法；
2. 贡献毛益法；
3. 本量利图解法。

若只分析某几个特定的销售水平（例如销量为 5，15，25，40），贡献毛益法和等式法尤为实用。若考察某一连续区域上销售水平的变化对经营净利润的影响，本量利图解法可提供一个可视的解决方案。稍后我们会发现，不同方法可用于不同决策。

等式法　图表 3—1 中的每一列都可以表示为如下等式：

总收入−变动成本−固定成本=经营净利润

每一列的总收入：

总收入=销售单价(SP)×销量(Q)

每一列的变动成本：

变动成本=单位变动成本(VCU)×销量(Q)

因此

[(销售单价×销量)−(单位变动成本×销量)]−固定成本=经营净利润　　（等式 1）

等式 1 是计算不同销量对应的经营净利润的基础。例如，要计算图表 3—1 中销量为 5 套时的经营净利润，有：

(200×5)−(120×5)−2 000=−1 600(美元)

贡献毛益法 对等式 1 重新整理有：

[(销售单价−单位变动成本)×销量]−固定成本=经营净利润

(单位贡献毛益×销量)−固定成本=经营净利润 (等式 2)

在 GMAT 助考资料案例中，单位贡献毛益为 80 美元，因而销售 5 套时，Emma 可获得：

经营净利润=(80×5)−2 000=−1 600(美元)

等式 2 表述了我们前面提到的基本思想：每卖出一套助考资料，Emma 的 2 000 美元固定成本就得到 80 美元的补偿。

本量利图解法 本量利图解法以可视化图形的方式展示了总收入和总成本之间的关系。图中，每一种关系都对应于一条直线。图表 3—2 是对 GMAT 助考资料案例的本量利图解法分析。我们假定总成本和总收入的变动是线性的，因此只需两点即可将关系图表示出来。

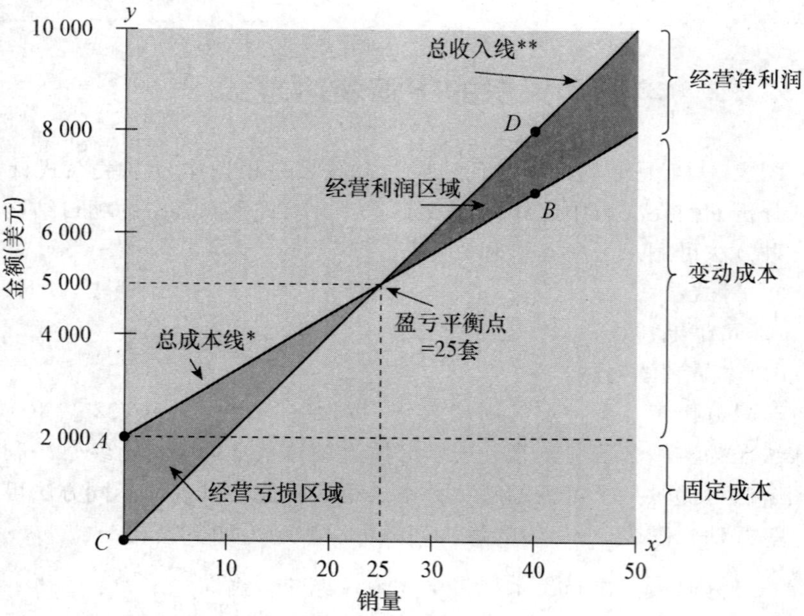

图表 3—2 GMAT 助考资料的本量利图解

* 总成本线的斜率为单位变动成本 120 美元。

** 总收入线的斜率为销售价格 200 美元。

1. 总成本线。总成本是固定成本和变动成本之和。在相关范围内，任何销量的固定成本都是 2 000 美元。选择（0，2 000）作为起点，并另选任一销量所对应的成本水平（如销量为 40 套）及相应的总成本，两点相连，就得到了总成本线。此时总变动成本为 4 800 美元（120×40）。考虑到相关范围内任一销量的固定成本都是 2 000 美元，因而销售 40 套时的总成本为 6 800 美元（2 000+4 800）。

2. 总收入线。选择（0，0）作为起点，因为销量为0时，收入也为0。然后选择任一销量水平及其收入水平作为另外一点，两点相连，即得到总收入线。

图表3—2中，总成本线与总收入线之间的垂直距离反映了不同销量水平上的经营净利润。若销量低于25套，总成本高于总收入，此时经营净利润为负，即亏损；若销量高于25套，总收入高于总成本，此时经营净利润为正，即盈利。

很多公司，特别是中小型公司，都选择本量利图解法来直观反映不同销量所引起的总收入和总成本变化情况。该图有助于发现获利区域，也有助于及时发现可能的亏损风险。

□ 3.1.3 本量利分析的假定

前面介绍了本量利分析的工作原理，下面我们来看本量利分析中的几个假设：

1. 销量变动是引起收入水平和成本水平变化的唯一因素。销量是唯一的收入动因，也是唯一的成本动因。影响成本的任何因素都称作成本动因，影响收入的任何因素称作收入动因。

2. 总成本可以分解为两部分：固定部分，不随销量的变化而变化（如Emma的书摊租赁费为2 000美元）；变动部分，随销量的变化而变化。

3. 本量利分析图解法中，在相关范围内，总收入和总成本都是线性的，即可以表示为直线。

4. 单位售价、单位变动成本、总固定成本（同一时间的相关范围内）均已知且为常数。

正如上述假设所描述的，本量利分析的最大特点在于将总成本分解为固定成本和变动成本。不过，应当注意的是，固定成本和变动成本的划分取决于决策期的长短。

决策期越短，总成本中固定成本的比例就越高。例如，假定泛美航空某一航班即将离港起飞，尚有20个坐席未售出。这时，竞争对手的某一乘客持可换乘机票来换乘本航班。相对于某一座位空着，承载该乘客所引起的变动成本（如饮料支出）几乎可以忽略不计。决策期为航班起飞前一小时，事实上这时的所有成本（机组人员工资和行李费等）都已经固定了。

如果泛美航空在考虑是否保留某一航班，这时决策期为一年。若因乘客稀少，泛美航空最终决定取消这一航班，那么机组人员工资、相应的行李费、机场费等很多成本都成了变动成本。因为一旦该航班停止运营，在未来泛美航空就不需要另行支出这些成本了。因此对成本分类时，要考虑决策期的长短、销量的相关范围以及特定的决策情形。

3.2 盈亏平衡点与目标经营净利润

像Emma一样的创业者和管理者往往需要知悉为达到既定利润目标所需的产量；同样，他们也迫切地想知道多大销量恰好可以实现盈亏平衡。

□ 3.2.1 盈亏平衡点

盈亏平衡点（breakeven point，BEP）是指某一特定销量，该销量使得销售收入恰好等于销售成本，即使得经营净利润为零的那一点的销量。在本量利图解法中，我们曾展示过如何求得盈亏平衡点。图表 3—1 中，销量为 25 套时经营净利润恰好为 0，这就是盈亏平衡点。不过基于图表 3—1 的计算，我们可以直接利用公式计算相应的盈亏平衡点。

根据等式法（等式 1），有：

[(销售单价×销量)－(单位变动成本×销量)]－固定成本＝经营净利润

令经营净利润为 0，并记相应的销量为 Q，则有：

$200\times Q-120\times Q-2\,000=0$

$Q=2\,000\div 80=25$(套)

若 Emma 销售的助考资料少于 25 套，则出现亏损；若恰好销售 25 套，则盈亏平衡；若销售多于 25 套，则出现盈利。这是用销量表示的盈亏平衡点；当然盈亏平衡点也可以表示成收入形式，即 25×200＝5 000（美元）。

根据贡献毛益法（等式 2），有：

(单位贡献毛益×销量)－固定成本＝经营净利润

令经营净利润为 0，则有：

单位贡献毛益×盈亏平衡点销量＝固定成本　　　（等式 3）

重新整理等式 3，并代入数据，有：

盈亏平衡点销量＝固定成本÷单位贡献毛益＝2 000÷80＝25(套)

盈亏平衡点收入＝盈亏平衡点销量×单位售价＝25×200＝5 000(美元)

实务中，很多企业生产多种产品，因此大多利用销售收入和贡献毛益率来计算盈亏平衡点。之前在 GMAT 助考资料的案例中，我们曾使用以下公式：

贡献毛益率＝单位贡献毛益÷单位售价＝80÷200＝0.4 或 40%

也就是说，1 美元收入中有 0.4 美元（或者说 40%）是贡献毛益。在盈亏平衡点，贡献毛益应当等于固定成本（2 000 美元）。此时要赚得 2 000 美元，销售额需要达到 2 000÷0.4＝5 000（美元）。

盈亏平衡点收入＝固定成本÷贡献毛益率＝2 000÷0.4＝5 000(美元)

管理者可以根据盈亏平衡点判断避免亏损所需的销量，同样，管理者可以利用这一思路来计算如何实现其战略和计划中所设定的利润目标。在我们的例子里，租赁书摊后，Emma 只要以 200 美元/套的价格销售 20 套 GMAT 助考资料即可避免亏损。那么 Emma 如何计算实现某一既定经营利润水平所需的销量呢？

成功之匙

盈亏平衡点明确了盈亏界限。

□ 3.2.2　目标经营净利润

Emma 想实现 1 200 美元的销售利润，需要的销量是多少？我们通过这一问题的解答来展示如何应对经营净利润的相关问题。一种方法是利用图表 3—1 进行插值计算，通过不断试错，求得经营净利润为 1 200 美元的点。由图表 3—1 可以看出，当销量为 40 套时对应的经营净利润为 1 200 美元。通过等式 1，我们可以更方便地求得该结果。

[(销售单价×销量)−(单位变动成本×销量)]−固定成本＝经营净利润

记对对应于 1 200 美元经营净利润的销量为 Q。由于单位售价为 200 美元，单位变动成本为 120 美元，固定成本为 2 000 美元，经营净利润为 1 200 美元，将这些数值代入等式 1，有：

$$200\times Q-120\times Q-2\,000=1\,200$$
$$Q=3\,200\div 80=40\text{(套)}$$

同样，我们也可以使用等式 2 计算：

(单位贡献毛益×销量)−固定成本＝经营净利润

重新整理，有：

所需销量＝(固定成本＋目标经营净利润)÷单位贡献毛益　　　　（等式 4）

所需销量＝(2 000＋1 200)÷80＝40(套)

经营净利润为 1 200 美元时，如何通过贡献毛益法来计算相应的总收入？此时所需的贡献毛益为 3 200 美元（固定成本 2 000 美元＋经营净利润 1 200 美元），由贡献毛益率为 0.4 可知，1 美元收入可以带来 0.4 美元贡献毛益。因此要获得 3 200 美元的贡献毛益，所需收入为 3 200÷0.4＝8 000（美元）。

经营净利润为 1 200 美元时所需销售收入＝(2 000＋1 200)÷0.4＝8 000(美元)

那么如何使用如图表 3—2 所示的图解法来求得经营净利润为 1 200 美元时所需的销量呢？虽然可以使用图解法，但经营净利润为 1 200 美元所对应的确切的那一点不太容易确定。此时我们需要使用图表 3—2 的图解法的变换形式——利润销量图。

利润销量图（PV graph）反映了销量变化是如何影响经营净利润的。图表 3—3 是 GMAT 助考资料案例的 PV 图。此时固定成本为 2 000 美元，单位售价为 200 美元，单位变动成本为 120 美元。利润销量线也可以通过两点连接形成。(0，−2 000) 表示销量为 0 时，所获得的利润为−2 000 美元。(25，0) 是盈亏平衡点，此时销量为 25 套，利润恰好为 0。将两点用直线连接起来，就得到了利润销量线。在经营净利润为 1 200 美元的纵轴上引一条与 x 轴平行的直线，得到其与利润销量线的交点，从该点作一条与 y 轴平行的直线，该直线与 x 轴的交点即经营净利润为 1 200 美元时所需销量（40 套）。这说明 Emma 只要销售 40 套 GMAT 助考资料，就可以获得 1 200 美元的经营净利润。

较大规模公司的管理者通常借助利润销量图来分析经营净利润随销量变动的情

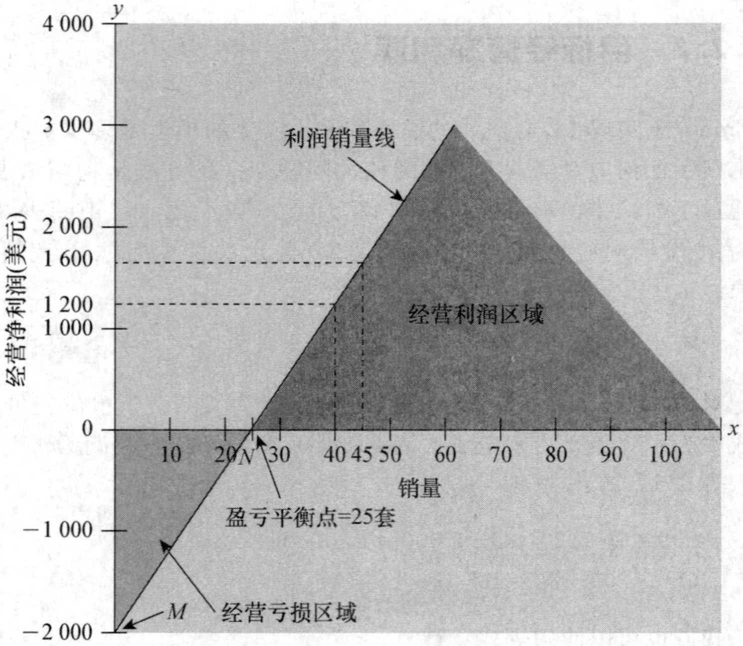

图表 3—3 GMAT 助考资料利润销量图

况。实现利润目标需要知道相应的收入目标，利润销量图正好告诉了管理者如何计算相应的收入目标。

> 成功之匙
>
> 利润销量图是帮助管理者直观考察经营净利润和销量之间关系的可视化图形。

3.3 所得税与目标净利润

净利润（net income）由经营净利润加上非经营净利润（如利息收入）减去非经营成本（如利息费用）及所得税费用得到。为简化分析，本章假定非经营净利润和非经营成本为零。因此有：

净利润＝经营净利润－所得税费用

在前面的 CVP 分析中，我们并没有考虑所得税费用的影响。对大多数公司来讲，其管理者的利润目标多为净利润。净利润可以使得管理者综合考虑净利润和所得税对净利润的影响。有些决策带来的经营净利润可能不高，但由于税收优惠的存在，因此其净利润会更具吸引力。净利润是股东股利和股东回报的动力源泉。

要计算净利润，CVP 分析中的目标利润应当表述为目标净利润。例如，Emma 的净利润目标是 960 美元，所得税税率为 40%，此时需要销售多少套 GMAT 助考资料？

目标净利润＝目标经营净利润－目标经营净利润×所得税税率
目标净利润＝目标经营净利润×(1－所得税税率)
目标经营净利润＝目标净利润÷(1－所得税税率)

换言之，要获取 960 美元的净利润，目标经营净利润应当设定为 1 600 美元。

验证：目标经营净利润	1 600 美元
所得税（0.4×1 600）	640 美元
目标净利润	960 美元

上述计算中的关键在于将目标净利润转换为目标经营净利润。之后就可以用等式 1 来计算相应的数值。

[(销售单价×销量)－(单位变动成本×销量)]－固定成本＝经营净利润
$200\times Q-120\times Q-2\,000=1\,600$
$Q=3\,600\div80=45$(套)

同样，可以用贡献毛益法和等式 4 计算：

所需销量＝(固定成本＋目标经营净利润)÷单位贡献毛益
＝(2 000＋1 600)÷80＝45(套)

Emma 也可以使用如图表 3—3 所示的利润销量图法。从图中可以看出，要实现 1 600 美元的目标经营净利润，所需的销量是 45 套。

3.4 决策制定中的本量利分析

前面我们介绍了盈亏平衡分析以及目标经营净利润和目标净利润计算中的本量利分析问题。管理者也会使用本量利分析来指导其他决策，包括战略决策。比如在新型汽车研发中，需要考虑是使用现有产品的引擎动力，还是制动系统，抑或是转向系统。不同的决策会影响单位售价、单位变动成本、固定成本、销量和经营净利润。本量利分析可用于计算不同情形下的经营净利润，从而为管理者制定决策提供帮助。下面我们用本量利分析来考察 GMAT 助考资料的案例中，是采用广告策略还是降价促销策略。

3.4.1 广告策略

假定 Emma 目前预计销量为 40，根据图表 3—3，此时相应的经营净利润为 1 200 美元。现在她正在考虑是否在市场广告栏发布一则有关其产品及特点的广告，广告费为 500 美元。Emma 预计该广告可以使销量增加 10%，即广告投放后，预期销量可达到 44 套。Emma 是否需要投放该广告？下表列示了该问题的本量利分析（单位：美元）。

	无广告销量 40 套 (1)	广告投放后销量 44 套 (2)	差异 (3)＝(2)－(1)
收入	8 000	8 800	800
变动成本	4 800	5 280	480

续前表

	无广告销量 40 套 (1)	广告投放后销量 44 套 (2)	差异 (3)=(2)-(1)
贡献毛益	3 200	3 520	320
固定成本	2 000	2 500	500
经营净利润	1 200	1 020	(180)

经营净利润从 1 200 美元降至 1 020 美元，因此 Emma 不应当投放该广告。需要注意的是，Emma 其实只要关注最后一列即可，此时结论相同。如果投放广告，贡献毛益增加 320 美元，固定成本增加 500 美元，因此经营净利润降低 180 美元。

由于我们现在已经对本量利分析比较熟悉了，因此可以试着只关注由决策引起的差异，而不用按部就班地分别计算各自的贡献式利润表。如果广告费是 400 美元或者 600 美元，结果又会怎样呢？差异分析才是管理者进行本量利分析的核心所在，由决策变化引起的收入和成本变化部分才是管理者需要加以关注的。

3.4.2 降价促销策略

既然决定不投放广告，Emma 接下来考虑是否降价来实现薄利多销，她打算将价格降至 175 美元一套。在这一价格水平上，她预计销量为 50 套。而且这一销量可以使得批发商将供货价格从 120 美元/套降至 115 美元/套。Emma 是否应该降价？

降价后的贡献毛益：(175－115)×50	3 000 美元
降价前的贡献毛益：(200－120)×40	3 200 美元
降价引起的贡献毛益变化：	(200) 美元

降价引起贡献毛益下降 200 美元，而固定成本没有变化，所以经营净利润下降 200 美元。降价促销决策不能采用。

3.4.3 确定目标价格

Emma 或许想知道销量为 50 套时，什么价格可以维持 1 200 美元的经营净利润。答案是 179 美元/套，计算过程如下（单位：美元）：

目标经营净利润	1 200
加：固定成本	2 000
目标贡献毛益	3 200
除：销量	÷50
目标单位贡献毛益	64
加：单位变动成本	115
目标单位价格	179

Emma 可能会考虑其他决策，如在投放广告的同时采用降价促销策略或在投放广告的同时提高售价。这时要考虑该策略对 GMAT 助考资料的需求的影响。接着，通过比较贡献毛益（单位售价、变动成本、销量变化都会影响贡献毛益）的变化和固定成本的变化，选择使经营净利润最高的决策。下面的“实例”专栏介绍了爱尔兰摇滚

乐队 U2 在其世界巡演中，如何通过本量利分析进行固定成本和票价决策。

实 例　爱尔兰摇滚乐队 U2 在高额固定成本下的丰厚利润

U2 乐队世界巡演一开始，《滚石》杂志就将其称为“盛况空前的摇滚巡演”。U2 乐队的演出场地都选在大型体育馆，大型舞台高 164 英尺，设有巨大的屏幕，以及走秀天桥。该舞台就像一艘宇宙飞船。实际上，在 U2 乐队规模浩大的巡演中，有 3 个这样的舞台，每个造价在 4 000 万美元左右。因而，其巡演的成功不仅体现在演出场场爆满上，还体现在其成功地收回了高额的固定成本——这一成本不会随着观众的增加而变化。

为了弥补高额固定成本以确保盈利，U2 乐队必须售出足够多的门票。为了使收入最大化，他们使用了特殊的舞台设计，将场馆顺利扩容 20%；其门票售价低至 30 美元，比很多户外音乐会门票都低。U2 乐队的计划大获成功——尽管音乐市场低迷、全球经济衰退，U2 乐队依然创造了票房奇迹。2011 年的巡演，U2 乐队共为 700 多万名粉丝表演，总收入达 7 亿美元，盛况空前。

资料来源：Based on Edna Gundersen, “U2 Turns 360 Stadium Tour Into Attendance-Shattering Sellouts,” *USA Today* (October 4, 2009); and Ray Waddell, “U2's ‘360’ Tour Gross: $734,137,344!” *Billboard* (July 29, 2011).

战略决策必然伴随着风险。管理者可以使用本量利分析来评价预期目标不能实现时，比如销售收入低于预期目标 10%，经营净利润会受到何种影响。继而，管理者可以采取应对策略。例如，如果销售收入很可能下滑，管理者就可以改变成本结构，调高变动成本比例，降低固定成本比例。

成功之匙

对不同备选决策进行比较时，考察各自的贡献毛益变化与固定成本变化是一种实用的方法。

3.5 敏感性分析与安全边际

在采取实际行动之前，管理者通常进行**敏感性分析**（sensitivity analysis），以确保了解不同情形下的决策结果。波音公司、空客公司等通常会使用本量利分析来测算为收回研发成本需要售出多少架飞机。它们往往根据市场大小、市场份额、销售价格等信息设定不同情形，以测试其结论对不同情形的敏感程度。

管理者使用敏感性分析来考察当预测数据不能实现或某一假设发生变化时，结果会怎样，这是一个假设性分析框架。在本量利分析中，敏感性分析可以回答以下问题：“如果销量比预期低 5%，经营净利润会发生怎样的变化？”“如果单位变动成本增加 10%，经营净利润会发生怎样的变化？”敏感性分析可以在项目获得资助之前告知管理者可能的结果。

常用的电子表格（如 Excel）使得管理者可以系统有效地进行基于本量利分析的敏感性分析，以考察单位售价、单位变动成本、固定成本的变化之间的相互作用及其对经营净利润的影响。图表 3—4 列示了 GMAT 助考资料案例中的表格分析结果。

图表 3—4 **GMAT 助考资料的本量利分析** 单位：美元

	A	B	C	D	E	F
1			单位售价为 200 美元时实现目标经营净利润所需销量			
2			0(盈亏平衡点)	1 200	1 600	2 000
3	固定成本	单位变动成本				
4	2 000	100	20	32[a]	36	40
5	2 000	120	25	40	45	50
6	2000	150	40	64	72	80
7	2 400	100	24	36	40	44
8	2 400	120	30	45	50	55
9	2 400	150	48	72	80	88
10	2 800	100	28	40	44	48
11	2 800	120	35	50	55	60
12	2 800	150	56	80	88	96

a. 所需销量＝(固定成本＋目标经营净利润)÷单位贡献毛益
＝(2 000＋1 200)÷(200－100)＝32

通过电子表格，给定不同的固定成本和单位变动成本，Emma 可以立即得到实现某一特定目标经营利润所要达到的销量。例如，当固定成本为 2 000 美元、单位变动成本为 100 美元时，要实现 1 200 美元的目标经营净利润，所要达到的销量是 32 套。如果固定成本上涨到 2 800 美元，单位变动成本上涨到 150 美元，要实现盈亏平衡需要销售 56 套资料。Emma 可以结合本量利分析、敏感性分析和合理谨慎的预测，来判断是否在市场上租赁书摊。

> 成功之匙
>
> 敏感性分析是一种假设性分析工具，通过预测数据或假设的改变来考察可能的结果变化，从而使管理者对不确定性有更好的认识。

敏感性分析的另一个重要方面是安全边际。**安全边际**（margin of safety）的定义为：

安全边际额＝预算(或实际)收入－盈亏平衡点收入

安全边际量＝预算(或实际)销量－盈亏平衡点销量

安全边际回答了这样一个问题：当预算收入高于盈亏平衡点收入且未实现时，到达盈亏平衡点之前，预算收入可以降低多少？公司营销出现了问题或竞争对手引入了新产品，都可能导致销售收入下降。假定 Emma 的固定成本为 2 000 美元，单位售价为 200 美元，单位变动成本为 120 美元，从图表 3—1 中可以发现，Emma 销售 40 套助考资料时的预算收入为 8 000 美元，相应的预算经营净利润为 1 200 美元。在盈亏平衡点，销量为 25 套，销售额为 5 000 美元。

安全边际额＝预算收入－盈亏平衡点收入＝8 000－5 000＝3 000(美元)

安全边际量＝预算销量－盈亏平衡点销量＝40－25＝15(套)

安全边际有时以百分比的形式表示：

安全边际率＝安全边际额÷预算(或实际)收入

上例中，安全边际率为 3 000÷8 000＝37.5%。这表明收入下降 37.5%才会到达盈亏平衡点。较高的安全边际表明，公司蒙受损失的风险较低。

不过，若 Emma 预计未来销量仅有 30 套，相应的预算收入为 6 000 美元，则

安全边际额＝预算收入－盈亏平衡点收入＝6 000－5 000＝1 000(美元)

安全边际率＝安全边际额÷预算(或实际)收入＝1 000÷6 000＝16.67%

这表明如果收入下降 16.67%，Emma 将会蒙受损失。较低的安全边际意味着蒙受损失的风险较高，Emma 需要寻求降低固定成本或提高贡献毛益的方法，以提高安全边际。例如，她可以评估产品吸引力是否足以在提升价格的同时维持销量不变，或者考虑能否适当降低从批发商处拿货的价格。如果既不能降低固定成本，也无法提高贡献毛益，而且 Emma 也难以容忍如此高水平的风险，那么她可能不会租赁书摊。

敏感性分析是确认不确定性的简便方法，不确定性是指实际销量低于预计销量的可能性。敏感性分析使得管理者对决策风险有更好的把握。另外一种确认不确定性的综合性方法是根据概率分布函数计算数学期望值。本章附录列示了该方法。

3.6 成本规划与本量利分析

管理者可以调整成本结构中固定成本和变动成本的比例，这属于战略决策。本节将介绍该调整决策中各种不同的影响因素。

3.6.1 固定成本和变动成本比例的备选结构

当公司成本结构中固定成本和变动成本的比例发生变化时，基于本量利分析的敏感性分析给出了相应的风险和回报。图表 3—4 中，对比第 6 行和第 11 行可以很容易地验证这一陈述，如下表所示：

	固定成本（美元）	变动成本（美元）	所需销量（套）	
			利润为 0（盈亏平衡点）	利润为 2 000 美元
第 6 行	2 000	120	25	50
第 11 行	2 800	100	28	48

与第 6 行相比，第 11 行的固定成本更高、变动成本更低，因而遭受损失的风险更高（因为其盈亏平衡点更高）；相应地，要实现 2 000 美元的经营净利润，第 11 行只需销售 48 套 GMAT 助考资料即可，比第 6 行的 50 套要少。因此，本量利分析可以帮助管理者分析不同的成本结构。我们来更详细地考察不同选择的结果。假定芝加哥的大学市场的组织者提供了三种租赁选择：

选项 1：2 000 美元的固定费用；

选项 2：800 美元的固定费用加 15%的销售收入提成；

选项 3：25%的销售提成，无固定费用。

Emma 的单位变动成本为 120 美元，她现在想知道不同的租赁协议会对其利润和风险产生何种影响。我们来看不同选项的利润销量图，见图表 3—5。

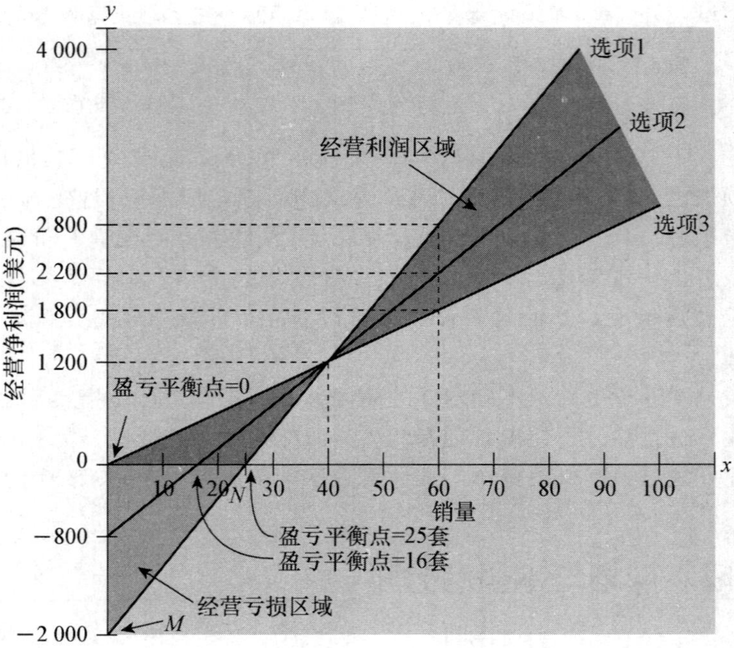

图表 3—5　不同租赁选择的利润销量图

- 选项 1 所对应的直线反映了相应的销量和经营净利润之间的关系，这条线与图表 3—3 中的利润销量线是同一条线。
- 选项 2 所对应的直线反映了固定成本为 800 美元时的销量和经营净利润之间的关系，此时单位贡献毛益为 50 美元（单位售价 200 美元减去单位变动成本 120 美元，再减去单位变动租赁费用 30 美元）。
- 选项 3 所对应的直线反映了没有固定成本时销量和经营净利润之间的关系，此时单位贡献毛益为 30 美元。

选项 3 的盈亏平衡点最低（为 0），选项 1 的盈亏平衡点最高（为 25 套）。当销量较低时，选项 1 出现亏损的风险很高。不过选项 1 的单位贡献毛益是最高的（80 美元）。因此当销量很高（超过 40 套）时，其经营净利润是最高的。

从选项 1、选项 2、选项 3 中进行选择的过程就是战略决策的过程。与其他人的战略决策一样，Emma 当前的决策会对其经营净利润产生重大影响。此时，Emma 的选择取决于其对 GMAT 助考资料需求量的预期和对亏损风险的容忍程度。如果 Emma 对亏损风险的容忍度很高，她将选择选项 1；如果 Emma 是厌恶风险的，她将选择选项 3，尽管选项 3 在销量很高时经营净利润不够高，但在销量很低时不会发生任何损失。

□ 3.6.2　经营杠杆

不同备选的成本结构所带来的风险—回报权衡问题可以通过经营杠杆来度量。经

营杠杆（operating leverage）是指销量改变时（贡献毛益也发生相应改变），固定成本对经营净利润改变程度的影响。如果公司成本结构中固定成本比例较高，如选项1，此时其经营杠杆很高。相应地，图表3—5中选项1所对应的直线是三条线中最陡峭的。经营杠杆高时，销量的小幅上升会引起经营净利润的大幅上升；相应地，销量的小幅下降会引起经营净利润的大幅下降。在任一给定的销量水平上，经营杠杆率的定义为：

经营杠杆率＝贡献毛益÷经营净利润

下表列示了当销量为40套时，不同租赁选项的经营杠杆率。

	选项1	选项2	选项3
单位贡献毛益（美元）	80	50	30
贡献毛益（美元）	3 200	2 000	1 200
经营净利润（美元）	1 200	1 200	1 200
经营杠杆率（贡献毛益÷经营净利润）	3 200÷1 200＝2.67	2 000÷1 200＝1.67	1 200÷1 200＝1

上述结果表明，当销量为40套时，销量和贡献毛益每变动1%，选项1的经营净利润改变2.67%，而选项3的经营净利润改变1%。现在假定销量上升50%，即从40套上升到60套，则每个选项的贡献毛益会增加50%。选项1的经营净利润会增加2.67×50%＝133%，即从1 200美元上升到2 800美元；选项3的经营净利润会增加1×50%＝50%，即从1 200美元上升到1 800美元。因此，既定销售水平上的经营杠杆率能帮助管理者计算销售波动对经营净利润的影响。

应当注意的是，不同销量水平的经营杠杆率是不同的。例如，当销量为60套时，三个选项的经营杠杆率为：

	选项1	选项2	选项3
单位贡献毛益（美元）	80	50	30
贡献毛益（美元）	4 800	3 000	1 800
经营净利润（美元）	2 800	2 200	1 800
经营杠杆率（贡献毛益÷经营净利润）	4 800÷2 800＝1.71	3 000÷2 200＝1.36	1 800÷1 800＝1

对于选项1来讲，经营杠杆率从2.67（对应销量为40套）下降到1.71（对应销量为60套）；选项2的经营杠杆率则从1.67下降到1.36。一般来说，只要存在固定成本，当销量超过盈亏平衡点后，随着销量的增加，经营杠杆率会下降。对于选项3来讲，由于其固定成本为0，因此其贡献毛益一直等于经营净利润，从而经营杠杆率一直为1。

为何管理者会密切关注经营杠杆？对于像通用汽车和美国航空公司这样的大公司来讲，其财务问题的出现往往源于经营杠杆率过高。基于对自身服务和产品需求的乐观预期，这些公司通常会举借债务来购买资产，导致固定成本较高。一旦销量大幅下降，这些公司就会遭遇经营亏损，导致没有足够多的现金来应对利息和债务的给付需求，出现技术性违约，不得不寻求破产保护。管理者应当关注成本结构中固定成本和变动成本的比例，清醒地评估和认识成本结构对风险—回报权衡关系的影响。在本章所举诸例中，区分变动成本和固定成本较容易。但有时，成本不仅会受到销量的影响，还会受到产品和服务的不同种类的影响，此时要区分固定成本和变动就很难了。第 8 章将介绍一些区分固定成本和变动成本的实用技术。通常来讲，区分固定成本和变动成本要十分谨慎。

那么，怎样降低固定成本呢？比如耐克公司通过将制造业务外包来减少制造工厂的运营和维护费用，从而避免了这类固定成本。耐克公司一般从供应商手中购买所需产品，这就使所有产品的生产成本都变成了变动成本。通过降低固定成本、增加变动成本的方式，耐克公司降低了亏损的风险。下面的“实例”专栏介绍了提供城际公共汽车服务的 Megabus 公司通过新的商业模式降低固定成本的做法。

实 例

本量利分析帮助 Megabus 大获成功

越来越多的乘客放弃乘飞机或者自驾旅行，转而选择 Megabus。Megabus 是一家提供城际高速公共汽车服务的公司，票价较低，商业模式简单。每班汽车的第一位预订乘客会获得当班的最低票价。最低票价取决于实际需求，但一般为 1 美元。每班汽车都提供免费的 Wi-Fi 和其他小礼品，班车可以直达波士顿、纽约、费城的市中心。Megabus 的班车在途中很少停车，尽管比火车速度慢，但与自驾行驶速度差不多。

为提供物美价廉的服务，Megabus 一直致力于削减成本。除了司机等必备员工外，Megabus 削减了其他费用，实现了固定成本近乎为零；在路边固定地点接乘客，节省了车站费用；从代售点购买车票的乘客向代售点支付额外的费用；车队利用率很高。正如其 CEO Dale Moser 所说，“将所有不必要的费用从业务中剥离出去，将节约下来的费用让利给顾客，业务量自然就上去了”。由于固定成本不高，Megabus 可以很容易地增减运输班次。比如在 2010 年感恩节和圣诞节期间，Megabus 按照订票量及时调整了运输班次。

从 2006 年开始运营以来，Megabus 极大地改变了美国人的出行方式，特别是 18～34 岁的人的出行方式。2010 财年，Megabus 的 135 辆班车运送乘客 400 万人次，为公司带来了超过 1 亿美元收入。

资料来源：Based on Ben Austen，“The Megabus Effect，” *Bloomberg Businessweek*（April 7，2011）；Ken Belson，“Thinking Outside Rails and Runways，and Taking the Bus，” *The New York Times*（May 5，2010）；and Dave Demerjian，“Low-Fare Buses Doing Big Business，” Wired. com ‘Autopia’ blog（September 30，2008）.

为了同时降低固定成本和变动成本，很多美国公司开始将制造业务转移到成本较低的国家，如墨西哥、中国等。另外一些公司（如通用电气、惠普等）将其售后服务等服务业务转移到客户所在地。不过专家们对此看法不一。一些经济学家认为，业务外包可以降低产品和服务成本，降低价格，从而提高美国公司的全球竞争力；但另外一些经济学家认为，业务外包减少了美国的就业机会，损害了工薪阶层的利益。

成功之匙

管理者通过调整固定成本和变动成本的比例，平衡销量较低时的亏损风险，提高销量较高时的经营净利润。

3.7 销售组合对净利润的影响

销售组合（sales mix）是指为公司带来销售收入的不同产品的数量组合或不同服务的比例组合。假定Emma正在考虑在纽约的大学市场开展业务。她打算销售两种不同的助考资料——《制胜GMAT》和《GRE必胜》，她的预算如下（单位：美元）：

	《制胜GMAT》	《GRE必胜》	小计
预期销量（套）	60	40	100
收入（每套120美元、100美元）	12 000	4 000	16 000
变动成本（每套120美元、70美元）	7 200	2 800	10 000
贡献毛益（每套80美元、30美元）	4 800	1 200	6 000
固定成本			4 500
经营净利润			1 500

如何寻找盈亏平衡点？与单一产品或服务的情形不同，在销售多种产品的情形下，盈亏平衡点取决于《制胜GMAT》和《GRE必胜》的数量组合。假定销售组合（60套《制胜GMAT》和40套《GRE必胜》）保持不变，即这一比例（3∶2）不受总销量变动的影响。假定总销量为5套，其中有3套是《制胜GMAT》，2套是《GRE必胜》，我们将这5套看做一个销售组合。不过应当注意的是，Emma并不是将两种产品捆绑出售，我们只是假定两者的销量存在稳定的比例关系。这一组合的贡献毛益计算如下（单位：美元）：

	数量	单位贡献毛益	总贡献毛益
《制胜GMAT》	3	80	240
《GRE必胜》	2	30	60
小计			300

先计算盈亏平衡点的组合销量：

组合的盈亏平衡点销量＝固定成本÷组合贡献毛益＝4 500÷300＝15

接着，我们计算组合盈亏平衡时，各组成部分的盈亏平衡点销量：

《制胜GMAT》：15×3	45套
《GRE必胜》：15×2	30套
小计	75套

以销售额表示的各组成部分盈亏平衡点销售额为：

《制胜GMAT》：45×200	9 000美元
《GRE必胜》：30×100	3 000美元
小计	12 000美元

对于多种产品的情形，使用贡献毛益率往往更为便捷。Emma 依然需要计算销售组合的总销售额，如下表所示（单位：美元）：

	数量	单位售价	总销售额
《制胜 GMAT》	3	200	600
《GRE 必胜》	2	100	200
小计			800

组合的贡献毛益率＝组合贡献毛益÷组合收入＝300÷800＝0.375 或 37.5%

盈亏平衡点销售额＝固定成本÷组合贡献毛益率＝4 500÷0.375＝12 000（美元）

盈亏平衡点销量＝盈亏平衡点销售额÷单位组合收入＝12 000÷800＝15

由此，可计算各组成部分的盈亏平衡点销售额如下：

《制胜 GMAT》：15×3×200＝9 000（美元）

《GRE 必胜》：15×2×100＝3 000（美元）

要注意的是，上述计算中，我们假定无论总销量如何变动，每个组合中 3 套是《制胜 GMAT》、2 套是《GRE 必胜》的比例保持不变。

当然，调整销售组合内部不同产品的销量可以实现贡献毛益不变，如果 Emma 想拿到 4 500 美元的贡献毛益，她可以选择不同的销售组合构成比例。

销售组合销量（套）		贡献毛益（美元）		
《制胜 GMAT》(1)	《GRE 必胜》(2)	《制胜 GMAT》(3)＝80×(1)	《GRE 必胜》(4)＝30×(2)	小计 (5)＝(3)＋(4)
48	22	3 840	660	4 500
36	54	2 880	1 620	4 500
30	70	2 400	2 100	4 500

上表中，销售组合比例变成了 3 套《制胜 GMAT》、7 套《GRE 必胜》，因而组合盈亏平衡点销量从 75 套上升到 100 套。这 100 套中包括 30 套《制胜 GMAT》、70 套《GRE 必胜》。组合盈亏平衡点销量之所以上升，是因为组合中包含了更多单位贡献毛益低的产品——《GRE 必胜》。其单位贡献毛益只有 30 美元，远低于《制胜 GMAT》的 80 美元。一般来说，给定组合销量不变，单位贡献毛益低的产品销量越大，则组合的总经营净利润会越低。

那么公司一般如何调整其销售组合呢？答案是根据需求的变化进行调整。例如，油价上升时，消费者更偏好小型汽车，福特、大众、丰田等汽车公司会相应地提高销售组合中小型汽车的比例。这可能会使组合盈亏平衡点销量上升，因为小型车的单位贡献毛益往往较低。这一决策确是正确的，因为较大车型的需求量实际上下降了。管理者不能只看重销售组合的盈亏平衡点销量，而不考虑产品的消费者偏好和市场需求变动。当然，福特、大众、丰田等公司的管理者在增加小型汽车销量的同时，会努力采取措施降低固定成本，或通过增加产品特色提高小型汽车售价来增加贡献毛益。

Emma 的多种产品销售组合有两个成本动因，即《制胜 GMAT》和《GRE 必胜》。前面的例子详细说明了在有多个成本动因的情形下，如何进行本量利分析和盈亏平衡分析。其中很重要的一点是，可以通过调整不同的销售组合比例来锁定贡献毛益额。

成功之匙

管理者可以假定销售组合中各产品的销量比例不变，从而使用本量利分析来帮助制定决策。

3.8 服务业和非营利组织的本量利分析

前面本量利分析的对象都是销售产品的商业公司。其他行业的管理者也可以使用本量利分析来制定相应决策，如宝马等制造业公司、美国银行等服务业公司及联合慈善总会等非营利组织都可以使用本量利分析。应用中的一个主要问题是如何度量服务业公司和非营利组织的“产品”，这些“产品”不同于制造业和销售业的产品。下表列示了部分可度量的“产品”：

行业	产出度量
航空业	乘客飞行里程数
旅馆酒店业	客房入住率
医院	住院天数
大学	学分—小时数

假定俄勒冈社会服务中心 2013 年收入预算是 90 万美元。该中心致力于资助求职的残疾人。平均说来，其人均资助额为 5 000 美元。该中心的固定成本主要是行政人员工资和办公场所租赁费，总额约为 27 万美元。现在中心主任想知道 2013 年可以为多少人提供资助服务。这里我们可以使用本量利分析的思路，只需将经营净利润设定为 0即可。

收入－变动成本－固定成本＝0

90 万－0.5 万×Q－27 万＝0

Q＝63 万÷0.5 万＝126（人）

假如 2013 年预算额降低 15%，即变成 90 万×(1－15%)＝76.5 万（美元），假定人均资助额和固定成本不变，此时可资助的人数变为多少？

76.5 万－0.5 万×Q－27 万＝0

Q＝49.5 万÷0.5 万＝99（人）

在该例中，要注意以下两个问题：

1. 受资助人数下降比例为（126－99）÷126＝21.4%，高于预算收入的下降率 15%。这源于必须支付的 27 万美元的固定成本。因此在非营利组织中，由于固定成本的存在，服务数量的下降幅度会超过预算收入的下降幅度。

2. 假定预算收入 76.5 万美元不变，管理者有三种应对方法：(a) 减少受资助者人数；(b) 降低单位变动成本（本例中为减少人均受资助额）；(c) 降低固定成本。

从上面的例子中可以发现，本量利分析不仅适用于营利性组织，也适用于服务业和非营利组织。通常一个行业和情景下的分析方法可以拓展到其他的行业和情景。

3.9 贡献毛益与销售毛利

到目前为止，我们介绍了净利润的两个重要构成——本章介绍的贡献毛益和第2章介绍的销售毛利。两者之间的关系是怎样的？下面的两个式子表明，贡献毛益是为了进行本量利分析，销售毛利则表明企业的相对竞争力，两者有所不同。

销售毛利＝销售收入－销售成本

贡献毛益＝销售收入－变动成本

销售毛利是指公司在收回产品的购买成本或生产成本的基础上，可以向消费者多要价多少。著名药品生产商的销售毛利往往较高，因为其产品能够为消费者提供唯一、独特的利益；电视机等家用电器生产商则因为市场竞争激烈，只能获取较低的销售毛利。贡献毛益表明公司收入中有多少可以用来补偿固定成本。这有助于分析亏损风险。即使销售毛利下降，只要贡献毛益高于固定成本，公司就不会有亏损风险。因此销售毛利和贡献毛益是相关的，但两者的视角不同。在竞争激烈的某一市场中，公司销售毛利可能较低，如果该公司的固定成本也很低，那么其遭受损失的风险就会较低。

下面通过对比制造业公司的销售毛利和贡献毛益来说明两者的区别。在制造业公司中，由于固定制造成本和变动非制造成本的存在造成了销售毛利和贡献毛益的不同。如下表所示（单位：万美元）：

贡献式利润表			普通利润表	
收入		100	收入	100
变动制造成本	25		销售成本	41
变动非制造成本	27	52		
贡献毛益		48	销售毛利	59
固定制造成本	16		非制造成本	40.8
固定非制造成本	13.8	29.8		
经营净利润		18.2	经营净利润	18.2

在贡献毛益的计算过程中，并没有扣除16万美元的固定制造成本，而在计算销售毛利时，这部分成本已被扣除。制造业公司的销售成本包括所有的变动制造成本和固定制造成本（25万＋16万）。计算贡献毛益时一般要减去变动非制造成本（如销售佣金），但计算销售毛利时不必减去变动非制造成本。

销售毛利既可以表示为总额，也可以表示为数量，还可以表示为比率。例如上表中的**销售毛利率**（gross margin percentage）为销售毛利除以总收入，即59÷100＝59％。

之所以管理者容易混淆销售毛利和贡献毛益，是因为商业公司的销售成本往往等于产品的变动成本，导致两者在数值上常常相等。

附录 不确定性下的决策模型

下面主要介绍不确定性的特征、不确定性情形下如何决策，并举例说明如何在本量利分析中考虑不确定性。面对不确定性，管理者常常需要考虑决策模型，以做出正确决策。

□ 决策模型的作用

不确定性是指某一指标的实际值脱离预期值的可能性。在《制胜 GMAT》的例子中，Emma 预测未来销量为 42 套，但实际销量为 30 套或 60 套，这时就称出现了不确定性。决策模型可以帮助管理者消除这类不确定性的影响。不论是定量分析还是定性分析，决策模型都很实用。一般来说，定量分析包括以下步骤：

步骤 1：确定选择准则。选择准则是一个可以量化的目标，如利润最大化或成本最小化。管理者借助选择准则在不同备选方案中做出决定。Emma 的选择准则是在芝加哥的大学市场上使自己的经营净利润期望值最大化。

步骤 2：识别可以选择的备选项。现在我们用带下标的 a 来表示不同的备选项：

a_1＝支付 2 000 美元固定租金

a_2＝支付 800 美元固定租金，另外支付收入的 15%作为浮动租金

a_3＝支付收入的 25%作为租金

步骤 3：确认可能发生的事件。事件是某一可能结果的出现，如 Emma 在芝加哥的大学市场上实际售出的产品数量。事件集是互斥的、完全穷尽的。互斥是指事件之间是完全独立的，不会同时出现；完全穷尽是指将所有事件汇总到一起就能描述全部可能的结果，不会有额外的事件发生。互斥、完全穷尽的例子有：描述行业需求的不变、下降、增加三个事件；描述利率的不变、下降、增加三个事件。互斥、完全穷尽的事件集中，每次只可能发生一个事件。

假定 Emma 面对的不确定性是《制胜 GMAT》的实际销量。简言之，假定 Emma 估计未来销量要么是 30 套，要么是 60 套。这一事件集是互斥的，因为实际销量若为 30 套，就不可能为 60 套，反之亦然，两者不能同时出现。同时，在我们的假设中，这一事件集也是完全穷尽的，因为我们假定只有这两种情形，没有第三种情形。我们用带下标的 x 来表示不同的事件：

x_1＝30 套

x_2＝60 套

步骤 4：确定每一事件的发生概率。概率是一种可能性，即事件出现的可能性。不确定性决策模型通常需要估计事件概率。概率分布是对互斥、完全穷尽事件发生的可能性进行描述的有效工具。当然，在有些情况下，可以依靠经验来指导概率分布的确定。比如，掷硬币出现正面的概率是 1/2；从一副扑克牌中抽出某一张牌的概率是

1/52。实务中，根据已有经验可以判断缺陷产品出现的概率。不过，在有些情况下，用来估算概率的经验证据较少，如新药物的未来销售额是很难根据已有经验判断的。

假定基于以往可靠的经验，Emma 认为未来销售 30 套的概率为 0.6，未来销售 60 套的概率为 0.4，我们使用 $P(x)$ 来表示不同事件的概率：

$$P(x_1)=0.6$$

$$P(x_2)=0.4$$

当然，所有概率之和必须等于 1，因为这些事件是互斥的、完全穷尽的。

步骤 5：确定可能的结果集。结果是指备选项和事件的不同组合所带来的不同经济结果。本例中的结果就是图表 3—6 中所列的不同备选项和事件所带来的 6 种可能的经营净利润。将备选方案、事件、结果和事件概率汇总到同一张表格中，就得到了决策表。

图表 3—6 **《制胜 GMAT》决策表** 单位：美元

	A	B	C	D	E	F	G	H	I
1	单位售价＝	200		结果：不同事件下的经营净利润					
2	单位成本＝	120							
3				事件 x_1：销量		30	事件 x_1：销量		60
4	备选方案	固定成本	占收入比	对应概率		0.6	对应概率		0.4
5	a_1	2 000	0%	400[l]			2 800[m]		
6	a_2	800	15%	700[n]			2 200[p]		
7	a_3	0	25%	900[q]			1 800[r]		

1. 经营净利润＝(2 00−120)×30−2 000＝1 400（美元）。
m. 经营净利润＝(200−120)×60−2 000＝2 800（美元）。
n. 经营净利润＝(200−120−15%×200)×30−800＝700（美元）。
p. 经营净利润＝(200−120−15%×200)×60−800＝2 200（美元）。
q. 经营净利润＝(200−120−25%×200)×30＝900（美元）。
r. 经营净利润＝(200−120−25%×200)×60＝1 800（美元）。

应当区分备选项、事件和结果的不同。备选项是指管理者可选择的所有可能决策，本例中，Emma 所能拿到的所有租赁方案为不同的备选项。事件是可能发生的情形，本例中，Emma 所能实现的销量为事件。结果在本例中是经营净利润，不但受到备选项的影响，而且受到事件的影响。

决策模型中各部分备选方案、相应结果及后续业绩评价的关系见图表 3—7。管理者需要对决策进行评价和反馈，以有助于未来决策。

□ 数学期望值

数学期望值（expected value）是实际结果的加权平均，即以概率为权数的不同结果的加总。若结果以货币形式表示，则加权结果通常称为**期望货币价值**（expected monetary value）。根据图表 3—6 的信息，各书摊租赁方案的期望货币价值为：

$$E(a_1)=0.6\times400+0.4\times2\,800$$

$$=1\,360(\text{美元})$$

$$E(a_2)=0.6\times700+0.4\times2\,200$$
$$=1\,300(\text{美元})$$
$$E(a_3)=0.6\times900+0.4\times1\,800$$
$$=1\,260(\text{美元})$$

要实现期望货币价值最大化，Emma 应当选择方案 a_1，即支付 2 000 美元的固定租金。

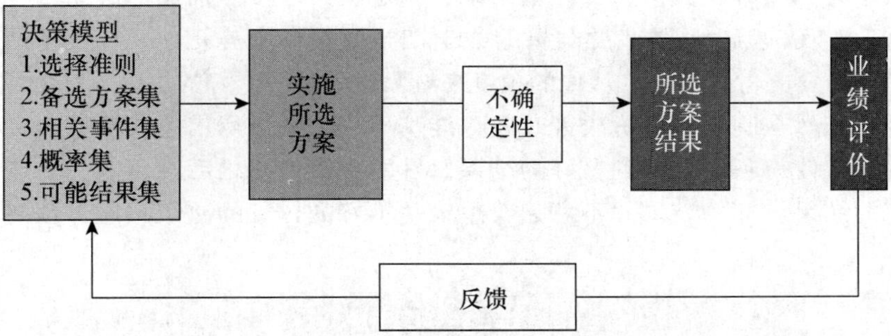

图表 3—7 决策模型与业绩评价

如何理解 a_1 的期望货币价值呢？现在设想 Emma 在很多市场上销售其产品，每一个市场的概率分布都服从图表 3—6 给出的分布。对某一特定市场来讲，如果销售 30 套，Emma 得到 400 美元的经营净利润，如果销售 60 套，Emma 得到 2 800 美元的经营净利润。如果 Emma 在 100 个市场上销售其产品，她将从其中 60 个市场中得到每个市场 400 美元的经营净利润，从其中 40 个市场中得到每个市场 2 800 美元的经营净利润，总经营净利润为 136 000 美元（400×60＋2 800×40）。当然实际情形中，面对不确定性，管理者只能做出一个决策。这时不同结果的数学期望值就成为从备选方案做出选择的有效工具。

现在来考察不确定性对备选方案的影响。如果没有不确定性，现在 Emma 确切地知道销量只能为 30 套（即概率为 1），她会选择方案 a_3，即从收入中支付 25%作为租金，不承担任何固定费用。从图表 3—6 可以看出，若销售 30 套，备选方案 a_3 所带来的经营净利润为 900 美元。此时固定成本为 0，书摊租金为 1 500 美元（200×30×25%）。

不过，若 Emma 确信未来可以销售 60 套，此时最佳方案为 a_1，即支付 2 000 美元的固定成本。从图表 3—6 可以看出，若销售 60 套，备选方案 a_1 所带来的经营净利润为 2 800 美元，此时固定成本为 2 000 美元，而方案 a_3 的租金为 2 600 美元，方案 a_1 的租金为 3 000 美元。

尽管销量为 30 套时，方案 a_3 的获利最高，Emma 仍然偏向于选择方案 a_1，即支付 2 000 美元的固定租金。这是因为方案 a_3 中低经营净利润的风险（销售 30 套的概率是 60%）可以更好地被高经营净利润所补偿（销售 60 套的概率是 40%）。如果 Emma 是风险厌恶型的，她可能会选择方案 a_2 或方案 a_3。例如，方案 a_2 至少可以获得 700 美元的经营净利润，比方案 a_1 销量为 30 套时所能获得的经营净利润 400 美元要高。当然，选择方案 a_2 也限制了销量为 60 套时的最高经营净利润，此时 2 200 美元的经营净利润低于同等情况下方案 a_1 的 2 800 美元。如果 Emma 特别担心销售下滑风险，她宁愿放弃一点销量好时的收益，来充抵销量不好时的损失。

□ 好的决策与好的结果

很多时候，我们要分清好的决策和好的结果。两者并不一定同时出现。例如，现在考虑是否加入一个只投一次的掷硬币游戏，如果出现的是正面，你将获得 20 美元的报酬，如果出现的是反面，你需要支付 1 美元。作为决策者，你会按照下述逻辑进行思考：收集相关信息、评估结果、制定决策。按照前面的决策准则，你肯定会加入这一游戏，因为该游戏的结果的数学期望值是 9.5 美元。一旦投币结果是背面，你输了，需要支付 1 美元。从你的角度来看，这就是一个好的决策、坏的结果。

当然在制定和评价决策时，只能基于当前的可得信息。根据定义，正是不确定性的存在使得不一定得到最好的结果。好的决策做出之后，可能会由于运气不佳而出现坏的结果。坏的结果并不意味着决策是不好的，好的决策只能够预防出现坏的结果。

学习自测

Wembley 机票代售处专售洛杉矶和伦敦之间的机票，为顾客提供 900 美元/张的往返机票。上个月，美国航空公司向 Wembley 支付了票务收入的 10%作为佣金。这是 Wembley 唯一的收入来源，其固定成本为 14 000 美元/月，变动成本为 20 美元/顾客。

近来，美国航空公司推出了一项新的票务收入返还计划，每张机票的返还佣金为 10%，但封顶额为 50 美元。即所有单张票价高于 500 美元的机票的最高佣金都固定为 50 美元。Wembley 的管理者正在考虑美国航空公司新的返还计划对其盈亏平衡点和净利润的影响。

要求：

1. 在原计划下，确定 Wembley 需要出售多少张往返机票来实现以下目标：(a) 达到盈亏平衡；(b) 经营净利润达到 7 000 美元。

2. 在新计划下，确定要实现上述目标 (a) 和 (b)，需要销售多少张往返机票。

解答

1. Wembley 每销售一张机票可以得到 10%的佣金：10%×900=90（美元），因此

销售价格=每张机票 90 美元

单位变动成本=每张机票 20 美元

单位贡献毛益=90−20=每张机票 70 美元

固定成本=每月 14 000 美元

a. $\text{机票的均衡点}=\dfrac{\text{固定成本}}{\text{单位贡献毛益}}=\dfrac{14\,000}{70}=200\text{（张）}$

b. 当目标经营收入=每月 7 000 美元时，

$$\text{需要销售的机票数量}=\frac{\text{固定成本}+\text{目标经营收入}}{\text{单位贡献毛益}}=\frac{14\,000+7\,000}{70}=300\text{（张）}$$

2. 在新系统下，Wembley 每销售一张 900 美元的机票只能得到 50 美元。因此

销售价格=每张机票 50 美元

单位变动成本=每张机票 20 美元

单位贡献毛益=50−20=每张机票 30 美元

固定成本=每月 14 000 美元

决策要点

下面是对本章学习目标的总结，决策问题代表与学习目标相关的关键问题，指南则是对该问题的回答。

决策问题	指南
1. 本量利分析如何为管理者服务？	本量利分析有助于管理者更好地理解产品或服务的总成本、总收入、经营净利润是如何随销量、单位售价、单位变动成本和固定成本的变化而变化的。
2. 如何寻找盈亏平衡点销量，如何实现某一既定目标经营净利润？	盈亏平衡点销量是指总收入等于总成本的那一点所对应的销量。盈亏平衡点和目标经营净利润所需销量通常有三种寻找方法：等式法、贡献毛益法和本量利图解法。三者之间具有相互转化的关系，实务中可以选择最方便使用的方法。
3. 本量利分析中如何考虑税收的影响？	通过将目标净利润转换为目标经营净利润就可以将所得税的影响纳入本量利分析体系。盈亏平衡点销量并不会改变，因为经营净利润为零时不需要缴纳所得税。
4. 管理者如何使用本量利分析进行决策？	管理者通过比较不同备选决策的收入、成本和贡献毛益的变化情况，选择使经营净利润最大化的决策。
5. 管理者如何应对不确定性和前提假定的变化？	敏感性分析是一种假设性分析工具。当预测数据不能实现或假设前提出现变化时，可借助敏感性分析考察结果的变化情况。特别是在制定决策的过程中，管理者可通过本量利分析来比较不同情形下的贡献毛益和固定成本。管理者也会计算安全边际，即预算（或实际）收入与盈亏平衡收入之差。
6. 管理者如何选择不同的成本结构？	对公司来讲，选择不同的成本结构属于一项战略决策。本量利分析可以帮助管理者对比销量较低时的亏损风险和销量较高时的盈利水平，并通过成本结构的选择，实现风险和回报的权衡。
7. 多种产品的销售中如何使用本量利分析？	在这类分析中，通常需要假定销售组合中各种产品的销量比例是固定的，并以组合销量作为变量。
8. 服务业和非营利组织中如何使用本量利分析？	管理者可以定义不同的“产品”，如航空业的“产品”为乘客飞行里程数、医院的“产品”为患者住院天数等。同时这类组织也需要识别不同的固定成本和变动成本。
9. 贡献毛益和销售毛利有何区别？	贡献毛益等于销售收入减去所有的变动成本，销售毛利等于销售收入减去销售成本。贡献毛益反映了亏损风险，销售毛利反映了产品的市场竞争程度。

重要术语

breakeven point（BEP） 盈亏平衡点
choice criterion 选择准则
contribution income statement 贡献式利润表
contribution margin 贡献毛益
contribution margin per unit 单位贡献毛益
contribution margin percentage 贡献毛益比
cost-volume-profit（CVP）analysis 本量利分析
decision table 决策表
degree of operating leverage 经营杠杆率
event 事件
expected monetary value 期望货币价值
expected value 数学期望值
gross margin percentage 销售毛利率
margin of safety 安全边际
net income 净利润
operating leverage 经营杠杆
outcomes 结果
probabilities 概率

probabilities distribution 概率分布

PV graph 利润销量图

revenue driver 收入动因

sales mix 销售组合

sensitivity analysis 敏感性分析

uncertainty 不确定性

作 业

简答题

3—1 定义本量利分析。

3—2 描述 CVP 分析隐含的假设。

3—3 区分经营净利润和净利润。

3—4 定义贡献毛益、单位贡献毛益和贡献毛益比。

3—5 描述计算盈亏平衡点的三种方法。

3—6 为什么用 CVP 分析而不是盈亏平衡点分析来描述本章主题?

3—7 “CVP 分析很简单，但过于简单了。如果你想在实际中用来支持你的决策，要看到 CVP 分析以外的东西”。你同意这一说法吗? 请给出解释。

3—8 所得税税率上升对盈亏平衡点有什么影响?

3—9 描述敏感性分析。电子表格的出现如何影响了它的应用?

3—10 举例说明管理人员如何在增加固定成本的同时减少变动成本。

3—11 举例说明管理人员如何在减少固定成本的同时增加变动成本。

3—12 什么是经营杠杆? 知道经营杠杆系数对管理人员有什么帮助?

3—13 “没有固定成本之类的东西。如果有足够的时间，所有成本都不是固定的”。你同意这一说法吗? 你的答案对 CVP 分析有什么意义?

3—14 多产品公司如何计算其盈亏平衡点?

3—15 “在 CVP 分析中，毛利这一概念不如贡献毛益有用”。你同意这一说法吗? 请简要解释。

练习题

3—16 (CVP 的计算) 下面四种情形相互独立，根据资料完成表格 (金额单位：美元)：

情形	收入	变动成本	固定成本	总成本	经营净利润	贡献毛益率
a		800		1 000	1 500	
b	2 000		200		300	
c	500	300		500		
d	1 600		200			75%

3—17 (毛利和贡献毛益的计算，决策制定) Schmidt Men's Clothing 2012 年的收入和成本数据如下：

收入		500 000 美元
销售成本		200 000 美元
毛利		300 000 美元
营业成本:		
工资	190 000 美元	
销售佣金 (收入的 10%)	55 000 美元	
折旧	14 000 美元	
商店租金 (每月 5 000 美元)	60 000 美元	
其他营业成本	35 000 美元	354 000 美元
经营净利润 (损失)		(54 000 美元)

店主 Schmidt 先生对经营成果感到不满。对“其他营业成本”的分析表明其中包括 25 000 美元的变动成本和 10 000 美元的固定成本。

要求：

1. 计算 Schmidt Men's Clothing 的贡献毛益。

2. 计算贡献毛益比。

3. Schmidt 先生估计，如果再投入 15 000 美元广告费的话，可以增加 25% 的收入。计算这一行动对经营净利润的影响。

3—18 (CVP 分析练习) Super Donut 在堪萨斯城及其附近地区经营六家油炸圈店。现在你已知其第二年目标预算如下：

收入	10 500 000 美元
固定成本	1 400 000 美元
变动成本	7 700 000 美元

变动成本随售出的油炸圈数量变化。

要求：对下面各种偏离预算数据的情况计算预计经营净利润。(各题互相独立。)

1. 保持收入不变，贡献毛益增加 9%。
2. 保持收入不变，贡献毛益降低 9%。
3. 固定成本增加 3%。
4. 固定成本降低 3%。
5. 销量增加 7%。
6. 销量降低 7%。
7. 固定成本增加 9%，销量降低 9%。
8. 固定成本增加 3%，变动成本降低 3%。

3—19 (CVP 分析练习) Brewer 公司生产并销售钢笔。目前，它每年以每支 0.60 美元的价格销售5 400 000 支。固定成本为 860 000 美元，单位变动成本为 0.40 美元。

要求：下面各题相互独立：

1. a. 确定目前每年的经营净利润。

b. 确定目前用收入表示的盈亏平衡点。

2. 根据如下变化，计算新的经营收入：

a. 单位变动成本增加 0.06 美元。

b. 固定成本和销量都上升 20%。

c. 固定成本上升 40%，售价下降 40%，单位变动成本下降 30%，销量上升 35%。

3. 对如下变化，计算新的盈亏平衡点：

a. 固定成本上升 20%。

b. 售价上升 20%，固定成本下降 20 000 美元。

3—20 (CVP 分析，敏感性分析) Tomas King 是 SingleDay 出版社的签约作者。该出版社正在与 Tomas 商讨新书出版事宜，该书很可能成为畅销书。该书的固定印刷成本和固定营销费用预计共为 575 000 美元，变动印刷成本和变动营销费用合计为每本 4.5 美元。这些成本不包括给 Tomas 的报酬。Tomas 提出预付 250 万美元再加上每本书销售净价的 10%作为版税。销售净价是指 35 美元的书店零售报价扣去零售商提成后的部分（通常书店的提成是零售报价的 30%）。

要求：

1. 画出 SingleDay 出版社的 PV 图。

2. SingleDay 出版社要售出多少套书才能做到：(a) 盈亏平衡；(b) 有 85 万美元的目标经营净利润?

3. 检验发生下述变化时盈亏平衡点的敏感性：

a. 零售商提成降至零售报价的 12%。

b. 保持零售商提成率为 10%不变，零售报价增加到 40 美元。

c. 评论上述结果并说明你更偏向哪种选择。

3—21 (CVP 分析，安全边际) McKnight 公司的盈亏平衡点销售收入为 1 500 000 美元，固定成本为 720 000 美元。

要求：

1. 计算贡献毛益比。
2. 若单位变动成本为 13 美元，计算售价。
3. 若销量为 85 000，计算安全边际。

3—22 (经营杠杆) Curt Rugs 正在 Josh's 俱乐部举办两周的地毯展销。Curt Rugs 计划售价为每条地毯 850 美元。公司从当地的分销商那里按每条 340 美元进货，并可以全价退回未售出的地毯。Josh's 俱乐部提出了两种租金方案：

方案 1：销售期固定支付 18 870 美元费用

方案 2：销售期支付收入的 20%

假设 Curt Rugs 没有其他成本。

要求：

1. 计算两个方案的盈亏平衡点。

2. 确定在销售水平为多少时，Curt Rugs 在两个方案下的经营净利润相同。

3. 回答下列问题：

a. 当销量在什么范围内时 Curt Rugs 宁愿选择方案 1?

b. 当销量在什么范围内时 Curt Rugs 宁愿选择方案 2?

4. 计算销量为 185 单位时，两个租金方案的经营杠杆系数。

5. 简要解释你对要求 3 的回答。

3—23 (销售组合，新客户与升级客户) Record 1—2—3 是一种畅销的电子表格产品。Record 即将向市场投放 5.0 版本。该公司将其客户划分为两个群体：新客户与升级客户（即以前购买过 Record 1—2—3 较早的版本)。尽管提供给两类客户的产品是一样的，但在销售价格和变动营销成本方面存在很大不同：

	新客户		升级客户	
销售价格		195		115
变动成本				
制造费用	15		15	
营销支出	50	65	20	35
贡献毛益		130		80

Record 5.0 的固定成本为 16 500 000 美元。预期销售组合中，60%的销量来自新客户，40%来自升级客户。

要求：

1. 假定在 6∶4 的收入组合比例不变情况下，计算 Record5.0 的盈亏平衡点。

2. 保持销售组合不变，确定总销量为 220 000 套时经营净利润。

3. 计算下列销售组合下的盈亏平衡点销量：

a. 新客户占 40%，升级客户占 60%。

b. 新客户占 80%，升级客户占 20%。

c. 试作评论。

3—24 (CVP 分析，服务业公司) Outback Escapes 公司提供肯尼亚野生公园的 5 日游服务，每位游客收取 7 500 美元。每人的单位变动成本如下：

机票	1 600 美元
住宿费	3 100 美元
餐饮费	600 美元
地面交通费	300 美元
停车费	700 美元
总计	6 300 美元

年总固定成本 570 000 美元。

要求：

1. 计算达到盈亏平衡需要有多少游客。

2. 计算为获取 102 000 美元经营净利润所需的收入。

3. 如果固定成本增加 19 000 美元，为保持要求 1 中的盈亏平衡点，确定变动成本需要降低多少。

4. Outback Escapes 公司总经理计划将价格从 7 500 美元提高到 8 200 美元，以降低盈亏平衡点。计算此时的盈亏平衡点。说明提价前总经理应当考虑的因素。

3—25 (CVP 分析，所得税) J. T. Lu 公司是高档胡桃木碗的生产商，在过去的五年里，其销售稳步增长。但是竞争者的增加使公司总裁相信，明年实行扩张的市场战略对保持公司现在的增长率是必要的。为了准备明年扩张的市场战略，公司管理人员向总裁提供了 2012 年的相关数据：

单位变动成本	
直接材料	3.75 美元
直接人工	8.50 美元
变动制造费用(制造、营销、分销、顾客服务)	1.25 美元
总变动成本	13.50 美元
固定成本	
生产成本	14 000 美元
营销、分销、顾客服务成本	133 000 美元
总固定成本	147 000 美元
售价	24.00 美元
期望销售收入，20 000 单位	480 000 美元
所得税税率	40%

要求：回答下列问题：

1. 2012 年预计净利润是多少？

2. 2012 年盈亏平衡点销量是多少？

3. Lu 先生把 2013 年的销售目标定为 540 000 美元（或 22 500 只碗)。他认为在保持其他成本不变的情况下，必须增加 10 500 美元的广告成本才能实现目标收入。在此情况下，2013 年的净利润是多少？

4. 如果花了 10 500 美元的广告成本，2013 年的盈亏平衡点销量是多少？

5. 如果花了 10 500 美元的广告成本，2013 年的收入达到多少才能获得与 2012 年相同的净利润？

6. 如果销量水平是 22 500 单位，同时要求 2013 年净利润为 47 100 美元，最多能在广告上花多少钱？

章末案例

On-the-Go公司的本量利分析

Peter Kankel是On-the-Go便利店的财务总监，他做出每个决策时可用的时间都不长，增加新产品的决策对他最具有挑战性。Kankel明白，作为现代型便利店，不但要延长营业时间，为顾客提供更多产品和服务，还要随着时代而变化，否则将被淘汰。在过去的几年里，On-the-Go增加了许多新产品、新服务，如加油服务、彩票业务、互联网接入业务、快递业务。该便利店的每家分店都提供2 000多种产品和服务，并且全天候营业。在美国有超过15万家便利店，年产值超过3 500亿美元。

On-the-Go总部位于罗德岛州纽波特市，共有82家连锁分店。这些分店大多位于美国新英格兰地区和中部地区。在该地区大约有2万家类似的便利店，约占全美的13%。On-the-Go的销售毛利率为30%。

近来，On-the-Go正面临几个具有挑战性的决策。其管理者想知道销售组合对经营净利润的影响，同时也想通过敏感性分析来考察牛奶售价的变化对经营净利润的影响。Kankel准备对这两个决策进行评估。

第一个决策涉及该公司邮政汇票的销售问题。这是该公司对新的服务——“金融服务”的尝试，与银行的该类业务差不多。通过提供该项服务，On-the-Go公司希望能够为消费者带来更多实惠。现有研究表明，只要消费者进入购买区域，其最终购买量往往超过初始计划购买量。因此，该公司想通过吸引更多客户驻足店内来提高销售额。

Kankel掌握的信息如下：每个分店租赁汇票设备的租金为一个月30美元。店铺租金为每月5 000美元。每处理一份汇票单，On-the-Go需要承担6美分成本。通过实际调查，On-the-Go发现当地银行和其他提供类似服务的公司对每笔汇票业务的收费为99美分，因此On-the-Go决定将每笔汇票业务的收费单价定为79美分。Kankel预计，每笔汇票业务需要耗费收银员90秒，一笔产品销售业务则只需要30秒。收银员的小时工资为12美元。On-the-Go没有雇用新收银员的计划，也没有延长现有收银员工作时间的计划。

接着，Kankel开始考虑第二个决策，即On-the-Go为消费者提供午餐服务（提供三明治）是否可行。如果销售该种三明治，On-the-Go要么自制，要么外购。如果外购，单位售价为3.5美元；如果自制，单位材料成本约2.5美元。每小时工资为15美元的一名资深员工可以利用午间时间生产该种三明治。另外，On-the-Go需要再增加两名钟点工，以应对中午两小时的午餐时间。钟点工的小时工资为10美元。该种三明治的单位售价为4.5美元。On-the-Go预计可以每小时销售12个三明治。无论是外购、自制还是不生产该三明治，所有的其他成本都保持不变。

John Lefarge是On-the-Go的营销经理，他倾向于丰富现有产品，“当前我们不应该只关注单一店面盈利与否，而要不断增加产品种类和数量，通过消费者的大量购买来实现盈利目标”。

Susan Polk是On-the-Go的运营经理，她持有不同看法，“众所周知，便利店的消费者通常最厌烦长时间排队等候，他们喜欢速来速去。我们提供的产品种类越多，就越复杂。而且不同的工作任务需要不同的工作技能。假如我们推出该种三明治，就需要占用一名资深员工的时间去制作加工，这比单纯的展柜作业要复杂得多。最终，成本的增加会反映到我们的会计系统中”。

Kankel想知道谁的看法更值得采纳。尽管他不能完全指望Legarege和Polk，但这两个人的看法对自己的影响很大，因为他需要给出相应的结论，并向首席执行官Patrick Newhouse报告。

问题

1.（a）计算汇票业务的单位贡献毛益。（b）计算实现汇票业务的盈亏平衡所需的销量。(c) 计算要实现月经营净利润 140 美元，每月需要完成多少笔汇票业务？

2. 从财务角度考虑，On-the-Go 是否应当推出该种三明治？如果可以，是外购还是自制？Peter Kankel 还需要考虑其他哪些问题？

3. 假定每月汇票业务为 300 笔，每天中午销售三明治 24 个。Peter Kankel 向 CEO 报告时，汇票和三明治的应报告项目各有哪些？在报告中，如何考虑和应对 Legarege 和 Polk 所提到的问题？

第 4 章

分批成本法

学习目标

1. 掌握成本会计中的一些基本概念。
2. 掌握分批成本法和分步成本法的不同。
3. 掌握分批成本法的实施步骤。
4. 掌握正常成本法的七个步骤。
5. 能够区分实际成本法与正常成本法。
6. 理解分批成本法的成本流转。
7. 掌握成本差异的不同处理方法。
8. 掌握正常成本法的拓展。

每家公司都希望赚钱。无论是准备提供营销咨询服务的初创型企业，还是能够提供成熟的定制服务的机动车制造商，要想盈利，都需要了解如何按批次归集和计算成本——要知道生产某产品的成本是多少。

日产公司的管理者想知道生产一部聆风电动汽车需要耗费多大成本，安永的管理者想知道 Whole Foods 的审计成本是多少。只有准确把握不同批次的成本和盈利情况，管理者才能更好地实现其业务战略、制定新的价格策略、满足外部报告需求。为此，管理者制定决策时需要综合考虑成本信息和非成本信息。这些非成本信息包括管理者对公司运营的了解，以及产品质量、顾客满意度等非财务指标。

下面的“本章要点”列出了本章的几个重点：(1) 成本计算的不同方法；(2) 批次完工时如何分配和计算该批次的实际成本；(3) 月末如何在总账中反映该批次；(4) 年末调整。

本章要点

- 产品和服务的成本分配方法有两种，即分批成本法和分步成本法。多数公司的成本会计系统综合使用两种方法。
- 分批成本法需要归集直接材料成本、直接人工成本和完成某一批次的制造费用。
- 某批次完成时，其实际直接材料成本、实际直接人工成本都很容易归集，但该批次所耗费的实际制造费用只能在年末计算。
- 为将批次成本信息及时反映到成本会计系统中，公司多采用正常成本法来处理批次。在正常成本法中，直接材料成本、直接人工成本均使用实际值，制造费用则采用预算分配率来估算。
- 月末，归集当月完成的所有批次的成本和收入，并过入相应总账。
- 正常成本法中估算制造费用必然导致实际发生的制造费用和已分配的制造费用之间出现差异。年末，成本会计系统会归集这一差异，并做出相应调整。

4.1 成本会计的基本概念

在学习成本会计处理方法之前，我们先回顾第 2 章介绍过的几个概念，并介绍几个新概念。

1. 成本对象。成本对象是需要计算成本的任何东西，包括产品和服务。如 iMac 计算机、iMac 计算机的售后服务。

2. 直接成本。直接成本是与某一成本对象相关联的成本，这些成本可以按照经济、合理的方法归集到该成本对象。如 iMac 的主板购买成本和其他组成部分的购买成本。

3. 间接成本。间接成本也是与某一成本对象相关联的成本，但这些成本无法按照经济、合理的方法归集到该成本对象。例如，负责多个产品监督的监督员的工资就无法直接归集到 iMac 的成本中；售后维修中心的租金也无法归集到某一特定的 Apple 计算机的成本中。间接成本一般先归集，再分配到成本对象。

成本分派是表示分派成本——包括直接成本和间接成本——的一般术语。成本追溯特指将直接成本分派到成本对象，成本分配指将间接成本分派到成本对象。三个术语间的关系见下图：

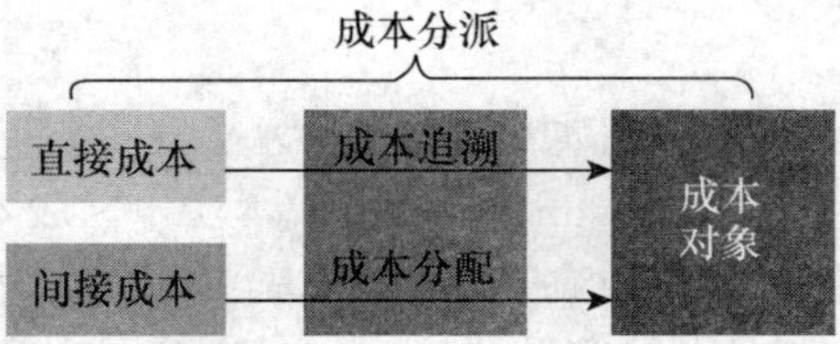

在本章，成本对象包括产品和服务。宝马的 Mini Cooper 汽车属于产品；MTV 网络公司的审计工作则属于服务。分派的成本包括变动成本和短期固定成本。管理者计算产品和服务的成本是为了指导长期战略决策，如确定产品和服务的组合或对不同产品组合定价等。管理者都希望长期收入超过长期成本。

在进一步讨论成本会计之前，我们还需要介绍另外两个概念。

4. 成本库。**成本库**（cost pool）是间接成本的集合。成本库的适用范围很广，可将整个工厂的成本作为一个成本库，也可以将金属切割机的操作成本作为一个成本库。成本库通常会出现在成本分配过程中。

5. 成本分配基础。在不同产品之间，公司如何分配金属切割机的操作成本？其中一种方法是将机器工时数作为成本分配基础。**成本分配基础**（cost-allocation base）是指将一项间接成本或一组间接成本以系统合理的方式分配到成本对象（不同产品）中。例如，假定金属切割机的操作成本为 50 万美元，总机器工时数为 1 万小时，那么成本分配率为 50÷1＝50（美元/机器工时）。若某产品耗费 800 机器工时，则其应当分配的间接成本为 50×800＝40 000（美元）。成本分配的最合理基础是间接成本的成本动因，因为成本分配基础和间接成本之间存在因果关系。成本分配基础可以是财务指标，也可以是非财务指标。当成本对象为一个批次、一个产品或一个客户时，成本分配基础通常也称为成本应用基础。

有时，成本可能在没有特别明显的因果关系的情况下被分配。对公司整体形象和整体业务的广告宣传能够提高公司形象和业绩，但公司个别产品的形象受到影响的可能性不大。例如百事公司以实际收入为成本分配基础，收入越高的产品分担的上述广告成本就越多。这种分配准则以收入为基础，而不是以因果关系为基础。其背后的逻辑是清晰的，既然某一产品的收入较高，可以推定公司整体形象的广告为该产品带来的收入利益就越高，从而应分配更多成本。

成本分配的另一个准则是考虑成本对象的成本承担能力。例如得克萨斯州休斯敦市政府通常将管理人员产生的费用分配到其他部门，如警察局、消防局、劳工局等。此时的分配依据是部门预算的高低，因为部门预算越高，其吸收成本的能力越强。一般来说，组织通常会采用因果关系准则进行成本分配，其次是以收入为基础的成本分配。以成本承担能力为基础的分配通常很少会用到。

上述五个概念是成本会计的基础。

成功之匙

直接成本的度量、借助成本库和成本分配基础的间接成本分配使得管理者更好地了解成本对象的成本，并基于此做出相应的决策。

4.2 分批成本法与分步成本法

产品或服务的成本分配通常有两种方法：

1. **分批成本法**（job costing）。分批成本法下，成本对象为**批次**（job），通常由一类或一组独特的产品或服务组成。一般来说，每个批次都要使用不同数量的资源。这类产品或服务通常以个体化的形式出现，如日立公司生产的某一台定制机器、Bechtel 公司的一个建筑施工项目、奥迪服务中心的一次养护服务以及 Saatchi & Saatchi 公司发起的一项广告活动。日立生产的每一台定制机器都是独特的、唯一的，不同于工厂的量产产品；Saatchi & Saatchi 公司为每一家客户提供不同的广告服务。与 Ethan Allen 公司类似的公司也会采用分批成本法，来反映各套家具产品的批次成本。由于不同批次的产品和服务是不同的，因此分批成本法下成本是按照不同的产品和服务归集的。

2. **分步成本法**（process costing）。分步成本法下，成本对象通常为具有同质性的某一类产品或服务。例如，花旗银行为每一个个人储户提供完全相同的服务；英特尔公司为每一个客户提供完全相同的 CPU；美汁源为每一个顾客提供同质化的橙汁产品。分步成本法下，需要按期计算单位产品成本，单位产品成本定义为当期生产成本除以当期所生产或提供的同质化产品或服务的数量。单位产品成本就是当期所生产的同质产品或服务的平均单位成本。

服务业、商业、制造业中分批成本法和分步成本法的实例见图表 4—1。这两种成本法并不是完全对立的，会存在一定程度的重合。

图表 4—1　　分批成本法与分步成本法实例

	服务业	商业	制造业
分批成本法	● Price 提供的审计服务 ● 麦肯锡提供的咨询服务 ● Ogilvy & Mather 提供的广告代理业务 ● Hale & Dorr 的诉讼服务 ● 环球公司出品的电影	● L. L. Bean 邮购的特定产品 ● 沃尔玛针对某新产品的特别促销活动	● 波音公司某一架飞机的组装 ● Litton Industries 某一艘船舶的组装
分步成本法	● 美国银行的支票付款业务 ● UPS 提供的邮政速递服务	● Arthur Daniel Midlands 公司的农产品交易 ● Weyerhauser 公司的木材交易	● 壳牌公司的原油冶炼 ● 百事公司的饮料生产

对大多数公司来讲，分批成本法和分步成本法不是截然对立、非此即彼的。很多公司的成本系统根据自身业务和经营特点综合使用两种成本计算方法。例如，在生产 Corn Flakes，Crispix，Froot Loops 时，凯洛格食品公司会采用分批成本法；同时，凯洛格公司又会采用分步成本法的思路来计算 Corn Flakes 的单位成本。本章主要介绍分批成本法，第 5 章将介绍分步成本法。

成功之匙

管理者基于提供的产品和服务来选择成本计算方法。产品或服务具有唯一性、异质性时，采用分批成本法；产品或服务具有相似性、同质性时，采用分步成本法。

4.3 分批成本法：评估与实施

下面我们以 Robinson 公司为例，来介绍分批成本法的实施。Robinson 公司是一家提供定制化造纸机的企业。2012 年，Western Pulp & Paper 公司（WPP）请 Robinson 公司提供一套新型造纸设备的制造与安装服务。Robinson 公司也是第一次生产这种类型的产品，其管理者想知道提供这一设备需要些什么。Robinson 管理团队按照以下五步制定决策。

1. 识别问题与不确定性。Robinson 公司的管理团队需要考虑两个问题：（1）完成这一设备所需的成本；（2）竞争对手对这一设备的可能要价。这两个问题决定了 Robinson 向 WPP 的要价。

2. 获取信息。Robinson 管理者首先要考察为 WPP 公司生产该设备是否符合公司既有战略。以后是否会继续提供该类设备？该类设备的细分市场如何？Robinson 公司能否满足客户需求，并获得竞争优势？在前期的调查研究之后，Robinson 公司管理者发现，为 WPP 公司提供该套设备与公司既有战略是吻合的。

Robinson 管理者认真研究了 WPP 公司提供的设计方案和工程细节，并就该设备的技术细节达成一致。接着，Robinson 管理者将该设备的工程细节与之前生产的类似设备的工程细节进行比较，确认了竞争者对该设备的可能要价，并收集了相关的报价信息。

3. 预测未来。Robinson 公司管理者估算了 WPP 所订购设备的直接材料成本、直接制造成本和间接费用。此外，他们还考虑了一些定性因素和风险因素，并对可能出现的偏差进行了适当评估。比如，他们考虑了相关工程师和一线员工的技术胜任力和技能胜任力；考虑了这些人员生产该产品的经验；考虑了成本估算的准确性及出现开支超过预算的可能性；考虑了需要关注的一些偏差。Robinson 公司是第一次生产这一类型的设备，管理者应当寻求最相关的信息，并避免出现不当类推。

4. 选择方案做出决策。Robinson 公司管理者考虑了不同的备选方案。是否接受 WPP 公司的要约？若接受，综合考虑竞争情况、技术风险和业务风险及其他定性影响因素，应当做出何种报价？最终，他们决定的要价为 15 000 美元。估计制造成本为 10 000 美元，成本加成比为 50%。

5. 实施决策、评价业绩与学习改进。Robinson 最终在 WPP 该批次设备的报价中胜出。随着对该批次设备开始生产，管理者密切追踪由此产生的相关成本（详细内容见本章相关内容）。最后，Robinson 公司管理者需要对比估算成本与实际成本，从而更好地评估该批次的生产业绩。

在分批成本法下，Robinson 公司按照该设备价值链中不同的环节（如制造环节、营销环节和客户服务环节）归集成本。这里我们先重点关注 Robinson 公司的制造功能（包括安装服务）。为制造该设备，Robinson 公司需要从外部供应商处获得原材料；同时，对每一套该种设备提供安装服务，即将之与客户的其他设备组装在一起，确保设备符合客户要求。

Robinson 公司可采用**实际成本法**（actual costing）来反映该批次的成本，即按照实际直接成本分配率乘以实际直接成本产出量得到直接成本，并追溯到成本对象；按照实际间接成本分配率乘以成本分配基础实际总量得到间接成本，并分配到成本对象。实际间接成本分配率是年度实际间接成本除以年度成本分配基础实际总量的商，即：

实际间接成本分配率＝年度实际间接成本÷年度成本分配基础实际总量

恰如其名，实际成本法计算的是批次实际耗费的成本。不过实务中较少使用实际成本法，因为该方法缺乏及时性。具体来说，直接材料和直接人工的直接成本分配率的计算是及时的。例如 Robinson 公司可记录直接材料的实际成本，因为直接材料的价格就是该套设备直接材料的成本。实际成本法缺乏及时性体现在间接成本的计算上，按周或者按月计算实际间接成本分配率比较困难（稍后我们会就这一点展开讨论）。通常，Robinson 公司只能在年末确定该年度实际间接成本分配率。任何一个管理者都需要在批次任务过程中，通过成本信息对批次任务进行及时监控与管理，因此都希望尽早获知不同批次所耗费的成本，他们不愿意为获知某一批次的间接成本耗费情况而长时间地等待。不断得到成本信息有助于管理者就该类批次的新批次需求更合理地要价。

□ 4.3.1 计算间接成本分配率的时长选择

间接成本分配率的计算期需要较长跨度，至少为一年，原因有二：

1. 来自分子（间接成本库）的原因。间接成本分配率计算期越短，成本的季节性波动就越大。假如按月计算间接成本分配率，那么供热成本就只能反映在冬季月份的成本分配率中。而按年计算间接成本分配率可以消除一年四季的季节性影响。

此外，一些暂时性的非季节性成本也会对总间接成本产生影响。这类成本（如设备维修维护成本、员工的带薪休假支出等）发生在某一特定月份，但也会在未来数月带来经营利益。此时如果按月计算间接成本分配率，这类费用会进入当月的批次，使得批次成本表现为较高的非季节性波动成本。按年归集间接成本、按年计算间接成本分配率有助于减少非季节性波动对其发生当月的批次成本的不利影响。

2. 来自分母（分配基础的数量）的原因。选择较长的计算期可以减少月度产出波动和成本分配基础波动的影响。我们来看下面的例子。

Reardon and Pane 公司是一家提供税务会计服务的企业，其最繁忙的业务集中在纳税季，即每年的 1—4 月。Reardon and Pane 公司的间接成本由固定部分和变动部分组成。变动间接成本（如辅助费用、伙食费、动力费、辅助车间员工工资）随成本分配基础数量（直接人工工时）的变化而变化。固定间接成本（如折旧费、一般管理费）不随成本分配基础的变化而变化。具体情况如下表所示（单位：美元）：

	间接成本			直接人工工时	单位直接人工工时变动间接成本	单位直接人工工时固定间接成本	单位直接人工工时总分配率
	变动部分	固定部分	小计				
	(1)	(2)	(3)	(4)	(5)=(1)÷(4)	(6)=(2)÷(4)	(7)=(3)÷(4)
高产出月份	40 000	60 000	100 000	3 200	12.5	18.75	31.25
低产出月份	10 000	60 000	70 000	800	12.5	75	87.5

变动间接成本与直接人工工时成正比例关系。因此无论产出量是高还是低，每月的变动间接成本分配率是相等的。有时，高产出月份的加班支出会导致变动间接成本分配率较高，相对于低产出月份来讲，高产出月份的成本分配率较高。

我们来看一下间接成本的固定部分，即上表中的60 000美元。固定间接成本的存在导致不同月份的总间接成本分配率变化很大——从每小时31.25美元到每小时87.5美元。当然，管理者认为，在不同月份所生产的相同批次不会因为固定部分的存在而出现如此大的差异（87.5÷31.25=2.8或280%）。此外，如果纳税申报费用是基于成本计算的，低产出月份的高额费用会导致业务流失，但这恰与事实相反，因为在空闲的月份，管理者总是在努力增加批次，以充分利用闲置的生产能力。

Reardon and Pane公司所使用的间接成本分配率计算期远不止一个月。年度总间接成本和年度总产量相除得到年度分配率，能够在一定程度上平滑产量的月度波动，更符合管理者对产能选择的初衷。管理者此时需要考虑可能的总成本和总产量。使用年度分配率的另外一个重要原因是，每月的实际工作日并不相同，不同的工作天数会影响各月的间接成本分配率。一般地，每月的工作天数为20～23天。如果按月单独计算间接成本分配率，每年2月的批次间接成本将会最高，因为其承担了很多折旧费、财产税等费用；同时由于2月的工作天数最少，导致其间接成本分配率很高。通常认为，间接成本分配中的这些问题会导致按月计算间接成本分配率并不合理，也不具有代表性。按年计算间接成本分配率降低了每月工作天数的多少对单位成本的影响。

成功之匙

计算间接成本分配率时，管理者通常根据年度数据计算，这样不但减少了数据的周期性、突发性因素对单位成本的影响，还可以减少成本分配基础的波动的影响。

□ 4.3.2 正常成本法

由于按周或者按月计算间接成本分配率具有以上诸多不足和困难，因此管理者难以在批次完成时及时计算实际间接成本。但多数管理者还是希望寻找一种比较近似的方法来估算间接成本，即按照各年度正常的批次成本来计算年度间接成本分配率，而不是等到财年结束时再计算。为便于持续管理，管理者大多希望实时掌控制造成本（包括营销等其他成本），以便于制定价格、监督管理成本、评价批次业绩、学习改进、对新批次报价、呈报中期财务报告等。基于对批次成本信息的及时性需求，极少有公司会等到年末才计算年度间接成本分配率，相反，多数公司会在会计期间的期初计算预算或预定间接成本分配率，并按照实际工作进度分配相应的间接成本。可根据每一个成本库计算各自的**预算间接成本分配率**（budgeted indirect-cost rate）：

预算间接成本分配率＝年度预算总成本÷年度预算总成本分配基础

一旦使用预算间接成本分配率，就产生了正常成本法的概念。**正常成本法**（normal costing）是指这样的成本会计系统：（1）根据实际直接成本分配率乘以实际产量得到实际直接成本，并追溯到成本对象；（2）根据预算间接成本分配率乘以实际成本分配基础得到预算间接成本，并分配到成本对象。

成功之匙

正常成本法下，管理者使用预算或预定间接成本分配率计算批次成本，以满足及时性需求。

4.4 正常成本法下的分批成本法

下面我们仍以 Robinson 公司为例介绍批次成本分派的七个步骤。该方法适用于制造业、商业和服务业。

步骤 1：确定作为成本对象的批次。Robinson 公司的成本目标是批次 WPP 298，即在 2012 年度为 WPP 公司制造一套造纸设备。Robinson 公司的管理者和管理会计师根据记账凭证的信息归集批次成本。记账凭证是日记账的处理基础，如公认的工作时间卡就属于记账凭证。批次 WPP 298 的最主要的记账凭证是其**批次成本记录单**（job-cost record）。批次成本记录单也称**批次成本记录表**（job-cost sheet），记录并归集了批次开始以来的所有成本分派信息。图表 4—2 是批次 WPP 298 的成本记录表。

图表 4—2　　Robinson 公司记账凭证：批次成本记录表　　单位：美元

	A	B	C	D	E	F
1			批次成本记录表			
2	批次号：	WPP298		客户：	WPP 公司	
3	批次开始日：	2012 年 2 月 6 日		批次完成日：	2012 年 2 月 29 日	
4						
5						
6	直接材料					
7	日期	请求单号	索引号	数量	单位成本	总成本
8	2012 年 2 月 6 日	2012:198	MB 468-A	8	14	112
9	2012 年 2 月 6 日	2012：199	TB 267-F	12	63	756

10						•
11						•
12	小计					4 606
13						
14	直接人工					
15	时间	工时单号	雇员编号	小时数	小时工资	总工资
16	2012年2月6—12日	LT 232	551-87-3076	25	18	450
17	2012年2月6—12日	LT 247	287-31-4671	5	19	95
18				•		•
19				•		•
20	小计			88		1 579
21						
22	制造费用*					
23	日期	成本库类别	分配基础	分配基础总量（小时）	单位分配基础分配额	总费用
24	2012年2月29日	制造作业	直接人工工时	88	40	3 520
25	小计					3 520
26	批次总制造成本					9 705

* Robinson公司使用一个单独的制造费用成本库。使用多个费用成本库会使得批次成本记录表的“制造费用”中有多个入口。

步骤2：确定批次直接成本。Robinson公司有两类直接制造成本：直接材料和直接人工。

● 直接材料。根据WPP公司提供的工程细节和技术图，由制造组向仓库递交物料请求单，该请求单记录了特定批次在特定部门的直接材料的成本信息。图表4—3中的表A是Robinson公司的**物料请求单**（materials-requisition record）。我们来看看该单据是如何逐一记录批次（WPP298）物料需求的：材料名称（索引号为MB468-A的金属支架）、实际用量（8个）、实际单位成本（14美元）、实际总成本（112美元）。实际总成本112美元同时列示在图表4—2中。加总所有材料需求成本可得总的直接材料成本为4 606美元，列示在图表4—2的直接材料部分。

图表4—3　　Robinson公司记账凭证：物料请求单和人工工时单

表A：物料请求单

物料请求单				
				单号：2012：198
批次编号：WPP298			批次日期：2012年2月6日	
索引号	材料	数量	单位成本	总成本
MB468-A	金属支架	8	14美元	112美元
制单人：B. Clyde			制单日期：2012年2月6日	
签收人：L. Daley			签收日期：2012年2月6日	

表 B：人工工时单

人工工时单								
单号：LT 232								
员工姓名：G. L. Cook			员工代码：551-87-3076					
工资等级			3 级技工					
时薪：18 美元								
开始日：2012 年 2 月 6 日			完工日：2012 年 2 月 12 日					
批次编号	周一	周二	周三	周四	周五	周六	周日	小计
WPP 298	4	8	3	6	4	0	0	25
JL 256	3	0	4	2	3	0	0	12
维护修理	1	0	1	0	1	0	0	3
小计	8	8	8	8	8	0	0	40
制单：R. Stuart			出单日：2012 年 2 月 12 日					

● 直接人工。直接人工的会计处理方法与直接材料的会计处理方法类似。直接人工的记账凭证为人工工时单。该单据记录了某一批次所占用的工人的人工工时。图表 4—3 中的表 B 是员工 G. L. Cook 的周人工工时表。Cook 每天的工作时间都按照实际批次记录在册（本例中为 WPP 298 和 JL 256）；Cook 在其他工作（如机器清理和维护等）上耗费的时间也被单独记录。

图表 4—2 中，批次 WPP298 的直接人工成本为 450 美元，即 25 小时×18 美元/小时。同样，批次 JL256 耗费了 256 美元，即 12 小时×18 美元/小时。机器清理和维护耗时 3 小时，总费用为 54 美元，一般计入间接制造费用，因为这部分费用无法追溯到某一特定批次。该类费用先计入间接成本库，再统一分配到批次成本中。图表 4—2 中直接人工工资为 1 579 美元，这是参与到批次 WPP298 生产过程的所有直接人工工资的加总。除去直接材料和直接人工，所有的其他费用都是间接成本。

步骤 3：为间接成本分配选择成本分配基础。间接制造费用是指批次生产所必需的但又无法直接追溯到某一特定批次的成本和费用。完成批次的过程中，需要支付相应的一线管理人员工资、设备折旧维护费、水电费及修理费用。管理者需要按照系统的方式进行间接成本分配，因为这些间接成本无法直接追溯到某一具体批次，而且不同批次所需的间接成本不同。

一般来说，不同的间接成本有不同的成本动因，因此企业多采用多重成本分配基础来进行间接成本的分配。设备折旧和维修费用多以机器工时为成本分配基础，一线管理人员工资和辅助制造费用通常以直接人工工时为成本分配基础。Robinson 公司选择直接人工工时作为唯一的成本分配基础，是因为它是典型的劳动密集型企业，其制造费用主要由直接人工工时驱动。（本书第 6 章将介绍只有在多成本动因情形下，公司才需要综合使用多种成本动因作为分配基础。）2012 年 Robinson 公司的直接人工工时预算为 28 000 小时。

步骤 4：确定与成本分配基础相关的间接成本。Robinson 公司管理者选择直接人工工时作为成本分配基础，并创建单一成本库即制造费用库，来归集制造部门发生的难以追溯到某一具体批次的间接成本。2012 年制造费用总预算为 1 120 000 美元。

在步骤 3、步骤 4，管理者先选择成本分配基础，进而确认与成本分配基础相关联的间接成本。之所以按照这一顺序进行，是因为管理者首先要理解成本动因，即成本发生的原因（设备启动、物料转移、批次设计等），这样才能确定成本动因所引起的成本为多少，否则将无法建立成本库。当然，步骤 3 和步骤 4 通常同时进行。

步骤 5：根据间接成本和成本分配基础计算单位成本分配率。对每一个成本库，用该库预算间接成本（由步骤 4 得到）除以成本分配基础预算总额（由步骤 3 得到），可计算出预算间接成本分配率。Robinson 公司计算制造费用分配率的过程如下：

$$制造费用预算分配率=制造费用预算总额\div成本分配基础预算总额$$
$$=1\,120\,000\div28\,000=40(美元/小时)$$

步骤 6：确定已分配间接成本。批次成本分配基础实际耗用量（一个成本库对应一个分配基础）乘以该成本分配基础预算分配率（由步骤 5 得到），可计算出批次的间接成本。前面讲到，Robinson 公司管理者采用直接人工工时作为成本分配基础，批次 WPP 298 实际耗用 88 个直接人工工时，由此可计算批次 WPP 298 所占用的间接成本为 3 520 美元（40 美元/小时×88 小时），该金额列示在图表 4—2 的制造费用部分。

成功之匙

为计算间接成本，管理者首先确定成本分配基础，进而确定相关成本，接着计算成本分配率，再根据耗用的成本分配基础实际量乘以成本分配率得到批次的间接成本。

步骤 7：加总直接成本和间接成本，得到批次总成本。图表 4—2 中，批次 WPP 298 的总成本为 9 705 美元。

直接成本		
直接材料	4 606 美元	
直接人工	1 579 美元	6 185 美元
制造费用		3 520 美元
总成本		9 705 美元

前面我们讲到，Robinson 公司对批次 WPP 298 的报价为 15 000 美元。这里我们又得到正常成本为 9 705 美元，因此销售毛利为 5 295 美元，相应的销售毛利率为 35.3%。

Robinson 公司的制造部门经理和销售经理可以通过销售毛利和销售毛利率的对比，考察不同批次的盈利性，并弄清楚为何有些批次盈利不高。是浪费了太多直接材料，还是直接人工工资过高？采取何种措施来提高批次效率？批次报价是否恰当？批次成本分析不仅有助于评价制造部门经理和销售部门经理的相应业绩，还有助于提高未来业绩（参见下面的“实例”专栏介绍的新牛仔体育馆“赛事计划”的成本核算）。

实　例

新牛仔体育馆“赛事计划”的成本核算

达拉斯牛仔橄榄球队（Dallas Cowboys）已五次问鼎“超级碗”，其诸多球迷对该队位于得克萨斯州阿灵顿的新馆——牛仔体育馆——翘首以盼。该馆施工历时三年，馆内有坐席 73 000 个，正方形的屋顶上方有两个弧形展翼包绕，每个展翼长达 250 米；屋顶全部采用玻璃建造，是世界上最大的玻璃房顶；外墙采用全玻璃设计；馆内配有一个超大电视屏幕。鉴于实现上述设计的成本和耗费高昂，同时要确保工程利润，作为承揽方的曼哈顿建工集团（Manhattan Construction）对该工程开价 12 亿美元。

牛仔体育馆项目的建设一共分五个阶段：概念化阶段、设计与规划阶段、施工准备阶段、施工阶段、竣工交付阶段。曼哈顿建工集团按照如下过程进行施工：聘请设计师并签订设计分包合同，绘制工程蓝图，购买和平整土地，建筑施工，框架构架与内部设施完工，完成 2009 年竣工前的最后一次变更。为确保资源分配和会计处理的恰当性，项目经理采纳了分批成本法，先计算出超过 500 项直接材料和直接人工的预算成本，然后按照直接材料和直接人工分配估算的制造费用（一线管理人员工资、租金、物料整理费用等）。正是由于分批成本法提供了清晰、准确和透明的成本数据，曼哈顿建工集团才能掌握准确的已完工成本和已完工收入，估算相应的已完工利润。

如同球队四分卫手 Tony Romo 所指挥的反攻，曼哈顿建工集团借助分批成本系统，成功完成了该馆建设施工任务。

资料来源：Based on David Dillon，"New Cowboys Stadium Has Grand Design，but Discipline Isn't Compromised，" *The Dallas Morning News*（June 3，2009）；and Brooke Knudson，"Profile：Dallas Cowboys Stadium，" *Construction Today*（December 22，2008）.

图表 4—4 是 Robinson 公司分批成本法概览图。该图由五个主要部分组成：成本对象、成本对象的直接成本、成本对象的间接成本、间接成本库、成本分配基础。我们在本章一开始就介绍了这五个基本概念。图表 4—4 所展示的成本核算概略图是一个很实用的学习工具。建议读者按照自己的理解，对制造业、商业和服务业公司画出不同的成本核算概略图。（本书所有成本核算系统概览图都沿用图表 4—4 所用到的符号，三角形表示直接成本，正方形表示间接成本库，八角形表示成本分配基础。）要注意图中平行线与步骤 7 中 WPP 298 的批次成本之间的关联。图表 4—4 显示了两类直接成本（直接材料和直接人工）、一类间接成本（制造费用）。步骤 7 中还显示了三个数字，每一个都与图表 4—4 的三类成本相对应。

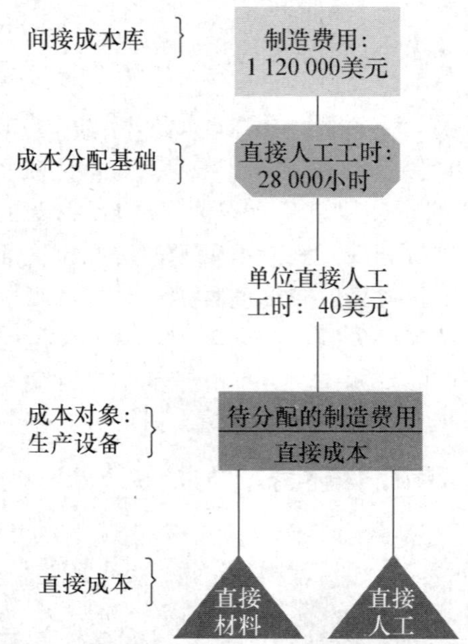

图表 4—4　分批成本法概览图：Robinson 公司的批次制造成本

□ 4.4.1 科技对分批成本法的影响

为提高运营效率，管理者借助成本会计信息来控制原材料、人工和制造费用。现代信息技术提供了更为快速准确的信息，使得批次管理与控制更加方便。例如在许多成本核算系统中，物料请求单存放在计算机系统中即可。条形码系统和其他类似的在线信息记录系统不但减少了人工耗时，而且提高了批次所耗用物料和人工的记录的准确性。

例如，我们现在要考察分批成本法中直接材料的耗用问题。管理者可以对物料购买和使用予以实时控制。借助电子数据交换技术，Robinson 公司通过点击鼠标来完成物料的订购。电子数据交换是关联用户与供应商的电子计算机连接系统，该系统确保购买请求能够及时、准确地到达供应商，尽可能地减少文书工作及其成本。该系统将相关收据与订单自动配对，打印付款支票，并记录所收到的物料。生产车间在电脑终端提交物料请求后，系统会生成物料请求单，并将所请求的物料直接计入相关材料支出项和批次成本记录单。系统每天都会加总某一特定批次或制造部门的物料请求，之后生成业绩报告表，以便于直接材料实际成本的监管。如果按小时报告的收益大于成本，则可以按小时生成直接材料使用报告。下面的“实例”专栏介绍了家得宝是如何利用科技来提高存货管理水平的。

实 例

家得宝的存货管理

2010 年末，作为世界头号家居装饰品提供商，家得宝公司总存货约为 106 亿美元。多年来该公司力求掌握每一既定时刻的总存货量，通过自主创新，借助先进技术改进了 2 200 多家分店的存货管理系统。

今天，借助大型数据库，家得宝公司员工可以通过手持设备现场定位并管理存货。商品售出时，收银台电脑会自动将其计入存货系统，一旦货架存货量低于设定值，系统就会报警。为避免以前无法装满配货车的情形，新配货系统将区域内的分店需求予以整合，减少了运次，降低了成本。公司还为销售人员配备了带有条形码扫描仪和拍摄仪的移动电脑，确保销售人员能及时检查存货情况、获得产品信息、打印标签，不但便于员工间交流，还可以为顾客办理结账服务。

家得宝存货管理的不断改进获得了极大的成功。新技术的引入使得公司能够更有效地管理存货，降低缺货可能性，减少存货过多导致的成本，加快存货流转速度。

资料来源：Based on Miguel Bustillo，“Home Depot Undergoes Renovation ，” *The Wall Street Journal* (February 24，2010)；Meridith Levinson Sun ，“Home Improvement，” *CIO* (August 2004)；Rachel Tobin Ramos ，“Home Depot Getting Better Handle on Products，” *The Atlanta Journal-Constitution* (March 29，2010)；Jayne O'Donnell and Laura Petrecca ，“Customers May Shop Online While in Store，” *USA Today* (November 24，2011)；and The Home Depot，Inc. ，2011 Form 10-K (March 24，2011).

类似地，员工进入电脑系统并输入批次代码、员工代码、不同批次工作的起止时间后，系统自动生成直接人工信息。接着，系统自动打印人工工时记录单、每位员工的小时工资，并计算每一批次的直接人工成本。信息技术为管理者及时提供反馈信息，有助于制造费用、处理中的批次、完工批次、批次运送和安装的相关管理。

下面的“实例”专栏介绍了洛克希德马丁公司（Lockheed Martin）是如何避免

对政府收费过高的。该实例表明，如果与美国政府签订合同，批次成本计算技术和系统都应当极其准确。国防部的许多合同都是成本加成合同。如果因为成本估算过高而向政府收费过多，公司会受到处罚，并需要支付罚金。

实 例　　洛克希德马丁公司如何避免对政府收费过高

2011 年度美国政府国防开支为 5 530 亿美元，这还不包括阿富汗战争和伊朗战争的开支。按照惯例，其中有一部分是支付给为国防部提供合同服务的那些私人公司的。近年来，美国政府采取措施，防止防务承包商要价过高。

2010 年，洛克希德马丁公司向美国司法部支付了 1 020 万美元的赔偿金，因为它在“向美国空军和美国海军提供的政府合同服务中，不合理地要价过高”。据美国政府披露，洛克希德马丁在一份防务合同中成本估算不合理。洛克希德马丁之前还有几次要价过高和成本匡算错误的先例。2000 年，该公司向美国政府赔偿了 500 万美元，源于“向海军提供的反潜设备”要价过高。三年后，洛克希德马丁公司由于向空军提供的四份合同的成本匡算不当而向政府赔偿 3 790 万美元，政府随后将这笔钱用于空军其他项目。

为防止浪费纳税人的钱，美国国防部出台了一个新的合同条款，该条款赋予国防部一项新的权利，即一旦国防部发现防务承包商所提供的服务有重大问题，无论是武器计划还是服务，国防部都有权扣留合同对价的 10%。

资料来源：Based on Rob Hotakainen and Adam Ashton, “Angst at Lewis-McChord Over Defense Cuts,” *The Seattle Times* (September 25, 2011); “Lockheed Settles Marietta Mischarge Claims,” *Atlanta Business Chronicle* (December 17, 2010); and Rhonda Cook, “Lockheed Agrees to Pay Feds $10M for Marietta Overcharges to Air Force and Navy,” *The Atlanta Journal-Constitution* (December 17, 2010).

4.5 实际成本法

如果 Robinson 公司采用实际成本法，而不是正常成本法，批次 WPP 298 的成本会变成怎样的？无论是实际成本法还是正常成本法，直接成本的处理方式都是一样的，即直接追溯到成本对象，因为根据物料请求单很容易确定某一批次的实际使用量和直接材料、直接人工的实际分配率。分批成本法下，正常成本法和实际成本法的唯一区别在于：正常成本法使用预算分配率，而实际成本法使用实际分配率。实际成本法的**间接成本实际分配率**（actual indirect-cost rate）是按照年末数据计算的。图表 4—5 对比了实际成本法和正常成本法。

图表 4—5　　实际成本法与正常成本法

	实际成本法	正常成本法
直接成本	直接成本实际分配率×直接成本实际产出量	直接成本实际分配率×直接成本实际产出量
间接成本	间接成本实际分配率×间接成本分配基础实际量	间接成本预算分配率×间接成本分配基础实际量

Robinson 公司 2012 年度的实际制造成本如下：

	实际值
总制造费用	1 215 000 美元
直接人工工时	27 000 小时

正常成本法和实际成本法的步骤1、步骤2完全相同：步骤1确定WPP 298为成本对象，步骤2计算直接材料实际成本为4 606美元，直接人工实际成本为1 579美元。步骤3中，我们强调过，Robinson公司选择直接人工工时作为唯一的成本分配基础来计算分配到各批次的制造费用。2012年直接人工工时实际值为27 000小时。步骤4中，Robinson公司将总制造费用1 215 000美元归入一个制造费用成本库。步骤5中，计算间接成本实际分配率，即成本库中总制造费用（由步骤4得到）除以成本分配基础实际量（由步骤3得到）。Robinson公司按照下式计算制造费用的实际分配率：

制造费用实际分配率＝制造费用实际值÷年度成本分配基础实际值
＝1 215 000÷27 000＝45(美元/小时)

步骤6中，按照实际成本法计算批次WPP 298的间接成本：

批次WPP 298应分配的制造费用＝制造费用实际分配率×直接人工工时实际值
＝45×88＝3 960(美元)

步骤7中，计算批次成本为10 145美元，过程如下：

直接成本		
直接材料	4 606 美元	
直接人工	1 579 美元	6 185 美元
制造费用		3 960 美元
总成本		10 145 美元

与正常成本法相比，实际成本法下批次WPP 298的制造成本高440美元，这是因为间接成本实际分配率为45美元/小时，而间接成本预算分配率为40美元/小时。因此，有（45－40)×88＝440（美元)。

前面提到，正常成本法下，批次制造成本可以较为及时地获得。因此，一旦批次完工，Robinson公司管理者就可以对比不同批次的盈利情况、完工效率及定价。正常成本法的另一个优点在于，为管理者提供采取纠正措施的机会，要么提高劳动效率，要么降低间接成本。每年年末，正常成本法下计算的成本分配额通常不等于实际成本法下计算的成本分配额。如果这一差异较大，则需要对确认的成本予以调整，即将已确认的批次成本和存货账户成本调整到实际成本。

成功之匙

管理者对实际成本法感兴趣，源于其使用间接成本实际分配率和实际直接成本来计算批次实际成本。

下一节我们将介绍正常成本法下全部批次成本和收入的汇总问题。读者可以略过这一部分内容，直接跳转至4.7节“预算间接成本与年末会计调整”。

4.6 正常成本法在制造业中的应用

我们继续以 Robinson 公司为例，介绍 2012 年 2 月发生的相关事项。在介绍正常成本法之前，请读者先看图表 4—6，该图表提供了分批成本法下成本流转的大体框架。

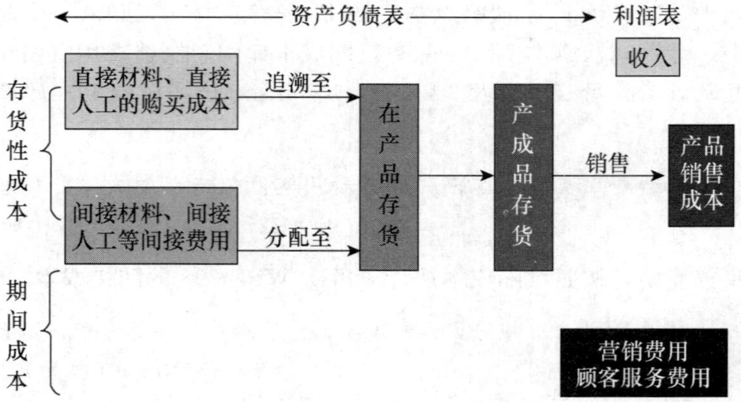

图表 4—6 成本流转图

图表 4—6 的上半部分表明存货成本从直接材料、直接人工的购买开始，转入在产品和产成品成本，并随销售结转到已售产品成本中。

直接材料和直接人工可以直接追溯到批次成本，变成资产负债表中的在产品成本，因为其中的直接人工可以将直接材料转化为在产品。Robinson 公司还发生了制造费用（包括间接材料、间接人工），正常成本系统将其中的部分制造费用转入在产品成本。不过间接成本（即制造费用）无法直接追溯到批次。因此，制造费用通常先估计到制造费用账户，再按照系统、合理的方法将其分配到不同批次。分配之后，被分配的这部分制造费用变成了在产品成本的一部分。

随着批次完工，在产品变成资产负债表中另外一种形式的资产，即产成品。若该产品被售出，则按照配比原则相应地将这部分产品的成本结转到利润表产品销售成本中。

图表 4—6 的下半部分是期间费用，如销售费用、顾客服务费用等。这些费用不会产生任何资产负债表项目，因为这些费用并未将材料转化为另一形态。因此，这些支出直接费用化到利润表中，与收入实现配比。

我们将在总账中介绍相应的处理分录。

4.6.1 总 账

现在你应该知道为何要为每一批次确定相应的批次号了。一般地，批次成本先在分类账中汇总。总账中的“在产品总账”账户记录了所有未完工批次的批次成本。批次成本记录和在产品总账可以涵盖所有在产品批次。完工批次或售出批次的成本相应地结转至分类账中的已完工产品批次成本。总账中的“产成品”账户记录了所有已完工批次和已售出批次的相应成本。

图表 4—7 列示了 Robinson 公司总账的 T 形账户关系。总账统驭着整个成本会计系统。该图表按照下面将要介绍的当月交易和事项绘制。每遇到一个新的交易和事项，你就应当使用图表 4—7 来查看相应的分录处理。总账下面一般有相应的明细账，包括存货中的材料类型、对应的供应商等。

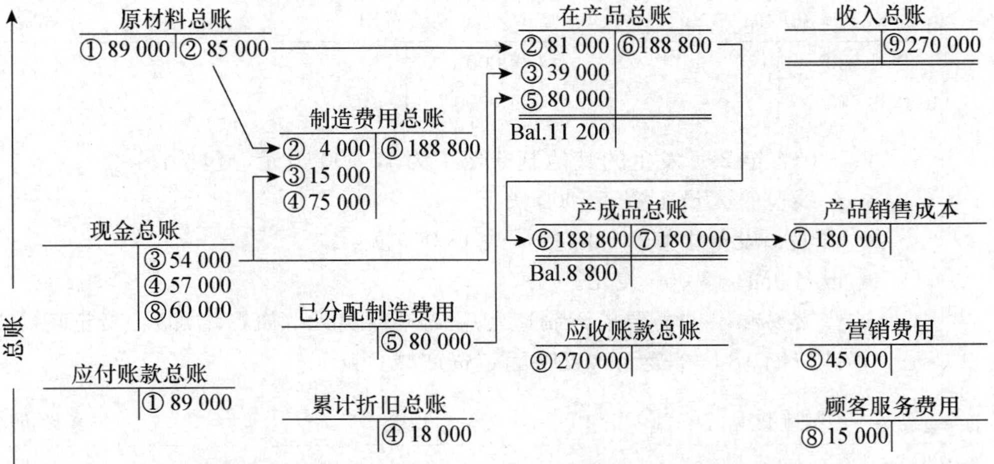

①原材料购买支出89 000美元；②领用直接材料81 000美元，领用间接材料4 000美元；③直接人工支付现金39 000美元，间接人工支付现金15 000美元；④其他制造费用75 000美元；⑤分配制造费用80 000美元；⑥结转产成品188 800美元；⑦结转产品销售成本180 000美元；⑧营销费用、顾客服务费用60 000美元；⑨销售收入270 000美元。在产品总账余额为11 200美元，是截至2012年2月末所有未完工批次成本；假定2012年2月初没有未完工批次。产成品总账的余额为8 800美元，是截至2012年末已完工但未售出的批次成本；同样，假定2012年2月初没有已完工批次成本。

图表 4—7　正常成本法下的批次成本：2012 年 2 月交易和事项的总账图示

□ 4.6.2　与总账相关的交易和事项

我们现在来看 Robinson 公司 2012 年 2 月发生的交易和事项及其账务处理分录。

1. 信用购买 89 000 美元的原材料（直接材料和间接材料），借记原材料总账，贷记应付账款总账。T 形账户中，借方在左侧，贷方在右侧。资产类账户（如原材料总账）记在左侧，负债及所有者权益类账户（如应付账款）记在右侧。

原材料		应付账款	
①89 000			①89 000

2. 2012 年 2 月领用的直接材料达 81 000 美元，领用的间接材料达 4 000 美元。领用直接材料时，借记在产品、贷记原材料；领用间接材料时，借记制造费用、贷记原材料。T 形账户反映了受交易 2 影响的账户情况。应当指出的是，间接材料的领用并不能直接追溯到某一成本对象，因此不借记在产品，而是借记制造费用。前面介绍过，所有的制造费用归集完毕之后，在步骤 5 中才转入在产品账户。

原材料	
①89 000	②85 000

在产品	
②81 000	

制造费用	
②4 000	

3. 2012 年 2 月支付给员工的总薪酬为 54 000 美元。直接人工记入各批次相应的在产品账户，共发生直接人工 39 000 美元。因而 2012 年 2 月的总间接人工为 15 000 美元。借记在产品 39 000 美元、制造费用 15 000 美元，贷记现金 54 000 美元。

在产品	
②81 000	
③39 000	

制造费用	
②4 000	
③15 000	

现金	
	③54 000

4. 2012 年 2 月发生的其他制造费用为 75 000 美元，包括：

- 一线监管人员工资 44 000 美元；
- 水电、设备维修和保险费，共 13 000 美元；
- 设备折旧 18 000 美元。

这些交易和事项需要借记制造费用 75 000 美元（资产增加），贷记现金 57 000 美元、累计折旧 18 000 美元（反映固定资产减少）。

制造费用	
②4 000	
③15 000	
④75 000	

现金	
	③54 000
	④57 000

累计折旧	
	④18 000

5. 2012 年 2 月共发生实际直接人工工时 2 000 小时，据此计算间接成本（即制造费用）：间接成本分配率 40×直接人工工时 2 000＝80 000（美元）。需要借记在产品、贷记制造费用各 80 000 美元。

在产品	
②81 000	
③39 000	
⑤80 000	

已分配制造费用	
	⑤80 000

正常成本法中，**已分配制造费用**（manufacturing overhead allocated）又称**已摊派制造费用**（manufacturing overhead applied），是根据预算分配率乘以成本分配基础的实际量得到的，是某一批次应当承担的间接成本。已分配制造费用包括所有间接制造成本，这些间接制造成本是根据成本分配基础计算出来后分派给不同批次的成本，这些成本的特点在于无法直接追溯到某特定批次。

要注意上述交易和事项 4、交易和事项 5 的差别。交易和事项 4 中，当月实际发生的间接成本借记制造费用总账，而不是在产品账户。因为这些间接成本是无法追溯到某一特定批次的。月末，按照当月发生的实际制造费用，计算应从制造费用转入在产品的数额，即交易和事项 5。这种分配实际发生时，贷记制造费用账户，从而减少制造费用。这一操作如同归集制造费用的反向操作，我们将这一账户称为已分配制造费用，这是制造费用账户的备抵账户。备抵是指借记已分配制造费用就相当于贷记制造费用。已分配制造费用账户的存在使得制造费用账户本身信息完整，同时也可以清晰反映已经分配的制造费用数额，避免了单纯使用制造费用账户归集和分配间接成本所引起的杂乱现象。上述正常成本法下，Robinson 公司的间接成本预算分配率在会计期初就已经确定下来了，是按照年预算总制造费用和年预算总分配基础计算的。实际成本与预算成本之间存在一定差异，稍后我们会介绍如何处理这一差异。

成功之匙

管理者必须分清制造费用账户和已分配制造费用账户。制造费用账户负责归集所有的制造费用；已分配制造费用账户负责记录分配到特定批次（在产品）的成本。

6. 归集所有已完工批次的成本，并结转至产成品账户。2012 年 2 月的已完工批次成本为 188 800 美元。借记产成品（增加产成品资产），贷记在产品（减少在产品资产）。

在产品	
①81 000	⑥188 800
③39 000	
⑤80 000	

产成品	
⑥188 800	

7. 计算结转 2012 年 2 月所有批次的产品销售成本，总额为 180 000 美元。借记产品销售成本，贷记产成品。

产成品	
⑥188 800	⑦180 000

产品销售成本	
⑦180 000	

8. 2012 年 2 月的营销费用为 45 000 美元，顾客服务费用为 15 000 美元。借记营销费用 45 000 美元、顾客服务费用 15 000 美元，贷记现金 60 000 美元。

销售费用	
⑧45 000	

顾客服务费用	
⑧15 000	

现金	
	③54 000
	④57 000
	⑤60 000

9. 2012 年 2 月完成并交付的批次总收入为 270 000 美元。借记应收账款，贷记销售收入。

应收账款	
⑨270 000	

销售收入	
	⑨270 000

我们再来看一下这九个交易和事项。图表 4—7 是对这些交易和事项的简单汇总，用 T 形账户的形式予以反映。要追踪每一个交易和事项，分步掌握图表 4—7 所列示的总账 T 形账户。Robinson 公司管理者需要利用这些信息评价 WPP 的任务完成情况。

图表 4—8 是根据交易和事项 7～9 编制的 Robinson 公司利润表。当然，管理者可以对产品销售成本做进一步细分，并编制类似图表 2—8 的报表。这有助于管理者及时发现业绩趋势并在未来批次的任务中提高效率。

图表 4—8 **Robinson 公司利润表**（2012 年 2 月） 单位：美元

收入		270 000
产品销售成本		194 000
销售毛利		76 000
经营成本		
营销费用	45 000	
顾客服务费用	15 000	
经营成本小计		60 000
经营净利润		16 000

非制造成本与分批成本法 第 2 章提到，公司基于不同目的采用不同的产品成本计算方法。向股东提供的报告中所使用的产品成本计算方法与向管理者提供的报告中所使用的产品成本计算方法可能并不相同，因为管理者要制定相应的定价决策和产品组合决策。尽管出于财务报告目的，营销费用和顾客服务费用都在发生的当期予以费用化，很多公司会将这类费用追溯到批次成本，以便于制定价格决策、产品组合决策和成本管理决策。

Robinson 公司可以采用前面介绍制造成本时确定间接费用的方法，确定营销费用和顾客服务费用。同样，Robinson 公司可以将直接营销成本和直接顾客服务成本追溯到某一批次成本中。假定营销费用和顾客服务费用有相同的成本分配基础——收入额，并据此建立相应的成本库。Robinson 公司可以计算间接成本预算分配率，即以间接营销费用预算额与间接顾客服务费用预算额之和除以预算收入。这样 Robinson 公司就可以按照上述分配率及实际收入额计算批次成本中的间接成本。例如，假定预算分配率为 22%，根据前述收入，Robinson 公司将分配 3 300 美元（22%×15 000）到 WPP 298 的批次成本中。全部制造费用和非制造费用分派完毕后，Robinson 公司可就不同批次的成本和收入进行对比。

成功之匙

管理者应当熟悉存货成本流转路径，即从直接材料和其他投入的购买开始，转入在产品，再转入产成品，最后随着产品的销售转入产品销售成本，并与销售收入相配比。营销费用和顾客服务费用不是存货成本，而是期间费用，在发生的当期予以费用化，与当期销售批次相配比。

4.7 预算间接成本与年末会计调整

管理者运用预算分配率和正常成本法进行成本管理，而不是采用实际成本法。因为正常成本法下，间接成本可以及时、持续地反映到批次成本中；而实际成本法下，间接成本只能在年末一次性计算结转。前面我们提到，从分配率计算中分子上的原因和分母上的原因两个角度考虑，月度实际发生的间接成本与已分配间接成本之间必然存在差异。即使在期末，预算分配率也不可能等于实际分配率。现在我们来看年末时，实际发生的间接成本与已分配间接成本之间的差异是如何处理的。这一调整会影响公司利润表中的净利润，进而影响管理者业绩评价。

□ 4.7.1　多分配的间接成本与少分配的间接成本

如果已分配间接成本低于实际间接成本，会产生**少分配的间接成本**（underallocated indirect costs）；如果已分配间接成本高于实际间接成本，会产生**多分配的间接成本**（overallocated indirect costs）。

少分配(多分配)的间接成本＝实际间接成本－已分配间接成本

少分配的间接成本也称**少吸收/少摊派的间接成本**（underabsorbed/underapplied indirect cost）；多分配的间接成本也称**多吸收/多摊派的间接成本**（overabsorbed/overapplied indirect cost）。

再来看一下 Robinson 公司的制造费用成本库，从总账中可以看出，有两类间接成本账户：

1. 制造费用总账，记录了所有类型的制造费用的实际发生值（间接材料、间接人工、监管人员工资、水电费、设备折旧）。

2. 已分配制造费用账户，记录了所有分配到各批次的成本，分配依据是按直接人工工时和预算分配率计算的相应成本。

年末，两个账户的余额如下：

制造费用总账		已分配制造费用	
2012年12月31日余额：1 215 000			2012年12月31日余额：1 080 000

其中，已分配制造费用贷方余额为1 080 000美元，是根据2012年实际直接人工工时27 000小时乘以40美元/小时的预算分配率得到的。

实际制造费用与已分配制造费用之间的差额为135 000美元（1 215 000－1 080 000），这是少分配的制造费用，因为实际制造费用高于已分配制造费用。这一差额的出现源于两方面：

1. 分子上的原因（间接成本库）。实际制造费用为1 215 000美元，而预算制造费用为1 120 000美元。

2. 分母上的原因（分配基础的数量）。实际人工工时为27 000小时，而预算人工工时为28 000小时。

实际间接成本与已分配间接成本之间的差额的处理方法有三种：(1) 分配率调整法；(2) 比例调整法；(3) 直接计入已售产品成本法。

□ 4.7.2　分配率调整法

分配率调整法（adjusted allocation-rate approach）是将总账中所有制造费用和批次成本都按照调整后的分配率重新计算，以将所有的正常成本调整为实际成本。经过上述调整，年末各批次成本记录单和产成品记录单等都调整为实际成本，包括在产品、产成品和已售产品成本。

计算机电算化系统的广泛应用极大地降低了分配率调整法的调整成本。在上述Robinson公司的例子中，实际制造费用为1 215 000美元，已分配制造费用为

1 080 000 美元，实际制造费用比已分配制造费用高 12.5% [(1 215 000－1 080 000)÷1 080 000]。年末，Robinson 公司可以将每一批次的成本提高 12.5%，并计入账户。通过电算化系统可以一次性完成该调整。

我们来看 WPP 298 批次成本的处理。在正常成本法下，已分配制造费用为 3 520 美元。在上述数值的基础上提高 12.5%，即增加 440 美元，得到批次实际制造费用。对比实际成本法中步骤 6 的结果，两者是相等的，都为 3 960 美元。经过上述逐一调整，所有的实际制造费用就全部分配到不同批次了。

分配率调整法既保证了正常成本法所带来的及时性与便利性，又兼顾了年末实际间接成本的准确分配。这样批次成本记录单、年末存货余额、已售产品成本都调整为实际成本。因此，这些调整对利润表中的利润产生了影响。了解不同批次的实际成本有助于提高未来决策水平，有助于未来批次定价，有助于判断哪些批次是重点，有助于批次成本管理。

□ 4.7.3 比例调整法

比例调整法将实际间接成本与已分配间接成本之间的差额在期末在产品、产成品和已售产品之间按比例分配。原材料类存货不在比例调整的范围内，因为制造成本不能分配到原材料中。我们以 Robinson 公司为例，来看一下比例调整法。假定下表为 2012 年度 Robinson 公司各项活动的实际值（单位：美元）。

	A	B	C
1	账户名称	账户余额（调整前）	已分配制造费用（调整前）
2	在产品	50 000	16 200
3	产成品	75 000	31 320
4	已售产品成本	2 375 000	1 032 480
5		2 500 000	1 080 000

那么，在比例调整法下，Robinson 公司如何将实际成本与已分配成本之间的差额 135 000 美元分配到各账户中？

根据 2012 年各账户中实际制造费用调整前的总额计算分配比例，以此分配未分配的制造费用，即根据在产品、产成品和已售产品中的已分配制造费用计算相应分配比例。按照这一比例，将未分配制造费用 135 000 美元分配到三个受影响的账户，由此得到下表中的第（5）列，即各账户调整后的余额（单位：美元）。

	A	B	C	D	E	F	G
10		账户余额（调整前）	已分配制造费用（调整前）	各部分已分配制造费用比例	未分配制造费用的分配额		账户余额（调整后）
11	账户	(1)	(2)	(3)=(2)÷1 080 000	(4)=(3)×135 000		(5)=(1)+(4)
12	在产品	50 000	16 200	1.5%	0.015×135 000	2 025	52 025
13	产成品	75 000	31 320	2.9%	0.029×135 000	3 915	78 915
14	已售产品成本	2 375 000	1 032 480	95.6%	0.956×135 000	129 060	2 504 060
15	总计	2 500 000	1 080 000	100%		135 000	2 635 000

按照已分配制造费用来计算各账户分配比例并进行相应的摊派，由此将已分配成本调整为实际成本。前面提到，2012 年的实际制造费用 1 215 000 美元比 2012 年已分配制造费用 1 080 000 美元高 12.5%。因此，第（4）列的数据也可以在第（2）列数据的基础上增加 12.5%得到。例如，产成品成本调增 3 915 美元恰好等于调整前产成品所占制造费用 31 320×0.125。也就是说，将第（2）列数据调整为原来的 1.125 倍即可。总账上，在产品账户借方增加 2 025 美元，产成品账户借方增加 3 915 美元，已售产品账户借方增加 129 060 美元。完成上述调整之后，2012 年在产品账户余额、产成品账户余额、已售产品账户余额都由预算额变成实际额。该结果与分配率调整法的结果是一致的。不过与分配率调整法不同，各批次成本记录单中并没有发生变化。比例调整法的目的是将总账余额调整为实际制造费用，以更准确地列报财务报表。已售产品成本增加 129 060 美元意味着报告的经营净利润相应减少 129 060 美元。

□ 4.7.4 直接计入已售产品成本法

该方法下，所有未分配的制造费用直接结转至已售产品成本。在上述例子中，借记已售产品成本 135 000 美元，借记已分配制造费用 1 080 000 美元（将账户余额调整到 0，即关闭该账户），同时贷记制造费用 1 215 000 美元（通过将账户余额调整为 0，实现账户关闭）。完成上述结转后，已售产品成本为 2 510 000 美元，即调整前的 2 375 000 美元加上未分配的制造费用 135 000 美元，从而使相应的经营净利润减少 135 000 美元。

□ 4.7.5 未分配间接成本的不同处理方法的选择

实务中如何根据不同情形选择三种不同的处理方法？这取决于调整目的和未分配间接成本的数额。

调整目的	未分配间接成本的数额	选择
根据实际成本列报资产负债表和利润表	相对于经营净利润和其他原材料、存货水平来说，未分配成本数额较大	采用比例调整法，该方法将实际间接成本分配到总账中，确保了总账账户的准确性
根据实际成本列报资产负债表和利润表	相对于经营净利润和其他原材料、存货水平来说，未分配成本数额较小	直接将未分配制造费用转入已售产品成本，由该方法得到的结果与比例调整法的结果在这一情形下是类似的
提供批次成本的准确信息，以便于利润分析和学习改进，同时为定价提供指导		分配率调整法，该方法不但调整了总账，而且实现了对批次成本记录单的调整

许多管理者和管理会计师认为，应将当期非效率的那部分未分配间接成本结转至已售产品成本，而不能按比例分配到在产品和产成品。这时可综合使用直接结转法和比例调整法。也就是说，非效率（过高的开支、产能的过剩）所带来的那部分未分配间接成本直接计入当期已售产品成本，因为这种非效率可以通过人为努力予以避免；另外的未分配间接成本则可以按比例调整法记入各账户。与完全按比例调整不同，这

一方法可以防止非效率费用资产化。

如上所述，选择何种方法、确定将多少数额结转至已售产品成本需要职业判断。管理者所选择的方法往往会影响公司呈报的财务结果。在少分配间接成本的情形下，按直接结转法得到的经营净利润低于按比例调整法得到的经营净利润；在多分配间接成本的情形下，按直接结转法得到的经营净利润高于比例调整法得到的经营净利润。少报告利润减少了公司税负，节约了公司现金支出，增加了公司价值；多报告利润则增加了公司税负，降低了公司现金水平，却提高了管理者薪酬。高管薪酬计划激励高管采取增加公司价值的措施。比方说，高管薪酬计划可能约定基于税后现金流支付高管薪酬，而不是基于经营净利润，这就使得管理者利益和公司利益更加一致。有时，特别是公司陷入财务困境时，管理者可能更偏好报告更高的利润，并避免亏损，以获得更多的借款资助。不过，无论何时，管理者都不能违反法律和职业道德。我们将在本书第 16 章详细讨论这一问题。

Robinson 公司的管理者认为，公司在分配间接成本时，只需要一个成本库（制造费用成本库）和一个成本分配基础（直接人工工时）即可。如果 Robinson 公司各部门对间接成本的耗用差别很大，就可以将间接成本分派到每一个部门，并按部门计算间接成本分配率。每一个部门都设立制造费用总账和已分配制造费用账户，并在年末一并调整未分配制造费用。

成功之匙

未分配制造费用的调整方法有三种：分配率调整法、比例调整法、直接计入已售产品成本法。这三种方法适用于年末任何间接成本费用的调整，适用于少分配和多分配的不同情形。经过调整，已分配制造费用与实际制造费用在数值上实现了相等。管理者选择不同的调整方法时，需要考虑调整目的、少分配或多分配数额及相关的其他因素。

4.8 正常成本法的拓展：服务业的例子

对会计师事务所、咨询公司、广告代理公司、汽车修理公司、医院等服务性组织来讲，正常成本法也是有用的。在会计师事务所中，每一个审计任务都是独立批次，其成本都归集到批次成本记录表中。与 Robinson 公司相似，服务业的分配成本法也需要七个步骤。根据人工工时表，可获得从业人员的直接人工成本。这些从业人员包括审计合伙人、审计经理、审计员。这类直接人工成本可以追溯到具体批次。其他直接成本，如差旅费、外勤餐宿费、通讯费、传真费、复印费等也能够追溯到具体批次。但辅助部门的成本、办公室员工的成本、租金、家具和设备折旧费都属于间接成本，因为这些无法追溯到具体批次。这些间接成本通常需要分配到不同批次中，如根据人工工时来分配相应成本。

服务业采用拓展的正常成本法有时很实用，因为这类公司的直接人工成本通常占总成本的最大比重，但又难以在完工时追溯到相应批次。会计师事务所的实际直接人工成本（如奖金等）可能到年末才能获知（分子上的原因）；而且不同期间的实际工作量依赖于当期天数和当期服务需求（分母上的原因）。基于此，如果公司致力于提供及时的成本信息，用预算分配率来计算批次间接成本和部分直接成本就是一个可行的选择。如前所述，所有的预算分配率在期初一次性计算。不同的是，一般正常成本法对所有直接成本采用实际成本分配率，对所有间接成本采用预算分配率。

按预算分配率分配直接成本与之前介绍的正常成本法下按预算分配率分配间接成本类似。我们以一家会计师事务所 Donahue & Associates 为例。2012 年，Donahue & Associates 的预算直接人工成本为 14 400 000 美元，总间接成本为 12 960 000 美元，总直接人工工时为 288 000 小时。

直接人工预算分配率＝预算总直接人工÷预算总直接人工工时
＝14 400 000÷288 000＝50(美元/小时)

假定只有一个间接成本库，成本分配基础是总直接人工成本，则

间接成本预算分配率＝间接成本库中预算总成本÷成本分配基础预算量
＝12 960 000÷14 400 000＝0.9 或 90％

假定 2012 年 3 月，Donahue & Associates 对 Hanley 运输公司的审计任务耗用直接人工 800 小时。将直接人工预算分配率 50 乘以直接人工工时实际耗用量 800 小时，可得该项审计任务的总直接人工成本为 40 000 美元。分配给 Hanley 审计任务的间接成本可由已分配的总直接人工成本 40 000 美元乘以间接成本预算分配率 0.9 得到。假定没有其他的费用和成本，那么 Hanley 运输公司的审计任务耗用成本如下：

直接人工成本：50×800	40 000 美元
已分配的间接成本：0.9×40 000	36 000 美元
总计	76 000 美元

期末，按照预算分配率计算的已追溯直接成本往往不等于实际直接成本，因为实际分配率不等于预算分配率。年末未追溯的直接成本可以按照上一节介绍的调整方法予以调整。

关于 Donahue & Associates 的例子表明，并不是所有的成本核算方法都严格照搬正常成本法或实际成本法。另外一个例子是在工程咨询公司（如印度的 Tata 工程咨询公司、美国的 Terracon 工程咨询公司）的成本分配中，按预算分配率分摊部分实际直接成本（蓝本制作费、外部专家费）和部分直接成本（从业人员人工成本），按照预算分配率分配间接成本（工程支持和办公辅助费）。因此，管理者在选择成本核算方法时应当考虑不同的情形。

成功之匙

如果实际直接成本难以追溯到完工批次中，管理者可以使用拓展的正常成本法，即用预算分配率来分配直接成本。

附录 多个制造费用库的成本分配

在有关 Robinson 公司的例子中，我们假定只有一个制造费用成本库，相应的成本分配基础为直接人工工时。当然，如果管理者认为增加一个或多个成本库所带来的收益更大，Robinson 公司也可以使用多重成本分配基础，如采用直接人工工时和机

器工时来计算分配制造费用。

本附录中，我们将介绍两个制造费用库是如何使用正常成本法的。我们依然采用七步法来分配批次成本。

步骤 1：确定批次 WPP 298 为成本对象。

步骤 2：计算实际直接材料成本为 4 606 美元，实际人工成本为 1 579 美元。

步骤 3：选择成本分配基础。假定 Robinson 公司有两个部门——制造部门与装配部门。每一个部门都有各自的成本动因，制造部门的成本动因为机器工时，装配部门的成本动因为人工工时。不同批次任务需要不同的机器动力和装配资源。Robinson 公司管理者最终选定根据机器工时来分配制造部门的制造费用，根据人工工时来分配装配部门的制造费用。

步骤 4：确定与成本分配基础相关的间接成本。图表 4—9 的第（6）列是 Robinson 公司 2012 年度总预算制造费用，为 1 120 000 美元。其中：监管人员工资 200 000 美元；折旧与维护费 193 000 美元；间接人工成本 195 000 美元；租金、水电与保险费 160 000 美元。该步骤中，Robinson 公司将所有预算制造费用分配到制造部门和装配部门。

图表 4—9 **Robinson 公司 2012 年度预算制造费用** 单位：美元

步骤 A	辅助部门			操作部门		小计
	工厂管理部门 (1)	工程与生产控制部门 (2)	原材料管理部门 (3)	制造部门 (4)	装配部门 (5)	(6)
工厂管理者工资	92 000					92 000
监督人员工资		48 000	40 000	52 000	60 000	200 000
工程人员工资		110 000	36 000	60 000	24 000	230 000
折旧与维护费		39 000	55 000	79 000	20 000	193 000
间接材料		20 000	12 000	11 000	7 000	50 000
间接人工		43 000	63 000	44 000	45 000	195 000
租金、水电与保险费	8 000	16 000	24 000	64 000	48 000	160 000
合计	100 000	276 000	230 000	310 000	204 000	1 120 000
步骤 B						
工厂管理成本分配	(100 000)	24 000	20 000	26 000	30 000	0
总计	0	300 000	250 000	336 000	234 000	1 120 000

第（1）列到第（5）列是不同制造部门的不同成本类别（工厂管理成本、工程与生产控制成本、原材料管理成本、制造部门成本、装配部门成本）。这里我们将制造部门和装配部门合称为操作部门。操作部门又称生产部门，是直接为产品和服务增加价值的部门。诸如工厂管理部门、工程与生产控制部门、原材料管理部门等其他部门称作辅助部门，又称服务部门，是为产品和服务的生产提供服务的公司内部部门。

我们来详细考察一下 Robinson 公司的三个辅助部门。与操作部门一样，辅助部门也应当尽量充分使用所有产能。工厂管理部门负责整个生产管理活动，因此其成本可以看作辅助性的、为其他部门提供监管服务而发生的成本。

工程与生产控制部门对其他部门的工程活动提供支持服务，也就是说，其成本在为其他部门提供工程支持服务时发生。

原材料管理部门是管理、运送原材料及其制品的部门。Robinson 公司有不同的批次任务，每一个批次任务都需要不同数量的原材料和特定组件。原材料管理部门的成本随着各部门所需原材料的处理时间变化而变化。特别是在装配部门中，原材料管理成本所占比重往往较大，而其他部门的间接成本所占比重不大。

步骤 4 中，Robinson 公司将所有辅助部门的成本分配到制造部门和装配部门，分配步骤如下：

步骤 A：将成本追溯或分配到不同的辅助部门和操作部门。图表 4—9 列示了相应的计算步骤。例如，监管人员工资可以直接追溯至使用监管人员的各部门。由于公司无法追溯到某一具体批次任务，因此监管人员工资属于间接成本。但对不同部门来讲，监管人员工资又变成了可追溯的直接成本，因为不同部门的监管人员工资可以通过系统、合理、经济的方式获得。租金、水电与保险费可以追溯到相应部门，因为这些成本都可以经济合理地追溯。这些费用的分配基础是占用面积，因为面积与这些费用成正比。

步骤 B：将工厂行政管理费用分配到不同的辅助部门与操作部门。工厂管理部门为各个部门提供监管活动，其分配基础是监管人员工资。

由于工厂管理成本多为固定成本，而且与产量相互独立，多数公司不愿意将其分配到产品成本中。不过，与 Robinson 类似的多数公司都将工厂管理成本分配到不同的部门，进而分配到不同的产品，以反映公司产品的全部成本。

工厂管理费用分配率＝工厂管理费用总额÷监管人员工资
＝100 000÷200 000＝0.5

图表 4—9 的最后一行列示了 Robinson 公司如何使用分配率 0.5 来计算各个部门应分配的工厂管理费用。

步骤 C：将工程与生产控制成本及原材料管理成本分配到制造部门和装配部门。要注意的是，这两个部门不但为辅助部门和操作部门提供相应服务，还相互提供服务。即工程与生产控制部门为原材料管理部门提供服务，如原材料处理设备的工程服务；同时原材料管理部门也为工程与生产控制部门提供服务，如运送材料。图表 4—10 列示了有关数据（金额单位：美元）。

图表 4—10　　Robinson 公司辅助部门预算成本分配数据

	A	B	C	D	E	F	G
1		辅助部门			操作部门		
2		工程与生产控制部门	原材料管理部门		制造部门	装配部门	小计
3	预算制造费用	300 000	250 000		336 000	234 000	1 120 000
4	已完成的辅助工作：						
5	预算工程人员工资	—	36 000		60 000	24 000	120 000
6	比例	—	30%		50%	20%	100%
7	预算材料管理工时	400	—		800	2 800	4 000
8	比例	10%	—		20%	70%	100%

要理解图表 4—10 中的比例数，我们来看一下工程与生产控制部门。该部门为其他部门提供工程服务活动，因此该部门发生的成本按照工程人员工资向其他部门分

配。从图表 4—9 中可知，原材料管理部门的预算工程人员工资为 36 000 美元，制造部门的预算工程人员工资为 60 000 美元，装配部门的预算工程人员工资为 24 000 美元，总预算工程人员工资为 120 000 美元。因此，工程与生产控制部门为原材料部门提供了 30%（36 000÷120 000）的服务，为制造部门提供了 50%的服务，为装配部门提供了 20%的服务。类似地，原材料管理部门所提供的 4 000 小时原材料处理服务中，有 10%是为工程与生产控制部门提供的，有 20%是为制造部门提供的，有 70%是为装配部门提供的。

上述将辅助部门费用分配到制造部门和装配部门的三种方法分别称为直接分配法、顺序分配法、交互分配法。

□ 直接分配法

直接分配法（direct method）下，各辅助部门的成本费用直接计入相应操作部门成本费用。直接成本法下，各辅助部门之间不相互分配成本费用。图表 4—11 是根据图表 4—10 所提供的数据而展示的直接分配法。工程与生产控制部门分配的成本的计算依据是操作部门的预算工程人员工资，即 60 000＋24 000＝84 000（美元）。这一数额中不包含原材料管理部门 36 000 美元的预算工程人员工资，尽管工程与生产控制部门为原材料管理部门提供了工程服务。类似地，原材料管理部门的分配基础为各操作部门耗用的原材料部门预算工时 800＋2 800＝3 600（小时），其中不包含为工程与生产控制部门提供的原材料管理辅助服务所耗用的 400 小时。

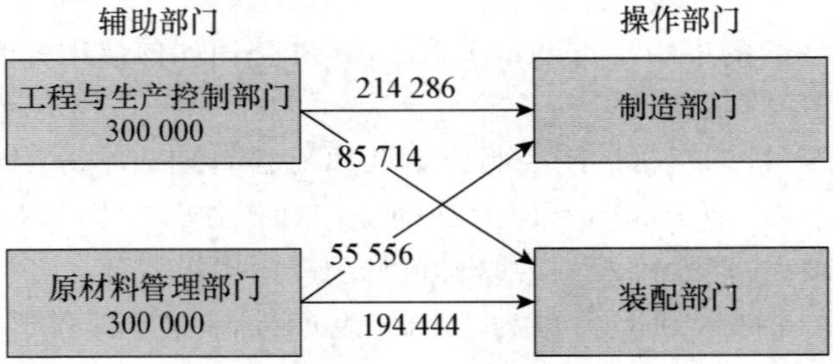

	A	B	C	D	E	F	G
1		辅助部门			操作部门		
2		工程与生产控制部门	原材料管理部门		制造部门	装配部门	小计
3	预算制造费用	300 000	250 000		336 000	234 000	1 120 000
4	工程与生产控制部门分配	(300 000)			214 286	85 714	
5	原材料管理部门分配		(250 000)		55 556	194 444	
6	操作部门总预算	0	0		605 842	514 158	1 120 000

图表 4—11　Robinson 公司辅助部门预算成本分配的直接分配法（美元）

通过计算各辅助部门成本费用的预算分配率来计算各操作部门的成本费用。其结果与直接分配法的结果是一致的。如工程与生产控制部门的预算分配率为 300 000÷84 000＝357.143%，由此制造部门应当分配的工程与生产控制部门成本费用是

60 000×357.143%＝214 286（美元），装配部门应分配的成本费用是24 000×357.143%＝85 714（美元）。为了便于解释，本章用辅助部门为各部门提供服务的比例来计算各部门应当承担的辅助部门成本费用，而不是根据预算分配率来计算。

由于易于实施，因此多数管理者采用直接分配法。直接分配法的最大优势在于简便，即不需要估算不同辅助部门之间相互提供辅助服务所耗用的成本费用。不过，其缺点也在于无法提供交互服务的不同部门之间的准确成本信息，因此可能会错估操作部门成本费用。现在，我们来看第二种分配方法——顺序分配法。

□ 顺序分配法

顺序分配法（step-down method）是指按照某一顺序将辅助部门成本费用分配到其他辅助部门和操作部门的辅助费用分配方法，由此实现了服务的辅助部门之间费用的部分确认。

图表4—12列示了顺序分配法。首先分配工程与生产控制部门的辅助费用。由图表4—10可知，工程与生产控制部门提供的服务中，原材料管理部门占30%，制造部门占50%，装配部门占20%，相应的成本费用分配额为90 000美元、150 000美元和60 000美元。接着对原材料管理部门340 000美元（250 000＋90 000）的辅助费用予以分配。由图表4—10可知，制造部门与装配部门所占用的原材料管理部门服务的比例分别为20%和70%，相应的辅助费用分配额为75 556美元、264 444美元。

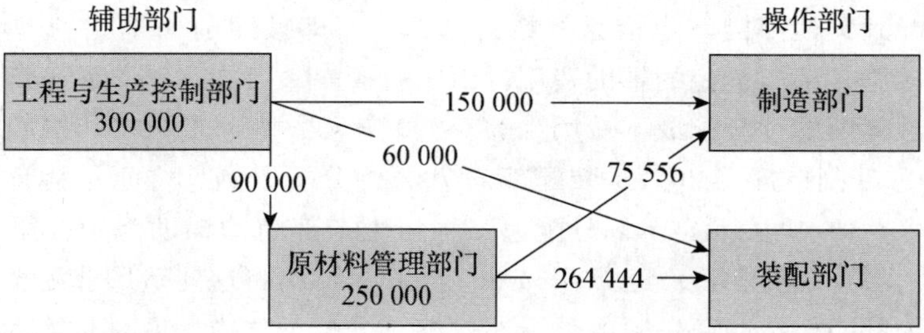

	A	B	C	D	E	F	G
1		辅助部门			操作部门		
2		工程与生产控制部门	原材料管理部门		制造部门	装配部门	小计
3	预算制造费用	300 000	250 000		336 000	234 000	1 120 000
4	工程与生产控制部门分配	(300 000)	90 000		150 000	60 000	
5	原材料管理部门分配		(340 000)		75 556	264 444	
6	操作部门总预算	0	0		561 556	558 444	1 120 000

图表4—12 Robinson公司辅助部门预算成本的顺序分配法（美元）

应当注意的是，顺序分配法中需要管理者确定不同辅助部门之间的分配顺序。本例中，首先分配工程与生产控制部门的辅助费用，尽管原材料管理部门也为工程与生产控制部门提供服务。接着计算原材料管理部门在一次分配之后的应分配辅助费用，并将其分配到制造部门和装配部门。不同的分配顺序会出现不同的费用分配结果。例如，若先分配原材料管理部门的辅助费用，再分配工程与生产控制部门的辅助费用，其结果与前述结果会有不同。顺序分配法下，往往选择为其他辅助部门提供的服务占比最高的那个辅助部门作为第一个分配部门，其次是为其他辅助部门提供服务占比第二高的那个辅助部门，依此类推，最后一个是为其他辅助部门提供服务占比最低的那个辅助部门。本例中，我们将工程与生产控制部门作为第一个分配费用的辅助部门，因为它为其他辅助部门提供的服务占比最高（30%），原材料管理部门次之（20%）。

顺序分配法下，某辅助部门的辅助费用一旦分配完毕，后续步骤中就不再将其他辅助部门的成本费用分配到已分配完毕的辅助部门。本例中，一旦工程与生产控制部门的辅助费用分配完毕，再分配原材料管理部门的辅助费用时，就不再考虑工程与生产控制部门。顺序分配无法反映交互提供服务的辅助部门之间的成本。交互分配法就是基于此产生的。

□ 交互分配法

交互分配法（reciprocal method）下，辅助部门成本不但分配到操作部门，而且分配到提供交互服务的其他辅助部门。工程与生产控制部门为原材料管理部门提供工程服务，原材料管理部门为工程与生产控制部门提供原材料管理服务。交互分配法对这种相互依赖的分配关系做了充分的考虑和处理。

图表 4—13 显示了交互分配法的具体实施过程。首先，工程与生产控制部门将成本分配到其他部门，包括原材料管理部门，即按照前面提到的 30%，50%，20%的比例计算各部门承担的辅助费用。由图表 4—12 可知，第一轮分配完毕后，此时原材料管理部门的待分配成本费用为 340 000 美元。接下来，将其按照工程与生产控制部门 10%、制造部门 20%、装配部门 70%的分配比例，将原材料管理部门的辅助成本费用（340 000 美元）予以分配。工程与生产部门的辅助费用在第一轮分配完毕后变为 0，经第二轮分配又变成了 34 000 美元。再次将这些费用分配至各部门，包括原材料管理部门，按照第一轮的分配比例继续分配。这样，原材料管理部门的辅助费用又从 0 变成了 10 200 美元。接着将这笔费用按照第二轮的分配比例继续分配。重复上述过程，直到所有的成本费用都转入操作部门为止。

图表 4—13　　Robinson 公司辅助部门预算成本的交互分配法

	A	B	C	D	E	F	G
1		辅助部门			操作部门		
2		工程与生产控制部门	原材料管理部门		制造部门	装配部门	小计
3	预算制造费用	300 000	250 000		336 000	234 000	1 120 000
4	工程与生产控制部门第一次分配	（300 000）	90 000		150 000	60 000	
5	原材料管理部门第一次分配	34 000	（340 000）		68 000	238 000	
6	工程与生产控制部门第二次分配	（34 000）	10 200		17 000	6 800	

7	原材料管理部门第二次分配	1 020	(10 200)	2 040	7 140	
8	工程与生产控制部门第三次分配	(1 020)	306	510	204	
9	原材料管理部门第三次分配	31	(306)	61	214	
10	工程与生产控制部门第四次分配	(31)	9	15	7	
11	原材料管理部门第四次分配	1	(9)	2	6	
12	工程与生产控制部门第五次分配	(1)	0	1	0	
13	操作部门总预算	0	0	573 629	546 371	1 120 000

交互分配法的另一种实施方法是构造和求解线性方程，按如下三步展开：

步骤1：以直线函数关系表示辅助部门间的交互关系。以 *EPC* 表示工程与生产控制部门的完全交互成本，以 *MM* 表示原材料管理部门的完全交互成本。**完全交互成本**（complete reciprocated cost）是指辅助部门原有成本费用加上交互分配来的成本费用。由图表4—10中的数据得到：

$$EPC=300\,000+0.1MM \quad (方程1)$$

$$MM=250\,000+0.3EPC \quad (方程2)$$

方程1中，0.1*MM* 表示原材料管理部门产生的辅助费用中，工程与生产控制部门耗用了10%；方程2中，0.3*EPC* 表示工程与生产控制部门产生的辅助费用中，原材料管理部门耗用了30%。方程1和方程2中的完全交互成本有时可以称为模拟价格。

步骤2：求解完全交互成本线性方程组。将方程1代入方程2有：

$$\begin{aligned}MM&=250\,000+0.3(300\,000+0.1MM)\\&=350\,515(美元)\end{aligned}$$

代入方程1，可得：

$$\begin{aligned}EPC&=300\,000+0.1\times350\,515\\&=335\,052(美元)\end{aligned}$$

如果存在交互关系的辅助部门总数超过2个，管理者可借助计算机软件求解。

步骤3：根据完全交互成本向其他耗用辅助费用的部门分配辅助费用，分配依据是各部门所占比例。例如，原材料管理部门的完全交互成本为350 515美元，分配如下：

工程与生产控制部门（350 515×10%）	35 052 美元
制造部门（350 515×20%）	70 103 美元
装配部门（350 515×70%）	245 360 美元
总计	350 515 美元

图表4—14显示了基于交互分配法的汇总数据。

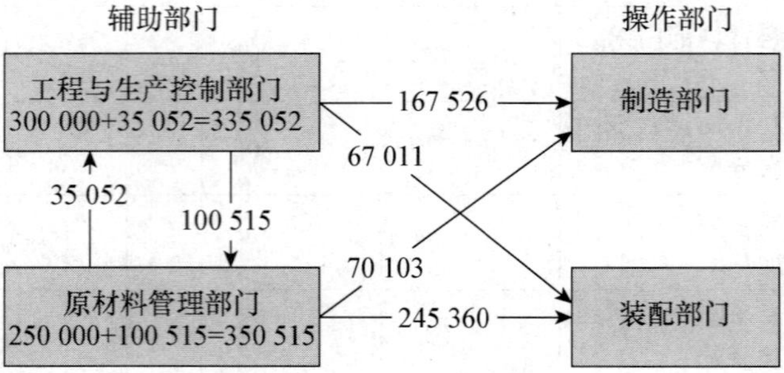

	A	B	C	D	E	F	G
1		辅助部门			操作部门		
2		工程与生产控制部门	原材料管理部门		制造部门	装配部门	小计
3	预算制造费用	300 000	250 000		336 000	234 000	1 120 000
4	工程与生产控制部门分配	(335 052)	100 515		167 526	67 011	
5	原材料管理部门分配	35 052	(350 515)		70 103	245 360	
6	操作部门总预算	0	0		573 629	546 371	1 120 000

图表 4—14 Robinson 公司辅助部门预算成本的交互分配法（美元）

Robinson 公司辅助部门的完全交互成本为 685 567 美元，高于预算成本 550 000 美元，具体数据如下表所示（单位：美元）：

辅助部门	完全交互成本	预算成本	差异
工程与生产控制部门	335 052	300 000	35 052
原材料管理部门	350 515	250 000	100 515
总计	685 567	550 000	135 567

由于交互成本法中，各辅助部门之间相互提供服务，产生的成本费用也计入交互成本，因而计算的完全交互成本高于预算成本。交互分配法实现了各辅助部门之间交互费用的部门间分配，而不是仅仅在辅助部门与操作部门之间分配。完全交互成本与预算成本之间的差异反映了辅助部门之间的交互成本。从图表 4—14 可看出，交互分配法下，分配到操作部门的总成本为 550 000 美元（167 526＋67 011＋70 103＋245 360）。

□ 小　结

辅助费用的分配方法不同，最终分配到制造部门和装配部门的辅助费用也不相同。三种方法间的差异随交互分配成本的增加而增加，随操作部门对辅助部门资源使用的增加而增加。特别是对成本补偿合同来讲，辅助部门的成本分配显得更加重要。通常管理者会根据实际情况选择相应的辅助费用分配方法。

理论上讲，交互分配法是最佳方法，因为它考虑了所有辅助部门间的交互服务的影响。直接分配法和顺序分配法的优势在于简单易行、便于理解。如果按照直接分配法和顺序分配法计算的分配给操作部门的费用与按照交互分配法计算的分配额大体相等，应当采用直接分配法和顺序分配法。不过，随着计算机迭代计算能力的提升，联立方程组的求解变得更加可行，公司发现交互分配法的实施难度在降低。

交互分配法的另一个优势在于更加突出了辅助部门间的完全交互成本，并凸显了其与预算成本和实际成本的不同。了解辅助部门间的完全交互成本对于制定决策，特别是对于是否将辅助部门服务予以外包的决策具有重要意义。

将辅助部门服务外包之后，Robinson 公司所有的辅助部门成本都变成了变动成本。假定现在有一独立第三方负责为 Robinson 公司提供全部的辅助服务。实际比较时不能以 250 000 美元为决策依据，因为原材料管理部门的完全交互成本为 350 515 美元（包括原材料管理部门的辅助费用及分配来的工程与生产控制部门的辅助费用），相应的人工工时为 4 000 小时，由此可知单位时间的原材料管理交互成本为 87.63 美元（350 515÷4 000）。一旦负责提供全部辅助服务的第三方要价低于 350 515 美元或单位时间要价低于 87.63 美元，那么 Robinson 公司可将此服务予以外包，相应地，其经营净利润会增加。

将原材料管理服务外包后，原材料管理部门节约的直接费用为 250 000 美元，同时工程与生产控制部门节约的交互费用为 100 515 美元。因为撤销原材料管理部门后，Robinson 公司的工程与生产控制部门辅助费用的 30%（等于 100 515 美元）将不再发生。因此总节约额为 350 515 美元。而这一信息是无法通过直接分配法或顺序分配法获得的。

□ 计算 WPP 298 的批次成本

步骤 5：计算单位成本分配基础分配率，以计算分配的间接成本。Robinson 公司装配部门的预算直接人工工时为 20 000 小时、制造部门的机器工时为 10 000 小时。

不同辅助费用分配方法下，每一操作部门的制造费用预算分配率为（单位：美元）：

辅助部门成本分配方法	辅助费用分配后的总预算费用		用于计算产品成本的预算分配率	
	制造部门	装配部门	制造部门（10 000 机器工时）	装配部门（20 000 人工工时）
直接分配法	605 842	514 158	60.58	25.71
顺序分配法	561 556	558 444	56.16	27.92
交互分配法	573 629	546 371	57.36	27.32

本例中，尽管交互分配法的数额恰好位于直接分配法和顺序分配法之间，但这并不具有一般性。

步骤 6：计算批次应分配的间接成本。为完成批次 WPP 298，Robinson 装配部门耗时 42 个人工工时、制造部门耗用 46 个机器工时。三种辅助部门费用分配方法下，分配给 WPP 298 的批次成本为：

直接分配法：3 866 美元（46×60.58＋42×25.71）

顺序分配法：3 756 美元（46×56.16＋42×27.92）

交互分配法：3 786 美元（46×57.36＋42×27.32）

由于 WPP 298 所耗用的人工工时和机器工时比较接近，因此由上述三种方法计算得到的辅助制造费用都差不多。如果耗用的人工工时和机器工时相差较大，上述三种方法的计算结果将有较大差别。

多成本分配基础下，正常成本法的计算结果（即分配给 WPP 298 的批次间接制造费用）也较高，在交互分配法下，分配额为 3 786 美元。这比前面只采用一种成本分配基础得到的结果 3 520 美元要高。采用两个成本分配基础——机器工时和人工工时——得到的制造费用分配结果更好。

步骤 7：加总所有的直接成本和间接成本，得到批次总成本。交互分配法下，WPP 298 的批次成本为：

直接成本		
直接材料	4 606 美元	
直接人工	1 579 美元	6 185 美元
制造费用		
制造部门	2 639 美元	
装配部门	1 147 美元	3 786 美元
WPP 批次总成本		9 971 美元

注意，步骤 7 中有四个数据对应两种直接成本、两种间接成本。

年末，将制造部门和装配部门的实际费用与已分配费用相比较，并对差异进行年末会计调整。此时的调整是按照成本库分别进行的。

学习自测

下面是截至 2013 年 1 月 31 日 Endeavor 印刷公司的部分账目。

Endeavor 公司的正常成本系统有两类直接成本（直接材料和直接人工）、一个间接成本库（制造费用库，分配基础是直接人工工时）。

原材料

2012 年 12 月 31 日余额：15 000	

在产品

产成品

2012 年 12 月 31 日余额：20 000	

应付员工薪酬

	2012 年 12 月 31 日余额：3 000

制造费用

2013 年 1 月 31 日余额：57 000	

产品销售成本

其他信息如下：

a. 每年 12 月确定制造费用的预算分配率，预测来年制造费用总额和直接人工成本。2013 年的制造费用预算额为 600 000 美元；直接人工成本预算额为 400 000 美元。

b. 2013 年 1 月 31 日唯一的在产品的批次编号为 419，直接制造成本为 2 000 美元（直接人工工时为 125 小时），直接材料成本为 8 000 美元。

c. 2013 年 1 月为了生产领用的直接材料达 90 000 美元。

d. 1 月结转到产成品的成本为 180 000 美元。

e. 2013 年 1 月 31 日原材料存货为 20 000

美元。

f. 产成品存货为 15 000 美元。

g. 所有员工薪酬相同。直接人工工时为 25 000 小时，其他人工成本为 10 000 美元。

h. 1 月实际支付的员工薪酬为 52 000 美元。

i. 1 月所有实际间接成本都已经结转。

J. 所有材料都是直接材料。

要求：计算以下各项：

1. 1 月原材料的购买额；

2. 1 月已售产品成本；

3. 1 月直接人工成本；

4. 1 月已分配制造费用总额；

5. 2012 年 12 月 31 日应付员工薪酬的账户余额；

6. 2013 年 1 月 31 日在产品的账户余额；

7. 2012 年 12 月 31 日在产品的账户余额；

8. 2013 年 1 月多分配或少分配的制造费用数额。

解答

从 T 形账户得到的数量被标为“(T)”。

1. 由材料 T 形账户得到，购买的材料为：90 000(c)＋20 000(e)－15 000(T)＝95 000（美元）。

2. 由产成品 T 形账户得到，产品的销售成本为：20 000(T)＋180 000(d)－15 000(f)＝185 000（美元）。

3. 直接生产工资率：2 000(b)÷125 直接人工工时(b)＝16（美元/直接人工工时）。

直接人工成本：2 500 直接人工工时(g)×16 小时/美元＝40 000（美元）。

4. 生产费用率：600 000(a)÷400 000(a)＝150%。

已分配生产费用：40 000×150%＝1.50×40 000＝60 000（美元）。

5. 由应付工资 T 形账户得到，2012 年 12 月 31 日应付工资为：52 000(h)＋3 000(T)－40 000－10 000(g)＝5 000（美元）。

6. 2013 年 1 月 31 日在产品为：8 000(b)＋2 000(b)＋2 000(b)×150%＝13 000（美元）。

7. 由在产品 T 形账户得到，2012 年 12 月 31 日的在产品为：180 000(d)＋130 000－90 000(c)－40 000－60 000＝3 000（美元）。

8. 多分配的生产费用：60 000－57 000(T)＝3 000（美元）。

决策要点

下面是对本章学习目标的总结，决策问题代表与学习目标相关的关键问题，指南则是对该问题的回答。

决策问题	指南
1. 成本会计中有哪些基本概念？	成本对象、成本对象的直接成本、成本对象的间接成本、成本库、成本分配基础。成本会计概览图揭示了这些概念的关系。成本会计的目的是反映成本对象是如何耗用组织资源的，并提供相应的成本数据。
2. 如何区分分批成本法和分步成本法？	分批成本法的成本对象具有异质性，是不同的产品和服务；分步成本法的成本对象具有同质性，是相似的产品和服务，可用均值来计算单位产品成本。两种成本核算系统是内在统一的。许多公司将两种会计处理方法的某些要素结合在一起使用。
3. 分批成本法的最大挑战是什么？	及时地提供批次实际成本的信息。

4. 如何使用正常成本法?	共有七个步骤：确定批次，确定实际直接成本，确定预算成本分配基础，确定预算间接成本库，确定成本预算分配率，确定已分配间接成本，确定批次直接成本和间接成本。
5. 如何区分实际成本法和正常成本法?	两者的差异主要体现在间接成本的处理上：

	实际成本法	正常成本法
直接成本分配率	实际分配率	实际分配率
间接成本分配率	实际分配率	预算分配率

两者都采用实际投入量来追溯直接成本，采用成本分配基础实际量来计算分配间接成本。

6. 相关交易和事项如何计入制造业分批成本?	分批成本法记录了存货成本的流转路径：原材料的购买和其他投入要素的购买、转为在产品、转为产成品、转为已售产品成本。在分批成本法中，营销费用、顾客服务费用等期间成本直接在发生的当期予以费用化。
7. 会计期末如何调整多分配和少分配的制造费用?	基于资产负债表和利润表报告目的，年末未分配制造费用的调整有两种基本方法：分配率调整法和比例调整法。比例调整法是按照年末在产品、产成品、已售产品三者已分配的制造费用比例相应分摊未分配的制造费用。不过，数额不大时，出于简便易行的目的，也有很多公司直接将未分配的制造费用归入已售产品成本。
8. 正常成本法的拓展是什么?	一些情形下，管理者使用预算分配率为批次分派直接成本。当然，预算分配率也被用来分派间接成本。

重要术语

actual costing　实际成本法
actual indirect-cost rate　间接成本实际分配率
adjusted allocation-rate approach　分配率调整法
budgeted indirect-cost rate　预算间接成本分配率
complete reciprocated cost　完全交互成本
cost-allocation base　成本分配基础
cost-application base　成本摊派基础
cost pool　成本库
direct method　直接分配法
job　批次
job-cost record　批次成本记录单
job-cost sheet　批次成本记录表
job costing　分批成本法
labor-time sheet　人工工时表
manufacturing overhead allocated　已分配制造费用
manufacturing overhead applied　已摊派制造费用
materials-requisition record　物料请求单
normal costing　正常成本法
operating department　操作部门
overabsorbed indirect costs　多吸收的间接成本
overallocated indirect costs　多分配的间接成本
overapplied indirect costs　多摊派的间接成本
process costing　分步成本法
production department　生产部门
proration　比例调整法
reciprocal method　交互分配法
sequential allocation method　顺序分配法
service department　服务部门
support department　辅助部门
step-down method　阶梯法
underabsorbed indirect costs　少吸收的间接成本
underapplied indirect costs　少摊派的间接成本
underallocated indirect costs　少分配的间接成本

作　业

简答题

4—1　分批成本法和分步成本法有什么不同？

4—2　为什么广告代理商为百事可乐做广告用分批成本法，而银行计算支票用户取款的成本用分步成本法？

4—3　为什么多数组织用年而不是用月或周作为计算预算间接成本率的期间？说出两个原因。

4—4　区分实际成本法和正常成本法。

4—5　列举在一家建筑公司，批次成本信息可能的两个用途。

4—6　对如下陈述做出你的评论："在正常成本法下，制造费用账户的金额总是等于已分配制造费用账户的金额。"

4—7　描述在正常成本法下，在产品总分类账的三个不同借方分录。

4—8　描述处理少分配或多分配间接成本的三种可选方法。

4—9　在什么情况下公司可以用预算成本代替实际成本来计算基于直接人工的成本分配率？

4—10　区分将辅助部门的成本分配给操作部门的三种方法。

练习题

4—14　（分批成本法，分步成本法）在下面的情形中，哪一种成本法较为合适？

a. 一家会计师事务所

b. 一家炼油厂

c. 一家定制家具生产商

d. 一家轮胎生产厂

e. 一家教材出版商

f. 一家制药公司

g. 一家广告代理商

h. 一家服装厂

i. 一家面粉磨坊

j. 一家油画工作室

k. 一家医疗看护机构

l. 一家环境美化公司

m. 一家可乐原浆生产商

n. 一家电影工作室

o. 一家律师事务所

p. 一家商用飞行器制造商

q. 一家管理咨询公司

r. 一家早餐供应公司

s. 一家公众饮食提供商

t. 一家造纸厂

u. 一家汽车修理厂

4—15　（分批成本法、正常成本法和实际成本法）Acre 建筑公司建造住宅，采用分批成本法。它有两类直接成本（直接材料和直接人工）和一个间接成本库（装配支持）。装配辅助成本以直接人工工时为分配基础，2011 年 12 月，Acre 公司预算 2012 年装配辅助成本为 8 700 000 美元，预计 2012 年人工工时数为 145 000 小时。

2012 年末，Acre 公司比较了在本年开工并完工的几个批次的成本。

	Lagnna 型	Mission 型
建筑时期	2012 年 2—6 月	2012 年 5—10 月
直接材料（美元）	106 440	127 625
直接人工（美元）	36 325	41 750
直接人工工时（小时）	980	1 000

直接材料与直接人工费用按合同支付，当直接材料被投入及直接人工被使用时，这些成本可以计算出来。2012 年 Acre 公司实际装配辅助成本为 7 470 000 美元，实际直接人工工时数为 166 000 美元。

要求：

1. 计算实际及预算间接成本分配率。解释二者为何不同。

2. 分别用正常成本法和实际成本法计算 Laguna 型与 Mission 型的批次成本。

3. 说明为什么 Acre 建筑公司选用正常成本法而不是实际成本法。

4—16　（分批成本法，咨询公司）Taylor &

Associates公司是一家咨询公司，其2012年的预算如下：

收入		20 000 000 美元
总成本：		
直接成本		
专业人工	5 000 000 美元	
间接成本		
咨询支持	13 000 000 美元	18 000 000 美元
经营净利润		2 000 000 美元

Taylor公司仅有一类直接成本（专业人工）和一个间接成本库（咨询支持），间接成本以专业人工成本为基础进行分配。

要求：

1. 给出分批成本系统概览图并计算Taylor公司2012年预算间接成本分配率。

2. 公司通过成本加成以实现10%的毛利率。计算按专业人工成本计算的成本加成率。

3. Talor公司正在竞投Red Rooster公司的一项咨询业务，Red Rooster公司是一家快餐连锁店。该业务的预算资料如下：

专业人工类别	预算每小时费率	预算小时数
董事	200	3
合伙人	100	16
经理	50	40
审计员	30	160

请计算这一业务的预算成本。如果要达到10%的毛利率，确定Talor公司应要价多少。

4—17 （分批成本法，T形账户）芝加哥大学出版社完全归学校所有，出版社为大学里的其他系提供服务时，也按一般交易规则进行账务结算。出版社还出版并存有大量的书籍，用于一般性的销售。它采用分批成本系统。其中，有两类直接成本（直接材料和直接人工）和一个间接成本库（制造费用，按直接人工成本进行分配）。

2012年有关资料如下（单位：千美元）：

赊购的直接材料和低值易耗品	820
耗用的直接材料	750
发给各个生产部门的间接材料	120
直接人工	1 360
各个生产部门发生的间接人工	930
建筑及制造设备折旧	440
各部门发生的杂项制造费用*（如维修费、复印费等）	540
按直接人工成本的160%分摊制造费用	?
完工产品成本	4 100
销售收入	8 200
销售成本	4 030
存货，2011年12月31日（注意，不是2012年）	
材料	150
在产品	80
产成品	540

*印刷公司不仅仅使用制造费用这一术语，还使用诸如批次制造费用和车间制造费用等术语。

要求：

1. 绘出芝加哥大哥出版社分批成本系统概览图。

2. 编制2012年各业务的会计记录。将年末少分配或多分配制造费用直接计入产品销售成本，并作为最后一个分录。将分录编号。

3. 评价芝加哥大学出版社2012年的业绩如何。

4—18 （分批成本法，T形账户）Docks公司的业务是组装活动房。它的分批成本系统有两类直接成本（直接材料和直接人工）和一个间接成本库（制造费用，按2012年预算每机器工时25美元进行分配）。下面是2012年业务的数据（单位：百万美元）：

直接材料（2011年12月31日）	15
在产品（2011年12月31日）	8
产成品（2011年12月31日）	8
赊购的材料和低值易耗品	158
耗用直接材料	151
各生产部门耗用的间接材料和低值易耗品	15
直接人工	91
各部门发生的间接人工	39
厂房、设备折旧费用	29
杂项制造费用	14
已分配制造费用（实际机器工时数为2 400 000）	?
完工产品成本	298
销售收入	402
销售成本	298

要求：

1. 绘制Docks公司分批成本系统概览图。

2. 编制T形账户。确定“在产品”账户的期末余额。

3. 将多分配或少分配的间接成本直接计入已售产品成本。

4. Docks公司2012年的业绩如何？

4—19 （分批成本法、实际成本法、正常成本法以及拓展的正常成本法）Kirac & Partners是一家专门提供审计服务的会计师事务所。其分批成本系统仅有一类直接成本（专业人工）与一个间接成本库（审计服务，其中包括在审计服务部门发生的所有成本）。审计服务成本通过实际专业人工工时分配给各个工作批次。Kirac事务所雇用了10个专业人员。

2012年的预算及实际金额如下（单位：美元）：

	A	B
1	Kirac & Partners	
2	2012年预算	
3	专业人工报酬	1 120 000
4	审计支持部门成本	688 000
5	专业人工工时（小时）	16 000
6		
7	2012年实际结果	
8	审计支持部门成本	738 000
9	专业人工工时（小时）	16 400
10	实际专业人工成本率（美元/小时）	55

要求：

1. 按照以下三种方法分别计算2012年的直接成本率以及间接成本率（每专业人工工时）：(a) 实际成本法；(b) 正常成本法；(c) 拓展的正常成本法。

2. 说明Kirac应当采用何种分批成本法。给出解释。

3. 对Kirac 2012年的审计预计需170专业人工工时，实际花了190专业人工工时。按照以下三种方法分别计算其成本并说明差异原因：(a) 实际成本法；(b) 正常成本法；(c) 拓展的正常成本法。

4—20 （分批成本法，制造费用账务处理，预算分配率）Carlson公司在其位于特拉华州多佛市的工厂采用分批成本法。该工厂有一个制造部门和一个加工部门。它的分批成本系统有两类直接成本（直接材料和直接人工）和两个制造费用成本库（制造部门成本，按实际机器工时进行分配；加工部门成本，按实际人工成本进行分配）。2012年该工厂的预算如下：

	制造部门	精加工部门
制造费用（美元）	9 870 000	7 644 000
直接人工成本（美元）	980 000	3 900 000
直接人工工时（小时）	32 000	170 000
机器工时（小时）	210 000	33 000

要求：

1. 绘制Carlson公司分批成本系统概览图。

2. 计算制造部门和加工部门的预算制造费用分配率。

3. 1月，批次431的成本记录如下：

·	制造部门	加工部门
直接材料（美元）	13 000	3 500
直接人工成本（美元）	700	1 450
直接人工工时（小时）	20	60
机器工时（小时）	110	15

计算批次431的总已分配制造费用。

4. 假定批次431有100个产品，确定其单位产品成本。

5. 2011年的期末余额如下：

	制造部门	加工部门
发生的制造费用（美元）	11 380 000	8 628 000
直接人工成本（美元）	950 000	4 300 000
机器工时（小时）	220 000	30 000

计算各部门以及全工厂少分配或多分配的制造费用。

6. 说明为什么Carlson公司在其分批成本系统中使用两个不同的制造费用成本库。

4—21 （服务业，分批成本法，律师事务所）Kahn & Associates律师事务所专门从事与劳资纠纷有关的法律工作。它有30位专业人员（10位合伙人与20位经理）。2012年每个专业人员平均预算报酬为105 000美元。2012年每个专业人员预计有 1 500 小时为客户提供服务。Kahn 是一家享有盛誉的律师事务所，每个专业人员都满负荷工作 1 500 小时。全部专业人工成本都归入一类直接成本并以人工工时为基础追溯到各个批次。

除了专业人工成本外，其他所有成本都归入一个间接成本库（法律辅助成本），并以专业人工工时为基础分配到各个批次。2012 年间接成本预算为 2 835 000 美元。

要求：

1. 绘制 Kahn 公司分批成本系统概览图。

2. 计算 2012 年预算专业人工直接成本分配率。

3. 计算 2012 年预算间接成本分配率（每小时专业人工）。

4. Kahn 事务所正在考虑如下两项业务：(a) Richardson 公司的诉讼案，需 120 小时的预算专业人工；(b) Punch 公司的劳工合约，需要 145 小时的预算专业人工。请估计各个批次的成本。

4—22 （服务业，分批成本法，两类直接成本和两类间接成本，律师事务所）（续练习题 4—21）Kahn 律师事务所对其分批成本系统进行了回顾，包括详细分析过去的成本情况，与相关人员讨论决定间接成本水平的因素。结果，管理层认为有两类直接成本（专业合伙人人工与一般专业人工）和两个间接成本库（一般支持成本与文秘支持成本）的成本系统可以更准确地确定分批成本。2012 年两类直接成本的预算信息如下：

	合伙人人工	一般律师人工
人数	10 人	20 人
每人每年的工作时数	1 500 小时	1 500 小时
总报酬（按人平均）	195 000 美元	60 000 美元

2012 年两类间接成本的预算信息如下：

	一般支持	文秘支持
总成本	2 250 000 美元	585 000 美元
成本分配基础	一般律师人工工时	合伙人人工工时

要求：

1. 计算以下两种情形下的 2012 年预算直接成本分配率：(1) 合伙人；(2) 一般律师。

2. 计算以下两种情形下的 2012 年预算间接成本比率：(1) 一般支持；(2) 文秘支持。

3. 利用如下数据计算 Richardson 和 Punch 批次的预算成本：

	Richardson 公司	Punch 公司
合伙人	48 小时	29 小时
一般律师	72 小时	116 小时

4. 评述要求 3 的结果。说明为什么它与练习题 4—21 的结果不同。

5. 说明 Kahn 应当在练习题 4—21 中还是应当在本问题中采用分批成本法。

4—23 （制造费用的比例调整法）Solar Radiator 公司的分批成本系统中只有一个制造费用成本库。它使用正常成本法，以机器工时为分配基础。2012 年的数据如下：

预算制造费用	4 875 000 美元
制造费用分配基础	机器工时
预算机器工时	75 000 小时
发生的制造费用	5 125 000 美元
实际机器工时	80 000 小时

机器工时和期末余额（在调整制造费用差额之前）如下：

	实际机器工时（小时）	2012 年余额（美元）
产品销售成本	60 000	8 500 000
产成品	12 000	1 000 000
在产品	8 000	500 000

要求：

1. 计算 2012 年预算制造费用分配率。

2. 计算公司少分配或多分配的制造费用。用以下方法调整少分配或多分配的金额：

(1) 直接计入产品销售成本。

(2) 按在产品、产成品和产品销售成本期末余额（按比例调整前）的比例进行比例调整。

(3) 按在产品、产成品和产品销售成本期末余额（按比例调整前）中的已分配制造费用的比例进行调整。

3. 说明你更倾向于哪一种调整法。给出解释。

4—24 （正常成本法，制造费用分配，倒轧）Garven 公司采用正常成本法。其分批成本系统有两类直接成本（直接材料和直接人工）和一类间接成本（制造费用）。2012 年有如下数据：

- 总生产成本，8 35 000 美元；
- 产成品成本，8 040 000 美元；
- 已分配制造费用，3 900 000 美元；
- 2012 年 1 月 1 日在产品存货，390 000 美元。

要求：

1. 计算 2012 年总直接人工成本。
2. 计算 2012 年总直接材料成本。
3. 确定 2012 年 12 月 31 日在产品存货金额。

4—25 （总分类账间关系，少分配或多分配）Southwick 公司在其分批成本系统中使用正常成本法。2012 年部分完成的 T 形账户及附加资料如下：

直接材料

2012 年 1 月 1 日 25 000	234 000
240 000	

在产品

2012 年 1 月 1 日 44 000	
348 000	

产成品

2012 年 1 月 1 日 10 000	880 000
925 000	

制造费用

514 000	

已分配制造费用

产品销售成本

其他信息：

a. 直接人工工资率为每小时 12 美元。

b. 制造费用按照每直接人工工时 16 美元分配。

c. 当年销售收入 1 050 000 美元，营销与分销成本 125 000 美元。

要求：

1. 计算 2012 年发往生产部门的直接材料金额。
2. 计算 2012 年分配到各批次的总制造费用。
3. 计算 2012 年完工的批次总成本。
4. 计算 2012 年 12 月 31 日在产品存货的余额。
5. 在按比例调整少分配或多分配的制造费用前，计算产品销售成本。
6. 计算 2012 年少分配或多分配的制造费用。
7. 用以下方法调整少分配或多分配的金额：

（1）直接计入产品销售成本。

（2）按在产品、产成品和产品销售成本期末余额（按比例调整前）的比例进行调整。

8. 对要求 7 中的每一种方法，分别计算相应的 2011 年经营净利润。
9. 说明你建议 Southwick 采用要求 7 中的哪一种方法。请给出解释。

4—26 （分批成本法，合同，道德）Rand 公司专注于活动板房的建造，有两类商业化产品：1 000 平方英尺的单居室板房和 1 500 平方英尺的双居室板房。最近，该公司开始为联邦紧急救助中心（FEMA）生产应急板房。该应急板房与 1 000 平方英尺的单居室板房类似。

FEMA 要求 Rand 公司提供 150 套应急板房。你的上司要求由你处理该订单。在准备过程中，你发现手头上有一张 FEMA 的历史发票，还有一份有关 1 000 平方英尺单居室板房的标准成本的资料，具体如下（金额单位：美元）：

1 000 平方英尺单居室板房的标准成本信息		
直接材料		9 500
直接人工	32 小时	704
制造费用	3.5 美元/人工工时	2 464
总计		12 668
零售成本加成比例		25%
零售价格		15 835
发票日期：2012 年 9 月 15 日　买方：FEMA		
发票需求：200 套应急板房		
运输目的地：佛罗里达州萨拉索塔		
直接材料		2 090 000
直接人工		164 400
制造费用		575 400
总成本		2 829 800
政府订单成本加成比例		20%
总价格		3 395 760

要求：

1. 根据标准成本，按照 20%的成本加成比例，计算你的要价。

2. 根据 2012 年 9 月 15 日的发票，按照 20%的成本加成比例，计算你的要价。

3. 说明上述两种要价不同的主要原因。

4. 说明你应该向上司报告哪一种要价；第 1 章中 IMA《管理会计与财务会计中的道德准则》对你的决策产生什么样的指导作用；作为管理者，你应该怎样做。

章末案例

万花筒公司

引言

Andrew Cha 是万花筒公司（Colorscope）的创始人，该公司是平面印刷行业一家蓬勃发展的企业。Cha 见证了近年来公司的巨大变化。随着桌面排版业和万维网的快速发展，同业竞争加剧，极大地改变了万花筒公司的竞争地位。在公司创办 35 周年之际，Cha 想藉此推动公司的进一步发展。

公司历史

Andrew Cha 1938 年出生于中国安徽，1967 年移民美国。先在洛杉矶的一家中国餐厅做服务员和厨师，后来为充分利用自身的艺术天赋，转入绘画业。在一家平面设计公司工作一段时间之后，Cha 决定自己创业。1976 年 3 月 1 日，Cha 创建了万花筒公司，为南加州的广告公司提供艺术特效服务。

Cha 及其公司的知名度逐渐提升，销售收入稳步增长。该公司为业界巨头 Saatchi & Saatchi，Grey Advertising，Walter Thompson 等提供服务，也为零售业和娱乐业巨擘梅西百货、迪士尼公司等提供服务。为提升服务水平，Cha 购买了昂贵的计算机设备，以持续提供优质的特效服务。

尽管现有客户带来的毛利很高，但 Cha 忽视了个人计算机系统的快速发展以及由此产生的价格压力。这些微型计算机可以提供越来越丰富的页面输出样式，安装更好的图形校正软件。这使得小型广告公司和印刷店从大型平面设计公司手中抢走了越来越多的生意。Cha 依然相信自己与客户的牢固个人关系能够保护其关键客户不会被这些小型公司抢走。

不过市场变化带来的压力依然促使 Cha 开始降低产品价格，但这远远不够。近来，该公司的一个大客户宣布将建立自己的平面设计部门。该客户的业务占万花筒公司业务总量的 80%以上。为重振业务，Cha 不得不对行业、公司定位、价格策略和经营模式进行重新评估。

印前作业

尽管科技进步极大地改变了平面印刷业的生产方式及相应的价值，印刷品的基本处理流程依然没有改变。杂志社或编目人员为即将出版的印刷品进行设计、排版（1 周），接着由图形设计人员设计图画，经客户同意后，发送至印前作业室，即本案例中的万花筒公司（1 周）。出版物印刷出版时，将这些图像通过镭射扫描技术添加到文本中，之后发送给印刷商（2 周）。

在这一过程中，杂志社或编目人员可审阅其待出版物的不同修改稿。在此期间，客户可以更改原设计（包括价格、特效、颜色，清除印刷物中的瑕疵等）。印前作业者需要把握的最重要一点就是理解产品的应有的视觉效果和质感，并将客户要求的视觉效果和质感展现到实际产品中。印前作业者可以就材料的数字化、编辑和校正收取相应费用，也可以对客户所要求的特效收取额外费用。一旦“图书”付梓，印前作业者可以将设计的相关图片予以整理保存，以备未来使用。

印刷方案经客户同意后，万花筒公司将电子版发送至印刷商。此时，印前作业者已将客户信息、数字化文字、图形、照片等全都转换为可印刷格式。接下来，印刷需要 1 周。

行业动态变化

印前作业行业正在经历巨大变化。万花筒公司曾经拥有的优异的质量和服务似乎正变得不稳定，该行业的从业者越来越多，并且在相同质量下报价更低。以前，单靠与客户的密切关系，就能留住偏好优质产品的客户。但现在情况不同了，科技进步使万花筒公司以前的质量优势逐渐丧失。随着越来越多的印前作业室采用桌面排版系统，他们提供的产品质量有保证，而且价格也很低。Cha 知道，印前作业室可以提供基本的扫描和校正服务，使得自己之前的高额投资出现了巨大的产能过剩，降价的压力只会越来越大。

直接竞争者

Cha 有三类竞争对手。第一类是大型、技术先进的印刷公司，如 R. R. Donelly & Sons 公司和 Quad Graphics 公司。这些公司有专门的销售人员，擅长捆绑式销售，喜欢将印前作业和印刷服务整合在一起。第二类是一些平面印刷公司，如 American Color 和 Wace/Techtron 公司。这些公司拥有覆盖全美的销售服务网络，在美国各地都有分店，在多个领域与多个竞争对手展开竞争。第三类是一些“单打独斗”的公司，它们与其他印刷商和广告代理商之间关系松散。这些公司有时会故意到竞争对手的客户附近开设分店，以便抢夺竞争对手的客户。Cha 当前最欠缺的就是一个基础的销售网络。

万花筒公司的工作流程

一接到客户订单，万花筒公司的批次任务就开始了。客户服务代表通过电话联系客户，并详细记录客户的具体要求。每一个订单都由专门的客户服务代表掌管。批次任务包括文本复制与粘贴、插图设计、绘图等，以及字体、颜色、文字阴影、排版等方面的工作。接下来，需要通过扫描仪将所有图片数字化，并以相应的计算机文件格式输出。万花筒公司有 3 台镭射扫描仪。

接下来的工作是整合上述文字、图片。万花筒公司有 9 台高端 Macintosh 计算机用于完成这一工作。这些计算机属于同一个局域网，并与扫描仪、输出设备及一台高级文件存储设备相连接。操作者在计算机上编辑扫描的图片和输入的文本。在这一阶段，操作者可以改变所扫描图片的颜色和阴影，以满足客户要求。上述整合任务完成后，批次任务将被发送至高端输出设备。

接着，该批次任务被传送到质量控制中心进行校正，主要是将印刷品与客户要求的细节相比较。如果质量控制中心认为原始扫描有缺陷，可以提出重新扫描的要求。批次任务通过质量控制中心检验合格后，发送至印刷商。

万花筒公司的操作员都接受过全流程培训，因而可以胜任任何一个阶段的工作。工作流程和生产步骤高度标准化，尽管没有文字化。万花筒公司依靠员工的系统性知识和 Cha 的不断监督管理维系和提高操作效率。

未来展望

Cha 认为，必须充分利用其高端资产、优秀员工。接下来的短期战略是加大营销力度，推动业务发展。图表 1 是万花筒公司 2012 年 6 月的已完工批次任务情况。由于竞争激烈，单页收入似乎难以在短时间内提高，因此节约成本和提升效能至关重要，特别是要减少返工作业。这需要 Cha 及其员工的通力合作。万花筒公司开始记录返工作业的时间。返工作业分成两类，一类是客户要求的改变引起的，另一类是错误引起的。万花筒公司按小时支付员工工资。为反映不同批次的人工小时数，万花筒要求员工在每一个不同批次任务开始时都将自己的信息输入计算机系统。图表 2 给出了 2012 年 6 月不同工作的耗时信息。图表 3 给出了 2012 年 6 月的返工作业情况。

图表 1　万花筒公司 2012 年 6 月批次任务一览表

批次任务	页数	收入（美元）
601	32	19 200
602	32	23 000
603	32	23 000
604	112	76 000
605	128	50 000
606	48	26 600
607	32	16 000
608	16	11 000
609	16	11 000
610	32	20 000
611	8	3 400
612	32	18 000
613	8	6 000
614	17	12 000
总计	545	315 200

图表 2　　万花筒公司 2012 年 6 月不同工作耗时情况　　单位：小时

批次任务	准备工作	扫描	整合	输出	质量控制	总计
601	7	56	80	16	15	174
602	7	40	75	16	8	146
603	8	32	58	8	8	114
604	23	112	212	28	25	400
605	15	130	250	32	30	457
606	13	56	104	12	13	198
607	8	39	66	12	10	135
608	4	21	39	4	4	72
609	4	20	40	8	7	79
610	7	26	60	8	9	110
611	4	10	21	3	2	40
612	8	40	80	8	8	144
613	3	10	23	3	2	41
614	6	20	44	5	6	81
闲置时间	43	28	128	37	13	249
总产能	160	640	1 280	200	160	2 440

图表 3　　万花筒公司 2012 年 6 月返工作业情况　　单位：小时

客户需求改变引起的返工作业

批次任务	准备工作	扫描	整合	输出	质量控制	总计
601	0	24	16	8	5	53
605	2	5	10	2	2	21
609	1	4	8	1	0	14
613	1	2	7	1	0	11
总产能	4	35	41	12	7	99

质量控制中心要求的返工作业

批次任务	准备工作	扫描	整合	输出	质量控制	总计
605	1	3	4	1	1	10
607	0	19	30	4	3	56
611	1	3	3	1	0	8
总产能	2	25	37	6	4	74

提高利润的另一个途径是实施产品价格策略。目前万花筒公司对每一客户的单页收费价格近似，特效另收费。不同客户的不同需求应反映在产品定价上，然而万花筒公司难以承担会计核算系统的高额初始购买成本，也无法承担雇用咨询公司设计最新的作业成本管理系统的费用。图表 4 给出了万花筒公司的部分资产负债表，图表 5 给出了万花筒公司的部分批次任务的成本耗用情况。

图表 4　　万花筒公司 2012 年 6 月资产负债表　　单位：美元

描述	批次准备	扫描	整合	输出	质量控制	闲置	总计
工资	8 000	32 000	64 000	10 000	11 000		125 000
折旧	500	25 000	10 000	14 000	500		50 000
租金							30 000
其他							20 000
制造费用							225 000
工作场所面积（平方英尺）	1 000	1 000	4 000	2 000	500	6 500	15 000

图表 5　　万花筒公司 2012 年 6 月材料耗用情况　　单位：美元

批次任务	材料	客户原因的返工作业	质量原因的返工作业
601	8 900	3 800	
602	4 500		
603	3 300		
604	13 400		
605	13 000	1 000	1 000
606	5 900		
607	7 000		2 000
608	2 200		
609	3 600	1 500	
610	3 300		
611	1 600		500
612	4 600		
613	3 300	2 000	
614	2 400		
总计	75 000	8 300	3 500

问题

1. 建立两阶段成本管理系统，计算不同批次的盈利情况。请自行选择资源动因，并将资源成本追溯到成本库。然后选择成本动因，将不同成本库的成本分配到不同批次任务。计算成本分配率。计算此时的批次任务盈利情况。建议在计算成本库和成本动因分配率之前，将该成本管理系统以图形表示。

2. 前一个问题是完全成本分析。就批次盈利情况而言，完全成本法是最好的成本量度吗？或者说我们是否可以只将直接成本追溯到批次中？当进行完全成本分析时，关于制造成本有什么假设？

3. 返工作业的财务后果是什么？万花筒公司应当采取什么措施？如何采取？

4. 万花筒公司是否应当改变其激励系统？

5. 万花筒公司应如何提高运营水平和盈利能力？

第 5 章

分步成本法与成本分配

学习目标

1. 识别分步成本法的适用范围。
2. 理解分步成本法的基本概念并计算平均单位成本。
3. 描述分步成本法的五个步骤并计算约当产量。
4. 运用加权平均法和先进先出法计算分步成本。
5. 理解混合成本制度（如工序成本制度）的必要性。
6. 理解管理者分配联合成本和共同成本的原因及方法。

许多公司都会使用大规模生产技术来生产同质或类似的产品或服务，如苹果（手机）、可口可乐（软饮料）、埃克森美孚（石油）、摩根大通（支票处理）、凯洛格（麦片）以及诺华（生物制药）。这些公司的管理会计人员使用分步成本法来完成以下工作：(1) 确定会计报告期末公司的在产品存货数量；(2) 估算产品的完工阶段；(3) 把成本分配到生产的产品和存货中。基于对产品成本流量的不同假设，有不同的分步成本计算方法（如先进先出法或加权平均法）。正如财务会计课上所学的那样，选择不同的方法将导致不同的经营收入，进而影响公司支付的税费以及管理者的业绩评价。

本章要点

● 当大规模生产同质或类似的产品时，管理人员用分步成本法计算产品或服务的成本。

● 平均单位成本等于既定会计期间内的总成本除以生产数量。关键的步骤在于把在产品转换成产成品的约当产量。主要的挑战也在于估计在产品的完工程度。

● 两种常用的分步成本法是加权平均法（基于到期前发生的所有成本）和先进先出法（基于当期发生的成本）。管理者通常在综合考虑各种因素（如税费影响、经营收入、业绩评价和债务契约）之后选择计算分步成本的方法。

● 许多生产体系既有按客户订单生产又有大批量生产。在这种情况下，管理者运用综合了分批成本法和分步成本法特征的混合成本制度。

● 产品的同步生产将导致联合成本，管理者基于产品的销售价值来分配联合成本。

● 多个使用者共同开展一项活动或共用一个设备时将导致共同成本。管理者使用多种方法来确定每个使用者应分摊的成本。

5.1 分步成本法图解

在具体讲解分步成本法之前，先简要回顾一下第4章所讲的分批成本法与分步成本法的区别。分批成本法和分步成本法可以视为一个统一体的两端：

分批成本法　　　　分步成本法

独特的、可识别单位的产品或服务（如：定制的机器与房屋、咨询业务）　　　　大批量同质或类似的产品或服务（如：食品、化学工艺、邮政投递）

在分步成本体系中，产品或服务的单位成本通过把总成本分配到许多同质或类似的产品中得到。换句话说，单位成本等于发生的总成本除以生产的总产量。在分步成本法下，每一个产品被分配相同或相似的直接材料成本、直接人工成本和间接生产成本（制造费用）。

分批成本法和分步成本法的主要区别在于，用于计算单位产品或服务成本的平均程度不同。在分批成本法下，每个批次使用了不同数量的生产资源，因此不能给每个批次分配同样的平均成本。相反，当大批量生产同质或类似的产品或服务时，可以用分步成本法来计算所有产品的平均成本。一些生产过程（如服装生产）既涉及分步成本（对每一个步骤分配成本，如裁剪、缝纫是相同的），又涉及分批成本（不同批次的服装使用了不同的材料，如羊毛、棉）。本章稍后将讨论结合了分批成本法和分步成本法的混合成本制度。

考虑下面的分步成本的案例：假设太平洋电子公司生产多种手机模型。这些模型在不同的装配部门装配。完工之后，产品被转移到测试部门。我们集中讨论装配部门装配一种手机模型——SG-40 的流程。所有的 SG-40 都是同质的且符合关于接听效果的质量规范。SG-40 在装配部门的分步成本体系有一个直接成本科目——直接材料，以及一个间接成本科目——加工成本。加工成本指除直接材料成本之外的生产成本，包括生产人工、能耗、机器折旧等。直接材料（如电路板、天线和麦克风）在装配过程之初就已投入，加工成本则在装配过程中均匀投入。

分步成本法的图示如下：

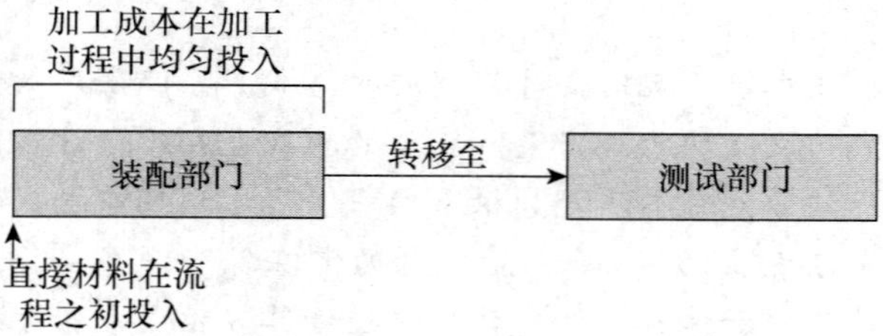

分步成本体系根据将成本考虑进来的时间对成本进行分类。一般而言，在太平洋电子公司的例子中，管理者需要分两类——直接材料和加工成本——来分配产品成本。为什么只有两类？因为所有的直接材料都是在同一时间进入加工流程的，且所有的加工成本都是在产品生产过程中均匀产生的，但偶尔会出现不同情况。

1. 如果两种不同的直接材料——如电路板和麦克风——在不同的时点投入，则需要两种不同的直接材料科目来分配生产成本。

2. 如果与其他加工成本相比，生产的人工成本在不同的时点投入，则需要额外的成本科目——直接人工成本——来分配产品成本。

我们将通过三个更复杂的例子来阐释分步成本法。

● 例 1：期初和期末均无 SG-40 在产品存货时的分步成本法。（即所有的产品都在会计期间内开工并全部完工。）这个例子将展示分步成本法最基本的概念和平均成本的特征。

● 例 2：期初无但期末有 SG-40 在产品存货时的分步成本法。（即某会计期间内开工的 SG-40 一部分已完工，一部分尚未完工。）这个例子将介绍分步成本法的五个步骤以及约当产量的概念。

- 例 3：同时存在期初和期末 SG-40 在产品存货时的分步成本法。这个例子更复杂，还阐释了加权平均法和先进先出法的成本流假设对产成品和在产品单位成本的影响。

成功之匙

当大批量生产同质或类似的产品时，管理者运用分步成本法来确定产品成本。

5.2　例 1：期初和期末均无在产品存货时的分步成本法

2013 年 1 月，装配部门没有 SG-40 的期初存货。太平洋电子公司在 1 月开工并完成装配、转移至测试部门的产量为 400 单位。

装配部门 2013 年 1 月的数据如下：

2013 年 1 月的实物产量

在产品，期初存货（1 月 1 日）	0
1 月投入生产的产品	400
1 月完工并转移出库的产品	400
在产品，期末存货（1 月 31 日）	0

实物产量指不论完工与否的产品数量，在 2013 年 1 月，所有的 400 单位实物产量均开工并完工。

2013 年 1 月的总成本　　单位：美元

1 月新增的直接材料成本	32 000
1 月新增的加工成本	24 000
1 月新增的装配部门总成本	56 000

太平洋电子公司在装配部门成本发生时记直接材料成本和加工成本。平均而言，SG-40 的装配成本列举如下：

单位产品的直接材料成本：32 000÷400	80 美元
单位产品的加工成本：24 000÷400	60 美元
单位产品的装配部门成本	140 美元

在例 1 中，平均单位成本由既定会计期间内的总成本除以总产量得到。因为每一个产品都是同质的，所以管理者假设所有产品分摊同等的直接材料成本和加工成本。例 1 适用于生产同质产品或服务的公司，但要保证每个会计期末没有在产品存货，这种情形在服务业较为普遍。例如，银行可以采用分步成本法在一个月内处理 100 000 个顾客存款的单位成本，因为每一笔存款无论金额大小都采用相同的处理流程。

5.3　例 2：期初无但期末有在产品存货时的分步成本法

2013 年 2 月，太平洋电子公司的管理者又投入生产 400 单位的 SG-40。由于

2013 年 1 月装配部门投入生产的所有产品都已完工，因此在 2 月 1 日没有部分完成的在产品。客户对 SG-40 的订单有所延误，导致 2 月未能完成所有产品的装配。只有 175 单位产品完成并转移到检测部门。

装配部门 2013 年 2 月的有关数据如下（金额单位：美元）：

	A	B	C	D	E
1		实物产量（SG-40s）(1)	直接材料 (2)	加工成本 (3)	总成本 (4)=(2)+(3)
2	在产品，期初存货（2 月 1 日）	0			
3	2 月投入生产	400			
4	本月完成并转移至检测部门	175			
5	在产品，期末存货（2 月 28 日）	225			
6	期末时的完工程度		100%	60%	
7	2 月增加的总成本		32 000	18 600	50 600

2013 年 2 月 28 日的 225 单位在产品对于直接材料而言已经充分加工，因为装配部门的所有直接材料均在装配过程的一开始就投入了。而加工成本是在整个装配过程中平均投入的。根据产品 SG-40 已完成工作量占整个要求工作量的比例，装配部门的主管人员估计该产品的完工比例平均为 60%。

完工比例的精确度取决于主管人员的着眼点、技能与经验以及生产工序本身的性质。估计直接材料的完工程度一般比估计加工成本要容易。因为单位完工产品需要的直接材料数量与部分加工的单位产品需要的直接材料数量能更准确地测量。相反，加工成本往往包括一定数量的基础操作或在机械加工、装配、检测等不同工序上所用的特定的小时数、天数、周数或月数。因此，加工成本的完工程度取决于完成一单位或一批产品所需的全部投入中哪几部分已构成在产品的成本。

由于部门主管和生产线经理是最熟悉加工过程的人，因此一般由他们估计加工成本。但是，某些行业难以进行准确的估计，如半导体业，因为生产过程在密封的设备中进行，直到完工才会打开设备。又如纺织业，未完工产品（如衬衫和裤子）的数量巨大使得估计工作的成本过高。在这种情况下，每个部门各工序的所有工作量均被假定按合理的比例完成（例如，完工率为 1/3，1/2 或 2/3）。

本例的关键在于理解部分装配产品与完全装配产品是不同的。在既有产成品又有在产品时，管理者运用一个被称为约当产量的常用度量方式来比较每种产品的完成程度，更为重要的是获得完工产品的一个整体度量。接下来，我们将详细解释太平洋电子公司的管理者进行计算的五个步骤。需要计算的成本包括：(1) 2013 年 2 月产成品的成本；(2) 2 月在产品的成本。分步成本法的五个步骤如下：

步骤 1：汇总实物产量。

步骤 2：根据约当产量计算产出。

步骤 3：汇总全部应计成本。

步骤 4：计算约当产量的单位成本。

步骤 5：将总成本在产成品和期末在产品之间进行分配。

□ 5.3.1 实物产量与约当产量（步骤1和步骤2）

在步骤1中，管理者追踪实物产量。实物产量指所有产品的数量，无论完工与否。管理者要追踪：它们从何而来，又流向何方？图表5—1考察了实物从何而来（期初投入400单位），又流向何方（完工并已转出175单位，期末存货为225单位）。注意，当没有期初存货时，投入生产的产品数量必须等于转移出库和最终存货的数量。

因为并非所有的400单位实物都已经全部完工，所以管理者需要在步骤2计算约当产量，而不是实物产量。为了理解约当产量，让我们举例说明。某月，投入50单位实物，但月底没有完工。从加工成本来看，这50单位期末存货估计完工70%。让我们思考这些从加工成本角度而言完工70%的产品。假设我们投入加工成本来生产全部完工的产品，而这些投入代表了所有投入的70%。那么，月底100%完工的产品有多少？答案是35。为什么？因为发生在这50单位未完工产品上的70%的加工成本可以在月底完工35单位产品。也就是说，如果用投入到50单位期末存货的加工成本来生产完工产品，那么公司本应该生产出35单位完工产品（也称约当产量）。

约当产量（equivalent units）是一种导出的产出数量：（1）考察完工产品与在产品的每种投入（产品要素）数量；（2）将上述投入数量转化为用这些投入可以全部完工的产品数量。注意，约当产量要针对每种投入（成本类别）分别计算。注意每种投入的约当产量应分开计算（如直接材料和加工成本）。并且，从定义来看，每个完工单位由每种必要投入的一个约当产量构成。本章重点讨论制造业中约当产量的计算，其实，在非制造业环境中也常常存在约当产量的概念。例如，大学将非全日制注册学生转化为“约当全日制学生”。如果没有这种调整，非全日制学生的增加将被错误地视为教育质量（教员—学生比例）的下降，事实上，非全日制学生所修的课程较少，每个学生对应的教员数量也相对较少。

在步骤2中计算约当产量时，主要针对的是数量。只有在计算出约当产量后才考虑金额。在太平洋电子公司的例子中，因为直接材料在装配加工初期就全部投入，所以对于直接材料而言，所有的400单位实物——175单位全部装配与225单位部分装配——都100%完工。图表5—1显示，直接材料的约当产量是400：装配并转出的175单位实物量的约当产量是175，期末存货225单位实物量的约当产量是225，因此对直接材料而言完工与未完工产品的完工程度都是100%。

对加工成本而言，只有完全装配完工的175单位产品才是产成品。期末存货中的部分装配产品只有60%的完工程度（平均来看）。因此，225单位部分装配产品的约当产量是135（60%×225）。图表5—1显示，加工成本的约当产量为310单位：175单位装配并转出产品的约当产量175与225单位部分装配产品的约当产量135。

图表5—1　　2013年2月太平洋电子公司装配部门步骤1与步骤2：汇总实物产量与计算约当产量

	A	B	C	D
1		（步骤1）	（步骤2）	
2			约当产量	
3	生产流	实物产量	直接材料	加工成本
4	期初在产品	0		

5	本期投入	400		
6	应计产量	400		
7	本期完工并结转	175	175	175
8	期末在产品[a]	225		
9	（225×100%；225×60%）		225	135
10	实计的本期完工产品	400		
11			400	310

a. 本部门完工程度：直接材料 100%；加工成本 60%。

5.3.2 产品成本计算（步骤 3、步骤 4 与步骤 5）

图表 5—2 展示了步骤 3、步骤 4、步骤 5。它们一起构成了产品成本工作表。

图表 5—2　2013 年 2 月太平洋电子公司装配部门步骤 3、步骤 4 与步骤 5：计算约当单位成本，汇总应计总成本，将成本分配给完工产品和在产品

	A	B	C	D	E
1			总生产成本	直接材料	加工成本
2	（步骤 3）	2 月投入成本	50 600	32 000	18 600
3		总成本	50 600	32 000	18 600
4					
5	（步骤 4）	应计总成本	50 600	32 000	18 600
6		除以本期约当产量（图表 5—1）		÷400	÷310
7		约当单位成本		80	60
8					
9	（步骤 5）	成本分配			
10		完工并结转（175 单位）	24 500	(175[a]×80)	＋(175[a]×60)
11		期末在产品（225 单位）	26 100	(225[b]×80)	＋(135[b]×60)
12		实计总成本	50 600	32 000	＋ 18 600
13					

a. 来自图表 5—1 中步骤 2 的完工并结转的约当产量。
b. 来自图表 5—1 中步骤 2 的期末存货约当产量。

在步骤 3 中，管理者汇总全部应计成本。因为 1 月 1 日的在产品存货的期初余额为 0，总应计成本（即在产品的总费用或借方总额——装配账户）仅包括 2 月新增的成本：直接材料 32 000 美元和加工成本 18 600 美元，总计 50 600 美元。

在步骤 4 中，管理者分别计算直接材料和加工成本的约当产量单位成本，通过 2 月新增的直接材料成本和加工成本除以 2 月约当产量的相关数量（如图表 5—1 所示）。

通过比较 2013 年 1 月和 2 月的加工成本，我们可以看出在单位成本计算中约当产量的重要性。2 月的 400 单位产品投入的加工成本共计 18 600 美元，低于 1 月生产 400 单位产品投入的 24 000 美元加工成本，但是这两个月内完全完工产品的单位加工成本均为 60 美元。而 2 月总投入少的原因只是 2 月的约当产量（310 单位）少于 1 月（400 单位）。假如我们继续使用实物量计算单位成本，就有可能错误地得出这样的结论：单位加工成本由 1 月的 60 美元降到了 2 月的 46.5 美元（18 600÷400）。这类错误的成本信息有可能会助长太平洋电子公司的错误决策，例如，降低 SG-40 的售价，但实际上成本并没有下降。

在步骤5中，管理者将总成本在产成品与2013年2月底的在产品之间进行分配。思路是将金额分配给图表5—1中步骤2计算的直接材料与加工成本的约当产量。在图表5—2的步骤4中，将每种投入的约当产量与约当单位成本相乘。例如，分配给225单位实物量的成本如下：

直接材料成本：225单位约当产量（图表5—1中的步骤2）×步骤3计算的直接材料单位80美元	18 000美元
加工成本：135单位约当产量（图表5—1中的步骤2）×步骤3计算的加工约当单位成本60美元	8 100美元
期末在产品的总成本	26 100美元

注意，步骤3中的总应计成本（50 600美元）等于步骤5中的总应计成本。

□ 5.3.3 会计分录

对于直接材料和加工成本，分步成本法的分录与分批成本法基本一致。两者主要的不同在于，在分步成本法下每个加工过程都有一个在产品账户，在我们的例子中就有两个："在产品——装配部门"和"在产品——检测部门"。太平洋电子公司根据实际需要购买直接材料，将材料直接运到装配部门。

利用图表5—2和图表5—3中2月的数据，相关会计分录和账户之间成本流的一般框架可汇总如下表：

会计分录	金额（美元）	借方	贷方
购入生产用的直接材料	32 000	在产品——装配部门	应付账款
发生的加工成本（如直接人工、机器折旧、能耗、制造供给等）	18 600	在产品——装配部门	多种账户，如应付员工工资、累计折旧
从装配部门转移到检测部门的完工产品实物数量	24 500	在产品——检测部门	在产品——装配部门

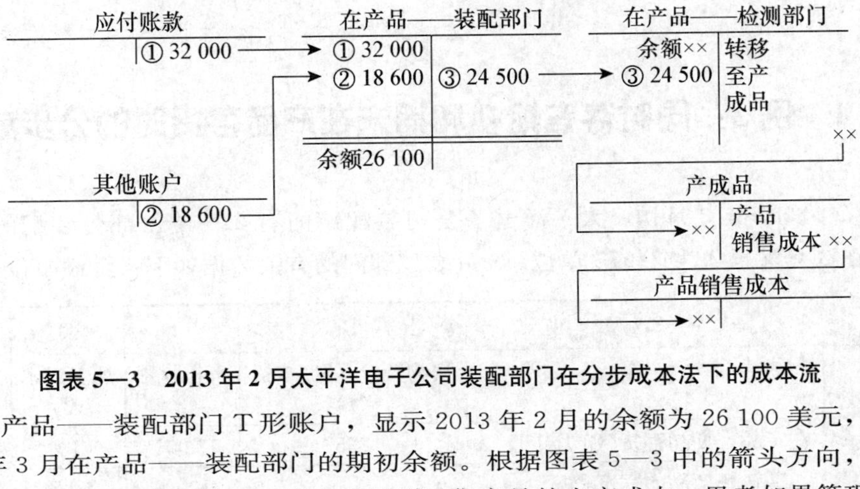

图表5—3 2013年2月太平洋电子公司装配部门在分步成本法下的成本流

在产品——装配部门T形账户，显示2013年2月的余额为26 100美元，它也是2013年3月在产品——装配部门的期初余额。根据图表5—3中的箭头方向，从在产品——检测部门到产成品，再从产成品到已售产品的生产成本。思考如果管理者高估了生产过程中在产品的单位成本将会发生什么。

例如，假设太平洋电子公司的管理者高估了加工成本的完工程度（估计为 80%而非 60%），则计算过程将发生如下改变：

- 图表 5—1，步骤 2

  期末在产品——装配部门的加工成本约当产量＝80%×225＝180
  当期产成品的加工成本约当产量＝175＋180＝355

- 图表 5—2，步骤 4

  加工成本的约当产量单位成本＝18 600÷355＝52.39(美元)
  直接材料的约当产量单位成本相同，为 80 美元

- 图表 5—2，步骤 5

  175 单位转移的产成品成本＝175×80＋175×52.39＝23 168.25(美元)

计算所得的分配给产成品的成本要低于图表 5—2 中计算所得的 24 500 美元。高估完工程度将降低完工产品分配的成本，从而导致已售产品的生产成本被低估、经营收入被高估。

管理者要确保部门主管避免估计完工程度时的个人偏误。例如：为了表现出更好的业绩，部门主管可能会报告一个高估的完工程度，从而导致经营收入高估。如果当期的业绩很好，则部门主管可能报告一个低估的完工程度，降低当期经营收入。这将影响期末存货成本以及下年存货成本的期初数。换句话说，估计完工程度有助于平滑当期及下期的盈余。

为了避免出现偏误，管理者应该向部门主管询问一些关于估计过程的特殊问题。高级管理人员应该着重强调信息的准确性，不管它将如何影响报告业绩。这也要求重视组织内的道德行为。

成功之匙

平均单位成本等于既定会计期间内的总成本除以总产量。关键步骤在于把在产品转换为产成品的约当产量。对管理者的主要挑战在于准确估计在产品的完工程度。

5.4 例 3：同时存在期初和期末在产品存货时的分步成本法

2013 年 3 月初，太平洋电子公司装配部门有 225 单位部分装配的 SG-40 存货，在 3 月又投入生产 275 单位。3 月装配部门的有关数据如下（金额单位：美元）：

	A	B	C	D	E
1		实物产量（SG-40s）(1)	直接材料 (2)	加工成本 (3)	总成本 (4)＝(2)＋(3)
2	在产品，期初存货（3 月 1 日）	225	18 000[a]	8 100[a]	26 100
3	期初在产品的完工程度		100%	60%	
4	3 月投入生产	275			

5	本月完成并转移至检测部门	400			
6	在产品，期末存货（3 月 31 日）	100			
7	期末在产品的完工程度		100%	50%	
8	3 月增加的总成本		19 800	16 380	36 180
9					
10					

a. 在产品，期初存货（等于 2 月在产品的期末存货）
直接材料：225 单位实物×100%完工×80 美元/单位=18 000（美元）
加工成本：225 单位实物×60%完工×60 美元/单位=8 000（美元）

2013 年 3 月太平洋电子公司既有期初在产品存货又有期末在产品存货。我们仍使用前述的五个步骤来计算：(1) 完工并结转的产品成本；(2) 期末在产品成本。为了将成本分配给每类产品，我们需要选择一种存货成本流方法。太平洋电子公司的管理者应选择哪种方法呢？为了回答这个问题，我们要理解两种常用的方法——加权平均法和先进先出法。两种不同的成本流方法使产成品与在产品的成本不同，因为每一期的单位投入成本是不同的。

5.4.1　加权平均法

加权平均分步成本法（weighted-average process-costing method）是指将截至本期末所有产品的平均约当单位成本（不管产品在何时生产）分配到本期完工品和期末存货中。加权平均成本仅仅是进入“在产品”账户（包括本期期初在产品与期末在产品）的所有成本被所有约当产量相除后的成本。我们仍用五个步骤来描述加权平均法。

步骤 1：汇总实物产量。图表 5—4 中的“实物产量”一栏说明了它们的来源（期初在产品存货 225 单位和本期投入生产的 275 单位）与去向（完工并结转 400 单位和期末在产品存货 100 单位）。

图表 5—4　　2013 年 3 月太平洋电子公司装配部门步骤 1 与步骤 2：汇总实物产量与计算约当产量（分步成本法下的加权平均法）

	A	B	C	D
1		(步骤 1)	(步骤 2)	
2			约当产量	
3	生产流	实物产量	直接材料	加工成本
4	期初在产品	225		
5	本期投入	275		
6	应计	500		
7	本期完工并结转	400	400	400
8	期末在产品[a]	100		
9	(100×100%；100×50%)		100	50
10	实计	500		
11	本期完工的约当产量		500	450
12				

a. 本部门完工程度：直接材料 100%；加工成本 50%。

步骤 2：计算约当产量。我们使用如下公式计算：

$$\text{期初在产品约当产量} + \text{本期产成品约当产量} = \text{本期完工并结转的约当产量} + \text{期末在产品约当产量}$$

尽管我们希望计算出公式的左边，但利用公式的右边计算更容易：当期完成并转移的约当产量加上期末在产品的约当产量。注意，在计算中没有用到当期期初在产品的完工程度。

图表 5—4 中的“约当产量”一栏显示了产成品的约当产量：直接材料的约当产量为 500 单位，加工成本的约当产量为 450 单位。所有完工并结转的产品，无论是直接材料还是加工成本，其完工程度都是 100%。部分完成的期末在产品，直接材料的完工程度是 100%，因为直接材料是在生产之初投入的，加工成本的完工程度是 50%，依据的是装配部门管理者的估计。

步骤 3：计算总应计成本。图表 5—5 展示了步骤 3。2013 年 3 月的总应计成本如下：

期初在产品：直接材料 18 000 美元＋加工成本 8 100 美元	26 100 美元
3 月投入成本：直接材料 19 800 美元＋加工成本 16 380 美元	36 180 美元
3 月应计总成本	62 280 美元

图表 5—5　2013 年 3 月太平洋电子公司装配部门步骤 3、步骤 4 与步骤 5：计算约当单位成本，汇总应计总成本，将成本分配给完工品与在产品（分步成本法下的加权平均法）

单位：美元

	A	B	C	D	E
1			总生产成本	直接材料	加工成本
2	（步骤 3）	期初在产品	26 100	18 000	8 100
3		本期投入成本	36 180	19 800	16 380
4		本期成本	62 280	37 800	24 480
5					
6	（步骤 4）	本期成本		37 800	24 480
7		除以本期约当产量（图表 5—4）		÷500	÷450
8		约当单位成本		75.60	54.40
9					
10	（步骤 5）	成本分配			
11		完工并结转（400 单位）	52 000	(400[a]×75.60)＋	(400[a]×54.40)
12		期末在产品（100 单位）	10 280	(100[b]×75.60)＋	(50[b]×54.40)
13		实计总成本	62 280	37 800＋	24 480
14					

a. 来自图表 5—4 中步骤 2 的完工并结转的约当产量。
b. 来自图表 5—4 中步骤 2 的期末存货约当产量。

步骤 4：计算约当单位成本。图表 5—5 中的步骤 4 展示了按直接材料和加工成本分别核算的加权平均约当单位成本。约当产量的单位加权平均成本由期初在产品的成本加上本期成本除以本期全部约当产量得到。例如，我们计算图表 5—5 中约当产量的单位加权平均成本如下：

总加工成本：期初在产品 8 100 美元＋本期产成品 16 380 美元	24 480 美元
除以全部约当产量：	
期初在产品加工成本的约当产量与本期的约当产量	÷450
约当产量的单位加权平均成本	54.40 美元

步骤 5：将总成本在产成品和在产品之间进行分配。图表 5—5 中的步骤 5 利用图表 5—4 中的步骤 2 计算的完工并结转的约当产量与期末在产品的约当产量，计算了它们的金额，并利用步骤 4 中计算的直接材料和加工成本的约当产量单位加权平均成本，把该金额分配到每单位产品中。例如，期末 100 单位实物产量的总成本如下：

直接材料：	
100 单位约当产量×约当产量的单位加权平均成本 75.60 美元	7 560 美元
加工成本：	
50 单位约当产量×约当产量的单位加权平均成本 54.40 美元	2 720 美元
在产品的期末总成本	10 280 美元

下面的图表汇总了应计总成本（62 280 美元）并再现了图表 5—5 中的核算。箭头表明采用加权平均成本法计算产成品与在产品的成本，总成本由期初在产品成本与本期投入成本组成。

应计总成本（美元）		采用加权平均成本法计算的实计总成本（美元）	
期初在产品	26 100	→ 完工并结转	52 000
本期投入成本	36 180	→ 期末在产品	10 280
应计总成本	62 280	实计总成本	62 280

在深入讨论之前，请回顾图表 5—4 与图表 5—5，全面理解加权平均法。注意：图表 5—4 处理的只是实物产量与约当产量，而不是成本，图表 5—5 则说明了成本金额。

利用图表 5—5 的步骤 3 和步骤 5 中的金额，得到在产品——装配部门的 T 形账户如下：

在产品——装配部门

期初存货（3 月 1 日）	26 100	③完工并转移至在产品——检测部门	52 000
①直接材料	19 800		
②加工成本	16 380		
期末存货（3 月 31 日）	10 280		

□ 5.4.2　先进先出法

先进先出分步成本法（first-in，first-out（FIFO）process-costing method）是指将期初在产品的约当产量成本分配给首先完工并结转的产品，并且将本期的成本首先分配给期初存货的完工产品，然后是本期投入并完工的产品，最后是期末在产品。该方法假定期初在产品存货被首先加工完工并结转。

先进先出分步成本法的一个明显特征是将前期的工作（即期初在产品）与本期的工作进行区分，用本期发生的成本与本期完工的产品来计算本期的约当单位成本。相反，在加权平均法下，约当产量与约当单位成本的计算涉及期初存货的数量与成本以及本期的数量与成本。

我们将继续沿用五个步骤来说明先进先出法。

步骤 1：汇总实物产量。图表 5—6 中的步骤 1 考察了实物生产流，并解释了先进先出法下的实物产量计算。

- 假定本期首先完工并结转的实物是 225 单位的期初在产品。
- 3 月的数据表明 3 月完工 400 单位。先进先出法假设其中 225 单位的产品来自期初在产品，本期投入的 275 单位中有 175 单位（400－225）在 3 月已经完成。
- 期末在产品包括 100 单位实物，即本期投入的 275 单位减去在 3 月完工的 175 单位。
- “应计”实物产量等于“实计”实物产量（500 单位）。

图表 5—6　2013 年 3 月太平洋电子公司装配部门步骤 1 与步骤 2：汇总实物产量与计算约当产量（分步成本法下的先进先出法）

	A	B	C	D
1		（步骤 1）	（步骤 2）	
2			约当产量	
3	生产流	实物产量	直接材料	加工成本
4	期初在产品	225	（前期完成的工作）	
5	本期投入	275		
6	应计	500		
7	本期完工并结转			
8	来自期初存货[a]	225		
9	[225×(100%－100%)；225×(100%－60%)]		0	90
10	投入并完工	175[b]		
11	(175×100%；175×100%)		175	175
12	期末在产品[c]	100		
13	(100×100%；100×50%)		100	50
14	实计的本期完工品	500		
15	本期产成品的约当产量		275	315

a. 本部门完工程度：直接材料 100%；加工成本 60%。
b. 完工并结转的 400 单位减去来自期初存货中完工并结转的 225 单位。
c. 本部门完工程度：直接材料 100%；加工成本 50%。

步骤 2：计算约当产量。图表 5—6 也说明了先进先出法下步骤 2 的计算。每一种成本类别的约当产量仅是本期完工的约当产量。

在先进先出法下，3 月对期初存货加工的约当产量等于 225 乘以剩下的需要 3 月完成的工作，即 0%的直接材料与 40%的加工成本，因为对于直接材料，期初存货已 100%完工，对于加工成本则 60%完工。结果是：对于直接材料是 0 单位（225×0%）的约当产量，对于加工成本是 90 单位（225×40%）的约当产量。

本期投入并完工的 175 单位实物的约当产量，对于直接材料与加工成本都是 175 乘以 100%，因为这些产品的工作都是本期完成的。

100 单位的期末在产品的约当产量，对于直接材料等于 100 乘以 100%，对于加工成本等于 100 乘以 50%（因为直接材料在本期已全部投入，加工成本则仅投入 50%）。

步骤 3：汇总应计总成本。图表 5—7 中的“总生产成本”一列描述了步骤 3 并汇总了 2013 年 3 月应计总成本为 62 280 美元（期初在产品 26 100 美元与本期投入的成本 36 180 美元），如前面的例 3 的数据所示。

图表 5—7　2013 年 3 月太平洋电子公司装配部门步骤 3、步骤 4 与步骤 5：计算约当单位成本，汇总应计总成本，将成本分配给完工品与在产品（分步成本法下的先进先出法）

单位：美元

	A	B	C	D		E
1			总生产成本	直接材料		加工成本
2	（步骤 3）	期初在产品	26 100	18 000		8 100
3		本期投入成本	36 180	19 800		16 380
4		应计总成本	62 280	37 800		24 480
5						
6	（步骤 4）	本期投入成本		19 800		16 380
7		除以本期约当产量（图表 5—6）		÷275		÷315
8		本期约当单位成本		72		52
9						
10	（步骤 5）	成本分配				
11		完工并结转（400 单位）				
12		期初在产品（225 单位）	26 100	18 000	+	8 100
13		本期投入成本	4 680	(0^{a}×72)	+	(90^{a}×52)
14		来自期初存货的总成本	30 780			
15		本期投入并完工（175 单位）	21 700	(175^{b}×72)	+	(175^{b}×52)
16		完工并结转产品的总成本	52 480			
17		期末在产品（100 单位）	9 800	(100^{c}×72)	+	(50^{c}×52)
18		实计总成本	62 280	37 800	+	24 480
19						

a. 来自图表 5—6 中步骤 2 的完工期初在产品的约当产量。
b. 来自图表 5—6 中步骤 2 的本期投入并完工的约当产量。
c. 来自图表 5—6 中步骤 2 的期末在产品的约当产量。

步骤 4：计算约当单位成本。图表 5—7 说明，步骤 3 仅计算了本期的直接材料与加工成本完成的约当产量的单位成本。例如，加工成本的约当单位成本 52 美元由本期加工成本 16 380 美元除以本期加工成本的约当产量 315 计算得到。

步骤 5：将成本在在产品和产成品之间分配。图表 5—7 说明了先进先出法下的成本分配。本期投入的生产成本先用于完成期初在产品，然后用于本期投入并完工转出的产品，最后才形成本期期末在产品成本。步骤 5 考虑了图表 5—6 中步骤 2 计算的各种约当产量，并计算了它们的金额（使用了步骤 3 计算出的约当单位成本）。目标是确定本期来自期初在产品与本期投入的完工并结转产品及期末在产品的总成本。

在 400 单位的完工产品中，225 单位来自期初存货，175 单位是本期投入并完工的。先进先出法从将期初在产品存货的成本 26 100 美元分配给最先完工并结转的产品开始。如我们在步骤 2 中看到的，本期还需要投入 90 单位约当产量的加工成本来完成这些产品。本期约当产量单位加工成本是 52 美元，所以还需要 4 680 美元（90×52）来完成期初在产品。期初在产品的总成本是 26 100＋4 680＝30 780（美元）。本期投入并完工的 175 单位产品由 175 单位的直接材料与 175 单位的加工成本组成。这些产品本期的单位成本是直接材料 72 美元，加工成本 52 美元，总成本是 21 700 美元［175×(72＋52)］。

在先进先出法下，期末在产品存货一定是本期投入生产但尚未完工的产品。期末 100 单位部分完工的在产品存货的总成本包括：

直接材料：	
100 单位×3 月约当单位成本 72 美元	7 200 美元
加工成本：	
50 单位×3 月约当单位成本 52 美元	2 600 美元
3 月 31 日在产品总成本	9 800 美元

下面的表格汇总了图表 5—7 中的应计总成本与实计总成本。注意，在先进先出法下，期初在产品层与本期投入的成本层是分开的。箭头表明了每层成本的去向——完工并结转的产品或期末在产品。请确保在计算来自期初存货的完工品的成本时，包含了期初在产品的成本（26 100 美元）。

应计总成本(美元)		采用先进先出法计算的实际总成本(美元)	
		完工并结转	
期初在产品	26 100 →	期初在产品	26 100
本期投入成本	36 180 →	用来完成期初在产品	4 680
	→	本期投入并完工	21 700
		完工并结转	52 480
	→	期末在产品	9 800
应计总成本	62 280	实计总成本	62 280

在深入讨论前，请回顾图表 5—6 与图表 5—7，深刻理解先进先出法。注意：图表 5—6 处理的只是实物产量与约当产量，而不是成本。图表 5—7 则说明了成本金额。

先进先出法下的会计分录与加权平均法下的会计分录基本相同，只有下面的一个差异：在先进先出法下记录完工并结转产品的成本是 52 480 美元，在加权平均法下则是 52 000 美元。

□ 5.4.3 加权平均法与先进先出法的比较

2013 年 3 月加权平均法和先进先出法下产成品与在产品之间的成本分配如下表

所示（单位：美元）：

	加权平均法 (1)	先进先出法 (2)	差异 (3)=(2)-(1)
完工并结转产品的成本	52 000	52 480	+480
期末在产品	10 280	9 800	-480
实计总成本	62 280	62 280	

加权平均法下的期末存货比先进先出法下的高出480美元，比例为4.9%（480÷9 800=0.049或4.9%）。如果同时考虑太平洋电子公司生产的上千种商品，这一差异将变大。本例中，加权平均法下的销售成本低于先进先出法下的数据，从而使得相应的营业利润和所得税都较高。为了查明产生差异的原因，让我们回顾图表5—2的数据：期初存货的直接材料约当单位成本是80美元，加工成本的约当单位成本是60美元，这些成本分别比本期直接材料的约当单位成本72美元、加工成本的约当单位成本52美元更高。由于直接材料的价格或产品的加工成本下降，或者由于太平洋电子公司的加工过程更有效率，使用较少的投入可以得到相同的产出，因此，成本可能更低。

对于装配部门而言，先进先出法假定：(1) 成本较高的期初在产品存货首先加工完工并结转；(2) 期末在产品存货由本期较低成本的产品组成。加权平均法则通过完工并结转更多低成本的产品以及将部分高成本的产品留在期末存货中来平滑约当单位成本。与先进先出法相比，加权平均法下本期约当单位成本的下降导致完工并结转产品的单位成本较低，而期末在产品成本较高。随着单位成本和存货水平差异逐期下降，加权平均法和先进先出法下完工产品的单位成本差异也会下降。①

当完工产品成本在两种方法（加权平均法与先进先出法）下出现重大差异时，管理者应选择哪种方法呢？在价格下降期，如太平洋电子公司的案例所示，先进先出法下较高的销售成本将导致更低的经营利润和应缴税费，从而节约公司现金并提高公司价值。先进先出法是管理者偏好的一种选择，但事实上管理者也可能不会选择这种方法。例如，如果管理者的薪酬与经营利润相关，则管理者会倾向于选择加权平均法，这种方法有助于增加经营利润，甚至导致更高的应缴税费。高级管理者应当合理设计薪酬契约，以促使管理者做出有利于增加公司价值的决策。例如，除了依据经营利润外，还应依据税后现金流制定薪酬计划，以确保管理者的决策与业绩评价相一致。

有时，选择分步成本法会比较困难。例如，使用先进先出法时公司会违背债务契约（公司和债权人之间的协议，规定公司必须符合一定的财务指标），从而导致贷款终止。在此情况下，由于公司没有足够的流动性用于偿还债务，管理者可能会偏好加权平均法，尽管这会导致更高的税负。

在价格上升期，加权平均法将降低税费，因为销售成本上升引起经营利润下降。与之前的原因一样，管理者此时也可能不会选择这种方法。下面的“实例”专栏介绍

① 例如，假定3月的期初存货是125单位实物而不是225单位，并且假定本期的约当单位成本为直接材料75美元，加工成本55美元，其他数据与前文例子中的一样。那么，加权平均法与先进先出法下的完工产品成本分别为52 833美元与53 000美元，期末存货的成本分别是10 417美元与10 250美元。它们的差异远远小于本章中的例子。加权平均法下的期末存货成本比先进先出法下的仅仅高出167美元（10 417-10 250），或者1.6%（167÷10 250=0.016或1.6%），而不是前文例子中的4.9%。

了埃克森是如何使用后进先出法（last-in，first-out，LIFO，本章没有介绍）避税的。①

成功之匙

公司一般使用两种分步成本法：加权平均法和先进先出法。加权平均法通过总成本除以产成品总约当产量来分配期末在产品的单位成本。先进先出法仅基于本期发生的成本和约当产量计算单位成本。管理者一般基于其对税费、经营利润和债务契约的考虑来选择这两种方法。

实 例 **为什么埃克森美孚使用后进先出法？**

2012 年，埃克森美孚以 2011 年 4 520 亿美元收入和超过 410 亿美元利润居于《财富》500 强中美国上市公司榜首。然而，需要理解埃克森美孚所用的一种利润衡量方法。埃克森美孚在财务报告和纳税申报中使用后进先出法。在这种方法下，埃克森美孚基于最新的原油价格计量产品的销售成本，尽管其实际的原油成本往往更低。这种方法增加了销售成本，从而降低了利润和应缴税费。

存货成本的分配是分步成本法的一个重要环节，公司对成本法的不同选择会导致完全不同的利润。例如，在使用后进先出法的情况下，埃克森美孚 2011 年的净利润可能超过 35 亿美元。而且，如果埃克森美孚在前一年度也使用后进先出法，它这些年的经营利润将超过 256 亿美元，假定边际税率约为 35%，则将导致额外的 90 亿美元税负。

资料来源：Based on Exxon Mobil Corporation，2012. *2011 Annual Report*，Irving，TX：Exxon Mobil Corporation；Izabella Kaminska，"Shell，BP，and the increasing cost of inventory，" *Financial Times*，"FT Alphaville" blog (April 29，2010)；and David Reilly，"Big oil's accounting methods fuel criticism，" *The Wall Street Journal* (August 8，2006).

□ 5.4.4 应用预算率

当大规模生产同质或类似的产品时，管理者使用分步成本法。生产类似的产品意味着容易对每生产一单位产品的投入进行预算。每单位投入的预算成本（标准投入成本）乘以每单位产出的预计投入数量（标准投入），可得每单位产出的预算成本（产品的标准成本）。

加权平均法和先进先出法在加工行业的使用将变得很复杂，此类行业包括纺织业、陶瓷业、涂料业和包装食品业，以及生产类似产品的行业。例如，一个轧钢厂用不同种类的钢生产多种规格和饰面的钢产品，用到不同种类的直接材料和一些类似的操作流程，从而产出一系列不同的产品。在这样的例子中，如果管理者使用广义的加权平均分步成本法，则每种产品的成本都将不准确。因此，这些行业的管理者一般使用标准分步成本法。

在标准成本法下，工艺工程师、运营主管和管理会计团队依据每种产品的生产工艺和规格，共同制定每一约当产量的标准成本。识别每种产品的标准成本可以消除将所有产品按单一的平均成本计算的弊端。

---

① 在阅读专栏时，不熟悉后进先出法的同学只需要知道：在价格上升期，后进先出法比加权平均法使经营利润和税费下降更多。

标准成本法的应用与之前讨论的先进先出法基本相同，唯一的区别在于，每单位产品的标准材料成本和直接加工成本在年初就已制定。假设太平洋电子公司2013年为直接材料制定的每一约当产量标准成本为74美元，加工成本的每一约当产量标准成本为54美元。则所有的成本都根据这一标准金额分配到产成品和在产品中。在年末，分配给产品的标准成本和实际成本之间的误差将在第13章进行阐述并加以分析。

5.5 混合成本制度

产品成本制度并不完全划分为分批成本法与分步成本法。以福特汽车公司为例，汽车可能是在连续的流程中生产出来的（这适用分步成本法），但是它的单个产品又因为发动机型号、传输系统、音乐系统等的组合而成为定制化产品（这要求使用分批成本法）。**混合成本制度**（hybrid costing system）综合了分批成本法与分步成本法两者的特点。许多生产系统是混合的：既有顾客订单生产又有批量生产。管理者需要设计出适应不同生产系统特征的产品成本系统。

拥有相对广泛而又紧密相关的标准化产品（比如，电视机、洗碗机、洗衣机）的生产商倾向于采用混合成本制度，分步成本法用以核算加工成本，分批成本法用以核算材料成本和定制组件。例如，耐克允许追求新潮运动鞋的顾客自行设计款式。运动服饰厂商一般为专业运动员设计个性化定制鞋，耐克通过让消费者设计自己的鞋和服装进一步发展了这种创意。顾客可以通过互联网或移动设备登录耐克账号来定制服装，如自己设定颜色和款式的乔丹牌运动鞋（下面的“实例”专栏介绍了Mi Adidas定制运动鞋的混合成本制度）。接下来将介绍混合成本制度中的一种普通类型——工序成本制度。

实　例　　Mi Adidas定制运动鞋的混合成本制度

Mi Adidas运动鞋的定制服务可以在网上（adidas. com）和全球25个阿迪达斯直销店实现。顾客可以从7种运动和休闲系列的超过25种款式中作出选择。阿迪达斯提供个性化定制服务以提高业绩水平和改进产品设计。一旦这种设计被用于生产或被购买，其生产数据将转移至生产车间，该产品将直接向消费者开放订购和发货。

阿迪达斯使用混合成本制度。核算个性化定制需要使用工序成本制度，但生产运动鞋的工序相似，使其适用分步成本法。生产每双鞋的成本可用总生产成本除以生产数量得到。换句话说，尽管每双鞋都不同，但其加工成本大致相等。

定制和批量生产的结合被称为批量定制化。这是对重要顾客信息数据化的结果。公司允许定制的许多产品都可以批量生产（如个人电脑、牛仔裤和自行车），但仍需要对材料采用批量成本法并进行适当的人为干预。然而，随着生产系统的变化，公司需要用分步成本法核算标准化的加工成本。

资料来源：Based on “Jordan Spik'ize on NikeID,” Nike, Inc. press release. Beaverton, OR, April 24, 2012; Marina Kamenev, “Adidas' high tech footwear,” *Businessweek* (November 3, 2006); “Nike designs can get personal,” *Los Angeles Times* (May 30, 2005); and Ralf Seifert, “The ‘mi adidas’ mass customization initiative,” IMD No. 159. Lausanne, Switzerland: International Institute for Management Development, 2003.

□ 5.5.1 工序成本制度概述

工序（operation）是重复执行的标准方法或技术，通常加工不同的材料得到不同的产品。一个车间通常执行多种工序。例如，服装生产人员可能在一个车间完成切割工序与卷边工序。工序的概念比较宽泛。它可能是车间或加工过程的同义词。例如许多公司将它们的完工车间称为完工过程或完工工序。

工序成本制度（operating-costing system）是一种混合成本制度，它适用于批量生产相似但不相同的产品。每批产品都可以视为一个标准设计的变异，并且经过一系列工序。但是某批产品并不一定与其他批产品经过相同的工序。在同一道工序，所有的产品被同等对待，使用相同的工序资源。生产批别也常称为生产周期。

在生产服装的公司，管理者可能对生产的服装选择一种基本设计。根据具体的要求，每批服装可能有所不同。有的可能使用毛料，有的可能使用棉布。有的要求特殊的手工缝纫，有的则用机器缝纫。其他按批别生产的产品有半导体、纺织品与鞋。

工序成本制度采用工作任务单，工作任务单详细规定了所需的直接材料与步骤工序。产品成本根据工作任务单而定。以分批成本法为例，不同工作任务单用到的不同材料都应追溯到各自的工作任务单。对于给定的工序，每件产品消耗相同数量的加工成本。对于每一道工序，都计算一个唯一的平均单位加工成本，由总加工成本除以经过这道工序的总数量得到。加工成本要平均分配给经过这道工序的产品。本章的例子假设只有两种成本类别：直接材料与加工成本，但工序成本制度可能不止两个成本类别，每种类别中的成本与采用适当的分批或分步成本法的特定工作任务单一致。

因为工序成本制度关注实物流程的控制或给定生产系统的工序，所以管理者发现在成本管理中工序成本制度很有价值。例如，在布料生产中，管理者很关注布料的浪费、一次切割布料的层数等。工序成本核算从财务角度衡量了管理者对实物流程的控制。

□ 5.5.2 工序成本制度的例子

Baltimore 公司是一家服装生产商，为专卖店生产两种运动夹克。毛料夹克比聚酯夹克使用更高质量的原料、经过更多的工序。生产 50 件毛料夹克的工作任务单 423＃、生产 100 件聚酯夹克的工作任务单 424＃的有关信息如下：

	工作任务单 423＃	工作任务单 424＃
直接材料	毛料	聚酯面料
	缎全衬	人造丝部分衬
	骨制扣	塑料扣
工序		
1. 切割布料	使用	使用
2. 检测布边	使用	不使用
3. 缝纫主体	使用	使用
4. 检测接缝	使用	不使用
5. 机器缝制领子与翻领	不使用	使用
6. 手工缝制领子与翻领	使用	不使用

2013 年 3 月投入并完工的成本数据如下：

	工作任务单 423＃	工作任务单 424＃
夹克数量（件）	50	100
直接材料成本（美元）	6 000	3 000
加工成本分配（美元）		
工序 1	580	1 160
工序 2	400	—
工序 3	1 900	3 800
工序 4	500	—
工序 5	—	875
工序 6	700	—
总生产成本	10 080	8 835

假定对某一特定工序，所有的产品都消耗其相同数量的加工成本。Baltimore 公司的工序成本制度采用预算分配率来分配每道工序的加工成本。工序 1 的预算加工成本分配率为（数据是假设的）：

2013 年工序 1 的预算加工成本分配率
＝2013 年工序 1 的预算加工成本/2013 年工序 1 的预算产量
＝232 000/20 000
＝11.60（美元/件）

工序 1 的预算加工成本包含人工、动力、维修、供料、折旧与这道工序的其他费用。如果存在没有完工的产品（工序 1 的所有产品没有相同数量的加工成本），那么，加工成本分配率就应该由预算加工成本除以约当产量得到。

随着产品被加工，加工成本要分配给经过工序 1 的工作单，由单位加工成本乘以加工的产品数量得到。50 件毛料夹克的工序 1 的加工成本为 11.60×50＝580（美元），100 件聚酯夹克的工序 1 的加工成本则是 11.60×100＝1 160（美元）。如果工作任务单 424＃只有 75 件，则成本为 870 美元（11.60×75＝870）。如果使用约当产量计算分配率，则根据约当产量单位加工成本与约当产量之积将成本分配给工作任务单。直接材料成本则与分批成本法下确认的材料成本一样，50 件毛料夹克（工作任务单 423＃）的直接材料成本是 6 000 美元，100 件聚酯夹克（工作任务单 424＃）的直接材料成本是 3 000 美元。单位加工成本被假定是相同的，与工作任务单无关，直接材料成本则因工作任务单的不同而不同，因为每一工作任务单使用的材料不同。

□ 5.5.3 会计分录

假设工作任务单 424＃需要 3 000 美元的直接材料，工序 1 用了 2 975 美元，剩余的 25 美元材料用于其他工序。聚酯夹克工序 1 中的成本分配会计分录如下表所示。毛料夹克的分录与此类似。这笔分录记工序 1 所用的直接材料 2 975 美元，聚酯夹克工序 1 发生的加工成本 1 160 美元，结转 100 件聚酯夹克（成本为 2 975 美元＋1 160 美元）至工序 3（聚酯夹克无须经过工序 2）。

在产品，工序 1

①直接材料	2 975	③转入工序 3	4 135
②加工成本分配	1 160		
期末存货（3 月 31 日）	0		

夹克的成本在工序之间流转，夹克在工序中被加工直到成为产成品。在全年内，成本被加入加工成本账户与加工成本分配账户。与分批成本法下制造费用的多分配或少分配一样，成本分配中的任何多分配或少分配以相同的方式得到处理。

成功之匙

许多生产系统既有顾客定制生产又有批量生产。在这种情况下，管理者使用结合了分批成本法和分步成本法的混合成本制度。管理者通常会选择能够匹配生产系统的成本核算方法。

5.6 联合成本与共同成本的分配

前面提到的分步成本法的例子仅基于单一产品：SG-40 手机，通过分步成本法计算确定分配到完工产品和期末在产品存货的成本。换句话说，分步成本法关注成本在当期（完工产品成本）和下一期（期末在产品存货成本）之间的分配。然而，有的步骤会产出不止一种产品，有的步骤会存在多个使用者共担成本的情况。这种情况将导致联合成本分配和共同成本分配。

□ 5.6.1 联合成本的分配

联合成本（joint costs）是指同时生产出多种产品的生产流程的成本。例如，对煤进行蒸馏，可以得到焦炭、煤气和其他产品。蒸馏过程产生的成本被称为联合成本。联合成本中的一个或多个产品被分别确认的时点就称作**分离点**（splitoff point）。例如，煤变成焦炭、煤气和其他产品的时点就是分离点。**可分属成本**（separable costs）是在分离点之后发生的能归属于一个或多个单独产品的成本（如生产、营销与分销等成本）。

问题在于当所有产品一起生产时（不可能在不产生副产品的情况下单独产出某一产品），怎样把联合成本分配到两种或更多的产品中去。在本节，我们将描述管理者面临的基本问题，但明细核算超出了本书的范围。

管理者对联合成本分配的关注点主要在于计算个别产品的销售成本和存货价值。但是，由于没有直接的方法可用于分配与个别产品相连的副产品成本，联合成本的分配往往比较随意。管理者应该选择哪种方法呢？最普遍的方法是基于分离点的产品销售价值（衡量联合处理中个别产品的受益情况）分配成本。如果产品在分离点的销售价值不可得，管理者往往用产品进一步加工后的销售价值减去可分属成本来估计。联合成本分配的随意性较大，管理者选择方法的自主裁量权较大，这与分步成本法中的加权平均法和先进先出法的选择不同。

□ 5.6.2 共同成本的分配

管理者有时需要估计共同成本。**共同成本**（common cost）是指两个或多个使用者共同使用某设备、作业或类似成本对象而产生的成本。共同成本的存在是因为通过共享可使每个使用者的成本比各自经营时更低。考虑下面的情形：Delpin 公司和 Cambry 公司承担净化某些地方的环境的责任，为了清理自己的垃圾，Delpin 公司需要花费 120 百万美元，Cambry 公司需要花费 80 百万美元。如果两家公司共同清理垃圾，花费的总成本为 150 百万美元，因为存在诸如掘地等共同作业，可以一起分担并节约成本。150 百万美元是一项共同成本，因为这个金额低于两家公司单独清理垃圾的总成本（120 百万美元＋80 百万美元）。

怎样合理分配这 150 百万美元的共同成本呢？有两种常用的方法：独立成本分配法和增量成本分配法。

□ 5.6.3 独立成本分配法

独立成本分配法（stand-alone cost-allocation method）根据成本对象的各个使用者的信息决定成本分配的权重，每个使用者被视为独立实体。对于 150 百万美元的共同成本，将分开的（独立的）成本信息（120 百万美元与 80 百万美元）作为决定分配权重的依据：

Delpin 公司：120/(120＋80)×150＝0.60×150＝90（百万美元）

Cambry 公司：80/(80＋120)×150＝0.40×150＝60（百万美元）

这种方法的提倡者总是强调其公允或公正的标准。它之所以被视为公平的，是因为每个雇主都承担了与各自独立成本相对应的总成本中的那部分。

□ 5.6.4 增量成本分配法

增量成本分配法（incremental cost-allocation method）按照最应对共同成本负责的使用者的次序对成本对象的各个使用者排序，然后据此把成本分配到这些使用者。成本对象的第一使用者被称为主要使用者，并作为一个独立使用者被分配成本。列于第二位的使用者被称为第一个增量使用者，只分配因两者共同使用而非主要使用者单独使用所导致的额外成本。列于第三位的使用者被称为第二个增量使用者，只分配因三者共同使用而非两者使用所导致的额外成本，依此类推。

为了理解这一方法如何使用，我们假设 Delpin 公司为主要使用者，因为它净化环境的责任更大，则成本分配如下（单位：百万美元）：

公司	成本分配	累积成本分配
Delpin 公司	120	120
Cambry 公司	30（150－120）	150
合计	150	

Delpin公司需要承担它的全部成本，总成本中未被分配的部分分摊给Cambry公司。如果Cambry公司被视为主要使用者，成本分配为：Cambry公司80百万美元（独立成本），Delpin公司70百万美元（150百万美元−80百万美元）。当使用者多于两个时，就需要将各个使用者进行排序（如按照它们对环境的破坏程度排序）。

在增量成本分配法下，一般来说主要使用者分摊到的共同成本最高。使用这种方法的难题在于，每个使用者都乐于被视为增量使用者！

在这种情况下，管理者可采用独立成本分配法来避免纠纷。另一种方法是Shapley价值法，这种方法把每个使用者都先视为主要使用者，再视为增量使用者。如先前的计算所示，将Delpin公司视为主要使用者时分配120百万美元，视为增量使用者时分配70百万美元，平均为95百万美元。将Cambry公司视为主要使用者时分配80百万美元，视为增量使用者时分配30百万美元，平均为55百万美元。Shapley价值法给每个使用者分配作为主要使用者和增量使用者的平均成本：Delpin公司95百万美元，Cambry公司55百万美元。①

正如之前的讨论，共同成本的分配方法并不明确，容易产生纠纷。在可行的情况下，管理者应当提前制定分配方法。如果没有制定，管理者应当慎重考虑该分配方法对每个使用者的公平性，而非盲目地采用某一种方法。

学习自测

Allied Chemicals公司在它的塑料工厂运行三道加工工序中的第二道工序——热电装配。用于热电装配的直接材料在工序结束时投入，加工成本均匀投入。下面是该热电装配车间2013年6月的有关数据资料：

	A	B	C	D
1		实物产量	直接材料	加工成本
2	期初在产品存货	50 000		
3	期初在产品完工程度		0%	80%
4	本期转入	200 000		
5	本期完工并结转	210 000		
6	期末在产品存货	?		
7	期末在产品完工程度		0%	40%

要求：

1. 计算加权平均法和先进先出法下的约当产量。

2. 说明热电装配车间的管理者在计算约当产量时应主要关注什么。

解答

1. 加权平均法采用截至目前投入的约当产量来计算约当单位成本。计算如下：

---

① 关于Shapley价值法的进一步讨论可以参考：J. Demski，“Cost Allocation Games”，in *Joint Cost Allocations*，ed. S. Moriarity，(University of Oklahoma Center for Economic and Management Research，1981)；L. Kruz and P. Bronisz，“Cooperative Game Solution Concepts to a Cost Allocation Problem，” *European Journal of Operations Research* 122 (200)：258−271.

	A	B	C	D
1		（步骤1）	（步骤2）	
2			约当产量	
3	生产流	实物产量	直接材料	加工成本
4	期初在产品	50 000		
5	本期投入	200 000		
6	应计	250 000		
7	本期完工并结转	210 000	210 000	210 000
8	期末在产品[a]	40 000[b]		
9	（40 000×0%；40 000×40%）		0	16 000
10	实计的完工品	250 000		
11	完工品的约当产量		210 000	226 000
12				

a. 本部门完工程度：直接材料0%；加工成本40%。
b. 250 000单位实物产量减去完工并结转的210 000单位。

2. 先进先出法采用本期投入的约当产量来计算约当单位成本。计算如下：

	A	B	C	D
1		（步骤1）	（步骤2）	
2			约当产量	
3	生产流	实物产量	直接材料	加工成本
4	期初在产品	50 000		
5	本期投入	200 000		
6	应计	250 000		
7	本期完工并结转			
8	来自期初在产品[a]	50 000		
9	[50 000×(100%−0%)；50 000×(100%−80%)]		50 000	10 000
10	本期投入并完工	160 000[b]		
11	（160 000×100%；160 000×100%）		160 000	160 000
12	期末在产品[c]	40 000[d]		
13	（40 000×0%；40 000×40%）		0	16 000
14	实计的本期完工品	250 000		
15	本期完工品的约当产量		210 000	186 000
16				

a. 本部门完工程度：直接材料0%；加工成本80%。
b. 完工并结转的210 000单位减去来自期初存货的完工并结转的50 000单位。
c. 本部门完工程度：直接材料0%；加工成本40%。
d. 250 000单位物产量减去完工并结转的210 000单位。

3. 热电装配车间的管理者需要认真细致地估计完工程度。估计的过程会受衡量和判断误差以及精确环境下不可避免的偏误的影响。例如，部门管理者为了显示更好的业绩，可能会报告一个较高的完工程度，从而导致高估经营利润。如果当期的业绩非常好，部门管理者可能会报告一个较低的完工程度，减少当期的经营利润。这将减少期末存货成本，从而减少下期期初的存货成本。换句话说，对完工程度的估计可用于平滑从当期到下期的盈余。

热电装配车间的管理者应该通过询问部门经理

特定的细节问题来确保他们的估计过程是一致且合理的。管理者应强调准确信息的重要性，无论它会对报告的业绩产生何种影响。

决策要点

下面是对本章学习目标的总结，决策问题代表与学习目标相关的关键问题，指南则是对该问题的回答。

决策问题	指南
1. 分步成本法的适用范围是怎样的？	当生产大量相似或类似的产品时，采用分步成本法来确定产品或服务的成本。适用这一方法的行业有食品业、纺织业和炼油业等。
2. 无存货时怎样计算平均单位成本？	平均单位成本通过给定会计期间的总成本除以当期的总产量得到。
3. 分步成本法的五个步骤是什么？怎样计算约当产量？	分步成本法的五个步骤是：（1）汇总实物产量；（2）计算约当产量；（3）汇总应计总成本；（4）计算约当单位成本；（5）将总成本分配给产成品和期末在产品。 约当产量是一种导出的产出数量：（a）考察完工产品与在产品的每种投入（产品要素）数量；（b）将上述投入数量转化为用这些投入可以全部完工的产品数量。
4. 什么是分步成本法下加权平均法，什么是先进先出法？在什么情况下两种方法产生的经营利润水平不同？	加权平均分步成本法将截至本期期末的约当产量全部成本分配给在产品和完工品。 先进先出分步成本法根据由本期发生的成本与本期投入得到的约当产量计算单位成本。 两种方法在下面两种情况下会产生不同的经营利润：（1）直接材料或加工成本的约当产量单位成本在各期之间变化显著；（2）在产品的实物存货水平比完工并结转的产成品数量更大。
5. 什么是工序成本制度？它什么时候是成本核算的较好方法？	工序成本制度是一种结合了分批成本法（用于直接材料）和分步成本法（用于加工成本）的混合成本制度。当生产系统既有顾客定制生产又有大批量生产时，这种方法能更好地计算产品成本。
6. 管理者为什么要分配联合成本和共同成本？怎样分配？	管理者通过分配联合成本（同时产出多种产品的成本）来计算已售产品成本和个别产品存货价值，通常基于分离点的产品销售价值（受益程度）进行分配。管理者通过分配共同成本来确定每个使用者的公平成本份额，通常使用独立成本分配法、增量成本分配法和Shapley价值法来分配成本。

重要术语

common cost　共同成本
equivalent units　约当产量
first-in, first-out (FIFO) process-costing method　先进先出分步成本法
hybrid-costing system　混合成本制度
incremental cost-allocation method　增量成本分配法
joint costs　联合成本
operation　工序
operation-costing system　工序成本制度

separable costs　可分属成本
splitoff point　分离点
stand-alone cost-allocation method　独立成本分配法
weighted-average process-costing method　加权平均分步成本法

作　业

简答题

5—1　在分步成本法下，为什么要把成本分为两类？

5—2　解释约当产量。为什么在分步成本法下需要计算约当产量？

5—3　在计算约当产量时关键的管理问题是什么？

5—4　描述加权平均法在产成品和在产品之间分配成本的独有特征，并与先进先出法分配产成品和在产品成本的特征区分开来。

5—5　管理者在选择分步成本法时应考虑什么因素？

5—6　“在使用分步成本法的情形下特别适用预算率。”你是否赞同这一说法？简要解释。

5—7　描述混合成本制度。

5—8　“许多公司既需要用分步成本法又需要用分批成本法。”你是否赞同这一说法？简要解释。

5—9　“我没有必要为在分步成本法下可以就加权平均法还是先进先出法作出选择而兴奋，因为我和材料供应商签订了固定价格的长期合约。”你同意工厂管理者的这种说法吗？简要解释。

5—10　“管理者必须慎重选择分配联合成本的方法。”你是否赞同这一说法？简要解释。

练习题

5—11　（期初存货为零，直接材料在期中投入）Felding 化工厂有一个混合车间和一个提炼车间。在混合车间采用分步成本法，包括两种直接材料投入（化工原料 P 和化工原料 Q）、一种加工成本。下面是混合车间 2013 年 7 月的数据资料（单位：美元）：

产量：	
在产品（7 月 1 日）	0
本期投入	53 500
本期完工并结转	39 000
成本：	
化工原料 P	374 500
化工原料 Q	117 000
加工成本	249 375

其中，化工原料 P 在混合车间工序的一开始投入，化工原料 Q 则在产品完工程度达到 3/4 时投入。加工成本在整个过程中均匀投入。期末混合车间在产品存货的完工比率为 2/3。

要求：

1. 为每一成本要素计算 2013 年 7 月的约当产量。

2. 说明管理者在复核约当产量的计算时应关注什么问题。

3. 计算：(a) 7 月完工并转入提炼车间的产品成本；(b) 2013 年 7 月 31 日的在产品成本。

5—12　（加权平均法与约当产量）下面是 Cranberry 钟表公司装配部门的有关数据，装配部门采用的是分步成本法下的加权平均法。

	实物产量（钟表）	直接材料（美元）	加工成本（美元）
期初在产品（5 月 1 日）[a]	100	547 100	141 600
2013 年 5 月投入	510		
2013 年 5 月完工	450		
期末在产品（5 月 31 日）[b]	160		
2013 年 5 月投入成本		3 585 600	1 748 460

a. 完工程度：直接材料 80%，加工成本 35%。
b. 完工程度：直接材料 80%，加工成本 80%。

要求：

1. 计算直接材料与加工成本的约当产量。说明第一栏的实物产量。

2. 说明管理者在复核约当产量的计算时应关注什么问题。

5—13 (加权平均法与分配成本)(续练习题5—12)。

要求:根据练习题5—2中的数据,计算直接材料与加工成本的约当单位成本、应计总成本,并将成本分配给完工品与期末在产品。

5—14 (先进先出法与约当产量)参考练习题5—12中的信息,假设钟表装配部门采用分步成本法下的先进先出法而不是加权平均法。

要求:

1. 计算直接材料与加工成本的约当产量。说明第一栏的实物产量。

2. 说明管理者在复核约当产量的计算时应关注什么问题。

5—15 (先进先出法与分配成本)(续练习题5—14)。

要求:

1. 根据练习题5—12中的数据,采用先进先出法计算直接材料与加工成本的约当单位成本、应计总成本,并将成本分配给完工产品与期末在产品。

2. 根据练习题5—13,Cranberry公司的管理者应该选择加权平均法还是先进先出法呢?简要解释。

5—16 (加权平均法与分配成本)Fielding公司是一家以单一生产部门生产癌症治疗药的生物技术公司。直接材料在工序初期投入,加工成本均匀投入。Fielding公司采用分步成本法下的加权平均法。下面是公司2013年7月的相关资料。

	实物产量	约当产量	
		直接材料	加工成本
期初在产品(7月1日)	8 700[a]	8 700	1 305
2013年7月投入	34 500		
2013年7月完工	32 000	32 000	32 000
期末在产品(7月31日)[b]	11 200[b]	11 200	7 840

a. 完工程度:直接材料100%,加工成本15%。
b. 完工程度:直接材料100%,加工成本50%。

2013年7月总成本 单位:美元

期初在产品		
直接材料	61 500	
加工成本	43 200	104 700
7月投入的直接材料		301 380
7月投入的加工成本		498 624
应计总成本		904 704

要求:

1. 计算直接材料与加工成本的约当单位成本。

2. 汇总应计总成本,并将成本分配给产成品与期末在产品。

5—17 (先进先出法与分配成本)

要求:

1. 采用先进先出法做练习题5—16。注意,你首先需要计算本期投入(直接材料与加工成本)的约当产量,本期投入用来先完成期初在产品,再完成本期投产,最后生产期末在产品。

2. 根据练习题5—16,Fielding公司的管理者应该选择加权平均法还是先进先出法呢?简要解释。

5—18 (加权平均法)Hoffman公司在它的迈阿密工厂生产汽车座椅。每个汽车座椅都经过装配部门,然后到检测部门。这里仅关注公司的装配部门。公司的成本核算系统将成本分为单一的直接成本类(直接材料)和单一的间接成本类(加工成本)。直接材料在装配部门的期初投入,加工成本则均匀投入。当装配部门完成汽车座椅的装配后,就立即将之转移至检测部门。

Hoffman公司使用分步成本法下的加权平均法。2013年10月装配部门的数据如下:

	实物产量(汽车座椅)	直接材料(美元)	加工成本(美元)
期初在产品(10月1日)[a]	4 000	1 248 000	241 650
2013年10月投入	22 500		
2013年10月完工	26 000		
期末在产品(10月31日)[b]	500		
2013年10月投入成本		4 635 000	2 575 125

a. 完工程度:直接材料?%,加工成本45%。
b. 完工程度:直接材料?%,加工成本65%。

要求：

1. 计算装配部门每一成本因素的约当产量。说明第一栏的实物产量。

2. 管理者在复核约当产量的计算时应注意什么问题？

3. 汇总装配部门 2013 年 10 月每一成本种类的应计总成本，并计算约当单位成本。

4. 将总成本在产品与完工并结转的产成品之间进行分配。

5—19 （T 形账户）（续练习题 5—8）。

要求：建立所用的直接材料和发生的加工成本的 T 形账户，并结转至产成品成本。

5—20 （先进先出法）（续练习题 5—8）。

要求：

1. 利用分步成本法下的先进先出法做练习题 5—8。解释两种方法下装配部门约当单位成本的差异。

2. 说明 Hoffman 公司的管理者应该选择加权平均法还是先进先出法。简要解释。

5—21 （加权平均法）Porter Handcraft 公司为大型零售商生产相框。每个相框都要经过两个车间：装配车间和装饰车间。这里仅关注装配车间。公司的分步成本系统包括一种直接成本（直接材料）、一种间接成本（加工成本）。直接材料在装配车间完工 5%时投入，加工成本在装饰车间的加工过程中均匀投入。

公司使用分步成本法下的加权平均法。下面是 2013 年 4 月装配车间的相关数据：

	实物产量（相框）	直接材料（美元）	加工成本（美元）
期初在产品（4 月 1 日）[a]	120	2 140	2 916
2013 年 4 月投入	485		
2013 年 4 月完工	445		
期末在产品（4 月 30 日）[b]	160		
2013 年 4 月投入成本		18 430	9 315

a. 完工程度：直接材料 100%，加工成本 40%。
b. 完工程度：直接材料 100%，加工成本 5%。

要求：

1. 汇总 2013 年 4 月装配车间应计总成本，并在产成品与在产品之间进行成本分配。

2. 说明管理者应关注约当产量计算中的什么问题。

5—22 （T 形账户）（续练习题 5—21）。

要求：根据练习题 5—21 中的要求 1，建立直接材料和加工成本的 T 形账户，并结转至完工产品成本。

5—23 （先进先出法）（续练习题 5—21）。

要求：

1. 使用先进先出法做练习题 5—21，结果保留三位小数。解释装配车间使用两种方法所造成的完工产品和在产品成本差异。

2. 说明 Porter 公司的管理者应该选择加权平均法还是先进先出法。简要解释。

章末案例

Shamrock 公司

我们在它上面开车、步行，穿着它，甚至用它刷牙。它是什么？它就是石灰石，一种用途广泛的资源，用于沥青公路、混凝土人行道、化妆品和牙膏，等等。Shamrock 公司自 20 世纪 50 年代中期以来一直是最主要的石灰石供应商。近年来，随着经营环境和当地经济的变化，公司也发生了一些改变。

石灰石是从地下 350 米处提取的，以前在地表开采，但是现在地表岩石已被开采完了。工程人员估计地下有上百万吨石灰石可供开采。

为了开采石灰石，首先要用炸药把岩石炸松。大块的石灰石被装载到 35 吨级的大卡车上，然后运到岩石粉碎工厂。Shamrock 经营着 20 个岩石粉碎工厂。Shamrock 从多个开采商那里购买大块的石灰石，然后粉碎成小块。所有的岩石都经过同样的工序。这些粉碎后的石灰石从粉碎工厂被运到顾客那里用于铺路。

由于价格很有竞争力，Shamrock 公司的管理者密切关注成本以保证经营是盈利的。主要的成本是大块石灰石的采购费、设备折旧、人工费、修理费、维护费、安全支出和环境保护费。

Eugene Johnson 是 Shamrock 公司的管理者。每个工厂都采用分步成本法。在每年年末，每个分厂的管理者都会提交生产报告和成本报告。成本数据对于评估竞争环境下不同分厂成本管理的业绩非常有用。

生产报告包括分厂管理者对完工程度的估计：(1) 期末在产品的直接材料和加工成本；(2) 厂房中的石灰石存货。Johnson 用这些估计值来计算各年完工品的直接材料和加工成本的约当产量，并在分厂之间进行成本的比较。基于直接材料的约当产量单位成本和加工成本的约当产量单位成本，对分厂从 1 到 20 进行排序。Shamrock 会给排在前三名的工厂给予奖金奖励，并把它们的成绩写进公司的新闻刊物。

Johnson 对他的评价基准所起的作用比较满意。然而，他也收到了一些匿名信，声称有两家分厂的管理者为了获得更好的排名，操纵了完工程度和石灰石存货的估计。

问题

1. 你是否同意 Shamrock 公司采用分步成本法？为什么？请给出解释。

2. Johnson 为什么可以设定标准来进行分厂之间的比较？

3. 分厂的管理者为什么要操纵对完工程度和石灰石存货的估计，是如何实施的？

4. Johnson 的第一反应是联系各分厂的管理者并讨论匿名信提到的问题，你认为这样做会有效吗？

5. 假设分厂管理者主要对上一级管理者负有报告责任，且每个管理者都接到了 Johnson 的电话询问。当分厂在报告约当产量信息和石灰石存货时，每个分厂管理者对 Eugene Johnson 和 Shamrock 公司的道德责任分别是什么？

6. Johnson 怎样才能确定分厂管理者是否操纵了约当产量和石灰石存货的数据？

7. Johnson 应该怎么做？

第6章

作业成本法与作业管理制

学习目标

1. 解释产品或服务的多计成本和少计成本。
2. 提出改进成本系统的三个指南。
3. 区分简单成本系统和作业成本系统。
4. 描述成本的四个层级。
5. 使用作业成本法计算产品或服务的成本。
6. 评估实施作业成本系统的成本和收益。
7. 解释管理者怎样使用作业成本系统进行作业管理。

一本好的推理小说总是可以激发想象力。

钱被偷了或者丢了，财产消失了或者有人犯罪了。一些外行看来毫不相关的事情可能在事实和细节披露之后才发现是相关的。为了追查案件的真相，需要了解发生了什么、为什么会发生并采取相关的行动，这些都将导致破案或失败。企业和组织也面临类似的情形，它们的成本系统也因许多尚未解决的问题而显得神秘：为什么我们有亏损？我们的产品定价准确吗？作业成本法可以帮助管理者揭开谜底，并提高经营效率。

大多数公司都会提供不止一种产品（或服务），如戴尔、甲骨文、JP摩根士丹利和本田都是如此。以戴尔为例，它会同时生产台式电脑、便携式电脑和服务器。生产这些产品需要三个基本活动：（1）设计电脑；（2）订购零部件；（3）装配。不同的产品需要不同量的这三类活动。例如，与台式电脑相比，服务器需要更复杂的设计、更多的零部件和更复杂的装配。

戴尔公司通过其作业成本系统来追踪单个活动的成本。在本章，我们将描述这种成本系统以及它如何帮助公司作出更好的生产和定价决策。我们将展示作业成本系统怎样通过提高产品设计、工艺和效率来帮助管理者进行成本管理。

本章要点

● 简单的成本系统笼统地平均分配成本，这种方法给管理者提供的产品生产中的资源配置和不同产品的毛利率信息可能不准确。

● 公司常常通过把更多的成本归类为直接成本、扩大间接成本的范围以及识别成本来源等方法来改进成本系统。

● 作业成本系统通过识别单个作业、任务或工作单元来改进成本系统。管理者利用这些作业的成本来计算产品和顾客的盈利情况。

● 成本层级基于以下信息将成本划分为不同的成本动因：（1）与单位产品或服务相关的成本；（2）与一组产品或服务相关的成本；（3）归于单个产品或服务的成本（设计成本）；（4）归于组织整体（普遍管理）的成本。

● 当间接成本占总成本的比例较高、不同的产品或服务需要不同数量的间接资源时，作业成本法更可能发挥决策优势。在这种情况下，管理者会发现，在定价、生产和工艺设计、成本削减以及工艺改进等方面，作业成本法对于决策制定十分有用。

● 实施作业成本系统的最大挑战在于确定实施和维持该成本系统的衡量指标。

6.1 广泛平均及其影响

从历史上看，公司（如电视台和汽车制造商）一般仅生产少数几种产品。这些公司仅需消耗少数资源来支持简单的运营，因而间接成本占总成本的比例相对较小。管理者使用简单的成本系统来粗略地分配间接成本，这也是一种简单、节约和合理的分配方式。但是，随着产品的多元化和间接成本的上升，广泛平均将导致不准确的产品成本。这是因为简单的"花生酱成本法"（正如字面意思所指的那样）统一地把资源成本平均分摊到成本对象（如产品或服务），而事实上，单个产品或服务可能以非平均的方式消耗了这些资源。

6.1.1 少计成本与多计成本

下面的例子阐释了平均分配如何导致不准确和误导的成本数据。假如有四个同事每月见一次面，以讨论业务发展。我们来看看他们在饭店的账单，每次的餐饮分成主菜、餐后甜点和酒水。最近一次会面的餐饮账单如下（单位：美元）：

	Emma	James	Jessica	Matthew	总计	平均
主菜	11	20	15	14	60	15
甜点	0	8	4	4	16	4
酒水	4	14	8	6	32	8
总计	15	42	27	24	108	27

如果 108 美元的账款平均分摊的话，则每人的平均成本是 27 美元。这个粗略的成本平均方法对每个人同等处理。在四个人中平均分配成本时，Emma 和 Matthew 的成本都被多计了，James 的成本则被少计了，Jessica 的成本恰巧计算准确。Emma 不得不支付平均成本 27 美元，尽管她的实际成本只有 15 美元。

广泛平均往往会导致产品（或服务）的成本少计或多计。

- **少计产品成本**（product undercosting）——产品消耗了较多的资源，报告的单位成本却较低（如 James 的餐费）。
- **多计产品成本**（product overcosting）——产品消耗了较少的资源，报告的单位成本却较高（如 Emma 的餐费）。

多计或少计产品成本会导致什么后果呢？假如管理者使用成本信息来指导定价，少计成本将使得产品定价过低，导致实质上的亏损，因为销售带来的收益实际上少于产品消耗的资源。多计成本将使得产品定价过高，导致市场份额被生产相似产品的竞争者抢占。但是，如果产品价格是市场基于公司间的竞争决定的，会怎样呢？在这里，产品成本多计或少计会导致管理者关注错误的信息，比如：关注低利润率的成本高估产品，尽管其实际成本可能是合理的；忽略看似高利润率的成本低估产品，尽管其实际消耗的资源可能过多。

□ 6.1.2 产品成本的相互补贴

产品成本的相互补贴（product-cost cross-subsidization）是指如果公司少计了某种产品的成本，那么它将多计至少一种其他产品的成本。类似地，如果公司多计了某种产品的成本，那么它将少计至少一种其他产品的成本。当使用广泛平均法时，很容易出现多种产品之间的成本相互补贴，导致管理者无法辨别每种产品消耗的资源数量。

在餐饮账单的例子中，每个人餐费的相互补贴能很容易地计算出来，因为所有成本的项目能追溯到每个人所点的餐饮上。如果所有人都付 27 美元，Emma 多付了 12 美元（她的实际成本为 15 美元）。她对 James 给予了补贴，因为 James 少付了 15 美元（他的实际成本为 42 美元）。然而，当存在间接成本时，计算相互补贴的数字就不那么简单了。为什么？因为间接成本代表的资源被两人或多人共同使用，我们需要找到一种给每个人分配成本的方法。例如，大家平摊一瓶价值 40 美元的酒的成本，每人需承担 10 美元。假如 Matthew 喝了两杯，而 Emma，James 和 Jessica 每人喝了一杯，共计五杯。如果基于每人所喝的杯数来分配成本，Matthew 需要付 16 美元（40×1/5），其他每人付 8 美元。在这个例子中，如果平摊成本，Emma，James 和 Jessica 每人将多付 2 美元，补贴 Matthew 比实际成本少付的 6 美元。

为了弄清成本平摊对间接成本和直接成本的影响，我们下面考虑 Plastim 公司的成本系统。

> **成功之匙**
> 管理者必须意识到，当产品或服务实际消耗的资源比报告的成本高（低）时，会出现成本多计或少计，这常常源于产品以非平均的方式消耗资源，而成本却平均分配给了产品。

□ 6.1.3 Plastim 公司的成本系统

Plastim 公司为汽车的尾灯生产透镜。由黑、红、橘黄或白色塑料制成的透镜是车灯的一部分。透镜是通过把融化的塑料注进灯的模具中制成的。模具冷却后，融化的塑料变硬，透镜就做好了。

按照与 Giovanni 汽车公司（一个主要的汽车生产商）的合同，Plastim 公司生产两种类型的透镜：复杂透镜 CL5 和简单透镜 S3。复杂透镜是有特殊性能的大透镜，例如采用彩铸（将多种颜色注入模子）工艺，以贴合汽车棱角且形状复杂。CL5 透镜的生产则更复杂，因为在模子中不同的部分必须精确地组装。S3 透镜的生产比较简单，因为它的颜色单一并且几乎没有特殊的性能。

□ 6.1.4 设计、生产和分销流程

不论是简单透镜还是复杂透镜，设计、生产和分销的步骤都是：

- 设计产品和流程。每年 Giovanni 汽车公司都要对简单和复杂透镜做出一些修

改。Plastim公司设计部门设计生产透镜的模子，并确定所需的生产步骤（生产运行的详细内容）。

● 生产作业。包括透镜的铸模、完成、清洗和检查。

● 装运和分销。完成的透镜被包装并发给 Giovanni 汽车公司。Plastim 公司满负荷运营并且营销成本非常低。由于产品质量高，Plastim 公司的顾客服务成本也非常低。在简单透镜上，Plastim 公司与其他公司的竞争非常激烈。在最近的一次会议中，Giovanni 汽车公司的采购部经理指出，一个只生产简单透镜的竞争者 Bandix 正打算以 53 美元的价格向 Giovanni 汽车公司提供 S3 透镜。该价格比 Plastim 公司的报价 63 美元低得多。除非 Plastim 公司降低销售单价，否则它在下一年度可能失去为 Giovanni 汽车公司生产简单透镜的业务。Plastim 公司的管理人员非常担心。幸运的是，在复杂透镜上的竞争压力不大，Plastim 将以 137 美元的价格销售给 Giovanni 汽车公司。

Plastim 公司的管理人员有不同的备选方案：

● 放弃给 Giovanni 汽车公司生产简单透镜的业务，如果它不盈利的话。Bandix 只生产简单的透镜，因此可以使用比 Plastim 更简单的技术和工艺。更简单的运营使 Bandix 具有 Plastim 无法比拟的成本优势。为此，Plastim 最好不要向 Giovanni 供应 S3 透镜。

● 降低简单透镜的价格，要么接受更小的盈利空间，要么尽力寻找方法降低成本。

为了制定长远决策，管理人员首先要了解设计、生产和销售 S3 透镜和 CL5 透镜的成本。Bandix 仅生产简单的透镜，可以用总成本除以简单透镜的产量来准确计算透镜成本。Plastim 的成本计算更复杂，因为同时存在生产简单透镜和复杂透镜的间接成本。Plastim 的管理人员和管理会计师需要找到一种为每种透镜分配间接成本的方法。

在计算成本时，Plastim 需要分配 S3 透镜和 CL5 透镜的短期固定成本和变动成本。管理者计算产品和服务的成本以指导长期决策（如，哪些产品和成本可以混合生产和销售，以及各自定价多少）。从长期来看，管理者可以影响所有成本。不管短期的变动成本和固定成本如何，公司只有在长期收入超过总成本时才能存活下去。

为了指导定价和成本管理决策，Plastim 的管理人员需要把制造费用和间接成本分配给 S3 透镜和 CL5 透镜。如果想计算存货成本，Plastim 的管理会计师根据《公认会计准则》的规定，仅需给透镜分配制造费用。关于全球企业的调查显示，许多公司使用成本系统不仅是为了计算存货成本，还出于战略目的，如生产和定价决策以及成本削减决策以及工艺改进、设计、计划和预算等决策。这些公司的管理人员需要把总成本分配到产品和服务中。即便是商业公司（存货成本已知）和服务业公司（没有存货），也需要花成本来设计和经营成本系统。

□ 6.1.5 单一间接成本的简单成本系统

Plastim 公司当前使用单一间接成本分配率的成本系统，就像第 4 章中描述的那样。本章和第 4 章的区别在于，第 4 章关注的是作业，本章关注的则是产品和对象的成本。图表 6—1 展示了 Plastim 的简单成本系统，了解以下步骤时可以结合该图表，因为每一步都在图表中标注出来了。

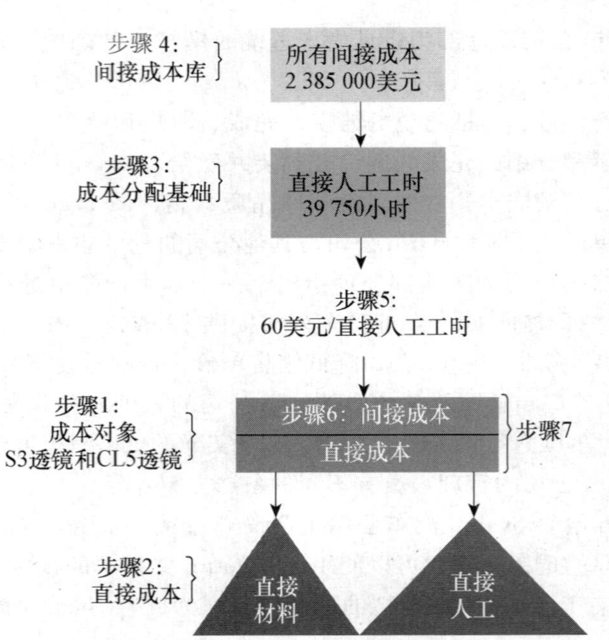

图表 6—1 Plastim 的简单成本系统

步骤 1：确定被选做成本对象的产品。成本对象是 Plastim 公司计划在 2013 年生产的 60 000 个简单透镜和 15 000 个复杂透镜。Plastim 公司的管理会计师首先需要计算总成本，然后计算设计、生产和分销透镜的单位成本。

步骤 2：确定产品的直接成本。直接成本包括直接材料和直接人工。图表 6—2 描述了简单成本系统中 S3 透镜和 CL5 透镜所用的直接和间接成本。直接成本的计算如第 5、第 6、第 7 行所示。Plastim 公司把除直接材料和直接人工之外的所有成本都列为间接成本。

图表 6—2　　Plastim 公司使用简单成本系统的产品成本　　单位：美元

	A	B	C	D	E	F	G
1		60 000			15 000		
2		简单透镜（S3）			复杂透镜（CL5）		
3		总量	单位量		总量	单位量	总量
4		(1)	(2)＝(1)÷60 000		(3)	(4)＝(3)÷15 000	(5)＝(1)＋(3)
5	直接材料	1 125 000	18.75		675 000	45.00	1 800 000
6	直接人工	600 000	10.00		195 000	13.00	795 000
7	总直接成本（步骤 2）	1 725 000	28.75		870 000	58.00	2 595 000
8	间接成本（步骤 6）	1 800 000	30.00		585 000	39.00	2 385 000
9	总成本（步骤 7）	3 525 000	58.75		1 455 000	97.00	4 980 000
10							

步骤 3：选择成本分配基础，以给产品分配间接成本。大多数间接成本是由管理人员的应付工资、工程师的应付工资、制造费用和维修人员工资及所有支持直接生产的费用组成的。Plastim 公司决定使用直接人工工时数作为唯一的分配基础来把所有的间接成本分配给 S3 透镜和 CL5 透镜。在当前的 2013 年，Plastim 公司使用了 39 750 个实际直接人工工时。

步骤 4：确定与每个成本分配基础相关的间接成本。因为 Plastim 公司使用单一成本分配基础，Plastim 公司把所有的间接成本 2 385 000 美元归集到单一的制造费用。

步骤 5：计算每一成本分配基础的单位分配率。

预算的间接成本分配率＝间接成本集中的预算总成本/成本分配基础的预算总数量

＝2 385 000/39 750

＝60(美元/直接人工工时)

步骤 6：计算分配给产品的间接成本。Plastim 公司使用 30 000 直接人工工时来生产 S3 透镜，使用 9 750 直接人工工时来生产 CL5 透镜。图表 6—2 显示，分配给简单透镜的间接成本为 1 800 000 美元（60×30 000）间接成本，分配给复杂镜头的间接成本为 585 000 美元（60×9 750）。

步骤 7：通过加总分配给产品的直接和间接成本来计算产品的总成本。图表 6—2 显示了简单透镜和复杂透镜的产品成本。直接成本是在步骤 2 中计算的，间接成本是在步骤 6 中计算的。请注意在成本系统概览图和在步骤 7 中计算的成本之间的对应关系。图表 6—1 显示有两个直接成本类别和一个间接成本类别。因此步骤 7（见图表 6—2）中每种透镜的成本有三个系列项目：两个是对应直接成本的，另一个是对应间接成本的。在详细计算产品或服务成本之前，通过画概览图来理解成本系统非常有用。S3 透镜的预算成本为 58.75 美元，高于 Bandix 公司的售价 53 美元。CL5 透镜的预算成本是 97 美元。

6.1.6 Plastim 公司五步决策制定法的应用

为了决定怎样应对 Bandix 公司对其 S3 透镜业务的威胁，Plastim 公司的管理人员应用了在第 1 章介绍的五步决策制定法。

步骤 1：识别问题与不确定性。问题很明显：如果 Plastim 想保持来自 Giovanni 公司的 S3 透镜业务并获得利润，就必须找到削减 S3 透镜的价格和成本的方法。两个主要的不确定性是：（1）Plastim 生产 S3 透镜的技术和工艺与 Bandix 相比是否具有竞争性；（2）S3 透镜的成本在简单成本系统中是否被高估。

步骤 2：获取信息。高级管理人员要求组建一个包括设计员和工艺工程师的团队，分析并评估 S3 透镜的设计、生产和分销经营。这个团队对 S3 透镜的技术和工艺相当自信，认为它不比 Bandix 或其他任何竞争者差，因为 Plastim 在生产和销售 S3 透镜方面有丰富的经验，且多年来持续改进工艺。这个团队对于 Plastim 生产和销售复杂透镜的能力不太确定，因为这种透镜是近年才开始生产的。在这种情况下，令高级管理人员高兴的是，Giovanni 汽车公司认为 CL5 透镜的价格具有竞争力。但是，在当前的预算价格下，怎样才能像 Plastim 期望的那样，在 CL5 透镜上获得较高的边际利润率（营业利润÷收入），在 S3 透镜上获得较低的边际利润率呢？计算如下表所示（单位：美元）：

	60 000 个简单透镜（S3）		15 000 个复杂透镜（CL5）		总量
	总量 (1)	单位量 (2)＝(1)÷60 000	总量 (3)	单位量 (4)＝(3)÷15 000	(5)＝(1)＋(3)
收入	3 780 000	63.00	2 055 000	137.00	5 835 000
总成本	3 525 000	58.75	1 455 000	97.00	4 980 000
营业利润	255 000	4.25	600 000	40.00	855 000
边际利润率		6.75%		29.20%	

令 Plastim 公司管理层感到奇怪的是，尽管公司有很强的能力，但 S3 透镜的利润率很低，而新近投产的 CL5 透镜的利润率却很高。由于 Plastim 公司并不是故意下调 S3 透镜的价格，管理层想知道是不是成本系统高估了简单透镜 S3 的成本（对它分派了太多的成本），同时低估了复杂透镜 CL5 的成本（对它分派了太少的成本）。

步骤 3：预测未来。Plastim 面临的主要挑战是更好地估计 S3 透镜和 CL5 透镜的设计、生产和分销成本。管理人员确信透镜的直接材料和直接人工成本的准确性，因为这些成本很容易追踪到透镜上。然而，在对每种透镜使用的间接资源进行测量时，管理层对简单成本系统的准确性就不那么确信了。他们认为应对成本系统加以改进。

即使得出了这样的结论，管理者仍想进一步确认该结论是否无偏。因为尽管他们想确认 S3 透镜的竞争优势，也不能人为地扭曲 S3 透镜的成本。

步骤 4：选择方案做出决策。基于预测的成本并考虑 Bandix 可能做出的反应，Plastim 的管理人员必须决定是否竞标 Giovanni 公司的 S3 透镜业务，如果参与竞标，应该如何报价。

步骤 5：实施决策、评估业绩与学习改进。如果 Plastim 竞标成功，获得了 Giovanni 公司的 S3 透镜业务，则必须计算生产和装运 S3 透镜的实际成本，并分析其与预测成本的差异及其原因。这样的评估和反馈构成了未来改进的基础。

接下来的部分将集中讨论步骤 3～步骤 5：Plastim 怎样改进 S3 透镜和 CL5 透镜的间接成本分配；怎样利用这些预测来竞标 S3 透镜业务；怎样评价业绩、改进产品生产和工艺，以及学习使用新系统。

6.2 改进成本系统

改进的成本系统（refined costing system）在将成本分派给成本对象（例如，作业、产品和服务）时减少广泛平均法的使用，并且提供更好的测量方法来测量被不同的成本对象所耗用的间接资源——无论成本对象对间接资源的耗费方式有多大的差异。

6.2.1 改进成本系统的原因

三个主要的原因加速了成本系统的改进。

1. 产品多样化。对消费品需求的增加促使管理者增加公司供给的产品或服务的多样化。例如，Kanthal 公司是瑞典的一家生产加热元件的公司，生产的电子加热线和恒温器超过 10 000 种。诸如英国合作银行等多家银行提供多种账户和服务：专用存折账户、自动取款机、信用卡和电子银行。产品需求的差异使得生产产品所配置的资源也存在差异，因为产量、生产流程和工艺复杂程度不同。使用广泛平均法不能体现出这些需求的差异，从而导致了成本信息的扭曲和误差。

2. 间接成本增加。生产或工艺技术如计算机集成制造（CIM）和柔性制造系统（FMS）的使用，导致了间接成本的增加和直接成本的减少，尤其是直接人工成本下降。在 CIM 和 FMS 中，生产车间的电脑给出快速自动运行设备的指令。计算机可以准确测量上千种生产系数，并直接控制生产流程以实现高质量的产出。由于生产管理更复杂及产品更多样化，需要额外的资源以支持某些作业环节，如生产计划、产品及工艺设计、工程设计等。因为直接人工科目不能用于归集这些成本，基于直接人工来分配这些间接成本不能准确地衡量不同产品所消耗的资源。

3. 产品市场竞争激烈。随着市场竞争的加剧，管理者意识到需要更为精确的成本信息来支持战略决策，如产品定价和销售。在竞争性市场上准确定价和进行产品组合的生产至关重要，因为竞争者会迅速利用管理者的错误决策来获利。

之前已分析了导致改进成本系统的需求增加的因素，而信息技术的发展促进了成本系统的改进。成本系统的改进需要更多地收集与分析数据，信息技术的进步大大降低了收集、验证、存储和分析大量数据的成本。

6.2.2 改进成本系统的指南

下面介绍改进成本系统的三个指南：

1. 直接成本追溯。只要经济上可行，就尽可能多地把成本划分为直接成本。这一指南旨在减少归入间接成本的数量，从而减少需要被分配而非追溯的成本的范围。

2. 间接成本库。扩展间接成本库的数量，直到每一个成本库都是同质的。在一个同质的成本库里，所有的成本都与成本分配基础有相同或相似的因果（或受益）关系。按此标准，同时包含间接机器成本和分销成本，并用机器工时数进行分配的单一成本库就不是同质的。因为机器成本和分销成本与机器工时没有相同的因果关系。机器工时数的增加会导致机器成本的增加，但不会导致分销成本的增加。假定机器成本和分销成本被分别分到两个成本库，前者用机器工时作为分配基础，后者用装运数量作为分配基础。现在，每一个成本库是同质的——在各成本库里，所有成本与成本分配基础有相同的因果关系。

3. 成本分配基础。只要可行，管理者就应使用因果原则来确定每一同质的间接成本库的成本分配基础。

成功之匙

管理者通过一系列方法来改进成本系统，包括：将更多的直接成本追溯到产品或服务、制定更多的同质间接成本库和识别成本来源，这些举措的目的都是更好地衡量不同成本对象消耗的资源。

6.3 作业成本系统

改进成本系统最好的工具之一是作业成本系统。**作业成本法**（activity-based costing，ABC）通过关注作为基础成本对象的各个作业来改进成本系统。一个**作业**（activity）是一个事件、任务或有具体目的的工作单元，例如设计产品、装配机器、运转机器和分销产品。ABC系统计量单个作业的成本，并利用作业耗用量将成本分配到产品或服务等成本对象上①：

① 关于ABC系统的更多细节，参见R. Cooper and R. S. Kaplan, *The Design of Cost Management Systems*,（Upper Saddle River，NJ：Prentice Hall，1999）；G. Cokins，*Activity-Based Cost Management：An Executive's Guide*（Hoboken，NJ：Wiley，2001）；R. S. Kaplan and S. Anderson，*Time-Driven Activity-Based Costing：A Simpler and More Powerful Path to Higher Profits*（Boston：Harvard Business School Press，2007）。

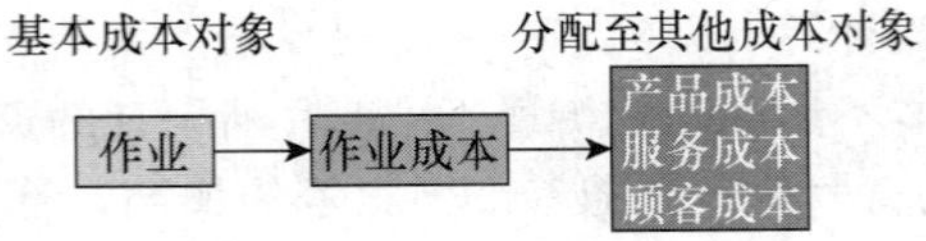

□ 6.3.1 Plastim 公司的 ABC 系统

基于对简单成本系统的评价和潜在的产品成本误差，Plastim 的管理者决定实施 ABC 系统。直接材料成本和直接人工成本可以很容易地追溯到产品，因此 ABC 系统主要立足于改进各车间、流程、产品或其他成本对象的间接成本分配。为了识别作业，Plastim 组织了一个由设计、生产、销售、会计和行政部门人员组成的管理者团队。Plastim 的 ABC 系统用这些作业来打破现行的单一间接成本库，并形成与各类活动相关的更精细的成本库。

定义作业比较困难，Plastim 的管理者团队评估了上百种任务，需要确定哪种任务应当被归为单一的作业、哪些任务应该合并。例如，制模机的维护、运行以及工艺控制应当被视为单独的作业还是合并到其他作业中？一个包含多种作业的作业成本系统可能过于详细和烦琐而不利于施行，一个包含太少作业的作业成本系统可能因设计不完善而不能衡量成本动因和多种间接成本之间的因果关系。为了实现有效的平衡，Plastim 的团队基于作业在总间接成本中所占比例，把同一成本动因的作业合并为单一作业。例如，团队决定把制模机的维护、运行和工艺控制合并为单一作业——制模机运营，因为所有的作业都有同一成本动因：制模机工时。

这个团队通过绘出设计、生产、分销 S3 透镜和 CL5 透镜的步骤和程序的流程图，识别出下列七个作业：

a. 设计产品和流程；

b. 安装制模机，确保模具被放置在正确的位置，并在生产开始之前确认各组件排列正确；

c. 运转机器生产透镜；

d. 在生产完透镜后，清洗和保养模具；

e. 设定完工透镜的运送批次；

f. 将透镜分销给客户；

g. 管理 Plastim 公司的所有流程。

这些作业描述（作业清单或作业目录）形成了作业成本系统的基础。编制这样的任务清单只是实施作业成本系统的第一步。Plastim 还需要识别每个作业的成本和相关的成本动因。为了完成这一工作，Plastim 使用了前文描述的改进成本系统的三个指南。

1. 直接成本追溯。Plastim 的 ABC 系统把单一的间接成本库分成了七个与不同作业相关的较小成本库。清洗和保养作业包括应付给相关工人的工资，该成本是直接成本，因为可以直接追溯到具体的模具和透镜。

2. 间接成本库。剩余的六个作业成本库为间接成本库。与 Plastim 简单成本系统的单一间接成本库不同，每个与作业相关的成本库都是同质的。因为每个作业成本库仅包括有限和集中的有同一成本动因的成本集。例如，分销成本仅包括导致成本（如装载工人的工资）增加的成本动因，如包装的规格增大。在简单成本系统中，所有的间接成本都集中到一起，并且成本分配的标准——直接人工工时——不是间接成本的成本动因，管理者不能测量不同的成本对象怎样使用了资源。

计算作业成本需要给每一个作业成本库累计分配不同的成本项目（工资、维护费、电费等），称之为第一阶段分配。例如，在之后的章节中会分析到，总间接成本中有 2 385 000 美元的间接成本，Plastim 识别出 300 000 美元的安装成本。安装成本包括折旧和安装设备的维护成本，安装工人的工资及工程设计师、工艺设计师和监管人员的工资。接下来，我们会分析第二阶段分配——给产品分配作业成本库的成本。

3. 成本分配基础。对每一个作业成本库，Plastim 都将成本动因（无论是否可行）作为成本分配的基础。为了识别成本动因，Plastim 的管理者尝试了多种方法并利用他们的经营知识来作出选择。例如，Plastim 的管理者选择安装工时而非安装的数量作为安装成本的成本动因，因为他们认为复杂的安装会花费更多的时间，导致成本更高。随着时间的推移，Plastim 的管理者可以运用数据来检验他们的假设（第 8 章将讨论估计成本动因和成本之间关系的多种方法）。

ABC 系统的逻辑是双重的。其一，与具体作业成本分配基础（成本库的成本动因）相联系的作业成本库建立得越精细，作业成本的计算就越精确。其二，通过计量不同产品所使用的作业成本分配基础来分配产品成本，就能得到更加精确的产品成本。我们以安装作业为例来阐释这个逻辑。

通常，安装制模机包括试运转、调试和修正。不正确的安装可引起诸如透镜表面被刮擦等质量问题。每次安装所需的资源取决于生产运行的复杂性。复杂透镜耗费的安装资源比简单透镜要多，而且复杂透镜只能以小批量生产，与简单透镜的模具相比，复杂透镜的模具需要更经常的清洗。相比之下，复杂透镜不仅需要使用更多安装资源，而且需要更频繁的安装作业。

简单透镜 S3 和复杂透镜 CL5 的相关安装数据如下：

		简单透镜 S3	复杂透镜 CL5	总计
1	透镜产量	60 000	15 000	
2	每组透镜的产量	240	50	
3=(1)÷(2)	组数	250	300	
4	每组的安装时间（小时）	2	5	
5=(3)×(4)	总安装时间（小时）	500	1 500	2 000

在简单成本系统中，Plastim 用直接人工工时来分配产品的 2 385 000 美元间接成本（包括 300 000 美元的间接安装成本）。下面的表格对比了使用直接人工工时（Plastim 公司在没使用 ABC 系统前所使用的成本系统中的间接成本分配基础）以及安装工时（ABC 系统下的安装成本分配基础）对简单透镜和复杂透镜分配安装成本的影响。每直接人工工时的安装成本是 7.547 17 美元（300 000÷39 750）。每安装工时的安装成本等于 150 美元（300 000÷2 000）。详见下表（单位：美元）。

	简单透镜 S3	复杂透镜 CL5	总计
用直接人工工时分配安装成本			
7.547 17×30 000；7.547 17×9 750	226 415	73 585	300 000
用安装工时分配安装成本			
150×500；150×1 500	75 000	225 000	300 000

ABC系统用可得的时间（如安装工时）来分配资源成本，进而分配给成本对象，有时称之为基于时间的作业成本系统。正如我们在指南2和指南3中讨论的那样，安装工时（而非直接人工工时）不是安装成本的成本动因。CL5透镜比S3透镜用了更多的工时（1 500÷2 000＝75％，即总安装工时的75％），因为CL5透镜需要更多的安装步骤且更为复杂，因而需要更多安装工时。

ABC系统因此给CL5透镜分配了比S3透镜更多的安装成本。在简单成本系统中用直接人工工时而非安装工时分配安装成本时，会给S3透镜分配更多的安装成本，因为S3透镜用了更多的直接人工工时（30 000÷39 750＝75.47％）。因此，就安装成本而言，简单成本系统高估了S3透镜的成本。我们在后面的章节会观察到，ABC系统除了给管理者提供准确的产品成本外，还提供了其他有价值的信息。例如，以安装工时作为成本动因能正确引导管理者削减安装工时和安装工时的单位成本。注意，安装工时与生产透镜的组有关，而与每种透镜的数量无关。作业成本法试图识别与每个作业库最相关的因果关系，并且不把成本动因限定在产量或与产量相关的变量（如直接人工工时）。正如我们在对安装的讨论中看到的，仅以产量作为成本分配的基础会削弱成本分配基础与成本库中成本的因果关系。

成功之匙

通过识别不同作业的同质间接成本库，将成本动因作为成本分配的基础，管理者使用ABC系统来追溯间接成本。如果没有ABC系统，管理者将不了解间接成本的成本动因以及不同产品对间接成本的需求。

6.4 成本层级

成本层级（cost hierarchy）把成本划分进不同的成本库，其划分或基于不同成本动因类型，或基于成本分配基础，或基于确定因果（或受益）关系的难易程度。ABC系统通常使用以下四个成本层级来确定作为作业成本库动因的成本分配基础：（1）单位产出成本；（2）批数成本；（3）产品维持成本；（4）设备维持成本。

单位产出成本（output unit-level costs）是针对每一单位产品或服务执行的作业的成本。与运转自动制模机作业相联系的生产运行成本（例如能源、机器折旧和修理成本）是单位产出成本。这是因为多数时候这种作业的成本随产出量（或使用机器的工时数）的增加而增加。Plastim的ABC系统使用制模机工时（一种单位产出成本分配基础）来分配产品的机器运营成本。

批数成本（batch-level costs）是与产品或服务的一个组有关的作业成本，而与单一的产品或服务无关。在Plastim公司的例子中，安装成本是批数成本，这是因为多数时候安装作业的成本随所需生产的透镜批量的增加而增加。S3透镜需要500安装工时（每批2小时×250批）。CL5透镜需要1 500安装工时（每批5小时×300批）。分配给S3透镜和CL5透镜的总安装成本取决于每种透镜所需的安装工时，而不是所生产的S3透镜和CL5透镜的数量。Plastim公司的ABC系统使用安装工时（批数成本分配基础）将安装成本分配给产品。批数成本的其他例子包括：与产品批数（而非数量）相关的材料搬运和质量检查的成本，与采购订单数量（而非采购材料的数量或价值）相关的配置订单、材料接收、交付发票的成本。

产品维持成本（product-sustaining costs）或**服务维持成本**（service-sustaining costs）是用来支持某一产品或服务的作业的成本，而与产品单位数或批量数无关。在 Plastim 公司的例子中，设计成本是产品维持成本。多数时候，设计成本主要取决于设计者设计和修改产品、模具和流程所花的时间。这些设计成本是模具复杂性的函数，模具复杂性通过在模具中熔化的塑料必须流经的面积（以平方英尺为单位）乘以模具零件的数量来测量（对于 S3 透镜，12 个零件×2.5 平方英尺，即 30 零件·平方英尺，对于 CL5 透镜，14 个零件×5 平方英尺，即 70 零件·平方英尺）。因此，分配给两种透镜的总设计成本取决于模具的复杂性，而非产品批数或产品单位产出。Plastim 公司不能通过减少产品产出或批数来规避设计成本。Plastim 公司的 ABC 系统使用零件·平方英尺（产品维持成本分配基础）来给产品分配设计成本。其他产品维持成本的例子如：沃尔沃、三星和通用电气的产品研发成本、制造工程变更成本和投入新产品的营销成本等。

设备维持成本（facility-sustaining costs）是不能追溯到单个产品或服务，但支持整个组织的作业成本。在 Plastim 公司或者沃尔沃、三星和通用电气等公司，一般管理成本（包括支付高级管理人员薪酬、租用和建造安全设施）是设备维持成本。在这些成本和成本分配基础之间很难发现好的因果关系。因果关系的缺乏使一些公司不能把这些成本分配到产品上，而是把它们从营业利润中直接减去。当使用这种方法时，管理者一定要意识到基于成本做出决策（如定价）时，有一些通用成本没有被分配。他们可能会通过提高产品的定价来弥补没有被分配的一些设备维持成本。而另一些公司，例如 Plastim 公司，以某种标准（如人工工时）把设备维持成本分配到产品上，因为其管理层认为所有的成本都应该分配到产品上。当管理层要基于包括所有成本的成本数量定价时，把所有的成本都分到产品或服务上就变得非常重要。只要管理者认识到设备维持成本的本质和分配它们的利与弊，选择哪种方法来分配就取决于管理者的喜好了。

成功之匙

管理者使用 ABC 系统来追溯间接成本，通过识别不同活动的同质间接成本库，将成本动因作为成本分配的基础。如果没有 ABC 系统，管理者将不会了解间接成本的成本动因以及不同产品对间接成本的需求。

6.5 实施作业成本系统

你已经理解了 ABC 的基本概念，现在让我们来看看 Plastim 公司的管理是怎样改进简单成本系统、评估这两种系统的，并识别影响管理者决定是否开发 ABC 系统的因素。

□ 6.5.1 在 Plastim 公司实施作业成本系统

为了实施 ABC 系统，Plastim 公司的管理者参考了成本计算的七个步骤和改进成本系统的三个指南（增加直接成本追溯，创建同质的间接成本库，并且确定与成本库中的成本有因果联系的成本分配基础）。图表 6—3 展示了 Plastim 公司的 ABC 系统的概况，了解以下步骤时可以结合该图表，因为每一步都在图表中标注出来了。

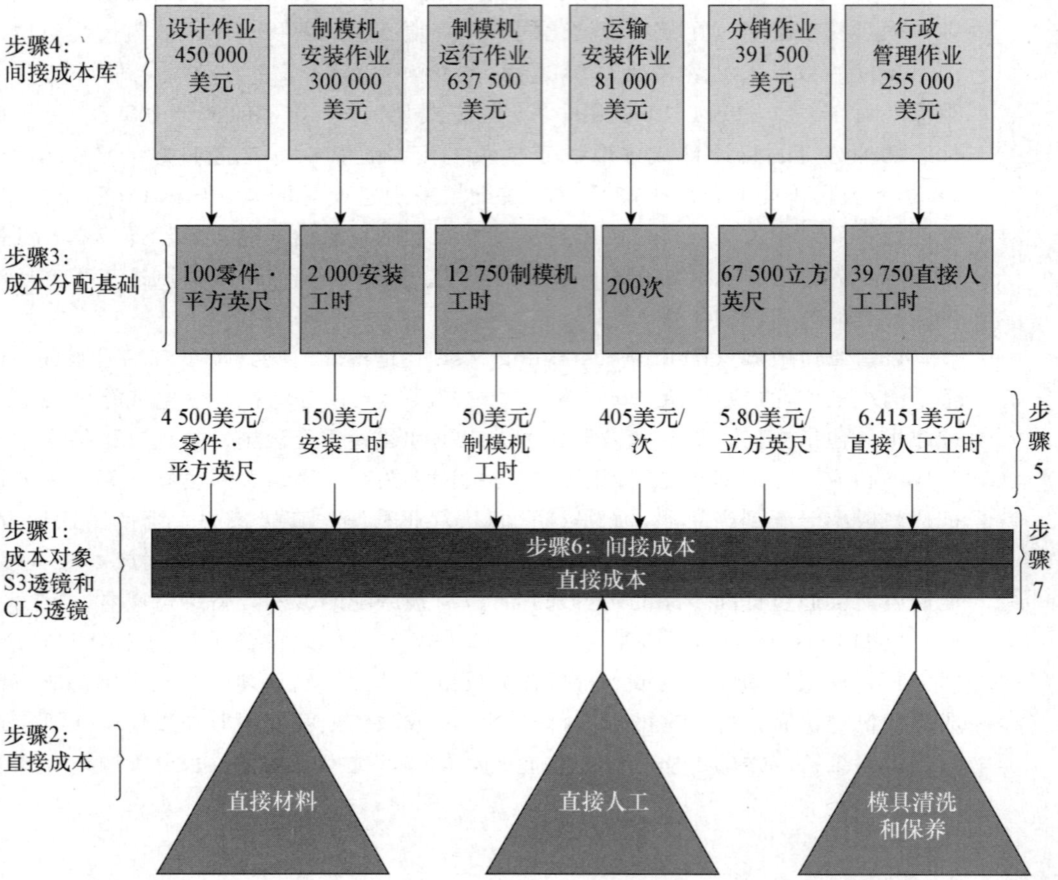

图表 6—3 Plastim 公司的 ABC 系统的概况

步骤 1：确定被选做成本对象的产品。成本对象是 Plastim 公司在 2013 年生产的 60 000 个 S3 透镜和 15 000 个 CL5 透镜。Plastim 公司管理者的目标是首先计算总成本，然后计算设计、生产和分销这些透镜的单位成本。

步骤 2：确定产品的直接成本。Plastim 公司的管理者需要识别透镜的如下直接成本：直接材料成本、直接人工成本、模具清洗和保养成本。因为这些成本可以很容易地追溯到特定的模具或透镜。

图表 6—4 和图表 6—5 展示了使用 ABC 系统，S3 透镜和 CL5 透镜的直接成本和间接成本及作业成本率。直接成本的计算见图表 6—5 的第 6～第 9 行。Plastim 公司的管理者把其他所有成本归入间接成本，如图表 6—4 所示。

图表 6—4 **间接成本库的作业成本率**

	A	B	C	D	E	F	G	H
1			（步骤 4）	（步骤 3）		（步骤 5）		
2	作业	成本层级	总预算间接成本	成本分配基础的预算数量		预算的间接成本率		作业成本和分配基础的因果关系
3	(1)	(2)	(3)	(4)		(5)＝(3)÷(4)		(6)
4	设计	产品维持	450 000 美元	100	平方英尺	4 500 美元	每平方英尺	设计部门间接成本随模具复杂性的增加而上升（部件数、表面积）
5	安装制模机	批数	300 000 美元	2 000	安装工时	150 美元	每安装工时	间接安装成本随安装工时的增加而增加
6	生产运行	单位产出	637 500 美元	12 750	制模机工时	50 美元	每制模机工时	运行制模机的间接成本随制模机工时的增加而增加
7	装运	批数	81 000 美元	200	次	405 美元	每次	每批数的装运成本随装运次数的增加而增加
8	分销	单位产出	391 500 美元	67 500	立方英尺	5.80 美元	每立方英尺	分销成本随包装规格的增加而增加
9	行政管理	设备维持	255 000 美元	39 750	直接人工工时	6.415 1 美元	每直接人工工时	消耗的行政管理资源随直接人工工时的增加而增加

图表 6—5 **Plastim 公司在 ABC 成本系统下的产品成本**

	A	B	C	D	E	F	G
1		60 000			15 000		
2		简单透镜（S3）			复杂透镜（CL5）		
3		总量	每单位		总量	每单位	总量
4	成本描述	(1)	(2)＝(1)÷60 000		(3)	(4)＝(3)÷15 000	(5)＝(1)＋(3)
5	直接成本						
6	直接材料	1 125 000	18.75		675 000	45.00	1 800 000
7	直接人工	600 000	10.00		195 000	13.00	795 000
8	直接模具清洗和保养成本	120 000	2.00		150 000	10.00	270 000
9	总直接成本（步骤 2）	1 845 000	30.75		1 020 000	68.00	2 865 000
10	作业的间接成本						
11	设计						
12	S3：30 平方英尺×4 500 美元	135 000	2.25				450 000
13	CL5：70 平方英尺×4 500 美元				315 000	21.00	
14	安装制模机						
15	S3：500 安装工时×150 美元	75 000	1.25				300 000
16	CL5：1 500 安装工时×150 美元				225 000	15.00	

17	生产运行						
18	S3：9 000 制模机工时×50 美元	450 000	7.50				637 500
19	CL5：3 750 安装工时×50 美元				187 500	12.50	
20	装运						
21	S3：100 装货量×405 美元	40 500	0.67				81 000
22	CL5：100 装货量×405 美元				40 500	2.70	
23	分销						
24	S3：45 000 立方英尺×5.80 美元	261 000	4.35				391 500
25	CL5：22 500 立方英尺×5.80 美元				130 500	8.70	
26	行政管理						
27	S3：30 000 直接人工工时×6.415 1 美元	192 453	3.21				255 000
28	CL5：9 750 直接人工工时×6.415 1 美元				62.547	4.17	
29	总分配的间接成本（步骤 6）	1 153 953	19.23		961 047	64.07	2 115 000
30	总成本（步骤 7）	2 998 953	49.98		1 981 047	132.07	4 980 000
31							

步骤 3：选择成本分配基础，以给产品分配间接成本。按照改进成本系统的指南 2 和指南 3，Plastim 公司的管理者确定了六个作业以分配产品的间接成本：(a) 设计；(b) 安装制模机；(c) 生产运行；(d) 装运；(e) 分销；(f) 行政管理。图表 6—4 第 (2) 列展示了成本层级分类，第 (4) 列展示了第 (1) 列中描述的作业在进行成本分配时所需的成本分配基础及其数量。

确定了成本分配基础，就限定了在 ABC 系统中成本必须归入其中的作业库的数量。例如，Plastim 公司不把产品设计、流程设计和生产模型的设计等作业分开，而是把这三种作业作为一个合并的设计作业。为什么呢？因为模具的复杂性对发生在三个单独的设计作业中的成本来说都是一个恰当的成本动因。在选择成本分配基础时，还需要考虑数据的可靠性和计量的可获得性。例如，在 Plastim 公司的 ABC 系统中，公司依据模具中零件的数量和模具的表面积（平方英尺）来测量复杂性。如果这些数据很难得到或测量，公司可能被迫使用其他的方法，例如测量流经模具的材料数。这种测量复杂性的方法的一个潜在问题是，流经模具的材料数也许不能充分反映设计作业的复杂性。

步骤 4：确定与每个成本分配基础相关的间接成本。在这一步，Plastim 公司 2013 年发生的间接成本被分配到作业（图表 6—4 的第 (3) 列）时，尽可能以作业成本分配基础和作业成本之间的因果关系为基础。例如，在与装运包装的立方英尺数之间存在因果关系的基础上，分销成本被分派到分销成本库。当然，不同成本库中，成本分配基础与各个作业成本之间的因果关系的强度不同。例如，直接人工工时和行政管理作业成本之间的因果关系并不像安装工时和安装作业成本之间的联系那样强。

一些与某一作业有关的成本可以被直接识别。例如，付给设计师的工资能直接和设计作业一起识别。其他的一些成本则需要在作业间分配。例如，基于访谈和工作时间记录，就可以识别生产工程师和管理人员花在设计作业、制模机安装作业和生产运行作业上的时间。例如，如果生产工程师花 15%的时间来设计，花 45%的时间来管理制模机安装，花 40%的时间来运行机器，则该生产工程师的工资应按照其花在每个作业上的时间来分配。同样，其他成本通过一些分配基础来分配到作业成本库中，对这些分配基础最恰当的描述为支持不同作业而发生的成本。例如，租赁成本的分配就是基于不同作业的占地面积（单位：平方英尺）。

这里要注意的是，并非所有的成本都恰好适合某一作业分类。通常，在作业成本被分配到产品之前（第二步），成本首先需要被分配到作业（两步成本分配模型的第一步）。

下表显示了七个作业所分配的成本（单位：美元）。记住 Plastim 公司的管理会计师把模具清洗成本重新归入直接成本，因为这些成本可以很容易地追溯到特定模具或透镜中。

	设计	安装制模机	生产运行	模具清洗	装运	分销	行政管理	总计
工资（监督人员、设计师、工艺人员）	320 000	105 000	137 500	0	21 000	61 500	165 000	810 000
辅助人员工资	65 000	115 000	70 000	234 000	34 000	125 000	40 000	683 000
折旧	24 000	30 000	290 000	18 000	11 000	140 000	15 000	528 000
维护费	13 000	16 000	45 000	12 000	6 000	25 000	5 000	122 000
电力燃料	18 000	20 000	35 000	6 000	5 000	30 000	10 000	124 000
租金	10 000	14 000	60 000	0	4 000	10 000	20 000	118 000
总计	450 000	300 000	637 500	270 000	81 000	391 500	255 000	2 385 000

步骤 5：计算每一成本分配基础的单位分配率。图表 6—4 的第（5）列总结了如何用在步骤 3 中选好的成本分配基础和在步骤 4 中计算的每一作业的间接成本来计算作业成本分配率。

步骤 6：计算分配给产品的间接成本。图表 6—5 显示了分配到简单透镜上的 1 533 953 美元和分配到复杂透镜上的 961 047 美元的总间接成本。看看图表 6—5 中计算的每种透镜的预算间接成本。对每一项作业，Plastim 公司的操作人员先确定每种透镜的成本分配基础的数量（Plastim 公司为满负荷运行）。例如，在安装作业的 2 000 安装工时数（图表 6—5 的第 15、第 16 行）中，S3 透镜使用了 500 安装工时，CL5 透镜使用了 1 500 安装工时。预算的间接成本分配率为 150 美元/安装工时（图表 6—4 第（5）列第 5 行）。因此分配到 S3 透镜上的安装作业的总成本是 75 000 美元（500×150），对 CL5 透镜来说是 225 000 美元（1 500×150）。S3 透镜和 CL5 透镜的预算单位安装成本分别是 1.25 美元（75 000÷60 000）和 15 美元（225 000÷15 000）。

步骤 7：通过加总分配给产品的直接和间接成本来计算产品的总成本。图表 6—5 列出了简单透镜和复杂透镜的产品成本。直接成本在步骤 2 中计算，间接成本在步骤 6 中计算。图表 6—3 中，ABC 系统的概览图显示有 3 个直接成本类别和 6 个间接成本类别。图表 6—5 中，每种类型透镜的成本有 9 个项目，即直接成本 3 个和间接成本 6 个。图表 6—5 中用作业成本法计算的 S3 透镜和 CL5 透镜产品成本之间的差异，表明了每种产品在各作业中如何使用不同数量的直接成本和间接成本。

我们强调了 ABC 系统的两个主要特征。首先，系统确认产品使用的所有成本，不论这些成本在短期内是变动的还是固定的。当利用作业成本信息制定长期决策时，管理者希望收入能超过总成本，否则公司将面临亏损而无法继续经营下去。其次，在给产品分配成本时，确定成本层级是非常重要的。管理会计师首先使用成本层级来计算每种产品的总成本，随后只要用总成本除以完工产品总数就很容易计算出每单位产品成本。

□ 6.5.2 两种成本系统的比较

图表 6—6 比较了 Plastim 公司以前一直使用的单一间接成本库系统（图表 6—1 和图表 6—2）和替代它的 ABC 系统（图表 6—3 和图表 6—5）。我们在图表 6—6 中强调三点，这三点和改进成本系统的指南是一致的：（1）ABC 系统追溯更多的成本作为直接成本；（2）ABC 系统创建了与不同作业相联系的同质成本库；（3）对每一个作业成本库，ABC 系统都找到一个与成本库中的成本有因果关系的成本分配基础。

图表 6—6 **成本系统的比较** 单位：美元

	使用单一间接成本库的简单成本系统 (1)	ABC 系统 (2)	差异 (3)＝(2)－(1)
直接成本类别	2	3	1
	直接材料 直接人工	直接材料 直接人工 直接清洗和保养人工	
直接成本合计	2 595 000	2 865 000	270 000
间接成本库	1	6	5
	单一间接成本库 （直接人工工时作为分配基础）	设计成本库 （零件・平方英尺作为分配基础） （制模机安装成本库） （安装工时作为分配基础） 生产运行成本库 （机器工时作为分配基础） 装运成本库 （装运次数作为分配基础） 分销成本库 （装运包装规格作为分配基础） 行政管理成本库 （直接人工工时作为分配基础）	
间接成本合计	2 385 000	2 115 000	(270 000)
分配给简单透镜（S3）的总成本	3 525 000	2 998 953	(526 047)
简单透镜（S3）的单位成本	58.75	49.98	(8.77)
分配给复杂透镜（CL5）的总成本	1 455 000	1 981 047	526 047
复杂透镜（CL5）的单位成本	97.00	132.07	35.07

在 ABC 系统中，与成本层级有关的成本分配基础的选择和同质成本库的使用令 Plastim 公司管理人员对作业和产品成本数量更有信心。图表 6—6 显示，若使用唯一的单位产出分配基础（直接人工工时，它在使用 ABC 系统之前用于单一的间接成本库）将成本分配给透镜，则使每个简单透镜 S3 多计了 8.77 美元的成本，而使每个复杂透镜 CL5 少计了 35.07 美元的成本。与直接人工工时分配基础所反映的数字相比较，CL5 透镜不成比例地多使用了单位产出、批数和产品维持成本，而 S3 透镜不成比例地少使用了这三种成本。

ABC 系统的好处是它能提供更有用的信息来改进决策，但是必须比较 ABC 系统的计量成本和实施成本来衡量这个好处。

6.6　实施作业成本系统的思考

管理者通过评估预期成本和带来更好决策的预期收益，来选择使用作业成本系统的详细程度。

6.6.1　作业成本系统的收益和成本

经验表明，存在以下现象时，ABC 系统可能带来更多的收益。

- 相当数量的间接成本仅通过一个或两个成本库进行分配。
- 所有或大多数的间接成本被作为单位产出成本确定（即几乎没有间接成本被描述为批数成本、产品维持成本和设备维持成本）。
- 因为存在数量、流程步骤、批量大小或复杂性的不同，产品在资源上有不同的需求。
- 公司很适合生产和销售的产品所显示的利润很小；而公司不适合生产和销售的产品所显示的利润却很大。
- 对于生产和销售产品或服务的成本，经营人员和会计人员的看法明显不一致。

当公司决定实施 ABC 系统时，还必须就实施程度做出重要选择。是选择一套详细的作业、成本动因和成本库的方案，还是有所取舍？例如，Plastim 公司可以确定对每种不同的制模机器类型使用不同的制模机器工时分配率。在做出选择时，管理人员应该权衡实施一套更详细的成本系统的成本和局限。

要实施 ABC 系统，必须考虑其主要成本和局限。ABC 系统需要管理层估计作业库的成本，并且确认、计量作为这些成本库的成本分配基础的成本动因。即使是基本的 ABC 系统，也需要大量的计算来确定产品和服务的成本。这些计量本身的成本是很高的。作业成本分配率也需要定期修订。

当 ABC 系统变得非常详细，并且创建了更多的成本库时，就需要更多的分配基础来计算作业成本。例如，如果管理人员不得不在五个作业上而不是在仅仅两个作业上分配他们的时间，则更有可能错误地确认他们花在不同作业上的时间。

很多时候，公司也被迫使用容易得到数据的分配基础，而不是它们喜欢用的分配基础。例如，公司可能被迫使用运载量而不是不同负载的复杂程度和距离，来作为材料处理成本的分配基础，因为运载量更容易计量。当计量错误很大时，作业成本信息可能产生误导。例如，负载的单位成本下降了，公司可能得出的结论是材料处理操作变得更有效率。实际上，更低的负载单位成本仅仅是因为负载更轻，搬运距离更短。

诸如康泰尔（Kanthal，瑞士一家加热元件制造商）之类的公司发现，一个不是很详尽的ABC系统的收益已足够好，不必使用更详尽的ABC系统而承担更高的成本、应对更大的挑战。诸如惠普等公司在某些分公司（如生产印制电路板的Roseville Networks公司）或部门（如采购和生产部门）实施ABC系统。随着信息技术的持续改进和计量成本的相应下降，更详尽的ABC系统已经成为实用的选择。随着这种趋势的继续，更详尽的ABC系统应该能更好地通过成本—收益测试。

关于公司实践的全球调查显示，ABC系统的实施在公司之间有所不同。然而，它的基本框架和思想都是为判断简单成本系统是否足以支持特定的管理者决策提供标准。简单成本系统中任何预期的变化都应在ABC设计中得到改进。

□ 6.6.2 实施作业成本系统中的行为问题

成功实施ABC系统不仅仅需要对技术细节的认识。ABC系统的实施常常反映了成本系统的重大变化，正如本章所言，需要管理者选择怎样定义作业及其详细程度。管理者必须注意如下行为问题。

1. 获得高级管理人员的支持并强调实施ABC的紧迫性。管理者需要清楚地陈述ABC项目的战略优势（如实现生产和工艺设计的优化）。例如，在USAA联邦储蓄银行，管理者阐述了从ABC系统获得的信息怎样为提高银行经营效率提供思路，这些信息之前是很难获得的。

2. 通过ABC系统的价值链为管理者创造一个指导性联盟。ABC系统衡量一个组织的资源怎样得到利用。对这些资源负责的管理者最清楚作业和成本来源。让管理者相互合作并取得实施ABC系统的主动性是获得相应的专门知识、信任力、认可度、协调性和必要领导力的基本条件。

3. 教育培训ABC系统的员工以增强员工能力。在企业普及ABC的信息可以让所有部门的员工利用ABC信息来取得进步。例如印度一家绝缘体制造商——WA公司，不仅与员工分享ABC信息，还制定了基于员工节约成本比率的激励计划，成效非常显著，因为员工受到激励，并被赋予实施诸多成本节约项目的权力。

4. 寻找一些短期成功的案例证明ABC系统的实施是有益的。管理者常常急于实现重大突破和变革。多数情况下，要想在一夜之间取得重大变化是很困难的。然而，即使能找到一些小事例表明ABC信息有利于提高工艺水平、节约成本，也能在某些情况下激励团队各司其职、保持士气。从小的成功案例中建立的信心有助于激发更多人、更多部门取得进步，最终使得作业成本系统和作业管理成为企业文化的根基。分享短期成功案例也有助于促使管理者创新。在USAA联邦储蓄银行，管理者在微软的Outlook中创建了“流程改进”的邮箱以促进流程改进思想的交流分享。

5. 认识到ABC信息并不完美，因为它是权衡信息需求和创造复杂系统的成本的结果，只有较少的管理者和员工能理解这一点。管理者必须意识到实施ABC系统的价值和局限。就ABC系统进行开放诚实的交流，可以保证管理者利用ABC系统做出更好的决策。员工可提出不带敌意的批判性建议，还可提出一些难以解决的问题来促使管理者更好地做出决策。

成功之匙

当间接成本占比较大或产品或服务需要消耗多种间接资源时，ABC 系统更可能产生决策制定优势。ABC 系统主要的问题在于实施和更新系统的一些必要指标难以衡量。在实施 ABC 系统时，管理者还应对一些变化的行为挑战保持敏感。

6.7 作业管理

到目前为止，本章的重点一直放在 ABC 系统能获得更准确的产品成本这一作用上。然而，Plastim 公司的管理者必须利用这些信息来做决策（五步决策制定法的第四步），并实施决策、评价业绩与学习改进（第五步）。**作业管理**（activity-based management，ABM）描述了为使客户满意并提高获利能力而利用作业成本信息制定的管理决策。广义的 ABM 包括定价决策、产品组合决策、成本降低决策、流程改进决策以及同产品设计相关的决策。

6.7.1 定价和产品组合决策

ABC 系统给管理人员提供了有助于生产和销售不同产品的成本信息。依据这些信息，管理人员能制定定价和产品组合决策。例如，ABC 系统表明，Plastim 公司将 S3 透镜的价格降到 53 美元仍能获利，因为其成本是 49.98 美元（见图表 6—5）。

Plastim 公司为 Giovanni 汽车公司以 52 美元提供 S3 透镜。Plastim 公司的管理人员有信心利用 ABC 系统提供的成本信息来提高生产效率并降低 S3 透镜的成本。如果没有来自 ABC 系统的信息，Plastim 公司的管理人员可能错误地认为他们以 53 美元出售 S3 透镜时将会亏损。这个不正确的结论可能导致 Plastim 公司减少简单透镜的业务并将资源集中到复杂透镜上，公司现有的单一间接成本库系统表明复杂透镜是极有利可图的。

将资源集中到复杂透镜上是错误的。ABC 系统表明生产复杂透镜的成本要高得多——是 132.7 美元，而不是 Plastim 公司一直使用的以直接人工工时为基础的成本系统所计算出的 97 美元。正如 Plastim 公司的经营人员过去一直思考的那样，公司在生产 CL5 透镜方面没有竞争优势。每个 CL5 透镜以 137 美元出售，利润空间非常小（137.00－132.07＝4.93（美元））。这样，在 Plastim 公司降低简单透镜的价格时，很可能不得不与 Giovanni 汽车公司谈判以提高复杂透镜的价格。

6.7.2 成本降低和流程改进决策

生产和销售人员利用 ABC 系统来确定在什么地方以及怎样降低成本。管理人员会在不同的作业上设置成本降低目标，来减少每单位成本分配基础的成本。例如，

Plastim 公司分销作业的管理人员可以有一个业绩目标，即通过降低分销作业的人工成本和库房租赁成本把每立方英尺产品的分销成本从 5.80 美元降低到 5.40 美元。其目标在于，通过改进工作方式而又不以牺牲消费者服务或消费者从产品或服务中获得的效用价值为代价，来降低成本。即管理者将试图取消非价值增加的那一部分成本。控制实物成本动因，如安装工时或装运包装的体积数，是另一种控制人员管理成本的基本方法。例如，分销部门可以使用一种能减少运输容积浪费的透镜包装方法来降低分销成本。

下表显示了降低 S3 透镜和 CL5 透镜分销成本的成果（单位：美元），这得益于旨在降低装运的单位成本（从 5.80 美元到 5.40 美元）和降低装运包装的总体积数（对 S3 透镜，从 45 000 立方英尺降到 40 000 立方英尺，对 CL5 透镜，从 22 500 立方英尺降到 20 000 立方英尺）的行动。

	60 000 个 S3 透镜		15 000 个 CL5 透镜	
	总成本 (1)	单位成本 (2)=(1)÷60 000	总成本 (3)	单位成本 (4)=(3)÷15 000
分销成本（见图表 6—5）				
S3：45 000 立方英尺×5.80 美元	261 000	4.35		
CL5：22 500 立方英尺×5.80 美元			130 500	8.70
改进流程后的分销成本				
S3：40 000 立方英尺×5.40 美元	216 000	3.60		
CL5：20 000 立方英尺×5.40 美元			108 000	7.20
改进流程带来的分销成本降低	45 000	0.75	22 500	1.50

从长远来看，总分销成本将从 391 500 美元（261 000+130 500）降到 324 000 美元（216 000+108 000）。然而，从短期来看，分销成本是固定的且可能不会下降。假设所有的 391 500 美元分销成本短期内都是固定成本。效率的改进（使用更少的分销人工、占用更少的面积）意味着同样用 391 500 美元分销成本可以分销 72 500 立方英尺（391 500÷5.40）的透镜，在这种情况下，成本应该怎样在 S3 透镜和 CL5 透镜中分配呢？

ABC 系统区分了源于设计、制造、分销和服务消耗资源的成本。对于分销作业，在改进流程之后：

发生的成本=391 500(美元)

消耗的资源=216 000(S3 透镜)+108 000(CL5 透镜)=324 000(美元)

基于各种产品消耗的资源，Plastim 公司的 ABC 系统给 S3 透镜分配了 216 000 美元，给 CL5 透镜分配了 108 000 美元，合计 324 000 美元。相差的 67 500 美元（391 500−324 000）显示为未用但可用的分销能力。Plastim 公司的 ABC 系统没有把未用的分销能力分配到产品中，因而 S3 透镜和 CL5 透镜不需要承担未用到的资源的成本。相反，该系统把未用的资源能力作为单独的一项，来启示管理者需要削减这些成本，如将劳动力调配到其他地方或解雇冗员。下面的“实例”专栏介绍了 LG 电子是怎样使用 ABC 来改进采购实践的。

实 例　LG 电子的作业成本系统

LG 电子是全球最大的平板电视和移动电话制造商之一。为了制造多种电子设备，这家韩国公司花费了将近 400 亿美元来采购半导体、金属、连接器和其他材料。

然而直到最近，LG 电子才有了一个集中的采购系统来平衡规模并控制日益上升的供应成本。LG 电子的首位采购总监上任后，立即通过作业成本系统来寻找改进的机会。对该公司采购系统的 ABC 分析显示，大多数公司资源都被用于行政管理而非战略任务。而且，行政管理任务的执行成本非常高。

ABC 分析致使 LG 电子改进了许多采购实践和流程，提高了效率，并聚焦于高价值任务，如商品的管理成本及与供应商的谈判成本。并且，该公司通过实施供应商竞标、生产线配件标准化和在中国采购更多商品等策略，为电视机、移动电话、电脑及家庭供热产品开发了一个全球的采购战略。

资料来源：Based on J. Carbone, "LG Electronics centralizes purchasing to save," *Purchasing* (April 2009); K. Yoou-chul, "CPO expects to save \$1 billion in procurement," *The Korea Times* (April 1, 2009); "Linton's goals" (May 12, 2009); and M. Ihlwan, "Innovation Close-up: LG Electronics," *Bloomberg Businessweek* (April 15, 2010).

6.7.3 设计决策

对公司当前的产品和流程设计如何影响作业和成本进行评估，是管理人员寻找新设计以降低成本的一种方法。例如，降低模具设计方案的复杂程度将降低设计、材料、人工、安装、运转成本及模具的清洗和保养成本。Plastim 公司的客户可能愿意牺牲透镜的一些性能来换取更低的价格。注意，Plastim 公司之前的成本系统使用直接人工工时作为所有间接成本的分配基础，会错误地显示公司应选择那些降低直接人工工时的设计，而事实上，直接人工工时与间接成本之间的相关性相对较弱。

6.7.4 计划与管理作业

与 Plastim 公司一样，第一次实施 ABC 系统的大多数公司会分析实际成本来确定作业成本库和作业成本率。之后，许多公司会把 ABC 系统用于计划和管理作业。这些公司通过确定作业的计划成本，使用计划成本率和正常成本法来确定产品成本。在年末，计划成本和实际成本的比较可以提供作业管理情况的反馈。当作业和流程改变时，可能需要计算新的作业成本率。在年末，还需要对每种作业多计或少计的间接成本进行调整，调整方法有分配率调整法、比例调整法或者直接计入已售产品成本法——这些都在第 4 章介绍过。

在后面的章节，我们将回过头来考察作业管理。使用作业成本信息的管理决策在第 7 章介绍，在该章我们将讨论外购决策，以及增加或减少业务分部的决策；在第 9 章，我们将评估备选设计方案，来提高效率和减少非增值作业；在第 10 章，我们将讨论质量改进和怎样评估供应商；在 12 章，我们将讨论基于作业的预算；在第 14 章，我们将解释重组和缩减规模的问题。

成功之匙

管理者通过消耗的资源来区分成本，并发现 ABC 系统在定价决策、产品和流程设计、成本降低以及流程改进等决策中十分有用。

□ 6.7.5 服务业和商业公司的 ABC 系统

虽然 ABC 系统早期的许多例子来自制造业，但该系统在服务业和商业公司已有大量应用。除了生产作业，Plastim 公司的例子中包括 ABC 系统在服务作业上的应用（设计）和商业作业上的应用（分销）。像 Cooperative 银行、Braintree 医院、电信业的 BCTel 和铁路业的 Union Pacific 都已实施了某种形式的 ABC 系统，来确认产品组合的盈利性，提高效率和顾客满意度。同样，许多零售和批发公司——例如，食品仓储批发商 Supervalu 公司——也使用了 ABC 系统。

ABC 系统在服务业和商业的广泛应用进一步说明了该系统用于战略决策而非存货估值（存货估值在商业公司较为简单明了，且在服务业不需要存货估值）。特别地，商业公司发现 ABC 系统的价值是因为它们的大多数成本都是间接成本。毕竟，当银行发放贷款或电话中心代表接电话时发生的直接成本很少。正如我们所了解的，ABC 系统的主要好处在于，通过识别作业和成本动因来给成本对象分配间接成本。因而，ABC 系统相对于传统的成本系统能为管理者提供有关这些间接成本的更多洞察。服务业和商业公司的 ABC 系统的主要方法与制造业公司相似。

英国联合银行在零售银行业务中实施 ABC 系统时，使用了这种方法。它计算不同作业的成本，包括执行 ATM 交易、开户和销户、抵押管理和处理 Visa 交易的成本。然后使用所需的时间作为作业成本分配率计算不同产品的成本，例如检查账目、抵押、Visa 卡以及服务不同类型消费者的成本。来自 ABC 系统的信息帮助英国联合银行改进它的流程，并确认盈利产品和顾客。下面的“实例”专栏介绍了休斯敦的 M. D. Anderson 癌症研究中心和波士顿的儿童医院是怎样通过 ABC 分析来获得相似的好处的。

实 例　医院利用基于时间的作业成本法来降低成本、改善服务

在美国，2012 年的医疗成本超过了国民生产总值的 17%，并持续上升。许多医疗中心，如休斯敦的 M. D. Anderson 癌症研究中心和波士顿的儿童医院，用基于时间的作业成本系统（TDABC）来获得准确的成本，以衡量医疗服务系统的价值。

TDABC 用需要两方面估计的框架来把组织内的所有资源成本分配给成本对象。TDABC 首先计算供应资源的产能，如医生的时间。资源的总成本——包括个人、监管人员、保险、空间占用、技术和供给等，除以可得产能——医生工作的可用时间，来获得产能成本率。下一步，通过估计成本对象需要的资源产能（时间），TDABC 用产能成本率来把资源成本分配给成本对象，如病人数量。

医疗中心实施 TDABC 成功得到“弯曲的医疗成本曲线”。对于 M. D. Anderson 癌症研究中心的首要和次要流程，TDABC 加以修正，使所用时间减少 16%，技术人员的成本下降 12%，专业人员（医生和其他供应者）的成本下降 67%。因此，每位患者的总成本下降了 36%。在实施 TDABC 之前，管理者没有得到降低成本所需的信息。

除此之外，实施 TDABC 的医疗机构发现因患者增加、成本降低而获得了收益。例如，更多的花费用于患者的早期检查和更好的诊断，从而避免更复杂和更贵的治疗。得益于 TDABC，医疗机构可以更有效率地利用医疗人员、设备、器械和管理资源，通过该系统精简患者流程，且在省去不必要服务的同时选择可以提高疗效的处理方式。

资料来源：Based on R. S. Kaplan and S. R. Anderson，"The Innovation of Time-Driven Activity-Based Costing ," *Cost Management*（March-April 2007）；R. S. Kaplan and S. R. Anderson，"Time-Drive Activity-Based Costing "（Boston，MA：Harvard Business School Press，2007）；and R. S. Kaplan and M. E. Porter，"How to Solve the Cost Crisis in Health Care ," *Harvard Business Review*（September 2011）.

学习自测

家庭超市（Family Supermarkets，FS）已经决定增加孟菲斯店铺的营业面积。它想知道以下各个产品线的盈利性信息：软饮料、新鲜农产品和包装食品。2013 年度，FS 每个产品线的数据如下（金额单位：美元）：

	软饮料	新鲜农产品	包装食品
收入	317 400	840 240	483 960
产品销售成本	240 000	600 000	360 000
退瓶成本	4 800	0	0
采购订单数	144	336	144
运送次数	120	876	264
货架存放时间	216	2 160	1 080
销量	50 400	441 600	122 400

2013 年度还有其他一些信息（单位：美元）：

作业 (1)	作业内容 (2)	总成本 (3)	成本分配基础 (4)
1. 退瓶	将空瓶退回商店	4 800	直接追溯到软饮料生产线
2. 下订单	处理采购订单	62 400	624 份采购订单
3. 运送	实际的交货和收到商品	100 800	1 260 次运送
4. 货架存放	商店货架上的商品存放和续存	69 120	3 456 个货架存放小时
5. 顾客支持	提供给顾客的帮助，包括结账和装袋	122 880	614 400 个售出商品
合计		360 000	

要求：

1. FS 在每个产品线中产品销售成本的基础上把商店维持成本（除产品销售成本以外的所有成本）分配到产品线。计算营业利润和每个产品线的利润率（该系列利润占该系列收入的百分比）。

2. 如果 FS 使用 ABC 方法把商店维持成本（除产品销售成本以外的所有成本）分配到产品线，计算营业利润和每个产品线的利润率。

3. 评价要求 1 和要求 2 的答案。

解答

1. 下面的表格显示了营业利润和每个产品线的营业利润占收入的百分比。所有商店维持成本（除产品销售成本以外的所有成本）以每个产品线上的产品销售成本为成本分配基础分配到产品线。总商店维持成本等于 360 000 美元（退瓶成本 4 800＋采购订单成本 62 400 美元＋运送成本 100 800 美元＋货架存放成本 69 120 美元＋顾客支持成本 122 880 美元）。商店维持成本的分配率＝360 000÷1 200 000＝产品销售成本的 30%。于是，FS 用 0.3 乘以每条产品线的产品销售成本，来给每个产品线分配商店维持成本。详见下表（金额单位：美元）：

	软饮料	新鲜农产品	包装食品	合计
收入	317 400	840 240	483 960	1 641 600
产品销售成本	240 000	600 000	360 000	1 200 000
商店维持成本 (240 000；600 000；360 000)×0.30	72 000	180 000	108 000	360 000
总成本	312 000	780 000	468 000	1 560 000
营业利润	5 400	60 240	15 960	81 600
营业利润÷收入	1.70%	7.17%	3.30%	4.97%

2. 在 ABC 系统下，FS 把退瓶成本作为直接成本，因为这些成本能追溯到软饮料产品线。FS 随后计算每个作业的成本分配率。分配率如下：

作业 (1)	成本层级 (2)	总成本（美元） (3)	成本分配基础的数量 (4)	间接分配率 (5)=(3)÷(4)
下订单	批数	62 400	624 张采购订单	100 美元/采购订单
运送	批数	100 800	1 260 次运送	80 美元/运送次数
货架存放	单位产出	69 120	3 456 个货架 · 存放小时	20 美元/存放小时
顾客支持	单位产出	122 880	614 400 单位售出商品	0.20 美元/售出商品

用作业成本分配率乘以每个产品线的成本分配基础总数量，就得到了按作业分配的各生产线的商店维持成本。营业利润和每条产品线的营业利润占其收入的百分比如下表所示（金额单位：美元）：

	软饮料	新鲜农产品	包装食品	合计
收入	317 400	840 240	483 960	1 641 600
产品销售成本	240 000	600 000	360 000	1 200 000
退瓶成本	4 800	0	0	4 800
采购成本				
（144；336；144）张订单×100 美元	14 400	33 600	14 400	62 400
运送成本				
（120；876；264）次运送×80 美元	9 600	70 080	21 120	100 800
货架存放成本				
（216；2 160；1 080）存放小时×20 美元	4 320	43 200	21 600	69 120
顾客支持成本				
（50 400；441 600；122 400）单位商品×0.20 美元	10 080	88 320	24 480	122 880
总成本	283 200	835 200	441 600	1 560 000
营业利润	34 200	5 040	42 360	81 600
营业利润÷收入	10.78%	0.60%	8.75%	4.97%

3. 管理人员认为，ABC 系统比它以前的成本系统更可靠。在 FS 中，ABC 系统更准确地区分了不同类型的作业，它也更准确地刻画了各条产品线是如何使用资源的。根据相对盈利性——营业利润占收入的百分比，三条产品线在以前的成本系统和在 ABC 系统中的排序如下：

简单成本系统		ABC 系统	
1. 新鲜农产品	7.17%	1. 软饮料	10.78%
2. 包装食品	3.30%	2. 包装食品	8.75%
3. 软饮料	1.70%	3. 新鲜农产品	0.60%

各产品线收入、各自的产品销售成本和作业成本占总数的百分比如下：

	软饮料	新鲜农产品	包装食品
收入	19.34%	51.18%	29.48%
产品销售成本	20.00%	50.00%	30.00%
退瓶	100.00%	0%	0%
作业：			
下订单	23.08%	53.84%	23.08%
运送	9.53%	69.52%	20.95%
货架存放	6.25%	62.50%	31.25%
顾客支持	8.20%	71.88%	19.92%

软饮料比新鲜农产品和包装食品消耗的资源更少。软饮料比新鲜农产品和包装食品需要的运送次数和货架存放时间更少。大多数软饮料供应商自己

把商品运送到货架上。相比之下，新鲜农产品的运送成本最高，耗用的货架存放时间最长，并且销售额最大。以前的成本系统假定每条产品线在每个作业上以相同的比率使用资源，比率是每条生产线的产品销售成本占总销售成本的百分比。很明显，这个假定是不正确的。以前的简单成本系统是平均分配成本的一个例子。

FS 管理人员可使用 ABC 信息来指导他们的决策，例如分配按计划增加的商场面积。增加分配给软饮料的面积是合理的。但请注意，ABC 信息是货架空间分配决策的一个考虑因素，但绝不是唯一考虑因素。FS 可能必须至少按下限给新鲜农产品分配货架空间，因为消费者认为超市应该有这一产品线的商品。在许多情况下，公司不能孤立地制定产品决策，而必须考虑到减少一种产品可能会影响顾客对其他产品的需求。

利用 ABC 信息，定价决策会更加完善。例如，假定一个竞争者宣布软饮料降价 5%。FS 当前在软饮料产品线上的利润率为 10.77%，因此有降价空间并仍然能在这条产品线上盈利。而以前的成本系统错误地显示软饮料仅有 1.70% 的盈利率，只留下很小的空间来应对竞争者的定价挑战。

决策要点

下面是对本章学习目标的总结，决策问题代表与学习目标相关的关键问题，指南则是对该问题的回答。

决策问题	指南
1. 产品的成本多计或少计通常在什么时候发生?	成本少计（多计）发生在产品或服务消耗高（低）水平的资源而报告较低（高）的成本之时。成本平摊或广泛平均是成本多计或少计的普遍原因，它是使用广泛平均法的结果。广泛平均是指各产品以不同方式消耗资源，成本却在产品间进行统一分派或分摊。当一个产品成本被少计（或多计）导致至少另一个产品成本被多计（或少计）时，就存在产品成本的相互补贴。
2. 怎样改进一个成本系统?	改进成本系统意味着寻求改变，以得到更好的成本数字来反映不同成本对象（例如产品）如何使用公司资源。这些改变可能需要更多的直接成本追溯，选择更多的同质间接成本库或使用不同的成本分配基础。
3. 在设计成本系统时，简单成本系统和作业成本系统之间有什么不同?	作业成本系统不同于简单成本系统，因为它的基础集中在作业上。一般来说，作业成本系统比简单成本系统产生更多的同质间接成本库和更多的作为成本分配基础的成本动因。
4. 什么是成本层级?	成本层级基于成本分配基础的不同类型或确定因果（或受益）关系的不同难度把成本划分进不同的成本库。一个四级成本层级包括单位产出成本、批数成本、产品维持成本和设备维持成本。
5. 管理者怎样使用作业成本系统计算产品或服务的成本?	在作业成本系统中，通过归集作业的成本把成本分派到其他的成本对象，例如产品或服务、基于产品或服务消耗的作业。
6. 在决定实施作业成本系统时，管理者应考虑什么?	当间接成本占总成本的比例很高，或产品和服务对间接成本有不同的需求时，作业成本系统可能发挥最大的效益。作业成本系统的主要成本源于为了实施和更新系统而必须进行的更多的计量工作。
7. 怎样使用作业成本系统更好地进行管理?	作业管理描述了使用作业成本信息来使顾客满意并提高收益的管理决策。作业成本系统用于这样一些管理决策，如定价、产品组合、成本降低、流程改进、产品和流程重新设计以及计划与管理工作。

重要术语

activity 作业
activity-based costing (ABC) 作业成本法
activity-based management (ABM) 作业管理
batch-level costs 批数成本
cost hierarchy 成本层级
facility-sustaining costs 设备维持成本
output unit-level costs 单位产出成本
product-cost cross-subsidization 产品成本的相互补贴
product overcosting 多计产品成本
product-sustaining costs 产品维持成本
product undercosting 少计产品成本
refined costing system 改进的成本系统
service-sustaining costs 服务维持成本

作 业

简答题

6—1 什么是广泛平均？它对成本的影响是什么？

6—2 为什么需要把成本归类为成本层级？

6—3 简单成本系统和作业成本系统之间产品成本不同的主要原因是什么？

6—4 按消耗的资源区分发生的成本的好处是什么？

6—5 描述当作业成本系统可能提供更多的收益时四个帮助识别的迹象。

6—6 描述对作业成本信息有用的四个决策。实施作业成本系统的主要成本和局限是什么？

6—7 “作业成本法仅仅适用于制造业公司”。你同意这种说法吗？请给出解释。

6—8 “应用作业成本系统是当今及以后的趋势，所有的企业都应采用它”。你同意这种说法吗？请给出解释。

6—9 “增加间接成本库的数目肯定可以大大提高产品、服务或顾客成本的准确性”。你同意这种说法吗？请给出解释。

6—10 一家零售企业的主计长提出一项 50 000 美元的拨款申请，用于建立作业成本系统。但这一提案很快遭到反对。一个高级副经理在反对该提案时说：“如果可能的话，我宁愿将这 50 000 美元花在一些顾客看得见或感受得到的事物上，例如改善我们的货架或商店布置。在一个只是我们一厢情愿的会计系统上花 50 000 美元，对顾客有什么用处？”作为主计长，对此应作何回应？

练习题

6—11 （成本层级）Harrison 公司为几家著名的公司生产音箱，这些音箱在复杂性和生产批数上有显著的不同。2013 年发生的成本如下：

a. 用于支持直接人工的间接人工成本，725 000 美元。

b. 获得采购订单成本，接收材料并向供应商支付与采购订单数量有关的账款，425 000 美元。

c. 间接材料成本，137 500 美元。

d. 每次生产不同的产品需要安装机器所发生的成本，315 000 美元。

e. 设计流程，画流程图，改变产品的流程，387 500 美元。

f. 和机器相关的制造费用，如折旧、保养、产品工程，750 000 美元（这些资源和机器运转作业相联系）。

g. 工厂管理、工厂租赁和工厂保险成本，462 500 美元。

要求：

1. 把上述每个成本划分为单位产出成本、批数成本、产品维持成本和设备维持成本，并解释每个答案。

2. 考虑 Harrison 公司制造的两种类型的音箱。一种音箱制造很复杂并需要多批次生产。另一种制造简单并只需要几个批次生产。假定 Harrison 公司制造每种类型的音箱需要相同数量的机器工时，并且 Harrison 公司使用机器工时作为唯一的分配基础来分配所有的间接成本，说明音箱被怎样错误地计算了成本。简要解释原因。

3. 说明在管理其业务的过程中，成本层级对 Harrison 公司提供了怎样的帮助。

6—12 （作业成本系统，成本层级，服务）Ayer Test 实验室对材料进行温度测试（HT）和压力测试（ST）。在现行的成本系统下，Ayer 将 1 330 000 美元的运行成本归入一个间接成本库。Ayer 计算每小时 14 美元的比率（1 330 000 美元÷95 000 测试小时）。HT 使用 55 000 测试小时，ST 使用 40 000 测试小时。Ayer 的主计长 Gary Daley 认为，测试程序和成本结构之间存在的差异足以分别为 HT 和 ST 建立成本系统和收费比率。测试服务市场的竞争变得越来越激烈。如果没有这一信息，任何错误的成本和定价都可能使 Ayer 损失业务。Daley 把 Ayer 的成本划分成四个作业成本类别。

a. 直接人工成本为 222 000 美元。这些成本能直接追溯到 HT（155 000 美元）和 ST（67 000 美元）。

b. 与设备相关的成本（租金、维修、能源等）为 475 000 美元。这些成本基于测试小时分配到 HT 和 ST。

c. 安装成本为 385 000 美元。这些成本基于所需安装工时的数量分配到 HT 和 ST。HT 需要 13 000 安装工时，ST 需要 4 500 安装工时。

d. 设计测试的成本为 248 000 美元。这些成本基于所需设计测试的时间分配到 HT 和 ST。HT 需要 3 000 小时，ST 需要 1 000 小时。

要求：

1. 把上述每个成本划分为单位产出成本、批数成本、产品维持成本和设备维持成本，并解释每个答案。

2. 计算 ST 和 HT 的每测试小时成本。简要解释这些数据不同于 Ayer 使用现行成本系统计算的每测试小时 14 美元的原因。

3. 解释使用简单成本系统和作业成本系统的准确性。说明 Ayer 的管理层如何使用成本层级和作业成本信息来更好地经营业务。

6—13 （专业服务公司的可选分配基础）WilmerGroup（WG）给多家公司提供税收建议。WG 按直接工作时间（按小时收费）和维持服务（直接工作成本的 30%）收取客户的费用。WG 的三个专业人员和他们的每小时费用率是（单位：美元）：

专业人员	每小时的费用率
Mark Wilmer	500
Ashley Bennet	170
John Amesbury	70

WG 已经为两个客户开出了 2013 年 5 月的费用账单。花费在每个客户上的专业小时如下：

专业人员	每个客户的小时数	
	San Antonio Dominion	Amsterdam Enterprises
Wilmer	21	3
Bennet	4	11
Amesbury	30	41
Total	55	55

要求：

1. 计算 2013 年 5 月 WG 对 San Antonio Dominion 和 Amsterdam Enterprises 所开账单的金额。

2. 假设维持服务按 55 美元/小时（而不是直接工作时间的 30%）开账单。说明这一改变如何影响 WG2013 年 5 月对两个客户所开账单的金额。评价要求 1 和要求 2 所开账单金额的差异。

3. 说明你如何为 WG 的维持服务确定更恰当的分配基础，是专业人员人工成本还是工作小时数。

6—14 （作业成本系统，零售业产品线的盈利能力）Granger Supermarkets（GS）把 ABC 系统运用于三条产品线——烘焙食品、牛奶与果汁以及冷冻食品。它确定了四个作业，每个作业的分配率如下：

订单	98 美元/采购订单
商品的运送和收付	81 美元/运送次数
货架存放	22 美元/存放小时
顾客支持和辅助	0.18 美元/售出商品

上述三条产品线的收入、产品销售成本、商店维持成本以及作业耗用量如下（金额单位：美元）：

	烘焙食品	牛奶与果汁	冷冻食品
财务数据			
收入	58 000	64 000	52 500
产品销售成本	37 000	45 000	36 000
商店维持	11 100	13 500	10 800
作业耗用量（成本分配基础）			
下订单（采购订单）	35	30	20
运送（运送次数）	85	45	30
货架存放（小时）	175	155	25
顾客支持（售出商品）	12 000	16 000	7 000

在简单成本系统下，GS 按产品销售成本的 30%分配顾客支持成本。

要求：

1. 利用以前的成本系统编制 GS 的产品线的盈利能力报告。

2. 利用 ABC 系统编制 GS 的产品线的盈利能力报告。

3. 说明要求 2 所使用的 ABC 系统向 GS 超市提供了什么新的帮助。

6—15 （作业成本系统，批发业，顾客盈利性）Ruiz 批发公司向四家连锁店销售家具。Ruiz 先生说："我们用 ABC 系统确定产品线的盈利性。在确定顾客盈利性的时候也应该用 ABC 系统，而且我们应该弄清楚顾客的盈利性。"Ruiz 批发公司每月向采购部门发商品目录。顾客有权利在购买之后的六个月内退回商品并且获得全额退款。根据去年的营业情况收集的数据如下（金额单位：美元）：

	连锁店			
	1	2	3	4
销售总额	75 000	45 000	95 000	85 000
销售退回：				
商品数	101	28	68	35
金额	15 000	6 500	6 650	8 000
订单数：				
普通	65	165	57	90
加急	18	56	9	40

Ruiz 公司已经计算出如下作业成本分配率：

作业	成本动因比率
普通订单流程	32 美元/普通订单
加急订单流程	160 美元/加急订单
退回商品流程	20 美元/商品
商品目录和顾客支持	1 000 美元/顾客

顾客支付运费。产品销售成本平均为售价的 80%。

要求：确定去年从每家连锁店得到的利润。评价你的答案。

6—16 （作业成本系统，银行的产品成本，相互补贴）美国国际银行（United International Bank，UIB）正在审查其优先账户（集储蓄存款账户和支票存款账户于一体的账户）的盈利能力。根据储户年平均存款余额支付 7%的年利。美国国际银行的住房贷款利率为 10%，利率差为 3 个百分点（其贷款利率与存款利率之差）。因此，如果 2013 年储户在优先账户的年平均余额为 2 000 美元，则美国国际银行可得到 60 美元（2 000×3%）的收入。

优先账户允许其储户无限制地享受存款、取现金、签发支票以及开具外币汇票等服务。优先账户余额达到或超过 1 000 美元的储户均可免费享受这些服务，余额低于 1 000 美元的储户则需每月支付 20 美元。

美国国际银行最近对其以下六项个人服务采用 ABC 系统进行了成本分析。2013 年 3 位顾客接受服务的情况如下（单位：美元）：

	每次“交易”的作业成本	账户使用		
		Harvin	Slaton	Flynn
柜台存取	2.40	41	54	6
自动取款机（ATM）存取	0.80	12	18	13
每月预约存取	0.60	0	10	64
签发银行支票	7.90	8	2	4
外币汇票	12.00	5	3	7
查询账户余额	1.70	10	18	6
2013 年平均的优先账户余额		1 325	850	25 400

假定 Harvin 和 Flynn 的存款余额一直高于 1 000 美元，而 Slaton 的存款余额一直低于 1 000 美元。

要求：

1. 计算美国国际银行 2013 年 Harvin，Slaton 和 Flynn 三个优先账户的盈利能力。

2. 说明为什么在优先账户总体盈利的情况下，美国国际银行还是对其成本相互补贴感到不安。

3. 说明你对美国国际银行的优先账户的改进的建议。

6—17 （单一直接成本类别，单一间接成本库的分批成本系统，律师事务所） Timlin Associates 是一家新成立的律师事务所。事务所的合伙人兼管理人员 Ellery Hanley 刚与 Widnes Coal 公司的总经理 Martin Offiah 通了一次不愉快的电话。Offiah 抱怨说律师事务所为他提供法律服务的要价太高。

Hanley 还接到了来自另一个客户 St. Helen's Glass 的电话，他们表示对最近服务的质量和价格都相当满意。

律师事务所满负荷运行，并运用基于成本的定价决策。近来，它开始使用单一直接成本种类（专业人工工时）和单一间接成本库（一般服务）的简单成本系统。间接成本按每项业务的专业人工工时分配给各业务。资料如下：

	Widnes Coal	St. Helen's Glass
专业人工工时	115 小时	95 小时

律师事务所的专业人工成本率为每小时 83 美元，每项业务的间接成本分配率为每小时 120 美元。最近一个会计期间的间接成本总额为 25 200 美元。

要求：

1. 说明为什么对律师事务所来说，弄清各项业务的成本至关重要。

2. 使用律师事务所现有的分批成本法计算 Widnes Coal 公司和 St. Helen's Glass 公司的成本。

6—18 （多种直接成本类别，单一间接成本库的分批成本系统，律师事务所）（续练习题 6—17） Hanley 要求助理替他收集 25 200 美元的间接成本库中可被归集到各业务的成本资料。在进一步分析之后，Timlin Associates 律师事务所发现可以从 25 200 美元中划出 18 900 美元作为直接成本。相关数据如下（金额单位：美元）：

其他直接成本	Widnes Coal	St. Helen's Glass
研究辅助人员	1 900	6 850
计算机小时	750	1 600
差旅和津贴	700	4 500
电话/传真	300	1 300
影印	250	750
合计	3 900	15 000

Hanley 决定计算律师事务所以前使用六个直接成本库和一个单一间接成本库的批次成本。单一间接成本库有 6 300 美元的成本并且采用专业人员人工工时来分配给各批次。

要求：

1. 当间接总成本是 6 300 美元时，计算律师事务所修改后的每专业人员人工工时的间接成本分配率。

2. 如果律师事务所使用已修改的多种直接成本类别和单一间接成本库的成本系统，计算 Widnes Coal 和 ST. Helen's Glass 的批次成本。

3. 比较在要求 2 和练习题 6—17 要求 2 中的 Widnes Coal 和 St. Helen's Glass 的批次成本。评价这个结果。

6—19 （多种直接成本类别，多种间接成本库的分批成本法，律师事务所）（续练习题 6—17、练习题 6—18） Timlin Associates 律师事务所有两类专业人员——合伙人和一般员工。Hanley 让助理审查最近 Widnes Coal 和 St. Helen's Glass 批次中合伙人和一般员工的相对使用量。Widnes Coal 公司业务耗费了合伙人 30 小时、一般员工 85 小时，St. Helen's Glass 公司业务则耗费了合伙人 60 小时、一般员工 35 小时。因此，两个批次总共耗费了合伙人 90 小时、一般员工 120 小时。Hanley 决定分析，如果将合伙人和一般员工划分为不同的直接和间接成本库，对上述两项业务的成本会有何影响。每一间接成本库的间接成本都以专业人员人工工时为基础分配成本。间接成本库总额为 6 300 美元，其中 3 600 美元分配给合伙人作业，2 700 美元分配给一般员工作业。

专业人员类型及成本分配率如下：

专业人员类型	直接成本（美元/小时）	间接成本（美元/小时）
合伙人	115.00	3 600÷90＝40.00
一般员工	59.00	2 700÷120＝22.50

要求：

1. 在进一步改进的成本系统中计算 Widnes Coal 公司和 St. Helen's Glass 公司两笔业务的成本。

2. 确定在做何种决策时，Timlin Associates 律师事务所会选择用这种分批成本系统而不是练习题 6—17 或练习题 6—18 中的成本系统。

6—20 （作业成本系统，商业公司）Medtech 是一家专门销售药品的公司。它从制药厂进货并销售给如下三个市场：

a. 超市连锁店。

b. 药品连锁店。

c. 常备药品店。

Medtech 公司的新任主计长 Evan Kennedy 报告了 2013 年的数据（单位：美元）：

	超市连锁店	药品连锁店	常备药品店	Medtech 公司
收入	3 708 000	3 150 000	1 980 00	8 838 000
销售产品成本	3 600 000	3 000 000	1 800 000	8 400 000
毛利率	108 000	150 000	180 000	438 000
其他经营成本				301 080
营业利润				136 920

Medtech 公司一直利用毛利率［(收入－成本)÷收入］来估计不同客户群（分销点）的相对盈利能力。Kennedy 最近参加了一个作业成本制度研习班，决定在本公司应用作业成本系统。Kennedy 与各部门的经理人员及许多一般员工商讨，他们一致认为公司有以下五个重要作业领域：

作业	成本动因
1. 订单处理	客户的订单数
2. 订单商品列项	每份订单所列的商品项目
3. 送货	送货次数
4. 装运至各商店的纸箱	每次运送的纸箱数
5. 货架存放	货架存放小时数

每份订单包括几种商品列项。每个列项代表一种产品（如 Extra-Strength Tyleno Tablets）。送货指把若干箱药品送到客户的货架上。每种药品分装在若干纸箱中。由 Medtech 的员工直接将药品箱摆放在客户的货架上。目前，这项服务不收取费用，并且并非所有客户都享受 Medtech 公司的这一服务。公司 2013 年三个细分市场的作业成本水平及各作业发生的总成本如下：

	A	B	C	D	E
13					
14	作业成本数据		作业水平		
15	Medtech 公司（2013 年）				
16	作业	超市连锁店	药品连锁店	常备药品店	2013 年总作业成本（美元）
17	订单处理（数量）	140	360	1 500	80 000
18	订单商品列项（数量）	1 960	4 320	15 000	63 840
19	送货（数量）	120	360	1 000	71 000
20	装运至各商店的纸箱数（数量）	36 000	24 000	16 000	76 000
21	货架存放（小时）	360	180	100	10 240
22					301 080

要求：

1. 计算 2013 年 Medtech 的三个细分市场的毛利率。

2. 计算五个作业各自的成本分配率。

3. 利用作业成本信息给每个细分市场分配 301 080 美元的“其他经营成本”，计算每个细分市场的营业利润。

4. 分析计算结果，说明 ABC 系统是否提供了额外的信息。

6—21 （作业成本系统，医疗护理）Crossroads健康中心运行两个项目：戒毒和疗后调养（向从精神病医院出来的患者提供建议和帮助）。该中心2013年的预算如下（单位：美元）：

专业人员工资		
4名内科医师×165 000美元	660 000	
12名心理医师×82500美元	990 000	
16名护士×33 000美元	528 000	2 178 000
医疗药品		242 000
租金和诊所维护		138 600
病历、伙食和衣物洗熨的管理成本		484 000
化验服务		92 400
合计		3 135 000

中心主任Kim Yu正在积极确定每个项目的成本。Yu汇总了下列描述分配到单个项目的雇员数据：

	戒毒	疗后调养	合计
内科医师	4		4
心理医师	4	8	12
护士	6	10	16

Yu最近知道了可用来改进成本系统的作业成本法。她问会计人员Gus Gates，应该如何应用这种新技术。Gates获得如下信息：

	戒毒	疗后调养	合计
各项目占用的空间（平方英尺）	9 000	12 000	21 000
每年的患者数	50	60	110
化验室检测次数	1 400	700	2 100

要求：

1. a. 选择你认为把间接成本分配到各项目的最恰当的成本分配基础，计算医疗药品、租金和诊所的间接成本分配率；患者病历、伙食、衣物洗熨及化验服务的管理成本。

b. 使用ABC法进行成本分析，计算每个项目的成本和戒毒项目的每个患者每年的成本。

c. 说明Crossroads健康中心通过执行作业成本系统能获得什么益处。

2. 在把资源分配到项目的过程中，说明除了成本之外，Crossroads健康中心还应该考虑什么因素。

6—22 （作业分批成本系统，单位成本比较）Taylor公司拥有专门生产飞机零件的机器设备。原有的成本系统有两类直接成本（直接材料和直接制造人工）和一个间接成本库（制造费用，按直接人工工时进行分配）。2013年，原有的成本系统下间接成本分配率为每直接人工工时113美元。

最近，由产品设计人员、生产人员、会计人员组成的小组采用ABC法对分批成本系统做了改进。小组决定保留两类直接成本，并用五个间接成本库代替单一间接成本库。这五个成本库代表了生产的五个作业领域，每个都有自己的监督人员和责任约束。相关数据如下（单位：美元）：

作业	用作分配基础的成本动因	成本分配
材料处理	零件数	0.40
车床加工	班次	0.35
铣床加工	机器工时	14.00
打磨	零件数	0.50
检测	检测次数	13.00

信息收集技术十分先进，可以自动收集五个作业领域做预算时所有必需的信息。

最近该公司两个代表性批次在新成本系统下有如下成本项目（金额单位：美元）：

	410号	411号
每批直接材料成本	19 512	55.204
每批直接人工成本	475	6 950
每批直接人工工时	19	278
每批使用零件数	550	2 300
每批使用班次	14 323	15 383
每批使用机器工时	190	825
每批的产量（经检测）	15	170

要求：

1. 计算原有的成本系统下各批次的单位生产成本。

2. 计算作业成本系统下各批次的单位生产成本。

3. 比较要求1、要求2中计算出的410号与

411 号的单位生产成本。说明为什么原有的成本系统与作业成本系统在估计各批次的单位生产成本时会有所不同，这些不同对 Taylor 公司是否重要。

4. 说明 Taylor 公司如何利用作业成本系统的信息来更好地管理业务。

6—23 （作业成本系统，实施，道德）Plum Electronics 是 Berry 公司的一个分公司，生产两种类型的大屏幕电视机 Mammoth 和 Maximum。Mammoth 投产于 2009 年，售价 990 美元；Maximum 是 2011 年初引进的新型电视机，售价 1 254 美元。根据 2013 年 11 月 30 日的利润表，Berry 公司的高层管理者已经决定把 Plum 的营销资源集中于 Maximum，并且逐步停止 Mammoth 的生产。相关数据如下表所示（金额单位：美元）。

Plum Electronics 利润表（2013 年 11 月 30 日）

	Mammoth	Maximum	合计
收入	21 780 000	5 016 000	26 796 000
产品销售成本	13 794 000	3 511 200	17 305 200
毛利	7 986 000	1 504 800	9 490 800
销售和管理成本	6 413 000	1 075 800	7 488 800
营业利润	1 573 000	429 000	2 002 000
产销量	22 000	4 000	
单位已售产品的净利润	71.50	107.25	

Mammoth 和 Maximum 的销售成本细节如下（单位：美元）：

	Mammoth		Maximum	
	单位成本	总成本	单位成本	总成本
直接材料	5 033 600	228.80	2 569 600	642.40
直接人工[a]	435 600	19.80	184 800	46.20
机器成本[b]	3 484 800	158.40	316 800	79.20
总直接成本	8 954 000	407.00	3 071 200	767.80
制造费用	4 840 000	220.00	440 000	110.00
总产品销售成本	13 794 000	627.00	3 511 200	877.80

a. Mammoth 需要 1.5 小时/单位，Maximum 需要 3.5 小时/单位。直接人工成本为 13.20 美元/小时。

b. 机器成本包括机器租赁、修理和维护成本。Maximum 需要 8 机器工时/单位，Maximum 需要 4 机器工时/单位。机器工时成本率为 19.80 美元/小时。

c. 制造费用按每机器工时 27.50 美元的比率在产品之间进行分配。

Plum 的主计长 Steve Jacobs 提倡使用作业成本法进行作业管理，并且已经收集了与 2013 年 11 月 30 日公司制造费用相关的如下信息（单位：美元）：

作业中心（成本分配基础）	总作业成本	成本分配基础的数量		
		Mammoth	Maximum	合计
焊接（焊接点数）	1 036 200	1 185 000	385 000	1 570 000
装运（装运次数）	946 000	16 200	3 800	20 000
质量控制（检测数）	1 364 000	56 200	21 300	77 500
采购订单（订单数）	1 045 440	80 100	109 980	190 080
机器动力（机器工时）	63 360	176 000	16 000	192 000
机器安装（安装次数）	825 000	16 000	14 000	30 000
制造费用合计	5 280 000			

在完成分析后，Jacobs 向 Plum 的总裁 Charles Clark 汇报了结果。但 Clark 并不赞同。“如果你向总部汇报这一结果，他们会让我们停止 Maximum 的生产，这条生产线是我们刚刚引进的。对我们来说，计算原料成本的方法是一个主要问题。过去是 Mammoth 不盈利，现在是 Maximum 不盈利。”

“从作业成本分析，我看出两个问题。首先，我们实际的作业比你列出的作业多。如果你把所有的作业包括进去，你的结论可能会不同。其次，你使用安装次数和检测数作为分配基础。如果你使用安装工时和检测小时，数据也会不同。我知道计量问题使你没有使用其他的成本分配基础，但是我认为你应该对我们当前的数量进行一些调整以做些弥补。我知道你能做得更好。我们不能停止生产任何一种产品。”

Jacobs 知道他的数字相当准确。在一个一定数量的样本中，他使用更多且不同的分配基础计算 Mammoth 和 Maximum 的盈利能力。他过去使用的作业集和作业分配率结果与根据更详细的分析得出的数据非常接近。由于知道 Maximum 最近刚被引进，他确信总部不会让 Plum 停止它的生产。他也知道 Clark 的大部分红利基于部门的收入。停止生产任何一种产品将会对 Clark 的红利产生不利影响。他也感觉到了来自 Clark 的压力。

要求：

1. 使用作业成本系统，计算 Mammoth 和 Maximum 的盈利能力。

2. 简要解释为什么使用 Plum 当前的成本系统计算的毛利率不同于使用简单成本系统的数据。

3. 评价 Clark 关注的作业成本系统的准确性和局限性。

4. 说明 Plum 如何发现 ABC 信息有助于管理它的业务。

5. 说明 Steve Jacobs 应该怎么做。

章末案例

Wilkerson 公司

Wilkerson 公司的总裁 Robert Parker 上个月与他的主计长 Peggy Knight 和生产主管 John Scott 讨论经营成果。这个三人会议在一种忧虑的氛围中召开，因为其竞争对手降低了水泵（Wilkerson 公司主要的产品线）的价格。由于水泵是一种商业产品，Parker 除了降价以保证销量之外别无选择。但是降价将导致利润下滑，尤其是水泵生产线（2000 年 3 月的经营成果，如图表 1 和图表 2 所示，金额单位为美元）。

Wilkerson 为水净化设备制造商供应产品。该公司开始设计一种独特的阀门，使其承受力达到行业最优。Parker 迅速建立了忠实消费者的基础，因为公司生产的阀门质量过硬。他和 Scott 意识到 Wilkerson 现有的劳动力技术和机器设备也可以用于生产水泵和流量控制器（现有消费者常常搭配购买的产品）。他们随后建立了主要的高产能水泵生产线和定制的流量控制器生产线。

Wilkerson 的生产流程始于从多家供应商采购半成品，之后加工这些部件使其达到要求的承受力，再到公司的现代化生产设备上进行装配。三条生产线需要同样的设备和劳动力，按照符合客户装运要求的产品设计进行生产。供应商和客户同意即时运送，产品生产完毕立即包装运输。

图表 1　　**Wilkerson 公司的经营成果**（2000 年 3 月）

销售收入		2 152 500	100%
直接人工费用		271 250	
直接材料费用		458 000	
制造费用			
机器相关费用	336 000		
安装人工	40 000		
接收和生产控制	180 000		
工程设计	100 000		
包装和运输	150 000		
总制造费用		806 000	
毛利率		617 250	29%
一般、销售和管理费用		559 650	
经营利润（税前）		57 600	3%

图表 2 **产品盈利能力分析**（2000 年 3 月）

	阀门	水泵	流量控制器
直接人工成本	10.00	12.50	10.00
直接材料成本	16.00	20.00	22.00
制造费用（@300%）	30.00	37.50	30.00
标准单位成本	56.00	70.00	62.00
目标销售价格	86.15	107.69	95.38
预计毛利率（%）	35%	35%	35%
实际销售价格	86.00	87.00	105.00
实际毛利率（%）	34.9%	19.5%	41.0%

阀门通过装配四种不同的机器部件来生产。Scott 设计了一种固定部件的装置，可使阀门生产自动完成。阀门是标准产品，可以批量生产和装运。尽管 Scott 觉得许多竞争者的生产质量现在接近 Parker，但没有一个竞争者可以通过降价来获得市场份额，因此毛利率保持在标准水平 35%。

水泵的生产流程与阀门基本相同。五个部件经生产装配为一个最终产品。装配完成之后，水泵被装运到分销商处。最近，似乎每个月都会有关于水泵降价的报告。Wilkerson 已把价格降至最低，以维持其作为水泵主要供应商的市场地位。最新一个月的水泵销售毛利率已降至 20%，在公司预定的毛利率 35%之下。

流量控制器是一种控制化学制品流速和方向的装置。每个产成品都需要比阀门和水泵更多的部件和劳动力。而且行业中用到的流量控制器有多种类别和型号，因此与阀门相比，该生产线需要更多的生产运行和装运支持。Wilkerson 近来已对流量控制器提价 10%，且对需求没有明显影响。

Wilkerson 一直使用一个简单成本系统，单位产品的定价根据直接人工和直接材料得到。材料成本基于年度采购合同中零部件的采购价格得到。人工成本率（包括福利）为 25 美元/小时，并依据各产品的标准运行时间来分配（见图表 3，金额单位为美元）。该公司只有一个生产部门，部件制造和装配成最终产品都在此实现。该部门的制造费用依据产品消耗的直接人工成本分配率来分配。目前，该比率为 300%。由于直接人工成本必须记录下来以备生成工资表，采用这种方式来分配制造费用最经济。

Knight 注意到有些公司不给产品分配制造费用，而将之作为非产品期间费用。对于这些公司而言，产品的盈利能力通过其贡献毛益率——价格减去所有变动成本——来衡量。Wilkerson 的变动成本仅包括直接材料和直接人工成本。基于此，所有产品（包括水泵）都会对开销和利润产生大幅影响。她认为 Wilkerson 的一些竞争者可能采用了这种流程并依据弥补所有变动成本的方法来定价。

Knight 最近负责一个研究 Wilkerson 间接成本的小型任务，因为间接成本占比越来也大，已超过了直接人工费用。由这项研究得到的信息如下：

1. 一旦机器开启，工人们常常同时运行多台机器。然而，对于有些业务，工人们仅运行一台机器。因此，机器的相关费用可能与产品的机器工时数而非操作的人工工时数更相关。

2. 每一批部件在机器上操作时都需要重新开启。一个产品的每个部件都需要运行一台单独的机器，以加工原材料或生产产品特有的零部件。

3. 接收和生产控制部门的人员负责完成预订、处理、检查和移动每一批部件的工作。无论是长期运行还是短期运行，无论零部件是否便宜，这项工作都需要同等的时间。

4. 包装和运输工作随过去几年 Wilkerson 服务的客户数增加而增加。无论货物装运的数量是多少，每次包装和运输产品所需的工作量都差不多。

Knight 的团队收集了如图表 4 所示的 2000 年 3 月经营数据。团队觉得这个月是持续经营的典型例子。然而，有部分人想到当去年的需求量较大时，机器每个月运行 12 000 小时，工厂需要在无生产延迟和加班的情况下，处理 180 次生产运行和 400 次运输。

图表 3

产品数据

	阀门	水泵	流量控制器
单位材料	4 部件 2 @2=4 2 @ 6=12	5 部件 3 @2=6 2 @ 7=14	10 部件 4 @1=4 5 @ 2=10 1 @ 8=8
单位材料成本	16	20	22
单位直接人工	40 直接人工工时	50 直接人工工时	40 直接人工工时
直接人工美元/单位@美元 25/直接人工工时（包括员工福利）	10	12.50	10.00
单位机器工时	0.5	0.5	0.3

图表 4 月度生产和经营统计（2000 年 3 月）

	阀门	水泵	流量控制器	合计
产量（单位）	7 500	12 500	4 000	24 000
机器工时	3 750	6 250	1 200	11 200
生产运行	10	50	100	160
装运数量	10	70	220	300
工程设计小时数	250	375	625	1 250

问题

1. 用本案例的信息开发一个作业成本系统，并以图展示出来。计算 Wilkerson 三种产品线的盈利能力。这样计算得到的盈利能力是否与 Wilkerson 现有成本系统所得的盈利能力不同？

2. 基于你的分析，Wilkerson 的管理人员应该采取什么措施来提高盈利能力？

第7章

定价决策、顾客盈利性与成本管理

学习目标

1. 讨论影响定价的三个因素。
2. 理解公司怎样做长期定价决策。
3. 应用目标成本法制定产品定价决策。
4. 应用成本发生和锁定成本的概念。
5. 应用成本加成法制定定价决策。
6. 讨论为什么一个公司的收入和成本在不同顾客之间有所不同，以及管理者怎样基于该信息做出反应。
7. 应用生命周期预算和成本制定定价决策。
8. 描述定价决策中有关非成本因素重要性的两个实例。

大多数公司都会谨慎分析投入成本和产品价格，因为它们知道如果定价太高，顾客就会流失到竞争对手那里；如果定价太低，则公司不能弥补生产产品的成本。然而，许多成功的公司（如三星和 Tata 汽车公司）却可以既以低价来促进销售、满足顾客需要，又可以持续地通过成本管理来赚取利润。

许多创造型企业的管理者在定价决策上都具有战略性，如宜家、联合利华和沃尔玛。本章将描述管理人员如何通过价值链和产品的生命周期，基于不同的价格水平和成本管理估计需求，为公司赢得利润。

本章要点

- 产品的供给和需求决定了价格，顾客、竞争者和成本会影响供给和需求。
- 最常用的市场基础定价法是目标定价法，管理者估计一个消费者能接受的产品价格，再用这个价格来确定一个目标成本。运用价值工程的方法，管理者通过成本改进来实现目标成本。
- 许多情况下成本是锁定的，例如，在产品设计阶段及真实成本尚未发生时就是如此。一旦成本锁定，就难以受到影响，因此，管理者应该在成本锁定之前做出控制成本的决策。
- 成本加成法首先测定成本，再增加一个加成以形成达到目标利润的价格。管理者通常会通过调整加成来应对竞争对手的压力。
- 公司可以从某些顾客那里获得更多的利润，这取决于顾客购买产品的质量、价格折扣和用以提供顾客服务的成本。管理者基于顾客贡献的利润来区别对待不同的顾客。
- 非成本因素也会影响管理者对产品的定价。例如，管理者对某些顾客收取更高的价格，或者在产品需求超出产品产能时收取更高的价格。管理者必须遵守反垄断法，杜绝掠夺性定价和合谋定价。

7.1 影响定价决策的主要因素

思考阿迪达斯的管理者怎样给最新款的系列运动鞋定价，或者 Comcast 公司应该给按月付费的有线电视服务定价多少？管理者给产品或服务的定价基本上取决于供给和需求。三个影响供给和需求的主要因素是：顾客、竞争对手和成本。

□ 7.1.1 顾 客

基于诸如产品特征和质量等因素，顾客通过他们对产品和服务的需求来影响价格。像阿迪达斯、丰田和富达投资等公司的管理者常常从顾客的角度来审核它们的定价决策，并通过成本管理来赚取利润。

□ 7.1.2 竞争对手

没有一家公司是在真空中经营的，它们必须考虑竞争对手的行为。一种极端的情况是竞争对手的低价格和替代性产品迫使企业（如家得宝或得州仪器）降低自己的价格以保持竞争力。在另一种极端情况下，产品独特且没有竞争对手，企业（如苹果和保时捷）可以制定较高的价格。企业可以通过了解竞争对手的生产技术、生产能力和经营策略来估计其产品成本，这些信息对于企业为自己的产品定价是很有价值的。

竞争常常是超越国界的，因此成本和定价决策也会受到不同国家之间货币汇率波动的影响。例如，当人民币对美元贬值时，中国制造商销售产品的得到的每一美元可换来更多人民币，因此制造商即使降低价格也仍然可以获利。中国生产的产品对美国的消费者来说更加便宜，当然也就在美国市场上更加具有竞争力。

□ 7.1.3 成 本

成本影响定价，因为它们影响到供给。产品的生产成本越低，公司越愿意提供更多的产品（如丰田普锐斯和诺基亚手机）。因为随着公司供给的增加，生产额外一单位产品的成本先下降后上升，只要销售额外一单位产品的收入大于制造成本，公司就会生产。了解公司产品成本的管理者会把价格定在既能使公司的营业利润最大化又能吸引消费者的水平上。

□ 7.1.4 权衡顾客、竞争对手和成本

对管理者定价决策的调查显示，公司会对消费者、竞争对手和成本赋予不同的权重。在高度竞争的市场上，出售诸如小麦、大米、钢铁和铝等相似商品的公司无法控制价格，必须接受由众多参与者组成的市场决定的价格。在这里，成本信息仅仅能帮助公司决定营业利润最大时的产出水平。

在竞争较弱的市场上，例如在照相机、电视机和蜂窝电话市场上，产品是有差异的，三个因素都影响定价：消费者对产品价值的评价、竞争对手的价格策略以及产品的生产和运输成本。

如果竞争变得更弱，例如在微处理器和操作软件市场上，影响定价决策的关键因素是消费者的基于产品或服务价值的购买意愿，而不是竞争对手的成本。在极端情况下，例如只有一个垄断厂商，没有竞争对手，它就有制定高价格的更多余地。然而依

然存在限制，垄断厂商制定的价格越高，消费者对该产品的需求就越小，越可能寻找替代性产品或放弃购买该产品。

7.2　长期的成本与价格

长期定价决策是一种基于固定或可预见的价格来建立长期消费者关系的战略决策。管理者偏好固定的价格，因为可以避免持续监控价格、改进预算以及建立长期的买卖关系。但是，为了制定价格并获取长期目标收益，管理者必须清楚向消费者供应该产品的长期成本，包括所有未来固定成本和变动成本。麦当劳对它的快餐项目的美元菜单实行固定定价，苹果通常将其入门级 iPad 的价格定为 499 美元。

7.2.1　计算长期定价决策中的产品成本

让我们来看 Astel 计算机公司。该公司生产两个品牌的个人电脑产品——Deskpoint 和 Provalue。Deskpoint 是 Astel 公司的高端产品，Provalue 则是以性能较差的 Pentium 芯片为基础的个人电脑。Astel 的管理者需要确定 Provalue 的价格。

Astel 的管理者首先回顾了 2012 年的数据。Astel 没有 Provalue 的期初或期末存货，全年共生产、销售 150 000 台 Provalue。Astel 使用作业成本法来计算 Provalue 的生产成本。Astel 的作业成本系统有：

● 三类直接生产成本——直接材料、直接人工和直接机器成本。

● 三个用于归集间接生产成本的成本项目——订货及收货、测试及检查、返工（纠正误差或消除瑕疵）。

Astel 将机器成本作为 Provalue 的直接成本，因为 Provalue 是在专门的生产线上制造的。①

Astel 用较长的时间跨度来给 Provalue 定价。在这一时间跨度内，Astel 观察到如下现象：

● 直接材料成本随 Provalue 的产量变动而变动。

● 直接人工成本随直接人工工时的变动而变动。

● 直接机器成本为固定成本，每年的产能需要租赁机器 300 000 工时。该成本不随每年实际使用的机器工时数的变化而变化。每单位的 Provalue 需要 2 机器工时。2012 年，Astel 用全部的机器产能来生产 Provalue（2 机器工时/单位×150 000 单位=300 000 机器工时）。

● 订货及收货、测试及检查、返工成本随各自成本动因的数量的变化而变化。例如，订货及收货成本随订单数量的变化而变化。在长期，负责处理订单的员工人数可以重新配置或根据需要处理的订单量而适当增加或减少。

下表归纳了 2012 年生产 150 000 单位 Provalue 的生产成本信息。Astel 的管理者用各成本库的总成本除以成本动因的数量（第（5）列）得出第（6）列的单位直接成本（计算过程未列示）。

---

① 如果 Deskpoint 和 Provalue 使用相同的机器，我们可以以生产 Provalue 时使用机器的预算时间为基础来分摊机器成本，将这些成本作为间接固定成本。

	A	B	C	D	E	F
1		生产 150 000 单位 Provalue 的生产成本信息				
2	成本类别	成本动因	成本动因数量细节		成本动因总量	单位成本（美元）
3	(1)	(2)	(3)	(4)	(5)=(3)×(4)	(6)
4	直接生产成本					
5	直接材料	套件数量	1 套/单位	150 000 单位	150 000	460
6	直接生产人工 (DML)	DML 工时	3.2DML 工时单位	150 000 单位	480 000	20
7	直接机器（固定）	机器工时			300 000	38
8	订货及收货	订单数	50 订单部件	450 部件	22 500	80
9	测试及检查	测试工时	30 测试工时单位	150 000 单位	4 500 000	2
10	返工			8%瑕疵率		
11		返工工时	2.5 工时返工单位	12 000[a] 瑕疵单位	30 000	40
12						

a. 8%瑕疵率×150 000 单位=12 000 瑕疵单位。

图表 7—1 表明 2012 年 Provalue 的总生产成本为 1.02 亿美元，细分到不同种类的直接成本和间接成本中。图表 7—1 显示单位生产成本为 680 美元。然而，产品生产仅仅是价值链上的一个业务职能，为了制定产品的长期价格，对成本实施有效的管理，Astel 公司必须确定生产并销售 Provalue 所需的全部成本。

图表 7—1　　2012 年基于作业成本法的 Provalue 生产成本

	A	B	C
1		150 000 件产品的总生产成本（美元）	单位生产成本（美元）
2		(1)	(2)=(1)÷150 000
3	直接生产成本		
4	直接材料成本（150 000 单位×460 美元/单位）	69 000 000	460
5	直接生产人工成本（48 000 单位×20 美元/单位）	9 600 000	64
6	直接机器成本（300 000 加工小时×38 美元/小时）	11 400 000	76
7	直接生产成本合计	90 000 000	600
8	间接生产成本		
9	订货及收货成本（22 500 单位×80 美元/单位）	1 800 000	12

10	测试及检查成本（4 500 000 小时×2 美元/小时）	9 000 000	60
11	返工成本（30 000 小时×40 美元/小时）	1 200 000	8
12	制造费用合计	12 000 000	80
13	总生产成本	102 000 000	680

对非生产的价值链职能，Astel 公司确定直接成本，并为间接成本选择成本动因和成本归集项目，以衡量因果关系。Astel 公司依据 Provalue 消耗的成本动因数将相应的成本分配给 Provalue。图表 7—2 是在对所有价值链职能的成本进行分析后编制的 2012 年 Provalue 的利润表，表明 Astel 公司来自 Provalue 产品的净利润为 1 500 万美元，每件产品的净利润为 100 美元。

图表 7—2　2012 年采用价值链作业成本法分析得到的 Provalue 的盈利能力

	A	B	C
1		150 000 件产品的总生产成本（美元）	单位生产成本（美元）
2		(1)	(2)＝(1)÷150 000
3	销售收入	150 000 000	1 000
4	产品销售成本[a]（来自图表 7—1）	102 000 000	680
5	营业成本[b]		
6	研发成本	2 400 000	16
7	产品与流程设计成本	3 000 000	20
8	营销和管理成本	15 000 000	100
9	分销成本	9 000 000	60
10	顾客服务成本	3 600 000	24
11	营业成本合计	33 000 000	220
12	产品的全部成本	135 000 000	900
13	营业利润	15 000 000	100
14			

a. 产品销售成本＝总生产成本，因为 Provalue 在 2012 年没有期初和期末存货。
b. 营业成本数字的计算过程不列示。

□ 7.2.2　其他长期定价方法

Astel 公司的管理者如何应用产品成本信息来制定 2013 年 Provalue 的价格呢？定价决策有如下两种不同的方法：(1) 以市场为基础的方法；(2) 以成本为基础的方法，也叫做成本加成法。

以市场为基础的方法着眼于“就目前消费者的需求和竞争对手的反应，我们应该制定何种价格”，以成本为基础的方法则着眼于“我们生产产品的成本是多少，我们应该制定什么样的价格才能弥补成本并得到所需的投资回报”。

在竞争十分激烈的市场（如钢铁、石油和天然气市场）上，公司采用以市场为基础的定价方法。任何一家公司提供的产品或服务都与其他公司提供的同类产品或服务十分相似，所以这些市场里的公司必须接受市场决定的价格。

而对于其他一些行业（如汽车、电脑、管理咨询以及法律服务行业），存在较大的产品差异，公司可以采用以市场为基础的定价方法或以成本为基础的定价方法。一些公司先考虑成本，再考虑消费者和竞争对手——这是以成本为基础的方法。另一些公司先考虑消费者和竞争对手，再考虑成本——这是以市场为基础的方法。两种定价方法都必须考虑消费者、竞争对手和成本，只是起点不同。不管采用哪一种定价方法，管理者都要记住的一点就是市场的力量。例如，签订合同时通常以成本加成为基础，在谈判过程中再参照其他投标价适当降低价格。

市场竞争不那么激烈的公司偏好以成本为基础的方法，因为这些公司不需要对竞争对手的价格做出反应。定价时成本加成多少取决于消费者对产品或服务的购买力和购买意愿。

首先分析以市场为基础的定价法。

7.3 目标成本与目标定价

以市场为基础的定价方法始于确定一个**目标价格**（target price），这是估计的潜在顾客对某种产品或服务所愿意支付的价格。目标价格的估计是建立在了解消费者对产品或服务的感知价值和竞争对手的反应的基础之上。三个原因表明目标价格的估计需要考虑消费者和竞争对手：

1. 成本更低的竞争者可以持续地抑制价格。

2. 产品的生命周期越短，公司在遭遇定价错误、市场份额丢失以及利润损失之后恢复的时间和机会就越少。

3. 消费者知道的更多，因为很容易知道价格、从网上获取其他商家的信息，并且希望购买到物美价廉的产品。

7.3.1 了解消费者的感知价值

公司的销售和营销部门通过与消费者的密切联系和交流来了解消费者的需求及他们对产品的价值判断。诸如东芝和戴尔这样的公司还通过市场调研来了解消费者需要什么样的产品以及他们愿意为产品的特色支付什么价格。

7.3.2 分析竞争对手

为了了解竞争对手对某一预期价格的反应，公司需要了解竞争对手的技术、产品、成本和财务状况。一般而言，产品或服务越独特，定价就越高。像福特汽车和PPG Industry 这样的公司怎样获得竞争对手的信息呢？一般是通过消费者、供应商及竞争对手的员工。另一种获得信息的途径是反向技术——将竞争对手的产品拆开并进行分析，以了解其设计和材料并熟悉竞争对手所采用的技术。但是，公司在任何时候都不应该通过非法或不道德的手段来获取竞争对手的信息。例如，公司不能通过贿赂竞争对手现有员工或假扮供应商或客户来获取竞争对手的信息。

□ 7.3.3　实施目标成本法与目标定价

我们使用 Provalue 的例子来说明确定目标价格和目标成本的五个步骤。

步骤 1：开发出满足潜在顾客需要的产品。Astel 公司利用获得的消费者需求和竞争对手产品信息来实施 2013 年 Provalue 产品设计的改进计划。Astel 公司的市场调研表明，消费者不看重 Provalue 产品的额外功能，例如 Provalue 目前的设计包含了各种产品升级功能，可以使计算机提高运算速度。相反，消费者希望 Astel 公司重新设计 Provalue 产品，使之成为没有华而不实的装饰的个人电脑，从而能以较低的价格出售。

步骤 2：选择目标价格。Astel 公司预测其竞争对手可能会将与 Provalue 竞争的产品价格下调至 850 美元，因此 Astel 公司的管理层确信他们必须使 Provalue 降价 20%以回击竞争对手的挑战，即将该产品的价格由每台 1 000 美元降至 800 美元。基于这样一个较低的价格，Astel 公司的营销经理预计 Provalue 的年产销量将由 150 000 台上升到 200 000 台。

步骤 3：从单位目标价格中减去单位目标利润，得到单位目标成本。**单位目标营业利润**（target operating income per unit）是公司期望从每单位销售的产品或服务中赚取的营业利润。**单位目标成本**（target cost per unit）是能够使公司以目标价格销售赚取目标利润时的单位产品或服务的估计成本。① 单位目标成本等于目标价格减去单位目标营业利润，往往低于产品的实际全部成本。单位目标成本往往只是一个目标——公司致力于实现的成本目标。

为了实现资本的目标收益，Astel 公司需要在预计销售的 200 000 台 Provalue 中赚取 10%的目标营业利润。

目标价格	＝800（美元/台）
单位目标营业利润	＝10%×800＝80（美元/台）
单位目标成本	＝目标价格－单位目标营业利润
	＝800－80＝720（美元/台）
目前的单位全部成本	＝900 美元/台（来自图表 7—2）

每台 720 美元的目标成本远远低于 Provalue 目前每台 900 美元的产品成本。Astel 公司降低成本的努力需要扩展至价值链的各个部分（从研发到顾客服务），例如，在保证质量的同时降低材料和部件的价格。

目标成本包括所有未来成本、变动成本和短期固定成本，因为从长期来看，公司的价格和收入必须弥补维持经营所必需的所有成本。相反，在短期或某一特定时期的

---

① 关于目标成本的详细讨论，请参阅 S. Ansari，J. Bell，and the CAM-I Target Cost Core Group，*Target Costing：The Next Frontier in Strategic Cost Management*（Martinsville，IN：Mountain Valley Publishing，2009）；关于实施信息请参阅 S. Ansari，D. Swenson，and J. Bell，"A Template for Implementing Target Costing，" *Cost Management*（September-October 2006）：20-27。

决策中，公司仅需要考虑在短期内变化的成本，大多是但不仅仅是变动成本。

步骤 4：进行成本分析。Astel 公司分析产品的特定方面来降低成本：

- 不同部件（如主板、磁盘驱动器、显卡和声卡等）的功能。
- 消费者对不同功能的重视程度，例如，Provalue 的消费者更看重可靠性而非显卡质量。
- 各部件和各功能之间的关系及权衡，例如，一个简单的主板可以增加可靠性，但不能支持顶级的显卡。

步骤 5：执行价值工程，实现目标成本。**价值工程**（value engineering）是指对价值链中业务职能的各个方面进行系统的评估，其目的在于在满足顾客需要的同时有效地降低成本。正如我们下面将要描述的，价值工程将导致产品设计的改进、材料规格的改变或者生产流程的修正（下面的“实例”专栏介绍了宜家的目标价格和目标成本法）。

实 例 **宜家的极端目标价格和成本管理**

宜家是一家全球家居零售商，产品以瑞典城镇风格、现代设计、平板包装和个性化定制著称。宜家已发展成为全球最大的家居零售商，在 26 个国家有 287 家门店。这是如何实现的呢？答案是：通过激进的目标价格和严格的成本管理。宜家的商品价格通常比其竞争对手低 30%～50%。而且，尽管竞争对手的产品价格在逐年上涨，宜家的商品价格却从 2000 年开始每年下降 2%～3%。

当宜家决定推出新产品时，产品研发者会调查竞争对手类似产品的价格，再根据该价格选择一个比竞争对手低 30%～50%的目标价格。在确定产品和价格之后，宜家再确定所需原料，并通过竞标的方式在 1 800 多个供应商中选取一家。价值工程通过设计和生产形成规模成本效应。激进的成本管理并非止步于此。宜家的所有产品被设计成采用未组装的平板包装，因为公司估计产品在装运之前组装好，装运成本将高出 6 倍。

已开发完毕的产品如何处理呢？宜家对这些产品也运用了同样的成本管理技术。例如，宜家最畅销的一款产品是 Lack 床头柜，这款产品自 1981 年起就以同样的低价销售。从打磨柜架开始，设计了超过 100 种技术来改进该床头柜。尽管原材料和人工成本持续上升，宜家依然寻求减少生产和销售成本的方法来维持 Lack 床头柜的初始零售价格，同时又不对公司通过产品获利造成影响。正如创始人英格瓦尔·卡姆普拉德（Ingvar Kamprad）总结的那样，“在宜家，浪费资源是不可饶恕的大罪，价格高昂的解决方案则是一种碌碌无为的罪，不明码标价的想法是永远不会被接受的”。

资料来源：Based on Enrico Baraldi and Torkel Stromsten, “Managing product development the IKEA way. Using target costing in interorganizational networks,” Working Paper, December 2009; Lisa Margonelli, “How IKEA design its sexy price tags,” Business 2.0, October 2002; Daniel Terdiman, “Anatomy of an IKEA product,” CNET News.com, April 19, 2008; and Deniz Caglar, Marco Kesteloo, and Art Kleiner, “How IKEA Reassembled Its Growth Strategy,” *Strategy+Business*, May 7, 2012.

7.4 价值工程、成本发生与锁定成本

为了实施价值工程，管理者需要区分附加价值作业及其成本与非附加价值作业及

其成本。**附加价值成本**（value-added cost）是这样一种成本，如果省去的话，将会减少消费者从产品或服务中感觉到的或实际的附加价值或效用（有用性）。比如 Provalue 的例子中，附加价值成本是产品的特质和顾客要求的特色，包括更快的反应速度、足够的内存、预载的软件、更清晰的监控图像以及更加灵活的顾客服务。

非附加价值成本（non-valve-added cost）是这样一种成本，如果省去的话，将不会减少顾客从产品或服务中感觉到的或实际的附加价值或效用（有用性）。它是一种消费者不愿意承担的成本。非附加价值成本的例子是返工成本和产品的修理成本。公司应致力于减少非附加价值成本，因为它们不能给消费者带来好处。

作业以及作业成本并非总能清楚地分为附加价值与非附加价值两类，因此，管理者需要运用职业判断来划分成本。一些成本（如材料处理成本和质检成本）处在介于两者之间的灰色地带，不仅包括附加价值因素，还包括非附加价值因素。当不确定时，管理者倾向于划分为非附加价值成本以保证公司致力于降低成本。采用这种方法的风险在于公司可能会减少一些附加价值成本，导致消费者体验变差。管理者在划分附加价值成本和非附加价值成本时必须谨慎判断。

虽然存在这些棘手的灰色地带，但是试着去区分附加价值成本和非附加价值成本为价值工程提供了一个有用的大体框架。在 Provalue 的例子中，直接材料、直接人工成本以及机器成本是附加价值成本，订货及收货、测试及检查成本则处于灰色地带——顾客觉得成本中的部分而非全部对附加价值是必需的，返工成本（包括运输返工产品的成本）则是非附加价值成本。

Astel 的管理者接下来需要区分成本发生和成本锁定。**成本发生**（cost incurrence）描述的是为了达到特定目标而消耗资源（或放弃利润）。成本制度强调成本的实际发生。例如，在 Astel 的成本制度中，只有在 Provalue 被装配并售出时，才能确认 Provalue 的直接材料成本。但是，Provalue 的直接材料成本在此之前即确定设计方案时就已经确定了，或者说 Provalue 的直接材料成本在产品设计阶段就被锁定（或设定）了。**锁定成本**（locked-in costs）或**设定成本**（designed-in costs）是指那些尚未发生，但根据已经做出的决策在未来必然发生的成本。

管理成本的最好时机是在成本锁定前，所以 Astel 的管理者提高质量和减少废料的能力在 Provalue 的设计阶段就已经限定了，因此需要通过更高明的设计选择来控制这些成本。类似地，在软件行业，虽然有些耗费很高且难以修正的错误出现在校检和测试期间，但它们常常在设计阶段就已经被糟糕的设计锁定了。

图表 7—3 描绘了在 Provalue 的例子中可能出现的锁定成本曲线和成本发生曲线。下面的曲线利用图表 7—2 中的信息描绘了在价值链上不同职能中发生的累计单位成本。上面的曲线描绘了累计的锁定成本（图表中的数字是虚构的）。两条曲线的总累计单位成本都为 900 美元，但锁定成本和成本发生之间有较大差异。例如，Provalue 的 86%（780÷900）以上的单位成本已经被锁定（包括直接材料、订货、检测、返工、分销和顾客服务），与此同时仅有 4%（36÷900）的单位成本是实际发生的。

□ 7.4.1　价值链分析与跨职能团队

一个跨职能价值工程团队包括营销人员、产品设计人员、生产工程师、采购人员、供应商以及管理会计人员，该团队重新设计了 Provalue（称为 Provalue Ⅱ），以

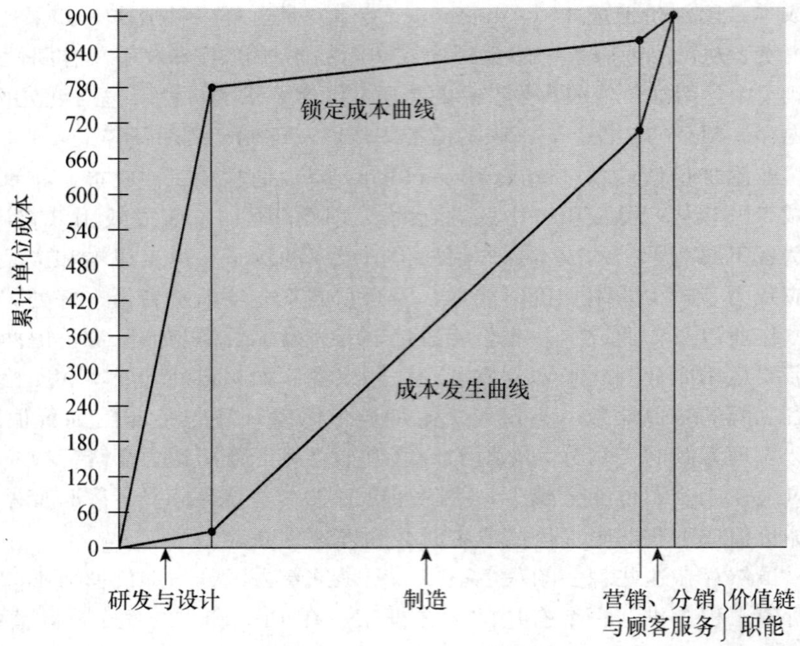

图表 7—3 Provalue 成本发生和锁定成本的图示

在保留消费者价值特征的同时降低成本。该团队的一些想法如下：

- 使用更简单、更可靠的主板，去掉复杂性能以降低制造和维修成本。
- 扣合而非焊接部件以降低直接人工工时和相关成本。
- 使用更少的部件以降低订货、收货、测试和检查成本。
- 让 Provalue 更轻更小以降低分销和包装成本。

管理会计人员利用其对整个价值链的理解来估计节约的成本。

该团队关注设计决策以在成本锁定之前降低成本。然而，并不是所有成本都在设计阶段锁定。管理者运用精益或持续改进技术来缩短完成任务的时间、减少浪费、提高经营效率和产能。总之，价值工程的关键步骤在于：

1. 理解消费者的需求、附加价值成本和非附加价值成本。
2. 在成本锁定之前预计成本如何被锁定。
3. 组建跨职能团队来重新设计产品和工艺，以在保证消费者需求的同时降低成本。

□ 7.4.2 实现 Provalue 的单位目标成本

图表 7—4 运用作业成本法计算了 2012 年生产的 150 000 台 Provalue 以及 2013 年生产的 200 000 台 Provalue Ⅱ的成本动因数量和比率。价值工程同时降低附加价值成本（通过降低 Provalue Ⅱ所需的直接材料和直接人工工时）和非附加价值成本（通过简化 Provalue Ⅱ设计以减少返工时间）。价值工程还减少生产 Provalue Ⅱ的机器工时，使单位产品所需的机器工时变为 1.5 小时。Astel 利用全部的可用生产能力（300 000 机器工时）来制造 200 000 台 Provalue Ⅱ（vs. 150 000 台 Provalue），减少了单位机器成本。为简化起见，我们假设价值工程不会减少单位直接人工工时成本 20 美元、单位订单成本 80 美元、单位测试工时成本 2 美元以及单位返工工时成本 40 美元。

图表 7—4　　用作业成本法计算 2012 年生产 Provalue 及 2013 年生产 ProvalueⅡ的成本动因数量和比率

	A	B	C	D	E	F	G	H	I	J
1			2012 年生产 150 000 台 Provalue 的生产成本信息				2013 年生产 200 000 台 ProvalueⅡ的生产成本信息			
2	成本种类	成本动因	实际成本动因数量细节		实际成本源总量	实际单位成本（美元）	预算成本动因数量细节		预算成本源总量	预算单位成本(美元)
3	(1)	(2)	(3)	(4)	(5)=(3)×(4)	(6)	(7)	(8)	(9)=(7)×(8)	(10)
4	**直接生产成本**									
5	直接材料	套数	1 套/单位	150 000 单位	150 000	460	1 套/单位	200 000 单位	200 000	385
6	直接人工(DML)	DML 工时	3.2DML 工时/单位	150 000 单位	480 000	20	2.65DML 工时/单位	200 000 单位	530 000	20
7	直接机器（固定）	机器工时			300 000	38			300 000	38
8	**间接生产成本**									
9	订货及收货	订单数	50 订单/部件	450 部件	22 500	80	50 订单/部件	425 部件	21 250	80
10	测试及检查	测试工时	30 测试工时/单位	150 000 单位	4 500 000	2	15 测试工时/单位	200 000 单位	3 000 000	2
11	返工			8%瑕疵率				6.5%瑕疵率		
12		返工工时	2.5 工时/返工单位	12 000[a] 瑕疵单位	30 000	40	2.5 工时/返工单位	13 000[b] 瑕疵单位	32 500	40
13										

a. 8%瑕疵率×150 000 单位=12 000 瑕疵单位。
b. 6.5%瑕疵率×200 000 单位 13 000 瑕疵单位。

图表 7—5 显示了 ProvalueⅡ的目标生产成本，它利用了图表 7—4 中的成本动因和成本动因比率数据。为便于比较，图表 7—5 也列示了来自图表 7—1 中 2012 年 Provalue 的实际生产成本。Astel 的管理者希望在预计销售的 200 000 台产品中，通过新的设计来降低 140 美元总生产成本（由 680 美元降低到 540 美元），并把其他经营环节成本由 220 美元（图表 7—2）降至 180 美元（计算过程略）。预计 ProvalueⅡ的全部成本为 720 美元（540+180），为单位目标成本。2013 年末，Astel 的管理者通过比较实际成本和目标成本来确定接下来的目标成本改进方向。

图表 7—5　　2013 年 ProvalueⅡ的目标生产成本　　单位：美元

	A	B	C	D	E	F
1		ProvalueⅡ				Provalue
2		200 000 台的总生产成本		预计单位生产成本		单位生产成本（图表 7—1，第（2）列）
3		（1）		(2)=(1)/200 000		（3）
4	直接生产成本					
5	直接材料成本 (200 000×385)	77 000 000		385.00		460.00
6	直接人工成本 (53 000×20)	10 600 000		53.00		64.00
7	直接机器成本 300 000×38	11 400 000		57.00		76.00
8	直接生产成本合计	99 000 000		495.00		600.00
9	制造费用					
10	订货及收货成本 (21 250×80)	1 700 000		8.50		12.00
11	测试及检查成本 (3 000 000×2)	6 000 000		30.00		60.00
12	返工成本 (32 500×40)	1 300 000		6.50		8.00
13	制造费用合计	9 000 000		45.00		80.00
14	总生产成本	108 000 000		540.00		680.00

除非管理得当，否则价值工程和目标成本也会造成不良的影响：

- 员工在未能达到目标成本时会感到沮丧。
- 跨职能团队可能会因为团队成员的不同期望而给产品增加太多性能。
- 如果团队不断地重复评估替代性设计，将导致产品开发期过长。
- 当削减成本的重担在公司价值链的各职能部门间不公平时，将导致组织间的矛盾，例如，制造部门的重担大于营销部门。

为了避免这些缺陷，目标成本改进应该做到：（1）鼓励员工参与并对实现目标成本的细小进步者给予奖励；（2）关注顾客；（3）关注进度表；（4）为每一个价值链部门建立成本削减目标，以鼓励形成团队合作的文化。

成功之匙

在以市场为基础的定价方法中，管理者应做到：(1) 确定一个消费者愿意为产品支付的目标价格；(2) 制定达到预期利润率水平的单位目标成本；(3) 应用价值工程的方法在成本锁定前改进成本管理以实现目标成本。

7.5　成本加成定价

除了以外部市场为基础的定价方法之外，管理者有时也采用以成本为基础的方法。最常见的成本加成公式是在成本之上加上一个加成额。因为增加了加成额，基于成本的定价法也被称为成本加成定价法，增加的部分称为加成额。Costco 公司在为其仓储式商场的商品定价时运用了成本加成定价法。管理者以成本加成公式为起点，加成额是灵活可变的，往往取决于消费者和竞争对手的行为。换句话说，市场状况是决定加成额的主要因素。①

7.5.1　目标投资回报率成本加成

假定 Astel 公司在制定其目标产品售价时使用全部产品成本再加上 12%的成本加成，则成本加成定价法确定的价格为：

成本基础（ProvalueⅡ的全部产品成本）	720.00 美元
12%的加成因子（0.12×720）	86.40 美元
期望售价	806.40 美元

12%的加成率是如何确定的呢？一种方法是根据目标投资回报率加以确定。**目标投资回报率**（target rate of return on investment）是企业预期目标营业利润与投入资本额的比率。投资资本额的确定有很多方法，在本章中，我们将投资资本额定义为总资产——长期资产加上流动资产。假定 Astel 的（税前）目标投资回报率为 18%，为生产和销售 ProvalueⅡ所需的投资额为 9 600 万美元。那么，Astel 的目标年度营业利润可计算如下：

投入资本	96 000 000 美元
目标投资回报率	18%
目标年度营业利润总额（0.18×96 000 000）	17 280 000 美元
ProvalueⅡ的单位目标营业利润（17 280 000÷200 000）	86.40 美元

计算表明，Astel 希望从每台 ProvalueⅡ中得到 86.40 美元的目标营业利润。这个回报相当于多大的加成呢？可表述成单位产品全部成本 720 美元的一个百分比，即 12%（86.40÷720）。

不要把 18%的目标投资回报率与 12%的成本加成率弄混：

① 许多国家的电力和天然气定价是一个例外，这类价格是由政府基于成本加上投资回报确定的。在这种情况下，产品不受竞争力和成本会计技术等基础的市场定价的影响。

- 18%的目标投资回报率是 Astel 的预期营业利润占投资额的比率。
- 2%的成本加成率是营业利润占单位产品全部成本的比率。

Astel 利用目标投资回报率来计算产品的成本加成率。

□ 7.5.2 其他成本加成法

要计算一个特殊产品的投资额是很困难的，因为计算投入资本需要在不同产品中分配设备和建筑成本——这是一项困难的，有时甚至是武断的工作。下表使用了其他成本基础（计算过程略）并设定加成因子来确定 ProvalueⅡ的售价，而不必通过直接计算投入资本额来定价（金额单位：美元）。

成本基础	ProvalueⅡ的估计单位成本 (1)	加成率 (2)	ProvalueⅡ的加成因子 (3)=(1)×(2)	ProvalueⅡ的期望售价 (4)=(1)+(3)
变动生产成本	475.00	65%	308.75	783.75
产品的变动成本	547.00	45%	246.15	793.15
生产成本	540.00	50%	270.00	810.00
产品的全部成本	720.00	12%	86.40	806.40

不同的成本基础和加成率得到了四个相近的期望销售价格。在实务中，公司会根据经验选择一个被认为可靠的成本基础和加成率去确定价格，以便弥补成本并得到期望的投资回报。例如，如果一个公司不能确定变动成本和固定成本之间的区别，就可能选择产品的全部成本作为成本基础。

上表中的成本加成因子差别很大，从 65%的变动生产成本加成率到 12%的产品的全部成本加成率各不相同。这是为什么呢？因为当确定目标销售价格时，包括更少成本的成本基础需要更高的加成率来补偿成本基础之外的成本。准确的成本加成率也依赖于产品市场上的竞争。市场竞争越激烈，则加成率和销售利润率越低。

一些调查表明，大多数管理人员愿意使用产品的全部成本，也就是说，他们在定价决策中运用的成本基础既包括单位变动成本，又包括单位固定成本。在定价决策中考虑单位固定成本有以下几方面的好处：

1. 产品全部成本的全额补偿。从长期定价决策来看，产品全部成本是企业继续经营而不是关门倒闭所必须弥补的最小成本。然而，使用变动成本作为成本基础，不能向经理提供这样的信息。使用变动成本时，只要价格能够带来一个正的贡献毛益，他们就会面对长期削价的诱惑。可是，长期削价可能造成长期收入小于长期全部产品成本，并导致企业破产。

2. 价格稳定。管理人员相信全部成本加成公式有助于价格的稳定，因为它限制了管理人员降价的余地。管理人员比较乐于接受稳定的价格，因为这样的价格有助于准确预测和计划。

3. 简单。全部成本加成公式不需要对成本性态进行详细分析，不需要为每种产品确定固定成本和变动成本的数额。许多成本——如检验成本、调查成本、装备成本——都既包括变动成本，也包括固定成本。决定每个作业及每种产品的变动成本都不容易。

在定价中包括单位固定成本也不是没有问题的。在给产品分配固定成本的过程中具有一定的主观性。计算单位固定成本也需要对未来的产品销量进行估计。错误的估计将导致单位产品的实际全部成本因为估计数据而产生很大的差别。

7.5.3　成本加成定价和目标定价

在成本加成定价法下得到的产品售价是期望价格。例如，假定 Astel 最初的产品设计结果是每台 ProvalueⅡ的成本为 750 美元。假定加成率为 12%，则 Astel 设定的期望价格为 840 美元［750+(0.12×750)］。由于个人电脑市场竞争十分激烈，消费者和竞争对手对这个价格的反应迫使 Astel 降低加成率，并将价格压得更低，比如 800 美元。其他的办法就像我们在例子中所述，Astel 可以重新设计 ProvalueⅡ，将其单位成本降至 720 美元，以得到每台 12%的加成额，同时保持 800 美元的售价。最终的设计和成本加成价格应该在成本、加成以及顾客反应的矛盾之间取得平衡。

目标定价法消除了在期望的成本加成价格、顾客反应、设计修改之间反复权衡的过程。与成本加成法不同，目标定价法首先在顾客偏好和竞争对手反应的基础上决定产品的特征和价格，然后计算一个目标成本。

提供相对单一的产品或服务的供应商（例如会计师和管理咨询师）经常使用成本加成定价法。专业服务机构在合伙人、经理以及员工的单位小时成本加成率的基础上确定价格。然而，在面临激烈竞争的情况下，这些价格会下调。专业服务机构在制定价格时，也会考虑服务多年的顾客。例如，注册会计师有时会在最初的年度对顾客定价较低，在以后的年度则定价较高。

服务公司（如家政维修服务公司、汽车修理服务公司和建筑公司）使用的成本加成定价法叫做时间材料法。单笔业务基于材料和劳动时间来定价，给材料的定价等于材料成本加上一个加成额。给劳动的定价为劳动的成本加上一个加成额。即对每一个直接成本项目的定价都包含一个加成额。公司通过加成额的选择来弥补间接成本以赚取利润。

到目前为止，我们都在关注 Provalue 的总体定价决策，但是 Astel 公司并不是以同一价格向所有消费者销售 Provalue 的。例如，Astel 通过不同的分销渠道销售 Provalue：批发商向不同的电子零售商销售 Provalue，也直接向企业客户销售。Astel 在这些销售渠道和同一销售渠道的不同客户间的定价都可能不同。同时，Astel 用以支持不同消费者的资源也有所不同。我们将在下一部分讨论，这些差异导致个体消费者贡献的利润率不同。

成功之匙

用成本加成法定价，管理者通过给一个成本基础加上一个加成因子来实现期望的利润水平。确定加成额时需要考虑消费者的反应和竞争对手的行为。

7.6　顾客盈利性分析

顾客盈利性分析（customer-profitability-analysis）是指报告和评估从顾客那里获

得的利润和为赚取该利润而发生的成本。对顾客的收入和成本差异进行分析，可以解释为什么从不同顾客那里赚取的利润存在差异。管理者利用该信息来保证那些为公司贡献大部分利润的消费者受到了高度重视，且导致公司亏损的顾客所占用的资源没有超出他们提供的收入。在百思买（Best Buy）公司，管理者利用顾客盈利性分析来把顾客区分为："天使"——公司喜欢的盈利性顾客；"魔鬼"——公司规避的非盈利性顾客。

继续考虑 Astel 计算机公司 2012 年末的数据（见图表 7—2）。Astel 把同样的 Provalue 电脑销售给批发商和企业客户，因此，无论销售到哪里，单位产品总生产成本都是 680 美元。Provalue 在 2012 年的公开销售价格为 1 100 美元，但通过价格折扣可以把售价降至 1 000 美元。我们关注 Astel 批发分销渠道的顾客盈利性。

□ 7.6.1 顾客收入分析

考虑 Astel 公司 2012 年 10 个批发商中 4 个的收入，如下表所示（金额单位：美元）：

	A	B	C	D	E
1		批发商			
2		A	B	G	J
3	Provalue 销量	30 000	25 000	5 000	4 000
4	标示的销售价格	1 100	1 100	1 100	1 100
5	价格折扣	100	50	150	—
6	发票价格	1 000	1 050	950	1 100
7	收入（第 3 行×第 6 行）	30 000 000	26 250 000	4 750 000	4 400 000

两个变量可以解释四个批发商的不同收入：（1）购买电脑的数量；（2）价格折扣的程度。**价格折扣**（price discount）是指为了鼓励顾客购买更多数量而使销售价低于标示价格的降价。公司仅在信息系统中记录最后的发票价格将不能追踪到所给的价格折扣程度。①

价格折扣受到多种因素的影响，包括购买产品的数量（购买的数量越多，价格折扣越大）以及对可以带来其他顾客的客户的销售意愿。在某些情况下，折扣是销售人员的不成功谈判所致或公司仅看重收入的非预期结果。然而，价格折扣有时源于非法活动，如价格歧视、掠夺性定价或合谋定价。

追踪顾客或销售人员的价格折扣有助于提高顾客的盈利性。例如，Astel 的管理者可能决定严格执行基于销量的价格折扣政策。公司也可能要求销售人员在给予不满足销量的顾客大额价格折扣时，应先获得批准。此外，公司还应该追踪因增长潜力而予大规模价格折扣的顾客的未来销售情况。例如，Astel 应该追踪顾客 G 的未来价格

---

① 对顾客盈利性的进一步分析应区分总收入和净收入。这种方法突出了客户在销售收益方面的差异。关于分析客户间收入差异的其他讨论可参考：R. S. Kaplan and R. Cooper, *Cost and Effect* (Boston: Harvard Business School Press, 1998), Chapter 10; and G. Cokins, *Activity-Based Cost Management: An Executive's Guide* (New York: Wiley, 2001), Chapter 3。

情况，看每单位产品150美元的价格折扣是否带来了更多的未来销量。

顾客收入是顾客盈利性的要素之一。另一个同等重要的要素是获得、服务和维持顾客的成本。

□ 7.6.2 顾客成本分析

我们应用第6章讨论的成本层级。**顾客成本层级**（customer-cost hierarchy）基于不同的成本动因、成本分配基础、确定因果关系或受益关系的难易程度，把与顾客有关的成本归入不同的成本库。Astel的顾客成本包括：（1）营销和管理成本，15 000 000美元；（2）分销成本，9 000 000美元；（3）顾客服务成本，3 600 000美元（见图表7—2）。Astel公司在其顾客成本层级中确认了五种直接成本。

1. 顾客单位产出成本——把每单位产品（电脑）销售给顾客的成本，例如每台电脑的装卸成本。

2. 顾客批数成本——把一批产品（电脑）销售给顾客的成本，例如发生的订单处理和交付成本。

3. 顾客维持成本——维持单个顾客的成本，无论销售给该顾客的产品单位或批数是多少，例如走访顾客的成本或在顾客的站点展销的成本。

4. 分销渠道成本——与某一特定分销渠道而非每单位产品、每批产品或特定顾客相关的成本，例如Astel批发商销售渠道的管理者的工资。

5. 公司（分部）维持成本——不能追踪到个体顾客或分销渠道的成本，例如划为一般管理成本的Provalue部门经理的工资。

由以上描述可知，Astel的五个成本层级中有四个都与第6章描述的成本层级近似，不同之处在于，Astel的立足点是顾客，而第6章的成本层级的立足点是产品。Astel还有一个额外的成本层级即分销渠道成本，这类成本的发生是为了支持其批发商或企业客户销售渠道。

□ 7.6.3 顾客等级分析

图表7—6总结了发生的营销及管理成本、分销成本和顾客服务成本的作业细节，也识别了成本动因、该作业发生的总成本、成本动因总数量、成本动因的单位成本以及各个作业的顾客成本层级（表中金额单位：美元）。

图表7—6　营销、分销和顾客服务作业的成本及成本动因信息

	A	B	C	D	E	F
1	2012年150 000台Provalue的营销、分销和顾客服务成本					
2	作业	成本动因	作业总成本	成本动因总量	成本动因单位率	成本层级
3	(1)	(2)	(3)	(4)	(5)=(3)÷(4)	(6)
4	**营销**					
5	销售订单	销售订单数量	6 750 000	6 000	1 125	顾客批数成本

6	顾客走访	顾客走访次数	4 200 000	750	5 600	顾客维持成本
7	批发商渠道营销		800 000			分销渠道成本
8	企业客户渠道营销		1 350 000			分销渠道成本
9	Provalue 部门管理		1 900 000			公司维持成本
10	总营销成本		15 000 000			
11						
12	**分销**					
13	产品装运	装运的立方英尺	4 500 000	300 000	15	顾客单位产出成本
14	一般运输	一般运输次数	3 750 000	3 000	1 250	顾客批数成本
15	紧急运输	紧急运输次数	750 000	150	5 000	顾客批数成本
16	总分销成本		9 000 000			
17						
18	**顾客服务**					
19	顾客服务	运输的产品单位	3 600 000	150 000	24	顾客单位产出成本

例如，以下为 Astel 花费的 15 000 000 美元的营销和管理成本：

- 销售订单作业花费 6 750 000 美元，包括谈判、敲定和公布方案，6 000 份销售订单的单位成本为 1 125 美元（6 750 000÷6000）。销售订单成本属于顾客批数成本，因为这类成本随订单数量的变化而变化，与每份订单销售的 Provalue 电脑数量无关。
- 4 200 000 美元的顾客走访成本为顾客维持成本。每个顾客的走访成本随走访次数的变化而变化，与销售给该顾客的 Provalue 电脑数量或批数无关。
- 800 000 美元的批发商渠道管理成本属于分销渠道成本。
- 1 350 000 美元的企业客户渠道管理成本属于分销渠道成本。
- 1 900 000 美元的 Provalue 品牌营销成本以及 Provalue 分部的一般管理成本属于公司（分部）维持成本。

正如我们在第 6 章讨论的，很难发现分销渠道和公司（分部）维持成本的成本动因。因此，Astel 不把这类分销渠道成本和公司（分部）维持成本分配给个体顾客。然而，我们在下一部分将会看到，Astel 在计算营业利润时把这类成本作为单独的一笔金额予以扣减。

Astel 的管理者对顾客层面的直接成本分析很感兴趣，即顾客成本层级的前三类成本：顾客单位产出成本、顾客批数成本和顾客维持成本。他们希望通过与顾客合作来降低此类成本。因为他们认为顾客的行为对于分销渠道成本和公司（分部）维持成本的影响不大。4 个代表性批发商客户的成本动因数量信息如下表所示：

	A	B	C	D	E	F
1			客户			
2	作业	成本动因数量	A	B	G	J
3	**营销**					
4	销售订单	销售订单数量	1 200	1 000	600	300
5	顾客走访	顾客走访次数	150	100	50	25

6	**分销**					
7	产品装运	装运的体积数	60 000	50 000	10 000	8 000
8	一般运输	一般运输次数	600	400	300	120
9	紧急运输	紧急运输次数	25	5	20	3
10	**顾客服务**					
11	顾客服务	运输的产品数	30 000	25 000	5 000	4 000

图表 7—7 展示了 4 个批发商客户的顾客层面营业利润，用到前面提到的顾客收入信息和取得的顾客层面直接成本，即以图表 7—6 中的单位成本动因比率乘以每个顾客用到的成本动因数量。图表 7—7 显示 Astel 在客户 G 上是亏损的（客户 G 用到的资源成本超过了其贡献的利润），而在客户 J 上却赚取了利润。Astel 卖给客户 B 的电脑要比客户 A 少，但从客户 B 那里赚取的营业利润却更多。

图表 7—7　　Astel 公司 2012 年 4 个批发渠道客户的顾客盈利性分析

	A	B	C	D	E
1		A	B	G	J
2	基于标示价格的收入	33 000 000	27 500 000	5 500 000	4 400 000
3	价格折扣	3 000 000	1 250 000	750 000	—
4	收入	30 000 000	26 250 000	4 750 000	4 400 000
5					
6	销售产品成本[a]	20 400 000	17 000 000	3 400 000	2 720 000
7					
8	毛利	9 600 000	9 250 000	1 350 000	1 680 000
9					
10	顾客层面营业成本				
11	**营销成本**				
12	销售订单[b]	1 350 000	1 125 000	675 000	337 500
13	顾客走访[c]	840 000	560 000	280 000	140 000
14	**分销成本**				
15	产品装运[d]	900 000	750 000	150 000	120 000
16	一般运输[e]	750 000	500 000	375 000	150 000
17	紧急运输[f]	125 000	25 000	100 000	15 000
18	**顾客服务成本**				
19	顾客服务[g]	720 000	600 000	120 000	96 000
20					
21	总顾客层面营业成本	4 685 000	3 560 000	1 700 000	858 500
22					
23	顾客层面营业利润	4 915 000	5 690 000	(350 000)	821 500

a. 680×30 000；25 000；5 000；4 000。b. 1 125×1 200；1 000；600；300。c. 5 600×150；100；50；25。

d. 15×60 000；50 000；10 000；8 000。e. 1 250×600；400；300；120。f. 5 000×25；5；20；3。

g. 24×30 000；25 000；5 000；4 000。

Astel 的管理者可以利用图表 7—7 的信息与客户一起减少所需的作业数量。例如比较客户 G 和客户 J，客户 G 比客户 J 多购买了 25%的电脑，但公司给予客户 G 更多的价格折扣来促成这一销量。与客户 J 相比，客户 G 下了两倍的订单，要求两倍的客户走访，并产生了 2.5 倍的一般运输次数和 7 倍的紧急运输次数。销售较少数量的产品是盈利的，可以让 Astel 的销售人员限制价格折扣的数量，且客户不会占用 Astel 太多资源。例如，通过对占用了大量营销和分销服务的客户收取额外费用，Astel 的管理人员可以促使客户 G 减少下单次数，但单笔订单数量增加，要求更少的客户走访、一般运输和紧急运输，同时增加未来的销售。Astel 的管理者可以做一个类似的分析来了解客户 A 的盈利性比客户 B 差的原因。

Owens 和 Minor 是向医院供应药品的分销商，运用了这种分析方法。Owens 和 Minor 战略性地对其服务分别定价。例如，如果医院需要紧急运输或独特包装，Owens 和 Minor 就向医院就该特殊服务收取一笔额外的费用。Owens 和 Minor 的客户会有何反应？需要这类服务的医院持续提出要求并为之支付额外费用，不需要这类服务的医院则停止提出要求，为 Owens 和 Minor 节约了不少成本。Owens 和 Minor 的定价策略以一种增加收入、减少成本的方式影响了顾客行为。

作业成本系统为削减成本提供了又一个机会。Astel 的管理者可以借鉴前面章节描述的减少非生产成本的价值工程流程来减少每个作业的成本。例如，提高订货流程的有效性（例如让客户下电子订单）以减少销售订单成本，即使消费者所下的订单数量相同。简化设计并减少 2013 年新设计的 ProvalueⅡ的权重，以减少装运 Provalue 的单位体积成本和产品的总装运成本。通过影响客户行为和促进营销、分销及顾客服务，Astel 的管理者计划将 Provalue 的非生产成本减少至每台 180 美元，并使每台 ProvalueⅡ的目标成本为 720 美元。

□ 7.6.4 顾客盈利性图解

顾客盈利性图解为管理者提供了一个很好的工具。图表 7—8 基于顾客的营业利润将 Astel 的 10 个批发商客户进行了排序（表中金额单位：美元）。（我们仅分析图表 7—7 中列示的 4 个客户。）

图表 7—8　　Astel 公司 2012 年批发渠道客户的顾客盈利性分析

	A	B	C	D	E	F
1	零售客户代码	客户营业利润	客户收入	客户营业利润比收入	累计客户营业利润	累计客户营业利润占总客户营业利润的比率
2		(1)	(2)	(3)=(1)÷(2)	(4)	(5)=(4)÷15 027 500
3	B	5 690 000	26 250 000	21.7%	5 690 000	38%
4	A	4 915 000	30 000 000	16.4%	10 605 000	71%
5	C	2 655 000	13 000 000	20.4%	13 260 000	88%
6	D	1 445 000	7 250 000	19.9%	14 705 000	98%
7	F	986 000	5 100 000	19.3%	15 691 000	104%
8	J	821 500	4 400 000	18.7%	16 512 500	110%

9	E	100 000	1 800 000	5.6%	16 612 500	111%
10	G	(350 000)	4 750 000	−7.4%	16 262 500	108%
11	H	(535 000)	2 400 000	−22.3%	15 727 500	105%
12	I	(700 000)	2 600 000	−26.9%	15 027 500	100%
13	总计	15 027 500	97 550 000			

第（4）列由第（1）列的数据累加而得，表示累计的客户营业利润。例如，客户C在第（4）列中累计的利润为13 260 000美元，是由客户B的5 690 000美元加上客户A的4 915 000美元以及客户C的2 655 000美元得到的。

第（5）列显示了客户B、客户A、客户C的总累计利润13 260 000美元占批发分销渠道所有10个客户总利润15 027 500美元的百分比。三个盈利性最好的客户贡献了总客户营业利润的88%。这些客户应该得到最多的重视和最好的服务。公司可以通过多种方式来取悦客户：特殊的电话号码、精品航班的升舱特权、免费试住豪华宾馆以及赌场借款的高信用额度，等等。在许多国家，少数客户贡献了较大百分比营业利润的现象很常见。微软强调，“并不是所有收入都同等地产生利润”。

第（3）列显示了每个客户的单位收入利润率。对客户的盈利性测量表明，尽管客户A是第二大利润贡献者，其单位收入盈利性却是前六名客户中最低的，这源于较高的价格折扣和客户层面成本。Astel的管理者希望通过降低价格折扣或节约客户成本来增加客户A的边际利润，同时又保持或增加销售额。客户D、客户F和客户J的边际利润最高而总销售额较低。对于这些客户，Astel管理者面临的挑战是在保持边际利润的同时增加销售额。对于客户E、客户G、客户H和客户I，Astel的管理者面临提高利润和销售额的双重挑战。

□ 7.6.5 盈利性分析介绍

图表7—9列示了两种展示顾客盈利性分析结果的常用方式。管理者发现图表7—9的图A中的直方图是显示顾客盈利性的一种直观方式，因为：（1）盈利性好的客户被清楚地标出来；（2）不盈利的客户数量和亏损程度一目了然。图表7—9的图B是表示客户盈利性的另一种常用方法，它把图表7—8第（5）列的内容描成点，该图也叫做**鲸鱼曲线**（whale curve），因为它的向后弯曲处为客户变得不盈利的点，像一条鲸鱼一样。①

Astel的管理者必须探寻让不盈利客户变得盈利的方法。图表7—6到图表7—9强调了年度的客户盈利性。管理者在客户间配置资源时还应考虑其他因素，包括：

- 保留客户的可能性。客户继续与公司发生业务的可能性越大，客户的价值就越高，例如在过去几年每年都销售Provalue的批发商。客户的忠诚度和停止开展业务的意愿各不相同。

---

① 在实务中，该曲线可能更加陡峭。累计盈利性的鲸鱼曲线通常表明盈利性最好的20%客户产生了150%～300%的总利润，中间70%的客户收支平衡，而最不盈利的10%客户损失了50%～200%的总利润（参考：Robert Kaplan and V. G. Narayanan, Measuring and Managing Customer Profitability, *Journal of Cost Management* (September/October 2001): 1-11)。

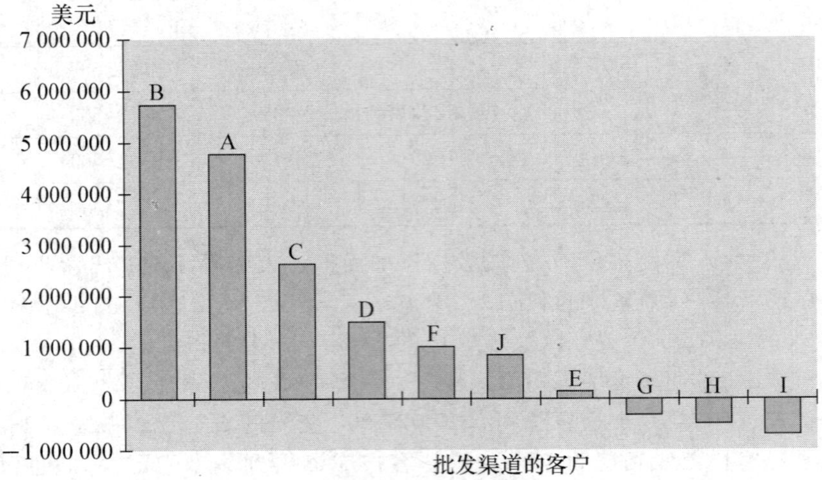

图A　直方图

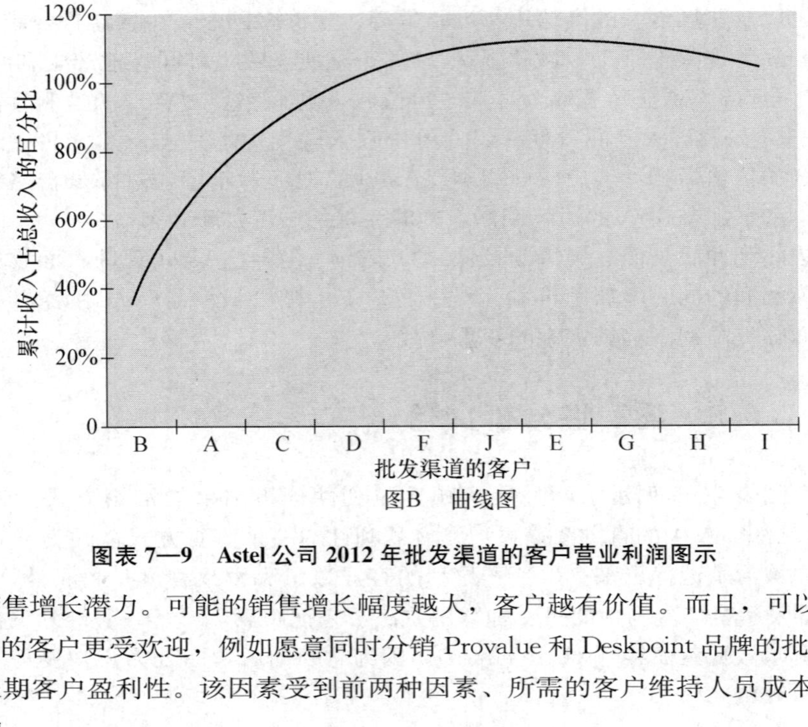

图B　曲线图

图表 7—9　Astel 公司 2012 年批发渠道的客户营业利润图示

- 销售增长潜力。可能的销售增长幅度越大，客户越有价值。而且，可以交叉销售其他产品的客户更受欢迎，例如愿意同时分销 Provalue 和 Deskpoint 品牌的批发商。

- 长期客户盈利性。该因素受到前两种因素、所需的客户维持人员成本和特殊服务的影响。

- 知名客户的总体需求增加。已经拥有声誉的客户可以通过产品代言来帮助带动其他客户的销售额。

- 从客户那里学习的能力。提供新产品设想和改进现有产品的客户尤其具有价值，例如，向 Astel 反馈主要性能（如存储规模和显卡功能）的客户。

管理者在决定终止与客户的合作时应谨慎。在图表 7—8 中，目前不盈利的客户为客户 G，但该表有可能传递了关于客户 G 长期盈利性的误导信息。而且，在任何作业成本系统中，分配给客户 G 的成本并非都是可变的。在短期内，Astel 的管理者基于贡献毛益用空余的产能供应客户 G 可能也是有效的。终止与客户 G 的合作并不能消除分配给客户 G 的所有成本，还可能导致更多的收入流失，而非成本节约。

当然，某些客户从长期来看可能是非盈利的，未来的期望有限，在公司目标市场之外，或者要求公司的战略和能力难以支持的高水平服务。在这种情况下，公司在处理客户关系时将变得越来越激进。例如，ING Direct 是美国规模最大、成长最快的金融服务机构，要为 10 000 个“高维持性”客户（例如，保持低结余和高频度存取业务的客户）处理每月的结账事宜。① 下面的“实例”专栏介绍了 AT&T 是怎样在不影响客户满意度的情况下管理其资源和盈利性的。

实 例　iPhone“APP”挑战盈利并让 AT&T 改变数据定价

AT&T 是美国第二大无线通信运营商，运用会计方法来为它的多种无线服务定价，并计算顾客（包括数以百万计的 iPhone 使用者）的盈利性。当 AT&T 在 2007 年开始销售 iPhone 时，给用户提供了一个包括不同价格、不同通话时长的订购选项表。例如，450 分钟花费 59.99 美元，1 350 分钟花费 99.99 美元。然而，为了显示 iPhone 的无线和互联网性能，AT&T 仅提供了一个数据包和包月计划。

尽管包月数据包在最初是赚钱的，但技术开发给 AT&T 增加了许多成本。苹果公司在 2008 年推出了 3G 的 iPhone，新的数据处理能力促使软件开发商为 iPhone 平台开发了新的程序。到 2012 年，可用的应用程序达到 500 000 个，从 Pandora 的音乐播放器到与朋友互动的游戏，占据了 AT&T 的带宽。

AT&T 不对 iPhone 用户收取额外宽带使用费，结果使得下载较多和使用较多 iPhone 应用程序的用户变得不再盈利。并且，随着其网络上无线数据流量的成倍增长，2007—2012 年，AT&T 需要投入超过 950 亿美元的资金来改善数据网络。因此，公司在 2010 年停止了无限包月计划，并基于用户下载视频、音乐和数据的多少对数据进行定价。尽管许多 iPhone 用户对此不满，但这一举措使 AT&T 获得了盈利。仅在 2011 年，公司的无线数据收入就达到 220 亿美元，预计将来还将持续增长。

资料来源：Based on AT&T Inc. and Apple Inc., “AT&T and Apple announce simple, affordable service plans for iPhone,” AT&T Inc. and Apple Inc. Press Release, June 26, 2007; Roben Fazard, “AT&T's iPhone mess,” *Businessweek*, February 3, 2010; AT&T Inc. 2011 Annual Report. Dallas, Texas: AT&T Inc., 2012; Chris Velazco, “AT&T's wireless data Traffic Doubles Every Year, But Throttling Is Not The Solution,” TechCrunch. com blog February 14, 2012; and David Lieberman, “New AT&T smartphone users won't get one-price Net,” *USA Toddy*, June 4, 2010.

□ 7.6.6　基于成本层级的营业利润表

图表 7—10 为 Astel 公司 2012 年的营业利润表。图表 7—7 第（3）列和图表 7—10 第（4）列显示了客户 A 和客户 B 的客户层面营业利润。图表 7—10 的格式基于 Astel 的成本层级。如图表 7—6 所示，服务客户的一些成本（如批发商分销渠道管理者的工资）不是客户层面成本，因而在图表 7—10 中没有分配给客户。管理者把这些成本归入分销渠道成本是因为客户行为的变化对这类成本无影响。只有关于分销渠道的决策（如终止批发商分销渠道）才会影响这类成本。Astel 的管理者也认为销售人员应为管理个体客户账户负责，如果销售奖金受到了 Astel 分配给客户分销渠道成本（销售人员无法控制）的负面影响，则销售人员会失去动力。

① 例如“The New Math of Customer Relationships”，http://hbswk.hbs.edu/item/5884.html。

图表 7—10　　Astel 公司 2012 年用成本层级表示的利润表　　单位：美元

	A	B	C	D	E	F	G	H	I	J	K	L	M	N	O
1				客户分销渠道											
2				批发商客户							企业客户				
3		总量	总量	A*		B*		A3			总量	A	B	C	
4		(1)＝(2)＋(7)	(2)	(3)		(4)		(5)	(6)		(7)	(8)	(9)	(10)	(11)
5	收入（实际价格）	150 000 000	97 550 000	30 000 000		26 250 000		—	—		52 450 000	7 000 000	6 250 000	—	—
6	客户成本	125 550 000	82 522 500	25 085 000	a	20 560 000	a	—	—		43 027 500	5 385 000	4 760 000	—	—
7	客户营业利润	24 450 000	15 027 500	4 915 000		5 690 000		—	—		9 422 500	1 615 000	1 490 000	—	—
8	分销渠道成本	2 150 000	800 000								1 350 500				
9	分销渠道营业利润	22 300 000	14 227 500								8 072 500				
10	公司（分部）维持成本														
11	营销和管理成本	1 900 000													
12	研发成本	2 400 000													
13	设计成本	3 000 000													
14	总公司（分部）维持成本	7 300 000													
15	营业利润	15 000 000													
16															

* 详细细节见图表 7—7。

a. 销售产品成本＋总客户营业成本数据来源于图表 7—7。

接下来考虑分部维持成本（如 Provalue 分部的一般管理成本）、公司维持成本（如研发支出）。Astel 的管理者认为找不到这类成本与成本基础之间的因果关系或受益关系，因此，公司或分部维持成本的分配不能给决策制定、业绩评价或激励带来有用信息。例如，Astel 把 7 300 000 美元的分部及公司维持成本分配到分销渠道中，则该分配将导致企业客户分销渠道在后续期间的亏损，难道 Astel 应该关闭企业客户分销渠道吗？

错了，因为即使将企业客户分销渠道关闭（第 9 章将会有更详细的讨论），分部和公司维持成本也不会受到影响。把分部和公司维持成本分配到分销渠道，将产生类似于关闭分销渠道可以节约成本的误导性信息。

一些管理者和管理会计师倡导把所有的成本分配到客户或分销渠道中，使得：(1) 一个分销渠道中的所有客户营业利润之和等于该分销渠道的营业利润；(2) 各个分销渠道的营业利润之和等于公司的总营业利润。这些管理者和管理会计师认为，客户和产品应该在弥补全部成本的基础上盈利。正如我们在前面讨论的那样，对于有些决策如定价，全部成本分配可以保证长期价格是在弥补了产品或服务消耗的所有资源成本的水平上。不过，图表 7—10 中层级的价值在于区分分配成本时的主观程度，使其与管理者决策制定或业绩评价的不同层面相吻合。成本怎样分配、何时分配是本书强调的另一个问题——“不同目标下的不同成本”。

□ 7.6.7　利用五步决策制定法来管理顾客盈利性

不同类型的客户分析给公司提供了指导客户间资源分配的关键信息。利用五步决策制定法（第 1 章介绍）来思考管理者怎样利用这些分析制定客户管理决策。

1. 识别问题与不确定性。问题在于管理者怎样管理客户和在客户间分配资源。

2. 获取信息。管理者识别各个客户过去贡献的收入以及为支持每个客户发生的成本。

3. 预测未来。管理者估计每个客户的预期收入，及未来可能发生的成本。制定这些决策时，管理者要考虑未来价格折扣对收入的影响，以及对不同服务的不同定价将影响客户对这些服务的需求，并找到降低服务成本的方法。例如，Deluxe 公司这家打印机制造商以流程改进来降低客户服务成本，通过增开电子销售渠道来促使客户由使用纸质订单转向使用电子订单。

4. 选择方案做出决策。管理者通过客户盈利性来识别值得重点服务的少数客户。他们也采用措施让低盈利的客户（如 Astel 的客户 G）成为高盈利客户。以银行为例，常常给客户设置最低限额。销售公司也可能要求最低订购数量，或者对小客户或小额订单加收附加费用。在制定资源配置决策时，管理者也要考虑长期效应，如未来的销售增长潜力和利用一个特定客户带动其他客户的机会。

5. 实施决策、评价业绩与学习改进。决策实施之后，管理者通过比较实际结果和预期效果来评估决策的实施情况和提高盈利性的可行方法。

成功之匙

客户之间的盈利性各不相同，因为购买的数量、给予的价格折扣和不同客户需要的公司资源不同。管理者应当配置资源来维持和拓展盈利性好的客户，而限制盈利性差的客户所占用的资源。

7.7 生命周期产品的预算与成本制度

企业有时要考虑怎样在多年的产品生命周期中决定其成本和价格。**产品生命周期**(product life cycle)是指从产品最初的研发到不再向顾客提供技术支持和服务的期间。在戴姆勒-克莱斯勒、福特和日产等公司，这一周期可能为12～15年，以设计、推出、销售不同车型并提供服务等。对于某些制药公司，这一周期大概为15～20年。对于富国银行和大通银行而言，一种新设计的有某种特权的存单可能有10～20年的生命周期。个人电脑的生命周期仅为3～5年，因为电脑处理能力和运算速度的快速升级，让过时的产品很快被淘汰。

7.7.1 生命周期预算与定价决策

预算的生命周期成本可为定价决策提供重要的信息。以Insight有限公司为例，这是一家软件公司，其主要产品是名为“General Ledger”的会计软件包。我们假定下面是“General Ledger”在6年的产品生命周期内的预算（单位：美元）：

第1年和第2年		总固定成本
研发成本		240 000
设计成本		160 000
第3年至第6年		
	总固定成本	每套软件的变动成本
生产成本	100 000	25
营销成本	70 000	24
分销成本	50 000	16
顾客服务成本	80 000	30

图表7—11列示了Insight公司的General Ledger软件包三种可选择的价格—产量组合的生命周期预算。

图表7—11　　Insight公司General Ledger软件包生命周期收入及成本的预算[a]　　单位：美元

	各种可选择的价格—销量组合		
	A	B	C
每套软件销售价格	400	480	600
销量	5 000	4 000	2 500
生命周期收入 (400×5 000；480×4 000；600×2 500)	2 000 000	1 920 000	1 500 000
生命周期成本			
研发成本	240 000	240 000	240 000

续前表

	各种可选择的价格—销量组合		
	A	B	C
产品及流程设计成本	160 000	160 000	160 000
生产成本 100 000＋（25×5 000）；100 000＋（25×4 000）；100 000＋（25×2 500）	225 000	200 000	162 500
营销成本 70 000＋（24×5 000）；70 000＋（24×4 000）；70 000＋（24×2 500）	190 000	166 000	130 000
分销成本 50 000＋（16×5 000）；50 000＋（16×4 000）；50 000＋（16×2 500）	130 000	114 000	90 000
顾客服务成本 80 000＋（30×5 000）；80 000＋（30×4 000）；80 000＋（30×2 500）	230 000	200 000	155 000
总生命周期成本	1 175 000	1 080 000	937 500
生命周期营业利润	825 000	840 000	562 500

a. 本表在计算生命周期收入或成本时没有考虑货币的时间成本。第 11 章将介绍如何将该重要因素纳入计算过程。

一些特征使得生命周期预算特别重要：

1. 研发和设计的过程很长且代价很大。在开始生产之前或获得收入之前发生的成本占总生命周期成本的比例越大，企业就越需要更精确的收入和成本预测。在 General Ledger 的例子里，管理者需要评估产品生命周期收入和成本，以决定是否开始漫长且成本较高的研发与设计活动。

2. 许多成本被锁定在研发和设计阶段——特别是当研发与设计成本很低时。在 General Ledger 的例子里，如果设计的会计软件包很差，既不方便安装，也不方便使用，将会导致较高的营销成本、分销成本和顾客服务成本。如果产品没有达到所承诺的性能水平，这些成本将会更高。生命周期收入与成本预算可以避免在决策中忽略这些成本之间的相互联系。生命周期预算更强调产品生命周期内的成本，更注重在成本被锁定前在设计阶段运用价值工程。图表 7—11 中列示的数据是价值工程的结果。

Insight 决定将 General Ledger 软件包以每套 480 美元的价格卖出，因为这个价格可以使公司的生命周期营业利润最大化。图表 7—11 假定每套软件卖出的价格在整个生命周期内是一样的。然而，出于战略的原因，Insight 的管理者可能决定对市场撇脂——当产品第一次推出时，对于急于购买 General Ledger 软件包的消费者索要更高的价格，随后再降低价格。在后续阶段，管理者可能会增加新的性能来使产品差异化，以保持原有价格和销量。生命周期预算必须包括基于这种战略的收入和成本。

环境成本管理为生命周期成本和价值工程提供了另一个例子。环保法律如《美国清洁空气法案》（U. S. Clean Air Act）、《美国超级基金修订案》（U. S. Superfund Amendment）以及《再授权法案》（Reauthorization Act）引入了严格的环保标准，严格征收清洁费，以及对污染空气、破坏地表土壤及地下水的行为给予严厉的惩罚。环境成本在产品生命周期的多个年度发生，且在产品或流程设计阶段就已经锁定。为了避免负担相关费用，石油精炼、化学工艺及汽车制造行业的管理者实施价值工程，他们通过产品或工艺设计来预防或减少产品生命周期内的环境污染。例如，电脑制造商（如惠普和苹果）引入了昂贵的回收工艺来保证不会因镍镉电池的泄漏而污染土壤。

□ 7.7.2 顾客生命周期成本

生命周期成本的另一种提法是顾客生命周期成本。**顾客生命周期成本**（customer life-cycle costs）把重点放在顾客从获得产品或服务到该产品或服务被取代这一期间之内的总成本。顾客生命周期成本影响公司对其产品的定价。例如，如果福特汽车公司的汽车在 100 000 英里行驶里程内维护费用最少，则公司可以索取一个较高的价格，并且（或者）通过销售这种汽车获得更大的市场份额。波音公司可以为波音 777 确定一个较高的价格，因为该飞机的设计允许机械师更容易地对飞机的各个区域进行日常维护，从而减少维护时间和成本，并显著降低该飞机的生命周期成本。

7.8 在定价决策中考虑其他因素

在许多例子中，成本在制定价格时并不是一个主要因素。我们发现了一些除成本之外的因素，如市场结构、购买能力、容量限制和法律法规等，它们都会影响定价的方式。

□ 7.8.1 价格歧视

以一家航空公司对从波士顿到旧金山的往返机票的定价为例。如果周六乘客在旧金山停留一个晚上，提前 7 天预订一张经济舱机票的价格是 450 美元。如果周六乘客不留宿就返回，这样一张机票的价格是 1 000 美元。这种价格差异能够用航空公司往返飞行的成本来解释吗？显然不能，无论乘客是否在旧金山留宿，航空公司将乘客从波士顿送到旧金山后返回的成本是一样。这种价格差异源于价格歧视。

价格歧视（price discrimination）是指在实际定价中对于相同的产品和服务，对不同的顾客确定不同的价格。那么，价格歧视在航空公司的例子中如何起作用呢？对机票的需求主要有两个来源：商务乘客和旅游乘客。商务乘客的旅行是由于他们需要代表公司去处理商业业务，这使得商务乘客对机票的价格相对不太敏感。需求对价格变动的敏感性称为需求弹性。航空公司能够对商务乘客索取较高价格，是因为高价对需求的影响很小并能够为航空公司赢得更高的营业利润。商务乘客一般在到达目的地完成他们的工作之后立即在本周内返回。旅游乘客对在本周内返回的需求不是那么紧迫，但他们更愿意在目的地度过周末。由于他们自己支付机票，与商务乘客相比，他们对价格更为敏感——需求的价格弹性较大。对旅游乘客而言，以较低价格刺激需求对航空公司是有利的。

航空公司如何在向商务乘客索要高价的同时向旅游乘客索要较低的价格呢？周六的晚上在目的地留宿这一需求将两类旅客区分开来。航空公司利用商务乘客和旅游乘客表现出的对价格的不同敏感性，在两个细分市场上实行价格歧视。即使对两个细分市场的服务成本是一样的，也会存在价格差异。

如果经济状况变糟，使得商务乘客也对价格变得敏感了呢？此时航空公司需要降低对商务乘客的定价。在 2001 年 9 月 11 日美国“9·11”恐怖袭击事件发生之后，航空公司开始提供特定路线的价格折扣，而不要求周六停留一晚，以刺激商务旅行需求。商务乘客逐渐增加之后，航空公司开始吸引其他类型的乘客。遗憾的是，航空旅行需求并没有完全恢复，整个航空业在之后的几年里损失惨重。

□ 7.8.2 高峰定价

除价格歧视以外，定价决策也考虑其他非成本因素，如生产能力限制等，**高峰定价**（peak-load pricing）是指当对产品或服务的需求接近实际的能力限制时，对该产品或服务要求较高的价格。在业务繁忙期间，消费者愿意为产品和服务支付较高的价格。该价格要高于存在大量闲置能力时的价格。高峰定价法在电信、旅馆、汽车租赁和电力行业都得到了应用。例如，在 2012 年伦敦奥运会期间，宾馆的价格很高并要求住宿多个晚上。航空公司在奥运会举办的一个月里对主要城市的进出航班确定了较高价格。需求远远超出产能的医疗行业和航空公司可以运用高峰定价法来增加利润。

□ 7.8.3 国际定价

另一个影响价格的非成本因素出现在同一产品在不同国家间销售之时，如软件、书籍和药品在同一国家生产却在全球销售。每个国家的定价差异远远大于产品运输到这些国家的成本差异。这种价格差异源于各国消费者的购买力差异（价格歧视的一种）和政府对公司定价的限制性条款。

□ 7.8.4 反托拉斯法

法律因素也影响价格决策。公司不能总是按照自己想要的价格来定价。例如，美国 1936 年颁布的《罗宾逊-帕特曼法案》（Robinson-Patman Act）规定，制造商不能在两个消费群体之间实施旨在减少或阻止消费者之间竞争的价格歧视。这种反价格歧视法主要有以下两个特点：

1. 如果价格差异可以被成本差异解释，那么这种价格歧视是允许的。
2. 只有当价格歧视的意图是破坏竞争时，价格歧视才是非法的。

前面介绍的航空公司的价格歧视是合法的，因为这种价格歧视并不妨碍竞争。

掠夺性定价 根据美国的反托拉斯法，如《谢尔曼法案》(Sherman Act)、《克莱顿法案》(Clayton Act)，美国联邦贸易委员会禁止企业实施掠夺性定价。① **掠夺性定价** (predatory pricing) 指企业有意使产品的售价低于成本，以期将竞争对手逐出行业，然后限制供给，抬高产品价格，而不是扩大市场需求或适应市场竞争的需要。②

美国最高法院确立了如下条件来证明掠夺性定价行为的发生：

- 掠夺性定价企业索取一个低于合理成本尺度的价格。
- 通过高市场占有率或高价，掠夺性定价企业对在未来能够补偿价格低于成本的损失有合理的预期。

最高法院并没有对“合理成本尺度”做出规定。③

美国大多数法院将“合理成本尺度”定义为短期边际和平均成本。④ 在 Adjustor's Replace-a-Car 诉 Agency Rent-a-Car 一案中，Adjustor's (原告) 声称，由于 Agency 实施掠夺性定价，它被迫退出奥斯汀、圣安东尼奥和得克萨斯州的汽车市场。⑤ 为了证明 Agency 实施了掠夺性定价行为，Adjustor's 指出，在分配了 Agency 总部的费用以后，Agency 公司的利润表上表现为“经营亏损”。可是，法官判决 Agency 没有实施掠夺性定价，因为其每辆汽车的出租价格从来没有低于它的平均变动成本。

最高法院在 Brooke Group 诉 Brown&Williamson Tobacco (BWT) 一案中的判决增大了证实掠夺性定价的难度。法院规定，如果公司没有合理的机会在日后提高价格或扩大市场份额来弥补损失，那么低于平均变动成本的定价不是掠夺性定价。⑥ 被告方 BWT (一个香烟厂商) 销售品牌香烟，有 12%的市场份额。普通香烟的出现对 BWT 的市场份额构成威胁，BWT 作出反应，以低于平均变动成本的价格推出自己的普通香烟，使其他普通香烟生产商难以继续经营。最高法院判决 BWT 的行动是竞争性反应而不是掠夺性定价。这是因为根据 BWT 目前所占的较小的市场份额和该行业的竞争状况，它不能在以后索取一个垄断价格来弥补现在的损失。

---

① 有关 Sherman Act and Clayton Act 的讨论参见 A. Barkman and J. Jolley, “Cost Defenses for Antitrust Cases,” *Management Accounting* 67, no. 10 (1986): 37-40。

② 进一步的讨论参见 W. Viscusi, J. Vernon and J. Harrington, “*Economics of Regulation and Antitrust*”, 4nd ed. (Cambridge, MA: MIT Press, 2006); J. L. Goldstein, “Single Firm Predatory Pricing in Antitrust Law: The Rose Acre Recoupment Test and the Search for an Appropriate Judicial Standard”, *Columbia Law Review* 91 (1991): 1557-1592。

③ Brooke Group v. Brown & Williamson Tobacco, 113S. Ct. (1993); T. J. Trujillo, “Predatory Pricing Standards Under Recent Supreme Court Decisions and Their Failure to Recognize Strategic Behavior as a Barrier to Entry,” *Iowa Journal of Corporation Law* (Summer 1994): 809-831.

④ 一个例外是 McGahee v. Northern Propane Gas Co. [858 F, 2d 1487 (1988)]，第 11 巡回审判庭提出，低于平均总成本的价格构成了掠夺性意图的事实。进一步的讨论参见 P. Areeda & D. Turner, “Predatory Pricing and Related Practices under Section 2 of Sherman Act”, *Harvard Law Review* 88 (1975): 697-733。关于案例法的概述可以参考 W. Viscusi, J. Vernon and J. Harrington, “*Economics of Regulation and Antitrust*”, 4nd ed. (Cambridge, MA: MIT Press, 2006)。对于法庭案例的总结，可以参考载于 *Journal of Marketing* 的“Legal Development”一节的相关内容。

⑤ *Adjustor's Replace-a-Car, Inc. v. Agency Rent-a-Car*, 735 2d 884 (1984).

⑥ *Brooke Group v. Brown & Williamson Tobacco*, 113S. Ct. (1993).

倾销　与掠夺性定价非常相似的是倾销。根据美国法律的规定，**倾销**（dumping）是指外国公司在美国市场上以低于其在生产国市场价值的价格出售产品，并且这种行为严重损害了美国工业或对美国工业构成了严重损害的威胁。若倾销行为得到证实，根据美国税法，可对商品征收相当于其在外国市场上的价值高出美国市场价格部分的数额的反倾销税。与倾销有关的诉讼在水泥、钢铁、半导体以及衬衫行业都已出现。2009年9月，美国国际贸易委员会宣称将对从中国进口的汽车和轻型卡车轮胎征收25%～35%的进口关税。[①] 中国向世界贸易组织的争端解决小组提出抗议，但世界贸易组织支持了美国的诉求。

合谋定价　另一种违反反托拉斯法的行为是合谋定价。**合谋定价**（collusive pricing）是指某一行业中的若干企业就其定价和产量决策达成协议，以实现高于竞争性价格的销售价格，以此限制交易。例如，2008年，韩国的LG同意支付4 000万美元、日本的夏普同意支付1 200万美元以对在美国市场上合谋定价LCD显像管作出赔偿。

成功之匙

为使利润最大化，管理者通过对特定商品收取一个较高的价格来实行价格歧视，也在需求达到高峰期时收取一个较高的价格。但管理者在任何时候都不应该违反反托拉斯法或者参与掠夺性定价、合谋定价或倾销。

学习自测

再次考虑Astel公司的例子。Astel的营销经理意识到，如果要实现售出200 000台ProvalueⅡ的目标，有必要进一步降价。为了获得16 000 000美元的目标利润或者说每台ProvalueⅡ80美元的利润，Astel需要将ProvalueⅡ的成本降低6 000 000美元或者说将单位成本降低30美元。Astel的目标是将生产成本降低4 000 000美元，也就是将单位成本降低20美元；将营销、分销以及顾客服务的成本降低2 000 000美元，也就是将单位成本降低10美元。指派完成这项任务的跨部门团队提出了下面几点建议：

1. 通过购买替代的装配部件而非单个部件来降低直接材料成本和订单成本。

2. 通过重新设计订货及收货流程来降低订货及收货成本。

3. 减少测试的时间和人工以及测试每小时所需的能耗。

4. 开发新的返工程序以降低每小时返工成本。单位直接人工成本和总机器成本不变。

下表总结了ProvalueⅢ和ProvalueⅡ的成本动因数量和每个成本动因的单位成本（单位：美元）。

要求：

确定新方案能否实现Astel将生产成本降低4 000 000美元（或者每台降低20美元）的目标。请说明你的计算过程。

解答

图表7—12列示了改进后的ProvalueⅡ的生产成本。新方案将成本从108 000 000美元降至104 000 000美元，或者说将单位成本从540美元降至520美元（见图表7—5和图表7—12），可实现Astel将成本降低4 000 000美元或将单位成本降低20美元的目标。

① Edmund Andrews, "U.S. Adds Tariffs on Chinese Tires," *New York Times* (September 11, 2009).

	A	B	C	D	E	F	G	H	I	J
1			2012 年生产 150 000 台 ProvalueⅡ的生产成本信息				2013 年生产 200 000 台 ProvalueⅡ的生产成本信息			
2	成本种类	成本动因	实际成本动因数量细节		实际成本源总量	实际单位成本	预算成本动因数量细节		预算成本源总量	预算单位成本
3	(1)	(2)	(3)	(4)	(5)=(3)×(4)	(6)	(7)	(8)	(9)=(7)×(8)	(10)
4	直接材料	套数	1 套/单位	200 000 单位	200 000	385	1 套/单位	200 000 单位	200 000	375
5	直接人工(DML)	DML 工时	2.65DML 工时/单位	200 000 单位	530 000	20	2.65DML 工时/单位	200 000 单位	530 000	20
6	直接机器(固定)	机器工时			300 000	38			300 000	38
7	订货及收货	订单数	50 订单/部件	425 部件	21 250	80	50 订单/部件	400 部件	20 000	60
8	测试及检查	测试工时	14 测试工时/单位	200 000 单位	3 000 000	2	14 测试工时/单位	200 000 单位	2 800 000	1.7
9	返工			6.5%瑕疵率				6.5%瑕疵率		
10		返工工时	2.5 工时/返工单位	13 000[a]瑕疵单位	32 500	40	2.5 工时/返工单位	13 000[b]瑕疵单位	32 500	32
11										

a. 6.5%瑕疵率×200 000=单位 13 000 瑕疵单位。

图表 7—12　　改进后的 Provalue Ⅱ 在 2013 年的目标生产成本　　单位：美元

	A	B	C	D
1		200 000 台产品的预计生产成本		预计单位生产成本
2		(1)		(2)=(1)÷200 000
3	直接生产成本			
4	直接材料成本（200 000 台×375 美元）	75 000 000		375.00
5	直接人工成本（530 000 小时×20 美元/小时）	10 600 000		53.00
6	直接机器成本（300 000 机器工时×38 美元/小时）	11 400 000		57.00
7	直接生产成本合计	97 000 000		485.00
8	制造费用			
9	订货及收货成本（200 000 份订单×60 美元/份）	1 200 000		6.00
10	测试及检查成本（2 800 000 小时×1.70 美元/小时）	4 760 000		23.80
11	返工成本（32 500 小时×32 美元/小时）	1 040 000		5.20
12	制造费用	7 000 000		35.00
13	总生产成本	104 000 000		520.00

决策要点

下面是对本章学习目标的总结，决策问题代表与学习目标相关的关键问题，指南则是对该问题的回答。

决策问题	指南
1. 定价决策中的三个主要因素是什么?	消费者、竞争对手和成本通过其对需求和供给的影响来影响定价——消费者和竞争对手影响需求，成本影响供给。
2. 公司如何制定长期定价决策?	公司考虑所有未来成本（无论在短期内是变动成本还是固定成本），运用市场基础或成本基础的定价方法来获得一个投资的目标收益。
3. 公司如何确定目标成本?	长期定价的方法之一是目标价格法。目标价格是所估计的潜在顾客对于某种产品或服务愿意支付的价格。从目标价格中减去目标单位营业利润就得到单位目标成本。目标成本是某种产品或服务的估计长期成本，这一成本保证了当产品售出时目标营业利润的实现。价值工程法可以帮助公司实施达到目标成本的必要改进。
4. 为什么区分成本发生和锁定成本很重要?	成本发生于资源被真正消耗之时。锁定成本是指那些尚未发生，但根据已经作出的决策将在未来发生的成本。为了降低成本，在成本锁定之前使用诸如价值工程等工具是很有效的。

5. 企业如何使用成本加成法为产品定价?	成本加成定价法通过在成本基础之上附加加成额进行定价。许多不同的成本（如全部产品成本或生产成本）可以在运用成本加成公式时作为成本基础，然后在消费者和竞争对手反应的基础上修正价格。因此，这个“加成额”的大小是由市场决定的。
6. 为什么公司不同客户的收入和成本存在差异? 公司该如何应对这种差异?	收入不同是因为购买数量和价格折扣不同。成本不同是因为不同客户以销售订单、运输、顾客支持等形式占用的公司资源不同。管理者应当投入充分的资源以支持和维护盈利能力高的客户关系，并通过激励来改变不盈利客户的行为方式。
7. 描述生命周期预算和生命周期成本，以及企业什么时候使用它们?	生命周期预算和生命周期成本追溯并归集从最初的研发到最终的顾客服务与支持整个生命周期的所有成本（和收入）。这些生命周期在下面的情况下尤为重要：(a) 开始生产之前或获得收入之前发生的成本占总生命周期成本的比例很大；(b) 大部分生命周期成本被锁定在研发和设计阶段。
8. 描述价格歧视、高峰定价和反托拉斯法怎样影响定价。	价格歧视是指对于同样的产品，对某些消费者的定价高于其他消费者。高峰定价法是指在需求量接近实际的生产能力限制时对同一产品或服务制定较高的价格。在价格歧视和高峰定价法下，即使不同细分市场的产品或服务成本大致相同，其价格也会存在差异。出于遵守反托拉斯法的考虑，企业应杜绝掠夺性定价、倾销或合谋定价。这些行为降低了竞争水平或使其他的企业处于不利的竞争地位，或者损害了消费者的利益。

重要术语

collusive pricing 合谋定价
cost incurrence 成本发生
customer-cost hierarchy 顾客成本层级
customer life-cycle costs 顾客生命周期成本
customer-profitibility analysis 顾客盈利性分析
designed-in costs 设定成本
dumping 倾销
life-cycle budgeting 生命周期预算
life-cycle costing 生命周期成本
locked-in costs 锁定成本
non-value-added cost 非附加价值成本
peak-load pricing 高峰定价
predatory pricing 掠夺性定价
price discount 价格折扣
price discrimination 价格歧视
product life cycle 产品生命周期
target cost per unit 单位目标成本
target operating income per unit 单位目标营业利润
target price 目标价格
target rate of return on investment 目标投资回报率
value-added cost 附加价值成本
value engineering 价值工程
whale curve 鲸鱼曲线

作 业

简答题

7—1 作业成本系统对定价决策有什么意义?

7—2 什么是单位目标成本?

7—3 描述价值工程及其在目标成本系统中的

作用。

7—4 “是否区分成本发生与锁定成本对于企业并不重要”。你同意这种说法吗？为什么？

7—5 描述成本加成的三种方式。

7—6 “顾客的盈利状况揭示了公司需要使哪些顾客提高盈利性”。你同意这种说法吗？为什么？

7—7 给出顾客成本层级中三个不同成本层级的例子。

7—8 有些产品或服务的成本差异远远小于其价格差异，请举出两个例子。

7—9 什么是生命周期预算？

7—10 解释概念：掠夺性定价、倾销和合谋定价。

练习题

7—11 （附加值成本，非附加值成本）McGowan是一家提供器具维修服务的修理店。其2012年的成本资料（在作业基础上）汇总如下：

a. 维修器具所需材料及人工成本	500 000 美元
b. 返工成本	150 000 美元
c. 工作延误导致的额外成本	75 000 美元
d. 材料处理成本	50 000 美元
e. 材料验收成本	60 000 美元
f. 设备保养维修成本	40 000 美元
g. 设备故障维修成本	75 000 美元

要求：

1. 把上述7项成本按附加价值成本、非附加价值成本和灰色地带成本进行分类。

2. 假设灰色地带成本中的65%是附加价值成本，35%是非附加价值成本，那么总成本中有多少附加价值成本和非附加价值成本。

3. McGowan正在考虑采取以下措施：(a) 实施质量改进项目，使返工成本和因工作延误导致的额外成本下降75%，材料及人工成本下降5%；(b) 通过与供应商协调把材料验收成本降低20%，材料处理成本降低25%；(c) 保养维修成本增加50%，将故障维修成本降低40%。确定这三项措施将会对附加价值成本、非附加价值成本以及总成本产生什么影响。请简要说明。

7—12 （目标营业利润，附加价值成本，服务业公司）Carason Associates设计建筑图纸使之符合当地的安全规定。其在2013年的利润表为：

收入	731 850 美元
专业人员的工资（8 000小时×50美元/小时）	385 400 美元
交通费	21 000 美元
管理费用和维持费用	154 160 美元
总成本	560 560 美元
营业利润	171 290 美元

下面是在各种活动中专业人员花费的时间百分比：

为顾客计算和设计图纸	75%
检查计算和设计	4%
纠正设计中的错误（不向顾客索价）	7%
针对顾客的要求进行修改（向顾客索价）	6%
对照规定修改错误（不向顾客索价）	8%
合计	100%

假定管理费用和维持费用随专业人员成本的不同而变化。以下问题相互独立。

要求：回答下列问题：

1. 在2013年的总成本中，附加价值成本、非附加价值成本和灰色地带成本各占多少？简要解释你的答案。Carason将采取哪些行动来降低成本？

2. 如果把非附加值成本错误地划归附加值成本，会有什么后果？当不确定时，你会把成本划归附加值成本还是非附加值成本？简要解释。

3. 假定Carason可以排除所有的错误，因此在纠正错误上不用花费任何时间，相应地也可以减少专业人员成本。Carason 2013年的营业利润是多少？

4. 假定Carason可以完成所有得到的业务，但是不能增加专业人员。假定Carason可以排除所有的错误，因此在纠正错误上不用花费任何时间。假定可以用节省的时间来相应地增加收入。假定交通费保持21 000美元不变。Carason 2013年的营业利润是多少？

7—13 （目标成本，产品设计变动对产品成本的影响）Patient Care Instruments使用某种生产成本系统，其中有一个直接成本类别（直接材料）和三个间接成本类别：

a. 随批量变动的安装、订货、材料处理成本；

b. 随机器工时变动的营业成本；

c. 随工程改变数变动的工程改变成本。

面对竞争压力，在2011年底，Patient Care Instruments利用价值工程这一工具来降低生产成本。2011年和2012年的实际数据如下（单位：美元）：

	2011年	2012年
每批的安装、订货、材料处理成本	8 900	8 000
每个机器工时的总营业成本	64	48
每个工程改变的成本	16 000	8 000

Patient Care Instruments的管理者想对价值工程能否成功地将一种产品（HJ6）的单位目标生产成本减少10%进行评估。

HJ6在2011年和2012年的实际结果为：

	2011年的实际结果	2012年的实际结果
HJ6的生产单位	2 700	4 600
每单位HJ6的直接材料成本（美元）	1 400	1 300
每批HJ6的总数	60	70
生产HJ6的总机器工时	20 000	30 000
工程改变数	24	7

要求：

1. 计算2011年每单位HJ6的生产成本。

2. 计算2012年每单位HJ6的生产成本。

3. 确定Patient Care Instruments 2012年是否实现了HJ6的单位目标生产成本。请给出解释。

4. 解释2012年Patient Care Instruments怎样减少每单位HJ6的生产成本。

5. 说明Patient Care Instruments的管理者在实现目标成本的过程中会遇到什么挑战，他们将如何应对这些挑战。

7—14 （成本加成目标投资回报定价法）John Branch是一家刚建成的宾馆的合伙人。Branch预期宾馆的60个房间将在下一年出租16 000个晚上。所有的房间都是相似的且以相同的价格出租。Branch估计下一年的营业成本如下：

变动营业成本	4美元/房间·晚
固定成本	
薪金和工资	170 000美元
建筑及泳池维护	48 000美元
其他营运和管理成本	122 000美元
总固定成本	340 000美元

该宾馆的资本投资额为1 000 000美元，合伙人的目标投资回报率为20%。Branch预期房间的需求在一年中较为平稳，他计划用总成本加上投资的目标利润来给房间定价。

要求：

1. Branch应该给每房间·晚定价多少？作为每房间·晚成本一部分的加成是什么？

2. Branch的市场调研表明如果一个房间·晚的索价降低10%，预期能出租的房间·晚数量将增加10%。Branch是否应该降价10%呢？展示你的计算过程。

7—15 （成本加成，目标价格，保守工作）TinRoof是一家制造和销售自制仓储包的公司。2012年的财务报告如下：

生产和销售的单位	3 200
投资	2 400 000美元
总成本加成成分	8%
投资回报率	12%
单位变动成本	500美元

要求：

1. TinRoof公司2012年的营业利润是多少？每单位的总成本是多少？销售价格是多少？变动成本的加成额是多少？

2. TinRoof考虑将年度广告投入增加175 000美元。管理者相信该投资将转化成10%的销售额。公司是否应该投资？展示你的计算过程。

3. 回到原始数据。2013年TinRoof认为能够以要求1计算的价格销售2 900单位。管理层已确认可以降低125 000美元固定成本。如果TinRoof希望保持8%的总成本加成，则单位目标变动成本是多少？

7—16 （产品生命周期成本）Brooks公司开发、生产厨房小配件并在电视购物节目中销售。该公司目前在设计一种饼干机并计划下一年投入生产和销售。由于厨房配件行业的迅速变化，Brooks的管理者计划只生产销售该机器3年。在产品生命周期的后期，Brooks计划以125 000美元把饼干机的产权销售给一家海外公司。饼干机的成本相关信息如下（单位：美元）：

		4年的总固定成本	每单位变动成本
第1年	设计成本	450 000	—
第2～第4年	生产成本	120 000	10
第2～第4年	营销和分销成本	70 000	2

为了简化，忽略货币的时间价值。

要求：

1. 假定Brooks的管理者为饼干机定价为20美元，为了实现收支平衡，该公司需要销售多少台？

2. Brooks的管理者考虑如下两种定价策略：

a. 一开始就以20美元销售。在该价格下，管理者预计在产品生命周期内销售175 000台。

b. 在第2年将饼干机的售价提高至25美元。在该价格下，管理者预期第2年销售72 000台。在第3和第4年，降价至15美元。管理者预期第3和第4年每年销售100 000台。你推荐那种定价策略？请给出解释。

7—17 （成本加成，目标价格，保守工作）Ruiz制造公司的新CEO询问了公司上年的一些经营信息。CEO得到了如下信息，但有些数据缺失了：

总销售收入	?
生产及销售的产品数量	500 000单位
销售价格	?
营业收入	230 000美元
资产总投资	2 500 000美元
单位变动成本	3.50美元
年度固定成本	2 850 000美元

要求：

1. 对于该产品，计算：(a) 总销售收入；(b) 销售价格；(c) 投资回报率；(d) 总成本的加成额。

2. 新CEO计划把固定成本降至250 000美元，把变动成本降至0.5美元/单位，并同时保持500 000单位的产量和销量。使用要求1计算得到的成本加成额计算新的销售价格。

3. 假定CEO实现了要求2的变化并执行新的销售价格。然而，变动成本的下降导致产品质量下降，使销量相对于变化前下降了5%。计算营业利润（或损失）。

4. 假设除了要求3提到的质量问题外，还有其他问题，CEO是否应该实施该计划？简要解释。

7—18 （成本加成和基于市场的定价法）Nevada Temps是一家大型劳务承包商，向建筑公司供应合同工。2013年Nevada Temps计划供应84 000小时的合同工。变动成本为13美元/小时，固定成本为168 000美元。主管Roger Mason提出，采用以总成本的20%为加成额的成本加成法给劳工定价。

要求：

1. 计算Nevada Temps基于Mason的定价方法确定的每个合同工价格。

2. 营销主管提供了不同价位的需求情况信息：

每小时价格（美元）	需求（小时）
16	124 000
17	104 000
18	84 000
19	74 000
20	61 000

Nevada Temps可以达到上述需求水平。固定成本在所有需求水平上均保持不变。基于该额外信息，计算Nevada Temps为实现利润最大化应该给合同工每小时定价多少。

3. 评价要求1和要求2的答案，说明为什么答案会相似或不同。

7—19 （成本加成和基于市场的定价法）Quick Test实验室评估温度急剧上升时材料的反应。该公司早期的成长得益于与政府的合同，但目前的成长来自业务扩展至商业市场。Quick Test的两种测试分别为热测试（HTT）和极寒测试（ACT）。目前，所有的估计营业成本都通过一个单一的间接费用库归集，所有的估计测试小时也通过单一的库归集，两种测试共用一个测试小时率。这种小时率被标记为管理成本和税费的30%。

George Barton是Quick Test的主计长，认为测试过程和成本结构的差异较大，有必要分别构建加成率为30%的成本率和计费率。他还认为公司当前使用的固定计费率不利于适应目前竞争激烈的市场环境。在分析了公司数据之后，他把营业成本划分为如下三个成本库：

人工和监管	470 800 美元
安装和设备成本	456 475 美元
公用设备	389 400 美元
期间总预算成本	1 316 675 美元

George Barton预计下一期间总测试小时数为107 000，测试小时数也是人工和监管的成本动因。安装和设备的成本动因预计数量为950安装工时。公用设备的预计成本动因数量为11 000机器工时。

Barton预计HTT测试占总测试小时的70%、总安装工时的30%、总机器工时的50%。

要求：

1. 计算基于测试小时的单一营业成本率，HTT和ACT的小时计费率。

2. 计算三种作业的营业成本率。

3. 计算基于作业成本结构的HTT和ACT的计费率是多少。以测试小时的形式表述。基于要求1和要求2，说明Quick Test使用哪种计费率更为合适。

4. 如果Quick Test为HTT定价为24美元/小时，说明它可通过什么措施来保持竞争优势。

7—20 （定价与道德）Instyle室内设计公司正准备参与四套样板房装修的竞标。如果竞标成功，将对完全按照委托书工作的销售代表Jim Doogan有巨大的推动作用。Sara Groom是Instyle公司的成本会计，基于如下成本信息准备此次竞标：

直接成本	
设计成本	20 000 美元
家具和艺术品	70 000 美元
直接人工	10 000 美元
运输和安装成本	20 000 美元
间接成本	
设计软件	5 200 美元
家具运输	4 800 美元
一般管理费用	8 000 美元
间接成本合计	18 000 美元
总生产成本	138 000 美元

基于公司总成本加成120%的定价政策，Groom给Doogan的竞标价为165 600美元。Doogan对此比较担忧，他告诉Groom，在该价格下，Instyle不太可能成功。他说自己从公司经费中开支了600美元邀请开发商去打篮球，开发商透露报价156 000美元即可竞标成功。他没有告诉Groom是因为他自信她给出的标准将低于这个数字。Doogan认为，如果Instyle没有把这一信息资本化，则他花的600美元将被浪费。在任何情况下，公司以156 000美元竞标成功都将获得利润，因为这高于总成本138 000美元。

要求：

1. Groom认为，如果Doogan愿意使用更为廉价的家具和艺术品，他可以以156 000美元竞标成功。设计方案已被审阅通过，且在无额外成本的情况下不允许改变，因此剩余的成本降低额将来源于家具和艺术品。说明家具和艺术品的目标成本定为多少时可以使Doogan以156 000美元竞标，并实现总成本20%加成的目标成本。

2. 评价Groom建议Doogan采用开发商提示的报价是否合乎商业道德。说明Doogan重新设计项目以达到较低的竞标价是否不道德，Doogan和Groom应当采取什么措施来解决这个问题。

7—21 （价值工程，目标价格，锁定成本）。Wood Creation公司设计、制造并销售现代木雕。Sally Jensen是公司的一名工艺师。Jensen过去几个月里一直在设计一种复杂的木雕工艺品。生产开发部门的主管Jim Smoot喜欢这项设计，但是他想确保该木雕的定价具有竞争性。Alexis Nampa是公司的成本会计，给Smoot提供了如下生产75件木雕的预期成本数据：

设计成本	8 000 美元
直接材料	32 000 美元
直接人工	38 000 美元
变动间接费用	32 000 美元

固定间接费用	26 000 美元
营销	14 000 美元

要求：回答下列问题：

1. Smoot 认为 Wood Creation 可以 2 500 美元成功销售每件木雕。公司的目标营业利润是收入的 25%。计算生产 75 件木雕的目标总成本。Nampa 估计的成本能够达到 Wood 的要求吗？是否需要价值工程？

2. Smoot 发现 Jensen 用了可用的最高档的木料设计该木雕，而非 Wood Creation 常用的标准木料。更换木料规格可以将直接材料成本降低 60%。然而，这样的设计需要 1 100 美元额外的设计成本，且木雕将以 2 400 美元出售。这种设计变更能否使木雕实现目标成本？木料成本是锁定成本吗？

3. Jensen 坚持认为高档木料是该木雕所必需的。她认为额外花费 3 000 美元的营销费用将帮助 Wood Creation 实现以 2 700 美元的价格销售木雕。木雕的目标成本在没有价值工程的情况下能否实现？

4. 比较要求 2 和要求 3 计算的 75 件木雕的总营业利润。你怎样基于你的计算结果评价 Wood Creation 的行为？简要解释。

5. Wood Creation 的管理者在实现目标成本的过程中将面临什么挑战，并将怎样应对这些挑战？

章末案例

DOP 公司

John Malone 是 Dakota Office Products（DOP）公司的总经理，正为 2000 年的财务状况感到担忧。尽管上年的销售有所增长，但公司经历了有史以来的首次亏损（见图表 1，单位：美元）。

图表 1　DOP 公司：2000 财年的利润表

销售收入	42 500 000	121.4%
产品销售成本	35 000 000	100.0%
毛利	7 500 000	21.4%
仓储人工费用	2 400 000	6.9%
仓储费用（除人工外）	2 000 000	5.7%
运输	450 000	1.3%
卡车运输成本	200 000	0.6%
订单录入费用	800 000	2.3%
一般销售费用	2 000 000	5.7%
利息支出	120 000	0.3%
税前净利润	（470 000）	−1.3%

资料来源：Reprinted by permission of Harvard Business School Copyright © 2001 by the President and Fellows of Harvard College Harvard Business School case 9－102－021. The case was prepared by Robert Kaplan as the basis for class discussion rather than to illustrate either effective or ineffective handling of an administrative situation.

DOP 是一家区域性的向机构或商业组织提供办公用品的分销商。它提供从简单的书写工具（如钢笔、铅笔和记号笔）到现代高速复印机和打印机的特定用纸等多种产品。DOP 在顾客服务和响应速度方面有很好的声誉。

DOP 经营着多个分销中心，工作人员卸载由制造商整车发货的产品，再把纸箱转移至指定的存储地点，直到顾客购买。每天，一旦收到顾客的订单，DOP 的工作人员就驾驶叉车在仓库里找到货物并准备装运。

通常，DOP 借助商业货运的方式运输产品。最近，DOP 通过提供“桌面”快捷选项吸引业务，即直接把产品运输至顾客所在地。DOP 经营着一个小型的卡车队，并把仓库工作人员当做司机来实施桌面快捷运输。DOP 为此收取小额的溢价（2%的额外加成），为消费者提供便利并节省直接运输订单的成本。公司相信该服务的附加价格可以在竞争激烈的办公用品业务中提高边际利润。

DOP 向许多制造商采购货物。它给终端顾客产品定价的方法是：首先在弥补仓储成本、分销成本和运输成本后加上 15%的采购成本加成，再加上一个额外的加成来弥补一般销售费用，然后加上利润的一个折扣。该加成额以前一年的实际费用和一般行业及竞争趋势为基础，在每年年初就已确定。消费者购买的商品的实际价格还会基于长期关系和竞争情况而调整，但一般与提供给消费者的服务无关，桌面快捷运输除外。

DOP 在 1999 年引入了电子数据交换技术，并在 2000 年建立了新的网站，允许顾客自主下单，使得办事员无须输入顾客信息并手动下单。由于其便利性，许多顾客都转而采用电子服务方式。随着 DOP 的成本持续上升，Malone 担心即使进行技术革新，如使用桌面送货方式和电子订单，公司仍不能盈利。他正思考采取什么措施来重新获利。

分销中心：作业分析

Malone 向主计长 Melissa Dunhill 和营运总裁 Tim Cunningham 寻求帮助，Cunningham 建议：

> 如果我们能够在不走极端的情况下弄清分销中心到底发生了什么，或许我们可以清楚了解服务顾客的成本到底是多少。

Dunhill 和 Cunningham 为了获得更多信息而进行了实地调研。他们走访了 DOP 的一个分销中心。分销中心管理者 Wilbur Smith 确认："我们的所有工作就是存储这些纸箱、处理订单和把它们运给顾客。"在 Smith 的帮助下，Dunhill 和 Cunningham 识别了分销中心完成的四个主要的作业：在工厂中运入和运出纸箱、新的桌面送货服务、订单处理和数据录入。

Smith 描述了这些作业的细节：

> 需要的仓库空间以及把纸箱运进运出并准备装运的人员取决于纸箱的数量。所有商品的存货周转率相同，因此空间和处理成本与工厂经手的纸箱数量成比例。
>
> 我们对普通装运使用商业货运方式，成本更多地是由容积量决定的。无论重量和距离如何，每个纸箱的装运成本都相同。当然，我们通过新的桌面送货服务自己运输纸箱可以避免商业运输费用。

该团队与仓库监管人员核实了如下信息：

> 桌面送货确实给工作人员带来了麻烦。当然，我们依然提供这项服务，并以此吸引业务。但是我们不得不增加人手，因为现有员工要做的事情已经够多了。

Dunhill 和 Cunningham 核对了录入和验证顾客订单数据的费用。订单录入费用包括数据处理系统和数据录入人员的费用。他们与一名工作了 17 年的数据录入员 Hazel Nutley 进行了交谈：

> 我做的主要工作就是处理订单，一行接着一行。我从录入顾客 ID 并验证顾客信息开始。此外，唯一重要的事是我需要录入多少行，订单上的每一行商品信息都需要分别录入。当然，来自于新的 EDI 系统或网页的订单可以自动生成而不需要我操作。我仅需要核实以确保顾客没有犯明显的错误，保证基本正确即可。所有电子订单的验证在同一时间完成，而不取决于订购商品的数量。

Dunhill 和 Cunningham 从公司数据库收集到的信息如下：

- 分销中心在 2000 年处理了 80 000 个纸箱。当然，其中 75 000 个通过商业货运方式运输，剩余的 5 000 个采用桌面运输方式。DOP 在 2000 年共有 2 000 次桌面送货。
- 工作人员认为接受、处理并运输的总量与现有资源下的总产能相当。
- 数据录入人员共处理了 16 000 份手工订单，验证了 8 000 份 EDI 订单。16 000 份手工订单每份平均有将近 10 种商品，或共计 150 000 个录入行数。监管者和纸箱的处理、装载和运输人员都认为，数据录入人员在现有业务下是全负荷工作。

接下来他们组成了两个小的项目组，一个由分销中心的人员组成，一个由数据录入人员组成，来估计他们发现的各种作业花费的时间。该团队组织了访谈，让员工跟踪记录多天的时间分配，并观察其他人的日常工作。

分销中心团队报告称，90%的工人负责处理进出工厂的纸箱，剩余的 10%被分配处理桌面送货。所有的其他仓库费用（租金、建筑和设备折旧、公用设施、保险和物业税）均与接受、储存和处理的纸箱数相关。运输卡车仅用于桌面送货服务。监管者审阅该评估报告后认为，它不仅能反映当年的经营情况，而且同样适用于前一年（2000 年）。

数据录入团队通过监控电脑数据记录了解到，程序员在 2000 年工作了 10 000 小时。记录的进一步分析揭示了数据录入员的各个作业时间分配如下（单位：小时）：

作业	数据录入员用时
手工建立顾客订单	2 000
录入订单的单个订购项目	7 500
验证 EDI/网络订单	500
合计	10 000

了解顾客盈利能力

Dunhill 浏览顾客账户发现两个典型账户有相似的规模和作业量。顾客 A 和顾客 B 在 2000 年的总销售额都超过了 100 000 美元。其订购的产品总成本确认为 85 000 美元。总加成（顾客 A 为 21.2%，顾客 B 为 22.4%）在 DOP 的目标加成范围之内。顾客 B 的加成略高，因为有桌面送货服务的溢价。两个顾客全年的订购量都为 200 纸箱。现有的顾客盈利性系统（见图表 2，单位：美元）表明两个顾客产生的边际利润贡献都可以弥补一般销售费用，从而为公司贡献利润。

图表 2　　顾客盈利性报告（当期）

	顾客 A		顾客 B	
销售	103 000	121.2%	104 000	122.4%
商品采购成本	85 000	100.0%	85 000	100.0%
毛利	18 000	21.2%	19 000	22.4%
仓储、分销和订单录入	12 750	15.0%	12 750	15.0%
对一般销售费用、利润的贡献	5 250	6.2%	6 250	7.4%

然而，Dunhill 注意到两个顾客在 DOP 的服务需求上存在差异。顾客 A 下了一些大额订单，并开始使用 EDI 来下单（2000 年有半数订单已电子化）。而顾客 B 下了更多的订单，因此其平均订单规模小于顾客 A。同时，顾客 B 的所有订单都是纸质订单或电话订单，需要手工录入，且 25%的订单需要桌面送货服务。

Dunhill 担忧 DOP 的银行贷款增加，也注意到顾客 A 通常都在 30 天内付款，顾客 B 则需要 90 天或更长时间。一项快速调查显示，顾客 A 的全年应收账款余额为 9 000 美元，而顾客 B 为 30 000 美元。由于 DOP 需要为贷款得到的营运资本每年支付 10% 的利息，因此 Dunhill 认为该差异很重要。

图表 3 显示了 Dunhill 对两个顾客的年度订购、运输和付款统计量的汇总。她认为这也足以用来评估顾客的盈利性，并就如何扭转 DOP 当前盈利状况提出意见。

图表 3　　2000 年为顾客 A 和顾客 B 提供的服务

	顾客 A	顾客 B
订购的纸箱数	200	200
商业运输的纸箱数	200	150
桌面送货的纸箱数	—	25
手工处理的订单数	6	100
手工处理的订单录入行数	60	180
EDI 订单数	6	—
平均的应收账款（美元）	9 000	30 000

问题

1. DOP 现有的价格体系为什么不足以评估当前的经营环境？

2. 基于 2000 年的数据为 DOP 开发一个作业成本系统，计算 2000 年每一个 DOP 作业的成本分配率。

3. 运用要求 2 的答案，计算顾客 A 和顾客 B 的盈利性。用什么解释两个顾客之间的盈利性差异？

4. 如果估算两个顾客的盈利性有局限，那么这种局限是什么？

5. 是否还有可用来解释两个顾客相对盈利性的额外信息？

6. 假定 DOP 把要求 3 的分析运用于所有顾客，该信息如何帮助 DOP 的管理者提高公司利润？

7. 假定一个主要的顾客的所有订单都改为网上订单，这会怎样影响要求 2 中计算的作业成本分配率？这样的改变将对 DOP 的盈利性产生怎样的影响？

第 8 章

成本性态的确定

学习目标

1. 描述线性成本函数及常见类型。
2. 解释非线性成本函数。
3. 解释在估计成本函数时因果关系的重要性。
4. 理解有关成本函数估计的各种方法。
5. 概述用定量分析估计成本函数的六个步骤。
6. 说明管理者评价和选择成本动因的三个标准。
7. 了解在估计成本函数时遇到的数据问题。

回顾过去的意义何在？也许是回想起家庭和朋友，或者帮助自己理解历史事件，总结过去可能有助于更好地预测未来。一个企业通过回顾过去来分析业绩并做出提高未来业绩的最佳决策。这项活动要求管理者收集成本和行为信息来预测其是否在正确的道路上。对成本性态的深入了解有助于企业以创新的方式重组其运营，并应对由过去的结果导致的重要挑战。

理解成本性态是一项有价值的技能。在制定决策时，管理者发现识别成本动因、估计成本关系、确定成本的固定和可变成分非常有用。波音的管理者利用对成本性态的了解来制定战略和经营决策。例如，波音公司花费超出预算 6 000 万美元的资金来构建美国反弹道导弹保护体系，管理者和管理会计师运用成本估计和分析识别出测试延迟是成本超支的原因。正如本章要点中所描述的，本章主要关注管理者如何确定成本动因和成本性态以及这些性态怎样帮助他们制定未来的决策。

本章要点

● 管理者用过去的成本和行为数据来估计成本和作业水平之间的关系，并利用估计的成本函数来预测未来的成本。

● 成本函数并不一定是线性的。数量折扣、阶梯形成本上升和学习效应都会导致非线性的成本函数。

● 估计成本函数中最重要的一步是确定成本和作业水平之间是否存在一个经济合理的因果关系（例如基于经营常识）。

● 一些成本函数的估计方法是定性的（如会议和会计分析方法），依赖于职业判断。一些方法是定量的（如回归分析），并客观地得出一个最符合数据的直线或曲线。

● 定量（客观）分析的一个优势是管理者可以利用这种技术来估计不同的行为（成本动因），不仅符合经济合理的标准，而且使成本动因与数据最匹配。

● 成本估计的一个艰巨任务是收集高质量、可测量的成本和作业水平数据。常见的问题有数据缺失、出现极端观测值、方法改变导致成本与作业水平的关系改变等。

8.1 线性成本函数的基本假设

成本函数是估计成本的基本要素，管理者可通过成本函数来了解成本性态。**成本**

函数（cost function）是描述成本如何随作业水平的变动而变动的一种数学函数。成本函数可以通过测量作业水平来画出图形，如用横轴（也称 x 轴）表示产品的批数或机器工时数，用纵轴（也称 y 轴）表示与作业水平相对应（或者更确切地说，根据作业水平而定）的总成本。

□ 8.1.1 基本假设

对成本函数的估计通常依赖于以下两个假设：

1. 总成本的变动可解释为与这些成本有关的单个作业（即成本动因）水平的变动。

2. 在相关范围内，可以用线性成本函数很好地估计出成本性态。回顾第 2 章，相关范围是指作业水平与总成本相关的作业范围。将**线性成本函数**（linear cost function）用图形表示出来，那么在相关范围内，总成本与相关的单个作业水平之间的关系表现为一条直线。

上述两个假设贯穿本章的大部分内容。不是所有的成本函数都是线性且可以用单个作业加以解释的。以后的章节将会继续讨论成本函数，但不会局限于这些假设。

□ 8.1.2 线性成本函数

为了帮助读者理解三种基本的线性成本函数类型并了解成本函数在商业决策中的作用，下面以 Cannon Services 与 World Wide Communication（WWC）就一条纽约到巴黎的电话线的专用权问题进行的谈判为例加以说明。

- 方案 1：话费为每分钟 5 美元。Cannon 的总成本随通话时间的变动而变动。也就是说，通话时间是影响总成本变动的唯一因素。

图表 8—1 中的图 A 表示 Cannon Services 的变动成本。在方案 1 中，没有固定成本，可以将图表 8—1 中图 A 的成本函数写作：

$$y = 5X$$

式中，X 表示实际的通话时间（x 轴）；y 表示用成本函数计算出来的总成本（y 轴）。图 A 显示了 5 美元的**斜率系数**（slope coefficient），表示在相关范围内，作业水平（在 Cannon 的例子中，如 1 分钟的通话时间）变动一个单位时总成本的变动数。在本章中，大写字母（如 X）表示实际的观测值；而小写字母（如 y）表示利用成本函数估计或计算得到的数值。

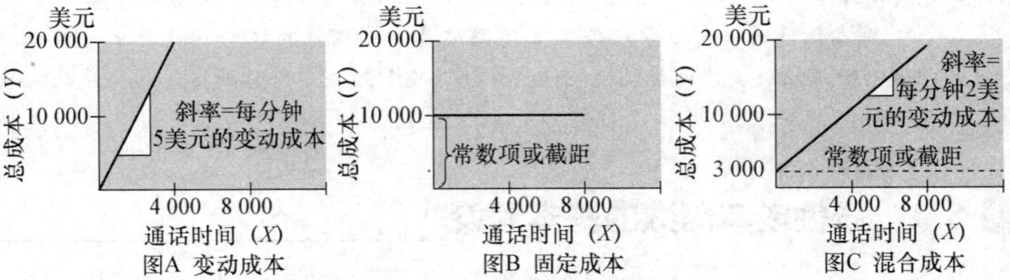

图表 8—1 线性成本函数的例子

● 方案 2：每月付租金 10 000 美元。不考虑通话时间，总成本为每月 10 000 美元。（我们用同一个作业——通话时间作计量尺度，比较三种不同备选方案下的成本性态模型。）在这一备选方案下，成本是固定的，而不是变动的。

图表 8—1 中的图 B 表示 Cannon Services 的固定成本。我们可以将图 B 中的成本函数写作：

$$y=10\,000 \text{ 美元}$$

10 000 美元的固定成本被称为**常数项**（constant），它是总成本的一个组成部分，在相关范围内不随作业水平的变动而变动。在方案 2 下，常数项构成了全部的成本，因为这里没有变动成本。在图中，成本函数的斜率系数为 0；该成本函数与 y 轴交于一个常数值，因此该常数项也称**截距**（intercept）。

● 方案 3：每月付租金 3 000 美元，另外每分钟支付 2 美元的话费。这是一个**混合成本**（mixed cost）的例子，也称**半变动成本**（semivariable cost），因为它既包含固定成本又包含变动成本。

图表 8—1 的图 C 表示 Cannon Services 的混合成本。我们可以将图 C 的成本函数写作：

$$y=3\,000+2X$$

与方案 1 和方案 2 的图不同，图 C 既有 3 000 美元的常数项（截距），又有 2 美元的斜率系数。在混合成本的例子中，相关范围内的总成本随通话时间的增加而增加。但请注意，在相关范围内，总成本并不严格随通话时间的变动而成比例变动。例如，当通话时间为 4 000 分钟时，总成本为 [3 000＋(2×4 000)]＝11 000（美元），但当通话时间为 8 000 分钟时，总成本变为 [3 000＋(2×8 000)]＝19 000（美元）。虽然通话时间增加了一倍，但总成本仅增加了 73% [(19 000－11 000)÷11 000]。

Cannon 的管理者必须了解三种方案下的成本性态模型，以从中选择一个最佳方案同 WWC 进行交易。假设 Cannon 估计每月的通话时间至少为 4 000 分钟，那么三种备选方案下 4 000 分钟通话时间的成本分别为：

● 方案 1：20 000 美元（5×4 000）；

● 方案 2：10 000 美元；

● 方案 3：11 000 美元 [3 000＋(2×4 000)]。

方案 2 的成本最低。而且，如果 Cannon 的通话时间超过 4 000 分钟，方案 1 和方案 3 的成本将会更高。因此，Cannon 应选择方案 2。

请注意，图表 8—1 中的函数都是线性的，也就是说，其图形都是直线。因为我们知道这些图形都是直线，所以不必将很多个点连起来形成图形，而只需知道常数项（截距）数值（通常用 a 表示）和斜率系数（通常用 b 表示）即可。对任一单个作业的线性成本函数（回顾我们的两个假设）来说，知道 a 和 b 就足以描述并画出相关范围内所有通话时间的数值。我们将线性成本函数的一般形式写作：

$$y=a+bX$$

方案 1 中，a＝0 美元，b＝5 美元/分钟；方案 2 中，a＝10 000 美元，b＝0 美元/分钟；方案 3 中，a＝3 000 美元，b＝2 美元/分钟。为了画出图 C 中的混合成本函数，我们从 y 轴的 3 000 美元出发作一条直线，并使之以每分钟 2 美元的速度增加，因此在 1 000 分钟时，总成本从 2 000 美元（2×1 000）上升至 5 000 美元（3 000＋2 000）；在 2 000 分钟时，总成本从 4 000 美元（2×2 000）上升至 7 000 美元（3 000＋4 000），依此类推。

8.2 非线性成本函数与成本分类

在实务中，成本函数并非总是线性的。在一个非线性成本函数中，总成本的图形（基于单个作业的水平）不是相关范围内的一条直线。为了了解非线性成本函数，我们以图表 8—2 为例。图表 8—2 展示了 Winter Sports Authority 在其 Vermont 工厂的总直接人工成本和生产的滑雪板总量之间的关系（多年数据）。如果相关范围设定为生产 0～80 000 个滑雪板，很明显，该范围内的成本函数线不是一条直线。在 20 000～65 000 个范围外是非线性的，因为人工和其他的非效率因素（开始是因为工人需要学习滑雪板的生产，后来是因为产能限制被延伸）。然而，如果把范围设定为 20 000～65 000 个（如图表 8—2 中的加粗部分），则成本函数是线性的。确定相关范围是合理划分成本的基本条件。

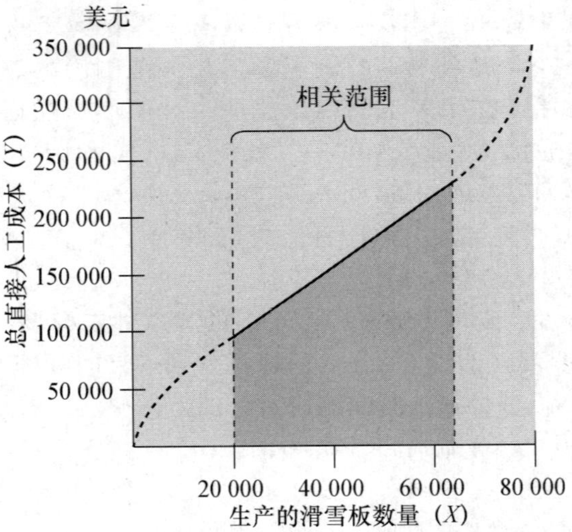

图表 8—2 Winter Sports Authority 公司在相关范围内的线性关系

考虑另一个例子，广告业的规模经济是广告代理商以一半的成本生产两倍数量的广告。直接材料并不总是线性变动成本，因为直接材料在采购时有数量折扣。如图表 8—3 中的图 A 所示，总直接材料成本随采购的直接材料数量的增加而上升。但是因为有数量折扣，当直接材料采购数量增加时，总直接材料成本的上升较慢。当采购数量为 1～1 000 单位时，成本函数为 b＝25 美元/单位；当采购数量为 1 001～2 000 单位时，成本函数为 15 美元/单位；当采购数量为 2 001～3 000 单位时，成本函数为 10 美元/单位。每单位直接材料成本在每个数量区间都有所下降，单位成本随采购订单量的上升而下降。如果管理者了解 1～3 000 单位范围之外的成本性态，会发现它是非线性的。但是，管理者常常只对一个较小范围内的成本感兴趣（如 1～1 000 单位），则成本函数是线性的。

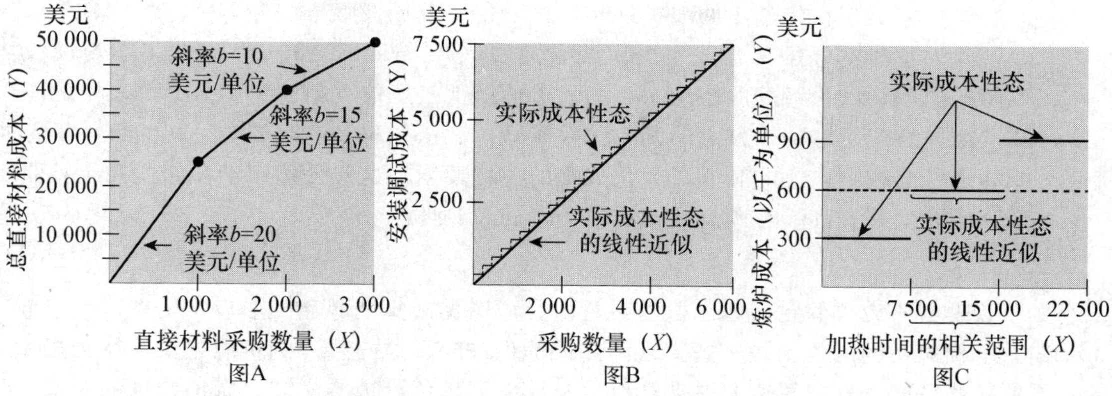

图表 8—3　非线性成本函数的例子

阶梯成本函数是非线性成本函数的一种。**阶梯成本函数**（step cost function）是指成本在一定作业水平范围内保持不变，但当作业水平从一个范围变到另一个范围时，成本就会不连续地增加，也就是阶梯式增加。图表 8—3 中的图 B 就是一个阶梯变动成本函数，在作业水平每个小的相关范围内，成本都是固定的。图表 8—3 中的图 B 表明了安装调试成本与产量之间的关系，它之所以是阶梯成本函数，是因为正如第 6 章作业成本制度所述，安装调试成本与最初的每一产品批数有关。如果相关范围是 0～6 000 单位，成本函数就是非线性的。但如图表 8—3 图 B 中的直线所示，管理人员通常用连续变动的成本函数近似估计阶梯变动成本。材料处理人工、监管员和生产设计人工等一次性投入但分次消耗的成本也表现为阶梯成本函数。

图表 8—3 中的图 C 给出了 Crofton Stell 公司的阶梯固定成本函数，这家公司主要生产用于增强钢铁部件硬度的大型熔炉。比较图 C 和图 B，你会发现阶梯变动成本函数与阶梯固定成本函数之间的主要区别在于，对于每个相关范围，在作业水平的较大范围内，阶梯固定成本函数的投入成本是不变的。这些范围表示已用熔炉的数目（每个熔炉的成本为 300 000 美元）。若因加热时间的要求要使用另外一个熔炉，成本就从一个范围增至下一个较大的范围。相关范围为 7 500～15 000 加热小时，表明公司预期需要两座熔炉，运行成本为 600 000 美元。在运行的相关范围内，管理层将熔炉运行成本视为固定成本。但如果相关范围为 0～22 500 小时，成本函数就是非线性的：图表 8—3 图 C 中的图形不是一条直线，而是三条断开的线。

□ 8.2.1　学习曲线

学习曲线也是非线性成本函数的一种。**学习曲线**（learning curve）是用来衡量因工人熟练程度的提高，每单位人工工时数如何随产量增加而减少的函数。管理人员用学习曲线来预测人工工时数（或人工成本）随产量的增加而增加的情况。

一家飞机装配厂首先认识到，学习可以提高效率。一般来说，工人对他们的工作越熟悉，工作效率就越高。管理人员学习如何改进工作班次的安排，车间工人学习如何最好地使用设备。由于效率提高，单位成本随产量的增加而降低，这就说明单位成本函数是非线性的。在估计和预测单位成本时，必须考虑单位成本函数的这种非线性。

管理人员正在将学习曲线扩展到诸如营销、分销及顾客服务等价值链的其他职能以及除人工成本外的其他成本上。**经验曲线**（experience curve）描述了学习曲线更广阔的适用领域。经验曲线是一个衡量价值链上各职能（如营销、分销等）中的单位成本如何随产量增加而减少的函数。对于戴尔、沃尔玛和麦当劳等公司而言，学习曲线和经验曲线是它们的利润最大化战略的关键要素。这些公司用学习曲线和经验曲线来降低成本并提高顾客满意度、市场份额和盈利性。

成功之匙

管理者不应只假定成本函数是线性的，应该将成本函数用图形表示出来，并了解在一个相关范围内是不是一条直线。如果他们忽略了这一步，则可能错误地认为成本函数是线性的——尽管实际并非如此，从而错误地估计成本性态，做出错误的决策。

8.2.2 成本分类的回顾

在讨论成本函数的估计之前，让我们先简单地回顾一下第 2 章中将成本划分为变动成本和固定成本两部分的三个标准。如果我们可以把成本划分为固定成本和变动成本，则可以通过简单的线性成本函数来估计成本性态关系。如果我们不能把成本仅分为固定成本和变动成本，则需要估计非线性成本函数，该部分内容超出了本书的范围。

成本对象的选择 特定的成本项目可能对于一个成本对象是变动的，而对于另一个成本对象是固定的。以机场运输公司 Super Shuttle 为例，若以运货车队为成本对象，每年的货车登记和执照费对货车数而言是变动成本，但若以某一特定的货车为成本对象，该货车的登记和执照费对一年的驾驶里程而言是固定成本。

时间跨度 对于一个特定的作业而言，一项成本是变动成本还是固定成本，取决于决策所涉及的时间跨度。若其他条件不变，时间跨度越大，成本就越有可能是变动的。例如，在短期内，波音公司的质检成本对检查时间而言通常是固定成本，但在长期内，总质检成本将会随所需检查时间的变动而变动：如果需要更多的检查时间，就需要雇用更多的质检人员，而如果所需的检查时间减少，就要解雇一些质检人员，或给他们分配其他任务。如图表 8—3 中的图 B 所示，检查成本是一种阶梯变动成本，可以近似理解为变动成本。

相关范围 永远不要忘记，只有在特定的相关范围内，变动和固定成本性态模型才对线性成本函数有效。在相关范围以外，变动和固定成本性态模型会发生变动，使成本变为非线性的。

8.3 识别成本动因

在 Cannon Service/WWC 的例子中，我们利用 WWC 向 Cannon Service 提出的未来成本结构信息，讨论了变动成本函数、固定成本函数和混合成本函数。然而，成本函数是由历史数据估计得到的。管理者利用**成本估计**（cost estimation）来测量一个基于历史数据和相关作业水平的关系。例如索尼公司的管理者利用成本估计来评价各种设计方案的成本，并把这些信息与消费者的支付意愿相结合，从而为新的电视机型号选择设计特征。类似地，大众汽车公司的营销管理人员利用成本估计来了解为什么顾客服务成本逐年变化（例如，可能是汽车销量或开发的新车型的数量）。大众汽车公司的管理人员之所以对估计过去的成本性态函数感兴趣，主要是因为这些估计能帮助他们对未来成本做更为精确的**成本预测**（cost estimation）。合理的成本预测能帮助管理人员制定更明智的计划和控制决策，如编制下一年度的营销成本预算。但更佳的管理决策、成本预测和成本函数估计有赖于准确识别影响成本的因素。

□ 8.3.1 因果标准

估计成本函数时最关键的问题是决定作业水平和相应成本之间是否存在因果关系。如果没有因果关系，管理人员就不能估计或预测成本，也就不能很好地管理这些成本。由第 2 章可知，当作业水平变化和总成本变化之间存在因果关系时，我们可以把作业的衡量作为成本动因。我们在估计成本函数时交替使用作业水平和成本动因水平。理解成本动因对于成本管理至关重要。因果关系的产生可能源于：

● 作业水平与成本之间的实物关系。例如，当把产量作为影响直接材料成本的作业时，就体现了实物关系。生产更多的产品就需要更多的直接材料，从而造成更高的直接材料成本。

● 合同协议。例如前面提到的 Cannon Services 公司的方案 1 中，合同中指定的通话时间是影响电话费用的作业水平。

● 经营常识。例如，将零部件数作为计量订购成本的作业。一个由许多零部件组成的产品的订购成本显然比只有几个零部件的产品更高。

需要注意的是，不要将两个变量之间的高度相关性或联系解释为两者之间存在因果关系。我们来看 Winston Furniture 公司生产两种桌子的直接材料成本和人工成本。两种桌子中，一种是花岗岩桌面（花岗岩桌），一种是木质桌面（木桌）。与木桌相比，花岗岩桌的直接材料成本更高，因为花岗岩比木头更贵，但是它在采购时已切割好了，因而需要的直接人工成本比木桌要低。Winston 目前销售 10 000 张花岗岩桌和 30 000 张木桌。

如果 Winston 多销售 20%的桌子，包括 20%的花岗岩桌（10 000＋0.20×10 000＝12 000）和 20%的木桌（30 000＋0.20×30 000＝36 000），总直接材料成本与总直接人工成本高度相关，但不构成因果关系。因此，用直接人工成本来预测直接材料成本是有问题的。为了了解原因，假设 Winston 多销售 20%的桌子（40 000＋0.20×40 000＝48 000），但是由 4 000 张花岗岩桌和 44 000 张木桌组成。即少销售了 6 000 张花岗岩桌（10 000－4 000），多销售了 14 000 张木桌（44 000－30 000）。木桌的直接人工成本更高，因此，总直接人工成本上升了 20%。木桌的直接材料成本更低，因此总直接材料成本将下降。总直接人工成本难以预测总直接材料成本，但一些导致总直材料成本的因素（如花岗岩桌和木桌的数量）能更准确地预测总直接材料成本的变化。

只有当作业水平与成本之间存在因果关系（即以实物形态、契约或逻辑关系为基础）而不仅仅是相关关系时，才具有经济上的合理性。经济上的合理性之所以重要，是因为它使分析人员确信，估计出的关系能在同样条件下的其他同类数据中得到证明。

为了确认跨时期数据的成本动因，我们通常采用一个较长的时间跨度。为什么呢？因为短期内的成本可能是固定的（在没有成本动因的那段时间内），但从长期来看，它们可能是变动的，而且会有一个成本动因。

成功之匙

在估计成本函数之前，管理者首先应该确定作业水平和成本之间存在一个经济合理的因果关系，再基于一个较长的时间跨度来估计这个关系。

8.3.2 成本动因与决策制定的步骤

Elegant Rugs 使用国内最先进的自动织布机生产办公室用地毯和家庭用地毯。管理层改进了制造工艺并试图引进新的地毯款式。Elegant Rugs 的管理者使用第 1 章提出的五步决策制定法来评估这些改进如何影响成本，以及他们应该引进的地毯款式。

步骤 1：识别问题与不确定性。管理者为降低直接人工成本采用了特别的制造工艺，现在他们想知道诸如监管、维护和质量控制之类的成本是否下降了。一种方法是简单地对比工艺改进前后的直接人工成本。然而，这种方法的问题在于工艺改进前后的作业量和地毯款式显著不同，因此成本比较应考虑这些变化。

Elegant Rugs 的管理者对新款式地毯的直接材料和直接人工成本很有信心，但他们对选择不同的款式对间接制造费用的影响不太确定。

步骤 2：获取信息。管理者收集潜在成本动因的信息——如导致间接制造费用发生的直接人工工时或机器工时。他们也考虑用于评估成本动因对直接人工成本的影响的不同技术（下节讨论）。

步骤 3：预测未来。管理者用过去的数据来估计成本动因和成本之间的关系，并利用该关系来预测未来成本。

步骤 4：选择方案做出决策。我们接下来会讨论，管理者用机器工时作为直接人工成本的成本动因。使用回归分析估计每机器工时的直接人工成本，管理者评估不同款式地毯的成本并引进最赚钱的款式。

步骤 5：实施决策、评估业绩与学习改进。在 Elegant Rugs 的管理者引进新的地毯款式一年之后，他们开始着手评估决策的效果。比较预测和实际成本有助于管理者确定估计的准确性，为持续改进设定目标，并寻找提高效率和效益的方法。

8.4 成本估计方法

成本估计有四种方法：（1）工业工程法；（2）会谈法；（3）账户分析法；（4）定量分析法（不同的方式）。这些方法的不同之处主要在于：实施成本、前提假设以及估计成本函数的精确性。但这些方法并不互相排斥，许多公司把它们结合起来使用。

8.4.1 工业工程法

方法描述 **工业工程法**（industrial engineering method），也称**工作衡量法**

（work-measurement method），通过分析实物形态下投入产出之间的关系来确定成本函数。以一家地毯生产商为例，其投入包括棉布、羊毛、染料、直接人工、机器工时及能源，产出是按面积计算的地毯。时间和动作研究分析了制造地毯的各道工序所要求的时间和原料。例如，由时间和动作研究可以得出，生产 10 平方码的地毯要用 1 小时的直接人工。生产标准与预算把这些实物形态的投入转化为成本来计量，这样就建立了反映总生产成本与成本动因（即产出地毯的面积）之间关系的成本估计函数。

优势与挑战　当投入与产出之间存在实物关系时，工业工程法是一种详细的成本函数估计方法。但该方法非常耗时，只有一些政府合同规定采用这种方法。很多企业（如 Bose 和诺基亚）发现利用这种方法分析整个成本结构的代价实在是太大了。而在分析单个成本项目（如研发费和广告费）时，投入与产出之间的实物形态关系可能很难说明。

□ 8.4.2　会谈法

方法的描述　**会谈法**（conference method）是以公司各部门（如采购、生产流程设计、生产、人力资源等部门）对成本和成本动因的分析及意见为基础估计成本函数的方法。英国的合作银行（Cooperative Bank）就有一个专门的成本估计部门，在归纳相关部门意见的基础上确定每项金融业务（如短期贷款、Visa 卡、抵押贷款等）的成本函数。Elegant Rugs 从监管人员和制造工程师那里收集了关于直接人工成本随机器工时和直接人工工时变化的信息。

优势与挑战　会谈法促进了部门间的合作。价值链中各个环节专业知识的融合使会谈法真实可信。由于会谈法不需要对数据进行深入分析，因此能很快得到成本函数和成本估计。然而，会谈法重视人为的判断，而不是系统的估计，这就意味着成本估计的精确度在很大程度上依赖于人们对所提供信息的重视程度及其信息的详尽程度。

□ 8.4.3　账户分析法

方法描述　**账户分析法**（account analysis method）把明细分类账中的成本科目按作业水平划分为变动成本、固定成本和混合成本，由此估计成本函数。管理者在进行成本分类决策时，通常采用定性分析而不是定量分析的方法。账户分析法在实务中的应用十分广泛。

以 Elegant Rugs 公司一个小生产领域的间接人工成本为例。间接人工成本包括支付给监管人员、维修人员、质量控制人员及调试人员的工资。在最近的 12 周内，该作业单元总共使用了 862 机器工时，发生间接人工成本共 12 501 美元。管理人员和成本分析人员对 12 周的数据进行定量分析后，确定间接人工成本为混合成本，仅有一种成本动因——机器工时。当机器工时变动时，成本中的某一项（如监管成本）保持不变，另一项（如维修成本）则随之变动。这样做的目的是，通过账户分析在间接人工成本与机器工时数（成本动因）之间建立线性成本函数。成本分析人员决定按照与机器工时的关系将 12 周的总间接人工成本（12 501 美元）分解为固定成本 2 157 美元、变动成本 10 344 美元。单位机器工时的变动成本是 10 344/862＝12（美元/机器工时)。代入线性成本函数通用公式 $Y=a+bx$，得出成本函数：

总间接人工成本＝2 157＋(12×机器工时数)

Elegant Rugs 公司的管理人员可以利用这个成本函数估计间接人工成本。比如，可以估计出在接下来的 12 周中运营 950 机器工时会发生的间接人工成本。代入成本函数，估计间接人工成本＝2 157＋(950×12)＝13 357（美元）。因为固定成本分配到了更多的机器工时，所以单位机器工时的间接人工成本降到了13 557/950＝14.27(美元/机器工时)，因为固定成本 2 157 美元被分配到更多的机器工时中。

优势与挑战 账户分析法被广泛应用，因为其相对精确、成本有效、使用简便。为了对成本中的变动和固定部分作出更可靠的估计，企业必须确保制定成本分类决策的人员非常熟悉企业的运作过程。若用会谈法对账户分析法加以补充，则可以提高结果的可信程度。账户分析法的准确性取决于管理者和管理会计师对固定成本和变动成本的定性判断的准确性。

□ 8.4.4 定量分析法

方法描述 定量分析法是指用过去的观测资料按正规的数学方法来估计线性成本函数。图表 8—4 的第 1、第 2 列分别显示了 Elegant Rugs 公司最近 12 周来总间接人工成本 12 501 美元和总机器工时 862 小时的每周明细。这里应该指出的是每组数据都是成对的，也就是说，每周的间接人工成本发生数都有与之相对应的机器工时数。比如第 12 周的间接人工成本 963 美元和 48 机器工时是对应关系。在下一节，我们将用图表 8—4 的数据说明如何利用定量分析法估计成本函数。我们检验两种方法：相对简单的高低点法，以及更为普遍的检验和理解数据的量化工具——回归分析。

图表 8—4 **Elegant Rugs 公司每周的间接人工成本和机器工时**

	A	B	C
1	周次	成本动因：机器工时（X）	间接人工成本（Y）
2	1	68	1 190
3	2	88	1 211
4	3	62	1 004
5	4	72	917
6	5	60	770
7	6	96	1 456
8	7	78	1 180
9	8	46	710
10	9	82	1 316
11	10	94	1 032
12	11	68	752
13	12	48	963
14	合计	862	12 501
15			

优势和挑战　定量分析是估计成本的最严谨的方式。计算技术的提高使得定量分析尤其是回归分析更容易实现。但是回归分析需要更详细的关于成本、成本动因、成本函数的信息，因此该分析更加费时。

8.5　利用定量分析法估计成本函数的步骤

在过去成本关系的基础上利用定量分析法估计成本函数有六个步骤。接下来，我们以 Elegant Rugs 为例介绍这些步骤。

步骤 1：选择因变量。**因变量**（dependent variable）（待预测成本）的选择取决于待估计的成本函数。比如，在 Elegant Rugs 一例中，因变量为间接人工成本，因此因变量应包括所有归入间接成本的人工成本。

步骤 2：确认自变量或成本动因。**自变量**（independent variable）（作业水平或成本动因）是指用来预测因变量（成本）的因素。若该成本为间接成本，如 Elegant Rugs 的例子所示，也将自变量称作成本分配基础。虽然这些术语有时交替使用，但我们通常用成本动因来描述自变量。

成本动因必须与因变量之间有经济合理性，并可以准确计量。经济合理性是指成本动因与因变量之间的关系（描述成本如何随成本动因变化而变化）以实物形态、契约或逻辑关系为基础，而且对营运经理和管理会计师而言有经济上的意义。所有列入因变量的项目都要有相同的成本动因。某些属于因变量的成本类别不止一种，有时这些不同的成本类别有不同的成本动因。如果不存在一一对应的关系，成本分析人员应考虑存在不止一个成本函数的可能性。每一个成本函数对应一个成本类别/成本动因。举个例子，我们来看给员工发放的各种附加福利和福利的成本动因：

附加福利	成本动因
健康福利	员工数量
食堂餐	员工数量
养老金福利	员工工资
人寿保险	员工工资

健康福利和食堂餐可以合并为一个同质的成本库，因为它们有相同的成本动因——员工数量。养老金福利和人寿保险有另外的成本动因——员工工资，因此不能与健康福利和食堂餐合并。相反，养老金福利和人寿保险应该合并为一个单独的同质成本库。由养老金福利和人寿保险成本构成的成本库可以通过将享受这些福利的员工的工资作为成本动因来估计。

成功之匙

管理者只有在确认成本库是同质的之后才能估计成本函数。

步骤 3：收集因变量和成本动因的数据。成本分析中最困难的步骤往往是数据收集。管理会计师获取的数据来源于公司的各个部门、对管理者的访问或特定的研究等。数据可能是时间序列数据，也可能是横截面数据。

时间序列数据是指同一单位（如一个组织、工厂、作业单元等）不同历史时期的数据。如 Elegant Rugs 的例子中每周的间接人工成本和机器工时观测值就是一个时间序列数据。理想的时间序列数据库应由大量不受经济或技术变化影响的观测数据组成。稳定的经济和技术状况可确保估计期间的数据所反映的成本动因与因变量之间的关系稳定不变。而且，用以计量因变量和成本动因的时段应该是明确的，如每日、每周、每月。

横截面数据是指在同一时期不同单位的数据。例如，对 2013 年 3 月 50 家银行支行的贷款及相关人力资源成本的调查就生成了银行 3 月份的横截面数据。本章后一部分将提及在数据收集过程中可能遇到的问题。

步骤 4：绘制散点图。成本动因与成本之间的相互关系很容易直观地显现在散点图上。而且，散点图还可以突出分析人员应注意检查的那些极端观测值（落在一般图像之外的观测值）。是否数据记录有误，或者发生了一些不正常事件（如罢工），从而使观测值不能代表因变量和成本动因间的正常关系？从散点图上也可以直接看出两者是否大致线性相关，以及成本函数的相关范围。

图表 8—5 是图表 8—4 中第 1、第 2 列的每周数据的散点图。它直观地显示出间接人工成本与机器工时之间的正相关关系（即间接人工成本随机器工时的增加而增加）。图表 8—5 中没有出现任何极端的观测值，相关范围是每周 46～96 小时（分别是第 8 周和第 6 周）。

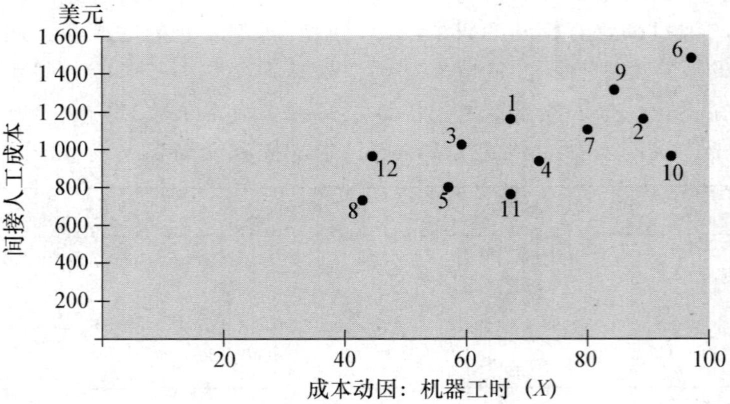

图表 8—5 Elegant Rugs 每周间接人工成本和机器工时散点图

步骤 5：估计成本函数。我们将用两种常用的定量分析法——高低点法和回归分析法估计 Elegant Rugs 公司的成本函数。电脑软件包（如 Excel）的广泛应用使得回归分析更加简便，但我们还是先介绍更为简单的高低点法，为画出适应数据点的直线提供最直观的印象。步骤 6 之后，我们将详细解释这两种方法的应用。

步骤 6：评价估计成本函数的成本动因。在这一步，我们给出了估计成本函数成本动因的评价标准。在说明高低点法和回归分析法之后，我们将阐述确定成本动因的标准。

成功之匙

画出时间序列数据或横截面数据的散点图有助于管理者观察成本动因和成本之间的一般关系，并识别出需要检查的极端观测值。

□ 8.5.1　高低点法

高低点法是最简单的定量分析方法。**高低点法**（high-low method）只选择相关范围内成本动因观测值的最高点和最低点，以及它们对应的成本。用这两点即可算出斜率系数和常数项或截距，也就得到了所要估计的成本函数。该方法提供了理解成本动因和成本之间关系的简便方法。我们用图表 8—4 中的数据来说明高低点法的应用。

	成本动因：机器工时	间接人工成本（美元）
成本动因的最高观测值（第 6 周）	96	1 456
成本动因的最低观测值（第 8 周）	46	710
差异	50	746

斜率系数 b 计算如下：

$$\text{斜率系数}=\frac{\text{成本动因最高与最低观测值对应成本间的差异}}{\text{成本动因最高与最低观测值之间的差异}}$$
$$=746\div50=14.92(\text{美元/机器工时})$$

我们可以用成本动因的最高或最低观测值来计算常数。两种方法得到的结果相同，因为用两个线性方程可以解出两个未知数：斜率系数和常数。

由于 $y=a+bX$

$a=y-bX$

因此，在成本动因的最高值处，常数 a 计算如下：

$$\text{常数}=1\,456-(14.92\times96)=23.68(\text{美元})$$

在成本动因的最低值处，有：

$$\text{常数}=710-(14.92\times96)=23.68(\text{美元})$$

因此，用高低点法估计的成本函数是：

$$y=a+bX$$
$$y=23.68+(14.92\times\text{机器工时})$$

图表 8—6 中的粗线表示的就是用高低点法估计的成本函数（基于图表 8—4 的数据）。估计的成本函数的几何图形就是连接成本动因（机器工时）最高观测值和最低观测值之间的一条直线。截距（a=23.68 美元）在图中表现为粗线的虚线延长线与 y 轴的交点，在方程中表现为常数部分，它给出了在 46～96 机器工时的相关范围内对成本性态的最佳线性估计。但如果企业停产，管理者就不能把截距作为 Elegant Rugs 公司固定成本的估计值，这是因为企业停产时，机器工时为 0，已不在相关范围内。

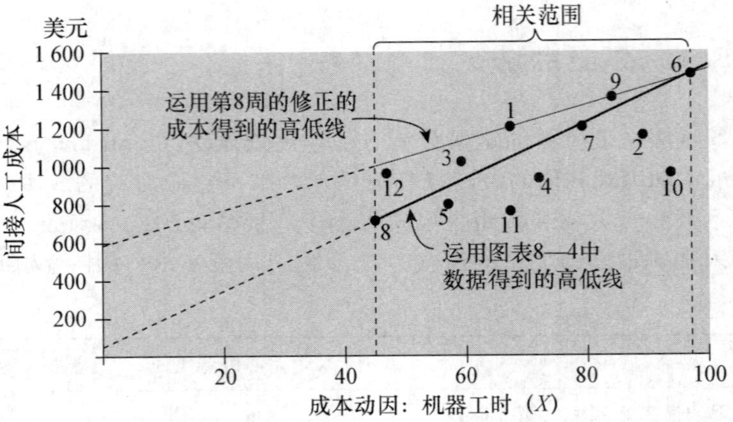

图表 8—6 Elegant Rugs 公司每周间接人工成本和机器工时所用的高低点法

假设第 6 周的间接人工成本不是 1 456 美元，而是 1 280 美元，但机器工时不变，仍为 96 机器工时。在这种情况下，成本动因的最高值（仍是第 6 周的 96 机器工时）与成本的最高值（这时应是第 9 周的 1 316 美元）就不一致了。这一变化将对高低点的计算产生何种影响呢？如果成本函数中的因果关系是成本动因与成本之间的关系，我们选择成本动因（引起成本变动的因素）观测值的最高值和最低值。因此，高低点法仍然用第 6 周和第 8 周的数据估计成本函数。

仅靠两个观测值推导成本函数显然存在一定的风险。假设由于劳动合同规定了第 8 周的最低工资限额，第 8 周即使只有 46 机器工时，间接人工成本也必须是 1 000 美元，而不是 710 美元。图表 8—6 中的细线表示成本修正后用高低点法估计的成本函数。我们可以看出，除了用来连线的两点以外，所有其他的点都落在这条线的下方！在这种情况下，采用机器工时进行最高值和最低值估计的成本函数并不能很好地描述间接人工成本和机器工时之间的线性关系。有时，高低点法也可以做一些修正和改进，如从观测值中选择一个“有代表性的高点”和一个“有代表性的低点”，以避免由于非常事件所引起的极端观测值对成本函数的影响。管理者可以通过修正估计出成本动因和成本之间更有代表性的关系，因此，更适用于决策制定（如定价和绩效评价）。

高低点法的优点在于计算简单、便于理解，有助于快速直观地理解成本动因（机器工时数）怎样影响间接人工成本。缺点在于在估计成本函数时忽略了除高低点之外的其他观测值所包含的信息。接下来，我们描述定量分析中的回归分析法，用所有可得数据估计成本函数。

成功之匙

高低点法是一种粗略简单地估计拟合数据的成本函数的方法。

□ 8.5.2 回归分析法

回归分析法因有助于管理者了解数字背后的关系而被广泛应用，该方法有助于理解成本性态、导致成本的动因以及管理者可以怎样影响它。例如，Analog Devices 的管理者使用回归分析来评估质量和次品率怎样随时间变化。管理者如果能理解这些关系，将能更好地洞察业务、做出更明智的决策且更有效地管理。

回归分析（regression analysis）是一种统计方法，用以计量一个或多个自变量每变动一单位导致因变量变动的平均值。在 Elegant Rugs 的例子中，因变量是总间接人工成本，自变量（即成本动因）是机器工时。**简单回归**（simple regression）分析用于估计因变量和一个自变量之间的关系；**多元回归**（multiple regression）分析则用于估计因变量和两个或多个自变量之间的关系。在 Elegant Rugs 的例子中，如果自变量（成本动因）为机器工时和批数，可用多元回归分析法进行分析。

接下来的讨论强调管理者如何理解和使用回归分析软件（如 Excel）的结果做出战略和经营决策。个人电脑装载的通用程序（如 Excel）几乎能解决本章涉及的所有统计问题。图表 8—7 表明了用回归分析法改进后与图表 8—4 第 1、第 2 列中的数据拟合得最好的直线。估计的估计成本函数为：

$$y=300.98+10.31X$$

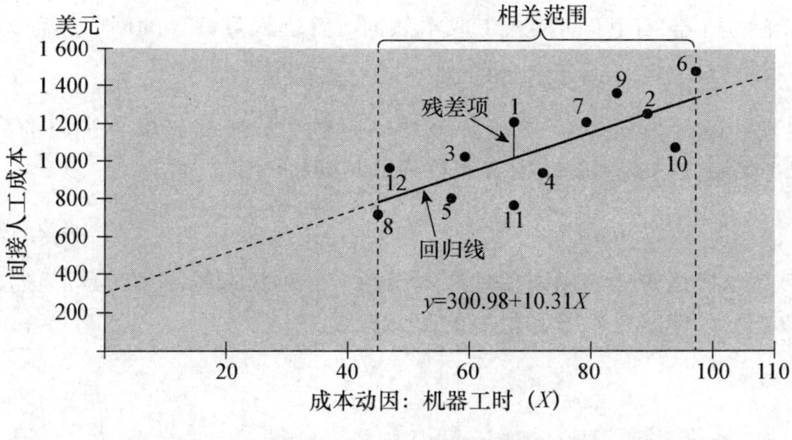

图表 8—7 Elegant Rugs 公司间接人工成本和机器工时所用的回归分析法

图表 8—7 中的回归线是用最小二乘法得到的，这条回归线使得各个数据点（图中各点）到回归线的垂直距离平方和最小。垂直距离也称**残差项**（residual term），度量的是每个观测值的实际成本与估计成本之间的差值。图表 8—7 标明了第 1 周的残差。从观测值到回归线的直线应与水平轴（或 x 轴）垂直。残差越小，估计成本与实际成本之间的拟合程度就越强。拟合优度也体现了成本动因和成本之间关系的强弱。① 图表 8—7 中的回归线向右上方倾斜，其斜率为正，残差很小，这表明平均来说，间接人工成本是随机器工时的增加而增加的。图表 8—7 中的垂直虚线表明的是相关范围，即成本函数适用的范围。

斜率系数 b 的估计值表明，在相关范围内，每变动一个机器工时，间接人工成本平均变动 10.31 美元。管理人员可用这个回归方程对将来的间接人工成本做出预算。

---

① 回归分析法计算出一个拟合优度（定义为 r^2），用以衡量可以被 X（成本动因）解释的 Y（成本）的变化部分。r^2 的值增加，意味着估计的 y 值越接近真实观测值 Y。r^2 的范围为 0（表示没有解释力）到 1（表示完美的解释力）。一般而言，r^2 大于等于 0.3 就表明通过了拟合优度检验。

例如，下周的机器工时预计是 90 小时，那么预期的间接人工成本为：

$$y=300.98+10.31\times 90=1\ 228.88(\text{美元})$$

与高低点法相比，回归法更为精确，这是因为回归方程在估计成本时用到了所有观测值的信息，而高低点方程只用了两个观测值。高低点法的不精确可能会误导管理人员。以前述高低点方程 $y=23.68+14.92\times$ 机器工时数为例，若为 90 机器工时，预计周成本为 23.68＋(14.92×90)＝1 336.48（美元）。假设 Elegant Rugs 公司在接下来 12 周的 7 周内，每周运转机器 90 小时，而这 7 周的平均间接人工成本为 1 300 美元，那么，根据 1 366.48 美元的成本预测值，Elegant Rugs 公司可能认为公司运转良好，因为实际成本低于预测成本。但如果将 1 300 美元的实际值同用回归分析法预测的成本值 1 228.88 美元做比较，就会得出完全不同的结论，可能促使 Elegant Rugs 公司采取措施提高其成本效率。

精确的成本估计能帮助管理人员预测未来成本并评估成本削减是否成功。如果 Elegant Rugs 公司最近改变了生产作业流程，从而得到了图表 8—4 的数据，管理人员希望评估这一战略决策是否削减了诸如监管、维修、质量控制等间接人工成本。根据以前的机器工时、间接人工成本数据，管理人员估计的回归方程为：

$$y=545.26+(15.86\times\text{机器工时数})$$

现在的常数项 300.98 美元及斜率系数 10.31 美元都小于以前的 545.26 美元及 15.86 美元。这表明新的生产流程降低了间接人工成本。

成功之匙

回归分析是管理者用以估计成本函数的一种复杂的定量工具。该技术用所有数据点来拟合一条使残差平方和最小的回归直线。

8.6 对估计成本函数的成本动因的评价

在估计成本函数时，公司应如何确定最合适的成本动因呢？在很多实例中，选择成本动因需要对公司的运作及成本会计有足够的了解。

为了理解为什么需要了解公司的运作，我们以一家生产文件柜的 Helix 公司对金属切割机的维修成本为例来解释。Helix 公司将维修安排在生产任务较少的时期，以避免在生产任务重的情况下让机器停止运转。月数据分析表明低产量月份的维修成本高，高产量月份的维修成本低。一个不熟悉公司运作的人可能会得出产量与维修成本呈反比关系的结论。然而，维修成本与产量之间通常存在很明显的生产技术上的因果关系：产量水平越高，维修成本就越高。为了正确估计维修成本与产量之间的关系，运营经理和分析人员应认识到维修成本通常发生在高产量时期之后，因此应用前期产量作为成本动因。

在其他一些实例中，对成本动因的选择则更为微妙和困难。再以 Elegant Rugs 公司的间接人工成本为例，管理层认为机器工时和直接人工时间作为间接人工成本的成本动因似乎都是合理的，因此不能肯定机器工时是更好的成本动因。图表 8—8 列出了图表 8—4 中近 12 周的间接人工成本（单位：美元）和机器工时，以及同一时期内直接人工小时数。

图表 8—8　　Elegant Rugs 公司每周的间接人工成本、机器工时和直接人工工时

	A	B	C	D
1	周次	成本动因：机器工时	另一种成本动因：直接人工工时（X）	间接人工成本（Y）
2	1	68	30	1 190
3	2	88	35	1 211
4	3	62	36	1 004
5	4	72	20	917
6	5	60	47	770
7	6	96	45	1 456
8	7	78	44	1 180
9	8	46	38	710
10	9	82	70	1 316
11	10	94	30	1 032
12	11	68	29	752
13	12	48	38	963
14	合计	862	462	12 501
15				

□ 8.6.1　成本动因的选择

那么，不同的成本估计方法在选择成本动因时各自遵循什么原则呢？工业工程法依赖于成本动因与成本之间的实物形态关系，但在本例中操作起来比较困难。会谈法和账户分析法采用主观评价的方法选择成本动因及成本函数中的变量和常量。在这两种情况下，管理人员都必须依靠最佳的判断做决策，而且管理人员也不能用这些方法检验和尝试其他的成本动因。定量分析法的最大优势在于其客观性，给定一个数据集和估计方法只会生成一个唯一的估计成本函数，而且管理人员可以运用定量分析法评价不同的成本动因。我们将用回归分析法说明如何评价不同的成本动因。

首先，Elegant Rugs 公司的成本分析人员将图表 8—8 中第 3、第 4 列的数据输入计算机，并用回归分析软件估计出下面的间接人工成本与直接人工工时之间的回归方程：

$$y=744.67+7.72X$$

图表 8—9 显示了间接人工成本和直接人工工时的散点图，以及与这些数据最为拟合的回归线。图表 8—7 显示了机器工时为成本动因时相应的散点图。为确定 Elegant Rugs 应选择哪一个成本动因，分析人员比较了机器工时回归方程和直接人工工

时回归方程。在评价成本动因时有三个标准：

1. 经济合理性。两者都具备经济合理性。但在 Elegant Rugs 公司高度自动化的环境里，熟悉运营的管理人员相信诸如机器维修等成本可能与机器工时而不是直接人工工时更相关。

2. 拟合优度。比较图表 8—7 和图表 8—9，以机器工时作为成本动因回归时的实际成本与预测成本的垂直差异要比以直接人工工时作为成本动因回归的差异小。因此，机器工时与间接人工成本有更显著的相关关系，或者说拟合优度。①

3. 自变量的显著性。再比较图表 8—7 和图表 8—9，机器工时回归线相对陡峭，直接人工工时回归线相对平缓。若观测值的分散程度（拟合优度）一样（或更强），水平或平缓的回归线表示成本动因与成本之间的相关关系不显著。在本例中，直接人工工时的变动对间接人工成本的影响很小。

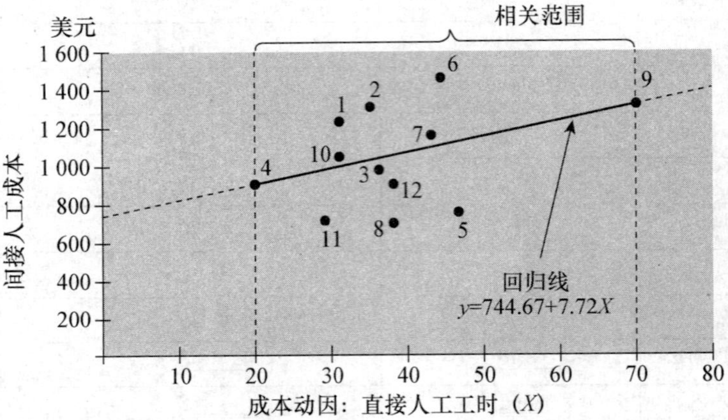

图表 8—9 Elegant Rugs 公司每周间接人工成本和直接人工工时的回归模型

因此，Elegant Rugs 应选择机器工时而不是直接人工工时作为成本动因，并用成本函数 $y=300.98+(10.31\times$机器工时数$)$ 预测未来的间接人工成本。

为什么选择正确的成本动因预测间接人工成本如此重要呢？因为错误地确定了成本动因或错误地估计了成本函数将导致管理者在多个方面做出错误的（或高成本的）决策。以 Elegant Rugs 管理层制定的以下决策为例，公司正在考虑引进一种新款式地毯。该地毯每周的销量预计为 650 平方码，管理层估计每周 650 平方码的产量需要 72 机器工时及 21 直接人工工时。用机器工时回归方程，Elegant Rugs 公司可预测出新款式地毯的间接人工成本为 $y=300.98+10.31\times72=1\,043.30$（美元）。但假若用直接人工工时作为成本动因，就会得出一个不正确的预测成本：$44.67+7.72\times21=906.79$（美元）。如果 Elegant Rugs 公司在估计其他间接成本时也选择了错误的成本动因并因此低估了成本，就会得出新款式地毯成本低且固定（因为回归线几乎呈水平状态）的错误结论。但是在机器工时和其他正确的成本动因驱动下的实际成本却相对较高。由于没有选择正确的成本动因，管理层将会高估新款式地毯的盈利能力，从而决定引进新款式地毯，而如果公司选择了正确的成本动因，就可能不会引进新款式地毯。

① 机器工时回归方程的 r^2 值为 0.52，直接人工工时回归方程的 r^2 值为 0.17。

错误估计成本函数对成本管理和成本控制也有影响。假设将直接人工工时作为成本动因，而实际发生的间接人工成本为 970 美元，则实际成本将会比预测成本 906.79 美元高。管理层会认为有必要降低成本。但实际上，如将机器工时作为成本动因，那么实际发生的成本要比预测的成本 1 043.3 美元低，管理人员此时应该采取的措施是保持现状，而不是寻求改变。

□ 8.6.2 成本动因与环境

理解成本性态是管理者制定提高盈利能力、改善环境等战略或经营决策的关键。联邦快递的管理者在估计了旧式飞机的燃料消耗之后，决定启用新的波音 757s 代替，以将燃料消耗降低 36%，并把产能提高 20%。在 Clorox 公司，管理者使用过去的成本信息和研究来估计新的非合成清洁产品对环境的改善情况。他们研发了一种新的绿色清洁产品，每年可创造价值约 20 000 万美元。下面的“实例”专栏介绍了思科是怎样运用对成本性态的了解来提高盈利能力和改善对环境的影响的。

实 例　　**思科了解成本并保护环境**

了解成本性态有助于环境的可持续发展吗？在思科，对公司成本和经营的深入理解促进了成本降低，也有助于保护环境。思科是一家计算机网络设备制造商，产品包括路由器、无线交换机等，以前把从顾客那里回收的设备视为废料，每年的回收成本达 800 万美元。2005 年，思科开始寻找这些设备的用途，因为 80%的回收品仍处于可工作状态。

思科的一个价值回收团队确认了公司内一些可以使用回收设备的部门，包括顾客服务部（负责保修索赔和服务支持）、技术支持部、培训部和产品体验部。基于以往成功的价值回收经验，思科把价值回收团队作为公司一个特定的业务部门，制定了清洁目标，设计了专门的利润表。结果，设备再利用率从 2004 年的 5%上升至 2008 年的 45%，且设备回收成本降低了 40%。到 2010 年，公司对所有退回的电子设备实现了回收再利用。该部门已成为一个利润中心，并在 2010 年为思科创造了 20 300 万美元的利润。

资料来源：Based on R. Nidumolu，C. Prahalad，and M. Rangaswami. 2009. “Why Sustainability is Now the Key Driver of Innovation,” *Harvard Business Review* (September 2009)；Cisco Systems，Inc.，2010 Corporate Social Responsibility Report. San Jose，CA：Cisco Systems，Inc.，2011.

成功之匙

估计成本时，管理者应该选择具有经济合理性、拟合优度且显著影响成本的成本动因。识别正确的成本动因有助于管理者制定更好的战略决策并更有效地管理成本。

□ 8.6.3 成本动因和作业成本法

作业成本法主要将单个作业（如产品设计、设备安装、材料处理、分销、顾客服务等）作为基本成本对象。为了实施作业成本法，管理人员必须为每一个作业选择一个成本动因。比如，用本章所描述的方法，管理人员必须决定是将装载次数还是将装载重量作为材料处理成本的成本动因。

为选择成本动因并用之估计材料处理一例中的成本函数，管理人员收集了相当长一段时间内有关材料处理成本以及两种成本动因数量的数据。为什么需要相当长的一段时间呢？因为在短期内，材料处理成本可能为固定成本，所以不会随成本动因的变化而变化。而从长期来看，材料处理成本与成本动因之间有明显的因果关系。假设装载次数是材料处理成本的成本动因，装载次数的增加需要更多的材料处理人工及设备，装载次数的减少则需要出售设备并将人工调整到其他岗位。

作业成本法有很多种不同的成本动因及成本集合。这就意味着作业成本法需要对很多成本关系进行估计。在为每一种成本集合估计成本函数时，管理人员必须注意成本层级。比如，如果成本为批数成本，如安装调试成本，那么管理人员只能考虑安装调试时间等批数成本动因。

正如下面的"实例"专栏所示，建立作业成本法的管理人员采用了多种方法——工业工程法、会谈法、回归分析法——来估计斜率系数。在进行选择时，管理人员权衡考虑了详尽程度、精确度、弹性和用于估计成本函数的成本等因素。例如，为了估计一项作业的成本，如开一个银行账户或办理一笔转账，西班牙的 Bankinter 使用工作测量法，而英国的合作银行使用会谈法。

实 例　**作业成本法：识别成本动因**

本章介绍的很多成本估计方法都是全球范围内实施的作业成本法的基础。在英国，伦敦的城市警察用投入—产出关系（工业工程法）来识别一项作业的成本动因。使用问卷调查的方法，警察局可以确定与处理入室抢劫、入室盗窃和填写警方报告相关的总成本。工业工程法在美国政府部门也得到了广泛应用，如邮政部门确定每个分点业务的成本，专利和商标管理部门识别每项专利的检验成本。

管理者也用回归分析来确定作业的成本动因。比如燃料服务零售商（如附带便利店的加油站）识别经营范围内人工成本的主要成本动因。两个经济合理的成本动因是销售的汽油量和便利店销售额。汽油是批量销售的，因为无论购买的汽油量是多少，每笔业务只发生一次支付交易，而便利店销售是单位产品水平作业，随销售的食品、饮料和其他商品的数量变化而变化。燃料服务零售商一般用便利店销售额作为分配人工成本的成本基础，因为回归分析的结果证明便利店的销售额而非汽油的销售额是燃料服务零售商人工成本的主要成本动因。

资料来源：Based on T. Carter, A. Sedaghat, and T. Williams, "How ABC Changed the Post Office," *Management Accounting* (February 1998); J. Peckenpaugh, "Teaching the ABCs," *Government Executive* (April 1, 2002); B. Leapman, "Police Spend £500m Filling in Forms." *Daily Telegraph* (January 22, 2006); United Kingdom Home Office. *The Police Service National ABC Model: Manual of Guidance* (London: Her Majesty's Stationary Office, 2007).

8.7 数据收集及调整问题

在成本函数的估计中，理想的数据库有两个特征：

1. 数据库应包括大量计量可靠的成本动因（自变量）与成本（因变量）的观测值。计量成本和成本动因时出现的差错很严重，因为这会导致对成本函数关系的错误估计。

2. 数据库中的成本动因值应范围大、数量多。若只用少量且相近的成本动因值，会使得相关范围太小，从而降低估计的可信度。

遗憾的是，成本分析人员通常不能得到同时满足上述两个特征的数据库。本节将讨论一些经常遇到的数据问题，并给出分析人员可用来解决这些问题的步骤。

1. 计量因变量（如机器润滑成本）的期间与计量成本动因的期间不一致。这一问题在会计记录不是以权责发生制为基础时最容易出现。以采用机器工时为成本动因、机器润滑成本为因变量的成本函数为例，假设有一批零星购买的备用的润滑剂，在以收付实现制为基础的会计记录中反映为在很多月份几乎不消耗润滑剂，而在其他月份对润滑剂的消耗量却特别大。这显然远远偏离了真实情况。本例中，分析人员应使用权责发生制计量机器润滑剂的消耗情况，以使成本与成本动因更好地配比。

2. 将固定成本当作变动成本。例如，折旧、保险费、租金一类的成本可能会分配给产品以计算单位产出的成本。问题是这样做可能使这些成本被当作变动成本，而不是固定成本。所使用的分配方法令它们看起来好像是变动成本。为避免这个问题，分析人员应仔细区分固定成本与变动成本，不要把已分配的单位固定成本当作变动成本。

3. 数据不可用于所有观测值，或者不是都可靠。由于成本记录中的错误或成本分类失当，可能会造成遗漏成本观测值的现象。例如，由于把销售拜访成本错当作顾客服务成本，可能会导致营销成本被低估。手工记录数据的漏失率和错误率都比电算化方式要高。从内部会计系统之外取得成本动因数据也会产生错误。例如，会计部门可能要从公司的生产部门得到医疗设备的测试时间，从分销部门得到发出产品的数量。这些部门的记录可能不准确。为了最大限度地避免这个问题，成本分析人员应设计数据汇总报告书，以便能够定期得到所需数据，并在数据漏失后及时补救。

4. 出现极端观测值。由于记录成本中的错误（如小数点错位），或特殊时期（如主要机器出现故障或由于国外供应商原料供给延误使产量缩减）的影响，或观测值超出相关范围，可能会出现一些极端观测值。在估计成本关系之前，分析人员应调整或排除异常观测值。

5. 因变量成本集合中的单个成本项目与成本动因之间可能存在不同的关系。只有当每一项作业的成本包括在因变量中且有同样的成本动因时，才存在相同的关系。只有在这种情况下，才可能得到单个成本函数。如用定量分析法估计成本函数的步骤2所示，当每一个作业的成本动因都不同时，就必须用各自的成本动因给每项活动分别估计成本函数。

6. 成本动因与成本之间的关系并不稳定。也就是说，生成观测值的基本流程并不总是稳定的。例如，如果在选取观测值的期间引入新技术，制造费用和机器工时之间的关系就不太可能是固定的。检测稳定性的一种方法是将样本分为技术变化前和技术变化后两个部分，分别估计各自的成本函数。这样，如果这两个期间估计的系数基本是一致的，分析人员就可以把所有的数据归集在一起估计出一个成本函数。如可行，归集的数据为估计成本函数提供了一个更大的数据集，因而也提高了预测成本的可信度。

7. 因变量和成本动因可能分别或同时受到通货膨胀的影响。例如，即使成本动因未发生变化，通货膨胀也可能导致成本上升。分析人员在研究成本动因与成本间的内在因果关系之前，应先用成本发生当日的价格指数去除每一项成本，以从数据中消除纯通货膨胀的价格影响。

很多时候，成本分析人员需要在根据过去的数据估计成本函数之前花费大量精力来减少上述这些问题的影响。在做出决策之前，管理者应重新检查可疑的数据，并与公司的管理会计师一起获取并处理正确且相关的信息。

学习自测

Goldstein公司生产儿童自行车，型号为CT8。Goldstein还生产自行车支架，在2012年生产了32 000个支架，总成本为1 056 000美元。Ryan公司可以为Goldstein公司以32.50美元的价格提供支架。Goldstein预期未来几年每年需要35 000个支架。

要求：回答下列问题：

1. a. 2012年生产一个自行车支架的平均成本是多少？与Ryan公司提供的价格相比如何？

b. Goldstein可以用要求1中问题a的答案来确定生产35 000个支架的成本吗？请给出解释。

2. Goldstein的管理者用过去几年的数据来估计如下回归方程，自行车支架的总制造成本为因变量，生产的自行车支架数为自变量：

$$y=435\,000+19X$$

在用于估计该回归方程的期间，自行车支架产量从31 000个变化至35 000个。用该回归方程估计Goldstein生产35 000个支架的成本。如果不自己生产而是从Ryan处外购的话，会多出（节约）多少成本？

3. Goldstein的管理者要确保用要求2中的方程预测自行车支架制造成本的准确性，还需要哪些其他信息？

解答

1. a. $\text{生产一个自行车支架的平均制造成本}=\dfrac{\text{总制造成本}}{\text{自行车支架产量}}$

$=1\,056\,000/32\,000$

$=33$（美元/个）

该成本高于Ryan公司的报价32.5美元。

b. Goldstein不能在2010年以33美元/个的平均成本乘以总产量35 000个得出总成本。因为总成本1 056 000美元（或33美元的单位成本）中有固定成本部分和变动成本部分。如果不区分变动成本和固定成本，Goldstein不能确定35 000个支架的制造成本。例如，如果所有的成本都是固定的，则35 000个支架的总成本将保持1 056 000美元。然而，如果所有的成本都是变动的，则生产35 000个支架的总成本是33×35 000=1 155 000（美元）。如果某些成本是固定的，某些成本是变动的，则生产35 000个支架的成本将介于1 056 000美元和1 155 000美元之间。

不能确定生产35 000个支架成本的另一个原因是，并非所有成本都是单位水平成本。例如，如果所有成本都是批量成本，管理者需要更多的关于35 000个支架生产批数的信息，来确定生产35 000个自行车支架的总成本。

2. $\text{预期生产35 000个支架的成本}=435\,000+19\times35\,000$

$=435\,000+665\,000$

$=1\,100\,000$（美元）

从Ryan公司处外购自行车支架的成本为32.50×35 000=1 137 500（美元）。因此，从Ryan公司处外购比Goldstein公司自己生产多花1 137 500－1 100 000=37 500（美元）。

3. Goldstein公司在确定用要求2中的回归方程预测自行车支架制造成本的准确性时，需要考虑多方面因素。

a. 总制造成本和自行车支架总产量之间的关系是不是经济合理的？例如，自行车产量是不是唯一的成本动因，是否还有其他的成本动因（例如安装、产品订单、材料处理的批量成本）？

b. 拟合优度如何？即估计的回归线能否很好地拟合数据？

c. 总制造成本和自行车支架总产量之间的关

系是线性的吗？

d. 回归线的斜率是否表示总制造成本和自行车支架总产量之间存在较显著的相关关系？

e. 数据是否存在问题，比如成本衡量误差、材料价格走势、影响变动成本或固定成本的期间人工成本或间接费用、异常观测值、总制造成本和自行车支架总产量之间的关系从长期看是否不稳定？

决策要点

下面是对本章学习目标的总结，决策问题代表与学习目标相关的关键问题，指南则是对该问题的回答。

决策问题	指南
1. 什么是线性成本函数？它能表示哪几种成本性态？	线性成本函数是这样的函数：在相关范围内，总成本与单个作业水平的图形是一条直线。可用常数项 a、斜率系数 b 来描述线性成本函数。其中，常数项 a 表示在相关范围内对总成本中不随作业水平变动而变动的组成部分的估计；斜率系数 b 表示在相关范围内对总成本随作业水平每一单位变动而发生的变动的估计。三种线性成本函数分别是：变动成本函数、固定成本函数及混合（或半变动）成本函数。
2. 什么是非线性成本函数？它是如何产生的？	非线性成本函数是这样的成本函数：在相关范围内，总成本和作业水平的图形不是一条直线。非线性成本可能会因为数量折扣、阶梯成本函数及学习曲线效应而产生。
3. 估计成本函数时最重要的问题是什么？	估计成本函数时最重要的问题是确定作业水平和成本之间是否存在一个因果关系。只有因果关系存在——不仅仅是相关关系——才能在作业水平和成本之间建立经济合理的关系。
4. 管理者用以估计成本函数的方法有哪几种？	四种估计成本函数的方法分别是：工业工程法、会谈法、账户分析法、定量分析法（高低点法和回归分析法）。若有可能，应尽量使用回归分析法。每一种方法都可用来检验其他方法。
5. 用定量分析法估计成本函数有哪几个步骤？	用定量分析法估计成本函数有六个步骤：（a）选择因变量；（b）确认自变量或成本动因；（c）收集因变量和成本动因的数据；（d）绘制散点图；（e）估计成本函数；（f）评价估计成本函数的成本动因。在实际应用中，成本分析人员须与运营经理紧密合作，在确定一个可接受的成本函数前常常要多次重复以上步骤。
6. 公司应如何评价和选择成本动因？	在评价和选择成本动因时有三个标准：（a）经济合理性；（b）拟合优度；（c）自变量的显著性。
7. 公司在估计成本时须注意哪些常见的数据问题？	成本估计中最困难的任务是收集质量高且计量可靠的成本及成本动因数据。通常容易出现的问题包括：数据遗漏、极端观测值、技术变动以及通货膨胀带来的数据歪曲。

重要术语

account analysis method 账户分析法

conference method 会谈法

constant 常数项
cost estimation 成本估计
cost function 成本函数
cost predictions 成本预测
dependent variable 因变量
experience curve 经验曲线
high-low method 高低点法
independent variable 自变量
industrial engineering method 工业工程法
intercept 截距
learning curve 学习曲线
linear cost function 线性成本函数
mixed cost 混合成本
multiple regression 多元回归
nonlinear cost function 非线性成本函数
regression analysis 回归分析
residual term 残差项
semivariable cost 半变动成本
simple regression 简单回归
slope coefficient 斜率系数
step cost function 阶梯成本函数
work-measurement method 工作衡量法

作 业

简答题

8—1 线性成本函数与非线性成本函数的区别是什么？每种成本函数各举一例。

8—2 “成本是可变的还是固定的取决于时间跨度”。你同意这种说法吗？请给出解释。

8—3 “两个变量之间高度相关的意思是：一个为因，一个为果”。你同意这种说法吗？请给出解释。

8—4 描述估计成本函数的会谈法。该方法的两个优点是什么？

8—5 描述估计成本函数的账户分析法。

8—6 当运用高低点法时，应以因变量还是成本动因为基础选择高低点观测值？

8—7 说明评价成本函数及选择成本动因的三个标准。

8—8 与高低点法相比，管理者为什么会更偏好回归分析法？

8—9 讨论收集成本函数变量的成本数据时常常会遇到的四个问题。

8—10 “在成本函数中，所有用回归分析估计的自变量都是成本动因”。你同意这种说法吗？请给出解释。

练习题

8—11 （估计成本函数）Dorsey 公司的主计长要求你根据下列维修成本总账科目的两个观测值，估计一个成本函数。

月份	机器工时	维修成本（美元）
1	8 000	4 200
2	12 000	5 600

要求：

1. 估计维修成本的成本函数。

2. 说明成本函数中的常数可否作为对每月固定维修成本的估计。请给出解释。

3. 说明管理者如何利用上述成本函数。

8—12 （识别变动成本函数、固定成本函数和混合成本函数）Rolling Hils 公司在 20 多个机场开展汽车租赁业务，顾客可以从下列三种租赁方案中任选一种：

方案 1：每天 50 美元；

方案 2：每天 30 美元外加每公里 0.2 美元；

方案 3：每公里 0.1 美元。

要求：1. 以行驶公里数为横轴，租赁费用为纵轴，画出三种方案的散点图。

2. 描述每种方案 $y=a+bX$ 形式的线性成本函数。

3. 识别三种方案中哪种是固定成本函数，哪种是变动成本函数，哪种是混合成本函数。

8—13 （根据成本和收入性态匹配图形）下面给出了一系列图形。

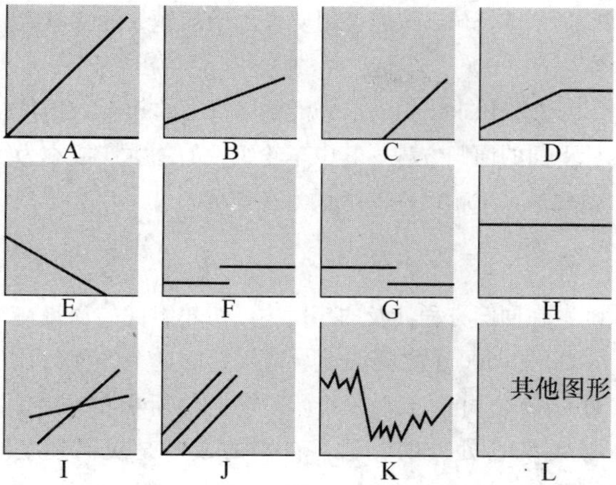

如果横轴表示年产量，纵轴表示总成本或总收入，请指出哪个图形与下面所描述的各项目或情况最相符。某些图可能被多次使用；某些图则可能不符合下面任一种情况。

a. 直接材料成本。

b. 一个班和两个班的监管人员工资。

c. 本量利图。

d. 混合成本——如汽车租赁费，固定费用再加上随行驶公里数增加的变动费用。

e. 直线折旧法下的厂房折旧。

f. 决定变动成本比率的数据，如每一单位产品的人工成本比率是 14 美元。

g. 超过某一产量水平后，每生产一单位产品就支付经理 0.1 美元的奖金。

h. 2 000 000 美元借款的利息费用（固定利率）。

8—14 （账户分析法）Henley 经营一家洗车房。待洗汽车被放置在一根传送带上从第一个站台传送到最后一个站台，在这一过程中得到清洗。汽车从传送带上下来后，再人工吹干，最后由工人对汽车内部进行清理和吸尘。Henley 在 2012 年清洗了 60 000 辆汽车，其成本如下表所示：

账户说明	成本（美元）
汽车清洗人工	240 000
肥皂、抹布和供给品	39 000
水	36 000
传送带电力	132 000
折旧	68 000
工资	52 000

要求：

1. 根据所清洗的汽车数把每一个账户分为固定或变动两类，并给出解释。

2. Henley 预期在 2012 年可清洗 75 000 辆汽车，根据你在要求 1 中的成本分类，估计 Henley 在 2012 年的总成本。按直线折旧法计提折旧。

3. 说明为什么正确划分固定成本和变动成本很重要；如果 Henley 错误地划分了成本类别，结果将会怎样。请给出解释。

8—15 （账户分析法）Gorham 公司是一家从事塑料制品生产的厂商，下表是其 2012 年 12 月 31 日的生产成本和账户分析的分类：

账户	分类	数额（美元）
直接材料	全部可变	290 000
直接人工	全部可变	181 250
动力	全部可变	36 250
监管人工	20%可变	43 500
材料处理人工	50%可变	72 500
维修人工	50%可变	58 000
折旧	0%可变	100 000
租金、财产税和管理费用	0%可变	110 000

Gorham 公司在 2012 年生产了 72 500 单位的产品，管理人员想在 2012 年数据的基础上估计 2013 年的成本。另外，2013 年还有以下信息：

a. 2013 年直接材料的价格预期要比 2012 年上涨 10%。

b. 根据劳动合同，2013 年直接人工的工资要比 2012 年上涨 5%。

c. 2013 年预期动力成本和监管人员、材料处理人员、维修人员的工资保持不变。

d. 折旧成本估计增长 8%；租金、财产税和管理费用估计增长 7%。

e. Gorham 公司估计 2013 年能生产并销售 82 500 单位的产品。

要求：

1. 编制 2013 年各账户的变动成本、固定成本及总生产成本表，并估计 2013 年的总生产成本。

2. 计算 Gorham 公司 2012 年的单位生产成本，并估计 2013 年的单位生产成本。

3. 说明如何才能更好地估计固定成本和变动成本；为何这些更佳的估计对 Gorham 公司有用。

8—16 （线性成本的近似性）Bill Hide 是Hide & Associates 律师事务所的合伙人，他想考察间接费用如何随着专业人工工时（向客户收费的依据）的变动而变动。假设历史数据如下：

总间接费用（美元）	专业人工工时
35 000	2 000
38 000	3 000
39 500	4 000
49 000	5 000
52 000	6 500
58 000	7 500

要求：

1. 选 3 000 小时和 6 500 小时作为有代表性的观测值，计算总间接费用与专业人工工时数之间的线性成本函数。画出这个成本函数。说明是否可以认为成本函数中的常数就是 Hide & Associates 律师事务所的固定间接费用。给出解释：

2. 根据要求 1 求出的成本函数，预测专业人工工时分别为 4 000 小时和 7 500 小时时的总间接费用。分别画出 4 000 小时和 500 个小时的预测成本和实际成本。

3. Hide 有机会承接一个需要花费专业人工工时数为 3 000～4 000 小时的项目，但 Hide 根据线性成本函数计算发现，这个项目只会给他带来 32 000 美元的贡献毛益，而总间接费用却会增加 4 000 美元，因此他放弃了这个项目。计算实际上被放弃的总贡献毛益。

8—17 （本量利和回归分析）Husker 公司生产园林拖拉机，目前自己生产拖拉机的车轮组件。2012 年，Husker 以 325 000 美元的总成本生产了 2 500 个车轮组件。而 Axel 公司现在愿意以每个 125 美元的价格向 Husker 提供车轮组件。Husker 预计在接下来的几年内每年都需要 3 000 个车轮组件。

要求：回答下列问题：

1. a. 2012 年生产一个车轮组件的平均成本为多少？与 Axel 的报价相比如何？

b. Husker 能否用要求 1 中问题 a 的答案决定生产 3 000 个车轮组件的成本？请给出解释。

2. Husker 的成本分析员用过去的年度数据估计下面的回归方程，其中车轮组件的总生产成本为因变量，车轮组件的产量为自变量：

$$y=165\,000+65X$$

在回归方程涉及的年度内，车轮组件的产量在 1 800～3 500 个之间波动。请用上面这个方程估计 Husker 公司生产 3 000 个车轮组件所需的成本。与从 Axel 处外购相比，自制的成本是更高还是更低？

3. 为了确保用要求 2 中的方程对车轮组件的生产成本的预测准确，你还需要什么其他信息？

8—18 （高低点法）Ken Howard 是 QTY 公司的财务分析员，他正在检查季度维修成本的性态以制定预算。Howard 收集了过去 12 个季度的机器工时和制造费用数据，如下表所示：

季次	机器工时	维修成本（美元）
1	75 000	195 000
2	95 000	230 000
3	85 000	210 000
4	105 000	250 000
5	70 000	180 000
6	90 000	225 000
7	80 000	205 000
8	100 000	245 000
9	80 000	200 000
10	100 000	235 000
11	90 000	190 000
12	130 000	285 000

要求：

1. 用高低点法估计季度数据的成本函数。

2. 画出并评价估计的成本函数。

3. Howard 估计 QTY 公司第 13 个季度的机器工时将为 75 000 小时。用要求 1 中估计的成本函数计算第 13 个季度的预测维修成本。

4. 如果用回归分析法而非要求 1 中的高低点法来估计成本函数，是否更有意义？请给出解释。

8—19 （高低点法和回归分析法）Tina Reese 是 Players Theater 餐馆的财务经理，她在分析报纸广告与销售收入之间是否存在相关关系。下面是过去10个月的数据：

月份	收入（美元）	广告费用（美元）
3	28 000	2 000
4	73 000	3 000
5	58 000	1 500
6	65 000	3 500
7	55 000	1 000
8	65 000	2 000
9	45 000	1 500
10	85 000	4 000
11	55 000	2 300
12	60 000	2 500

估计得到如下回归方程：

月收入＝33 818＋(10.765×广告费用)

要求：

1. 画出广告费用与收入的散点图。

2. 画出回归线，并用经济合理性、拟合优度和回归线斜率等标准对回归线进行评价。

3. 用高低点法计算广告费用和收入的成本函数。

4. 分别用回归方程和高低点方程计算，在相关范围内，每花费广告费用1 000美元，收入会增加多少。说明 Reese 应使用哪一种方法来估计广告费用对收入的影响。请简要解释。

5. 说明 Reese 在使用要求4中的方法时还应考虑哪些因素。

8—20 （解释回归结果，匹配时间期间）Bender 公司为冰沙和保健食品店生产搅拌机。公司有四个高峰期，每个高峰期持续两个月，主要生产春天、夏天、秋天和冬天使用的商品。在非高峰期，Bender 计划维护设备。Bender 的主计长 Gina Hood 想了解设备维护的成本动因，数据如下：

月份	机器工时	维护成本（美元）
1	5 150	1 250
2	4 600	2 150
3	1 120	13 100
4	5 360	1 650
5	5 650	2 680
6	1 750	15 100
7	7 250	1 900
8	6 050	2 690
9	1 950	15 400
10	6 200	1 750
11	5 800	2 850
12	1 450	14 900

一年的月度数据回归分析得出了如下关系：

维护成本＝17 983－(2.683×机器工时)

在检查回归结果之后，Hood 产生了疑问："降低维护成本的方法就是延长机器工时？这令人难以置信，但数据不会撒谎，虽然我的直觉恰好相反。"

要求：回答下列问题：

1. 解释 Hood 为什么会产生疑问，她的分析有错吗？

2. 进一步反思之前，Hood 重新分析了数据，比较了季度机器工时和季度设备维护支出。该结果与之前显著不同，回归方程如下所示：

维护成本＝8 580.20＋(0.785×机器工时)

鉴于所用数据相同，是什么因素导致回归方程发生了变化？

8—21 （回归分析，作业成本法，顾客成本）Soaring 公司生产滑翔伞，大部分都是顾客定制产品。为服务顾客而发生的顾客成本是公司利润表的主要部分。Soaring 的所有者想对顾客成本动因有更清晰的了解，于是收集了如下数据：

月份	顾客成本（美元）	顾客订单数	设计小时数
1	4 500	50	190
2	2 600	20	80
3	5 300	75	230

续前表

月份	顾客成本（美元）	顾客订单数	设计小时数
4	6 550	60	240
5	5 850	55	210
6	3 370	10	70
7	3 480	45	130

管理会计师对每个可能的成本动因进行了回归分析，并估计出这样的成本函数：

顾客成本＝1 391＋(19.057×设计小时数)

顾客成本＝2 267＋(50.097×设计小时数)

要求：回答下列问题：

1. 画出顾客成本和顾客订单数的散点图及回归线。画出顾客成本和设计小时数的散点图及回归线。你会选择那个成本动因来预测顾客成本？

2. Soaring公司接到顾客的订购电话，他希望定制一顶容纳两个人的滑翔伞。这种类型的滑翔伞的设计需要10小时，如果用设计小时数预测顾客成本，则预期的顾客成本是多少？公司可能还会收到类似的订单，Soaring公司应该向此类顾客收取所有的顾客成本吗？

3. Soaring公司的所有者预期接下来的几个月会有很多回头客，回头客对定制设计的要求较少，为这些顾客保持现有设计显著减少了设计时间。该信息将如何影响你对顾客成本的成本动因选择？

8—22 （解释回归结果，数据期间）FunSkis公司生产滑雪板和滑水板。滑雪板是公司的主要产品。然而，为了保持滑雪休赛期设备的运营，公司在该期间生产滑水板。公司在上年7月至当年1月期间生产滑雪板，在2月至6月期间生产滑水板。在2月至6月期间，公司人工成本显著降低，且大约2/3的生产设备闲置。FunSkis想更好地预测间接成本，并选择机器工时作为间接成本的成本动因。以下是最近一年的生产数据：

月份	机器工时	间接成本（美元）
1月	390	4 520
2	289	1 110
3	268	1 100
4	215	950
5	190	820
6	245	990
7	385	4 490
8	442	4 760
9	480	4 780
10	510	4 870
11	458	4 790
12	418	4 600

一年内月度数据的回归分析得出如下关系式：

间接成本＝(16.347×机器工时)－2 695.80

要求：回答下列问题：

1. FunSkis该如何解释基于最近12个月数据得出的负的截距项？

2. 画出间接成本和机器工时之间的散点图，你能从数据中发现什么问题？

3. 进一步思考，FunSkis重新分析数据，认识到公司有两个不同的营运期间：7月到1月和2月到6月。

7月到1月的回归线：

间接成本＝(3.087×机器工时)＋3 327.40

2月到6月的回归线：

间接成本＝(2.914×机器工时)＋290.55

a. 画出7月至1月间接成本和机器工时的散点图及回归线。

b. 画出2月至6月间接成本和机器工时的散点图及回归线。

4. 如果FunSkis用12个月的数据回归来预算间接成本，而不进行季节调整，结果将会怎样？

章末案例

United Packaging 公司

Janice Kerry 是 United Packaging 公司制罐厂的管理会计师。看到估计总技术支持成本和机器工时关系的回归结果，她感到困惑："我应该深入分析来理解该结果，为什么机器运行得越久，技术支持成本反而越低？"

United Packaging 面临来自客户的降价压力。为了应对，该厂的总经理 Terrence Jimenez 制定了成本削减计划来增强公司的竞争力。为了实施该计划，他要求 Kerry 深入了解各种类型的间接成本支出。在员工大会上，Jimenez 也多次强调基于数据管理的重要性，"你无法管理你不能测量的事物"成了他的口头禅。

United Packaging 已经营了 30 多年。在公司运营之初，主要客户是 General Mills 公司。多年以来，United 公司的业务随着客户业务的扩张而增长了数倍。该公司利用规模经济和低成本战略来吸引更多客户并扩大经营。公司以极高的质量和良好的顾客服务赢得了声誉，这又进一步加强了客户关系。最近几年，公司的年销售额达到 30 000 万美元，毛利率达到 30%。

Jimenez 对直接成本（如原材料）感觉良好，因为他清楚地知道每个罐需要多少原材料，浪费了多少原材料。工厂的生产团队已经着手减少原材料的浪费，并把直接材料成本降低了 7%。间接成本的情况有所不同。Jimenez 和他的团队不太确定间接成本的成本动因，也不太清楚应该如何管理这类成本。

Kerry 选择技术支持成本作为间接成本分析的第一个类别，因为她对该类成本的成本动因比较熟悉。技术支持成本产生于为提高产品质量而进行的机器维护和改良。Kerry 相信 United 公司的机器运转得越多，需要的技术支持就越多。

技术支持成本有两个组成部分：(1) 人工，按月支付；(2) 材料和部件，每三个月从外部供应商处采购一次。通过季度合并采购，United 公司可以获得大额订购的价格折扣。会计系统记录了每月的人工报酬和季度的材料及部件采购。Kerry 利用该会计数据（见图表 1 的第 (1)、第 (2) 和第 (4) 列）进行了技术支持成本和机器工时的回归分析，得出回归 1 的方程如下：

回归 1：技术支持成本＝1 393.20－（14.23×机器工时）

图表 1

单位：千美元

月份	人工：报告成本 (1)	材料和部件：报告成本 (2)	材料和部件：新成本 (3)	总技术支持成本：报告成本 (4)＝(1)＋(2)	总技术支持：新成本 (5)＝(1)＋(3)	机器工时 (6)
3 月	347	847	182	1 194	529	30
4 月	521	0	411	521	932	63
5 月	398	0	268	398	66	49
6 月	355	961	228	1 316	583	38
7 月	473	0	348	473	821	57
8 月	617	0	349	617	966	73
9 月	245	821	125	1 066	370	19
10 月	487	0	364	487	851	53
11 月	431	0	290	431	721	42

这就是令 Kerry 困惑的回归结果。增加机器工时似乎可以降低技术支持成本，尽管她认为事实上会增加成本。她决定询问运营经理 Roger Liston，他们的对话如下：

Kerry："Roger，我收集了技术支持成本和机器工时的会计数据，回归结果显示，随着机器工时的增加，技术支持成本反而下降，你可以解释为什么会出现这样的情况吗？"

Liston："Kerry，我不知道你收集了什么数据，但是据我所知的工厂实际情况，机器运转得越多，从供应商处订购的材料和部件就越多，因为需要安装的部件增加。你可能会在某一特定月份发现负相关关系，因为我们可能会在机器使用较少的时期维护机器。在这种情况下，技术支持成本在机器工时少的时候变高。但我可以确定的是去年没有出现这种情况，你可能需要检查其他因素。不管怎样，我认为你应该好好检查你使用的数据。"

Kerry："你提醒了我，我现在知道该怎么做了，谢谢。"

Kerry 挂掉电话之后，收集了额外的数据。这些数据如图表 1 的第（3）列所示。注意，第（3）列中的总成本额不等于第（2）列中的总成本额。Kerry 用新的技术支持成本和机器工时进行回归得出的回归 2 的方程如下：

回归 2：技术支持成本＝176.38＋(11.44×机器工时)

问题

1. 你认为 Kerry 重新收集的第（3）列数据是什么？即第（3）列数据代表什么？

2. 画出成本函数：(i) 报告的总技术支持成本和机器工时数；(ii) 新的总技术支持成本和机器工时数。比较并评价用新的材料和部件数据估计的成本函数以及用工厂记录的数据估计的成本函数。你会选择哪个来更好地表示技术支持成本和机器工时之间的关系？请简要解释。

3. Kerry 选择正确的成本函数是否重要？即如果 Kerry 选择了和你在要求 2 中选择的不同的成本函数，结果将会怎样？请简要解释。

4. Kerry 在重新收集图表 1 的第（3）列材料和部件数据时会遇到什么问题？

5. 你是否认为 Kerry 还应该估计其他的成本函数？为什么？请简要解释。

第 9 章

决策制定与相关信息

学习目标

1. 使用五步决策制定法来制定决策。
2. 区分决策环境下的相关信息和不相关信息。
3. 解释机会成本的概念以及为什么管理人员在制定决策时要考虑机会成本。
4. 了解在产能约束情况下如何选择产品进行生产。
5. 解释如何管理“瓶颈”。
6. 讨论当增加或减少顾客或部门时管理人员应该考虑的因素。
7. 解释为什么当管理人员制定设备更新决策时设备的账面价值是不相关信息。
8. 解释管理人员使用的决策模型和公司用来考核管理人员的业绩评价模型是如何产生冲突的。
9. 解释为什么在销售或继续加工决策中联合成本是不相关信息。

你今天做出了几项决策?

今天你可能做了一项重大的决策，如接受一项工作。或者你做的决策非常简单，如计划周末的安排或者确定吃饭的餐馆。不论这些决策是重要的还是日常性的，绝大多数人都会按照一个简单、合乎逻辑的过程来制定决策。这一过程包括收集信息、做出预测、做出选择、执行决策和评价实施结果五个步骤。这一过程同样也包括确定每一个选择的成本和收益。如果决策涉及成本，那么一些成本可能是不相关的。例如，你准备购买一台咖啡机，那么计算出的每次从星巴克购买咖啡变成自己冲泡咖啡所节省的成本就是不相关成本。你承担了咖啡机过去的成本，不能获得补偿。下面的“本章要点”解释了哪些成本和收益是相关的，哪些不是相关的，以及在做决策时如何加以考虑。

本章要点

- 管理人员在制定决策时，可以借助两条标准来确定一项收入或成本是不是相关信息：(1) 是不是预期的未来收入或成本；(2) 是否因不同的活动方案而不同。管理人员同时还要考虑非财务性因素和定性因素。
- 决策的相关成本指的是决策的增量成本和机会成本。因此，分配成本是不相关的。
- 在资源有限的情况下，管理人员选择能够给每单位有限资源带来最高贡献毛益的产品进行生产。为了增加利润，管理层提高了资源的使用率、效率和产能。
- 现有设备的账面价值属于过去的成本（也称历史成本或沉没陈本），因此与管理人员决定是否更新设备无关。
- 高层管理人员一定要确保适用于低层管理人员的业绩评价模型与决策模型相符。
- 当一个生产过程同时产出多种产品时，联合成本就形成了。在销售或继续加工决策中联合成本是不相关信息，因为不论是否发生继续加工，联合成本都相同。

9.1 信息与决策过程

管理人员根据决策模型来对不同的活动方案进行选择。**决策模型**（decision model）是用于选择的一种正式方法，通常涉及定量分析和定性分析。管理会计人员分析并提供相关数据以帮助管理人员进行决策。

以一家高尔夫俱乐部的建造商 Precision Sporting Goods 为例，它的管理人员正面临一项战略决策：是否应该重组生产过程以减少人工成本？Precision Sporting Goods 有两种选择：重组或不重组。

重组将消除所有的材料人工操作工序。当前共有 20 个工人：15 人操作机器，5 人处理材料。这 5 个处理材料的工人都是根据合同聘用的，解雇时不需要额外支付费用。每个工人每年工作 2 000 小时。重组每年预计花费 90 000 美元（主要用于新设备的租赁），但不会影响当前 25 000 单位的产品产量、250 美元的产品售价、每单位 50 美元的直接材料成本、750 000 美元的制造费用和 2 000 000 美元的营销费用。

管理人员通过五步决策制定法来制定是否重组的决策（见图表 9—1）。注意表中各步骤的顺序，以及步骤 5 是如何进行业绩评价从而为前几个步骤提供反馈的。这一反馈可能会影响对未来的预期、预测方法本身、决策模型或决策的执行。

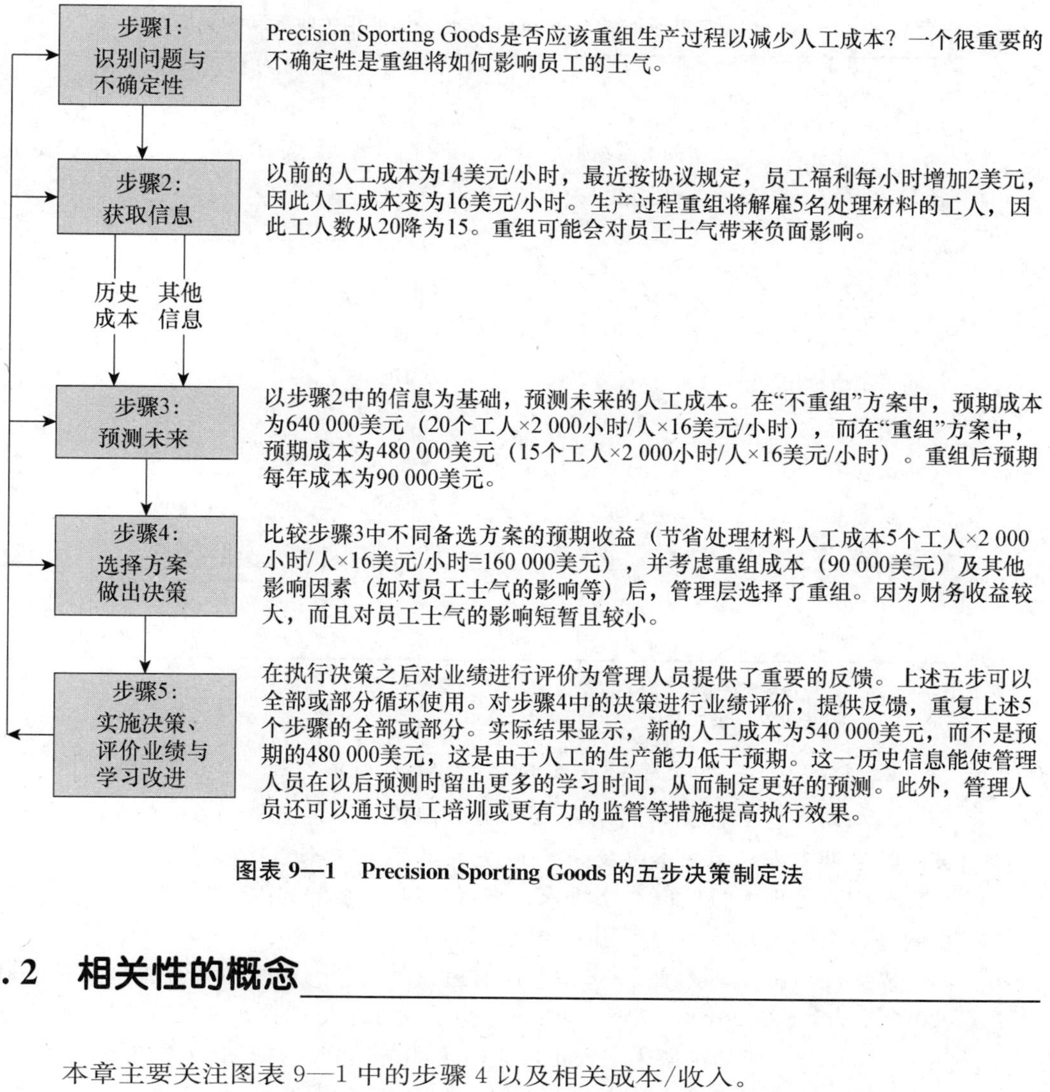

图表 9—1 Precision Sporting Goods 的五步决策制定法

9.2 相关性的概念

本章主要关注图表 9—1 中的步骤 4 以及相关成本/收入。

□ 9.2.1 相关成本与相关收入

相关成本（relevant cost）是预期的未来成本，**相关收入**（relevant revenue）是预期的未来收入。不同的方案会带来不同的相关成本和相关收入。反之则称为不相关成本/收入。相关成本/收入必须满足以下两个条件：

- 发生在未来——每一个决策都涉及以预期未来结果为基础的方案选择。
- 因方案的不同而不同——成本和收入如果没有差异，就不重要，也就与决策无关。

问题在于，方案之间到底有什么差异呢？

图表 9—2 列示了 Precision Sporting Goods 公司重组和不重组两种方案的财务数据。管理人员可以对数据进行以下两种分析：考虑“所有收入和成本”或者只考虑“相关收入和成本”。

图表 9—2　确定 Precision Sporting Goods 公司的相关收入和相关成本　单位：美元

	全部收入和成本		相关收入和成本	
	方案 1：不重组	方案 2：重组	方案 1：不重组	方案 2：重组
收入[a]	6 250 000	6 250 000	—	—
成本：				
直接材料[b]	1 250 000	1 250 000	—	—
人工	640 000[c]	480 000[d]	640 000[c]	480 000[d]
间接制造费用	750 000	750 000	—	—
营销费用	2 000 000	2 000 000	—	—
重组费用	—	90 000	—	90 000
总成本	4 640 000	4 570 000	640 000	570 000
营业利润	1 610 000	1 680 000	(640 000)	(570 000)
	差异 70 000		差异 70 000	

a. 25 000 单位×250 美元/单位=6 250 000（美元）。
b. 25 000 单位×50 美元/单位=1 250 000（美元）。
c. 20 个工人×2 000 小时/人×16 美元/小时=640 000（美元）。
d. 15 个工人×2 000 小时/人×16 美元/小时=480 000（美元）。

前两列是全部数据；后两列只列示了相关成本：分别为 640 000 美元和 480 000 美元的预期未来人工成本以及 90 000 美元的预期未来重组费用。两种方案的这些成本都不同。管理人员可以忽略收入、直接材料、制造费用和营销费用，因为这些项目在两种方案间无差异，是不相关的成本。

需要注意的是，图表 9—2 中并没有过去 14 美元/小时的人工成本和 560 000 美元（20 个工人×2 000 小时/人×14 美元/小时）的总人工成本。尽管在预测 640 000 美元和 480 000 美元的预期未来人工成本时可能要用到这两个数据，但历史成本本身是过去的成本，与决策制定无关。过去成本也称**沉没成本**（sunk costs），因为无论采取什么措施，它们都不可避免，而且无法改变。

图表 9—2 的数据表明，不论用全部数据还是只用相关数据，生产过程重组可以每年增加 70 000 美元的预期营业收益，结论相同。当不能取得编制详尽的利润表所需的全部信息时，只考虑相关数据就非常有用，知道什么成本是相关的，什么成本是不相关的，可以帮助决策制定者只关注相关数据，从而节省时间。

□ 9.2.2 定性和定量的相关信息

管理人员将决策结果分为两类：定量的和定性的。**定量因素**（quantitative factors）指可以用数字计量的结果。有些定量因素是财务性的，可以表现为货币形式，如直接材料成本、直接人工成本和营销费用。其他定量因素是非财务性的，可以用数字计量，但很难表现为货币形式，如微软的新产品研发时间的减少和捷蓝航空公司的航班准点率。**定性因素**（qualitative factors）则是指很难用数字准确计量的结果，如员工士气。

相关成本分析一般侧重于可以用财务数据表示的定量因素，但不能因定性因素和非财务定量数据难以用财务数据表示就认为它们不重要。以 Precision Sporting Goods 公司为例，管理人员在选择重组方案前，会反复考虑辞退材料处理工人对员工士气的负面影响，这就是一个定性因素。然而，权衡非财务和财务两方面因素的影响也不是一件简单的事情。

图表 9—3 总结了相关信息的重要特征。“相关”这一概念适用于所有决策环境。本章已经涉及部分决策环境，后面的章节还会介绍其他需要应用“相关”概念的决策环境，如质量、及时性、存货管理和供应商评价（第 10 章），资本投资（第 11 章）以及转移定价（第 15 章）。我们会在考虑影响产量水平的管理决策（如是否生产新产品或出售在产品）时首先讨论相关性。

图表 9—3 **相关信息的重要特征**

- 过去的（历史）成本作为预测基础可能很有用，但过去的成本本身是决策制定的不相关成本。
- 可通过检查预期的总未来收入与成本之间的差异来比较不同方案。
- 不是所有的预期未来收入与成本都是相关的。各方案间没有差异的预期未来收入与成本是不相关的，因此可从分析中剔除这些不相关项。但关键是，它会导致何种差异？
- 必须给定性因素和非财务定量因素以合适的权重。

□ 9.2.3 一次性特殊订单

影响产出水平的一种决策是，在公司存在闲置产能时是否应接受无长期影响的订单。我们用**一次性特殊订单**（one-time-only special order）来描述这一情形。

例 1： Surf Gear 公司在北卡罗来纳州伯灵顿市的高度自动化工厂生产高质量的沙滩浴巾。该厂的产能为每月 45 000 条，现在每月产量为 30 000 条。零售部门负责所有毛巾的销售。下月（8 月）的预期结果如图表 9—4 所示（这些数字都是预期值，单位：美元）。我们假定在短期内，对一个成本动因（单位产量）而言，所有成本都可以归为变动成本或固定成本。

Azelia（一家豪华宾馆）由于其现有毛巾供应商的工人罢工，因此向 Surf Gear

公司提出在8月以11美元的价格购入5 000条毛巾的订货要求。根据以下情况，Surf Gear公司是否会接受这家宾馆的订单？

- 预计Azelia以后不会再购买。
- 固定生产成本受45 000条毛巾产能的影响。即固定生产成本与可用产能有关，而不考虑已用产能。如果Surf Gear公司接受这份订单，则可以利用现有的闲置产能生产这5 000条毛巾，而不影响固定生产成本。
- 这份一次性特殊订单不发生营销费用。
- 接受这份订单预期也不影响产品的正常售价或销量。

图表9—4 **Surf Gear吸收成本法下的预算利润表**（8月）[a]

	A	B	C	D
1		合计	每单位	
2	销量	30 000		
3				
4	收入	600 000	20.00	
5	产品销售成本（生产成本）			
6	变动生产成本	225 000	7.50[b]	
7	固定生产成本	135 000	4.50[c]	
8	总生产成本	360 000	12.00	
9	营销费用			
10	变动营销费用	150 000	5.00	
11	固定营销费用	60 000	2.00	
12	总营销费用	210 000	7.00	
13	产品的全部成本	570 000	19.00	
14	营业利润	30 000	1.00	
15				

a. Surf Gear没有研发、产品设计、物流和顾客服务成本。

b. 单位变动生产成本＝单位直接材料成本＋单位变动直接人工成本＋单位变动生产费用＝6＋0.50＋1＝7.50（美元）。

c. 单位固定生产成本＝单位固定直接人工成本＋单位固定生产费用＝1.50＋3.00＝4.50（美元）。

管理会计人员采用吸收成本法（absorption costing）准备了数据（见图表9—4）。图表中12美元/条的生产成本和7美元/条的营销费用包括变动成本和固定成本。**业务职能成本**（business function costs）指价值链上的某一特定业务职能包含的所有成本（固定成本和变动成本），如生产成本、营销费用等。**产品的全部成本**（full costs of the product）（本例中为19美元/条）是价值链上所有业务职能（研发、设计、生产、营销、分销和顾客服务）的变动成本和固定成本的总和。对Surf Gear公司而言，产品的全部成本包括生产成本和营销费用，因为它只有这两个业务职能。由于特殊订单不需要营销费用，因此Surf Gear公司的管理人员只需关注生产成本。而单位生产成本为12美元，高于Azelia提出的单价11美元，因此应拒绝接受这一订单。

在图表9—5中，管理会计人员将生产成本和营销费用分为变动和固定两部分，并将这些数据以贡献收益表的形式列示出来（单位：美元）。相关收入和成本是由于接受了特殊订单而有所不同的预期未来收入和成本：收入 55 000 美元（11 美元/条×5 000 条）和变动成本 37 500 美元（7.50 美元/条×5 000 条）。在这种情况下，固定生产成本和所有营销费用（包括变动营销费用）都是不相关成本，因为不论是否接受这份订单，这些成本的总额都不会发生变化。如果 Surf Gear 公司接受这份订单，营业利润会增加 17 500 美元（相关收入 55 000 美元－相关成本 37 500 美元）。在本例中，比较表图 9—5 中 30 000 条和 35 000 条的总金额，或者只关注图表 9—5 中差异列的相关数值，管理人员就能避免单位全部成本对决策的误导。这样的误导是由于错将 11 美元的单价和 12 美元的单位生产成本（见图表 9—4，包括变动生产成本和固定生产成本）进行比较而产生的。

图表 9—5　　Surf Gear 的一次性特殊订单决策：比较贡献收益表

	A	B	C	D	E	F	G	H
1		拒绝特殊订单 30 000 单位				接受特殊订单 35 000 单位		差异：与 5 000 单位特殊订单相关的数字
2		单位余额		总金额		总金额		
3		(1)		(2)＝(1)×30 000		(3)		(4)＝(3)－(2)
4	收入	20.00		600 000		655 000		55 000[a]
5	变动成本：							
6	生产成本	7.50		225 000		262 500		37 500[b]
7	营销费用	5.00		150 000		150 000		0[c]
8	变动成本合计	12.50		375 000		412 500		37 500
9	贡献毛益	7.50		225 000		242 500		17 500
10	固定成本：							
11	生产成本	4.50		135 000		135 000		0[d]
12	营销费用	2.00		60 000		60 000		0[d]
13	固定成本合计	6.50		195 000		195 000		0
14	营业利润	1.00		30 000		47 500		17 500
15								

a. 5 000 单位×11 美元/单位＝55 000（美元）。
b. 5 000 单位×7.50 美元/单位＝37 500（美元）。
c. 5 000 单位的一次性特殊订单没有变动营销费用。
d. 特殊订单不影响固定生产成本和固定营销费用。

在一次性特殊订单决策分析中，没有长期影响或战略影响这一假设十分重要。如果 Surf Gear 公司以 11 美元的单价将毛巾售给 Azelia 宾馆会导致零售商店（公司长期客户）提出降价要求，在这种情况下，来自长期客户的收入就变成了相关收入。原因在于在接受订单和拒绝订单这两种情况下，来自长期客户的未来收入是不同的。因此，必须修正对 Azelia 宾馆订单的相关收入和相关成本的分析，不仅要考虑接受订单带来的短期利益，还要考虑对所有长期客户实行降价给利润带来的长期影响。

□ 9.2.4 相关成本分析中的潜在问题

管理人员在进行相关成本的分析时应避免两个潜在的问题。首先，要关注不正确的假设，比如所有变动成本都是相关成本，所有固定成本都是不相关成本等。在 Surf Gear 公司的例子中，5 美元的单位变动营销费用就是不相关的，因为 Surf Gear 公司接受特殊订单不会产生额外的营销费用。但固定生产成本可能是相关的。Surf Gear 公司每月多生产 5 000 条毛巾并不会影响固定生产成本，因为我们假定现有的固定生产成本能覆盖每月 30 000～45 000 条之间的任意产量水平。在某些情况下，多生产 5 000 条毛巾可能会增加固定生产成本（同样也会增加单位变动生产成本）。假定 Surf Gear 公司要实现最大产能——每月 45 000 条毛巾，就会用到三个班次，每个班次每月生产 15 000 条。将月产量从 30 000 条提高到 35 000 条需要第三个班次的部分生产能力，因为前两个班次的产能只有 30 000 条。额外的班次将增加固定生产成本，从而使得增加的固定生产成本与决策相关。

其次，单位固定成本的数据可能在以下两种情况下误导管理人员：

1. 包含不相关成本时。以 Surf Gear 公司的一次性特殊订单为例，其单位生产成本 12 美元中包含 4.50 美元的固定生产成本（直接人工 1.5 美元和制造费用 3 美元，见图表 9—4 和图表 9—5）。该部分成本不会因为接受了订单而发生变化，因此这 4.5 美元的单位成本是不相关成本，应不予考虑。

2. 不同的产出水平有相同的单位成本时。一般而言，由于总固定成本容易计算，可以减少出现错误结论的可能性，因此管理人员使用总固定成本而不是单位固定成本。但如果需要，也可以将总成本单位化。在 Surf Gear 公司的例子中，即使接受了该特殊订单，生产 35 000 条毛巾，总固定成本仍保持 135 000 美元不变。而将 4.5 美元的单位固定生产成本当作特殊订单的成本，就会得出总固定生产成本增加到 157 500 美元（4.5×35 000）的错误结论。

管理人员避免出现这两个问题的最好办法就是只考虑：(1) 总成本和总收入（而不是单位成本和单位收入）；(2) 相关成本和相关收入。管理人员应该要求分析的所有项目都应该是与其他方案有所不同的预期总的未来收入和成本。

□ 9.2.5 短期定价决策

在前文中，Surf Gear 公司的管理人员要决定是否接受 Azelia 宾馆的订单请求（11 美元/条）。有时管理人员必须决定一次性特殊订单的报价。这就是短期定价决策的例子——因为这些决策涉及的时间只有几个月。

我们来考虑 Surf Gear 公司管理人员面临的短期定价决策。8 月 Surf Gear 公司履行了对 Azelia 宾馆的义务后，Cranston 公司要在 9 月订购 5 000 条毛巾，让 Surf Gear 公司报价竞标。Cranston 公司不会在未来再向 Surf Gear 公司下订单，也不会将这些毛巾在 Surf Gear 公司销售地区以外的市场贴上自己的商标出售。Surf Gear 公司是否接受这一订单并不会影响其通过现有销售渠道获得的收入（既不影响销量也不影响售价）。

短期定价决策的相关成本 与之前一样，Surf Gear 公司的管理人员要估计生产

5 000 条毛巾的成本。由于没有额外的营销成本，因此相关成本就是上一小节计算出的变动生产成本 7.5 美元。另外，9 月额外生产的 5 000 条毛巾并不会影响固定生产成本，因为相关的变化量是每月从 30 000 条到 45 000 条。短期内如果售价高于 7.5 美元，Surf Gear 公司就会盈利。那么 Surf Gear 公司为这 5 000 条毛巾提出的竞标价格应该是多少呢?

短期定价决策的战略因素 Surf Gear 公司的管理人员认为有竞争力的价格应该在 10～11 美元之间，因此他们决定将竞价定为 10 美元/条。如果 Surf Gear 公司中标，营业收入将会增加 12 500 美元（相关收入 50 000 美元－相关成本 37 500 美元）。考虑到额外的产能和激烈的竞争，管理人员的战略是竞标的价格尽可能高于 7.5 美元，同时又要低于竞争者的竞标价。要注意 Surf Gear 公司是如何从其他竞争者的视角而不是基于自身的成本发现问题之后确定价格的。

如果 Surf Gear 公司是唯一的供应商并且 Cranston 公司会在 Surf Gear 公司当前的市场上对售价进行砍价，Surf Gear 公司该怎么办？竞价决策的相关成本要包括发生在现有顾客身上的贡献毛益的销售损失。如果有很多公司都参与竞标并想赢得这一订单，Surf Gear 公司又该怎么办呢？在这种情况下，竞价决策的相关成本就不包括发生在现有顾客身上的贡献毛益的销售损失，因为不管 Surf Gear 公司能否赢得这一订单，Cranston 公司都会对现有的售价进行砍价。

与 Surf Gear 公司的例子相反的是，在某些短期情形下，公司可能会出现产品需求旺盛或产能有限的情况。此时，管理人员将会战略性地在短期内提高价格以达到市场所能接受的极限。我们可以观察到新产品或老产品的新款式都会经历短期的价格上涨，如微处理器、电脑芯片、移动电话和软件。

成功之匙

管理人员在制定决策时，可以借助两条标准来确定一项收入或成本是否相关：(1) 是不是预期的未来收入或成本；(2) 是否因方案的不同而不同。管理人员同时还要考虑非财务性因素和定性因素。

9.3 自制与外购决策

下面，我们用“相关”的概念解释另一个战略决策问题：公司应该自己制造部件还是从供应商那里购买部件。我们再次假定存在闲置的产能。

9.3.1 外购与闲置设备

外购（outsourcing）指从外部供应商那里购买产品或服务，而不是**自制**（insourcing)，即在公司内生产同样的产品或提供同样的服务。例如，柯达公司倾向于自己生产胶卷（自制)，而将数据处理交给 IBM 公司（外购)。丰田公司的一部分零件由外部供应商生产，另一部分则在公司内部生产。

厂商选择自制还是外购产品或服务的决策被称为**自制或外购决策**（make-or-buy decisions)。调查显示，管理人员在制定自制或外购决策时会将质量、供应商的依赖度和成本作为最重要的因素。有时，定性因素决定管理人员的自制或外购决策。例如，戴尔公司从英特尔公司为其个人电脑购买奔腾芯片，因为戴尔没有生产芯片的技术。相反，可口可乐公司为防止秘方泄露，从不外购核心产品。

例 2：Soho 公司生产一款二合一的视频系统，包括一台 DVD 和一台数码接收机（能够从网上下载电影和视频）。下表的第（1）和第（2）列给出了生产 DVD 的预期总成本和单位成本。Soho 计划生产 250 000 台（2 000 批，每批 125 台）。每批次的变动成本为 625 美元。Broadfield 公司是 DVD 的生产厂商，明年会以 64 美元/台的价格卖给 Soho 公司 250 000 台 DVD。假定只考虑财务因素，Soho 公司的管理人员应该购买还是自制 DVD?

	生产 2000 批，250 000 单位的当前总成本（美元）(1)	预期单位成本（美元）(2)＝(1)÷250 000
直接材料（36 美元/单位×250 000 单位）	9 000 000	36.00
直接人工（10 美元/单位×250 000 单位）	2 500 000	10.00
变动制造费用（包括动力和公用设施）（6 美元/单位×250 000 单位）	1 500 000	6.00
批次混合（变动和固定）制造费用（包括材料处理费和安装调试费）[750 000 美元＋（625 美元/批×2 000 批）]	2 000 000	8.00
固定制造费用（包括设备租赁费、保险费和管理费用）	3 000 000	12.00
总制造成本	18 000 000	72.00

上表的第（1）和第（2）列计算出了明年生产 250 000 台 DVD 的预期总成本和单位成本。每单位的预期制造成本为 72 美元。乍一看，Soho 公司的管理人员应该购买 DVD，因为自制的单位成本为 72 美元，高于购买的单位成本 64 美元。但自制或外购决策绝非这么简单。为了制定一项决策，管理人员需要回到一个问题：不同方案的相关成本相差多少?

同时，假定：（1）如果选择外购，现在 DVD 的产能就会出现闲置；（2）不论决策如何，3 000 000 美元的固定制造费用明年会继续发生；（3）明年完全停止 DVD 的生产，就不用支付材料处理费和安装调试人员的固定工资 750 000 美元。

图表 9—6 列出了相关成本的计算，与外购相比，Soho 公司自制 DVD 节省了 1 000 000 美元。因此，Soho 公司的管理者决定自制 DVD。

图表 9—6　　Soho 公司自制或外购 DVD 决策的相关（增量）成本　　单位：美元

相关项目	总相关成本		单位相关成本	
	自制	外购	自制	外购
外购零件（64 美元×250 000 台）		16 000 000		64
直接材料	9 000 000		36	
直接人工	2 500 000		10	
变动制造费用	1 500 000		6	

续前表

相关项目	总相关成本		单位相关成本	
	自制	外购	自制	外购
混合（变动和固定）材料处理费和安装调试费	2 000 000	—	8	—
总相关成本[a]	15 000 000	16 000 000	60	64
自制DVD的有利差异	1 000 000		4	

a. 也可以在两种方案中都加上 30 000 美元的设备租赁费、保险费、管理费，但这些成本不影响决策。理论上讲，这些成本都不属于相关成本，因为对决策无影响。但实际中管理人员还是倾向将它们包含进来以显示每种方案下发生的所有成本。

请注意这里是如何应用图表 9—3 中的相关性要点的：

● 图表 9—6 比较了预期总收益和预期总成本的差异。过去的成本在制定决策时是不相关的。

● 图表 9—6 表明，自制方案中包括了 2 000 000 美元的未来材料处理费用和安装调试费用，外购方案则不包括这些费用。为什么？因为外购 DVD 节省了每批 2 000 000美元的未来变动成本并且可避免固定成本。这 2 000 000 美元是随方案不同而不同的未来成本，因此与自制或外购决策相关。

● 图表 9—6 的两种方案都没有将 3 000 000 美元的设备租赁费、保险费和管理费包括进去。为什么？因为这些未来成本在不同方案间不存在差异，因此它们与自制或外购决策不相关。

增量成本是决策制定中经常用到的一个术语。**增量成本**（incremental cost）指某一作业所引起的总成本的增加。在图表 9—6 中，自制 DVD 的增量成本是指 Soho 公司选择自制时发生的总成本增加 15 000 000 美元。而 3 000 000 美元的固定制造费用不是增量成本，因为不论 Soho 是否选择自制 DVD，这笔成本都会发生。类似地，外购 DVD 的增量成本是指 Soho 公司选择外购时发生的总成本增加 16 000 000 美元。**差量成本**（differential cost）是指两种方案的总成本之间的差值。在图表 9—6 中，自制 DVD 和外购 DVD 的差量成本为 1 000 000 美元（16 000 000－15 000 000）。需要注意的是，在实际生活中有时会将增量成本与差量成本互换。看到这些术语时，应该明确它们的含义。

增量收入和差量收入的定义与增量成本和差量成本的定义类似。**增量收入**（incremental revenue）是指某一作业引起的总收入的增加。**差量收入**（differential revenue）是指两种方案的总收入之间的差值。

□ 9.3.2 战略因素和定性因素

战略因素和定性因素都会影响自制或外购决策。例如，Soho 公司的管理人员可能会选择自制 DVD，从而对设计、质量、可靠性和发货时间进行控制。与之相反的是，虽然存在图表 9—6 所示的成本优势，Soho 公司的管理人员可能仍会选择外购，保持较小的公司规模，从而将精力集中在核心竞争力领域——视频系统的生产和销售上。例如，J. Walter Thompson 等广告公司只做广告创意和广告策划（它们的核心竞争力），而外购电影、照片和插图等生产作业。

外购并非没有风险。随着公司对其供应商的依赖性增强，供应商可能会提高价格、不重视质量或延迟交货。为了将这些风险降到最低，公司通常与供应商签订长期合同，并在合同中规定价格、质量和交货时间。有远见的管理人员会与几个重要的供应商建立起密切合作的关系或者与其进行联合。例如，丰田甚至将自己的工程师派到供应商那里以帮助它们改进生产流程。而像福特、现代、松下、索尼等公司的供应商已经研制并开发出了创新产品，从而满足了增加数量、维持质量、按时交货和低成本的需要。这些能力都是松下等公司所不具备的。

外购决策必然会影响较长的时间，在这个长期的过程中外购的财务成本和收益都会变得更加不确定。正因如此，战略因素和定性因素成为外购决策中的重要影响因素。权衡这些因素需要管理人员作业更多的判断和花费更多心思。

□ 9.3.3 国际外购

如果 DVD 的生产厂商在墨西哥，Soho 公司的管理人员还要考虑哪些其他因素呢？其中之一就是汇率风险。假设墨西哥厂商以 192 000 000 墨西哥比索的价格向 Soho 公司出售 250 000 台 DVD。那么 Soho 公司应该自制还是外购呢？答案取决于 Soho 公司的管理人员所期望的下一年的汇率。如果预计汇率为 12 墨西哥比索：1 美元，那么预计的购买成本为 16 000 000 美元，高于图表 9—6 中所示的自制成本 15 000 000 美元，因此 Soho 公司将选择自制。如果预计的汇率为 13.5 墨西哥比索：1 美元，那么预计的购买成本为 14 222 222 美元，低于自制成本 15 000 000 美元，因此 Soho 公司将选择外购。

此外，Soho 公司还有其他选择。它可以签订一份远期合同用于购买价值 192 000 000 墨西哥比索的产品。这份合同可以使 Soho 公司现在以事先确定的价格在未来购买，因此可以规避汇率波动的风险。如果选择这么做，Soho 公司就可以在合同成本高于（低于）15 000 000 美元的时候选择自制（购买）。

国际外购要求管理人员考虑制造和运输成本、汇率风险以及前面谈到的其他战略因素和定性因素，如质量、可靠性和供应链的效率。下面的“实例”专栏中介绍了 LEGO 集团的外购（外包）实践。

实 例 **LEGO 集团**

几十年来，丹麦的 LEGO 集团生产的玩具受到不同年龄段小朋友的欢迎。这家世界第五大玩具制造商每年生产好几十亿个玩具，现在却决定对其一部分业务进行外包，该决策大大影响了公司全球的供应链和运营情况。2004 年为了应对濒临破产的危机，公司将其内部西欧的产量的 80%外包给了三个低成本的国家：捷克共和国、匈牙利和墨西哥。当 LEGO 集团试图降低成本来获得规模效益时，它未能很好地应对外包出去的全球生产网络的复杂性。

LEGO 集团在境外生产的安排上面临几个主要挑战：控制多个国家的生产设备，将产品知识传授给外包的伙伴，考虑需求的季节性波动（60%的 LEGO 产品集中在每年的下半年以满足圣诞节的需求)。这些问题都会导致无法预期的生产延误和成本。最后公司取消了外包合同，在2009年将所有生产线移回国内。

LEGO集团的经历显示了外包存在的成本、外包的过程和给其他国家带来的工作岗位。尽管外包可以节省大量成本，但也会产生另外一些成本，如国际税费、全球供应量的协同以及关闭现有的设施。对于LEGO集团来说，这些挑战被证明是无法克服的，公司也由原来的外包转变成了亲自为全球的小朋友生产主题玩具，如星球大战、哈利波特和加勒比海盗。

资料来源：Based on LEGO Group，Annual Report 2011. Billund，Denmark：LEGO Group，2012；Marcus Moller Larsen，Torben Pedersen，and Dmitrij Slepniov，"Lego Group：An Outsourcing Journey." Richard Ivey School of Business No. 910M94，London，Ontario：Richard Ivey School of Business Foundation，2010.

□ 9.3.4 全部方案法

图表9—6的计算假定如果Soho公司从Broadfield那里购买DVD，则会闲置其现有产能。但闲置的产能还可用于其他更具盈利性的业务。因此，现在面临的问题不是自制还是外购，而是如何利用好这些闲置的产能。

例3：如果Soho公司决定从Broadfield那里购买DVD，此时Soho公司的闲置产能的最好用途是生产100 000台数码随身听。从制造的角度看，数码随身听和DVD较为相似。在运营经理的帮助下，Soho的管理会计人员估计出了生产并销售这种随身听的未来收入和成本：

预期增加收入	8 000 000 美元
预期增加成本	
直接材料	3 400 000 美元
直接人工	1 000 000 美元
变动制造费用（能源、公用设施）	600 000 美元
材料处理费和安装调试费	500 000 美元
预期增加的成本合计	5 500 000 美元
预期增加的营业利润	2 500 000 美元

由于产能有限，Soho只能生产DVD或随身听的其中一种。那么管理人员应该如何做出决策?

图表9—7中的表A总结了全部方案法，列出了所有方案的未来成本和收入。Soho的管理人员会选择方案2，外购DVD并利用闲置产能生产和销售随身听。未来外购DVD的增量成本（16 000 000美元）超过了未来自制DVD的增量成本（15 000 000美元）。但Soho可以利用外购而闲置的产能生产和销售随身听来增加2 500 000美元的营业利润（预期增加收入8 000 000美元—预期增加成本2 500 000美元）。所以，外购DVD并生产随身听的净相关成本为13 500 000美元（16 000 000—2 500 000）。

图表 9—7　　Soho 自制或外购决策的全部方案法和机会成本法　　单位：美元

相关项目	备选方案	
	1. 自制 DVD，不生产随身听	2. 外购 DVD，自制随身听
表 A：自制或外购决策的全部方案法		
自制/外购 DVD 增加的总未来成本（来自图表 9—6）	15 000 000	16 000 000
减去随身听的未来收入与未来成本的差额	0	(2 500 000)
总相关成本	15 000 000	13 500 000
	1. 自制 DVD	2. 外购 DVD
表 B：自制或外购决策的机会成本法		
自制/外购 DVD 增加的总未来成本（来自图表 9—6）	15 000 000	16 000 000
机会成本：没有利用闲置生产能力生产随身听（次优方案）而丧失的利润	2 500 000	0
总相关成本	17 500 000	16 000 000

说明：表 A 和表 B 中各列成本之间的差额都是一样的——方案 2 的成本比方案 1 的成本少 1 500 000 美元。

□ 9.3.5　机会成本法

决定以某种方式使用一种资源将使管理人员被迫放弃以其他方式使用该种资源的机会。放弃的机会也是管理人员制定决策时应该考虑的一种成本。**机会成本**（opportunity cost）是指没有将有限资源用于次优方案而失去的收益。例如，在学校读 MBA 的（相关）成本不仅包括学费、书本费和住宿费，还包括选择学习而非工作所失去的收益（机会成本）。很可能获得 MBA 学位后的预期未来收益（如薪酬更高的职位）会超过这些成本。

图表 9—7 中的表 B 列示分析了 Soho 公司各种可选方案的机会成本法。注意在两种方法下备选方案的定义不同：

全部方案法：	机会成本法：
1. 自制 DVD，但不生产随身听	1. 自制 DVD
2. 外购 DVD，但自制随身听	2. 外购 DVD

机会成本法不考虑随身听。每一种方案包括的成本有：(1) 增量成本；(2) 机会成本，即没有生产随身听所减少的利润。之所以会产生机会成本，是因为在考虑方案时没有将随身听包括进来。

考虑方案 1，自制 DVD。在该方案下自制 DVD 的全部成本是多少？显而易见，Soho 自制 DVD 的增量成本为 15 000 000 美元，但这是全部的成本吗？不，由于把有限的制造资源用来生产 DVD，Soho 失去了生产随身听获得 2 500 000 美元的机会。

因此，自制 DVD 的相关成本应该是 15 000 000 美元的增量成本与 25 000 000 美元的机会成本之和。

接下来考虑方案 2，外购 DVD。外购的增量成本为 16 000 000 美元，机会成本为 0。为什么呢？因为该方案没有放弃生产并销售随身听带来的收益。

由表 B 可以得到与表 A 相同的决策——外购 DVD 且生产随身听是最优方案。

图表 9—7 中的表 A、表 B 描述了在产能有限的情况下解决决策制定问题的两种常见方法。表 A 所示的全部方案法包括了所有未来增量成本和收入。例如，在方案 2 下，利用生产能力生产销售随身听带来的预期增加的营业利润（25 000 000 美元）要减去预期外购 DVD 增加的成本（16 000 000 美元）。表 B 所示的机会成本法采用相反的方法。它只关注 DVD，不管产能是否用于生产随身听，未来失去的营业利润都作为自制或外购 DVD 的一项机会成本，如方案 1 所示（注意，当生产随身听时，如方案 2 所示，不存在“不生产随身听的机会成本”）。因此，表 A 在方案 2 中减去 25 000 美元，而表 B 在方案 1 中增加 25 000 美元。表 B 强调这样一种观点：当存在产能约束时，任一方案的相关收入和成本都等于预期增加的收入和成本与机会成本之和。但在同时考虑两个以上的方案时，一般用全部方案法比较简单。

机会成本很少进入正式的财务会计记录，这是为什么呢？因为历史记录仅局限于被选用的方案而不包括被放弃的方案，一旦方案被放弃，就没有交易可以记录。比如 Soho 自制 DVD，但不生产随身听，那么账面上不会有任何关于随身听的会计记录。但不生产 DVD 的机会成本，即不生产随身听而失去的营业利润，却是进行自制或外购决策时必须考虑的重要因素。在图表 9—7 的表 B 中，若仅考虑记录于账面上的增量成本，自制成本将低于外购成本。考虑 2 500 000 美元的机会成本之后，结果截然不同，外购成为优选方案。

假设 Soho 公司即使生产 DVD 也有足够的产能生产随身听。此时自制 DVD 的机会成本为 0，因为即使 Soho 选择自制 DVD 也没有失去生产随身听的营业利润 2 500 000 美元。相关成本为 15 000 000 美元（15 000 000 美元的增量成本与 0 美元的机会成本之和）。在这种情况下，Soho 选择自制而不是外购 DVD，同时也会生产随身听。下面的“实例”专栏介绍了捷蓝航空是如何根据航班的运营能力确定票价的。

实 例

相关成本、捷蓝航空和 Twitter

一位乘客乘坐捷蓝航空公司飞机往返于纽约市和楠塔基特岛的成本是多少呢？除了饮料的增量成本仅为 5 美元外，诸如燃油费、飞行员薪酬、机票代理费和行李搬运费等其他成本都是固定成本。由于绝大部分成本是固定的，捷蓝航空每个座位赚至少 5 美元是否划算呢？答案取决于航班是否满员？

假定捷蓝航空给这一个往返航班的机票价格通常设定在 330 美元。如果航班满员，则捷蓝航空实际的价格不会低于 300 美元，因为乘客都愿意支付这个价格，并且机票的机会成本很高。如果有空座怎么办？那么只要机票价格高于 5 美元就比座位空着、收益为零要好。

如果乘客通过网络提前一个月购买机票，捷蓝航空仍会将价格定在 330 美元，因为它预期航班到时候能坐满。如果捷蓝航空在出发日（周五）之前的周一发现机票还未售完，则会大幅降价，以吸引更多的乘客使剩余的机票卖出去。

进入 Twitter。和捷蓝航空近年来发送给顾客的电子邮件一样，广泛的信息服务使得捷蓝航空能够迅速联系上潜在的顾客并让空座被坐满。当捷蓝航空在 Twitter 上开始进行最后一分钟的机票价格促销时，用户知道原价 330 美元的从纽约市到楠塔基特岛的往返机票现在只要 18 美元，会立刻将剩余的机票抢完。捷蓝航空在 Twitter 上开展的机票促销活动通常只持续 8 小时，或直到所有机票售完为止。使用这种价格策略需要对不同决策环境下的成本有很全面的了解。

资料来源：Based on Charisse Jones，"JetBlue and United give Twitter a try to sell airline seats fast." *USA Today*，August 2，2009.

除定量因素以外，管理人员在自制或外购决策中还要考虑战略因素和定性因素。例如，Soho 公司在决定外购 DVD 时，还要考虑供应商产品质量的信誉和能否按时交货等定性因素，同时要考虑销售随身听的战略经济后果。比如，出售随身听是否会使 Soho 将重心从视频系统产品转移开？

9.3.6 存货持有成本

下面以 Soho 公司的数据为例说明机会成本的另一应用：

估计明年的 DVD 需求量	250 000 单位
每次采购量为 2 500 单位时的单位成本	64.00 美元
每次采购量等于或大于 30 000 单位时的单位成本 64 美元减去 0.5%的折扣	63.68 美元
订单成本	150 美元
Soho 公司管理者评估的方案：	
A. 采购 100 次，每次 2 500 单位	
B. 采购 8 次，每次 31 250 单位	
存货的平均投资：	
A.（2 500 单位×64 美元/单位）÷2[a]	80 000 美元
B.（31 250 单位×63.68 美元/单位）÷2[a]	995 000 美元
国库券的年利率	12%

a. 本例假设 DVD 的采购量将在这一年内均匀耗尽。存货的平均投资是指收到货物时存货成本与收到下批货物时存货成本（本例为 0）的平均值。

Soho 在购买 DVD 时支付现金，那么对它来说，哪一种采购方案更经济？

管理会计人员使用全部方案法向他的经理提供了以下分析结果，发现 Soho 有 995 000 美元的现金可以用来投资。如果 Soho 将 80 000 美元投资于存货（方案 A），则剩余的 915 000 美元用于其他投资，按 12%的投资回报率将会取得 109 800 美元的投资收益。这笔收入将用于抵减方案 A 中的订单成本和采购成本。如果 Soho 将 995 000美元全部投资于存货（方案 B），则没有的剩余的资金用于其他投资，因此投资回报也为 0。详见下表（单位：美元）：

	方案A：采购100次，每次2 500单位，剩余的现金用于投资 (1)	方案B：采购8次，每次31 250单位，剩余的现金用于投资 (2)	差异 (3)=(1)-(2)
年订单成本（100张订单×150美元/张；8张订单×150美元/张）	15 000	1 200	13 800
年采购成本（250 000单位×64.00美元；250 000单位×63.68美元/单位）	16 000 000	15 920 000	80 000
购买利率为12%的国库券可获得的利息收入[0.12×(995 000美元－80 000美元)；0.12×(995 000美元－995 000美元)]	(109 800)	0	(109 800)
相关成本	15 905 200	15 921 200	(16 000)

与持有小规模存货的趋势一样，Soho的管理人员一年以单价16 000美元订货100次、每次2 500单位要比一年订货8次、每次31 250单位更划算。

管理会计人员使用机会成本法对两种方案的分析如下表所示（单位：美元）。每一种方案只限于两种决策，不涉及用额外现金进行投资。

	方案A：采购100次，每次2 500单位 (1)	方案B：方案B：采购8次，每次31 250单位 (2)	差异 (3)=(1)-(2)
年订单成本（100张订单×150美元/张；8张订单×150美元/张）	15 000	1 200	13 800
年采购成本（250 000单位×64.00美元；250 000单位×63.68美元/单位）	16 000 000	15 920 000	80 000
机会成本：如果用投资于存货的资金投资于利率为12%的国库券可获得的利息收入（0.12×80 000美元；0.12×995 000美元）	9 600	119 400	(109 800)
相关成本	16 024 600	16 040 600	(16 000)

在机会成本法下，方案的相关成本是：(1) 方案的增量成本；(2) 方案的机会成本。持有存货的机会成本就是将现金投资于存货而不是其他地方所失去的收益。机会成本一般不计入会计系统，因为一旦对存货进行了投资，就没有剩余的资金用于其他投资，也就不会有与该投资有关的回报需要记录。在成本记录账户（订单成本和采购成本）的基础上，Soho的管理人员可能会错误地认为一年订货8次、每次31 250单位是成本最低的方案。第(3)列却表明，在全部方案法下，一年订货100次、每次2 500单位要比一年订货8次、每次31 250单位更经济，可节省16 000美元。为什么呢？因为持有这些存货的机会成本更低，超过了采购成本。如果购买存货的资金的年机会成本大于12%，或者考虑其他持有更低存货带来的增量收益，如更少的保险费用、材料处理成本、储存成本和毁损成本，则订货100次的决策更加经济实惠。

成功之匙

管理人员在确定任何决策的相关成本时，应考虑决策的增量成本和机会成本，而不是选择次优方案来使用有限的资源。

9.4 生产能力约束下的产品组合决策

下面，我们考察“相关”概念如何应用于**产品组合决策**（product-mix decisions）——以多少产量生产何种产品。这些决策常着眼于短期，因为在长期内可以提高生产能力。例如，短期内德国宝马汽车公司必须经常调整其产品组合（如 325i、525i 和 740i）以适应售价和需求的短期波动。

为确定产品组合，公司要在给定自身约束（产能和需求约束）的情况下，使其营业利润最大。在本节，我们假定产品组合发生短期变动，唯一变化的成本是与产量（销量）相关的变动成本。按照这个假设，对单个产品贡献毛益的分析可提供使营业利润最大化的产品组合思路。

例 4： 以 Power Recreation 为例，其设在肯塔基的列克星敦工厂组装两种发动机——雪橇发动机和船用发动机。

	雪橇发动机	船用发动机
售价	800 美元	1 000 美元
单位变动成本	560 美元	625 美元
单位贡献毛益	240 美元	375 美元
贡献毛益率（240 美元÷800 美元；375 美元÷1 000 美元）	30%	37.5%

假设每天仅有 600 机器工时可用于装配发动机，短期内不能获得额外生产能力。Power Recreation 能售出其全部发动机，那么约束因素只有机器工时。生产一台雪橇发动机需 2 机器工时，生产一台船用发动机需 5 机器工时。Power Recreation 应选择哪一种产品组合以使其营业利润最大化？

从单位贡献毛益和贡献毛益率来看，船用发动机更有利可图，但 Power Recreation 应生产销售的产品不一定是单位贡献毛益或贡献毛益率较高的产品。一般来说，管理人员应选择资源约束（限制因素）条件下单位贡献毛益最高的产品，因为这些约束资源限制了给定产品的生产和销售。

	雪橇发动机	船用发动机
单位贡献毛益	240 美元	375 美元
单位产品所需机器工时	2 机器工时	5 机器工时
单位机器工时贡献毛益		
240 美元/单位÷2 机器工时/单位	120 美元/机器工时	
375 美元/单位÷5 机器工时/单位		75 美元/机器工时
600 机器工时的总贡献毛益		
120 美元/机器工时×600 机器工时	72 000 美元	
75 美元/机器工时×600 机器工时		45 000 美元

本例中机器工时是资源限制因素，生产雪橇发动机的单位机器工时贡献（120 美元/机器工时）比船用发动机的单位机器工时贡献（75 美元/机器工时）更大。因此，应该选择生产销售雪橇发动机，以使总贡献毛益和营业利润最大化（此时总贡献毛益为 72 000 美元，生产销售船用发动机的总贡献毛益为 45 000 美元）。生产过程中的另一些限制因素可能是直接材料、配件、熟练工人的缺乏，以及财务或销售因素。零售店的限制因素可能是缺乏摆放商品的足够空间，但不论是哪种限制因素，都应该选择资源限制条件下单位贡献毛益最大的商品，这样才能使营业利润最大化。

在很多情况下，一个生产商或零售商不得不面临这样的挑战：试图使一个产品组合的总营业利润最大，而其中的每一个产品又面临多种限制因素。一些限制因素可能要求生产商或零售商保留一定数量的某种产品，即使这些产品不是非常有利可图的。例如，超市必须存储一些无利可图的商品，因为只有拥有顾客想要购买的大部分商品，顾客才愿意光顾。为了确定多种限制因素下盈利最多的生产计划和产品组合，必须确定最大的总贡献毛益。使用最优化技术（本章附录中的线性规划技术）可以解决这些复杂问题。

下面我们转向以下问题：管理约束瓶颈以增加产出和贡献毛益（当一些业务存在瓶颈，另一些不存在的时候）。

9.5 约束理论和产量—贡献分析

假设雪橇发动机在进入装配环节前需要先进行铸造。Power Recreation 每天有 1 200小时的铸造能力来生产这些雪橇发动机。公司花在每台发动机上的铸造时间为 3 小时，因此每天能铸造 400 台，但每天只能装配 300 台。因此，发动机的产量受到装配数量而不是铸造数量的限制。

约束理论（theory of constraints，TOC）描述在面临瓶颈环节和非瓶颈环节的情况下，如何使营业利润达到最大化。① 约束理论定义了三个衡量指标：

1. **产量贡献**（throughput margin）等于销售收入减去已售产品的直接材料成本。

2. 投资等于直接材料存货、在产品存货及产成品中的材料成本、研发成本及设备和建筑物成本的总和。

3. 营业成本等于为获取产量贡献而承担的所有营业成本（除直接材料之外的成本），包括工资、租金、公用设施和折旧等。

约束理论的目标是在增加产量贡献的同时减少投资和营业成本的支出。该理论着眼于短期指标并假设营业成本为固定成本，直接材料成本为变动成本。在短期内如果营业成本也是变动的，则产量贡献就被贡献毛益所取代。在 Power Recreation 的例子中，每台雪橇发动机的售价为 800 美元，假定变动成本为 560 美元，只包括直接材料

① 参见：E. Goldratt and J. Cox，*The Goal*（New York：North River Press，1986）；E. Goldratt，*The Theory of Constraints*（New York：North River Press，1990）；E. Noreen，D. Smith，and J. Mackey，*The Theory of Constraints and Its Implications for Management Accounting*（New York：North River Press，1995）；and M. Woeppel，*Manufacturers' Guide to Implementing the Theory of Constraints*（Boca Raton，FL；Lewis Publishing，2000）。

成本（产生于铸造过程），那么产量贡献等于贡献毛益。为了简便并与前文保持一致，我们在本节中使用“贡献毛益”替代“产量贡献”。

约束理论关注瓶颈资源的操作，具体内容如下：

步骤1：认识到瓶颈决定着整个系统的贡献毛益。

步骤2：通过确定哪些环节有大量库存等待加工来发现瓶颈。

步骤3：保持瓶颈资源的充分利用，并将非瓶颈资源的利用放在瓶颈资源之后考虑。即对瓶颈资源的需求决定着非瓶颈资源的生产计划。

要使营业利润最大化，企业必须先使约束资源或者瓶颈资源的贡献毛益最大化。瓶颈环节应该一直保持运转，而不是等待工作。为了达到这一目标，Power Recreation 的管理人员要保有一定量已经铸造完、准备装配的雪橇发动机存货。瓶颈装配业务决定了非瓶颈铸造业务的进度。运营经理要在铸造环节就制定具体的装配计划以保证装配环节全部运转，而不是等待开工。铸造出的发动机的数量不能多于能够装配的数量，否则不能增加产量或贡献毛益，增加的只是未装配的发动机存货。

步骤4：采取措施以提高瓶颈环节的效率和生产能力，使得贡献毛益大于采取这一措施的成本增量。

我们将用 Power Recreation 的例子来说明步骤4。

Power Recreation 公司铸造和装配业务的数据如下：

	铸造	装配
生产能力/天	400单位	300单位
产量/天和销量/天	300单位	300单位
其他固定营业成本（不含直接材料）	24 000美元	18 000美元
单位其他固定营业成本 （24 000美元÷300单位；18 000美元÷300单位）	80美元/单位	60美元/单位

Power Recreation 的产能受到装配环节300单位的限制。它该如何缓解这道工序的瓶颈制约呢？可用的方法如下：

1. 消除瓶颈工序的限制时间（既未准备生产也未实际加工的时间）。Power Recreation 的管理人员正在考虑给装配环节增设两个固定岗位，增加两名工人。他们负责在一批雪橇发动机加工完后立即整理好并调整机器以加工下一批零件。这项工作的成本是每天30美元，瓶颈产量每天可以增加3台。Power Recreation 是否应该承担这项增量成本？当然应该。因为相关贡献毛益每天增加720美元（240美元/台×3台），超过每天320美元的增量成本。而其他成本都是不相关的。

2. 将那些不必在瓶颈设备上生产的零件转移到非瓶颈设备上生产，或者交由外部生产机构生产。假设某外部承包商 Spartan 提出可以为经过铸造的发动机进行装配，每天5台，一台收费75美元。Spartan 的报价要高于 Power Recreation 自己进行装配花费的成本60美元。那么 Power Recreation 是否该接受这一请求呢？应该。因为装配是一道瓶颈工序。让外部承包商装配这些发动机可以每天增加贡献毛益1 200美元（240美元/台×5台），而产能增加导致的相关成本增加了375美元（75美元/台×5台）。Power Recreation 的单位成本比 Spartan 的报价要低，这在分析中是不相关成本。

假设另一个外部承包商 Gemini Industries 提出可以为经过铸造的发动机进行装

配，每天8台，一台收费65美元。Gemini Industries的报价要低于Power Recreation自己进行装配花费的成本80美元。那么Power Recreation是否该接受这一请求呢？不应该。因为其他运营成本都是固定成本。Power Recreation将装配业务外包不仅不会节省成本，反而会使成本增加至每天520美元（65美元/台×8台），贡献毛益没有增加，因为受到装配产能的约束。

3. 减少瓶颈工序的生产调整时间和加工时间（如简化设计、减少产品）。假设Power Recreation通过减少装配的生产准备时间可以每天装配10台雪橇发动机，每台花费成本1 000美元。那么Power Recreation愿意这样做吗？答案是肯定的，因为贡献毛益可以每天增加2 400美元（240美元/台×10台），这比每天花费的增量成本要大。Power Recreation是否认为以承担增量成本的方式来减少发生在瓶颈铸造工序的机器工时是值得的呢？答案是否定的，这样不会增加贡献毛益，反而使其他运营成本增加，因为装配工序的瓶颈产能没有得到增加。

4. 提高瓶颈工序生产的零件或产品的质量。瓶颈工序生产低质量产品比非瓶颈工序生产低质量产品的代价更大，后者浪费的只是材料成本。如果Power Recreation在铸造工序生产了5台次品，低质量的成本就是2 800美元（直接材料成本560美元/台×5台）。由于铸造工序有剩余产能，因此贡献毛益不会减少。即使生产了不合格产品，铸造工序仍能重新生产并输送300台优质发动机用于装配。但在瓶颈工序中，低质量成本却是材料成本与损失贡献毛益的机会成本之和。如果瓶颈工序的产能没有浪费在生产不合格产品上，就能够生产出更多的合格品，从而增加贡献毛益。如果Power Recreation的装配环节生产出了5台次品，低质量带来的成本就是4 000美元（800美元/台×5台），即直接材料成本2 800美元（560美元×5台）加上损失的贡献毛益1 200美元（240美元/台×5台）。

瓶颈工序生产低质量产品带来的高额成本意味着，瓶颈环节的时间不应浪费在生产次品上。即质检工作必须在瓶颈部门进行生产之前完成，这样才能保证进入瓶颈部门生产流程的都是合格品。此外，质量改进计划应着重保证瓶颈环节尽可能少地生产次品。

如果实现了步骤4的想法，那么装配能力会增加并最终超过铸造能力，最后铸造工序就变成了瓶颈。此时，Power Recreation要重点考虑如何提高铸造工序的有效性和产能。例如，与Gemini Industries的合约——Power Recreation提供材料，Gemini Industries以每台65美元的价格铸造8台发动机——此时就显得有吸引力了。因为贡献毛益每天增加了1 920美元（240美元/台×8台），而成本仅增加了520美元（65美元/台×8台）。

约束理论强调将瓶颈环节的管理作为提高生产整体业绩的关键。该理论聚焦于短期产量贡献——收入减直接材料成本最大化，因为考虑到运营成本在短期内很难改变，它不能识别单个作业和成本动因，所以约束理论在长期成本管理上可能不是那么有效。作业成本系统比较注重长期，侧重于通过减少无价值的活动改进流程和降低有价值活动的成本。因此，作业成本系统在长期定价、长期成本控制、利润规划和生产能力管理中可能更有效。注重短期的约束理论侧重于通过管理瓶颈来使产量贡献最大化，这对于作业成本系统的长期战略成本管理恰好是一种补充。①

① 想了解约束理论的优良评估、经营管理、成本会计以及约束理论与作业成本系统之间的关系，请参见A. Atkinson，"Cost Accounting，The Theory of Constraints，and Costing"（Issue Paper，CMA Canada，December 2000）。

成功之匙

在资源有限的情况下，管理人员要选择单位瓶颈资源能够产生最大贡献毛益的产品。为了增加利润，管理人员要尽量增加瓶颈环节的使用，提高效率和产能。

9.6 顾客盈利性、作业成本法和相关成本

公司不仅要制定关于产品和产量选择的决策，还经常需要制定增加或关闭某条生产线或某个经营分部的决策。类似地，如果成本对象是顾客，公司就必须决定是增加还是放弃顾客（类似于生产线）或分公司（类似于经营分部）。我们用以顾客而不是产品作为成本对象决策的例子来说明相关收入和相关成本分析。

例 5：Allied Furniture 是一家专门生产和批发家具的企业，它在西海岸的销售处 Allied West 向三家当地的零售商 Vogel，Brenner 和 Wisk 供货。图表 9—8 列示了作业成本系统来年由顾客产生的预期收入和成本。Allied West 的管理会计人员按照支持每位顾客的作业给他们分配成本。Allied West 在不同层级水平下不同作业的成本资料如下：

- 家具管理人工成本随家具发货量的变化而变化。
- Allied West 在不同地区的仓库为不同的顾客存储家具。为简化起见，假设用顾客做账户确认某一地区的家具管理和设备折旧成本，不用的设备则闲置，设备处置价值为零。
- Allied West 根据为每个顾客存储家具所占用的仓库面积将租金分配到顾客账户。
- 营销费用随上门推销次数而变化。
- 订单费用随订单数的变化而变化，运输费用随运输次数的变化而变化。
- Allied West 根据每个顾客的购买金额将固定管理费用分配到顾客账户。
- Allied Furniture 根据各销售处的面积将固定的公司办公费用分配到各销售处。Allied West 根据顾客的购买金额将这些费用分配到顾客账户。

图表 9—8 **Allied West 的顾客盈利能力分析** 单位：美元

	Vogel	Brenner	Wisk	合计
销售收入	500 000	300 000	400 000	1 200 000
产品销售成本	370 000	220 000	330 000	920 000
家具管理人工成本	41 000	18 000	33 000	92 000
家具管理设备折旧费用	12 000	4 000	9 000	25 000
租金	14 000	8 000	14 000	36 000
营销费用	11 000	9 000	10 000	30 000
订单和运输费	13 000	7 000	12 000	32 000
管理费用	20 000	12 000	16 000	48 000
已分配公司办公费用	10 000	6 000	8 000	24 000
营业成本合计	491 000	284 000	432 000	1 207 000
营业利润	9 000	16 000	(32 000)	(7 000)

在后面的章节，我们将考虑 Allied West 管理人员会面对的几个决策问题：Allied West 是否应该终止同 Wisk 的业务？它是否应增加第四个顾客：Loral？Allied Furniture 是否应关闭 Allied West 销售处？它是否应再开设一个销售处 Allied South（其收入和成本与 Allied West 一样）？

□ 9.6.1 减少一个顾客的相关收入和相关成本分析

图表 9—8 显示，对 Wisk 的销售亏损 32 000 美元。Allied West 的管理人员认为，亏损的原因在于 Wisk 有许多小批量的订货，导致较高的订单和运输费用、家具管理及营销费用。Allied West 正在考虑几种应对 Wisk 的方案：提高效率以减少自己花费在 Wisk 上的成本，停止为 Wisk 提供某些服务，要求 Wisk 减少订单次数而增加每次订货量，提高对 Wisk 的收费或终止与 Wisk 的业务。下面分析的是终止与 Wisk 的业务对营业利润的影响。

为了确定该如何去做，Allied West 必须回答下面这个问题：哪些是相关成本和相关收入？以下资料可用于分析终止与 Wisk 的业务的影响：

- 终止与 Wisk 的业务意味着可以节省发生在 Wisk 上的产品销售成本、家具管理人工成本、营销费用、订单和运输费用。
- 终止与 Wisk 的业务意味着原来用于向 Wisk 供货的仓库和家具管理设备将闲置。
- 终止与 Wisk 的业务不影响固定管理费用或公司办公费用。

图表 9—9 的第（1）列用图表 9—8 中 Wisk 的数据进行了相关收入和相关成本分析。由于终止与 Wisk 的业务节约的成本 385 000 美元少于减少的收入 400 000 美元，即终止与 Wisk 的业务将使 Allied West 的营业利润减少 15 000 美元，因此 Allied West 决定保留与 Wisk 的业务。当然，它们会继续寻找新的方法来提高效率，如改变 Wisk 的订单模式或执行更高的价格。

图表 9—9　终止与 Wisk 的业务、增加与 Loral 的业务的相关收入和相关成本分析　单位：美元

	终止与 Wisk 的业务引起的收入减少和成本节约 (1)	增加与 Loral 的业务引起的收入增加和成本增加 (2)
销售收入	(400 000)	400 000
产品销售成本	330 000	(330 000)
家具管理人工成本	33 000	(33 000)
家具管理设备成本作为折旧费一次冲销	0	(9 000)
租金	0	0
营销费用	10 000	(10 000)
订单和运输费	12 000	(12 000)
管理费用	0	0

续前表

	终止与 Wisk 的业务引起的收入减少和成本节约 (1)	增加与 Loral 的业务引起的收入增加和成本增加 (2)
已分配公司办公费用	0	0
营业成本合计	385 000	(394 000)
营业利润	(15 000)	6 000

应注意的是，折旧属于历史成本，因此是不相关成本；租金、管理费用和公司办公费用都是不相关成本，它们虽然是未来成本，但终止与 Wisk 的业务对它们没有影响。

分配给销售处和顾客的管理成本同样也是不相关成本。那么问题在于，预期公司办公费用总额是否会因终止与 Wisk 的业务而减少？在本例中它们不受影响，因此这些成本与决策无关。如果预期公司办公费用总额因终止与 Wisk 的业务而减少，那么即使分配给 Allied West 的金额不变，这一节省的成本也是相关成本。

注意，将仓库和设备提供给 Wisk 使用是没有机会成本的，因为没有其他用途。即如果终止与 Wisk 的业务，仓库和设备就会闲置。现在假定 Allied West 以每年 20 000 美元的租金将闲置的仓库租给 Sanchez 公司。那么这 20 000 美元就是继续使用仓库向 Wisk 提供服务的机会成本。终止与 Wisk 的业务并出租仓库，Allied West 可获利 5 000 美元（租金收入 20 000 美元－终止与 Wisk 的业务的损失 15 000 美元）。在全部方案法下，终止业务造成的收入损失为 380 000 美元（400 000－20 000），同时节省的成本为 385 000 美元（见图表 9—9 的第（1）列）。在进行最后的决策之前，Allied West 必须考虑 Wisk 有无可能成为一个盈利顾客，甚至向 Wisk 提供产品的获利超过从 Sanchez 那里得到的租金收入 20 000 美元。同时，它还要考虑诸如公司发展稳定、长期业务关系之类的声誉等影响决策的战略因素。

□ 9.6.2 增加一个顾客的相关收入和相关成本分析

假定除 Vogel，Brenner 和 Wisk 外，Allied West 还在评估增加第四个顾客 Loral 的盈利性。Allied West 的设备没有其他可利用的地方。Loral 和 Wisk 的特点很像。假定 Allied West 的管理人员预计跟 Loral 做生意带来的收入和 Wisk 一样（见图表 9—8）。特殊之处在于，Allied West 要为此购买价值 9 000 美元的家具管理设备，使用年限为一年，处置价值为零。如果跟 Loral 做生意，Allied West 每年支付的仓库租金（36 000 美元）、管理费用（48 000 美元）和实际的公司办公费用都不会改变。Allied West 应该增加与 Loral 的业务吗？

图表 9—9 的第（2）列表明，增量收入超出增量成本 6 000 美元。增加与 Loral 的业务的机会成本为零，因为 Allied West 的设备没有其他可以利用的地方。根据以上分析，Allied West 应该增加与 Loral 的业务。租金、管理费用和公司办公费用是不相关成本，因为即使增加与 Loral 的业务，这些成本也不会改变。但为此购买新设备的成本（在图表 9—2 的第（2）列中作为折旧费 9 000 美元一次冲销）被视为相关成本，因为如果 Allied West 不与 Loral 交易就不会发生该成本。值得注意的关键区别是：折旧费用在决定是否终止与 Wisk 的业务时是不相关成本（它是过去发生的成

本），但购买新设备的成本（将在以后作为折旧费一次冲销）在增加与 Loral 的业务时是相关成本。

□ 9.6.3　关闭或增设分公司或部门的相关收入和相关成本分析

公司有时会面临是否关闭或增设分公司或经营分部的决策问题。例如，在 Allied West 预计亏损 7 000 美元的情况下（见图表 9—8），是否应关闭这个销售处？假设 Allied West 关闭后不会再产生其他成本，它所拥有的设备没有处置价值，关闭 Allied West 的经营也不会影响公司办公费用总额。

图表 9—10 的第（1）列给出了用图表 9—8 的"合计"列做的相关收入和相关成本分析。1 200 000 美元的收入减少超过了 1 158 000 美元的成本节约，结果导致营业利润减少 42 000 美元。因此，不应关闭 Allied West。关键的原因在于关闭 Allied West 不会减少 25 000 美元的折旧费用和办公费用总额。折旧成本是过去成本或沉没成本，它代表了 Allied West 已经购买的设备的成本。而分配给各销售处的公司办公费用会发生改变，但总额保持不变。原来分配给 Allied West 的 24 000 美元可以分配给其他销售处。因此，已分配公司办公费用 24 000 美元不应包括在关闭 Allied West 带来的预期成本节约中。

图表 9—10　　关闭 Allied West 和增设 Allied South 的相关收入和相关成本分析　　单位：美元

	关闭 Allied West 引起的收入减少和成本节约 (1)	增设 Allied South 引起的收入增加和成本增加 (2)
销售收入	(1 200 000)	(1 200 000)
产品销售成本	920 000	(920 000)
家具管理人工成本	92 000	(92 000)
家具管理设备成本作为折旧费一次冲销	0	(25 000)
租金	36 000	(36 000)
营销费用	30 000	(30 000)
订单和运输费	32 000	(32 000)
管理费用	48 000	(48 000)
已分配公司办公费用	0	0
营业成本合计	1 158 000	(1 183 000)
营业利润	(42 000)	17 000

下面假设 Allied Furniture 可以增设一个销售处 Allied South，其收入和成本与 Allied West 相同，包括一台价值 25 000 美元的家具管理设备，使用年限为一年，处置价值为零。开设该销售处不会影响公司办公费用总额。那么是否应增设 Allied South 呢？图表 9—10 的第（2）列表明应增设这一销售处，因为可以增加营业利润 17 000 美元。如前所述，新设备成本在未来（作为折旧费一次冲销）属于相关成本，已分配公司办公费用则是不相关成本，因为 Allied South 的开设不影响办公费用的总额。

成功之匙

当管理人员在制定增加或关闭某条生产线或某个经营分部、增加还是放弃顾客的决策时，应该只关注增量成本和机会成本，而不去考虑分配的管理费用。

9.7 过去成本的无关性与设备更新决策

在本章的前几节中，当讨论"相关"的概念时，我们的解释是过去成本（历史成本或沉没成本）在决策制定时是不相关成本。因为一项决策不会改变已经发生了的事物。下面，我们将"相关"概念应用于设备更新决策。我们要强调这样一种观念：所有的过去成本，尤其是现有设备的**账面价值**（book value）（初始成本减去累计折旧）都是不相关成本。

例 6：Toledo 公司打算用新设备取代现有的金属切割机。新设备比旧机器效率高，但使用年限较短。该更新决策不会影响飞机零件的销售收入（每年 1 100 000 美元）。现有设备和更新设备的资料如下：

	现有设备	更新设备
初始成本	1 000 000 美元	600 000 美元
使用年限	5 年	2 年
已使用年限	3 年	0 年
剩余年限	2 年	2 年
累计折旧	600 000 美元	未知
账面价值	400 000 美元	未知
现行处置价值（现在的现金）	40 000 美元	未知
期末处置价值（两年后的现金）	0	0
年营业成本（维修、能源、修理、冷却剂等）	800 000 美元	460 000 美元

Toledo 公司采用直线折旧法。为便于集中讨论相关性的概念，此处忽略资金和所得税的时间价值。① Toledo 公司是否应该更新原有设备？

图表 9—11 显示了两种设备的成本的比较。考虑以下四个项目，为什么在 Toledo 公司的设备更新决策中这些项目是相关的或不相关的：

1. 旧设备的账面价值 400 000 美元：是不相关成本，因为它是过去（历史）成本，也称沉没成本。所有的过去成本都已"付之东流"。现在的决策无法改变已经支出或发生的成本。

2. 旧设备的现行处置价值 40 000 美元：是相关项目，因为它是预期的未来收益，而且只在设备更新时才发生。

3. 处置损益 360 000 美元：这是项目 1 和项目 2 之间的差值。由于混淆了不相关的账面价值与相关的处置价值之间的区别，它成为毫无意义的组合，因此对每个项目

① 参见本书第 11 章资本投资决策中关于资金和所得税时间价值的讨论。

都应单独加以考虑。

4. 新机器的成本600 000美元：是相关成本，因为它是预期的未来成本，而且只在设备更新时才会发生。

图表9—11　营业利润的比较：Toledo公司的设备更新，包括相关项和不相关项　单位：美元

	两年合计		
	继续使用 (1)	更新 (2)	差异 (3)=(1)-(2)
销售收入	2 200 000	2 200 000	—
营业成本			
现金营业成本	1 600 000	920 000	680 000
旧设备的账面价值：			
分期计提折旧或	400 000	—	
一次冲销	—	400 000[a]	—
旧设备的现行处置价值	—	(40 000)[a]	40 000
新设备成本，作为折旧冲销	—	600 000	(600 000)
营业成本合计	2 000 000	1 880 000	120 000
营业利润	200 000	320 000	(120 000)

a. 在正式的利润表中，这两项合并作为"设备处置损失"360 000美元列示。

图表9—11可以清楚地说明上述四点。其中第（3）列表明两个方案的旧设备账面价值没有差异，在制定决策时可以完全忽略。即不论是当期一次冲销还是在两年内分期摊销，对不同的方案，可冲减收入的费用均为400 000美元，因为它是过去（历史）成本。相反，600 000美元的新设备成本和40 000美元的旧设备处置收益是相关项目，因为如果不更新设备就不会发生。考虑到更新设备产生的成本以及带来的现金运营成本的减少，Toledo的管理人员应该选择更新设备，因为更新设备可以在两年里多产生120 000美元的营业利润。

图表9—12集中讨论了相关项目并得出相同的结论——尽管账面价值在计算时未被纳入，更新设备可以降低成本、提高收益（120 000美元）。此处仅有的相关项目是现金营业成本、旧设备的处置价值和新设备的购置成本（作为折旧费用列在图表9—12中）。

图表9—12　成本的比较：Toledo公司的设备更新，仅限于相关项目　单位：美元

	两年合计		
	继续使用 (1)	更新 (2)	差异 (3)=(1)-(2)
现金营业成本	1 600 000	920 000	680 000
旧设备的现行处置价值	—	(40 000)	40 000
新设备，作为折旧冲销	—	600 000	(600 000)
相关成本合计	1 600 000	1 480 000	120 000

成功之匙

已有设备的账面价值是过去成本（历史成本或沉没成本），因此在设备更新的决策中是不相关的。

9.8 决策与业绩评价

再一次考虑前面设备更新的例子，按照图表 9—1 中的五个步骤进行。

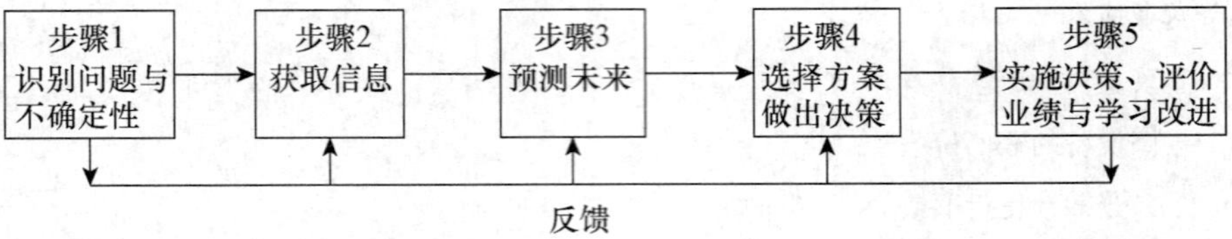

图表 9—11 和图表 9—12 中的决策模型分析（步骤 4）表明应更新设备而不是继续使用旧设备。但在现实中，管理人员会愿意更新设备吗？这取决于他们对决策模型与业绩评价模型（步骤 5）是否有一致的认识。

管理人员出于自身职业生涯的考虑，都倾向于选择使他们的业绩看上去很好的方案。在本节的所有例子里，决策模型和业绩评价模型都是一致的。如果业绩评价模型与决策模型相冲突，那么业绩评价模型常常会影响管理人员的决策。下表列示了 Toledo 公司在更新或不更新设备的情况下前两年采用权责发生制产生的收入（单位：美元）。

	权责发生制下第一年的损益		权责发生制下第二年的损益	
	继续使用	更新	继续使用	更新
销售收入	1 100 000	1 100 000	1 100 000	1 100 000
营业成本				
现金营业成本	800 000	460 000	800 000	460 000
折旧	200 000	300 000	200 000	300 000
处置损失	—	360 000		
营业成本合计	1 000 000	1 120 000	1 000 000	760 000
营业利润	100 000	(20 000)	100 000	340 000

如图表 9—11 所示，如果更新设备，那么两年内采用权责发生制确认的利润总额是 120 000 美元。但如果管理人员的升迁或奖金取决于权责发生制下第一年的营业利润，那么管理人员就会拒绝更新设备。为什么？在权责发生制下，继续使用旧设备时第一年的营业利润更高（100 000 美元），相反，如果更换设备则损失 20 000 美元。尽管高层管理人员以两年为目标（与决策模型一致），但只要以第一年的营业利润等短期指标评价基层管理人员的业绩，他们就很可能只注重第一年的收益。

解决决策模型与业绩评价模型之间的冲突在实务中是个令人困扰的问题。理论上讲，只要设计一致就可解决问题。仍以更新设备为例，如果将更新对营业利润的年度影响列入两年的规划期内，管理人员的业绩就能被合理评价，第一年的预期收益较差，但第二年就会好得多。但是如果每个决策都这样做出，会使业绩评价模型变得复杂。实务中的困难在于会计系统很少单独追溯每一个决策。对责任中心的业绩评价聚焦于某一特定时间，而不是项目或使用期限内的单个设备。因此，许多不同决策的影响集中体现在一份业绩报告中。底层管理人员可以做出使营业利润最大化的决策，但高层管理人员因为决策模型和业绩评价模型不一致，很少能通过报告系统了解到所需的方案并未被下属选中。

考虑决策模型与业绩评价模型之间的另一种冲突，假设管理人员在购买一台设备后发现本应该购买更好的设备，根据决策模型应该用更好的设备更换刚购入的现有设备。但他会这样做吗？恐怕不会。为什么？因为在设备买回不久就更换会显得管理人员能力低下、业绩不佳。如果其上级缺乏有关更好设备的知识，管理者会继续使用现有设备，而不会更换。

许多管理人员认为采取对自己有利但并不符合公司最大化利益的决策是不道德的。他们认为正是这些行为导致了近年发生的全球金融危机。为了防止这种行为的发生，管理人员制定了行为准则，强调价值并构建企业文化来引导做正确的决策。第16 章将更详细地讨论业绩评价模型、道德以及减少决策模型和业绩评价模型冲突的方法。

在下一节，我们讨论联合成本中的相关成本和不相关成本。

成功之匙

高层管理人员面临一个持续的挑战：确保业绩评价模型与决策模型一致。一种常见的不一致是要求低层管理者在制定决策时有长远眼光，但只用当年的营业利润来考核他们的业绩。

9.9　与决策无关的联合成本

联合成本指同时生产出多种产品的生产流程的成本。例如，对煤加以蒸馏可以得到焦炭、煤气和其他产品。蒸馏过程的成本被称为联合成本。联合成本中的一个或多个产品能被分别确认的时点就被称为分离点。一个分离点的例子就是当煤变成焦炭、煤气和其他产品的时点。可分离成本是在分离点之后发生的能归属于一个或多个单独产品的成本（如生产、营销与分销等成本）。

考虑这个例子。Farmers 牛奶厂从各个农场购买原奶并加工到分离点，获得两种产品——奶油和脱脂奶。2013 年 5 月的资料如下：

- 加工原奶 110 000 加仑，成本 400 000 美元。
- 加工过程中由于蒸发、溢出等损耗 10 000 加仑，生产出 25 000 加仑奶油和 75 000 加仑脱脂奶。
- 奶油售价 8 美元/加仑，脱脂奶售价 4 美元/加仑。
- 25 000 加仑奶油被进一步加工成 20 000 加仑黄油，附加加工成本为 280 000 美元，黄油以 25 美元/加仑出售。
- 75 000 加仑脱脂奶被进一步加工成 50 000 加仑浓缩奶，附加加工成本为

520 000 美元，浓缩奶以 22 美元/加仑出售。

图表 9—13 中的 A 部分描述了在联合生产过程中，原奶被转化为奶油与脱脂奶，以及奶油与脱脂奶又被分别进一步加工为黄油和浓缩奶的基本关系。B 部分则列示了存货、产量、销量和售价等额外信息。

A：生产过程图解

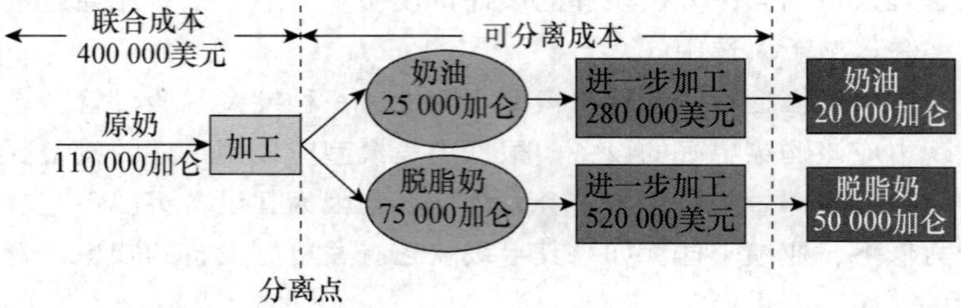

B：数据

	A	B	C	D	E
1		联合成本		黄油	浓缩奶
2	联合成本（110 000 加仑原奶以及达到分离点的成本）（美元）	400 000			
3	将 25 000 加仑奶油加工成 20 000 加仑黄油的可分离成本（美元）			280 000	
4	将 75 000 加仑脱脂奶加工成 50 000 加仑浓缩奶的可分离成本（美元）				520 000
5					
6		奶油	脱脂奶	黄油	浓缩奶
7	期初存货（加仑）	0	0	0	0
8	产量（加仑）	25 000	75 000	20 000	50 000
9	进一步加工（加仑）	25 000	75 000		
10	销量（加仑）			12 000	45 000
11	期末存货（加仑）	0	0	8 000	5 000
12	售价（美元/加仑）	8	4	25	22

图表 9—13 原奶的联合生产过程

分离点后进一步加工的决策应该以每种产品可获得营业利润的增量为基础。在分离点是直接出售还是继续加工的相关成本分析如下：

- 将奶油进一步加工成黄油：

增量收入（25 美元/加仑×20 000 加仑−8 美元/加仑×25 000 加仑）	300 000 美元
减去增量加工成本	280 000 美元
黄油增加的营业利润	20 000 美元

- 将脱脂奶进一步加工成浓缩奶：

增量收入（22 美元/加仑×50 000 加仑 −4 美元/加仑×75 000 加仑）	800 000 美元
减去增量加工成本	520 000 美元
浓缩奶增加的营业利润	280 000 美元

本例中，在分离点后继续加工能增加每种产品的营业利润。因此，管理人员应该将奶油和脱脂奶进一步加工成黄油和浓缩奶。发生在分离点之前的 400 000 美元联合成本与是否进一步加工的决策无关。因为不管是否进一步加工，400 000 美元的联合成本都会发生。

增量成本是一项活动（如是否进一步加工）发生的额外成本。不要认为联合成本分配中的所有可分离成本都是增量成本。有些可分离成本可能是固定成本，如进一步加工所在的建筑物的租金成本；有些可分离成本可能是沉没成本，如将奶油转化为黄油的设备折旧；有些可分离成本可能是已分配的成本，如分配给加工浓缩奶的公司的成本。不管选择在分离点销售还是进一步加工，这些成本都不会变，因此它们是不相关成本。

□ 9.9.1　联合成本分配与业绩评价

制定决策使用的成本概念与评价管理者业绩使用的成本概念在销售或进一步加工决策中有潜在的冲突。我们将沿用 Farmers 的例子来思考。假设将奶油加工成黄油的固定成本为 30 000 美元，并且如果生产了黄油则只将固定成本分配给黄油，列在管理者的产品利润表中。这会如何影响进一步的决策呢？

正如我们所看到的那样，在增量收入与增量成本的基础上，通过将奶油加工成黄油，Farmers 的营业利润增加 20 000 美元。但生产黄油也同时导致额外分配 30 000 美元的费用。如果根据所有成本基础（即全部成本分配后）评价管理者，将奶油加工成黄油会导致管理人员的业绩下降 10 000 美元（增量营业利润 20 000 美元－分配的固定成本 30 000 美元）。所以，管理者可能倾向于将奶油直接销售而不是进一步加工成黄油。减少决策模型和业绩评价模型之间的不一致是一个重要的组织目标。

成功之匙

管理人员只需在出售还是继续加工的决策中考虑增量收入和增量成本。联合成本在这类决策中是不相关成本，因为不论是否继续加工，联合成本都相同。

附录　线性规划

以本章讨论过的 Power Recreation 公司为例，假定所有雪橇发动机和船用发动机在发给顾客前都要在一台昂贵的机器上进行检测。可用的检测机器工时是有限的，相关资料如下：

部门	日可用生产能力（机器工时）	单位产品所用生产能力（小时）		最大日产量（台）	
		雪橇发动机	船用发动机	雪橇发动机	船用发动机
装配	600	2.0	5.0	300[a]	120
检测	120	1.0	0.5	120	240

a. 比如，600÷2.0=300，为装配线仅生产雪橇发动机器工时的最大日产量。

上述数据和其他相关数据列示在图表 9—14 中。由于船用发动机的原料短缺，每天只能生产 110 台船用发动机。每种发动机的日产量为多少时才能使营业利润最大？

图表 9—14 **Power Recreation 公司的经营数据**

	部门日生产能力（台）		售价（美元）	单位变动成本（美元）	单位贡献毛益（美元）
	装配	检测			
只生产雪橇发动机	300	120	800	560	240
只生产船用发动机	120	240	1 000	625	375

因为存在多种约束条件，我们用线性规划（LP）来解决这一问题，确定 Power Recreation 的产量。LP 模型一般假定所有成本都可以在单动因（产量）下划分为变动成本或固定成本。同时，它也需要满足其他一些线性假设。如果这些假设不成立，就必须考虑用其他决策模型。①

□ 解 LP 问题的步骤

我们以图表 9—14 中的数据为例说明解 LP 问题的三个步骤。此外，S 代表雪橇发动机产量，B 代表船用发动机产量。

步骤 1：确定目标函数。线性规划的**目标函数**（objective function）表示要最大化的对象或目标（如营业利润）或最小化的对象或目标（如营业成本）。本例的目标就是找到总贡献毛益最大的产品组合。固定成本与产品组合决策无关，因而是不相关的成本。总贡献毛益（TCM）用线性函数表示如下：

$$TCM=240S+375B$$

步骤 2：确定约束条件。**约束条件**（constraint）是数学模型中的变量必须满足的等式或不等式。本例中的约束条件用线性不等式表示如下：

装配部门约束条件 $2S+5B\leqslant 600$

检测部门约束条件 $1S+0.5B\leqslant 120$

船用发动机材料约束条件 $B\leqslant 110$

产量不能为负 $S\geqslant 0, B\geqslant 0$

① 其他决策模型参见 J. Moore, and L. Weatherford, *Decision Modeling with Microsoft Excel*, 6th ed. (Upper Saddle River, NJ: Prentice Hall, 2001); S. Nahmias, *Production and Operations Analysis*, 6th ed. (New York: McGraw-Hill/Irwin, 2008)。

图表 9—15 中的三条实线分别表示装配、检测和材料约束条件。① 可行或技术上可能的方案是满足所有约束条件的雪橇发动机和船用发动机的产量组合。图表 9—15 中的阴影部分表示所有可行的产量组合。

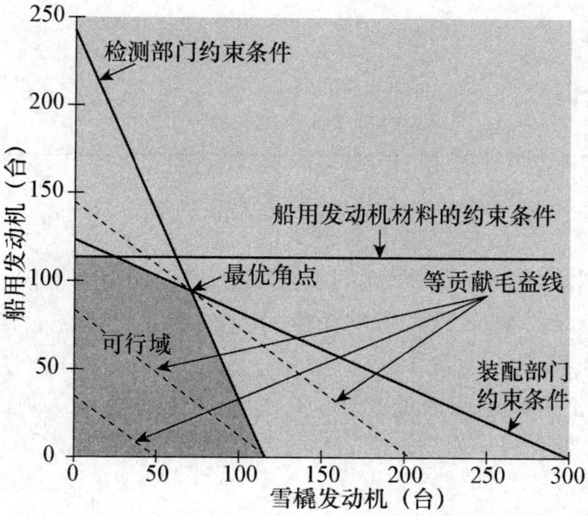

图表 9—15　线性规划：Power Recreation 公司的图解法

步骤 3：计算最优解。**线性规划**（linear programming，LP）是多个约束条件下用来实现目标函数最大化的一种优化技术。用 LP 得到最优解的方法有两种：试错法和图解法。本例中用这两种方法很容易求解，因为目标函数中只有两个变量，约束条件较少。理解这两种方法有助于掌握 LP 模型。在多数 LP 实际应用中，管理人员用计算机软件包计算最优解。②

□ 试错法

管理人员通过可行域的角点试错得到最优解。

首先，选择任意角点计算总贡献毛益。图表 9—15 中共有 5 个角点。用联立方程组可得到图中精确的坐标值。比如，将两个约束不等式化为方程组，求解可得到角点（$S=75$，$B=90$）：

$$2S+5B=600 \tag{1}$$
$$1S+0.5B=120 \tag{2}$$

$S=75$ 台雪橇发动机，$B=90$ 台船用发动机，$TCM=(240\times75)+(375\times90)=$ 51 750（美元）。

然后，依次计算每一个角点的总贡献毛益，如下表所示（单位：美元）：

① 图表 9—15 中直线的画法：例如，用等号代替不等号，并假设装配部门的 $B=0$，算出 $S=300$（600 机器工时÷2 机器工时/雪橇发动机），再假设 $S=0$，算出 $B=120$（600 机器工时/5 机器工时/雪橇发动机），连接两点得到直线。

② 标准软件包使用简单算法。简单算法通过迭代确定 LP 问题的最优解。它从一个特定可行解开始，然后进行变量替代，看能否改善结果，在结果无法再改善时即得到最优解。

序号	角点（S，B）	雪橇发动机（S）	船用发动机（B）	总贡献毛益
1	（0，0）	0	0	240（0）+375（0）=0
2	（0，110）	0	110	240（0）+375（110）=41 250
3	（25，110）	25	110	240（25）+375（110）=47 250
4	（75，90）	75	90	240（75）+375（90）=51 750[a]
5	（120，0）	120	0	240（120）+375（0）=28 800

a. 最优解。

最优产量组合是总贡献毛益最大的产量组合，即 75 台雪橇发动机和 90 台船用发动机。为了更好地理解这个解，思考从点（25，110）到点（75，90）将会发生什么。Power Recreation 放弃了船用发动机的贡献毛益 7 500 美元［375×(110−90)］，获得了雪橇发动机的贡献毛益 12 000 美元［240×(75−25)］，从而使得贡献毛益从 47 250 美元增至 51 750 美元，增加了 4 500 美元（12 000−7 500）。

□ 图解法

考虑所有贡献毛益都等于 12 000 美元的产量组合，即

$$240S+375B=12\,000(\text{美元})$$

在图表 9—15 中，贡献毛益为 12 000 美元的集合是一条通过［S=50（12 000/240），B=0］和［S=0，B=32（12 000/375）］的虚线。其他等贡献毛益线可用与之平行的直线表示。在图表 9—15 中，我们画了三条等贡献毛益线，等贡献毛益线离原点越远，代表的总贡献毛益越大，因为相应的销售收入增加了。

最优线是一条离原点最远但又经过可行域内一点的直线，代表最大贡献毛益。最优解在角点（S=75，B=90）上，表示使目标函数总贡献毛益最大的雪橇发动机产量和船用发动机产量。将一把尺子从原点出发，平行于贡献毛益 12 000 美元的那条线向外移动，可以很明显地发现这一结果。使尺子尽可能远离原点（增加总贡献毛益）但又不脱离可行域。最大化问题的最优解一般是虚线与可行域极点相交的角点，把尺子再向外移动一点会让它落到可行域外。

□ 敏感性分析

在目标函数（如雪橇发动机或船用发动机的单位贡献毛益）的约束条件（如雪橇发动机或船用发动机所需机器工时）中，会计或技术系数的不确定性有什么含义呢？考虑雪橇发动机的单位贡献毛益由 240 美元变为 300 美元对最优解的影响，假设船用发动机的单位贡献毛益仍为 375 美元，修正的目标函数为：

$$TCM=300S+375B$$

用试错法计算每个角点的总贡献毛益，最优解仍为（S=75，B=90）。如果雪橇发动机的单位贡献毛益减至 160 美元，结果会如何呢？最优解保持不变。因此，雪橇发动机单位贡献毛益的大幅变化对最优解没有影响。因为虽然发动机的单位贡献毛益

从 240 美元变为 300 美元直至 160 美元，会导致图表 9—15 中等贡献毛益线的斜率发生变化，但等贡献毛益线与可行域相交的离原点最远的点仍为（$S=75$，$B=90$）。

学习自测

Wally Lewis 是 Goldcoast Products 公司的技术研发部经理。他刚刚收到一份由 10 个工程师签名的报告，建议用联网个人电脑替换现有台式工作站系统。Lewis 对该提议并不感兴趣。

现有工作站和联网个人电脑的资料如下：

	工作站	联网个人电脑
初始成本	300 000 美元	135 000 美元
使用年限	5 年	3 年
已使用年限	2 年	0
剩余年限	3 年	3 年
累计折旧	120 000 美元	未知
当前账面价值	180 000 美元	未知
当前处置价值（现在的现金）	95 000 美元	未知
期终处置价值（3 年后的现金）	0	0
与计算机相关的年现金营业成本	40 000 美元	10 000 美元
年收入	1 000 000 美元	1 000 000 美元
与计算机无关的年营业成本	880 000 美元	880 000 美元

Lewis 的年终奖金一部分与部门营业利润有关。他下一年有可能晋升为 Goldcoast Products 的副总裁。

要求：

1. 忽略资金和所得税的时间价值，考虑 3 年的经营成果之和，比较工作站和联网个人电脑的成本。

2. 说明为什么 Lewis 不愿购买联网个人电脑。

解答

1. 下表列示了工作站和联网个人电脑的所有成本项目（单位：美元）：

所有项目	三年合计		
	工作站 (1)	联网个人电脑 (2)	差异 (3)＝(1)－(2)
收入	3 000 000	3 000 000	—
营业成本			
与计算机无关的营业成本（880 000 美元/年×3 年）	2 640 000	2 640 000	—
与计算机相关的现金营业成本（40 000 美元/年；10 000 美元/年×3 年）	120 000	30 000	90 000
工作站的账面价值			
分期计提折旧或	180 000	—	—
一次冲销	—	180 000	
工作站的当前处置价值	—	(95 000)	95 000
联网个人电脑的每期折旧	—	135 000	(135 000)
营业成本合计	2 940 000	2 890 000	50 000
营业利润	60 000	110 000	(50 000)

当然，也可以仅对不同方案的差异项目进行分析，如下表所示（单位：美元）

所有项目	三年合计		
	工作站 (1)	联网个人电脑 (2)	差异 (3)=(1)−(2)
与计算机相关的现金营业成本（40 000 美元/年×3 年；10 000 美元/年×3 年）	120 000	30 000	90 000
工作站的当前处置价值	—	(95 000)	95 000
联网个人电脑的每期折旧	—	135 000	(135 000)
相关成本合计	120 000	70 000	50 000

分析表明，用联网个人电脑替换现有工作站系统更合算。

2. 权责发生制下两种方案第一年的营业利润如下（单位：美元）：

	继续使用工作站系统		购买联网个人电脑	
收入		1 000 000		1 000 000
营业成本				
与计算机无关的营业成本	880 000		880 000	
与计算机相关的现金营业成本	40 000		10 000	
折旧	60 000		45 000	
处置工作站的损失	—		85 000[a]	
营业成本合计		980 000		1 020 000
营业利润		(20 000)		20 000

a. 85 000＝工作站的账面价值 180 000 美元－当前处置价值 95 000 美元。

购买联网个人电脑会有 20 000 美元的经营亏损，而继续使用旧系统会有 20 000 美元的营业利润，Lewis 肯定不愿意购买联网个人电脑。因为这不仅会减少他的奖金，而且可能影响他的晋升。

决策要点

下面是对本章学习目标的总结，决策问题代表与学习目标相关的关键问题，指南则是对该问题的回答。

决策问题	指南
1. 管理人员制定决策的五个步骤是什么?	决策的五个步骤是：（1）识别问题与不确定性；（2）获取信息；（3）预测未来；（4）选择方案做出决策；（5）实施决策、评价业绩与学习改进。
2. 收入或成本在什么情况下与决策相关？管理人员在进行相关成本分析时应避免什么问题?	与成本或收入相关的两个标准为：（1）必须是预期的未来收入或成本；（2）必须因方案的不同而不同。定量因素指可以用数字计量的结果。相关收入和相关成本的分析只需考虑能用财务指标表示的定量因素。方案的结果也可以用非财务的定性指标或定量指标来衡量。定性因素则是指很难用数字准确计量的结果，如员工士气。但管理人员在制定决策时仍然要考虑非财务的定性指标或定量指标。

	在进行相关成本的分析时应避免两个潜在的问题是：(1) 要关注不正确的假设，比如所有变动成本都相关，所有固定成本都不相关等；(2) 不关注总固定成本而关注单位固定成本。
3. 什么是机会成本？为什么在制定决策时要考虑机会成本？	机会成本是指没有将有限资源用于次优方案而失去的收益。之所以在制定决策时考虑机会成本，是因为它是决策的增量成本和决策造成收益受损的机会成本。
4. 当存在资源约束时，管理人员应如何从多种产品中选择产品进行生产和销售？	当产能有限，需从多种产品中进行选择时，管理人员应选择使约束资源的单位贡献毛益最大的产品。这样，总的贡献毛益才会达到最大。
5. 管理人员应如何管理瓶颈？	(1) 认识到瓶颈决定产量贡献；(2) 发现瓶颈；(3) 保持瓶颈资源充分利用，并将非瓶颈资源的利用放在瓶颈资源之后考虑；(4) 提高瓶颈环节的效率和生产能力。
6. 在终止或增加业务、关闭或增设分公司/经营分部时，管理人员应该如何处理已分配间接成本？	管理人员应忽略已分配间接成本，而应关注发生变化的成本和机会成本。
7. 现有设备的账面价值是否与设备更新决策相关？	现有设备的账面价值为过去（历史）成本，因此属于不相关成本。
8. 决策模型是如何与管理人员业绩评价模型发生冲突的？	高层管理者面临一个持续的挑战：确保对下属的业绩评价模型与决策模型一致。通常，不一致在于要求下属管理人员在决策时有长远眼光，却又以当年的营业利润为基础评价他们的业绩。
9. 在进行销售还是继续加工的决策时，管理人员需要考虑哪些收入和成本？	管理人员只考虑这一决策中的增量收入和增量可分离成本。而联合成本在这里是不相关成本，因为不论是否进一步加工，联合成本都是一样的。

重要术语

book value 账面价值
business function cost 业务职能成本
constraint 约束条件
decision model 决策模型
differential cost 差量成本
differential revenue 差量收入
full cost of the product 产品的全部成本
incremental cost 增量成本
incremental revenue 增量收入
insourcing 自制
linear programming 线性规划
make-or-buy decision 自制或外购决策
objective function 目标函数
one-time-only special order 一次性特殊订单
opportunity cost 机会成本
outsourcing 外购
product-mix decision 产品组合决策
qualitative factors 定性因素
quantitative factors 定量因素
relevant costs 相关成本
relevant revenue 相关收入
sunk costs 沉没成本
theory of constraints 约束理论
throughput margin 产量贡献

作 业

简答题

9—1 列出决策制定过程的五个步骤。

9—2 “所有未来成本都是相关的”。你同意这种说法吗？为什么？

9—3 “变动成本总是相关的，固定成本总是不相关的”。你同意这种说法吗？为什么？

9—4 “只要零件的单位制造总成本高于市价，就应外购”。你同意这种说法吗？为什么？

9—5 “管理人员应该使单位贡献毛益最高的产品销量最大”。你同意这种说法吗？为什么？

9—6 简述瓶颈管理过程的四个关键步骤。

9—7 “应关闭营业利润为负的分公司和经营分部”。你同意这种说法吗？为什么？

9—8 “作为设备折旧费用冲销的成本总是不相关作息”。你同意这种说法吗？为什么？

9—9 “管理人员应该总选择营业利润最高或成本最低的方案”。你同意这种说法吗？为什么？

9—10 “管理人员在决定在分离点销售还是进一步加工时，只需要考虑附加收益与可分离成本”。你同意这种说法吗？请给出解释。

练习题

9—11 （特殊订单，作业成本法）Medal Plus 公司生产颁发给在运动会或其他比赛中获胜者的奖章。其生产能力为每月 12 000 枚，现在的月产销量是 10 000 枚。奖章的正常售价是每枚 300 美元。现有作业水平下的成本资料如下：

随产量变化的变动成本	
直接材料	600 000 美元
直接人工	450 000 美元
随生产批数变化的变动成本（安装调试、材料处理、质量控制等）200 批×1 500 美元/批	300 000 美元
固定生产成本	250 000 美元
固定营销费用	50 000 美元
总成本	1 650 000 美元

Medal Plus 刚刚接到了一份单价为 250 美元、总量为 2 000 枚的一次性订单。接受一次性订单不会影响公司的正常经营。Medal Plus 为现有顾客生产奖章的批量为 50 枚，共生产 200 批（200×50＝10 000（枚））。一次性订单要求 Medal Plus 分 40 批生产，每批 50 枚。

要求：回答下列问题：

1. Medal Plus 应接受该订单吗？列出计算过程。

2. 假设工厂的生产能力是每月 11 000 枚而不是 12 000 枚。特殊订单必须全部接受或全部拒绝。Medal Plus 应接受特殊订单吗？列出计算过程。

3. 继续要求 1，仍假设月生产能力为 12 000 枚，Medal Plus 担心如果接受了特殊订单，现有顾客会在完成特殊订单的当月要求 20 美元的折扣，因为他们认为 Medal Plus 的成本分配给了更多的产品，他们理应从中得到好处。在这种情况下，Medal Plus 应该接受特殊订单吗？列出计算过程。

9—12 （自制或外购，作业成本法）Summer 公司生产调制解调器并自制重要部件——调制解调器电路板（CMCB）。2012 年生产 CMCB 的成本资料和 2013 年的预期成本资料如下（单位：美元）：

	2012 年当期成本	2013 预期成本
变动生产成本		
单位直接材料成本	185	165
单位人工成本	60	44
每批用于安装调试、材料处理、质量控制的变动生产成本	1 750	1 700
固定生产成本		
不生产 CMCB 可以避免的固定制造费用	590 000	595 000
不生产 CMCB 也要发生的折旧、保险、管理等固定制造费用	1 030 000	1 020 000

Summer 2012 年分 80 批生产了 16 200 件 CMCB，每批 190 件。2013 年，Summer 预期需要生产 17 000 件 CMCB，将分 100 批生产，每批 170 件。Manson 公司同意在 2013 年以单价 280 美元随时向 Summer 提供 CMCB。

要求：

1. 计算 2013 年生产 CMCB 的预期单位总生产成本。

2. 假设如果 Summer 向 Manson 购买 CMCB，现在用于生产 CMCB 的生产能力将会闲置，确定 Summer 应自制还是外购。列出计算过程。

3. 假设如果 Summer 向 Manson 购买 CMCB，现在用来生产 CMCB 的生产能力的最佳用途是生产特种电路板（CB3）出售给 Essex 公司。Summer 预计生产 CB3 增加的成本和收入为：

预期增量收入合计	2 200 000 美元
预期增量成本合计	2 425 000 美元

若仅考虑财务因素，确定 Summer 应该自制还是向 Manson 购买 CMCB。列出计算过程。

9—13 （成本决策，机会成本）剪草机制造商 Lawnwolf 预计明年需要 240 000 个火花塞，月需求量为 20 000 个。某供应商的报价是每个火花塞 11 美元，若在年初一次购买 240 000 个，将给予 4% 的折扣。Lawnwolf 现金投资的年回报率为 10%，每下一次订单要花费 220 美元。

要求：回答下列问题：

1. 与每月购买 20 000 个相比，年初一次购买 240 000 个的机会成本是多少？

2. 通常会不会将此机会成本记入会计系统？为什么？

3. Lawnwolf 应在年初一次购买 240 000 个火花塞还是每月购买 20 000 个？列出计算过程。

4. Lawnwolf 在制定决策时还需考虑哪些其他因素？

9—14 （相关成本，贡献毛益，重点产品）Shell Hunter 是一家设在著名海滨度假胜地的外卖食品店。Susan Sexton 是这家店的老板，需要决定四种饮料在冰箱中所占的空间，相关资料如下：

	可乐	柠檬	果汁	天然橘汁
每箱售价（美元）	19.10	19.75	26.90	38.80
每箱变动成本（美元）	14.20	15.60	20.90	30.25
每英尺货架的日销量（箱）	5	10	25	12

Sexton 共有 12 英尺货架，她希望每种饮料所占的货架最少为 1 英尺、最多为 6 英尺。

要求：

1. 计算每种饮料的单箱贡献毛益。

2. Sexton 的一个同事建议让单箱贡献毛益最大的饮料占据最多的货架，请对此加以评价。

3. 说明每种饮料应分配多少货架。列出计算过程。

9—15 （关闭和开设商店）GST 公司经营两家便利店，一家在明尼阿波里斯，一家在圣保罗。2013 年的营业利润如下（单位：美元）：

	明尼阿波里斯分店	圣保罗分店
收入	2 140 000	1 720 000
营业成本		
产品销售成本	1 500 000	1 320 000
租金费用（每年续约）	180 000	150 000
人工成本（以小时计）	84 000	84 000
设备折旧费	50 000	44 000
公用设施（电力、供暖）	86 000	92 000
已分配公司费用	100 000	80 000
营业成本合计	2 000 000	1 770 000
营业利润（亏损）	140 000	(50 000)

设备的处置价值为 0。在高层管理会议上，公司的管理会计师 Sven Larsen 提议，“如果关掉圣保罗分店，或者再增开一家类似的分店，就可以提高 Sanchez 的盈利能力。”

要求：回答下列问题：

1. 关闭圣保罗分店，Sanchez 可以减少公司间接成本 88 000 美元。计算 Sanchez 关闭圣保罗分店后的营业利润。Sven Larsen 关于关闭圣保罗分店的说法是否正确？请给出解释。

2. 如果 Sanchez 继续保留圣保罗分店，而且新开了一家收入和成本与圣保罗分店一样的商店（包括一台购买成本为 44 000 美元、使用年限为 1 年、处置价值为 0 的设备），计算其营业利润。新开这家店将会增加公司间接成本 8 000 美元。Sven Larsen 关于新开一家类似商店的说法是否正确？请给出解释。

9—16 （顾客选择）Speedy Printers 是一家月印刷能力为 1 000 机器工时的印刷厂，其主要客户是 Ace 公司和 Jacks 公司。1 月的有关资料如下（金额单位：美元）：

	Ace 公司	Jacks 公司	合计
收入	60 000	40 000	100 000
变动成本	21 000	24 000	45 000
贡献毛益	39 000	16 000	55 000
固定成本（已分配）	30 000	20 000	50 000
营业利润	9 000	（4 000）	5 000
所需机器工时（小时）	750	250	1 000

Jacks 公司表示希望 Speedy 在 2 月为其额外提供价值 40 000 美元的印刷服务。这笔业务的变动成本和所需机器工时与 1 月 Speedy 向 Jacks 提供的业务相同。Speedy 希望在 2 月与 Ace 公司的业务量保持不变。假设 Speedy 2 月的生产能力没有限制，且总机器工时和固定成本与 1 月相同。

要求：说明 Speedy 应如何决策以使其营业利润最大。列出计算过程。

9—17 （设备成本的相关性）Shiny Wash 公司在新财务年度的第一天购买并安装了一台汽车上光机，成本 40 000 美元，年付现运行费用 30 000 美元。该设备的使用年限为 4 年，残值为 0。

新设备使用一天后，某推销商推销另一种年付现运行费用为 18 000 美元、功能完全相同的设备。包括安装费在内的价格为 48 000 美元，使用寿命也为 4 年，残值为 0。原设备只能卖 20 000 美元，还要支付 4 000 美元的拆卸费。

年销售收入为 300 000 美元，与此决策无关的其他付现成本为 220 000 美元。

为简单起见，忽略所得税和资金的时间价值。

要求：回答下列问题：

1. a. 编制每种方案 4 年的年现金收支表。4 年的现金流总差异是多少？

b. 编制直线折旧法下每种方案 4 年的年利润表。4 年的营业利润总差异是多少？

c. 问题 a 和问题 b 中的非相关项是什么？为什么？

2. 假设原设备的成本是 100 万美元而不是 40 000 美元，但售价仍为 20 000 美元，减去 4 000 美元的拆卸费。要求 1 中问题 a 和问题 b 的差异会不会改变？请给出解释。

3. 管理人员购买原设备一天后即考虑更新设备，此时决策模型会不会与管理者的动机发生冲突？

9—18 （设备改良和更新）Furnitech 公司每年生产并销售 7 500 张电脑桌，售价 375 美元。现在的生产设备当时以 900 000 美元的价格购入，使用年限为 5 年，目前已使用 2 年，残值为 0，采用直线法计提折旧，当前处置价值 225 000 美元。由于新技术的兴起，Furnitech 公司正在考虑是对这一设备进行改良还是更新。两种方案的预期成本如下表所示（金额单位：美元）：

	改良	更新
预计一次性设备成本	1 500 000	2 400 000
单位变动生产成本	75	37.5
剩余使用年限	3	3
设备净残值	0	0

所有的折旧成本继续采用直线折旧法。为简单起见，忽略所得税和资金的时间价值。

要求：回答下列问题：

1. Furnitech 应改良还是更新设备？列出计算过程。

2. 若更新生产线的成本未知，其他资料如前所述，当 Furnitech 愿意更新而不愿改良时生产线的最高价格是多少？

3. 若更新生产线的成本已知，但预期产销量未知，那么预期产销量为多少时，Furnitech 愿意（i）更新生产线；（ii）改良生产线？

4. 假设以营业利润评价该公司经理 Dan Douglas 的业绩，当年的营业利润对其奖金至关重要，Douglas 将选择哪种方案？请给出解释。

9—19（相关成本，机会成本）McCormick 软件公司的总经理 Larry Miller 必须决定何时发行新版电子表格软件 Easyspread 2.0。Easyspread 2.0 的研发已经完成，但配套的硬盘、光盘和用户手册还没有生产出来。Easyspread 2.0 可在 2013 年 7 月 1 日发货。

关键的问题是 McCormick 积压了大量的旧版电子表格软件 Easyspread 1.0。Miller 知道，一旦推出 Easyspread 2.0，Easyspread 1.0 就再也卖不出去了。Miller 觉得与其扔掉 Easyspread 1.0 的存货，不如在接下来的三个月继续销售旧版，等到三个月后即 2013 年 10 月 1 日再推出 Easyspread 2.0，那时 Easyspread 1.0 也卖完了，也许这样会更好。

有关资料如下（单位：美元）：

	Easyspread 1.0	Easyspread 2.0
售价	170	215
单位变动成本（硬盘、光盘、用户手册）	24	34
单位研发费用	60	100
单位营销和管理费用	29	39
单位总成本	113	173
单位营业利润	57	42

单位研发费用等于总研发费用除以产品寿命期内的预期销量。2013 年的营销和管理费用为固定成本，为 McCormick 软件公司所有的营销和管理活动提供资金，而且营销和管理费用的分配依据为每件产品的预算收入。上述单位成本都假设在 2013 年 10 月 1 日推出 Easyspread 2.0。

要求：回答下列问题：

1. 明确区分相关和不相关的收入和成本，若仅考虑财务因素，Miller 应立即推出 Easyspread 2.0 还是应等到 2013 年 10 月 1 日？列出计算过程。

2. 制定决策时，Larry Miller 还应考虑哪些其他因素？

9—20（产品组合，相关成本）Gunther Precision Tools 公司生产 A6 普通型和 EX4 高精度型两种金属切割工具。A6 在一台普通型机器上即可生产出来，而 EX4 必须经普通型和高精度型两种机器加工才能生产出来。相关资料如下（金额单位：美元）：

	A6	EX4
售价	200	300
单位变动生产成本	120	200
单位变动营销费用	30	70
估计总固定间接成本	700 000	1 100 000
在普通型机器上生产一单位产品所需小时数	1.0	0.5

其他资料包括：

a. Gunther 的普通型机器生产能力为每年 50 000 小时。

b. 高精度型机器的生产能力不受限制。

c. EX4 的估计总固定间接成本为 1 100 000 美元，其中 600 000 美元为高精度型机器的租赁费用。这一成本全部分摊给 EX4，因为 Gunther 专门用这台机器生产 EX4。Gunther 可随时解除租赁合同，而不用支付任何赔偿金。

d. 所有其他间接成本都是固定成本。

要求：回答下列问题：

1. Gunther 应选择哪一种产品组合，即生产多少 A6 和 EX4 时才能使营业利润最大化？

2. 假设 Gunther 可将普通型机器的年生产能力以 300 000 美元的成本提高 15 000 小时，那么 Gunther 是否应提高普通型机器的生产能力？其营业利润会增加多少？列出计算过程。

3. 假设普通型机器的生产能力已增至 65 000 小时。Clark 公司向 Gunther 提出以 240 美元的单价购入 20 000 件另一种切割工具 V2 的订货要求，Gunther 必须全部接受或全部拒绝。除单位变动生产成本为 140 美元外，S3 与 A6 在其他方面完全一样（即生产一单位 S3，需要 1 小时普通型机器的机器工时，单位变动营销费用为 30 美元）。Gunther 应选择哪一种产品组合才能使其营业利润最大？列出计算过程。

9—21 （关闭生产线，销量增加）Shea 公司的 Northern 分厂生产销售桌子和床。2013 年该分厂根据其作业成本系统预计收入和成本如下（单位：美元）：

	4 000 张桌子	5 000 张床	合计
收入（110 美元×4 500；340 美元×8 250）	495 000	2 805 000	3 300 000
变动直接材料及直接人工成本（65 美元×4 500；265 美元×8 250）	292 500	2 186 250	2 478 750
每条生产线专用设备的折旧	52 000	62 000	114 000
营销和分销费用			
34 000 美元（固定）＋790 美元/运输次数×45 次	69 550		
70 000 美元（固定）＋790 美元/运输次数×165 次		200 350	269 900
以收入为基础分配给各生产线的固定管理费用	63 000	357 000	420 000
以收入为基础分配给各生产线的已分配公司办公费用	26 250	148 750	175 000
总成本	503 300	2 954 350	3 457 650
营业利润（亏损）	(8 300)	(149 350)	(157 650)

其他信息包括：

a. 2013 年 1 月 1 日，设备的账面价值为 114 000 美元，处置价值为 0。没有投入使用的设备都闲置。

b. 如果关闭生产线，该生产线就没有营销和分销费用。

c. 生产线的增减或单条生产线销量的增减不影响固定管理费用和已分配公司办公费用。

要求：回答下列问题：

1. 假设不用的设备闲置，若仅考虑财务因素，Northern 分厂是否应关闭桌子生产线？列出计算过程。

2. 如果 Northern 分厂桌子的销量增加 4 000 张，其营业利润会如何变化？假设为此 Northern 必须再购入一台成本为 52 000 美元、使用期限为 1 年、残值为 0 的设备，且运输次数增加一倍，但固定营销和分销费用不变。列出计算过程。

3. 如果 Northern 分厂预计亏损 157 650 美元，Shea 是否应将其关闭？假定关闭不会对公司的办公费用产生影响，但会减少分厂的管理费用。列出计算过程。

4. 如果 Shea 有条件开设另一家 South 分厂，其产生的收入和成本与 North 的一致（包括 114 000 美元的设备购置款，使用期 1 年，残值为 0），对公司的办公费用也没有影响。那是否应该新设 South 分厂？列出计算过程。

9—22 （产量不确定时的自制或外购决策）Denver Engineering 公司生产小型发动机出售给剪草机等类似产品的生产商。该公司目前自制所有零件，但正在考虑外购发动机的启动器。

启动器现由公司的分部 3 制造。分部 3 过去 12 月的成本信息如下：

直接材料	400 000 美元
直接人工	300 000 美元
制造费用	800 000 美元
总计	1 500 000 美元

分部 3 去年共生产了 150 000 台启动器，启动器的平均成本是 10 美元（1 500 000 ÷ 150 000）。

进一步的制造费用分析表明，全部制造费用中只有 25%是变动成本。固定部分中的 300 000 美元属于管理费用，与是否外购启动器无关，另外 200 000 美元则可因启动器的停产而节省。剩下的 10 000 美元固定制造费用是支付给分部 3 经理的工资，若停止生产启动器，则将其调至分部 2 任经理，工资不变。与外聘人员相比，公司可节约 80 000美元。

要求：回答下列问题：

1. Tutwiler Electronics公司是启动器的可靠供应商，该公司的报价为单价8美元。因其低于平均的自制成本10美元，生产副总裁认为可以接受。仅考虑财务因素，是否应外购？列出计算过程。（提示：明年的产量可能与今年不同。）

2. 如果公司可以用空闲的厂房作仓库从而节约100 000美元的仓储费用，要求1的答案如何？该信息是否相关？为什么？

9—23 （外购或自制决策，作业成本法，机会成本）Weston公司希望今年生产20 000台烧烤炉。目前，公司自制烤炉中的燃烧器。每台烧烤炉配备2个燃烧器。以下是自制40 000个燃烧器的成本信息（单位：美元）：

	单位成本	40 000个燃烧器的成本
直接材料	10.00	400 000
直接人工	5.00	200 000
变动制造费用	2.50	100 000
检查、安装调试、材料处理		8 000
设备租金		16 000
分配的固定管理费、税金和保险费		100 000
总成本		824 000

一家厂商愿意以18.50美元的单价提供任意数量的燃烧器。其他信息如下：

a. 检查、安装调试、材料处理随生产燃烧器的批数而变化。生产燃烧器的批量为1 000个。Weston估计生产40 000个燃烧器需要40批。

b. Weston生产燃烧器的设备是租赁的，若外购燃烧器，则不需租用有关设备。

要求：回答下列问题：

1. 若外购燃烧器，Weston生产燃烧器的厂房将闲置。仅考虑财务因素，若预期产销量为40 000个，Westo是否应外购燃烧器？列出计算过程。

2. 若外购燃烧器后，Weston生产燃烧器的厂房用于改造烧烤炉，从而使每台烧烤炉的售价提高60美元。每台燃烧炉的变动改造费用为48美元，另需购买20 000美元的专用设备。仅考虑财务因素，假设产销量为20 000台，Weston应如何决策？列出计算过程。

3. Weston的销售经理认为20 000台的产量太多，只能售出16 000台，所以应减产。减产节约的空间可用于改造燃烧炉，无须使用原来生产燃烧器的厂房。此时Weston需分32批生产燃烧器，批量为1 000个。仅考虑财务因素，Weston应自制还是外购燃烧器？列出计算过程。

9—24 （最优产品组合）Diane Simpson公司生产Diane's Delight和Bessis's Bourbon两个品牌的曲奇。两种曲奇都要经过搅拌部和烘焙部，但Bessis's Bourbon还须涂上一层巧克力。

销售副总裁Michael Shirra认为Diane Simpson能将每天生产的两种曲奇都销售出去。两种曲奇的批量都为3 000个。每种曲奇每生产一批所需时间和每天可用时间如下（单位：分钟）：

	A	B	C	D
1	生产所需时间			
2	.	搅拌	上涂	烘焙
3	Diane's Delight	30	0	10
4	Bessis's Bourbon	15	15	15
5	每日可用时间	660	270	300

每种曲奇的收入和成本数据如下（单位：美元）：

	A	B	C
7		Diane's Delight	Bessis's Bourbon
8	每批收入	475	375
9	每批变动成本	175	125
10	每批的贡献毛益	300	250
11	每月固定成本（分配到每个产品）	18 650	22 350

要求：

1. 用LP模型说明Diane Simpson面临的问题。用D表示Diane's Delight的产销量，用B表示

Bessis's Bourbon 的产销量。

2. 确定两种曲奇的最优产量组合。

章末案例

是否削减药品种类

这个问题一次次出现在不同的管理层会议和公司讨论中。诺华生产的产品太多，需要减少一些。Thomas Ebeling 是药厂的首席运营官，正在考虑该做些什么。

1996 年 12 月 20 日，Ciba-Geigy 和 Sandoz 合并成立诺华公司，使得生产的药品种类大大增加。Ciba-Geigy 和 Sandoz 生产线的合并让诺华成为治疗领域的领导者，其药品用于治疗免疫系统疾病和炎症，以及中枢神经系统疾病、心血管病、肿瘤病、皮肤病和哮喘病等。诺华现在拥有大概 250 种产品商标（如 Sandimmun，Voltaren，Lamisil 和 Foradil），不同品牌的销量不尽相同。1999 年，排在前 20 位的品牌销量占到 79%，其余的只占 21%。

图表 1 列示了 1998 年全球 50 种规模最小的基本业务品牌的销量、预计销售增长率、成本和其他数据，销售收入为 4.22 亿瑞士法郎（约占行业销售额的 2.7%）。除了图表 1 列出的基本业务品牌之外，其他 15 种品牌贡献了另外的 240 万瑞士法郎。尽管这些产品带来的收入非常少，但它们满足了一些重要药品的需求。例如，Visken 在南美的收入为 114 000 瑞士法郎，却是很重要的 β-受体阻滞药。

图表 1 进一步把成本分为变动成本和固定成本。变动成本的变化与总作业水平的变化成比例。用于生产产品的直接材料的成本就是变动成本。如果销量较小，变动成本也较小。随着销量的增加，变动成本成比例增加。

固定成本则在给定时期内不随作业变化而变化。固定成本包括运营工厂的成本和药品监管的成本。从长期来看，固定成本有时可以进行调整以适应未来作业水平或产量需求。

Andre Khariallah 是控制部门的负责人，他这样评论：

> 从长期来看，从 50 种产品中削减一些产品并不会节约固定成本。我们已经存在多余的产能，因此停止生产这些产品将会带来更多的产能闲置。如果我们削减 50 种产品，可以节省技术运营、产品规划、药品注册、存储和存货管理以及物流等固定成本。此外，还可以节约相应的人工和场地，但如果只减少 2～3 种产品，这些支出就不能节约。我估计，如果削减全部 50 种产品，我们可以节约 50% 的全部固定成本。当然，这也会带来一次性的结构调整费用，如分离成本和设备处置成本，金额为 1 500 万瑞士法郎（大约等于固定成本的 1 年节省量）。

Andrew Kay 是全球营销总监，对图表 1 的产品表述如下：

> 这些产品中有一些销量出现了下降，主要原因是 Novartis 没能利用营销资源进行宣传。当然，这些产品在某些国家的销量比重很大，但在另一些国家比较小。

图表 2 列示了那些可能要停产的品牌，占在智利销售额的 11.1%，但在澳大利亚只有 1.8%。一种方法是停止生产这些药品，这样可能会损失一些收入，但能节约成本。停产可以简化生产过程并使组织的销售和营销集中在某一类关键产品上。但停产可能给诺华与卫生维护组织（HMO）、不同国家（地区）的医生、患者，尤其是这些产品的销量占比很大的国家（地区）带来负面影响。

图表 1　　**基本业务品牌的全球撤资**

品牌	出售产品的国家数量	1999 年销售额（百万瑞士法郎）	1998—1999 年的增长率（%）	1998—1999 年的项目增长率（%）	变动成本（百万瑞士法郎）	固定成本（百万瑞士法郎）
Spasmo-Cibalgin/＋Comp.	14	29	−3	1	4.8	0.7
Slow-K/KCL-Retard	18	26	−23	0	2.1	1.4
Pamelor（L：Lilly）	2	27	−15	−15	1.3	1
Insidon	9	22	−21	−3	5.2	3.6
Trasicor/＋Comb.	WW	22	−14	−10	5.9	0.4
Restoril（L：Wyeth/Am. Ho. Pr.）	3	18	−35	−10	9.1	2.9
Lentaron（L：A. Brodie）	20	14	−44	−20	2.4	0.2
Termalgin	2	24	8	−5	8	3.5
Sintrom	18	24	1	5	8.3	0.6
Cibacalcin	7	15	−23	−15	7.4	0.2
Tonopan	7	15	−13	−5	5.1	0.5
Locacorten/-Vioform	WW	14	−7	−5	3.9	1.2
Calcibronat−/＋Vit. B1	6	0	−10	0	0.1	0.1
Parsel	8	11	−23	0	4.7	1.1
Locasalen/logamel	WW	10	−18	−2	2.9	1
Norprolac	19	11	−8	8	4.5	0.2
Teronac	8	12	−4	−12	3.6	0.2
Adelphan-Esidrex	7	13	32	0	6.6	0.2
Apresolin	17	8	−24	−7	1.8	0.5
Bellergral/＋Retard	8	6	−43	0	0.6	0.1
Nitroglycerin/Triniplas	3	13	51	5	4.5	0.7
Esidrex	9	9	5	2	1.7	1.4
Torecan	8	8	−8	−10	1.8	0.4
Entumin	8	8	1	−5	2.4	1.3
Aminocardol	3	5	−24	−5	1.6	0.4
Digoxin	9	8	−1	0	2.5	0.2

续前表

品牌	出售产品的国家数量	1999 年销售额（百万瑞士法郎）	1998—1999 年的增长率（%）	1998—1999 年的项目增长率（%）	变动成本（百万瑞士法郎）	固定成本（百万瑞士法郎）
Noveril	7	5	−8	−7	2.7	0.8
Sicorten/-Plus	10	5	−14	3	1.4	0.3
Talotren	3	6	−13	−10	2.1	0.9
Navispare	2	4	−18	−15	0.9	0.6
Ser-Ap-Es	5	4	−15	−20	1	0.5
Muricalm/Calmixene	3	3	−11	−2	0.4	0.5
Tremaril	3	2	−53	−20	0.7	0.3
Leptilan（L：Welding）	6	3	−8	−11	1.2	0.1
Nepresol	3	3	−12	−15	0.8	0
Estulic	6	2	−7	−12	1.2	0.4
Nadex/Pridana	2	2	−26	0	0	0.3
Cortison-Ciba	2	2	−14	−12	1	0.2
Yermonil	2	1	−27	−12	0.4	0.2
Anturan	4	1	−6	−20	0.4	0.1
Ultracorten	2	1	−4	−10	0.4	0.2
Visergil	2	1	−23	−10	0.9	0.2
Neo-Intestopan	2	1	3	−9	0.3	0.2
Vioform/-Hydrocortison	3	2	−29	−15	0.4	0.2
Resoferon	4	1	−13	−1	0	0.1
Pertofran	5	1	−2	−15	5.9	0
Esiteren	2	1	−4	−11	0.2	0.1
Sulfacol AG	2	1	−23	−5	0.1	0.1
Millcorten	2	1	0	0	0.3	0.1
Nupercainal	2	1	−30	−4	0.3	0.1
50 个品牌		422			125.6	30.8
资本资产的增长（%）			−13	−3		
占行业销售额的比率（%）		2.7				

图表 2 撤资对不同国家（地区）销售的影响

制药公司产品销售所在国（地区）	1999年销售收入（百万瑞士法郎）	撤资总额（百万瑞士法郎）	比重（%）
制药公司总计	15 617	422	2.7
委内瑞拉	63	7	10.9
厄瓜多尔	19	1	7.7
智利	39	4	11.1
法国	91	3	3.0
巴基斯坦	53	3	6.2
西班牙	460	42	9.1
意大利	680	33	4.8
德国	1 077	72	6.7
秘鲁	22	2	7.8
捷克	40	1	3.4
印度	89	2	1.8
乌拉圭	28	2	6.8
葡萄牙	165	2	1.5
瑞士	180	9	5.1
摩洛哥	15	1	7.1
土耳其	201	10	5.1
南非	88	5	5.5
中美洲和加勒比海地区	92	4	4.0
奥地利	127	4	3.5
埃及	111	5	4.8
孟加拉国	8	0	5.0
印度尼西亚	18	1	5.4
哥伦比亚	53	2	4.6
墨西哥	248	12	4.8
泰国	29	1	3.3
巴西	497	18	3.7
诺华制药服务公司	378	21	5.5
匈牙利	64	3	5.2
中国台湾	78	4	4.5
波兰	89	2	2.1
菲律宾	49	1	2.9
诺华印度公司	14	3	21.0

续前表

制药公司产品销售所在国（地区）	1999年销售收入（百万瑞士法郎）	撤资总额（百万瑞士法郎）	比重（%）
英国	540	11	2.0
新加坡	12	0	2.0
法国	952	23	2.4
诺华巴塞尔制药公司	81	0	0.5
希腊	161	4	2.6
阿根廷	166	4	2.3
加拿大	305	7	2.3
荷兰	112	2	2.0
比利时	181	3	1.8
日本	1 801	27	1.5
中国香港	33	1	1.8
澳大利亚	167	3	1.8
马来西亚	10	0	1.5
新西兰	32	1	2.1
爱尔兰	33	0	1.0
美国	5 487	50	0.9
中国大陆	87	1	1.5
挪威	26	0	0.9
芬兰	72	1	0.8
瑞典	78	1	1.0
丹麦	39	0	0.7
韩国	66	0	0.4

Ebeling在想是否还存在其他方法可以停止生产这些药品。一种可能是对这些产品加大营销资源的投入。当前，这些产品的直接营销成本还很低。这些产品都已经处于生命周期的成熟阶段，不需要再投入大量资源。预计的增长率基本为负。当然，在生命周期的最后一个阶段，对这些产品投入营销资源能否产生影响是未知的。

另外一种可能是找到一家愿意购买这些产品的公司。与诺华相比，这样的公司应该规模比较小，且成本较低。如果买了这些产品，公司还可以生产、营销和销售好几年。

最后一个问题是管理层报告和激励体制。不同国家（地区）的部门经理和销售组织根据销售收入减去当地的成本（这是利润表上各国（地区）经理能直接影响的数字）来进行绩效评价。在他们的业绩评价系统中，由于各国（地区）经理不能控制生产成本，因此已售产品的生产成本不由诺华向各国（地区）收取。削减产品会给全部国家（地区）的销售收入在当地成本不受影响的情况下受到负面影响。这可能会对在该国家（地区）的业绩和经理的奖金带来负面影响。

资料来源：Reprinted by Permission of Harvard Business School.

Harvard Business School Case 9—100—105.

问题

1. 请参考图表1中有关Pertofran和Visergil的数据。你是否会建议诺华停止生产这些药品，因为这些产品的总成本超过了总收入？

2. 在决定是否削减图表 1 中提到的 50 种药品和第 3 段提到的 15 种其他药品时，你认为要考虑哪些战略因素？

3. 你是否建议诺华削减图表 1 中的 50 种药品？计算这样做的 NPV，假设贴现率为 12%，什么因素会影响贴现率？

4. 假定诺华能够找到买家将 50 种药品买下，会开出多少钱的价格？

5. 对最后一段提到的激励问题进行评论。对这些问题，你会如何处理？

6. 关于图表 1 中提到的 50 种药品和第 3 段提到的 15 种药品，你会建议诺华怎么做？

第 10 章

质量、存货管理和时间

学习目标

1. 解释质量成本计划中的四种成本类型。
2. 运用非财务衡量方式和方法来提高质量。
3. 运用财务和非财务方式来制定决策并评价质量业绩。
4. 使用经济订货量决策模型平衡订货成本和持有成本。
5. 描述企业为何使用适时采购。
6. 了解适时生产系统的特点。
7. 描述顾客响应时间，解释延迟发生的原因及其成本。

为满足顾客不断增长的需要，三星、索尼、丰田等公司的管理人员利用有效成本法来不断改进它们的产品和服务的质量，缩短响应时间，减少持有的存货数量。它们需要权衡改进带来的成本以及收益。提高质量、减少存货和缩短响应时间是一项艰巨的任务，但如果公司不做这些改进，损失会更大。

本章介绍了能给公司带来竞争优势的三方面因素。首先强调了将质量作为竞争的工具，从财务、顾客和过程三个角度来审视质量，然后讨论管理人员如何评价质量的绩效。其次描述了存货管理的内容、不同存货决策的相关成本以及减少库存的计划和控制系统，如适时制。最后，我们讨论了作为竞争工具的另一要素——时间，主要关注顾客响应时间、准时履约、时间动因和时间成本。

本章要点

● 质量成本包括防止生产不合格产品发生的预防成本、检测不合格产品发生的鉴定成本、交付给顾客前检测出不合格产品承担的内部差错成本和交付给顾客后检测出不合格产品承担的外部差错成本。

● 管理人员也会用非财务方法来衡量质量，如客户投诉数量、次品率和员工质量培训率等。

● 控制图、帕累托图可以指出每一类质量问题出现的频率，因果图则可以指出质量问题之所在。这些技术都可以帮助管理人员改进质量。

● 管理人员用经济订货量决策模型来制定采购决策。如果公司改进质量并使订单流水化，管理人员可以制定适时采购计划以满足生产或销售的需求。

● 许多公司都实施了适时（JIT）生产系统，这种需求导向型的系统要求企业根据顾客的订单数量决定生产数量。管理人员发现 JIT 生产系统改善了信息流、质量和物流，并降低了成本。

● 将产品或服务迅速地传递给顾客是竞争优势的源泉。管理人员要识别并管理瓶颈以减少成本延迟。

10.1　以质量作为竞争武器

美国质量控制学会（American Society for Quality）根据在购买和使用期间所满

足的顾客的具体要求，将**质量**（quality）定义为产品或服务的总特征。世界上许多公司，比如美国和加拿大的思科公司和摩托罗拉公司、英国的英国电讯公司、日本的富士和丰田公司、墨西哥的 Crysel 公司、韩国的三星公司，都把质量作为最主要的战略因素，因为它们发现注重产品或服务的质量可以在生产上有专长，降低生产成本，提高顾客的满意度，并提高企业的销售利润。许多久负盛名的大奖——美国的马尔科姆·鲍德里奇国家质量奖、日本的戴明奖、墨西哥的 Premio Nacional de Calidad 奖——都是为生产优质产品的公司设置的。

一些国际质量标准也应运而生。例如，国际标准化组织制定的 ISO 9000 就是一套被超过 85 个国家采用的质量管理方面的国际化标准，它协助公司有效地记录并确认生产过程中能改进质量的因素。为了确保供应商以竞争性的价格提供高质量的产品，许多公司（如杜邦和通用电气）都会要求它们的供应商通过 ISO 9000 质量认证。通过 ISO 9000 认证已成为参与全球市场竞争的条件。

随着公司的环境保护责任的加大，管理人员正使用质量管理的思想来寻找有效的方法，以减少空气污染、废水、石油的泄漏、有害废品处置等环境和经济成本。环境管理标准 ISO 14000 鼓励企业努力追求环境目标，通过发展环境管理系统来降低环境成本，通过发展环境审计和业绩评价系统对组织实现环境目标的活动进行评价和反馈。例如，2010 年 4 月英国石油公司在墨西哥湾发生的石油泄漏导致 11 人遇难，连续 3 个月数百万加仑的原油漂浮在海水表层，造成数千平方公里的海洋环境污染，英国石油公司为此也支付了数十亿美元的清洁费用。

我们将集中讨论质量的两个方面：设计质量和一致质量。**设计质量**（design quality）衡量的是产品或服务的功能符合顾客需求的程度。**一致质量**（conformance quality）则是指符合设计与产品规格的产品或服务的性能。苹果公司在设计质量上享有很高的声誉，它开发的很多创新产品（如 iPod，iPhone 和 iPad）都恰到好处地满足了顾客在音乐、通信、娱乐和商务方面的需要。同时，苹果产品的一致质量也很高，能实现所期望的功能。但对于 iPhone 4，许多顾客却抱怨其信号接收效果不好。2010 年苹果公司推出的这款产品凭借良好的设计受到了许多消费者的追捧，因为他们喜欢这款 iPhone 4 的功能。但由于天线的故障使得信号难以接收，这就是一致质量出了问题，因为它没有实现设计所要达到的功能。下图说明了实际的性能可能因为设计质量和一致质量欠佳而使顾客感到不满意。

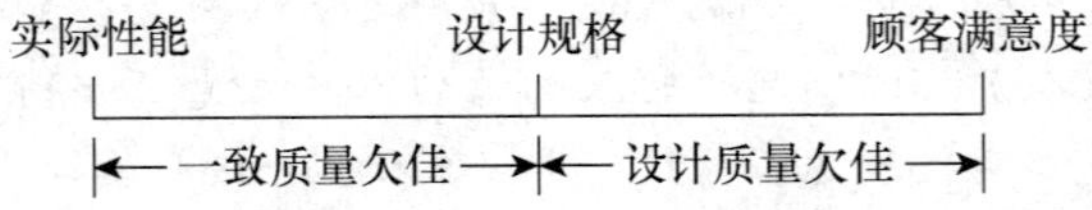

我们利用 Photon 公司介绍管理质量方面的问题，如计算质量成本、识别质量问题和采取措施改进质量等。Photon 公司生产多种产品，我们只关注它的复印机产品，2012 年销量为 20 000 台，销售收入为 3 亿美元，营业利润为 2 400 万美元。

□ 10.1.1 从财务视角看质量成本

财务衡量指标包括收入、营业收入增长率，这些都受到产品质量的影响。最为直接的质量衡量指标则是质量成本。**质量成本**（costs of quality，COQ）是指为预防生产出低质量产品而发生的成本或由于生产了低质量产品而导致的成本。质量成本通常可以分为四种，图表 10—1 给出了各种质量成本的例子。

1. **预防成本**（prevention costs）——为防止生产不合格产品而发生的成本。

2. **鉴定成本**（appraisal costs）——在检测哪些产品不符合标准时发生的成本。

3. **内部差错成本**（internal failure costs）——在交付给顾客之前检测出不合格产品而承担的成本。

4. **外部差错成本**（external failure costs）——在交付给顾客之后检测出不合格产品而承担的成本。

图表 10—1　　与质量成本报告有关的项目

预防成本	鉴定成本	内部差错成本	外部差错成本
设计工程	检测	废品	顾客支持
流程工程	在产品的生产和流程检测	返工品	针对外部差错的生产/流程工程
供应商评估	产品测试	残料	
预防性设备维修		停工维修	保修成本
质量培训		针对内部差错的生产/流程工程	赔偿责任
新材料测试			

图表 10—1 中的产品成本项目来自价值链的所有业务职能。Photon 公司采用第 6 章介绍过的七步作业成本法来确定复印机的质量成本。

步骤 1：确定所选择的产品。产品是 Photon 公司 2012 年生产并销售的 20 000 台复印机。Photon 公司的目标是计算这些复印机的总质量成本。

步骤 2：确定产品的直接质量成本。复印机没有直接质量成本，因为没有检测或维修工人来管理复印机的质量。

步骤 3：选择成本分配基础，用来分配产品间接质量成本。图表 10—2 中，表 A 的第（1）列将作业按照预防成本、鉴定成本、内部差错成本、外部差错成本进行分类，并在括号中列出这些成本发生的价值链位置。例如，检测作业导致了鉴定成本，并发生在生产阶段。Photon 公司将检测小时数作为检测作业的成本分配基础。为了避免在解释概念时关注过多不必要的细节，我们不再提供每项成本分配基础的总数量信息。

图表 10—2　　Photon 公司质量的作业成本分析

	A	B	C	D	E
1	表 A：质量成本报告				
2	质量成本和价值链类型	比率[a]	数量	总成本（美元）	收入百分比
3	（1）	（2）	（3）	（4）＝（2）×（3）	（5）＝（4）÷300 000 000
4	预防成本				
5	设计工程（研发/设计）	80 美元/小时	40 000 小时	3 200 000	1.1%
6	流程工程（研发/设计）	60 美元/小时	45 000 小时	2 700 000	0.9%
7	总预防成本			5 900 000	2.0%

8	鉴定成本				
9	检测（生产）	40美元/小时	240 000小时	9 600 000	3.2%
10	总鉴定成本			9 600 000	3.2%
11	内部差错成本				
12	返工（生产）	100美元/小时	100 000小时	10 000 000	3.3%
13	总内部差错成本			10 000 000	3.3%
14	外部差错成本				
15	顾客支持（营销）	50美元/小时	12 000小时	600 000	0.2%
16	运输成本（分销）	240美元/运次	3 000运次	720 000	0.2%
17	保修成本（顾客服务）	110美元/小时	120 000小时	13 200 000	4.4%
18	总外部差错成本			14 520 000	4.8%
19	总质量成本			40 020 000	13.3%
20					
21					
22	表B：机会成本分析				
23	质量成本类型			预计总贡献毛益	销售比例
24	(1)			(2)	(3)=(2)÷300 000 000
25	外部差错成本				
26	预计由于销售量的下降而放弃的贡献毛益和利润			12 000 000[b]	4.0%
27	总质量成本			12 000 000	4.0%
28					

a. 计算过程略。

b. 用总收入减去所有的变动成本。如果低质量使得Photon在后续年份的销售收入减少，那么机会成本就更大。

步骤4：识别与每个成本分配基础相关的间接质量成本。间接质量成本是指在Photon公司的经营活动中，为每项质量成本作业发生的总成本（变动成本和固定成本），如检测成本，为了避免在理解概念时关注过多不必要的细节，我们不再提供总成本的信息。

步骤5：计算每个成本分配基础的分配率。对于每种作业，总成本（步骤4已计算出）除以成本分配基础（步骤3已计算出）来得到分配率。在图表10—2中表A的第（2）列给出了这些分配率（具体计算过程略）。

步骤6：计算分配给产品的间接质量成本。在图表10—2中表A的第（4）列给出了复印机的间接质量成本，等于复印机成本分配基础的总数乘以在步骤5中（第（2）列）计算出的每种作业的成本分配率。例如，复印机的相关质量检测成本为960万美元（40美元/小时×24万小时）。

步骤7：将分配给产品的所有直接质量成本、间接质量成本相加，得到总的质量成本。在COQ报告中，Photon公司复印机的总质量成本为4 002万美元，即当前收入的13.3%（图表10—2中表A的第（4）和第（5）列）。

在第9章已经提到，机会成本没有记录在财务会计系统中。但质量成本中很重要的一个组成部分就是，由于销售损失、生产损失或低质量引起的低价格而放弃的收入与贡献毛益的机会成本。Photon公司的市场研究部门估计，因为外部的失败，可能会导致2012年公司少销售2 000台复印机。放弃的贡献毛益和营业利润1 2000万美元（图表10—2中的表B）就是对因质量问题引起的预期销量减少的度量。总的质量成本（包含机会成本）应等于5 202万美元（表A的4 002万+表B的1 200万），即总收入的17.3%，其中机会成本占到了23.3%（1 200万/5 202万）。

下面我们将介绍外部差错成本的主要影响因素和客户对Photon复印机质量满意度的非财务衡量方式。

成功之匙

质量成本帮助管理人员确定所花费的预防成本、鉴定成本、内部差错成本和外部差错成本的金额，目的就是降低差错成本和总的质量成本。

10.2 使用非财务指标来评价和改进质量

联合利华、联邦快递和TiVo等公司都会利用非财务指标来管理质量。同样，首先要通过顾客来审视产品质量，然后经理将注意力转向流程建设，以提高质量并通过企业文化来维持。

10.2.1 顾客角度：顾客满意度的非财务衡量指标

Photon用以下方式衡量顾客满意度：

- 关于顾客偏好和对某些特定产品功能满意度的市场研究信息；
- 市场份额；
- 非常满意的顾客的百分比；
- 交到顾客手里的不合格产品数占交付产品总数的百分比；
- 顾客投诉的次数（许多公司估算，实际每发生1次顾客投诉，就会有10～20名其他顾客对这种产品有过不愉快的体验，只不过是未投诉而已）；
- 产品在交付后很快表现不佳的比例；
- 平均物流延迟时间（约定交货日与顾客要求交货日之间的时差）；
- 准时交货（在约定交货日当天或之前交货的比例）。

Photon的管理人员需要监控这些数字是否会随着时间的推移而改善或恶化。顾客满意度高将会降低外部差错成本和质量成本，并因为更多的回头客以及良好的宣传效应而提高未来的收入。顾客满意度低则意味着外部差错成本和质量成本在未来将会增加。下面讨论内部商业流程来识别和分析质量问题，以帮助改进质量和提升顾客满意度。

10.2.2 内部企业流程角度：分析质量问题并改进质量

我们提供三种用于识别质量问题的技术：控制图、帕累托图和因果图。

控制图 统计质量控制（statistical quality control，SQC），也称统计流程控制

(statistical process control, SPC)，是一种识别生产流程中的随机差异和非随机差异的正式方法。随机差异可能发生，例如，设备的运转速度随机波动会导致生产出缺陷产品，如复印效果差、复印件过亮或过暗等。非随机差异也会发生在因系统问题而生产出缺陷产品时，如速度设置不正确、设计有瑕疵。**控制图**（control chart）是进行统计质量控制的一种重要工具，按一定时间间隔对某个特殊步骤、程序或者操作进行一系列连续的观察，并将观察结果记录后描绘成图。那些落在既定范围内的观察结果符合预期；那些落在控制范围之外的观察结果则被看成是非随机性的，值得注意并应加以检测。

图表 10—3 是对 Photon 公司三条复印机生产线进行观察得出的每天有缺陷产品比例的控制图。假设每条生产线前 60 天的观察结果为得到日不合格品率分布状况提供了良好的基础。算术平均数 μ 和标准方差 σ 是图表 10—3 中的控制图使用的两个重要的分布参数。根据以往的经验，该公司决定对超出 $\mu\pm2\sigma$ 范围的观察结果进行调查。

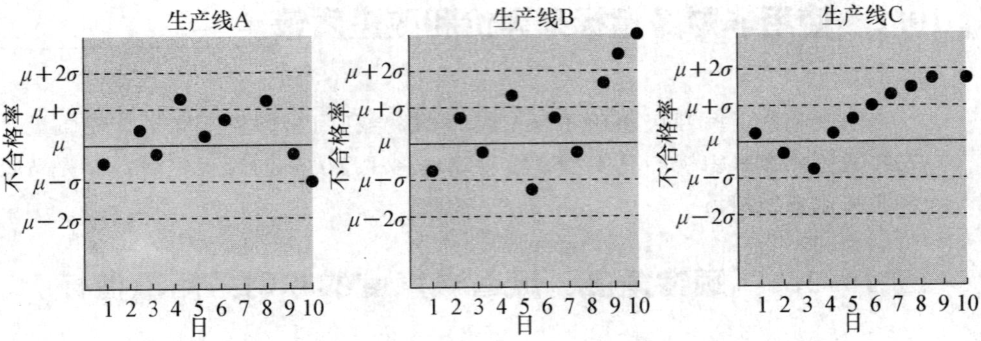

图表 10—3　统计质量控制图：Photon 公司复印机的日不合格率

对于图表 10—3 中的生产线 A，观察结果都落在 $\mu\pm2\sigma$ 均值范围内。管理人员认为不必做调查。而生产线 B 的最后两次观察结果显示很有可能发生失控事件，若以 $\pm2\sigma$ 为界限，需要对这两次观察结果的产生原因进行调查。生产线 C 的观察结果则表明，虽然按照 $\pm2\sigma$ 的界限标准，目前还没有观察结果落在界限之外，但最后的 8 个观察结果已经表现出明显的失控趋势，因为后面的 6 个观察结果和平均值离得越来越远。统计分析程序能对趋势和变动同时进行分析，以判断流程是否已经失控。

帕累托图　我们把超出控制范围的观察值作为帕累托图中的输入点。**帕累托图**（pareto diagrams）反映的是每种缺陷发生的频率，按照从最经常发生到发生频率最小的次序排列。图表 10—4 就是表示 Photon 公司质量问题的帕累托图。复印件失真和模糊不清是最频繁发生的问题。在许多情况下，失真和模糊不清的复印效果会造成高额的返工成本。这种问题有时也会在用户那里发生，从而会导致高额的保证成本和维修成本。

因果图　在帕累托图中最频繁发生的问题和高成本问题可以用因果图来进行分析。**因果图**（cause-and-effect diagrams）用来确定缺陷发生的潜在原因。图表 10—5 显示了描述“失真和模糊不清”问题发生的潜在原因的因果图。图表中列出了四种潜在的差错原因——人为因素、操作和设计因素、与机器有关的因素、材料和部件因素。由于每种原因后面都用箭头标出了更详细的原因，因此该图的总体形状看起来像

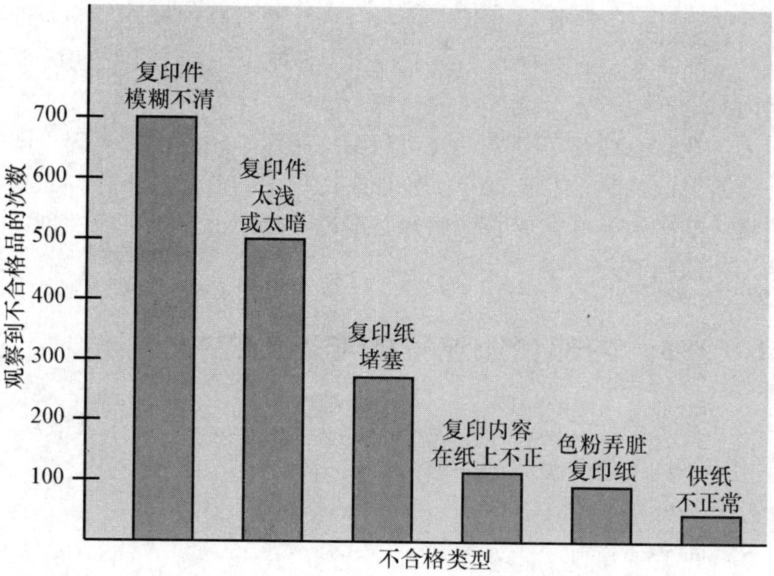

图表 10—4　Photon 公司复印机的帕累托图

个鱼骨架（为此，因果图也称鱼骨架图）。[①] Photon 的工程师将材料和部件因素视为导致复印件失真和模糊不清的主要原因。其他箭头或骨架提供了更为详细的原因。例如，导致材料和部件因素出现问题的可能原因有购买的部件不相同以及部件不兼容。由此很快确定是购买的部件不同造成了问题，从而追溯至供应商和部件的不当操作上。更进一步的分析表明是对部件的不当操作导致了复印件失真和模糊不清。

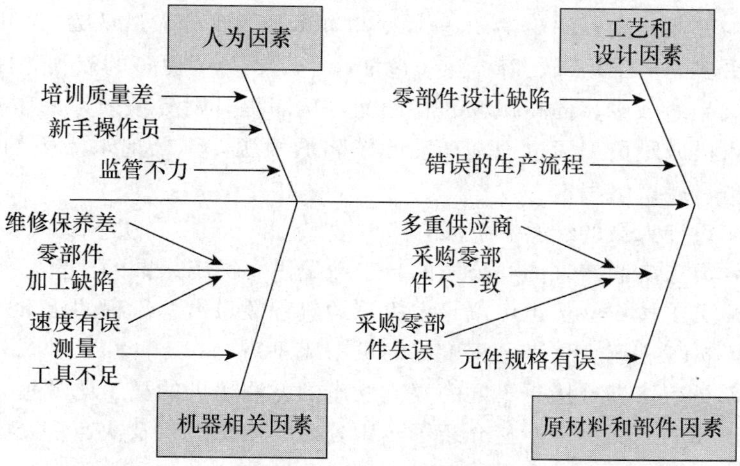

图表 10—5　Photon 公司复印件失真和模糊不清的因果图

可以通过自动化设备和计算机来记录差错的数量和类型以及产生差错时的操作状态，从而使质量问题的分析变得容易。使用这些输入，计算机程序可以同步给出控制图、帕累托图和因果图，目的就是不断降低平均缺陷率 μ 和减小标准差 σ。

六西格玛质量　在摩托罗拉、通用电气等公司，质量改进的最终目的是达到六西

① See P. Clark, "Getting the most from Cause-and-effect Diagrams," *Quality Progress* (June 2000).

格玛（Six Sigma）① 质量要求。这个过程非常容易理解和控制，即平均的缺陷率 μ 和标准差 σ 都非常小。这样，图表 10—3 中控制上限和下限之间的距离就为 6σ。在这个范围内只会产生百万分之 3.4 的差错。

为了执行六西格玛标准，公司利用控制图、帕累托图和因果图等技术来界定、衡量、分析、改进和控制流程，以使生产过程中的波动最小化，实现零缺陷。但对六西格玛持质疑观点者则认为它强调的是渐进式创新而不是突破性创新。不管怎样，公司都从六西格玛管理中受益匪浅。

□ 10.2.3 内部企业流程的非财务指标

公司一般使用非财务指标来衡量它们所采取的质量改进活动。Photon 的管理人员使用以下内部业务流程的非财务衡量指标：

- 产成品的次品率；
- 产品返工率；
- 使用控制图、帕累托图和因果图分析出的不同类型缺陷的数量；
- 改进设计质量或者降低质量成本而导致的设计和流程的变化数量。

Photon 的管理人员认为这些改进措施可以提高顾客满意度、降低成本并带来更好的业绩。

□ 10.2.4 质量培训和质量改进指标

内部业务流程的驱动力是什么？Photon 的管理人员认为，招聘优秀的设计人员、提供更多的员工培训、降低员工离职率、赋予员工更多的权利并提高其满意度，可以减少次品的数量，提高顾客的满意度，从而提升财务绩效。为了营造一种质量文化，管理人员鼓励员工通过识别和消除缺陷的根源，不断追求品质的改善。Photon 的管理人员考虑以下因素：

- 设计人员的经验和资质；
- 员工离职率（离开公司的员工数量占总员工人数的比重）；
- 员工授权（员工可以自主决策的流程数量占总流程的比重）；
- 员工满意度（满意程度高的员工比重）；
- 员工培训（接受不同的提高质量的方法培训的员工比重）。

下面的“实例”专栏介绍了丰田公司的质量观以及快速发展中面临的挑战。

实 例　　丰田在数百万缺陷车辆召回后的计划变更

日本的丰田汽车公司因生产质量可靠的汽车而享有盛誉。公司通过全面质量管理、质量控制、六西格玛、帕累托图和因果图对员工进行培训。一旦出现有缺陷的产品，员工可以停止生产。正是这样，丰田建立起了持续改进质量的企业文化。2002 年，丰田的高管计划未来销售额要增长 50%，并一举成为世界最大的汽车生产商。公司最终获得了成功，

① Six Sigma 是摩托罗拉公司注册的商标。

但由于只关注销售增长而影响了质量。

2009 年 11 月—2010 年 1 月，由于有 8 款汽车的油门踏板变厚导致突然加速，丰田被迫在全球范围内召回 900 万辆有这种问题的汽车。公司召回了 12 款汽车，并停止生产和销售 8 款丰田和雷克萨斯系列的汽车，包括受欢迎的凯美瑞和花冠，由此造成每周 5 亿美元的损失。

为了重塑质量和声誉，丰田采取了以下行动：(1) 建立了由 CEO Akio Toyoda 领导的质量委员会；(2) 计划在所有新车型中加装限制加速的刹车系统；(3) 新增四项质量培训设施；(4) 承诺加快对未来出现的召回的决策速度。“倾听消费者的心声是我们重塑可靠声誉的重要因素”，Toyoda 如是说。

资料来源：Based on Wendy Kaufman, “Can Toyota recover its reputation for quality?” *Morning Edition*, *National Public Radio* (February9, 2010); Kate Linebaugh and Norihiko Shircuzu, “Toyota heir faces crisis at the wheel.” *Wall Street Journal* (January27, 2010); Micheline Maynard and Hiroko Tabuchi. “Rapid growth has its perils, Toyota learns,” *New York Times* (January27, 2010); Yuri Kageyama, “Toyota holds quality meeting to help repair reputation; promise quicker complaint response”, *Associated Press* (March 29, 2010).

成功之匙

非财务指标帮助管理人员从顾客的角度理解质量。管理人员利用控制图、帕累托图和因果图来改进质量。

10.3 决策制定与质量业绩评价

在进行决策制定和业绩评价时，管理人员将财务的和非财务的信息结合起来使用。我们使用 Photon 公司的例子来说明在改进质量的决策中涉及的相关收入和相关成本。

10.3.1 质量改进的相关成本与收益

仔细研究和分析 Photon 公司的因果图后发现，在从供应商仓库将复印机钢架（或底盘）运送到 Photon 公司的过程中，经常会出现搬运不当的情况。这个钢架必须以非常精确的规格来生产，否则，复印机内的其他部件（如鼓轮、透镜等）就不能准确地装配到钢架上。搬运过程中的不当处理会引起钢架尺寸偏离制造规格，最后造成复印件失真和模糊不清。

负责解决该问题的工程师小组提出了两种解决方案：(1) 在交货时加强对钢架的质检。(2) 重新设计并加固钢架和用于运输的集装箱，从而更好地应对运输过程中可能出现的不当操作。2013 年的成本结构预计与 2012 年的成本结构一致（见图表 10—2）。

为了评估各种方案与现状，管理者需要确定每种解决方案的相关成本和收益。关键问题是：在这两种方案下，总成本和总收入会如何变化？相关成本和收益分析都忽视了分配金额（见第 9 章）。

Photon 公司会在一年的时间（2013 年）内考虑该决策，因为 Photon 公司计划在 2013 年末引进一套全新的生产线。新的生产线如此不同，以至于无论是选择检测还是重新设计，都不会对以后年度的复印机销售有任何影响。

图表 10—6 说明了两种方案的相关成本和收益。

图表 10—6　　Photon 公司的质量改进方案对质量成本的预计影响　　金额单位：美元

	A	B	C	D	E	F	G
1			仔细检测钢架的增量成本和收益			重新设计钢架的增量成本和收益	
2	相关项目	每单位相关收益	数量	总收益		数量	总收益
3	(1)	(2)	(3)	(4)		(5)	(6)
4	新增检验和测试成本			(400 000)			
5	新增流程工程成本						(300 000)
6	新增设计工程成本						(160 000)
7	新增钢架成本（10 美元/个×20 000 个）						(200 000)
8				(2)×(3)			(2)×(5)
9	返工成本的节省	40	24 000 小时	960 000		32 000 小时	1 280 000
10	顾客支持成本的节省	20	2 000 小时	40 000		2 800	56 000
11	返工部件运输成本的节省	180	500 台	90 000		700 台	126 000
12	保修成本的节省	45	20 000 小时	900 000		28 000 小时	1 260 000
13	新增销售量的贡献毛益	6 000	250 台	1 500 000		300 台	1 800 000
14	净成本节省和增加的贡献毛益			3 090 000			3 862 000
15	重新设计钢架可节省的成本				772 000		

1. 预计增量成本：追加检测将花费 40 万美元，而重新设计钢架和集装箱将花费 66 万美元（流程 30 万＋设计 16 万＋其他成本 20 万）。

2. 因为更少的返工、顾客的支持以及维修带来的成本节省：图表 10—6 中给出了减少的返工成本为 40 美元/小时，总的返工成本为 100 美元/小时。为什么会产生这一差异呢？因为 Photon 公司发现，质量改进只能节省 40 美元/小时的变动成本，而不能节省返工时 60 美元/小时的固定成本。另外，检测方案可能会减少 24 000 小时的返工时间，从而节省 960 000 美元（40×240 000）的变动成本。而重新设计方案，可能会减少 32 000 小时的返工时间，从而节省 1 280 000 美元（40×320 000）的变动成本。图表 10—6 还给出了两种方案中预计因为顾客支持而节省的变动成本、运输成本以及保修成本。

3. 因为建立了质量和业绩方面的信誉，使得销售额增长，并带来贡献毛益的增加：检测方案下销售的复印机增加 250 台，贡献毛益增加 150 万美元；重新设计方案下销售的复印机增加 300 台，贡献毛益增加 180 万美元。管理层应该寻找因为改进质量而带来高收入的机会，而不是采取降低成本的做法。

图表 10—6 显示了检测和重新设计两种方法与现状的对比，都能产生净收益。但是，如果选择重新设计，会多产生 772 000 美元的净收益。

注意质量改进是如何影响质量成本的。重新设计钢架提高了预防成本（设计和流程工程成本），减少了内部差错成本（返工成本）和外部差错成本（保修成本）。当管理人员对随时间而变化的趋势进行比较时，COQ 报告可以给出更多的观点。在成功的质量计划中，质量成本占销售额的比例以及外部与内部差错成本在总质量成本中所占的比例会随时间的推移而逐步减少。一些公司（如惠普）认为它们应该消除所有的差错成本，从而达到零缺陷。

Photon 公司的管理人员同时使用财务和非财务的方法来评价质量绩效，因为二者有不同的优势。

COQ 的优势

- COQ 衡量指标和管理会计指标关注的职责一致，侧重于衡量低质量引起的成本的大小。
- COQ 指标会比较不同的质量改进项目的成本和收益，确定成本削减的重点次序，从而帮助解决问题。
- COQ 提供了平衡预防成本、鉴定成本、内部差错成本、外部差错成本的一个通用、单一的标准。

非财务质量指标的优势

- 非财务指标容易量化，便于理解。
- 非财务指标直接反映实物生产过程的状况，并有助于将注意力集中在需要改进的问题上。
- 非财务指标，例如缺陷的数量，可以及时反馈提高质量的努力是否真正有效。
- 非财务指标，例如顾客满意度，对于衡量长期经营业绩来说是很有用的指标。

COQ 指标和非财务指标是相互补充的。如果没有财务指标，公司需要花更多的钱来改进非财务指标。如果没有非财务指标，质量问题发现时可能已经为时已晚。在测量质量状况时，许多组织同时采用财务指标和非财务指标。例如，麦当劳通过双重标准——质量和顾客满意度——来评估雇员和特许经销商。它聘请外部的公司利用“神秘购买者”给各餐馆的质量、清洁度、服务水平综合打分。每个餐馆的业绩都是通过一段时间内的考察以及和其他餐馆的对比来估计的。

成功之匙

在制定决策时，管理人员需要估计不同方案的相关收入和相关成本，同时也要考虑非财务指标，如顾客满意度、流程改进和员工满意度。

10.4 存货管理

管理人员认为持有一定量的存货会带来质量问题，如破碎、缩水、从仓库移入或移出造成的处理不当、分类错误以及记录和分发产生的差错。Photon 的管理人员每次下订单都会订购数量很多的钢架并存放在仓库里，以备生产所用。为了理解 Photon 管理人员所做的存货决策，我们首先来定义几个术语。

1. **采购成本**（purchasing costs）——从供应商处购得的包含运费在内的产品取得成本。这些成本通常构成了待售商品成本中最大的组成部分。此外，采购成本还受由不同订货规模决定的折扣大小及供应商的信用条款等因素的影响。

2. **订货成本**（ordering costs）——从订货前的准备，到收取订单及检查订单条款、查询已收到的发货单，再到正式订货及付款过程中发生的所有成本。订货成本包括得到采购批准的成本及其他在特定流程中发生的成本。

3. **持有成本**（carrying costs）——当企业持有待售货物时就会发生的成本。这一费用包括存货中占用的资金不能再投资的机会成本及场地租金、保险费、废旧物品等和存贮有关的费用。

4. **缺货成本**（stockout costs）——当顾客需要某种产品而这种产品又不能被提供时，公司必须迅速反应以满足这一需求，否则就会发生损失。面对缺货，公司可以迅速向供应商订货，尽管这会带来额外的订货成本及相关运输费用；否则，公司可能因缺货而失去一笔销售业务。在这种情况下，缺货的机会成本包括这笔失去的销售业务的贡献毛益，以及信誉受损而失去的未来销售业务的贡献毛益。

5. **质量成本**（costs of quality）——当产品或服务的特征及品质与顾客的要求不符时发生的成本。如前文所述，存在四种质量成本——预防成本、鉴定成本、内部差错成本和外部差错成本。

6. **毁损成本**（shrinkage costs）——由于外部人盗窃、员工挪用、分类错误和书写错误而产生的成本。一般用账面记录的成本与实际计算出的成本之差衡量。

需要注意的是，现有的财务会计体系并不能提供所有与待售产品管理有关的成本。机会成本往往未被纳入现有体系，却是这几种成本的重要组成部分。

信息收集技术大大提高了存货信息的可靠性和及时性，减少了以上六种成本。例如，通过一台扫描仪就可以记录下采购和销售的详细信息。产品上的条形码一经扫描，关于存货流动的即时记录就产生了，这给管理层采购、持有存货和进行缺货成本管理带来了极大的帮助。

□ 10.4.1 经济订货量决策模型

Photon 的管理人员利用经济订货量模型来制定存货购买决策。**经济订货量**（economic order quantity，EOQ）是一种决策模型，可以在一系列假设的基础上计算订货的最优数量。

- 该模型最简单的情形是只考虑订货成本和持有成本。
- 每一再订货点的订货量相同。
- 已知需求、订货成本及持有成本。**采购提前期**（purchase-order-lead time）——订货和交货之间的时间间隔——也是已知的。
- 单位采购成本不受订货批量大小的影响。这一假设使采购成本与经济订货量的取值无关。这是因为不论订货数量是多少，对单位产品来说采购成本都是一样的。
- 不会发生存货短缺。该假设的前提是缺货成本非常高，为了避免缺货的发生，管理者将保持足够的存货。

- 在确定订货量时，只有当质量对订货及持有成本有影响时，管理者才考虑质量成本。

在上述假定之下，经济订货量分析忽略了采购成本、缺货成本、质量成本和毁损成本。与经济订货量决策相关的成本是订货成本和持有成本（也就是受订货量影响的订货成本及持有成本）：

相关总成本＝相关订货成本＋相关持有成本

我们令 D＝一个特定期间内（本例中是1年）的需求，Q＝每次下订单购买的数量，于是每一期（1年）下订单的次数＝D/P。

平均存货量为 $Q/2$，因为每当存货用完时，就到达了 Q 单位的订单量。存货从0变为 Q，因此平均存货为 $(0+Q)/2$。

令 P＝每次下订单的相关订货成本，C＝在 D（1年）内持有一单位存货的相关持有成本，对于订货数量 Q，有：

每年的相关订货成本＝每年下订单次数×每次下订单的相关订货成本
$$=(D/Q)\times P$$
每年的相关持有成本＝平均存货量×年度单位相关持有成本＝$(Q/2)\times C$

每年的相关总成本＝相关订货成本＋相关持有成本＝$(D/Q)\times P+(Q/2)\times C$

因此，使得年度总成本最小的订货量为：$\text{EOQ}=\sqrt{\frac{2DP}{C}}$。

利用微积分可以解出这一答案。关键在于当相关订货成本和相关存货持有成本相等时，总的相关成本达到最小。如果持有成本小于（大于）订货成本，总成本可以通过增加（减少）订货量来降低。为了解出EOQ，我们令：

$$(Q/2)\times C=(D/Q)\times P$$

两边同时乘以 $2Q/C$，得到：

$$Q^2=2DP/C$$

该式显示：EOQ随需求和订货成本增加而增加，随持有成本增加而减少。

接下来，用上面的公式来解决Photon的购买决策问题。Photon需要为每台复印机配备一个钢架，因此年度总需求量为20 000个。每个价值125美元，Photon要求的年度投资回报率为12%，每次的订货成本为875美元。

相关持有成本的数据如下：

要求的年度投资回报：0.12×125美元	15美元
相关的年度保险、处理、损毁成本	20美元
合计	35美元

那么Photon的EOQ为多少？

由条件可得，D＝20 000个，P＝875美元，C＝35美元，因此有

$$\text{EOQ}=\sqrt{\frac{2\times 20\,000\times 875}{35.00}}=1\,000(\text{个})$$

订货次数＝D/EOQ＝20 000/1 000＝20(次)

对于 Q＝1 000，每年的相关总成本（relevant total cost，RTC）计算如下：

$$\text{RTC}=\left(\frac{D}{Q}\times P\right)+\left(\frac{Q}{2}\times C\right)$$

$$=\frac{20\,000\times 875}{1\,000}+\frac{1\,000\times 35}{2}=17\,500+17\,500=35\,000(\text{美元})$$

图表 10—7 刻画了每年订货的相关总成本（DP/Q）和在不同订单规模（Q）下的持有成本（$QC/2$），并且说明了如何在这两种成本之间进行权衡。订货数量越大，年相关订货成本越低，而年相关持有成本越高。年相关总成本在 EOQ 处达到最小，此时相关订货成本和相关持有成本相等。

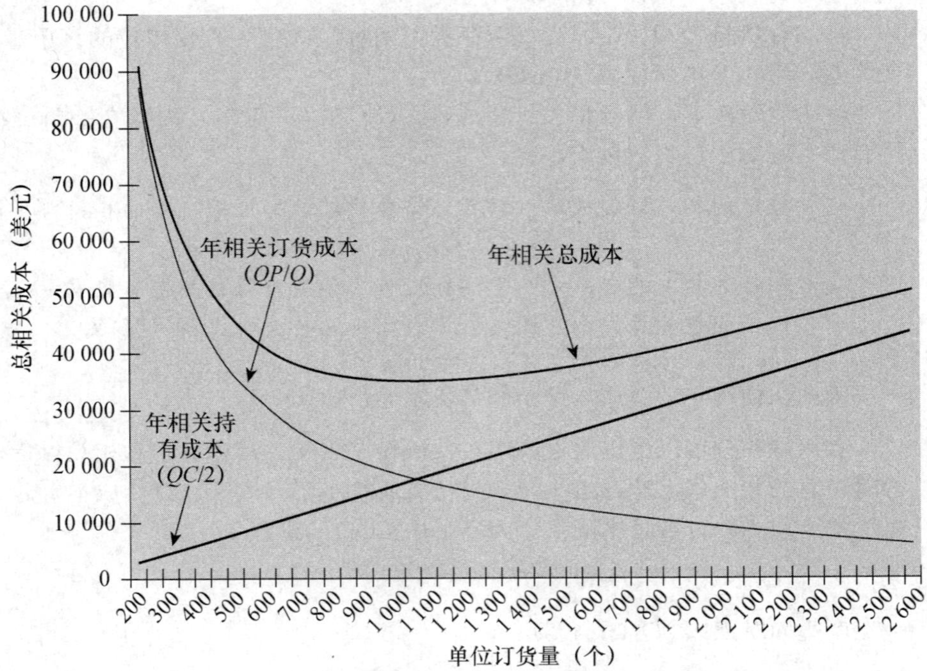

图表 10—7　Photon 公司的订货成本与持有成本图形分析

□ 10. 4. 2　确定情况下的订货时间选择

待售产品管理的第二个决策是确定订货时间。**再订货点**（recorder point）是指需要再订货时持有存货的数量水平。当需求和采购提前期已知时，再订货点是最容易计算的：

再订货点＝单位时间内销售的单位数量×采购提前期

在 Photon 公司的例子中，我们选择 2 周作为上述公式中的单位时间：

经济订货量	1 000 个
每周售出的单位数量	每周 385 个（20 000 个/52 周）
采购提前期	2 周

再订货点＝385×2＝770(个)

Photon 公司会在每次库存数量降低至 770 个时再订货 1 000 个。① 图表 10—8 显示了假设每周需求不一致时存货水平的变动。如果采购提前期为 2 周，当存货水平降低到 770 个时，就需要发出一个新的订单，这样在存货数量降到 0 时订购 1 000 个钢架刚好到达。

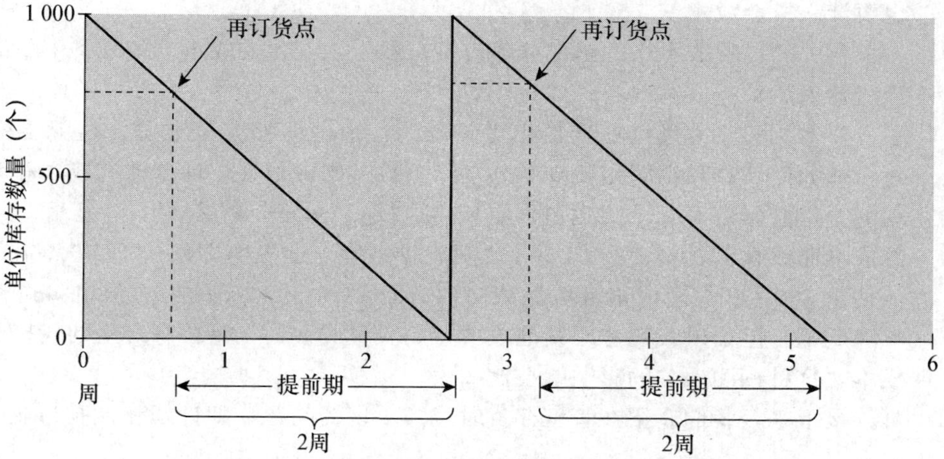

图表 10—8　Photon 公司的存货水平

10.4.3　安全库存

之前我们假定需求和采购提前期是确定的。当零售商对需求、提前期或供应商所能提供的货物数量不能确定时，它们常采取建立安全库存的方法。**安全库存**（safety stock）是始终恒定的一种存货水平，而不管 EOQ 模型计算出的订货量是多少。安全库存作为一种保护手段，能够防止需求的意外上升、采购提前期的不确定性及供应商的产品短缺带来的风险。安全库存的大小取决于需求预测。管理者通常根据他们的经验对每周需求量做出大致的估计。

10.4.4　对存货相关成本的估计及其影响

Photon 的管理人员要如何计算每年存货的相关持有成本和订货成本呢？相关的存货持有成本包括相关增量成本和资本的相关机会成本。哪些成本属于存货持有中的增量成本呢？只有那些随持有存货数量的变动而变动的成本才属于增量成本，如库房租金及工人工资、报废成本和毁损成本等。而支付给仓库保管员和保安的工资等支出，如果它们不受存货数量变化的影响，则不是持有成本。然而，如果存货数量减少后，由于原有保管员和保安转而负责其他工作，总的工资成本减少了，这部分支出就属于持有成本。类似地，当存货减少时，如果原有的存货场地没有其他盈利性用途，则这块场地的租金不属于持有成本。但如果这块场地有其他用途并能带来收益，或者总的租金成本可随空间占用大小的变化而调整，那么存储费用也是一项相关的存货持

① 当订货量无法使再订货点的存货数量增加时，这一简单的公式不再适用（例如，提前期为 3 周，而订货量只能维持 1 周的供给）。在这种情况下，订货将发生重叠。

有成本。

哪些成本属于资本的相关机会成本呢？它是通过投资于存货而不是其他方面得到的回报。这一成本可以用要求的回报率和单位成本相乘得到，单位成本包括单位购买价格、进货运费以及进货查验费用。如果投资（如设备）受存货水平变化的影响，则也要计入机会成本。

相关的订货成本指的是那些随订货次数发生变化的成本（如准备下单的成本和收到货物后的检查成本）。

要对相关成本进行估计是相当困难的，很少能够完全准确，这就会引发一个问题，即如何计算预测的相关成本与实际不符带来的损失？计算持有成本和订货成本出现的差错会影响 Photon 选择的 EOQ 的数量。注意，图表 10—7 显示，年度的相关总成本曲线在订货量 700～1 300 之间比较平坦。这说明即便将 EOQ 高估至 1 300 或低估至 700，相关总成本基本保持一致。而 EOQ 模型中的平方根也将这种差错的影响降低了。但如果我们考虑其他成本，如质量成本、大量持有产生的毁损成本或短缺成本，这种预测误差的影响就会比较大。

接下来，我们介绍在管理存货时经常出现的问题，即计划和控制与业绩评价。

□ 10.4.5 EOQ 决策模型与管理人员的业绩评价之间的冲突

管理者为了使个人业绩更好而做出的存货管理决策，如果与基于 EOQ 决策模型确定的订单规模不一致，会带来什么结果呢？比如，由于财务会计体系不能反映机会成本，EOQ 模型最优订货量就可能与采购部经理认为的最优订货量（对其业绩的评价基于财务数字）存在差异。

如果在评价管理者业绩时，与存货相关的持有成本（机会成本）不纳入持有成本，该管理者会倾向于采用更大的订货量（这样采购价格会更低）。前已述及，如果采购数量接近 EOQ 的数量，这些次优方案的成本就很小。但如果订货量变大，公司承担的成本也会增大。更进一步，如果我们考虑其他成本，如质量成本、毁损成本，订货量偏大也会造成这些成本的增大。为了让 EOQ 决策模型与业绩评价更为匹配，沃尔玛等公司改进了业绩评价体系，将要求的投资收益纳入持有成本的计算中，管理者需要承担存货管理的相应责任。

成功之匙

管理人员在计算最优存货采购量时，通过 EOQ 模型来平衡持有成本和订货成本。EOQ 模型还将财务系统中没有记录的机会成本考虑在内。

10.5 适时采购

适时采购（just-in-time（JIT）purchasing）是指在原材料（或商品）在生产（或销售）有需要时才送货的一种采购方式。我们来考察惠普公司在计算机生产上的适时采购。惠普就其产品线上的主要部件与供应商签订了长期合同，它们掌握惠普的生产计划，以此为基础，每一个供应商必须做到频繁地将小规模订单货物直接送到惠普的生产作业区。因为仅持有很少量的存货，所以如果零部件不能及时到达，或者零部件不能达到合同要求的质量水平，惠普就无法按计划发出计算机产品。

□ 10.5.1　适时采购和 EOQ 模型中的参数

当 Photon 公司的管理人员检查由有缺陷的钢架而导致的质量问题时，他们意识到持有成本通常比预期要高，因为仓储成本、处理成本、毁损成本等并没有完全得到确认。同时订货成本（EOQ 模型中的参数 P）由于以下原因在减少：

● 公司在签订长期采购合同时规定了在相当长时期内的价格和质量要求。因此，每次采购不需要再对价格和质量进行谈判，从而节约了谈判成本。

● 公司使用电子方式（如互联网）发出订单，其订货成本通常只是电话或信件方式订货成本的很小一部分。

图表 10—9 显示了 Photon 公司的经济订货量对持有成本和订货成本变化的敏感程度。其结论支持适时采购：当相关持有成本增加、每张订单的相关订货成本减少时，经济订货量减少，同时订货频率增加。

图表 10—9　　**EOQ 对持有成本和订货成本变化的敏感程度**　　单位：美元

	A	B	C	D	E
1	实际需求（D）＝20 000 个				
2	每年单位商品的相关持有成本	每张订单的相关订货成本			
3		875	625	350	100
4	35	1 000	845	632	338
5	45	882	745	558	298
6	55	798	674	505	270
7	65	734	620	464	248

□ 10.5.2　适时采购中的相关成本

只有 EOQ 模型并不能完全支持适时采购。EOQ 模型只侧重于持有成本和订货成本的平衡，而存货管理的成本还包括采购成本、缺货成本、质量成本和毁损成本。Photon 的管理人员担心订购并存储数量较大的钢架会引发质量问题和毁损问题，进而导致复印机的复印效果模糊不清。他们加固了钢架并在运输过程中增加了固定装置，但仍采用适时采购的决策，让供应商直接向生产一线运送小批量的钢架，但运送相对频繁。Photon 最近通过网络和供应商 Sontek 建立起了 B2B（business-to-business）的订单采购渠道。这样，紧急采购钢架只需通过一台电脑就可以进行。付款方式不再是每次采购分别支付，而是依靠电子化手段集中支付。这些改变使得每张订单的订货成本从 875 美元减少到 100 美元！无论是否适时采购，Photon 都可以使用互联网渠道进行订货。下面我们来评价适时采购对质量和成本的影响。

项目描述	当前采购模式	适时采购模式
总量	每年 20 次，每次 1 000 个	每年 125 次，每次 160 个
购买成本	125 美元/个	125.25 美元/个，0.25 美元是由于批次多而额外支付的费用
检测	0.5 美元/个	0.2 美元/个
要求的投资回报率	12%	12%
相关持有成本（保险、材料管理、毁损等）	20 美元/个/年	20 美元/个/年
修复缺陷钢架成本	3%的钢架需要修复（3%×20 000=600（个），成本为 25 美元/个）	1%的钢架需要修复（1%×20 000=200（个），成本为 25 美元/个）
缺货成本	无	每年会缺货 225 个钢架；出现缺货后，加急订单要额外支付 16 美元/个

Photon 是否应该采用适时采购，接受每年 125 次的送货呢？图表 10—10 比较了在现有采购政策与适时采购政策下的相关成本，并显示采用适时采购政策每年将节约 11 598 美元。这是由于适时采购可以降低持有成本、检测成本和维修成本，并要求公司对缺陷迅速做出反应以改进质量。如果分析人员将其他质量成本（如次品中的返工和质保成本等产品生产出来之后才发生的成本）考虑进来，适时采购计划的好处就更明显。

图表 10—10　　Photon 在现有采购政策与适时采购政策下的年相关成本　　金额单位：美元

	A	B	C	D	E	F	G	H
1		现有采购政策下的相关成本				适时采购政策下的相关成本		
2	相关成本项目	单位相关成本	数量	总成本		单位相关成本	数量	总成本
3	(1)	(2)	(3)	(4)=(2)×(3)		(5)	(6)	(7)=(5)×(6)
4	采购成本	125	20 000	2 500 000		125.25	20 000	2 505 000
5	订货成本	100	20	2 000		100	125	12 500
6	检查成本	0.5	20 000	10 000		0.2	20 000	4 000
7	持有存货的机会成本	15[a]	500[b]	7 500		15.03[a]	80[c]	1 202
8	其他持有成本（保险、材料处理、损耗等）	20	500[b]	10 000		20	80[c]	1 600
9	修复成本	25	600[d]	15 000		25	200[e]	5 000
10	缺货成本	16	0	—		16	225	3 600
11	年相关成本合计			2 544 500				2 532 902
12	对适时采购有利的年度（相关成本）差额				11 598			
13								

a. 单位购买成本×12%/年。
b. 订货数量/2=1 000/2=500。
c. 订货数量/2=160/2=80。
d. 3%修复比例×20 000=600。
e. 1%修复比例×20 000=200。

□ 10.5.3　供应商评估、相关质量成本和及时供货

采用适时采购方式的公司都会谨慎地挑选供应商，尤其重视发展与供应商的长期合作关系。一些供应商的地理位置较好，这正是适时采购所需要的。Frito-Lay 是一家快餐食品供应商，它的战略强调服务、一致性、递送产品的新鲜和质量，因此其送货频率比许多竞争对手都要高。

选择供应商的相关成本有哪些？我们仍以 Photon 为例，Denton 公司是其另一家供应商，它也可以向 Photon 提供钢架。Photon 要求供应商每年供应 125 次，每次 160 个（平均每两周 5 次）。Photon 和所选择的供应商建立起了网络订购联系，交易只需通过一台电脑就可以进行。付款方式不再是每次采购分别支付，而是依靠电子化手段集中支付。这些改变使得每张订单的订货成本从 875 美元减少到 100 美元！下表提供了 Denton 和 Sontek 的相关信息。Sontek 的售价高，但产品质量更高。Sontek 的其他信息前已述及，此处则是为了方便与 Denton 进行比较。

项目描述	向 Denton 采购	向 Sontek 采购
购买成本	124.75 美元/个	125.25 美元/个
检测	0.6 美元/个	0.2 美元/个
要求的投资回报率	12%	12%
相关持有成本（保险、材料管理、毁损等）	20 美元/个/年	20 美元/个/年
修复缺陷钢架成本	2.75%的钢架需要修复（2.75%×20 000＝550（个），成本为 25 美元/个）	1%的钢架需要修复（1%×20 000＝200（个），成本为 25 美元/个）
缺货成本	每年会缺货 500 个钢架；出现缺货后，加急订单要额外支付 16 美元/个	每年会缺货 225 个钢架；出现缺货后，加急订单要额外支付 16 美元/个

图表 10—11 分别列出了从 Sontek 和 Denton 进货的相关成本。尽管 Denton 的单位价格较低，但从 Sontek 进货要比从 Denton 进货每年少花 11 145 美元，因为检测成本、修复成本和缺货成本更低。商品的高品质还会带来财务之外的好处。向 Sontek 采购高品质的钢架，会给 Photon 带来更好的信誉，有利于提高顾客的满意度，进而带来更多的未来收入。

图表 10—11　　Sontek 及 Denton 订货的年相关成本　　金额单位：美元

	A	B	C	D	E	F	G	H
1		Denton				Sontek		
2	相关成本项目	单位相关成本	数量	总成本		单位相关成本	数量	总成本
3	(1)	(2)	(3)	(4)＝(2)×(3)		(5)	(6)	(7)＝(5)×(6)
4	采购成本	124.75	20 000	2 495 000		125.25	20 000	2 505 000
5	订货成本	100	125	12 500		100	125	12 500

6	检查成本	0.6	20 000	12 000		0.2	20 000	4 000
7	持有存货的机会成本	14.97[a]	80[b]	1 197		15.03[a]	80[b]	1 202
8	其他持有成本（保险、材料处理、损耗等）	20	80[b]	1 600		20	80[b]	1 600
9	修复成本	25	550[c]	13 750		25	200[d]	5 000
10	缺货成本	16	500	8 000		16	225	3 600
11	年相关成本合计			2 544 047				2 532 902
12	对适时采购有利的年度（相关成本）差额				11 145			
13								

a. 单位购买成本×12%/年。
b. 订货数量/2=160/2=80。
c. 2.75%修复比例×20 000=550。
d. 1%修复比例×20 000=200。

成功之匙

如果订货成本减少，持有成本增加，质量提升，管理人员倾向于从可靠的供应商处进行适时采购，以满足生产（销售）需要。

10.6 存货管理、物料需求计划和适时生产

我们现在将注意力从采购转向管理产品存货。公司内部使用最为广泛的两种计划和执行存货作业的系统是物料需求计划和适时（JIT）生产。

10.6.1 物料需求计划

许多公司都使用物料需求计划系统，如生产医疗器械的Guidant公司和生产电气设备的飞利浦公司。**物料需求计划**（material requirements planning，MRP）是一种“推动式”系统，在这种系统中，生产商在需求预测的基础上进行存货的生产。为了确定每一生产阶段的产量，MRP需要用到：（1）对最终产品的需求预测；（2）每种最终产品的原材料、零部件和配件的用料单；（3）每一生产阶段必要产出所需的原材料、零部件及产品的存货数量。一个总的生产时间表必须明确规定每一生产项目的数量和时间，同时考虑购买原材料、生产零部件和完工产品所需的准备时间。一旦生产按计划开始，每个部门的产出都被推动到生产线上。

10.6.2 适时生产

与之相反的是，**适时生产**（JIT production）是一种由需求拉动的生产系统，在丰田、戴尔和博朗等企业中都曾使用。适时生产也称**精益生产**（lean production）。在这一系统中，生产线上的每种零部件只有在下一生产步骤需要该部件时才会立即生产。在一条适时生产线上，任何特定工作环节的生产活动都是由下一环节对该环节产出的需求来拉动的。生产中的每个步骤都是由需求引发的，从生产线终点处客户对完

工产品的需求开始，一直追溯到生产线起点处对直接材料的需求。就这样，需求拉动订单在生产线上进行生产。适时生产系统的需求拉动这一特点促使生产环节之间紧密合作，可以在低存货水平上平滑产品流。适时生产系统将致力于及时以尽可能低的成本提供高质量的产品，从而满足顾客的需求。

10.6.3 适时生产系统的特征

- 在生产单元中组织生产。**生产单元**（manufacturing cells）是指集合所有不同的设备生产某一特定产品。材料从一台机器转移到另一台机器，不同的操作按顺序进行，实现材料处理成本最小化。
- 对工人进行培训，使其掌握多种技能并且能够完成一系列操作和任务，这些操作包括少量的修理以及常规的设备维护。
- 积极地消除了问题。因为在生产线上各环节联系紧密，并且在每一环节上保持最低限度的存货，所以如果其中一个环节出了问题就会很快波及生产线上的其他环节。适时制可以促使问题立刻解决，并尽可能快地消除错误的根源。存货的低水平使得管理者可以迅速追踪到可能发生问题的初始环节。
- 缩短了生产准备时间——使设备、工具及原材料达到生产状态所需的时间，并且缩短了生产提前期——从生产商收到订单直至产品完成所用的时间。生产准备时间的缩短使小批量生产更为经济，进而降低了存货水平。生产提前期的缩短使得公司可以更快地对客户需求的变动做出反应（参见“实例”专栏返场演唱之后：现场音乐会适时录制）。

实例 **返场演唱之后：现场音乐会适时录制**

以前，数百万的音乐迷涌入音乐厅聆听音乐家，如 Pearl Jam 和 Phish 的演奏。当演出结束，粉丝们在礼品处购买 T 恤或海报时，他们还有另外一种选择：购买刚才音乐会的实况记录。借助科技手段，适时生产可以帮助粉丝重温刚才音乐会的情况。

许多公司，如 Live Nation 和 Concert Live，利用麦克风、录音和视频软件和很多台高速电脑来生产演出中的音乐会录音。当一首曲子结束时，工作人员立刻将录音拷到数百个 CD 或 USB 驱动上。在演出结束时，他们则拷贝完最后一首曲子。全部制作结束后，这些 CD 和 USB 驱动立刻被包装并放置在出口边的售卖点进行出售。

适时生产对艺术家、粉丝和厂商都有利：艺术家获得了另外一笔收入，以弥补专辑下滑的损失；粉丝可以立刻重温之前的音乐会时刻；而厂商则享有产成品的低持有成本。这些记录还可以通过苹果的平台和艺术家的网站进行下载，使得音乐会实况更加贴近我们。利用这种机会，Pearl Jam 和 Phish 的已有 CD 的销量也一定会增长。

资料来源：Based on Jonathan Self, “Free (and Some Not Free) Live Music.” *PC World* (November 24, 2009); Eliot Van Buskirk, “Apple unveils live music'sin iTunes.” *Wired*, “Epicenter” blog (November24, 2009); Sabra Chartrand, “How to take the concert home.” *New York Times* (*May* 3, 2004); *Stephen Humphries*, “*Get your official ‘bootleg’ here.*” *Christian Science Monitor* (November 21, 2003); Mark Huffman, “Google Music Takes Aim At Itunes.” *Consumer Affairs* (November17, 2011).

- 只选择那些即时送货并保证质量的供应商。大多数公司实行适时生产的同时还实行适时采购。采用适时制的公司希望其供应商可以及时地把高质量货物直接送到生产作业区域。

下面我们就是否实施适时生产系统这一决策进行相关成本的分析。

□ 10.6.4 JIT的财务优势和相关成本

早期适时生产的拥护者认为其优势在于降低了存货的持有成本。不过存货水平的降低还会带来其他好处：生产过程更加透明，强调消除返工、废料和浪费以及更低的生产周期。在计算适时生产系统中减少存货引起的相关收益和成本时，管理人员会考虑所有这些好处。

回到Photon公司的例子。Photon正在考虑通过JIT生产系统为复印机生产滑槽轨道。

● 为实施适时生产，Photon每年为了缩短生产准备时间会发生100 000美元的工具成本。

● Photon希望适时生产使平均存货减少500 000美元，同时每年发生在保险、存储、材料处理以及生产准备等方面的相关成本降低30 000美元。

● Photon要求的存货投资回报率为每年12%。

Photon公司是否应该实施适时生产系统呢？

在已经提供的数据的基础上，我们的回答是：不应该。因为相关成本每年只减少90 000美元［(12%×500 000)+30 000］，低于多出的每年100 000美元的工具成本。

然而，我们的分析是不全面的。我们还没有考虑适时生产中存货水平降低带来的其他优势。例如，Photon公司估计实施适时生产会提高产品质量，每年的返工量降低为500单位，这意味着单位产品可以节省30美元。另外，可以减少200单位的维修成本，而单位维修成本为70美元。

每年因为适时生产而带来的相关成本和收益等于：

保险、存储、材料处理以及生产准备等方面的成本节约	30 000美元
存货持有成本的节约	60 000美元
返工成本的节约	15 000美元
担保维修成本的节约	14 000美元
产生的工具成本	(100 000)美元
净收益	19 000美元

因此，Photon公司应该实施适时生产系统。如果考虑因质量改进带来的收入增加，那么实施适时生产系统的优势更明显。

□ 10.6.5 ERP系统①

JIT系统成功的关键是从顾客到生产商、再到供应商的信息流的速度。在一些大型企业中，往往几大信息系统同时并存，如果电脑之间互不相连，信息的流动就会存

① 相关的精彩讨论参见T. H. Davenport,"Putting The Enterprise Into The Enterprise System," *Harvard Business Review* (July-August 1998)；A. Cagilo,"Enterprise Resource Planning Systems and Accountants: Towards Hybridization?" *European Accounting Review* (May2003)。

在问题。**企业资源计划系统**（enterprise resource planning（ERP）system）由一个单独的数据库组成，进行数据的收集和利用，并覆盖公司的一切商业行为（会计、物流、生产、采购和人力资源等）。例如，使用 ERP 系统，一名销售人员可以与德国的顾客签订合同，核实顾客的信用后发出生产订单。然后，系统会自动生成巴西生产厂的生产时间表，安排原材料供应和零部件采购以及货物装运。同时，系统还能把销售佣金自动打入销售人员的账户，并记录所有成本和财务会计信息。

ERP 系统给低层管理者、工人、顾客和供应商提供了一个了解公司运营状况的窗口。这一优势连同各业务职能部门之间的紧密协作，使 ERP 系统能根据供需变化迅速调整生产计划和分销计划。许多公司认为，ERP 系统在缩短生产提前期方面是切实有效的，因此对于适时制至关重要。Autodesk 是一家计算机辅助设计软件生产商，采用了 ERP 系统后，采购提前期从两周缩短到 1 天；富士公司在采用 ERP 系统后使采购提前期从 18 天缩短到 1.5 天。

ERP 系统通过将组织中各个子系统紧密结合，使得管理和财务过程流水线化，并且节约了成本，然而与此同时，它也可能使系统变得庞大而笨拙。由于其复杂性，ERP 系统的提供者（如 SAP，Baan，Peoplesoft 和甲骨文等公司）都提供标准的软件包，而且这些软件是可以定制的，虽然成本很高。如果没有特殊的定制，ERP 独特而非凡的功能就不能充分发挥作用。在实施 ERP 系统时，如何协调公司所有职能部门和地理区域的通用系统，与出于某些战略考虑而单独设计的系统之间的关系，是一个很大的挑战。

□ 10.6.6 业绩指标与 JIT 生产中的控制

除了通过个人观察以外，管理人员利用财务和非财务指标来评价和控制 JIT 生产。我们将介绍这些手段并指出 JIT 系统对这些指标的影响。

1. 财务指标：如存货周转率将会增加。
2. 非财务指标：

- 存货持有天数将会减少；
- 每小时产量将会增加；
- 需要返工的产品与所有开始生产和完工的产品之比将会下降；
- 生产时间将会减少；
- 机器的准备时间与全部生产时间之比将会下降。

个人的观察和非财务指标为了解生产业绩提供了最及时、直观和简单的途径。迅速而有意义的反馈也很重要，因为在需求导向的系统中一旦出现缺货，管理人员很快就会发现并加以处理。

□ 10.6.7 JIT 系统对生产成本的影响

通过减少材料处理、仓储和质量检查支出，JIT 系统成功地减少了制造费用。同时，该系统还能追溯一些通常被归入间接成本的成本。例如，生产单元的应用使工厂能有效追溯某一产品或某一生产单元的材料处理成本和机器运转成本。因此，这些成本就成为这些产品的直接成本。这些变化促使一些公司借助 JIT 来实施精益会计。

□ 10.6.8 精益会计

成功的JIT生产要求企业关注企业职能（从供应商到生产商再到顾客）的全部价值链，以减少存货、准备时间和浪费。对价值链改进的重视使得一些JIT公司开发出一些关注价值流的组织架构和成本系统。**价值流**（value stream）是指设计、制造和配送产品所发生的价值增值活动。例如，价值流包括开发产品、营销、订单处理、采购和原料接收、生产和配送以及收款等所需的业务活动。JIT系统中的生产单元将用于生产某种产品的业务活动汇总起来，有利于聚焦价值流。

精益会计（lean accounting）是一种成本方法，通过对不同产品或部门的价值流进行核算，消除会计过程中的浪费，来为顾客的价值创造提供帮助。① 如果企业在同一价值流上生产多种相关产品，不需要为每种产品计算成本，而只需要将许多实际成本直接归集到价值流。这样做是可行的，因为企业利用精益会计可以将资源分配到每个价值流中。下面我们介绍Photon公司的精益会计。

Photon公司生产硒鼓和墨盒。它在一个生产单元中生产两种型号的硒鼓，在另一个生产单元中生产两种型号的墨盒。下表列示了不同产品的收入、营业成本、营业利润和其他信息（单位：美元）。

	硒鼓		墨盒	
	型号A	型号B	型号C	型号D
销售收入	600 000	700 000	800 000	550 000
直接材料	340 000	400 000	410 000	270 000
直接人工	70 000	78 000	105 000	82 000
制造费用（设备租赁、监督和生产控制）	112 000	130 000	128 000	103 000
返工成本	15 000	17 000	14 000	10 000
设计成本	20 000	21 000	24 000	18 000
营销和销售成本	30 000	33 000	40 000	28 000
总成本	587 000	679 000	721 000	511 000
营业利润	13 000	21 000	79 000	39 000
直接材料采购	350 000	420 000	430 000	285 000
限制设施成本	22 000	38 000	18 000	15 000

使用精益会计准则，Photon的管理人员计算了硒鼓和墨盒（不按型号）的价值流运营成本和营业利润，如下表所示（单位：美元）：

	硒鼓	墨盒
销售收入 （600 000＋700 000；800 000＋550 000）	1 300 000	1 350 000
直接材料采购 （350 000＋420 000；430 000＋285 000）	770 000	715 000

① See B. Baggaley, "Costing by Value Stream," *Journal of Cost Management* (May-June 2003).

续前表

	硒鼓	墨盒
直接人工 (70 000+78 000；105 000+82 000)	148 000	187 000
制造费用（减去限制设施成本） (112 000−22 000)+(130 000−38 000) (128 000−18 000)+(103 000−15 000)	182 000	198 000
设计成本 (20 000+21 000；24 000+18 000)	41 000	42 000
营销和销售成本 (30 000+33 000；40 000+28 00)	63 000	68 000
价值链营业总成本	1 204 000	1 210 000
价值链营业利润	96 000	140 000

Photon 的精益会计系统和许多精益会计系统一样，将一定期间内的所有采购材料的成本费用化，这是为了减少直接材料和在产品存货。在我们的例子中，精益会计核算下的直接采购材料的成本超过了利润表中直接材料的成本。

Photon 根据存放存货的面积来分配设施成本（如折旧、财产税和租赁费等）。注意，Photon 并未将闲置设施成本纳入价值流的制造费用，相反，它将这些成本视为厂房发生的费用。Photon 将闲置设施成本排除在外是因为它只将增加价值的成本考虑在内。闲置产能的成本增加促使公司不断减少这些成本并寻找利用产能的途径。Photon 在计算价值链成本和营业利润时将返工成本排除在外，因为这些成本并未增加价值。同样，一些普通成本（如公司或支持部门的成本）由于不能合理分配给价值流，也没有计算在内。

分析显示硒鼓的全部成本为 1 266 000 美元（587 000+679 000），用精益会计算出的价值流成本为 1 204 000 美元（即 1 266 000 美元的 95.1%），表明还可以通过降低设施和返工成本，以及只购买用于生产的直接材料来增加利润。此时改进显得很重要，因为价值流营业利润只占收入的 7.4%（96 000/1 300 000）。墨盒则呈现另一种局面：全部成本为 1 232 000 美元（721 000+511 000），用精益会计算出的价值流成本为 1 210 000 美元（即 1 232 000 美元的 98.2%）。墨盒的价值流只有很低的闲置设施和返工成本，效率更高。另外，墨盒的价值流营业利润占收入的 10.4%（140 000/1 350 000），还有盈利。

精益会计比传统的产品成本方法更为简单。为什么呢？因为用价值流计算实际的产品成本所需的管理费用更少。与 JIT 及精益生产一样，精益会计强调从供应商到消费者的价值链改进。精益会计鼓励减少直接材料和在产品存货、改进质量、利用更少的空间和消除闲置产能的业务活动，以便更好地反映出 JIT 生产的目标。

精益会计并不计算单一产品的成本，因此有批评者认为这样限制了决策制定的有用性。支持者则认为没有将单个产品成本考虑进来并不是一个问题，因为许多决策是在产品线层面而不是单个产品层面作出的，而且定价决策也是基于为顾客创造的价值而不是产品成本制定的。

另外一些批评者认为精益会计将一些支持成本和闲置产能成本排除在外，这样只基于价值流成本的决策就会盈利，因为考虑了其他成本。支持者则认为，精益会计通过对价值流成本做适当增加来弥补一些未考虑在内的成本将这个问题解决了。另外，在一个竞争市场，价格将最终设定在某个合理水平（在价值流成本上适当增加）上，因为顾客不会购买无价值增值的产品。因此，这个目标会消除无价值增值的成本。

还有批评者认为精益会计没有按照《公认会计准则》的规定正确计量存货。支持者则迅速反击：在精益会计环境下，在产品和产成品存货从会计角度看是不重要的。

□ 10.6.9 零售业中的JIT系统和供应链分析

JIT 系统对零售业很有效，因为持有的存货水平受到顾客的需求模式以及物流商和生产商、供应商和生产商之间的供应联系的影响。供应链指的是从最开始的原材料到将货物送到顾客手中的货物流、服务流和信息流，而不论这些活动是否在同一家企业内或不同企业间发生。只有当整个供应链的作业被合理计划、协调和控制后，零售企业才会在 JIT 的基础上采购存货。

宝洁公司的产品帮宝适的经历说明了从供应链合作中获得的好处。零售商在销售帮宝适时要面对每周需求的多样性问题，因为很多家庭随机购买一次性纸尿裤。预计到需求的多样性以及缺乏宝洁存货的信息，零售商向宝洁下的订单也变得多样。因此，宝洁供应商订单的多样性使得供应链上所有环节都保有很高的存货量。

宝洁如何解决这些问题呢？让零售商、宝洁和供应商在整个供应链上共享信息和计划来协调业务活动。共享销售信息降低了宝洁和供应商对帮宝适零售情况的不确定性，并可以实现：（1）减少零售环节的缺货情况；（2）降低零售商并不立即需要的帮宝适的产量；（3）减少“加急”订单的数量；（4）降低供应链上每家企业的存货持有量。宝洁的供应链合作带来明显的好处，因此零售商沃尔玛开始和宝洁联系，用 JIT 来管理存货。这被称为供应商管理的存货。供应链管理已经对因沟通、信任、系统不兼容、人手不够和财务资源等因素造成的销售、存货和销售预测中不能共享精确、及时和可靠信息的问题发起了挑战。

□ 10.6.10 服务业中的JIT

除了制造业和零售业企业外，许多服务业企业也使用 JIT 采购和生产方式。例如，医院 1/3 的成本来自存货以及管理存货花费的人工成本。使用 JIT 采购和物流系统后，位于加利福尼亚棕榈泉的 Eisenhower Memorial 医院在 18 个月内将库存降低了 90%。为了实现这一目标，医院采用电子方式与物流商共享信息，并将员工培训成服务的协助者。

麦当劳也采用 JIT 生产系统来制作汉堡。① 以前，麦当劳提前做好一批汉堡，在

---

① Charles Atkinson, “McDonald's, A Guide to the Benefits of JIT,” *Inventory Management Review* (November 8, 2005).

卖出之前一直放在加热灯下保温，如果在规定的时间内没有卖完就要扔掉，从而产生较高的存货持有成本和毁损成本。另外，汉堡在灯下放置时间越长，质量越差。然而，顾客如果点了没有奶酪的汉堡，则需要等待一段时间。如今，新技术的使用（包括使用先进的烤面包机）和JIT生产过程使麦当劳可以在接受订单后才制作汉堡，降低了存货成本和毁损成本。更为重要的是，JIT提高了汉堡的品质，缩短了特殊订单的交付时间，因此提高了顾客满意度。

如我们看到的那样，JIT存货系统帮助企业减少存货、改进质量和流线型过程，使工作完成得更快。为满足顾客需要，企业一定要快速生产并配送产品。在下一节，我们将讨论时间的不同方面以及瓶颈是如何导致延误的。

成功之匙

适时生产以需求为导向，在接到顾客订单后再生产产品。适时生产改善了信息流，提高了质量，降低了成本，加快了物流运输，并简化了会计处理。

10.7 以时间作为竞争武器

公司越来越多地将时间视为战略中的一个驱动因素。[①] 例如，第一资本网（Capital One）增加了业务，可以在30分钟或更短的时间内对购房贷款进行审批。AT&T、通用电气和沃尔玛公司认为及时和更快地完成工作不仅有助于提高收入，而且有助于降低成本。由于能够很快地满足顾客的需要，因此它们只需要维持很低的存货水平。

公司需要对时间进行衡量并对其进行适当的管理。在本节中，我们聚焦于有关时间的经营指标：顾客响应时间（能够反映公司对需要该公司产品或服务的顾客的反应速度），以及准时履约（在预定的递送日期如期递送的可靠性）。

10.7.1 顾客响应时间和准时履约

顾客响应时间（customer-response time）是从顾客提出购买某种产品或要求某项服务开始到这项产品交付或服务完成并提供给顾客所需的时间。在许多行业（例如建筑业、金融业、汽车租赁业和快餐业）中，及时地响应顾客是竞争的关键因素。某些公司由于延迟交货导致客户收入和利润损失（如空中客车公司不能按预期交付飞机），因而不得不支付赔款，以补偿顾客的损失。

图表10—12描述了顾客响应时间的构成成分。接收订单时间是指营销部门能够准确地描述顾客订单的确切要求并通知生产部门所花的时间。**生产周期**（manufacturing cycle time）又称**生产提前期**（manufacturing lead time），是指从生产部门接到订单到最后产品完工的时间。生产周期是订单等待时间和生产时间之和。例如，空中客车公司接收到的新订单可能因为公司流水线上还在生产以前预订的产品而不得不等

① See K. Eisenhardt and S. Brown, "Time Pacing: Competing in Strategic Markets That Won't Stand Still," *Harvard Business Review* (March-April 1998); and T. Willis and A. Jurkus, "Product Development: An Essential Ingredient of Time-Based Competition," *Review of Business* (2001).

待。订单交货时间是将已经完成的订单递送到顾客手中的时间。

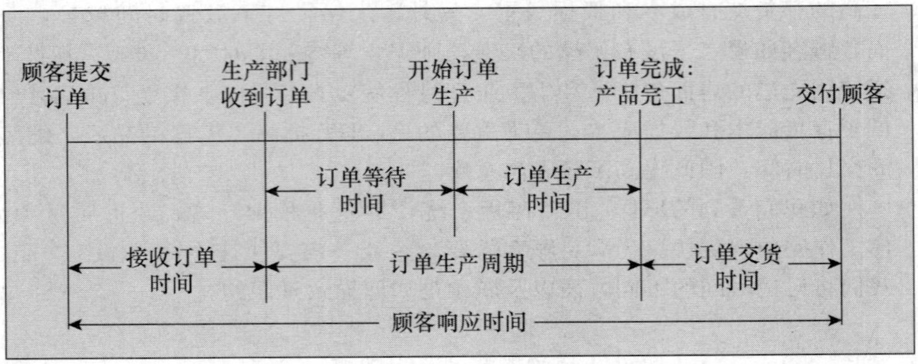

图表 10—12 顾客响应时间的构成成分

有些公司用**生产周期效率**（manufacturing cycle efficiency，MCE）来评价响应时间的改进情况：

MCE＝增值的生产时间/生产周期

价值增值的生产活动（见第 7 章）能让顾客感受到产品价值或效用的增加。用于组装产品的有效时间就是价值增值的生产时间。生产周期中的其他时间，如产品等待零部件或下一生产流程的时间及维修时间，都属于没有价值增值的生产时间。识别这些没有价值增值的生产时间并使之最小化可以加快顾客响应速度并降低成本。

相似的方法可应用于服务行业的企业。例如，去医院看病总共花 40 分钟，有 9 分钟在服务台填表，有 20 分钟在排队等候医生，只有 11 分钟用于与医生或护士进行交流。那么这次看病的 MCE＝11/40＝0.275，即 27.5%的时间对患者来说是有价值的。如果要减少就诊过程中的无价值增值的时间，医院就得在更短的时间内接待更多的患者。

准时履约（on-time performance）指的是按约定时间交付产品或服务的行为。例如，联邦快递公司标明了每个邮包的递送价格，明确表示隔夜专递服务的送达时间是次日上午 10 点半。准时履约衡量的是联邦快递公司在约定时间内（上午 10 点半之前）完成邮件递送服务的比率。准时履约可以提高顾客满意度。商务航班通常通过坚持及时服务来赢得忠实顾客。但是在准时履约和顾客响应时间之间要达到平衡。故意延长顾客响应时间，例如航空公司延长计划的到达时间，可能使准时履约变得更容易——不过这样可能会惹怒顾客。

□ 10.7.2 瓶颈和时间动因

管理顾客响应时间和准时履约需要正确理解延迟的原因和成本。例如，延迟可能是由于生产过程中的一台机器或者商店中的一个收款台出现问题导致的。

时间动因（time driver）是指那些作业速度随之变化的因素。我们考虑的两种时间动因是：

1. 顾客订购产品或服务的时间的不确定性。例如，空中客车公司接收到的飞机订单的随机性越强，就越可能造成排队问题，发生延迟。

2. 生产能力限制导致的瓶颈问题。**瓶颈**（bottleneck）问题在工作达到或超出可利用的能力时发生。例如，当一批产品需要在某台机器上加工，而这台机器正在加工其他产品时，瓶颈就出现了，并且会引发延迟。瓶颈还会发生在很多人同时使用无线移动设备时（参见下面的“实例”专栏：克服无线数据的瓶颈）。

实　例

克服无线数据的瓶颈

有线的世界正在迅速转变为无线的世界。除了智能手机之外，正在兴起的电子书阅读器和物联网也开始加剧数据拥挤。思科最近预测，数据拥挤将会以108%的复合增长率暴增，从2009年的每月90 000TB增加到2014年的每月360万TB。

这种巨大的增长已经让许多用户感受到了移动瓶颈，因为太多的用户都在同一时间同一区域传输移动数据。这些瓶颈对公司的危害很大，比如亚马逊和e-Bay这些通过移动网络买卖产品和服务的企业，为了缓解这种瓶颈，无线网络的提供者和其他高科技公司正在研发效率更高的宽带，比如LTE，使用互补技术自动选择最合适的无线网络来增加容量。技术提供者同样也在配置Wi-Fi节点，以使移动用户在移动设备之间免费接入视频、数码音乐和照片，而不会影响有价值的无线带宽。全球企业和政府部门正在努力增加带宽的范围。例如在美国，当前频率波段的拥有者——广播电台，被鼓励去出售多余的无线宽带，并已获得一部分利润。

资料来源：Based on Cliff Edwards，“Wi-Fi direct seen as way to alleviate network congestion.” *Businessweek* (January7，2010)；John Morris，“CTIA：More spectrum，and other ways to break the wireless data bottleneck.” *ZDNet*，“Laptops & Desktops” blog (March 24，2010)；GeorgePyle，“Wireless growth leading to bottlenecks.” *Buffalo News* (May 9，2010).

许多公司，如中国银行、克罗格（零售商）和迪士尼，都在积极减少排队时间和延误，以更好地服务它们的顾客。

回到Photon的例子，用一台车床将钢筋加工成复印机上使用的一种特殊定影辊，并只能在接到顾客订单后才投入生产。Photon将这些定影辊作为复印机的零部件销售，并且只生产这种定影辊，订单数量为1 000个。为了关注生产周期，我们假设订单接收时间和订单交货时间可以忽略不计。Photon为了和其他竞争者竞争，打算加快物流配送。它的管理人员还考虑在不牺牲由较短顾客响应时间带来的竞争优势的同时，通过销售其他产品来增加利润。他们利用第1章介绍的五步决策制定法来考虑这些机会。

步骤1：识别问题与不确定性。Photon的管理人员考虑生产第二种产品，即定影齿轮。主要的不确定来自定影齿轮的生产是否会影响定影辊的生产周期。

步骤2：获取信息。管理人员收集了以前收到的定影辊订单的数量、生产定影辊的时间、可用产能和生产定影辊的平均生产时间等信息。Photon一般每年会收到30份关于定影辊的订单，但实际上也许只收到10份或20份订单，也许能收到50份订单。每份订单的订购数量是1 000个，需要100小时的生产时间（8小时的生产调整时间——清洗和准备，92小时的加工时间）。这台机器的年生产能力是4 000小时。假设公司刚好像预计的那样得到30份订单，需要的生产时间是3 000小时（每份订单100小时×30份生产能力之内的订单），比产能4 000小时要少。但即使预期生产能力并不紧张，也可能发生延误，因为顾客订货时间是难以确定的。如果这台机器正加工某一顾客的订单，Photon又收到来自其他顾客的新订单，那么这后到的订货必须等这台机器空闲下来后才能加工。

平均等待时间（average waiting time）是一批订货排队等待加工的平均时间①：

$$\frac{\text{定影辊平均订单数}\times(\text{每份定影辊订单生产时间})^2}{2\times[\text{年机器生产能力}-(\text{定影辊平均订单数}\times\text{每份定影辊订单生产时间})]}$$

$$=\frac{30\times100^2}{2\times[4\,000-(30\times100)]}=\frac{30\times10\,000}{2\times(4\,000-3\,000)}=\frac{300\,000}{2\times1\,000}=\frac{300\,000}{2\,000}$$

$$=150(\text{小时/订单})$$

因此，每一份定影辊订单的平均生产周期是 250 小时（150 小时的平均等待时间＋100 小时的生产时间）。注意分子中的每一订单的生产时间为平方项。这说明生产时间对于等待时间有较大的影响。生产时间越长，则在收到新订单时机器正忙的可能性越大，也就是说延迟的时间越长。公式中的分母是对未利用生产能力或者缓冲的度量，未利用生产能力越小，机器正在生产时收到订单的可能性越大，延迟也就越长。

公式描述的仅仅是平均的等待时间。有时碰巧接到订单时机器正处于空闲状态，则可以马上进行加工。但在其他情况下，Photon 公司可能在还有两份订单等待加工时就接到了新的订单，这时延误时间将比 150 小时还要长。

步骤 3：预测未来。Photon 公司预计下一年度将收到 10 份定影齿轮订单，每份订单的数量是 1 600 个。每批订货的生产时间为 50 小时，包括 3 小时的生产调整时间和 47 小时的加工时间。预计顾客对定影辊的需求并不受是否推出定影齿轮的影响。

在生产准备和加工订单之前的平均等待时间可以用下面的公式来计算，该公式是前面的单一产品例子情况下的公式的推广。

$$\frac{[\text{定影辊平均订单数}\times(\text{每份定影辊订单生产时间})^2]+[\text{定影齿轮平均订单数}\times(\text{每份定影齿轮订单生产时间})^2]}{2\times[\text{年机器生产能力}-(\text{定影辊平均订单数}\times\text{每份定影辊订单生产时间})-(\text{定影齿轮平均订单数}\times\text{每份定影齿轮订单生产时间})]}$$

$$=\frac{30\times100^2+10\times50^2}{2\times(4\,000-30\times100-10\times50)}=\frac{30\times10\,000+10\times2\,500}{2\times(4\,000-3000-500)}$$

$$=\frac{300\,000+25\,000}{2\times500}=\frac{325\,000}{1\,000}=325(\text{小时/订单})$$

推出定影齿轮产品使得每份订单的平均等待时间增加了 1 倍多，从 150 小时增加到了 325 小时。这是因为引入定影齿轮使得未利用生产能力减少，因此在机器尚未完成目前的生产任务时，又接到新的生产任务的可能性增大了。平均等待时间对于未利用生产能力的减少是非常敏感的。

如果管理人员决定生产定影齿轮，定影辊订单的平均生产周期是 425 小时（325 小时的平均等待时间＋100 小时的生产时间）。定影齿轮订单的平均生产周期是 375 小时（325 小时的平均等待时间＋50 小时的生产时间）。注意，定影辊订单的生产周期中 76.5%（325/425）的时间只是用于等待生产开始。

步骤 4：选择方案做出决策。根据前面的分析，Photon 的管理人员是否要生产定

① 严格的技术性假设是：(1) 顾客产品订单服从均值等于预期订单数的泊松分布（本例为 30）；(2) 订单以先进先出法进行加工。在现实中，顾客订单服从泊松到达方式是合理的。可以对先进先出法的假设进行修改，在修正以后的假设中，最基本的排队和延迟影响仍会发生，但是严格意义上的公式将有差别。

影齿轮呢？为了帮助管理人员做出决策，管理会计人员计算了生产定影齿轮带来的相关收入和相关成本，尤其是对所有产品的延迟成本。下面将主要介绍步骤 4，我们在这个例子中不涉及步骤 5，但会在后面的章节中讨论如何评价和学习以时间为基础的业绩。

□ 10.7.3　时间的相关收入与相关成本

为了决定增加定影齿轮产品带来的成本和收益，管理会计人员准备了以下数据（金额单位：美元）：

产品	平均订单数	平均生产周期下的每份订单平均售价		每份订单直接材料成本	每份订单每小时存货持有成本
		少于 300 小时	多于 300 小时		
定影辊	30	22 000	21 500	16 000	1.00
定影齿轮	10	10 000	9 600	8 000	0.50

生产周期既影响收入又影响成本。收入受到影响是因为顾客为了更快地收到货物，宁愿支付一小笔额外费用。成本方面，在引入定影齿轮产品时，直接材料成本和存货持有成本是影响成本的唯一因素（所有其他的成本都不受到影响，因此是不相关成本）。存货持有成本通常包含与存货有关的投资机会成本（见第 9 章“存货持有成本”），以及与场地租赁、货物损坏、腐烂变质和材料处理等有关的储存成本。企业通常以每份订单每年的费用为基础来计算存货持有成本。为了简化计算，我们将存货持有成本以每份订单每小时来表示。这和多数公司的做法是相同的。我们假设 Photon 公司在接到订单时得到直接材料，因此在等待时间和生产周期内都会发生持有成本。

图表 10—13 给出了 Photon 公司“推出定影齿轮”和“不推出定影齿轮”两种方案的相关收入和相关成本。

图表 10—13　Photon 公司是否推出定影齿轮决策的预期相关收入和成本分析　单位：美元

相关项目	方案 1：推出定影齿轮 (1)	方案 2：不推出定影齿轮 (2)	差额 (3)=(1)−(2)
预期收入	741 000[a]	660 000[b]	81 000
预期变动成本	560 000[c]	480 000[d]	80 000
预期存货持有成本	14 625[e]	7 500[f]	(7 125)
预期总成本	574 625	487 500	(87 125)
预期收入减去预期成本	166 375	172 500	(6 125)

a. (21 500×30)+(9 600×10)=741 000（美元）；平均生产周期将大于 300 小时。

b. 22 000×30=660 000（美元）；平均生产周期将小于 300 小时。

c. (1 600×30)+(8 000×10)=560 000（美元）。

d. 16 000×30=480 000（美元）。

e. (定影辊平均生产周期×定影辊每份订单存货持有成本×定影辊预期订单数)+(定影齿轮平均生产周期×定影齿轮每份订单存货持有成本×定影齿轮预期订单数)=(425×1.00×30)+(375×0.50×10)=12 750+1 875=14 625（美元）。

f. 定影辊平均生产周期×定影辊每份订单存货持有成本×定影辊预期订单数=250×1.00×30=7 500（美元）。

最后的决策是不推出定影齿轮，尽管定影齿轮的每份订单至少能给 Photon 公司带来 1 600 美元的贡献毛益（9 600－8 000），同时 Photon 公司的机器有能力生产定影齿轮。如果生产定影齿轮，公司在这台机器 4 000 小时的可利用生产能力中，平均只利用了 3 500 小时（100×30＋50×10）。但是为什么推出定影齿轮的方案还是被否定了呢？因为生产定影齿轮对现有产品定影辊造成了负面影响。下表列示了由于使用机器的生产能力来生产定影齿轮会引起延迟，从而导致期望收入的减少和预计成本的增加（单位：美元）。

产品	增加平均生产周期的影响		推出定影齿轮的预期收入损失和预期增加成本之和
	定影辊的预期收入损失 (1)	预期所有产品存货持有成本的增加 (2)	(3)＝(1)＋(2)
定影辊	15 000[a]	5 250[b]	20 250
定影齿轮	—	1 875[c]	1 875
总和	15 000	7 125	22 125

a. (22 000－21 500)×30＝15 000（美元）。
b. (425－250)×1.00×30＝5 250（美元）。
c. (375－0)×0.50×10＝1 875（美元）。

推出定影齿轮将造成定影辊的平均生产周期从 250 小时延长到 425 小时。更长的等待时间造成存货持有成本的增加和定影辊收入的减少（因为定影辊的平均生产周期超过了 300 小时，因此每份订单的收入从 22 000 美元降至 21 500 美元）。如果将定影齿轮的存货持有成本考虑在内，预计引入定影齿轮引起的成本为 22 125 美元，超过了销售定影齿轮得到的预计贡献毛益 16 000 美元（1 600 美元×10 份订单）（图表 10—13 中计算的差额）。

这个例子显示了什么时候需求的不确定性较高、什么时候有可用的生产能力。① 增加一个瓶颈资源的生产能力可以缩短生产周期和减少延迟。其中一种提高生产能力的方法是通过更有效的调整准备和加工，来减少在这两个环节上需要的时间。另一种方法是在新设备上进行投资，例如可以更快地从一个产品的生产转换到另一个产品生产的灵活的生产系统。通过仔细地对订单进行计划，例如，将相似的产品同一批生产，可以减少延误时间。

□ 10.7.4 与时间相关的指标

最后，我们关注五步法中的最后一步，具体而言，观察以时间为基础的指标的变化，评价和学习这些指标是否影响财务业绩，并修正决策和计划以便实现企业的目标。有关财务指标和非财务指标的例子有：

财务指标

由于延误造成的收入损失和价格折扣

存货的持有成本

① 其他一些复杂情形，如分析机器网、优先调度、加工时间的不确定等，超出了本书的范围。在这些情况下，基本的排队和延迟问题继续存在，但精确的公式更为复杂。

顾客指标

顾客响应时间（完成顾客订单的时间）

准时履约（按时发送产品或提供服务）

内部业务流程指标

关键产品的平均生产时间

关键流程的生产周期效率

瓶颈管理中准备时间和处理时间的减少

培训指标

接受瓶颈管理培训的员工人数

为了了解这些指标的因果关系，我们来看 Bell 集团，一家为珠宝行业设计和生产设备的企业。其关键的财务指标是每条生产线的高贡献毛益。为了实现这一目标，公司在运营一台瓶颈机器（每天 22 小时，每周 6 天）的基础上对所有产品订单设定了 2 天的周转时间。公司让员工接受有关应对瓶颈的培训，最后让他们管理瓶颈机器。Bell 集团强调与时间相关的指标，使得公司能稳步增加生产数量并减少响应时间，最后实现销售收入和营业利润的增长。①

成功之匙

由于不能确定顾客何时下订单且处理能力有限，因此对顾客的延误就会产生。这将导致收入降低、成本升高。为了避免这种延误，管理人员需要保持一定的松弛产能。

学习自测

Sloan Moving 公司将家用产品从美国一个城市搬运到另一个城市。它通过以下指标来测定服务质量：(1) 搬运货物需要的时间；(2) 及时递送（在约定递送日两天内）；(3) 在搬运过程中丢失或者损坏的数量。Sloan 公司正在考虑投资一个新的计划和追踪系统，每年的成本是 160 000 美元。这个系统可以提高第 (2) 和第 (3) 项指标的业绩。下面给出了描述 Sloan 公司目前业绩和实施新系统的期望业绩。

	目前业绩	未来期望业绩
及时递送率	85%	95%
丢失或损坏每箱产品的变动成本	60 美元	60 美元
丢失或损坏每箱产品的固定成本	40 美元	40 美元
每年丢失或损坏的数量	3 000 箱	1 000 箱

Sloan 公司预期及时递送率每增长一个百分点，可以带来 20 000 美元的年收入增长。Sloan 公司的贡献毛益率是 45%。

要求：

1. Sloan 公司是否应该采用新系统？给出你的计算结果。

2. 计算使新系统收益和成本相等的最小收入增长量。

① 管理圆桌（management roundtable），"The Bell Group Uses the Balanced Scorecard With the Theory of Constraints to Keep Strategic Focus，" FastTrack. roundtable. com，fasttrack. roundtable. com/app/content/knowledgesource/item/197（assessed May 15，2007）.

解答

1. 新的计划和追踪系统的附加成本是每年160 000美元，带来的额外年收益为：

因为及时递送率从85%提高到95%，增加的10个百分点的及时递送率带来的年收入（每提高1个百分点增加收入20 000美元×10%）	200 000美元
因为额外的年收入得到的45%的贡献毛益（0.45×200 000美元）	90 000美元
因为减少了丢失或损坏的数量而减少的成本（只有变动成本是相关成本）［60美元/箱×(3 000−1 000)箱］	120 000美元
总的额外收益	210 000美元

因为预计210 000美元的收益超过了160 000美元的成本，所以Sloan公司应该在新系统上进行投资。

2. 只要Sloan公司从增加的年销售中获得40 000美元的贡献毛益（弥补增量成本160 000美元减去节约的变动成本120 000美元），在新系统上的投资就是有利的。贡献毛益对应的销售额为40 000/0.45＝88 889（美元）。

决策要点

下表以问答的形式总结了本章的学习目标，决策问题代表与学习目标有关的关键问题，指南则是对该问题的回答。

决策问题	指南
1. 质量成本计划中的四种成本类型是什么？	质量成本计划中的四种成本类型是：预防成本（为预防生产不合格产品而承担的成本）、鉴定成本（为发现不合格产品而承担的成本）、内部差错成本（在交付之前发现不合格产品而承担的成本）和外部差错成本（在交付之后发现不合格产品而承担的成本）。
2. 管理人员可以使用哪些非财务指标和方法来改进质量？	顾客满意度的非财务指标包括顾客投诉人数和顾客收到的次品比率。内部业务流程的非财务指标包括产品的不合格水平和返工率。培训指标包括接受培训和授权使用质量准则的员工比例。 三种用来识别质量问题并改进质量的方法是：控制图，用于区分生产过程中的随机性偏差和其他原因造成的偏差；帕累托图，表明每种差错发生的频率；因果图，识别差错发生的原因或潜在的因素。
3. 管理人员如何在质量改进项目中识别相关成本和收益？如何使用财务和非财务指标来评价质量？	质量改进的相关成本是指为了执行质量计划而承担的增量成本。相关收入是指节省的总成本及质量改进后预计增加销售量而增加的贡献毛益。 财务指标有助于评估预防成本、鉴定成本和差错成本。非财务指标可用来识别需要改进的问题，预测未来长期业绩。
4. EOQ模型能帮助管理人员做什么？在预测EOQ模型中的参数时，差错成本的影响有哪些？	经济订货量（EOQ）模型通过权衡订货成本和持有成本帮助管理人员确定存货采购的最优数量。订货的数量越大，年持有成本越高，订货成本越低。EOQ模型除了包含财务会计体系中的成本外，还包含不进入财务会计体系的机会成本。预测误差的成本很小。

5. 为什么公司使用适时采购?	JIT 采购是以生产用量为基础进行的小规模数量的采购。是对高持有成本、质量成本、毁损成本和低订货成本做出的反应。JIT 采购让企业和供应商更加注重质量和物流的及时性。
6. 适时生产系统的主要特点是什么?	适时生产系统以需求为导向，只生产满足顾客需求的产品。有五个主要特点：(1) 以生产单元的形式组织生产；(2) 雇用和培训多技能工人；(3) 注重全面质量管理；(4) 减少生产周期和生产准备时间；(5) 与供应商建立密切联系。
6. 什么是顾客响应时间？其原因是什么？什么是延误成本?	顾客响应时间是从顾客提交订单购买产品或服务开始到该产品或服务交付给顾客所花费的时间。排队和延误的发生是因为：(1) 顾客订货时间的不确定性；(2) 生产能力限制带来的瓶颈制约。瓶颈是那些等待完成的工作接近或超过可利用生产能力的作业环节。排队和延误的成本包括减少的收入和增加的存货持有成本。

重要术语

appraisal cost　鉴定成本
average waiting time　平均等待时间
bottleneck　瓶颈
carrying costs　持有成本
cause-and-effect diagram　因果图
conformance quality　一致质量
control chart　控制图
costs of quality (COQ)　质量成本
custom-response time　顾客响应时间
design quality　设计质量
economic order quantity (EOQ)　经济订货量
enterprise resource planning (ERP) system　企业资源计划系统
external failure costs　外部差错成本
internal failure costs　内部差错成本
just-in-time (JIT) production　适时生产
just-in-time (JIT) purchasing　适时采购
lean accounting　精益会计
lean production　精益生产
manufacturing cells　生产单元
manufacturing cycle efficiency (MCE)　生产周期效率
manufacturing cycle time　生产周期
manufacturing lead time　生产提前期
materials requirements planning (MRP)　物料需求计划
on-time performance　准时履约
ordering cost　订货成本
Pareto diagram　帕累托图
prevention costs　预防成本
purchase-order lead time　采购提前期
purchasing cost　采购成本
quality　质量
reorder point　再订货点
safety stock　安全库存
shrinkage costs　毁损成本
stockout cost　缺货成本
time driver　时间动因
value stream　价值流

作　业

简答题

10—1　一致质量与设计质量有什么不同？请给出解释。

10—2　描述公司用于识别质量问题的三种

方法。

10—3 “公司应该注重质量的财务指标，因为只有这些指标才与企业的税后净利润相关”。你同意这种说法吗？请给出解释。

10—4 当我们用EOQ模型确定订货量时，可能会产生目标一致性问题，为什么？

10—5 “适时采购的优点和风险并存”。你同意这种说法吗？请给出解释。

10—6 “选择那些提供最低价格的供应商”。你同意这种说法吗？请给出解释。

10—7 适时生产系统有哪几个主要特点？优点和成本有哪些？

10—8 讨论精益会计和传统成本会计的区别。

10—9 “在顾客响应时间和准时履约之间没有此消彼长的关系”。你同意这种说法吗？请给出解释。

10—10 “只要产品的售价超过变动成本，公司就应该生产并销售这种产品”。假设固定成本是无关成本，你同意这种说法吗？请给出解释。

练习题

10—11 （质量成本）Osborn公司生产电话设备。Amanda Westerly是公司的总裁，了解到在2010年关于电话设备的消费者调查中该公司产品质量排到了第四位之后，他决定将更多的资源用于产品质量的改进。Osborn公司的质量改进计划已经实施了两年，下面的成本报表是最近编制出来的。

Osborn公司的质量成本中报（单位：千美元）

	2011年6月30日	2011年12月31日	2012年6月30日	2012年12月31日
预防成本				
机器维护	480	480	440	290
培训成本	21	90	45	35
设计检测	30	218	198	196
总预防成本	531	788	683	521
鉴定成本				
初始鉴定	109	124	89	55
最终检测	327	327	302	202
总鉴定成本	436	451	391	257
内部差错成本				

续前表

Osborn公司的质量成本中报（单位：千美元）

	2011年6月30日	2011年12月31日	2012年6月30日	2012年12月31日
返工	226	206	166	115
残料	127	124	68	65
总内部差错成本	353	330	234	180
外部差错成本				
质保维修	182	89	70	67
顾客退回	594	510	263	186
总外部差错成本	776	599	333	253
总质量成本	2 096	2 168	1 641	1 211
总的产出和收入	8 220	9 180	9 260	9 050

要求：回答下列问题：

1. 每个阶段中每种质量成本分别和收入、总质量成本的比率是多少？Osborn公司的质量改进计划是否成功？试解释你的回答。

2. 根据要求1，能否得出Osborn的质量改进计划已取得成功的结论？准备一份简短的报告来汇报。

3. 根据2010年的调查，Amanda Westerly认为Osborn需要改进质量。那么如何测量不实施质量改进计划的机会成本？

10—12 （质量改进，相关成本，相关收益）On Time Print公司每年生产和销售23 000台复印机。返工和修理复印机的固定成本和变动成本如下（单位：美元）：

	变动成本	固定成本	总成本
每小时的返工成本	80	140	220
单位修理成本			
每小时的顾客支持成本	42	50	92
每次修理部件的运输成本	370	140	510
每小时的质保维修成本	86	140	226

On Time Print公司的工程师目前正在解决复印效果深浅不一的问题。他们提议更换复印机的一个关键部件。每个新部件将比旧部件多耗资35美元。通过更换部件，On Time Print预计：（1）将节省12 875小时的返工成本；（2）节省500小时的顾客支持成本；（3）减少250次修理部件的运

输；(4) 节省 8 000 小时的维修成本；(5) 多卖出 175 台复印机，从而得到总的贡献毛益 1 750 000 美元。公司认为，尽管改进了质量，但不会节约任何返工或修理成本。公司的决策时间为一年，因为它计划在年末推出新的复印机。

要求：回答下列问题：

1. On Time Print 公司是否应该更换新的部件？列出计算过程。

2. 假设新增 175 台销量存在不确定性，那么最少要新增多少台的销量才能使更换新部件划算？

3. 在考虑是否更换新部件时，On Time Print 的管理人员还要考虑其他哪些因素？

10—13 (零售商的经济订货量) Super Shirts (SS) 公司经营着一家大型运动器材商店。该公司使用 EOQ 决策模型来制定存货决策。现在该公司正在为其“Los Angeles Galaxy Jackets”运动衫系列制定存货政策。这一产品非常受欢迎，该产品 2013 年的数据为：

预期年需求量	9 000
订货成本	250 美元
年持有成本	8 美元/件

每件运动衫的成本是 50 美元，售价是 100 美元。每年每件运动衫的持有成本是 8 美元，这包括要求的投资收益 5 美元 (10%×50 美元采购价格) 以及相关的保险、处理和失窃成本 3 美元。采购提前期为 6 天。该商店一年营业 365 天。

要求：

1. 计算经济订货量。

2. 计算年订货次数。

3. 计算再订货点。

10—14 (经济订货量，参数变化的影响) (续练习题 10—13) Winning Textiles (WT) 是 SS 公司销售的“Los Angeles Galaxy Jackets”系列运动衫的生产商。WT 最近安装了一套计算机软件，应用了思科公司开发的高级互联网技术，实现顾客的“一步式”购买。使用这一新的技术，FW 每份订单的订货成本将是 40 美元。

要求：

1. 订货成本为每份订单 40 美元时，计算运动衫的经济订货量。假设其他数据与练习题 10—13 相同。对结果进行评论。

2. 假设 WT 计划“帮助”SS。WT 允许 SS 的顾客直接从 WT 的网站上订货。WT 会将商品直接送到顾客那里。SS 的顾客每购买一件运动衫，WT 向 SS 支付 15 美元。说明这将会给 SS 的存货管理带来什么影响；SS 是否应该接受 WT 的建议。请给出解释。

10—15 (生产商的经济订货量) Turfpro 公司是生产割草机的厂家，每年需要以每件 30 美元的价格购入 4 500 件转动叶片。Turfpro 要求的年投资回报率为 15%。另外，相关的持有成本 (保险、材料处理、毁损等费用) 每年每件为 3 美元，每份订单的相关采购成本为 75 美元。

要求：

1. 计算转动叶片的经济订货量。

2. 计算 Turfpro 的全部订货成本与持有成本。

3. 假设年需求量是固定的，并且确切可知，采购提前期为半个月，计算转动叶片的再订货点。

10—16 (适时采购，相关收益，相关成本) Greene 公司使用自动车床把钢条加工成精密部件。钢材的平均存货为 300 000 美元，总经理 John Oates 与总会计师 Helen Gorman 对存货的持有成本十分重视。钢材供应商希望以不变的价格、更小的批量进行供货。Helen Gorman 认为实施 JIT 存货管理将对减少存货产生如下影响：

● 没有加班，缺货将造成每年损失 35 000 单位的销量。当每年的加班奖金为 200 000 美元时，由于缺货造成的销售损失将降至 200 000 单位，这也是 Greene 可用时间的最大值。

● 原有的两个存放钢条的仓库已不再需要。Greene 与另一公司签订了可取消的租赁协议，以 45 000 美元的年租金租赁一个库房。另一库房为 Greene 所有，面积为 12 000 平方英尺，其中的 3/4 以每年每平方英尺 1.25 美元的价格出租。每年 7 000 美元的保险费和财产税将不复存在。

长期资本投资将给 Greene 带来每年 20%的报酬率。2013 年 12 月 31 日的预算利润表为 (单位：千美元)：

收入		5 400
产品销售成本		
变动成本	2 025	

固定成本	725	
产品销售成本合计		2 750
销售毛利		2 650
营销与分销成本		
变动成本	450	
固定成本	750	
营销与分销成本合计		1 200
营业利润		1 450

要求：

1. 计算Greene公司在2013年采用适时存货管理后预计的收益或损失。

2. 解释在实施JIT前Greene公司应该考虑的其他因素。

10—17 （质量改进，相关成本，相关收益）Carson公司向小汽车和载重卡车行业出售250 000个V262型阀门。Thomas公司的生产能力是150 000小时，每小时能生产2个阀门。V262的单位贡献毛益是10美元。Carson公司之所以只卖出250 000个阀门，是因为有50 000个阀门（占合格阀门的10%）需要返工。返工2个阀门需要1小时，因此使25 000小时的生产能力浪费在返工品的加工上。Carson公司的返工成本为450 000美元。返工成本包括：

● 直接材料和直接返工人工（变动成本）：5美元/单位。

● 设备固定成本、租金和间接费用的分配：4美元/单位。

Carson公司的工序设计师提出了一种新的生产工序。该工序将维持原有的加工速度，但能百分之百地保证质量，不再生产出返工品。这种新工序每年要增加736 000美元的成本支出，其他有关数据如下：

● 顾客对Carson公司V262阀门的年需求量是320 000个。

● 若Carson公司启用新工序生产T791型阀门，则Brady公司将订购17 000个。T791型阀门的贡献毛益是每单位15美元。Carson公司可以用现有的机器每小时生产1个T791型阀门，质量100%合格且没有返工。

要求：回答下列问题：

1. 假设Carson公司的设计师启用了新的生产工序。那么，Carson公司是否应该接受Brady公司订购17 000个T791型阀门的订单呢？请给出解释。

2. Carson公司是否应该启用新的生产工序？

3. 在决定是否应采用新工序时，Carson公司应该考虑哪些非财务定性因素？

10—18 （改进质量，相关成本，相关收益）Harvest公司利用铸模和焊接两道工序生产彩色塑料灯。铸模工序的年生产能力为100 000单位，灯具的需求很大。如果单价为50美元，公司能够实现产销平衡。

由于铸模机器的生产能力约束，Harvest公司只能在铸模部门生产100 000单位的产品。如果在铸模工序中有不合格产品产生，那么这些产品肯定会当作残料处理并且残料处理的收入为0。其中，在100 000单位的初始投入中，有10 000单位（10%）是残料。由铸模工序所产生的残料的生产成本（包含固定部分与变动部分）为24美元/单位。有关资料如下：

直接材料（变动）	12美元/单位
直接人工、生产准备人工和材料处理人工成本（变动）	2美元/单位
设备、租金和其他包含残料的检测和调试成本在内的已分配制造费用（固定）	10美元/单位
合计	24美元/单位

Harvest公司的设计师决定在现有原材料中加入一种不同类型的原材料，以把残料比例降至0。但是铸模部门的单位变动成本将增加3美元。

要求：回答下列问题：

1. Harvest公司是否应该使用新的原材料？

2. Harvest公司在决策时，还应该考虑哪些非财务定性因素？

10—19 （与盈利能力、准时交货、外部质量业绩这三种指标相挂钩的奖励办法）West Coast Healthcare公司开了两家诊所，一家在西雅图，一家在旧金山。每个工厂经理的季度奖金由以下三部分组成：

a. 盈利能力：从营业利润中提成0.75%。

b. 平均等待时间：如果患者在预定时间之后等待的时间少于10分钟，则加20 000美元；如果多于10分钟，则为0。

c. 患者满意度：如果患者的满意度低于65分（满意度来自问卷调查，采用百分制），则扣20 000美元；如果超过65分，也没有额外奖励。

西雅图和旧金山在2012年的半年度数据如下：

	1—6月	7—12月
西雅图		
营业利润	5 575 000美元	5 525 000美元
平均等待时间	12分钟	13分钟
患者满意度	75分	73分
旧金山		
营业利润	4 750 000美元	2 937 500美元
平均等待时间	13分钟	9分钟
患者满意度	58分	69分

要求：

1. 分别计算2012年每半年应支付给两个经理的奖金。

2. 讨论该奖励计划中的三个衡量指标：盈利能力、等待时间和患者满意度。指出每个指标的一个缺点，以及如何克服（如重新制定计划或确定其他指标等）。

3. 说明West Coast Healthcare为什么将营业利润和等待时间纳入奖励计划来评价这两个诊所的经理的业绩。举例说明如果不把等待时间作为业绩评价指标，会发生什么样的情况。

10—20 （生产提前期，相关收入，相关成本）Brandt公司为航空业生产线束。Brandt公司不能确定什么时候收到顾客订单，会收到多少顾客订单。公司只在接到顾客订单后才开始生产。Brandt公司最近购买了一台可以生产两种线束的新机器，一种线束用于波音公司（B7），另一种用于空中客车公司（A3）。新机器的年生产能力是6 000小时。下面给出的是下一年的信息（金额单位：美元）。

	年平均订购数量	所需生产时间（小时）	生产提前期下平均每份订单的销售价格		每份订单变动成本	每小时每份订单的存货维持成本
			少于200小时	多于200小时		
B7	125	40	15 000	14 400	10 000	0.50
A3	10	50	13 500	12 960	9 000	0.45

要求：回答下列问题：

1. 每份订单的平均生产提前期是多少？(a) 如果Brandt公司只生产B7；(b) Brandt公司同时生产B7和A3。

2. 如果A3有正的贡献毛益，Brandt公司的管理者正在评估以下选择：(a) 只生产和销售B7；(b) 生产并销售B7和A3。哪种选择会使Brandt公司的营业利润最大化？列出计算过程。

3. 对要求2中的两种方案进行选择时，Brandt公司应该考虑哪些其他因素？

10—21 （JIT生产，相关收入，相关成本）Colonial Hardware在其Lynchburg工厂生产特殊的铜质门把手。Colonial考虑实施一个JIT生产系统。以下是实施JIT系统后估计的成本和收益：

a. 每年新增工具成本200 000美元。

b. 平均存货量在现有的2 000 000美元的基础上下降80%。

c. 保险、仓储、物资管理和启动成本预计在现有的600 000美元的基础上下降25%。

d. 当前返工成本为400 000美元，实施后预计下降30%。

e. 质量的改进使得售价会提高8美元，当前销量为每年40 000件。

Colonial要求的年度投资回报率为15%。

要求：回答下列问题：

1. 采用这一系统后的净收益或损失是多少？

2. 在决定是否采用JIT生产系统时，还需要考虑哪些非财务性因素和定量因素？

3. 如果实施了这一系统，使用哪些业绩指标进行评估？

10—22 （精益会计）Reliable Security Devices（RSD）引入适时生产系统并考虑采用精益会计原则来支撑这一系统。公司有两条产品线：机械装置和电力装置。每条生产线分别生产两种产品。制造费用先归集到生产线，然后分配给两种产品。公司传统的会计系统将公司层面的设备成本和一部分公司管理费用分配到各产品中。最近的会计报告使用的是传统成本会计方法，提供的信息如下（单位：

美元）：

	机械装置		电力装置	
	产品A	产品B	产品C	产品D
销售收入	1 400	1 000	1 800	900
直接材料	400	200	500	150
直接人工	300	150	400	120
制造费用（设备租赁、监督和生产控制）	180	240	400	190
归集的公司层面的设备费用	100	80	160	60
设计和营销费用	190	100	210	84
归集的公司管理费用	30	20	40	16
营业利润	200	210	90	280

RSD认为每条生产线代表了不同的价值流。另外在400 000美元（100 000＋80 000＋160 000＋60 000）的厂房层面的设备成本中，产品A、产品B、产品C和产品D分别使用了22%，18%，36%和14%的厂房面积。剩余的10%没有使用。最后，RSD认为直接材料的成本应该在购买而非使用时进行记录。根据购买记录，直接材料的购买成本如下表所示（单位：美元）：

	机械装置		电力装置	
	产品A	产品B	产品C	产品D
直接材料	420	240	500	180

要求：回答下列问题：

1. 在RSD的精益会计系统中，什么是成本目标？

2. 根据精益会计原则计算要求1中成本目标的营业利润。为什么算出的结果和利用传统成本会计方法计算的结果不一样？说说你的看法。

10—23 （质量改进，帕累托图，因果图）Pauli的比萨店开始收集顾客订单处理和配送的质量数据。Pauli在2013年第一季度配送了1 800个订单。以下是配送数据：

质量缺陷的种类	2013年第一季度发生的次数
配送延误	50
产品损毁	5
订单有误	12
顾客对配送服务的投诉	8
没有附加其他赠品	18

要求：

1. 画出帕累托图。

2. 给出能够减少失误的措施。

3. 为配送延误画出因果图。说明因果图在多大程度上对Pauli的比萨店有帮助。

章末案例

丽思-卡尔顿酒店

丽思-卡尔顿的高管一直为打造酒店优雅、仿古和传奇的口碑而在效率和质量之间寻找着平衡。如果高管注重质量，那么这意味着什么呢？又如何来评价呢？

丽思-卡尔顿的战略是为顾客创造非同凡响的体验。一种方法是在酒店里建造引人注目的大堂和宽敞优雅的房间，雇用和培训员工以提供高质量顾客服务。项目团队建造每家酒店时都融入了丽思-卡尔顿的风格，管理团队则保证酒店坚持提供高水平的服务。

另一种方法则是从客房服务、客人预订和入住、行李搬运和早餐服务等方面入手，提高运营效率。丽思-卡尔顿可以对工作流程和周期进行统计测算，评估诸如客房服务、酒店预订、服务员停车和客房管理等。管理人员可以利用这些结果制定出衡量未来业绩的一些标准。有了具体的量化的目标，他们可以关注持续改进过程，监控质量，并采取措施杜绝问题发生。管理人员还可以在每天或每周的管理会议上阅读这些业绩资料并和员工进行交流。

高级管理人员对丽思-卡尔顿是否需要强调质量存在不同看法。一些人认为，如果公司的目标是削减成本以降低价格，那么重视质量和效率才是有意义的。他们觉得对于一家高级酒店来说，应该集中精力投资打造一种奢华和舒适的感觉，强调质量可能会让顾客产生疑惑。例如，这些管理人员认为丽思-卡尔顿应该更注重食物的口感，而不是客房服务的周转时间。如果客房服务的周转时间变得重要，员工可能会简化食物的准备过程而加快服务客人的速度。一位管理人员称，“没人会讨论客人预订和登记或停车的时间有多长。我不明白为什么要把重点放在这些业务上，这没有体现我们丽思-卡尔顿的特色。”

其他管理人员却持不同观点。他们认为，为满足顾客的预期并保证每家酒店能够满足这些预期，质量管理是每天都应该做的工作。顾客并不是来酒店购买产品的，而是来购买体验的。将所有元素结合起来为顾客创造一种非凡的体验既是挑战，也是每个员工——无论来自运营部门还是来自管理部门——的目标。一位支持注重质量的经理说：“我认为，让每个员工树立质量意识是非常重要的，因为每个员工都有可能会对顾客的体验产生影响。例如，当一位客人等待入住时，如果等待时间较长，大堂是否漂亮就无关紧要了。客人可能会不耐烦。前台登记人员此时应礼貌热情地接待客人，而这也意味着登记时间会更长。如果注重质量，就会安排更多的人手在前台工作，以缩短等待时间。”

其他支持质量为先的经理也说道：“我们应该让酒店每个功能区域的员工组成自我管理的工作团队，提供诸如客户服务、侍从服务、食物和饮料服务、客房服务等。管理人员不需要在命令—控制的模式下工作，因为在这种模式下命令是被动完成的。相反，员工团队可以自主决定工作计划，明确在工作范围内什么工作该做，如何解决质量问题等。管理人员则为团队完成质量目标提供帮助和资源支持，为员工提供机会去接受如何管理酒店的培训，以便他们认识到职责范围内的努力和酒店整体目标之间的联系。在员工接受培训之后，还应进行检验并给予奖励。教育水平较高的员工能够在岗位上更好地制定决策，最大限度地实现顾客和公司的利益。”

一些经理虽然支持质量为先，但对自我管理的方法持怀疑态度。其中一人说道：“不能建立自我管理的团队，因为这样不容易协调工作。为员工制定工作计划应该是经理的工作。我不是说员工不能凭借授权做一些决策，但酒店要良好运行，员工必须执行一些已经制定好的流程。”

问题

1. 考虑顾客登记花费的时间。举例说明预防成本、鉴定成本、内部差错成本和外部差错成本。

2. 从以下角度描述丽思-卡尔顿管理人员在评价质量时会用到的两种方法：(a) 顾客角度；(b) 内部经营流程角度；(c) 员工角度。解释为什么你选择的方法对丽思-卡尔顿很重要。

3. 丽思-卡尔顿的经理、员工可以采取哪些措施来改进质量？

4. 你对将员工组成自我管理的团队有何看法？

5. 你是否建议丽思-卡尔顿关注质量？为什么？请给出解释。

第 11 章

资本投资

学习目标

1. 了解对投资项目进行资本预算的六个步骤。
2. 运用并评价两种主要的贴现现金流量法——净现值法和内部收益率法。
3. 运用并评价回收期法。
4. 运用并评价应计会计收益率法。
5. 确定资本预算决策中的相关现金流入及流出量。
6. 理解实施资本预算决策和评价管理业绩所面对的挑战。
7. 解释管理人员如何利用资本预算实现战略目标。

公司的管理人员需要对是否投资做出决策，因为这对公司的未来有重要影响。例如，本田公司是否要在中国或印度开设新厂？索尼是否要开发下一代 Playstation 的控制台？盖普是否应该中断儿童服装的生产线并扩建女式运动装的生产线？高层管理者必须清楚如何以及何时在不同方案中进行最佳的财务资源分配，为公司创造未来的价值。由于很难知道未来会怎样以及项目最终要花多少钱，因此这是一项极具挑战性的工作，但也是管理人员必须持续面对的。为了应对这一挑战，塔吉特和雪佛龙等公司成立了特别小组来制定与项目有关的资本预算决策。因此，本章主要讲述选择项目时用到的不同方法，这些项目都会给公司带来很大的价值。

本章要点

- 资本预算是公司评价长期投资的过程。
- 资本预算中的关键步骤要求管理人员估计每个项目的售后现金流的年限，时间贯穿从初始投资到投资结束。
- 贴现现金流量法根据所有预计的未来现金流入和流出金额的限制来评价投资项目，因此衡量的是货币的时间价值。
- 除了贴现现金流量法之外，管理人员还利用非贴现现金流量法或会计盈余法来挑选资本项目。
- 使用贴现现金流量法评估项目与使用期间会计盈余法评价管理人员有所不同。
- 让公司对投资进行检查非常有必要，因为这样做可以揭示项目执行中的困难，避免管理人员做出过度乐观的项目评估。
- 资本投资决策通常是服务于公司战略目标的。

11.1　资本预算的步骤

资本预算（capital budgeting）就是为项目投资制定长期计划的过程。在选择投资项目时，管理人员会从许多项目中进行挑选，这些项目一般都跨期较长。资本预算则要求分析每个项目在项目期内（从初始投资到投资结束）的现金流，这与生命周期的预算和成本（见第 7 章）很相似。例如，本田的管理人员在考虑上马一条新的汽车生产线时，会先估计在生产线的有效期（可能是 10 年）内新生产线带来的收入和产生的成本。在测算完价值链（从研发到顾客服务——新车生产线的有效期）中所有业务流程产生的收入和成本后，本田的管理人员才会确定这是不是一项有利的投资。

资本预算是管理人员进行决策制定和控制的一种工具。与前面很多章节谈到的五步决策制定法一样，资本预算也有五个步骤：

步骤 1：识别项目。判断哪个资本支出项目与组织目标和战略的实现密不可分。比如，作为生产差异化产品的行业领导者，耐克在产品创新、设计方面投入了巨资，为的是能够开发新一代高质量的运动服装。同样，管理人员如果实施成本领先战略，就可能选择通过降低成本来提高生产能力和效率的项目。如戴尔公司倡导成本领先战略，将许多部件外包给世界各地的低成本生产商。判断投资于哪一种资本项目很大程度上是项目主管的责任。

步骤 2：获取信息。从价值链的所有环节收集信息，对现有项目进行评估。回到本田新汽车项目的例子，高层管理人员向市场经理询问收入情况，向计划经理询问装配时间，向供应商询问价格和关键配件的可获得性，同时还会向低层级经理求证提供的数据的可靠性以及形成这些数据的前提假设。其目的就是形成一个开放和真诚的沟通机制，以便最后确定下来的决策符合股东利益最大化原则。管理人员通常也会在这一阶段拒绝一些项目。例如，如果本田了解到新汽车不能在现有的厂房中生产，就可能取消这一方案。

步骤 3：做出预测。预测备选投资方案的预计现金流。资本项目投资包括初始的大量投入——它们在未来期间通过现金流入而产生收入，以及项目结束时的处置价值。这就要求公司对未来几年的现金流进行预测。例如，宝马公司估计每年的现金流并以 12 年为周期制定投资预算。由于预测存在很大的不确定性，公司一般会分析多种情况。宝马的营销部门会被要求在 90%的置信区间内估计一系列可能的销售数据。公司也会尽量保证这些估计（尤其是项目最近几年的估计）是有现实依据的。管理人员很可能会在这些项目中加入一些偏差因素，使得资本预算的结果有利于他们偏好的选择。如果管理人员预计在项目期内不会继续留在这家公司，这种现象可能更严重，因为他们不用对这些估计的结果负责。

步骤 4：选择方案做出决策。选择那些收入最高、成本最低的项目。根据步骤 3 获得的定量数据，公司利用任意一种资本预算方法来决定哪一个项目最能实现企业目标。尽管财务预算受财务信息的限制，但管理人员可以借助判断和感知来形成定量信息和战略考虑。例如，如果新的汽车生产线仅能实现财务目标，本田也可能决定不投资，因为它可能会降低顾客对公司产品质量的预期。另外，本田的高管会确保新的汽车生产线和公司的战略联系在一起，考虑诸如油耗、环境可持续性和品牌定位等。最后，管理人员会花大量时间对项目的风险进行评估，包括现金流的不确定性以及项目本身的风险（如果最糟的情况发生）。

步骤 5：实施决策、评价业绩与学习改进。由于项目决策的复杂性和较长的周期，这一步骤被分为两个阶段：

- 获得资金并进行投资（由步骤 4 决定）。资金的来源包括内部产生的现金流和在资本市场出售的权益和负债证券。进行资本投资通常是一项艰巨的任务，要购买大量的产品和服务。如果本田选择推出新款汽车，必须订购钢铁、铝、油漆等物资。如果一些计划的物资无法获得，管理人员则要用其他材料来替代，还要考虑经济可行性。

● 计算已实现的现金流，并与估计值进行比较，必要时修改计划。随着现金的不断流入和流出，管理人员要比较步骤3预测的现金流和实际的现金流是否一致。当宝马在2001年推出新车Mini时，实现的销售收入高于当初的预计，为此宝马不断增加产量以满足需求，同时决定将Mini生产线扩展到敞篷车和Clubman两种车型。很明显，公司停止了表现未达到预期的项目。管理人员会对他们实施的项目投入更多，因为担心被发现他们做了一个不正确的资本预算决策。如果项目不能实现持续盈利，那么承认这一失败是符合公司和管理人员的长远利益的。例如，TransAlta是加拿大的一个发电商，最近暂停了在阿尔伯塔的价值14亿加元的减少二氧化碳排放的项目。在花费3 000万加元对工程和设计进行研究后，公司发现成本符合预期，但碳交易的收入和减排的价格不足以让这个项目盈利。

为了解释资本预算，我们来看Top-Spin这家公司。Top-Spin是主要的网球拍生产商，它在球拍生产过程中添加了石墨，这项创新使得生产出的球拍比较轻便且很结实。但新兴的碳纤维球拍要比添加石墨的球拍更轻更结实。Top-Spin想继续改进，因此在第一步，管理人员首先要确定这种碳纤维球拍项目。在第二步收集信息时他们发现，如果能够将石墨设备换成碳纤维设备，早在2012年就能生产这种碳纤维球拍。在收集了其他数据后，Top-Spin的管理人员开始预测采用新设备未来产生的现金流（步骤3）。Top-Spin估计购买一台使用期为5年的碳纤维设备需要花费的净投资额为379 100美元（税后），计算如下：

新机器成本	390 000 美元
营运资金投入	9 000 美元
处置现有机器的税后现金流出	（19 000 美元）
新机器的初始投资税后净额	379 100 美元

营运资金指的是流动资产和流动负债的差额。新项目通常需要使用流动资产（如存货或应收账款）进行投资。在Top-Spin的例子中，购买新设备需要花费9 000美元。在项目期末，这9 000美元的金额由产生的现金流清偿。但设备本身在5年使用期后并无处置价值。

管理人员估计，引进碳纤维设备后，营运现金流（现金收入减去现金营运成本）将在前4年增加100 000美元（税后），最后一年增加91 000美元（税后）。为简化分析，假定现金流都在年末产生。注意在最后一年末的现金流仍为100 000美元，其中91 000美元为营运现金流，9 000美元为营运资金。管理人员接下来就要估计该项目的收入和成本（步骤4）。本章用以下几种资本预算方法来分析财务信息：（1）净现值（NPV）法；（2）内部收益率（IRR）法；（3）回收期法；（4）应计会计收益率（AARR）法。净现值法和内部收益率法都属于贴现现金流量法，我们会在下一节讨论。

成功之匙

与五步决策制定法一样，管理人员在进行项目的资本预算时也有五个步骤：识别项目、获取信息、做出预测、选择方案做出决策，以及实施决策、评价业绩与学习改进。

11.2 贴现现金流量法

贴现现金流量法（discounted cash flow（DCF）methods）假定未来所有预计的现金流入和流出都发生在一个时间点，并对之进行计量。贴现现金流量法的关键在于它考虑了资金的时间价值。**资金的时间价值**（time value of money）是指今天收到的1美元（或者是任何一个货币单位）比明天收到的1美元更有价值。这是因为今天的1美元可以用来进行投资，比如赚取一年10%的回报，这样，今天的1美元在年末将会变成1.10美元。资金的时间价值就是今天放弃这一笔资金的机会成本（放弃0.10美元的回报）。同样，一年后得到的1美元在今天的价值是1÷1.10＝0.909 1（美元）。这样，贴现现金流量法通过资金的时间价值清楚地衡量了现金流。因此，一年后得到的100美元应乘以0.909 1，从而得到今天的贴现值为90.91美元，也就是一年后的100美元在现在的价值。贴现现金流量法重视现金的流入和流出，而不是像传统的应计制会计核算那样注重营业利润。

本书末的附录提供了进行贴现现金流分析时常用的复利表。如果你对复利不是很熟悉，请在查看本书附录后再继续学习。本章将会经常用到附录里的表格。

两种贴现现金流量法主要包括净现值法和内部收益率法。贴现现金流量法用应得收益率计算，**应得收益率**（required rate of return，RRR）是指投资项目应达到的可以接受的最低年收益率。这个收益率是一个组织在相同的风险条件下在其他地方的投资也可以获得的报酬率。应得收益率也称**贴现率**（discount rate）、**临界收益率**（hurdle rate）、**资本成本**（cost of capital）或者**资本的机会成本**（opportunity cost of capital）。假定Top-Spin的CFO将公司投资项目的应得收益率设定为8%。

11.2.1 净现值法

净现值法（net present value（NPV）method）用应得收益率将投资项目未来各年的预计现金流入量和流出量贴现为现值，并计算出该项目的预计净货币损益，然后进行取舍。净现值法的运用包括以下三个步骤：

步骤1：确定相关现金流入量、流出量。图表11—1中右边的箭头描绘了各年的现金流量情况。流出量用圆括号表示，该图表可以帮助决策制定者系统地组织和观察数据。注意图表11—1包含第1年初（即第0年末）购入新机器时的现金流出和后5年的现金流入。净现值法关心的是实际现金流量，而不关心现金来自何处，如经营所得、设备的购买或销售、营运资金的投入或收回等。不要将应计制会计核算的概念（比如赊销或者非现金支出）混入现金流入和流出的计算。

步骤2：选择正确的复利表并对现金流进行折现。在Top-Spin的例子中，既可以查本书末附录中的表2将各年现金流量分别折算为现值，也可以用表4计算年金的现值，年金是指在间隔相等的会计期间内一系列相等的现金流。如果使用表2，我们将会发现1～5年期的贴现因子在8%这一列。在图表11—1中，方法1给出了这五个贴现因子。因为投资每年创造一笔年金（等时期地流入一笔相等的现金），我们使用表4。我们从8%这一列中找到5年期的贴现因子，将每年产生的现金流与其相乘

图表 11—1　　**净现值法：Top-Spin 的新碳纤维机器**　　金额单位：美元

	A	B	C	D	E	F	G	H	I
1			初始投资净额	379 100					
2			使用年限	5年					
3			年现金流入	100 000					
4			应得收益率	8%					
5									
6		总现值	1美元补贴8%的现值		年末相关现金流				
7				0	1	2	3	4	5
8	方法1:每年贴现现金流量法[a]								
9	净额	(379 100)	1.000	(379 100)					
10		92 600	0.926		100 000				
11		85 700	0.857			100 000			
12	年现金流量	79 400	0.794				100 000		
13		73 500	0.735					100 000	
14		68 100	0.681						100 000
15	净现值	20 200							
16									
17	方法2:年现金值法								
18	初始投资	(379 100)	1.000	(379 100)					
19					100 000	100 000	100 000	100 000	100 000
20									
21	年现金流	399 300	3.993[b]						
22	净现值	20 200							
23									

a.现值来自末附录中的表2。

b.年金现值来自本书末附录中的表4。贴现因子3.993是每年的贴现因子之和（0.926+0.857+0.794+0.735+0.681）。

（—379 100×1.000；100 000×0.926；直至 100 000×0.681）。由于投资产生了年金，我们同样可以利用表 4。方法 2 表明这个贴现因子是 3.993，它是方法 1 中的五个贴现因子之和。为得到流量的现值，将贴现因子与对应的现金流相乘。用其减去初始的投资金额就为项目的净现值 20 200 美元（399 300—379 100）。

步骤 3：根据计算得到的净现值制定项目决策。如果净现值为零或为正，NPV 模型表明该项目是可行的，即预计报酬率等于或超过了应得收益率。如果总和为负，这个项目就不能接受，它的预计报酬率低于应得收益率。

图表 11—1 显示在应得收益率为 8%时该项目净现值为 20 200 美元，定量财务数据表明，该项目是可行的。因为该项目的现金流量足以弥补项目的初始投资，并且在正常情况下，每年从该项目占用的投资中得到高于 8%的回报。

当然，管理人员还应考虑非财务因素，比如使用新机器后对 Top-Spin 品牌的影响，因为从 Top-Spin 品牌中获得的财务收益不容易估计。管理人员在最后做决定时一定要考虑这一影响。如果碳纤维设备投资的 NPV 为负，但能够维护 Top-Spin 的品牌和技术声誉，并有助于其他产品的销售，那么管理人员仍可考虑该投资。

成功之匙

贴现现金流量法考虑了时间价值，因此管理人员可以在此基础上用很多年的现金流来评价项目。NPV 的标准要求管理人员选择那些贴现现金流量总和为正的项目。

□ 11.2.2　内部收益率法

内部收益率（internal rate of return（IRR）method）计算使投资项目预计现金流入

量现值与现金流出量现值相等时的贴现率，也就是使投资项目净现值为零的贴现率。图表 11—2 给出了现金流量，并用 10%的贴现率对 Top-Spin 的新碳纤维机器的 NPV 进行了计算。当贴现率为 10%时，该项目的 NPV 为 0，即该项目的 IRR 为 10%。

图表 11—2　　内部收益率法：Top-Spin 的新碳纤维机器　　金额单位：美元

	A	B	C	D	E	F	G	H	I
1			初始投资净额	379 100					
2			使用年限	5年					
3			年现金流入	100 000					
4			贴现率	10%					
5									
6		总现值	1美元贴现10%的现值	年末相关现金流					
7				0	1	2	3	4	5
8	方法1:每年贴现现金流量法								
9	净额	(379 100)	1.000	(379 100)					
10		90 900	0.909		100 000				
11		82 600	0.826			100 000			
12	年现金流量	75 100	0.751				100 000		
13		68 300	0.683					100 000	
14		62 100	0.621						100 000
15	净现值[a]	0							
16	(表明内部								
17	收益率为10%)								
18									
19	方法2:年金现值法								
20	净额	(379 100)	1.000	(379 100)					
21					100 000	100 000	100 000	100 000	100 000
22									
23	年现金流	379 100	3.791[b]						
24	净现值	0							
25									

a. 总和有一定误差，我们将其取整。

b. 年金现值来自本书末附录中的表 4。贴现因子 3.791 是每年的贴现因子之和（0.909+0.826+0.751+0.683+0.621）。

管理人员可以利用计算器或计算机程序计算 IRR。如果没有计算器或计算机程序，则需运用试错法找出答案。

步骤 1：选定一个贴现率，计算出该贴现率下的投资净现值。

步骤 2：如果净现值小于零，换用一个较低的贴现率（一个较低的贴现率会使 NPV 增加；记住：我们是在找一个使净现值为零的贴现率）。如果净现值大于零，则换用一个较高的贴现率以使净现值降低。如此逐步试算，直到找出使净现值为零的贴现率。

在 Top-Spin 的例子中，8%的贴现率使项目净现值达到+20 200 美元（见图表 11—1）。贴现率为 12%时净现值为−18 600 美元［3.605（从本书末附录的表 4 中得到的年金贴现因子）×100 000−379 100］。因此使净现值为零的贴现率必然在 8%与 12%之间。当我们用 10%试算时恰好使净现值为零，所以 IRR 为 10%。

如果投资项目各年现金流量相等，内部收益率的计算就会简单得多，正如我们的例子所示。图表 11—2 中的信息可以表述如下：

$$397\ 100 = 5 \text{ 年期 } 100\ 000 \text{ 美元年金在贴现率为 } x\% \text{ 时的现值}$$

或者使用表 4，看哪一个因子 F 满足如下等式：

$397\ 100 = 100\ 000 \times F$

$F = 379\ 100 \div 100\ 000 = 3.791$

在年金现值表（表 4）中期间为 5 的一列中，查出使年金现值系数接近 3.791 的贴现率恰为 10%。如果该系数（F）落在相邻两列之间，则可用内插法估算内部收益率。这种插值估算方法参照本章末的“学习自测”。

只有在内部收益率等于或者大于应得收益率时，此项目才是可取的。在本例中，购置新设备的内部收益率为 10%，大于应得收益率（8%），基于财务上的考虑，Top-Spin 可以投资购置这台新机器。一般来说，净现值法和内部收益率法可以用来决定是否接受某个项目。如果内部收益率大于应得收益率，则投资项目现金流量用应得收益率贴现后的净现值为正值，此项目是可取的；如果内部收益率等于应得收益率，则净现值为零；如果内部收益率小于应得收益率，则净现值为负值，此项目是不可取的。显然，在其他条件相同的情况下，管理者更愿意选择内部收益率大的项目，而不是内部收益率小的项目。本例中 10% 的内部收益率意味着该项目的现金流入量可以：（1）收回该项目的初始投资；（2）在使用年限内获得 10% 的投资回报。

□ 11.2.3　净现值法和内部收益率法的比较

NPV 法是项目决策中使用较多的方法，因为可以使股东价值最大化，即 NPV 法计算的是用美元衡量的项目剩余带给股东的价值。① 下面我们着重介绍 NPV 法和 IRR 法各自的优缺乏。

NPV 法最大的优点在于计算出的结果是金额而非百分比，因此我们可以将相互独立的若干项目的净现值加总，估计出接受一个项目组合的结果。相反，IRR 法无法通过加总或平均得出投资组合的内部收益率。

NPV 法的第二个优点在于它能表示成一个数字。根据数字的符号和大小可以做出接受还是拒绝项目的准确评估。而在 IRR 法中，一个项目可能存在多个 IRR。换句话说，可能有多个贴现率使 NPV 为零。尤其是在现金流每期都在变化的时候，即当期流出，下期流入，再下期流出，一直这样持续下去。在这种情况下，很难知道哪个 IRR 可以和公司要求的回报率相匹配。

NPV 法的第三个优点在于它适用于投资项目各年应得收益率不同的情况。例如，Top-Spin 要求第 1 年和第 2 年的应得收益率为 9%，后 3 年为 12%，这时现金流入量的净现值为 378 100 美元（计算过程没有给出）。而这不太可能会使用 IRR 法，因为没有一个应得收益率可用来对 IRR 法和 NPV 法在决定项目是否可取时的优劣进行比较以做出判断。

使用 IRR 法的管理者认为，贴现率等于项目的投资回报率。但这样的投资机会可能不会再有。使用净现值法的管理者认为，从竞争性项目中获得的资金回报可能会按照公司的应得收益率进行再投资。NPV 法通常被认为优于 IRR 法。在这些问题上，可参考公司的财务报表以获得更多的细节。

① 更多关于 NPV 的解释说明请参考公司财务方面的教材。

尽管如此，IRR 法仍得到了广泛应用。① 为什么呢？很大程度上是因为管理者认为 IRR 法更容易理解，而且，在很多例子里，他们的决策不会受到应用某种方法的影响。

成功之匙

IRR 是使一系列现金的 NPV 为零的贴现率。与 NPV 法相比，IRR 法存在一些概念缺陷，会给项目选择带来不同的建议。

□ 11.2.4 敏感性分析

为了突出 NPV 法和 IRR 法的区别，我们假定预计现金流的发生是确定的。但事实上，对未来现金流的预测存在很大的不确定性。为了观察一个基本假设的变化如何导致预计的财务结果的变化，管理人员可以使用敏感性分析——一种在第 3 章讲过的"如果—那么"的技术。

在资本预算决策中应用敏感性分析的通常做法是对各指标设定一定范围的百分比，计算不同的 NPV 值，然后评价不同 NPV 的变化情况。敏感性分析有许多变化形式。比如，假设 Top-Spin 的管理者认为预期的节省金额很难估计，管理者会问：如果我们投资于碳纤维机器，每年节省年金的最少数额是多少，也就是说怎样才能使净现值为 0？对于图表 11—1 中的数据，设 A＝年金现金流入，并令 NPV＝0。初始投资净额为 379 100 美元，5 年年金按 8%的应得收益率贴现的贴现因子为 3.993，于是

$$\text{NPV}=0$$
$$3.993A-379\,100=0$$
$$3.993A=379\,100$$
$$A=94\,941(\text{美元})$$

因此，年贴现率为 8%时，在净现值降至 0 之前，年现金流量可以减至 94 941 美元，还剩 100 000－94 941＝5 059（美元）。如果管理者相信它最少可以节省 94 941 美元的年现金，则用财务因素这一项就可以得出结论：应投资于碳纤维机器。

图表 11—3 表明购买碳纤维机器项目的净现值是如何受到以下因素变动的影响的：(1) 年现金流入；(2) 应得收益率。净现值也会随项目生命周期的变化而变化。敏感性分析有助于管理人员关注对假设敏感的决策，并减少管理人员对不敏感决策的关注。同时这也是风险管理的有效途径，因为它提供了项目不好时的风险情况以及对整个公司财务状况的影响情况。下面的"实例"专栏介绍了贴现现金流量法和敏感性分析在公司中的应用。

---

① 在最近的调查中，John Graham 和 Campbell Harvey 发现 75.7%的 CEO 经常使用 IRR 法进行资本预算决策，同时有 74.9%的 CEO 使用 NPV 法。

图表 11—3　不同的年现金流入和应得收益率情况下，Top-Spin 的净现值计算[a]　单位：美元

	A	B	C	D	E	F
1	应得收益率	每年的现金流				
2		80 000	90 000	100 000	110 000	120 000
3	6%	(42 140)	(20)	42 100	84 220	126 340
4	8%	(59 600)	(19 730)	20 200	60 130	100 060
5	10%	(75 820)	(37 910)	0	37 910	75 820
6						

a. 每组项目的生命周期都假定为 5 年。

成功之匙

敏感性分析帮助管理人员提供了“如果—那么”的分析场景，用于评估贴现现金流量法给出的建议的稳健性。

实　例　**塔吉特公司在购物体验上的投资**

2010 年，塔吉特公司在开新店、装修并扩建已有的店铺、对信息技术和物流设施的投资上花费了超过 33 亿美元的资金。由于沃尔玛低价策略的强大竞争，塔吉特的战略则是考虑购物体验。通过对店铺的布置营造一种舒适的购物体验。

结果，在购物体验上的投资对塔吉特非常重要。为了管理这些复杂的资本投资项目，塔吉特成立了一支由高管组成的资本支出委员会（Capital Expenditure Committee，CEC），来评审和批准金额在 100 000 美元以上的资本项目。CEC 评估的项目计划书内容广泛，包括装修、重建和关旧店开新店。

塔吉特的 CEC 在决定是否接受这一项目时考虑了多个因素。项目需要满足一系列财务指标，如依据 NPV 法和 IRR 法计算的合适的回报。其他财务因素包括项目盈利和每股盈余、投资总规模、对附近塔吉特门店的影响，以及当收入变动时 NPV 和 IRR 的敏感程度。

资料来源：Based on David Ding and Saul Yeaton，“Target Corporation，” University of Virginia Darden School of Business No. UV1057，(Charlottesville，VA：Darden Business Publishing，2008)；Target Corporation，2011 annual report (Minneapolis，MN：Target Corporation，2012).

11.3　回收期法

现在我们考虑从财务角度分析项目的第三种方法。**回收期法**（payback method）考察以预期净现金流入弥补初始投资的方式收回全部投入所需的时间。同净现值法和内部收益率法一样，回收期法对现金流入的来源（比如经营所得、设备的处置或营运资金的收回）也不加区分。当项目中各期现金流相等时，用回收期法来计算是最简单的。我们先来看下面这个例子。

11.3.1　各期现金流相等

在 Top-Spin 这个案例中，碳纤维机器成本为 379 100 美元，预计使用寿命为 5

年，每年均产生 100 000 美元的现金流入。其投资回收期的计算方法如下：

投资收回期＝初始净投资÷每年的现金流入
＝379 000÷100 000
＝3.8 年①

回收期法强调投资项目的流动性，这是资本决策中较为重要的一个因素，特别是当投资额度较大时。在其他条件相同的情况下，管理者总是偏爱投资回收期较短（流动性更强）的项目。投资回收期较短的项目可以较快回收资金以供其他项目使用，从而增强组织的灵活性。而且，管理者对于较久远的预计收入总是不那么自信。

与 NPV 法和 IRR 法不同之处在于，在回收期法下，管理者通常会选择一个取舍的期间。项目的风险越大，取舍的期间越小。投资回收期小于取舍期间的项目是可取的，那些投资回收期大于取舍期间的项目则要拒绝。比起其他的方法，日本的企业更加偏好回收期法，而且它们的取舍期间一般是 3～5 年。② 如果 Top-Spin 在回收期法下的投资回收期为 3 年，就应认为投资新机器是可行的。

回收期法的另一个好处是易于理解。与前述贴现现金流量法一样，它不受应计制会计方法的影响，比如不受折旧的影响。回收期法在以下三种情况下是很有用的：(1) 需要对许多项目进行初步筛选；(2) 利率较高；(3) 较久远时期的现金流十分不确定而且很难计算。在这些情况下，公司对资本预算项目的每期现金流赋予较大权重并对投资做出补偿，因此使得回收期法比较有效。

回收期法的两个主要缺点是：(1) 忽略了资金的时间价值；(2) 忽略了初始投资收回后的项目现金流。以前面提到的 379 100 美元的碳纤维机器的备选方案为例，假设有另一台碳纤维机器，有效使用期为 3 年，残值为 0，只需要 300 000 美元的初始净投资，同样每年会有 100 000 美元的现金流入。首先，比较这两种情况下的投资回收期：

机器 1 的投资回收期＝379 100÷100 000＝3.8(年)
机器 2 的投资回收期＝300 000÷100 000＝3.0(年)

如果使用投资回收期指标，会更加倾向于选择机器 2，因为它的投资回收期更短。事实上，如果期间为 3 年，机器 1 将不满足投资回收期指标。

现在按照 8%的应得收益率使用净现值法来考虑这两个碳纤维机器投资方案。贴现率为 8%时，机器 2 的净现值是－42 300 美元（从本书末附录的表 4 中查得 8%、3 年期的年金贴现因子为 2.577，得到年金现值为 2.577×100 000＝257 700（美元），再减去初始投资 300 000 美元）。而我们已知机器 1 的净现值为＋20 200 美元（见图表 11—1）。净现值指标表明 Top-Spin 应该选择机器 1。机器 2 有负的净现值，不满足 NPV 指标。

在这个例子中，回收期法给出了一个不同于净现值法的结果，因为回收期法未考

① 碳纤维机器的现金节省整年都在发生，但是为了便于计算 NPV 和 IRR，我们假定这些现金流都发生在年末。关于这些假定的一个推论是，Top-Spin 在第 4 年末发生现金流入时才收回投资。本章说明了计算方法，而且在各期现金流不等的情况下，这种方法得到了对回收期更好的估计值。

② 2010 年对日本公司的调查显示，50.2%的公司通常使用回收期法来制定资本预算决策。NPV 法的使用率次之，为 30.5%（See T. Shinoda，"Capital Budgeting Management Practices in Japan，" *Economic Journal of Hokkaido University* 39 (2010)：39－50)。

虑投资回收期后的现金流，而且未对现金流贴现。回收期法的另一个问题是，如果选定的期间太短，会导致组织只选择短期投资项目，而放弃期限较长的净现值为正的项目。

□ 11.3.2 各期现金流不相等

当各年现金流入不相等时，回收期法应采用累加的方式。各年的净现金流入量逐年累加，直到初始净投资被全部收回。假定 Venture 律师事务所打算以 150 000 美元购买一台视频会议设备。预计在今后的 5 年中这台设备可为该事务所节省 340 000 美元，因为新设备节省了交通费用，而且可以使时间的利用富有效率。现金节省每年均匀发生，但在各年并无规律。在第 3 年，投资全部收回。相关数据见下表（单位：美元）：

年次	现金节省	累计现金节省	年末补偿后的初始投资净值
0	—	—	150 000
1	50 000	50 000	100 000
2	55 000	105 000	45 000
3	60 000	165 000	—
4	85 000	250 000	—
5	90 000	340 000	—

到第 3 年，150 000 美元的初始净投资应该节约的现金是 45 000 美元（也就是说，150 000 美元减去到第 2 年末为止的 105 000 美元），这 45 000 美元在第 3 年只需要半年就可以收回了（这里，实际节约的金额为 60 000 美元）：

$$\text{回收期} = 2 + (45\,000 \div 60\,000 \times 1) = 2.75(\text{年})$$

用相同的累加方法，在回收期法中考虑货币的时间价值是相对简单的。**贴现回收期法**（discounted payback method）考察以预期贴现后的净现金流入弥补初始投资的方式收回全部投入所需的时间。对于 Venture 这个例子，我们可以对现金流按每年 8%的贴现率进行贴现。相关数据见下表（单位：美元）：

年次	现金节省	现值系数 (8%)	贴现现金 节省	累计贴现 现金节省	年末补偿后的 初始投资净值
0	—	1.000	—	—	150 000
1	50 000	0.926	46 300	46 300	103 700
2	55 000	0.857	47 135	93 435	56 565
3	60 000	0.794	47 640	141 075	8 925
4	85 000	0.735	62 475	203 550	—
5	90 000	0.681	61 290	264 840	—

第四列列示的是未来现金节省的贴现值。从该表可以看到贴现回收期在 3～4 年之间。在第 3 年末，初始投资中的 8 925 美元还未补偿。将其与第 4 年实现的现金流的贴现值相比，可以发现回收期大概是第 4 年的 1/7：

$$\text{贴现回收期} = 3 + (8\,925 \div 62\,475 \times 1) = 3.14(\text{年})$$

虽然贴现回收期考虑了货币的时间价值，但仍受到一些质疑：在贴现回收期之外的现金流没有被考虑进来，导致对那些具有大量短期现金流的项目存在估计偏差。惠普等公司会评价贴现回收期法，因为它们认为高成长行业中的长期现金流本来就是不可预测的。

最后，在 Venture 的例子中，年初现金流出只有一项，为 150 000 美元。当一个项目存在多笔现金流出且发生在不同时点时，这些现金流首先要加总计算出现金流出总额。为计算回收期，现金流只是简单相加，没有考虑货币的时间价值。而在计算贴现回收期时，现金流出的净值则被考虑在内。

成功之匙

回收期法以非贴现资本投资的回收时间来评估一个项目。贴现回收期法则告诉管理人员存在一个时点，使得贴现现金流入等于贴现现金流出。

11.4 应计会计收益率法

现在我们从财务角度分析资本预算的第四种方法。**应计会计收益率法**（accrual accounting rate of return（AARR） method）计算的是会计收益除以投资额得到的比率。我们以初始净投资作分母来描述 Top-Spin 的例子。

AARR＝预计税后年平均营业利润的净增加额÷初始净投资

如果 Top-Spin 购置这台碳纤维机器，初始投资为 379 100 美元，那么预计年平均营业成本将节省 98 200 美元。这一金额是将总的税后营业成本节省额 491 000 美元（前 4 年 100 000 美元，第 5 年 91 000 美元）除以 5 年得到的。假设购买新机器后导致折旧新增额为每年 70 000 美元（新机器每年折旧 78 000 美元，现有机器每年折旧 8 000 美元）。[①] 应计会计收益率等于：

AARR＝(98 200－70 000)÷379 100
＝28 200÷379 100
＝0.074/年或者 7.4%/年

AARR 等于 7.4%/年，这表明了投资创造税后营业收入的比率。碳纤维机器的 AARR 很低有两个原因：（1）初始投资数额的使用使分母变大；（2）分子里的年营业收入使年折旧率变小。针对第一个原因，许多公司采用投资的平均水平。这种办法认为投资的账面价值是逐渐减少的。简言之，Top-Spin 的平均投资额为初始投资额 379 100 美元与期末净现金流入 9 000 美元（期末净残值为 0，营运资本收回 9 000 美元）的算术平均值：

5 年内的平均投资额＝(初始投资额＋期末净现金流)/2
＝(379 100＋9 000)/2＝194 050(美元)

AARR＝194 050÷379100＝0.145/年或者 14.5%/年

① 我们在下一节将会详细讨论。

这里我们想指出的是，每个公司有不同的计算 AARR 的方法。没有一种唯一的方法。但你必须知道在每种情况下 AARR 是如何界定的。当 AARR 超过一定的应得会计收益率时，管理人员会认为可以接受该项目。（AARR 越高，此项目就越好。）

AARR 法与 IRR 法很相似——两种方法都得出一个收益率百分数。AARR 使用应计税后营业利润计算回报，而 IRR 使用现金流和资金时间价值计算回报。对于资本支出决策，因为现金流和资金的时间价值很重要，所以 IRR 法从概念上来讲要优于 AARR 法。

AARR 的计算方法更为简单明了，而且其中使用的数据都是由财务报表而来的。AARR 告诉管理人员，如果项目通过了，项目是如何影响他们未来报告的会计数字的。与回收期法忽略了回收期后的现金流不同，AARR 法考虑了在整个预计的生命周期内的收入所得。但批评者也指出了 AARR 法的一些缺点：没有使用现金流，而且忽略了资金的时间价值等。

总之，公司要经常使用不同方法来评价资本投资决策。当不同方法导致不同项目的优先顺序不同时，财务理论建议管理人员多选择 NPV 法，因为该方法的假设与公司价值最大化的决策是最一致的。

成功之匙

应计会计收益率（AARR）法计算的是一美元投资与其产生的税后营业利润的比例。这个数值告诉管理人员他们的项目决策对未来会计盈余的影响。

11.5 贴现现金流分析中的相关现金流

目前，我们用于评价长期项目的方法都假定预期未来的现金流是已知的。在资本预算尤其是贴现现金流分析中，最大的挑战是确定在投资选择中相关的现金流。相关现金流是指投资引起的预期未来现金流的变化。在 Top-Spin 的例子中，相关现金流是继续使用旧机器和买一台新机器两种方案之间的未来现金流之差。阅读本章时，请将重点放在识别预期未来现金流及其差异上。

为了阐明相关的现金流分析，考虑 Top-Spin 例子的一个更为复杂的情形，下面是附加的假设情况：

1. Top-Spin 是一个营利性企业，每年对营业利润征收 40%的所得税。
2. 碳纤维机器带来的营运资金的节省在第 1～第 4 年为 120 000 美元，第 5 年为 105 000 美元。
3. Top-Spin 使用直线折旧法，期末净残值为 0。
4. 折旧资产处置的损益按正常收益征税。
5. 在现金流入和流出发生的同时产生税收影响。
6. Top-Spin 税后贴现现金流的应得收益率为 8%。

机器的数据汇总如下（单位：美元）：

	旧石墨机器	新碳纤维机器
采购价格	—	390 000
当前的账面价值	40 000	—
当前的处置价值	6 500	—
5 年后的残值	0	0
年折旧	8 000[a]	78 000[b]
营运资金	6 000	15 000

a. 40 000÷5=8 000（美元/年折旧）。
b. 390 000÷5=78 000（美元/年折旧）。

□ 11.5.1 相关的税后现金流

差量成本和差量收入的概念在第 9 章已经做过介绍。我们比较下面两个概念：（1）更新旧机器带来的现金流出；（2）使用新机器而不是旧机器给未来现金流出带来的节省。

本杰明·富兰克林曾经说过，"人生在世有两件事是必然的——死亡和纳税"。所得税对绝大多数的企业和个人来说是绝对的事实。理解所得税如何影响各年的现金流是很重要的。图表 11—4 表明新机器的投资在第 1 年是如何影响 Top-Spin 的经营及其所得税后现金流的。Top-Spin 对于新机器的投资将产生税前经营现金流 120 000 美元，但是也会产生额外的 70 000 美元（78 000－8 000）的折旧记录。

图表 11—4　Top-Spin 新机器投资对税后经营现金流的影响　单位：美元

表 A：以利润表为基础的两种方法		
C	产生的现金流	120 000
D	折旧抵扣增加	70 000
OI	营业利润增加	50 000
T	所得税（所得税率 $t\times OI$）=40%×50 000	20 000
NI	净利润增加	30 000
	经营现金流增加，抵扣所得税后的净额	
	方法 1：$C-T$=120 000－20 000=100 000	
	方法 2：$NI+D$=30 000+70 000=100 000	
表 B：逐项法		
	对经营现金流的影响	
C	产生的现金流	120 000
$t\times C$	现金流出抵扣的所得税（40%）	48 000
$C-t\times C=(1-t)\times C$	税后经营现金流量（包括折旧影响）	72 000
	折旧的影响	
D	折旧增加 70 000 美元	
$t\times D$	折旧增加带来的所得税现金节省 40%×70 000	28 000
$(1-t)\times C+(t\times D)$ $=C-(t\times C)+(t\times D)$	经营现金流，抵扣所得税后的净额	100 000

表 A 使用以利润表为基础的两种方法，表明第 1 年的经营现金流税后净额等于 100 000 美元。第一种方法只关注现金，也就是 120 000 美元的现金节省减去 20 000 美元的所得税。第二种方法从净利润增加 30 000 美元出发计算（由于有所得税，因此把它加在折旧后面），再加回折旧额 70 000 美元，因为折旧是一种营业成本，它减

少了净利润但并不影响现金流出。

表 B 为第三种计算方法，我们将利用它来计算经营现金流的所得税净额。理解第三种方法有一个非常简单的方法，就是假定政府是拥有 Top-Spin 40%（相当于所得税率）权益的合伙人。Top-Spin 的现金流为 C，它的利润就增加 C，那么，它就需要缴纳相当于 40%的现金节省的税款（即为 $0.40C$）。税后经营现金流为 $C-0.40C$，在这个例子里等于 120 000－(0.40×120 000)＝72 000（美元）或者 120 000×(1－0.40)＝72 000（美元）。

为了获得更多的现金流 C，Top-Spin 从投资新机器中得到更高的折旧额。折旧本身并不影响现金流，因为折旧费用不是付现成本，但是更高的折旧额减少了 Top-Spin 的所得税支出，从而减少了所得税带来的现金流出 $0.40D$，在这个例子里等于 0.40×70 000＝28 000（美元）。

令 t＝税率，税后经营现金流在此例子中等于现金流 C 减去相应的税款 $t\times C$，再加上折旧的税收抵扣 $t\times D$：120 000－(0.40×120 000)＋(0.40×70 000)＝120 000－48 000＋28 000＝100 000（美元）。

同理，当 Top-Spin 的资产处置带来收益 G 时，也会带来税费支出 $t\times G$；而当资产处置带来损失 L 时，也会带来税费收益或节省 $t\times L$。

□ 11.5.2　现金流的分类

项目的资本投资一般包括以下三种现金流：(1) 项目的初始投资净额，用新资产的取得成本和营运资金的必要增加，减去处置当前资产的现金流；(2) 税后经营现金流（包括年折旧的所得税节省）；(3) 最终处置资产的税后现金流以及营运资金的收回。我们以 Top-Spin 为例来讨论这三种现金流。

理解每种现金流的时候，可以参照图表 11—5。该图表略述了 Top-Spin 购买新机器的相关的现金流入和流出，这在下面有详尽的说明。注意，每年相关的现金流总量等于图表 11—1 和图表 11—2 中用来说明净现值法和内部收益率法的相关现金流。

图表 11—5　　Top-Spin 碳纤维机器相关的现金流入和流出　　单位：美元

	A	B	C	D	E	F	G	H
1			年末相关的现金流					
2			0	1	2	3	4	5
3	1a.	初始机器投资	(390 00)					
4	1b.	初始营运资金投资	(9 000)					
5	1c.	当前处置旧机器的税后现金流	19 900					
6	初始投资的税后净额		(379 100)					
7	2a.	年税后经营现金流（不考虑折旧）		72 000	72 000	72 000	72 000	63 000
8	2b.	年折旧抵扣带来的所得税现金节省		28 000	28 000	28 000	28 000	28 000
9	3a.	最终处置机器的税后现金流						0

10	3b.	收回营运资金的税后现金流	______	______	______	______	______	9 000
11	图表 11—1 和图表 11—2 给出的相关现金流总额		(379 100)	100 000	100 000	100 000	100 000	100 000

1. 初始投资净额。初始投资净额的现金流包括以下三部分：(a) 购买机器的现金流出；(b) 营运资金的现金流出；(c) 当前处置旧机器的现金流入。

1a. 初始机器投资。包括：项目开始时购买厂房和设备的现金流出、运输和安装新机器的现金流出。在 Top-Spin 的例子中，现金流出等于第 0 年新机器的成本 390 000 美元（包括运输费和安装费）。这些现金流出与资本预算决策有关，因为这些费用只有在 Top-Spin 做出购买新机器的投资决策后才会发生。

1b. 初始营运资金投资。厂房和设备的初始投资一般会伴随着初始营运资金投资的增加。这些投资以当前资产的形式增加，例如增加应收账款和存货，减去当前的负债，例如应付账款。投资的营运资金与厂房和设备的投资很相似，都要求付现。投资额度一般与项目投产后的销售量呈正相关关系。但这种联系还会因项目的性质和行业周期的变化而改变。对于同样规模的销售量而言，如果是大型设备的制造商，则比 Top-Spin 需要更多的营运资金，而 Top-Spin 又比一般的零售店需要更多的营运资金。

在 Top-Spin 的例子中，我们假定，如果购买新机器就会使初始的营运资金投资增加 9 000 美元（用于购买物料和备件）。营运资金投资的增加是新机器运行所需的营运资金（15 000 美元）与旧机器运行所需的营运资金（6 000 美元）之差。在第 0 年，这 9 000 美元的营运资金额外投资是现金流出，到了第 5 年末则又称为现金流入。

1c. 当前处置旧机器的税后现金流。处置旧机器而收到的任何现金都是相关的现金流入（在第 0 年），因为它是与新机器投资决策相关的预期未来现金流。如果 Top-Spin 投资于新的机器，它将以 6 500 美元的价格来处置旧的机器。回顾第 9 章所述，旧设备的账面价值（等于初始成本减去累计折旧）与决策无关，它是一种过去的成本，或者称为沉没成本。已经发生的事情是无法改变的。但如果考虑税费的影响，账面价值就很关键，因为账面价值确定了处置机器的收益或损失以及应缴纳的税费。

为了计算处置旧机器给税费带来的影响，我们计算处置带来的损失和收益：

当前处置旧机器的收入（已知）	6 500 美元
减：旧机器的账面价值（已知）	40 000 美元
处置机器的损失	(33 500 美元)

任何处置资产的损失都会降低所得税额从而带来税费的节省。处置旧机器的税后现金流等于：

当前处置旧机器的收入（已知）	6 500 美元
加：损失带来的税费节省（已知）	13 400 美元
处置旧机器带来的税后现金流入	19 900 美元

图表 11—5 中 1a，1b，1c 三行的金额表明，在投资的第 0 年，新机器的初始投资净额等于 379 100 美元（机器的初始投资额为 390 000 美元，加上投入的额外营运

资金 9 000 美元，减去当前处置旧机器的税后现金流入 19 900 美元)。①

2. 经营现金流。这类现金流为两种方案下每年现金流的差异。公司进行资金投资是为了其在未来能带来现金流入。这些现金流入可能来自经营中的成本节省，以 Top-Spin 为例，它的投资是为了生产或销售额外的产品和服务。年经营现金流在某些年可能是净流出。举例来说，Chevron 会定期对石油开采设备进行升级改造，在升级改造期间，经营现金流可能为负，但从长期来看 NPV 为正。请将注意力放在经营现金流而不是应计制会计里的收入和费用上。

Top-Spin 新增的经营现金流在前 4 年为每年 120 000 美元，在第 5 年为 105 000 美元——这些都是与现金流相关的，因为预期它们都能在未来带来决定是否投资新机器的现金流。这些现金流的税后影响如下。

2a. 年税后经营现金流（不考虑折旧）。40%的税率减少了投资新机器后的第1～第 4 年的经营现金流 120 000 美元带来的收益。税后现金流（不考虑折旧）是：

使用新机器后的年现金流	120 000 美元
所得税额减少（0.40×120 000 美元）	48 000 美元
年税后经营现金流	72 000 美元

第 5 年，其税后现金流（不考虑折旧）是：

使用新机器后的年现金流	105 000 美元
所得税额减少（0.40×105 000 美元）	42 000 美元
年税后经营现金流	63 000 美元

图表 11—5 的 2a 一行表明在第 1～第 4 年，其金额为每年 72 000 美元，第 5 年为 63 000 美元。

为了加强对现金流的关注，请考虑 Top-Spin 的下列其他资料：假定无论是购买新机器还是继续使用旧机器，总的间接费用不变。间接费用分摊到单台机器上——Top-Spin 有很多台机器——每台机器的运作需要消耗人工成本。因为新机器的人工人本更低，总成本分摊到新机器上的成本比分摊到旧机器上的金额要少 30 000 美元。Top-Spin 在相关现金流分析中如何将减少的总间接费用分摊额 30 000 美元合并进来考虑呢？

为了回答这个问题，我们需要知道新机器是否确实减少了总间接费用。在我们的例子里，它没有减少。无论是否购买新机器，总间接费用都保持不变，只是分摊到单台机器上的间接费用发生了变化。总间接费用分摊到新机器上的金额比分摊到旧机器上的金额少 30 000 美元。间接费用中这笔 30 000 美元的差额将被部门里的其他机器分摊。在总间接费用中没有发生现金流的节省。因此，30 000 美元不包括在年现金节省中。

下一个要考虑因素的是折旧带来的影响。在贴现现金流分析中，折旧额度本身是不相关的，它属于成本的非付现分摊，而贴现现金流量法是以现金的流入和流出为基础的。在贴现现金流量法中，设备的初始成本在第 0 年被当做一笔一次付清的现金流

① 为了说明处置资产会产生收益，假定旧机器可以立刻出售，售价为 50 000 美元。公司可以先记录一笔处置收益 10 000 美元（50 000 美元减去账面价值 40 000 美元），而这需要另外缴税 4 000 美元（10 000×0.4）。因此处置的税后收益为 46 000 美元（处置价格 50 000 美元减去税费 4 000 美元）。

出。从营业的现金流入中抵扣折旧费用将造成这笔一次付清的费用的重复计算。但是，折旧带来了所得税的现金节省。这种税额节省与现金流是相关的。

2b. 年折旧抵扣带来的所得税现金节省。从某种意义上讲，折旧抵扣的所得税现金节省部分抵销了新机器的取得成本。通过购买新机器，Top-Spin 每年减少折旧额 78 000 美元，旧机器每年的折旧额为 8 000 美元。新增的折旧减少额为 70 000 美元，可以带来税收节约为 28 000 美元/年（70 000×0.4）。图表 11—5 中的 2b 一行列示了每年节省 28 000 美元（连续 5 年）的情况。①

出于经济政策的考虑，政府通常鼓励投资（在某些情况下限制投资），因此在税法中详细说明了折旧方法和折旧期。假定政府允许使用加速折旧法，允许在投资的早期有更高的折旧抵扣。如果是这样的话，Top-Spin 是否应该使用加速折旧法呢？答案是肯定的。因为对于营利性企业，在纳税筹划中有一个一般性的规则：如果是合法的选择，应使资产尽快折旧（或者进行其他的抵扣）。这是因为所得税节省发生得早，就会带来预期净现值的增加。

成功之匙

折旧如果能节税，则在资本预算决策时是相关项目，因此公司应该在法律允许的范围内尽可能早地对资产计提折旧。

3. 最终的投资处置。项目终止时，投资的处置一般会带来现金流入的增加。由于远期资金的现值一般很小，因此对于长期的投资，在预计投资的最终处置价值时发生的错误很少受到指责。最终的投资处置价值由两部分构成：（1）最终处置机器的税后现金流；（2）收回营运资金的税后现金流。

3a. 最终处置机器的税后现金流。在项目末期，机器的最终处置价值可能是 0 或者是比初始投资净额小得多的金额。相关现金流入为在购买新机器和继续使用旧机器两种投资决策下，在第 5 年末最终投资处置价值之差。

尽管旧机器在期初的处置价值为正，但 5 年之后的价值也会变为 0。因此，5 年后，无论是旧机器还是新机器，它们的最终处置价值都为 0，那么，最终处置价值的税后差异也是 0。

在本例中，在期末没有受到税收的影响，因为新旧机器的处置价值都等于处置时的账面价值。如果两者不相等该怎么办？在这种情况下，计算期末现金流的方法和计算当前处置时的税后现金流是类似的（见前述 1c 部分）。

3b. 收回营运资金的税后现金流。营运资金的初始投资一般在项目终止后就会全额收回。那时，用来维持项目的存货和应收账款都不再需要了。Top-Spin 收到的现金等于营运资金的账面价值，因此，营运资金没有发生任何的收益或者损失，也就是说没有产生任何的税额影响。相关现金流入是在投资与不投资两种备选方案下，预期收回的营运资金之差。在第 5 年末，如果更新机器，Top-Spin 将收回 15 000 美元的付现营运资金；如果继续使用旧机器，Top-Spin 将收回 6 000 美元的付现营运资

① 如果 Top-Spin 是一个非营利组织，不用上缴所得税，第 1～第 4 年的经营现金流将等于 120 000 美元，第 5 年的经营现金流将等于 105 000 美元。经营现金节省不会减少 40%，而且折旧抵扣也不会带来任何的所得税现金节省。

金。在第 5 年更新机器给 Top-Spin 带来的相关现金流入是 9 000 美元（15 000－6 000）。

一些投资项目会减少营运资金。假定有一个 7 年期的计算机集成制造（CIM）项目，它会带来存货的减少，从而减少 2 000 万美元的营运资金，比如 5 000 万美元减到 3 000 万美元。这种减少在第 1 年表示为 2 000 万美元的现金流入。在第 7 年末，营运资金的收回将增加 2 000 万美元的相关现金流入。这是因为在 CIM 项目的投资中，企业收回了 3 000 万美元的营运资金，而不是没有进行 CIM 投资时能收回的营运资金 5 000 万美元。

图表 11—5 在第 5 年那一列中列示了 3a 和 3b 的情况。图表 11—5 中的相关现金流在前面论及的资本预算方法中可以视为一种投入。

成功之匙

与评价资本投资项目相关的现金流主要有三类：项目的初始投资净额、税后经营现金流和最终处置资产的税后现金流。

11.6 项目管理和业绩评价

到目前为止，我们学习了识别相关现金流和对其进行分析的方法。资本预算的第五步，就是实施决策并对项目进行管理①，包括两个方面：投资活动的管理控制和将项目作为整体的管理控制。

资本预算项目的投资（比如购买新的碳纤维机器和视频会议设备）相对容易实施。其他的投资（比如建造购物商城或者新工厂）就很复杂，对投资计划和预算的监控关系到其能否成功。这就引申出资本预算过程第五步的第二个方面：评价业绩与学习改进。

11.6.1 项目后期审计

项目后期审计给管理者提供了业绩反馈信息，因此管理者可以将备选项目的预计成本和产出与实际结果进行比较。假设实际的结果（Top-Spin 例子中使用新机器新增的经营现金）比预计的结果差得多，管理者必须调查这一结果出现的原因：是因为原来的评估过于乐观，还是项目实施中出现了问题。对这两种类型的问题都应给予关注。

乐观的估计可能会使管理者接受本应拒绝的项目。为了摈弃乐观估计，杜邦等公司保留了每个管理者的估计与实际业绩的比较记录，并在审批项目时使用。项目后期审计可以揭示不准确的估计，因此不鼓励不现实的预测。这可以防止管理人员高估项目的现金流，接受那些本该拒绝的项目。项目实施中的问题，如薄弱的项目管理、质量控制差或者营销不力，都是需要关注的。项目后期审计可以提醒高级管理人员注意这些问题，以便迅速纠正。

---

① 本节我们不考虑融资决策的不同方法。

公司应该在项目结果稳定后实施项目后期审计。过早地进行这样的审计会产生误导。获得实际结果并与原来的估计进行比较不是件容易的事。比如，投资碳纤维机器新增的收入可能与预计的收入不可比，因为在任何特殊的赛季里，网球明星（如 Roger Federer 或 Serena Williams）的排名升降都会影响这项运动的受欢迎程度以及对球拍的需求。要做出好的评价，应该考虑一系列赛季中的平均收入。

成功之匙

项目后期审计可以揭示项目执行过程中的问题，并提醒管理人员对初始项目的现金流估计不应过于乐观。

11.6.2 业绩评价

正如之前讨论的那样，好的公司应该以每个项目为基础对管理人员进行评价，并检查他们对现金流预测的准确性和及时性。但在实践中，公司通常以汇总的信息来评价管理人员，尤其是当很多项目同时处于推进过程中之时。重要的是，公司要确保评价方法和用于资本预算决策的 NPV 法不产生冲突。例如，假定 Top-Spin 公司用每期产生的 AARR 评价管理业绩。我们知道，根据 NPV 法，管理人员应该购买碳纤维机器，因为 NPV 等于 20 200 美元，为正。但由于初始净投资的 AARR 等于 7.4%，低于管理人员要求的最低会计回报率，因此该项目会被拒绝。

因此当使用 NPV 法制定资本预算决策，而用另一种方法评价业绩时，就会产生冲突。这意味着管理人员制定资本预算决策的基础也应该用于对他们的评估。如果管理人员经常更换（或晋升），或者他们的奖金受到每年的应计收入水平的影响，就更应该这么做。

尽管公司可以出于两种目的使用相似的方法，但决策制定和业绩评价之间的其他冲突依然存在。如果购买碳纤维机器的 AARR 超过了最低要求的 AARR，但低于当前产品的 AARR，管理人员仍可能选择不购买，因为新机器的 AARR 会拉低整个公司的 AARR，影响管理人员报告的业绩。或者考虑另一种情况，如果新机器产生的现金流中大多数都出现在项目的后面年份，那么即便项目的 AARR 超过了当前产品的 AARR（或最低要求的 AARR），管理人员仍旧会拒绝购买，因为它将对前面年份已实现的 AARR 产生负面影响。在第 16 章，我们将进一步讨论这些冲突并描述业绩评价模型（如 EVA）是如何与决策制定模型相融合的。

11.7 资本预算中的战略因素

管理人员在制定资本预算决策时要考虑公司的战略目标。美国航空公司、威斯汀酒店、联邦快递、必胜客等企业的业务都已扩展到欧洲和亚洲，它们的战略决策涉及多个国家的资本投资（参见下面的“实例”专栏：迪士尼改变日本迪士尼海洋公园的预算批准流程）。巴诺要实现网上售书的战略决策，需要对 barnesandnoble. com 以及互联网基础设施进行资本投资。NewsCorp's 要扩大网上的业务，需要投资购买

MySpace 并将其与公司现有资产进行整合。辉瑞公司要研制一种新药物以降低胆固醇，需要在研发和营销上投入大量资金。丰田汽车公司要跨丰田和雷克萨斯的平台建造一条混合动力生产线，需要投资建一个混合动力分厂，并资助分厂持续开展研发。

实　例　**迪士尼改变日本迪士尼海洋公园的预算批准流程**

迪士尼公司是全球最大的娱乐公司，2011 年在电影、电视网络、品牌产品和主题公园与景点上获得的收入达到 409 亿美元。在它的主题公园业务中，迪士尼每年投入超过 20 亿美元用于新建主题公园和景点以及改造其他公园设施。

几年前，迪士尼设计了一套稳健的资本预算批准流程。项目能否获批主要取决于资本投资的项目回报，用的是 NPV 法和 IRR 法。这些方法在迪士尼的国内投资业务中应用得很好，在公司决策是否在日本东京新建主题公园时却经受了挑战，因为日本公司通常使用的是平均会计收益（AAR）法。AAR 法与 AARR 法类似，用到的是平均投资。但 AAR 法主要关注项目的前几年（在迪士尼海洋公园中是 5 年），并且忽略期末价值。

当迪士尼管理人员评价迪士尼海洋公园这一项目时，他们发现 AAR 为负。为解释资本预算方法的差异，管理人员引入了第三种方法——平均现金流回报法。这种方法估算前 5 年的平均现金流，假设资产在期末以账面价值出售，并作为项目初始投资的一部分。管理人员发现这一结果超过了日本政府的债券收益，因此可以给迪士尼海洋公司带来正的回报。最后，迪士尼海洋主题公园建在东京迪士尼乐园旁边，成为迪士尼东京公司新的利润增长点。

资料来源：Based on Mitsuru Misawa，"Tokyo Disneyland and The DisneySea Park：Corporate governance and differences in capital budgeting concepts and methods between American and Japanese companies." University of Hong Kong No. HKU 568 (Hong Kong：University of Hong Kong Asia Case Research Center，2006)；The Walt Disney Company. 2011 Annual Report (Burbank，CA：The Walt Disney Company，2012).

资本投资决策本质上是战略性的，这就要求管理者考虑更大范围内的因素，而这些因素可能是很难评估的。考虑诸如三菱、索尼和奥迪这样的公司，要想证明对计算机集成制造（CIM）技术进行投资是合理的有多大的难度。在 CIM 工厂，计算机快速、自动地给出开启和运行设备的指令，从而生产更多不同的产品。量化这些收益需要知道客户需求在未来是如何快速变化的。CIM 技术的好处在于它增进了员工对于自动化的了解，让他们积累了实践经验。这些了解和实践经验也很难去量化。管理人员必须靠判断和直觉来制定这些决策。

□ 11.7.1　研发投入

制药行业的葛兰素史克公司和半导体行业的英特尔公司都将研发项目视为重要的战略投资。但从研发中得到的回报要比其他投资（如新设备）更加充满不确定性。从积极的一面看，研发投资通常是分期的：随着时间的推移，公司可以根据项目是否达到了某一状态来决定增加或减少对项目的资源投入。研发投资的期权特征称为实物期权，是研发投资的一个重要方面，能够增加这些投资的 NPV，因为公司可以在情况变糟时减少损失，并在情况变好时利用新的机会。例如，一家制药公司可以根据新药的临床试验结果来增加或减少对研发的投资。

11.7.2 顾客价值与资本预算

最后要注意，管理人员可以用本章介绍的框架来评价投资项目和制定战略决策。以 Potato Supreme 为例，这是一家生产销售土豆的零售商，它正在分析两个客户：Shine Stores 和 Always Open。Potato Supreme 预计未来 5 年每个客户带来的经营现金流为（单位：美元）：

	2012 年	2013 年	2014 年	2015 年	2016 年
Shine Stores	1 450	1 305	1 175	1 058	950
Always Open	690	1 160	1 900	2 950	4 160

哪一个客户对 Potato Supreme 更有价值？如果单看 2012 年，Shine Stores 带来的现金流是 Always Open 的两倍多。但如果观察整个 5 年期，则是另一番景象。Potato Supreme 预计 Always Open 的订单量会增加，而 Shine Stores 的订单量会减少。使用 Potato Supreme 的 10%的 RRR，可以计算出 Always Open 的 NPV 为 7 610 美元，Shine Stores 的 NPV 为 4 591 美元（计算结果未给出）。Potato Supreme 利用这一信息分配更多的资源和销售人员为 Always Open 服务。Potato Supreme 也可以用 NPV 的计算结果来检验其他提高客户忠诚度和回头率的方法的效果，如使用常顾客卡。

对客户 NPV 每年的变化进行比较可以观察管理人员是否成功地与客户维持了长期盈利的关系。假定 Potato Supreme 的客户的 NPV 在第 1 年下降了 15%。管理人员能够分析下降的原因，如受到竞争者的定价、新产品开发和未来的营销战略等的影响。

Capital One 是一家金融服务公司，使用 NPV 法来评价不同信用卡客户的价值。移动电话公司（如 Cellular One 和 Verizon Wireless）与顾客签订了长期的服务协议。目的就是防止顾客流失，即顾客从一家公司转向另一家公司。顾客流失率越高，其对公司的 NPV 价值越低。

成功之匙

资本预算框架有助于管理人员评价顾客的终身价值和以顾客为中心带来的好处。

附录 资本预算与通货膨胀

Top-Spin 的例子（见图表 11—1 到图表 11—5）没有考虑对相关收入和相关成本的通货膨胀调整。**通货膨胀**（inflation）是指货币单位一般购买力的下降。年通货膨胀率 10%意味着在年初你用 100 美元可以买到的东西在年末要花 110 美元。

为什么在资本预算中考虑通货膨胀是很重要的呢？因为货币单位（比如美元）一般购买力的下降会使未来的现金流比没有考虑通货膨胀的情况下要大得多。这些膨胀的现金流将使项目比实际情况看起来要好，除非在分析中考虑那些用美元来衡量的膨胀了的现金流，这些现金比初始投资时的购买力要小。

分析通货膨胀时，要区分实际收益率和名义收益率：

实际收益率（real rate of return）是在无通货膨胀的情况下，为补偿投资风险而要求的报酬率。实际收益率包括如下两个部分：（1）无风险回报（没有出现预期通货膨胀时长期无风险政府债券的收益率）；（2）经营风险回报（承受风险所应得的风险回报）。

名义收益率（nominal rate of return）是为补偿投资风险和通货膨胀所带来的预期货币一般购买力下降而要求的报酬率。名义收益率包括如下三个部分：（1）没有出现预期通货膨胀时的无风险回报；（2）经营风险回报；（3）通货膨胀补偿。（1）和（2）是补偿了投资风险的实际收益率。通货膨胀因素是实际收益率的升水。在金融市场上获得的收益率是名义利率，因它对投资者所承担的风险和因通货膨胀带来的货币预期一般购买力的下降两方面给予了补偿。

假设 Network Communications 公司投资于高风险的蜂窝数据传输设备的实际收益率为每年 20%，预期通货膨胀率为每年 10%，则名义收益率为：

$$\begin{aligned}\underset{\text{收益率}}{\text{名义}} &= \left(1+\underset{\text{收益率}}{\text{实际}}\right)\left(1+\underset{\text{膨胀率}}{\text{通货}}\right)-1\\ &=(1+0.20)\times(1+0.10)-1=0.32 \text{ 或 } 32\%\end{aligned}$$

用通货膨胀率和实际收益率计算名义收益率的另一种方法是：

实际收益率	0.20
通货膨胀率	0.10
合并（0.20×0.10）	0.02
名义收益率	0.32

请注意，名义收益率（0.32）只比实际收益率（0.20）加通货膨胀率（0.10）之和略大。究其原因，是因为名义收益率考虑到通货膨胀会减少实际收益率的购买力。合并项表示对因通货膨胀带来的投资者当年实际回报购买力下降的额外补偿。①

□ 净现值法和通货膨胀

将通货膨胀纳入净现值分析的首要一点是保持内部一致性。保持内部一致性的方法有两种：（1）名义法。按名义货币单位预测现金流入和流出，用名义应得收益率作为贴现率。（2）实际法。按实际货币单位预测现金流入和流出，用实际应得收益率作为贴现率。

我们将讨论限制在简单的名义法范畴内。假定在不考虑通货膨胀的情况下，两年内一个投资项目每年能销售 100 件产品，现金流入每年为 1 000 美元（每件产品 10 美元）。如果每年的通货膨胀率为 10%，那么，每销售一单位产品所带来的现金流入，第 1 年为 11 美元（10×1.10），第 2 年为 12.10 美元（11×1.10 或 10×1.10^2），这样将致使第 1 年的净现金流入量为 1 100 美元，第 2 年的现金流入量为 1 210 美元，这些现金流量考虑了通货膨胀的影响，因而是名义上的。这也是会计信息系统所记录的现金流量。每年 1 000 美元的现金流入量是实际的现金流量，会计信息系统不记录

① 实际收益率可以以名义收益率的形式表示出来，如下所示：

实际收益率＝(1＋名义收益率)÷(1＋通货膨胀率)－1

＝(1＋0.32)÷(1＋0.10)＝0.20 或 20%

这些现金流。名义法更容易理解和利用，因为这种方法使用的是会计系统中记录的名义现金流和金融市场上的名义收益率。

假定 Network Communications 公司要购买 1 台用于生产蜂窝数据传输产品的设备，其初始投资净额为 750 000 美元。该设备预计的有效使用寿命为 4 年，最终处置收入为 0。未来 4 年的年通膨胀率预计为 10%。Network Communications 公司要求此项目具有 32%的税后名义收益率。下表列示了预计未来 4 年设备产生的实际的和名义的净现金流（不包括 750 000 美元的设备投资，且为税前数据）：

年次 (1)	税前实际现金流 (2)	累计通胀率[a] (3)	税前名义现金流（美元） (4)＝(2)×(3)
1	500 000	1.10^1＝1.100 0	550 000
2	600 000	1.10^2＝1.210 0	726 000
3	600 000	1.10^3＝1.331 0	798 600
4	300 000	1.10^4＝1.464 1	439 230

a. 1.10＝1.00＋0.01。

我们继续简化假设，假定现金流都在每年年末发生。公司适用的所得税税率为 40%，该设备纳税时按双倍余额递减法计提折旧。图表 11—6 给出了用名义金额和名义贴现率计算净现值的过程。图表 11—6 展示了初始的机器投资净额、年税后经营现金流（不考虑折旧），以及折旧抵扣所带来的所得税现金流节省的计算方法。项目的净现值都为 202 513 美元，因而该项目可以接受。

图表 11—6　　用名义法预计 Network Communications 公司的现金流量　　单位：美元

	A	B	C	D	E	F	G	H	I	J	K	L
1						总现值	贴现因子为32%的现值		年末相关的税后现金流			
2								0	1	2	3	4
3	1.	初始投资的税后净额										
4		年次	投资流出额									
5		0	(750 000)			(750 000)	← 1.000 ←	(750 000)				
6	2a.	年经营现金流出										
7		(不考虑折旧)										
8		年次	年经营现金流出	所得税流出	年税后经营现金流出							
9		(1)	(2)	(3)=0.40×(2)	(4)=(2)-(3)							
10		1	550 000	220 000	330 000	250 140	← 0.758 ←		330 000			
11		2	726 000	290 400	435 600	250 034	← 0.574 ←			435 600		
12		3	798 600	319 440	479 160	208 435	← 0.435 ←				479 160	
13		4	439 230	175 692	263 538	86 704	← 0.329 ←					263 538
14						795 313						
15	2b.	年折旧抵扣带来的所得税现金节省										
16		年次	折旧	税后现金节省								
17		(1)	(2)	(3)=0.40x(2)								
18		1	187 500[b]	75 000		56 850	← 0.758 ←		75 000			
19		2	187 500	75 000		43 050	← 0.574 ←			75 000		
20		3	187 500	75 000		32 625	← 0.435 ←				75 000	
21		4	187 500	75 000		24 675	← 0.329 ←					75 000
22						157 200						
23	净现值					202 513						

a.32%的名义折旧率由20%的实际收益率和10%的通货膨胀率组成：[(1+0.20)(1+0.10)]－1－0.32。

b.750 000÷4+187 500（美元）。

学习自测

A 部分

回到 Top-Spin 的例子，假设 Top-Spin 是一个非营利组织。预期年新增现金流入量第 1～第 4 年为 130 000 美元，第 5 年为 121 000 美元。初始投资净额为 392 500 美元（购置新机器 390 000 美元＋营运资本 9 000 美元－期末旧机器处置价值 6 500 美元）。其他条件不变：使用期限为 5 年，净残值为 0，应得收益率为 8%。第 5 年的现金流入为 130 000 美元，其中包括营运资金的回收额 9 000 美元。

要求：

1. 计算净现值；
2. 计算回收期；
3. 计算内部收益率；
4. 计算初始投资净额的应计会计收益率。

解答

1. NPV＝（130 000×3.993）－392 500＝519 000－392 500＝126 590（美元）

2. 计算 IRR 有好几种方法。一种是使用有 IRR 计算功能的计算器。可以得到 IRR 为 19.6%。还有一种是用本书末附录中的表 4 计算：

$$392\ 500=130\ 000F$$
$$F=392\ 500\div130\ 000=3.019$$

在表 4 中的 5 年期一列，最靠近 3.019 的是 20%。为了获得一个更为准确的数字，我们可以使用直线内插法：

	现值因子	
18%	3.127	3.127
IRR	—	3.019
20%	2.991	—
差额	0.136	0.108

$$IRR=18\%+0.108\div0.136\times2\%$$
$$=19.6\%/年$$

3. 回收期＝初始投资净额÷未来年现金流的等量增长额＝392 500÷130 000＝3（年）

4. AARR＝预期年平均营业利润的增长÷初始投资净额

预期年平均营业现金节省的增加
＝[(130 000×4)＋121 000]÷5
＝641 000÷5
＝128 200(美元)

年折旧增加额＝78 000－8 000
＝70 000(美元)

预期年平均营业利润的增长
＝128 200－70 000
＝58 200(美元)

AARR＝58 200÷392 500＝14.8%/年

B 部分

假设 Top-Spin 需要上缴 40%的所得税。A 部分中所有其他资料不变，计算投资新机器的 NPV。

解答

图表 11—7 中的计算方法运用了一个与本章有些不同的公式。2a 中新的现金流 130 000 美元的假定影响了 NPV 分析（与图表 11—5 相比）。图表 11—7 中的其他数字与图表 11—5 中的相同。前 4 年的税后现金流（不考虑折旧）为：

使用新机器后的年现金流	130 000 美元
所得税额减少（0.40×130 000 美元）	52 000 美元
年税后经营现金流	78 000 美元

第 5 年，其税后现金流（不考虑折旧）是：

使用新机器后的年现金流	121 000 美元
所得税额减少（0.40×121 000 美元）	48 400 美元
年税后经营现金流	72 600 美元

图表 11—7　　考虑所得税影响的 NPV 法：Top-Spin 新机器的年经营现金流修正　　单位：美元

	A	B	C	D	E	F	G	H	I	J
1			总现值	1美元贴现率为8%的现值	年末相关现金流情况					
2					0	1	2	3	4	5
3	1a.	初始的机器投资（税前）	(390 000)	← 1.000 ←	(390 000)					
4										
5	1b.	初始的营运资金投资	(9 000)	← 1.000 ←	(9 000)					
6	1c.	当前处置								
7		旧机器的税后现金流	19 900	← 1.000 ←	19 900					
8	初始投资的税后净额		(379 100)							
9	2a.	年税后经营现金流(不考虑折旧)								
10		第1年	72 228	← 0.926 ←		78 000				
11		第2年	66 846	← 0.857 ←			78 000			
12		第3年	61 932	← 0.794 ←				78 000		
13		第4年	57 330	← 0.735 ←					78 000	
14		第5年	49 441	← 0.681 ←						72 600
15	2b.	年折旧抵扣的所得税								
16		现金节省								
17		第1年	25 928	← 0.926 ←		28 000				
18		第2年	23 996	← 0.857 ←			28 000			
19		第3年	22 232	← 0.794 ←				28 000		
20		第4年	20 580	← 0.735 ←					28 000	
21		第5年	19 068	← 0.681 ←						28 000
22	3.	税后现金流								
23		a.机器净残值	0	← 0.681 ←						0
24		b.营运资金的回收	6 129	← 0.681 ←						9 000
25	更新机器的净现值		46 610							

图表 11—7 中的 NPV 为 46 610 美元。正如在 A 部分中计算出来的，当不考虑所得税时，其 NPV 为 139 990 美元。二者的差异说明了所得税对资本预算分析的影响。

决策要点

下表以问答的形式总结了本章的学习目标，决策问题代表与学习目标有关的关键问题，指南则是对该问题的回答。

决策问题	指南
1. 资本预算的五个步骤是什么？	资本预算是对投资项目的长期计划。5 个步骤为：（1）识别项目；（2）获取信息；（3）做出预测；（4）选择方案做出决策；（5）实施决策、评价业绩与学习改进。
2. 贴现现金流量法包括哪两种方法？	贴现现金流量法包括净现值法和内部收益法。净现值法通过用应得收益率将预计未来现金流入量和流出量折现为当年的价值，计算出项目的预计净货币损益。如果净现值为正，则说明项目可以接受。内部收益率法计算使项目预计现金流入量现值等于现金流出量现值的回收率（也称贴现率）。如果财务报表上的内部收益率大于应得收益率，则说明项目可以接受。贴现现金流量法是资本预算的最优方法，它考虑了资金的时间价值和投资项目的全部现金流量。净现值法使用得较多。
3. 什么是回收期法和贴现回收期法？它们主要的缺点是什么？	回收期法运用现金流入、项目投资中所有的现金额来计算弥补初始投资所需的时间。回收期法忽略了回收期后的现金流和资金的时间价值。 贴现回收期法计算的是使现金的流入现值等于流出现值的时间。考虑了货币的时间价值，但忽略了回收期后的现金流。

4. 应计会计收益率（AARR）法在评价长期投资项目时的局限性和优势是什么？	应计会计收益率是用应计制会计中项目的年均收益额除以投资额得到的比率。AARR 法考虑了项目的获利能力，但忽视了资金的时间价值和现金流。
5. 什么是资本预算决策中的相关现金流入和流出？如何理解应计会计这个概念？	贴现现金流分析中的相关现金流入和流出是由投资引起的预期未来现金流的差额。只有现金流入和流出是需要关注的；应计制会计概念与贴现现金流量法无关。但由于折旧抵扣而实现的所得税节省是相关项目，因为其减少了现金流出，但折旧本身是非付现的。
6. 用贴现现金流量法进行资本预算决策与用应计会计做业绩评价会产生什么冲突？如何减少这种冲突？	用应计制会计来评估管理者的业绩或决策将妨碍贴现现金流量法在资本预算中的应用。由于使用贴现现金流量法所做的决策使得项目在前期各年营业利润水平较低，因此，即使用贴现现金流量法制定的决策从长期来看对企业是有利的，管理者往往也不愿意采纳。这种冲突的减少可以通过以项目为基础对管理者进行评估、考核他们取得预计现金流的金额和时间的能力来实现。
7. 在资本预算过程中有哪些战略考虑？	公司的战略是战略性资本预算决策的核心。这些决策要求管理人员考虑一系列可能难以估计的因素。管理人员必须利用判断和直觉来做这些决策。例如，研发项目的重要的战略投资，其回报通常存在很大的不确定性并且周期很长。

重要术语

accrual accounting rate of return（AARR）method　应计会计收益率法
capital budgeting　资本预算
cost of capital　资本成本
discount rate　贴现率
discounted cash flow（DCF）method　贴现现金流量法
discounted payback method　贴现回收期法
hurdle rate　临界收益率
inflation　通货膨胀
internal rate of return（IRR）method　内部收益率法
net present value（NPV）method　净现值法
nominal rate of return　名义收益率
opportunity cost of capital　资本的机会成本
payback method　回收期法
real rate of return　实际收益率
required rate of return（RRR）　应得收益率
time value of money　资金的时间价值

作　业

简答题

11—1　依次列出资本预算的五个步骤，并作简要说明。

11—2　贴现现金流量法的实质是什么？

11—3　如何将敏感性分析引入贴现现金流分析？

11—4　什么是回收期法？它有哪些优缺点？

11—5　什么是应计会计收益率法？它有哪些优缺点？

11—6　Bill Watts 是 Western Publications 公司的总裁，认可了 X 部门提出的资本预算项目，他在公司的最初 10 年就是在这个部门度过的。同一天，他否决了Y部门提出的资本预算项目。Y部门的经理为此感到很愤怒。她坚持认为Y部门提出的项目的内部收益率至少是10%，比X部门要高。她批评说："我们所做的详尽的贴现现金流分析有什么意义呢？如果Watts想要实施一个项目，他可以调整这个项目的所有数据，让结果看起来显得很不错。"你会向Y部门的经理提出什么建议？

11—7 在设备更新的决策中区分不同类型的现金流。

11—8 描述一个纳税公司作出汽车更新决策时所得税影响现金流入和流出的三种方法。

11—9 一个管理人员负责维护公司的客户，资本预算工具如何帮助其作出评价？

11—10 区分名义回报率和实际回报率。

练习题

11—11 （复利的练习（不考虑所得税））在做下列练习前，应先了解如何使用本书末附录中的表格。最后的结果四舍五入。

要求：回答下列问题：

1. 你刚刚赢得5 000美元。如果年投资的复利率为6%，在10年后你将有多少钱？每年的复利率为14%呢？

2. 如果10年后，你需支付房屋抵押本金89 550美元。你现在应投资多少钱，才可在10年内积累89 550美元（年复利为6%）？

3. 如果10年后，你需支付房屋抵押金89 550美元。你每年必须投资多少钱，才能在10年后支付这笔支出（年复利为6%）？

4. 如果你计划在下一个10年里，每年末省下5 000美元，用这笔钱以每年12%的利率投资，那么10年后你将有多少钱？

5. 如果在你65岁时，保险部门一次性地支付给你200 000美元。如果将这笔钱以6%的利率投资，每年你能从账户中等值地提出多少钱，使10年后（75岁）的账户余额为0？

6. 你估计在退休的头10年，每年将需要50 000美元的现金流入。那么你必须在退休前以6%的利率投资多少钱，才可每年获得这笔现金流入？如果以20%的利率呢？

7. 下表给出了两个项目的现金流入进度表（单位：美元），各项目的初始投资均为10 000美元：

年次	年现金流入	
	项目A	项目B
1	1 000	5 000
2	2 000	4 000
3	3 000	3 000
4	4 000	2 000
5	5 000	1 000
合计	15 000	15 000

每年的应得收益率为6%。所有现金流入在年末发生。根据净现值，哪一个更理想？列出你的计算过程。

11—12 （资本预算方法（不考虑所得税））Valleyview是一家经营电脑硬件的公司。如果它以325 000美元的价格购买一个电脑系统，估计它此后8年的使用期内每年能节省28 000美元的付现营业成本。最后残值预计为0。Valleyview的应得收益率是8%。不考虑所得税，假定所有现金流都在期末发生，除了初始投资之外。

要求：

1. 计算以下各项：

a. 净现值；

b. 回收期；

c. 贴现回收期；

d. 内部收益率；

e. 以初始投资净额为基础计算会计收益率（假定采用直线法计提折旧）。

2. 说明在决定是否购买电脑系统时，Valleyview应该考虑哪些因素。

11—13 （各期现金流相等的资本预算（不考虑所得税））American Cola公司考虑用28 000美元购买一台专用的装瓶机。预计残值为0，使用期为4年。工厂管理人员估计将节省下列付现营业成本（单位：美元）：

年次	金额
1	12 000
2	10 000
3	9 000
4	8 000
合计	39 000

American Cola公司在其资本预算决策中的应得收益率为20%。不考虑所得税，假定所有现金

流都在期末发生，除了初始投资之外。

要求：计算下列各项：

1. 净现值；

2. 回收期；

3. 贴现回收期；

4. 内部收益率；

5. 以初始投资净额为基础计算会计收益率（假定采用直线法计提折旧，在计算会计收益率的分子时，使用平均每年节省的付现营业成本）。

11—14 （回收期法和净现值法（不考虑所得税）） Clarabelles Construction 目前正对购买新设备的资本支出计划进行分析。资本预算被限制在 10 000 000 美元以内，要求的收益率为 8%。Laura Bobo 是外部财务顾问，他为 Clarabelles Construction 的总裁 Calvin Clarabelles 正在考虑的三个项目提供分析。相关数据见下表（单位：美元）：

	A	B	C	D
1		项目 A	项目 B	项目 C
2	项目的现金流出			
3	初始投资净额	5 000 000	5 000 000	5 000 000
4				
5	项目的现金流入			
6	第 1 年	2 450 000	3 200 000	3 200 000
7	第 2 年	2 450 000	1 400 000	2 200 000
8	第 3 年		1 200 000	125 000
9	第 4 年	2 450 000		25 000
10				
11	所要求的回报率	8%	8%	8%

要求：

1. 因为 Clarabelles Construction 的现金流是有限的，Calvin Clarabelles 认为回收期法是选择资本预算项目的最好方法。

a. 请解释什么是回收期法，并说明如何运用以及它的优缺点。

b. 计算三个项目的回收期（不考虑所得税）。

2. Bobo 认为应该用净现值法来比较这三个项目。不考虑所得税，假定所有现金流都在期末发生，除了初始投资之外。计算三个项目的净现值。

3. 说明应该选择哪个项目。请给出你的理由。

11—15 （贴现现金流量法，应计会计收益率，营运资金，业绩评价（不考虑所得税）） Compo Research 公司用 382 000 美元购买了一种特殊的金属切割机。预计残值为 47 000 美元，有效使用年限为 10 年，付现营业成本节省为每年 79 000 美元。然而，需要增加营运资金来保持机器的有效周转，确保不出现停机。营运资金必须连续不断，在任何时候都必须保持 22 000 美元的投资，但这项投资在有效使用期末可收回（“现金流入”）。Compo Research 公司的应得收益率为 12%。不考虑所得税，假定所有现金流都在期末发生，除了初始投资之外。

要求：

1. 计算净现值。

2. 计算内部收益率。

3. 以初始投资净额为基础计算会计收益率（假定采用直线法计提折旧）。

4. 以平均投资净额为基础计算会计收益率（假定采用直线法计提折旧）。

5. 你有权做出购买决定。说明为什么你不愿用 DCF 方式做决策。

11—16 （工厂出售（考虑所得税）） Lucky Seven 公司的主要经营项目是服装生产，它有一家将在 2013 年 12 月 31 日闲置的工厂。公司的财务总监 Peter Laney 负责审查处理该工厂的三个备选方案。

方案 1：出于纳税的目的，工厂已折旧完，因而该工厂可立即以 900 000 美元的价格出售。

方案 2：工厂可以租赁给 Preston 公司，该公司 4 年来一直是 Lucky Seven 公司的主要供应商之一。根据租赁合同条款，Preston 公司每年付给 Lucky Seven 公司 220 000 美元的租金（年末支付），并将给 Lucky Seven 公司一项特殊折扣——销售给 Lucky Seven 公司的布料在一般价格的基础上给予 40 000 美元的折扣（假定 4 年里每年的折扣都在年末收到）。Preston 公司将负担该工厂的所有权益性成本。Lucky Seven 公司希望在 4 年租赁期结束之后，以 150 000 美元的价格出售该厂。

方案 3：在 4 年的时间里，可以使用该工厂生产奥运会纪念夹克衫。设备更新之前的固定间接费用（一笔现金流出）在 4 年里每年为 20 000 美元。估计夹克每件 55 美元，单位变动成本 43 美元。夹克的产销量预计如下：2014 年 18 000 件；2015 年

26 000 件；2016 年 30 000 件；2017 年 10 000 件。为了生产这些夹克，工厂中的部分设备必须更新，需立即支付 160 000 美元，并在未来 4 年内采用直线法计提折旧。因为设备的现代化程度提高了，Lucky Seven 公司可以在第 4 年底以 270 000 美元的价格出售工厂。

Lucky Seven 公司假定所有现金流量均发生在年末，并使用 10%的税后应得收益率。Lucky Seven 公司适用 35%的所得税税率。

要求：

1. 计算三个方案的净现值，并根据净现值指标决定选用哪个方案。

2. 说明在做决策时，Lucky Seven 公司应考虑哪些非财务因素。

11—17 （设备更新（不考虑所得税）） A-1 Chips 公司生产并销售标准的芯片。公司计划在 2014 年以平均每块芯片 110 000 美元的价格销售 605 个标准芯片。公司的营销副总裁预计到 2020 年标准芯片以每年 55 个的速度增长。也就是说，2014 年、2015 年、2016 年的销售量分别是 605 个、660 个、715 个。

现有设备每年生产的芯片不超过 575 个。为了满足未来的需求，A-1 Chips 公司必须就更新设备或改良旧设备做出选择。旧设备的净残值为 4 500 000 美元。如果对旧设备进行现代化改造，这些改良成本将被资本化，并在使用年限内折旧完毕。旧设备将作为现代化机器的一部分被保留。A-1 Chips 公司两种备选方案的相关数据如下（单位：美元）：

	改良	更新
2014 年的初始投资	37 100 000	66 300 000
2020 年的最终处置价值	6 400 000	15 500 000
使用年限（年）	7	7
每个芯片的年付现营业成本总额	94 000	85 000

A-1 Chips 公司在利润表中采用直线法计提折旧，假定净残值为 0。为简化起见，我们假定在未来几年里价格和成本都没有发生变化。投资将于 2014 年初开始，所有交易都发生在每年年末。A-1 Chips 公司的应得收益率为 18%。

无论是改良还是更新，必要的营运资金没有差别。直到 2020 年，A-1 Chips 公司都享受免缴所得税的优惠政策。

要求：

1. 请给出 2014—2020 年公司改良设备和更新设备的现金流入和流出。

2. 计算公司改良设备和更新设备的回收期。

3. 计算公司改良设备和更新设备的净现值。

4. 说明在改良设备和更新设备中进行选择时，公司会考虑哪些因素。

11—18 （贴现现金流分析，敏感性分析（不考虑所得税）） Grace 是一家生产女士香水的全球制造商。公司管理者认为可以将产品线扩大至男士香水。

下面给出了营销部门和生产部门的经理提供的关于新产品开发的最好估计：

年销售额	1 400 000 件
售价	40 美元/件
付现变动成本	15 美元/件
付现固定成本	15 000 000 美元/年
必要投资	40 000 000 美元
项目期限	6 年

在 6 年的项目期限后，其最终处置价值为 0。Grace 在这个项目中的应得收益率为 16%。对于 Grace 来说，男士香水是一个新的市场，管理者关心的是此项目评估的可靠性。管理员建议对选定的因素进行敏感性分析。计算时不考虑所得税。

要求：

1. 计算此投资计划的净现值。

2. 说明以下两个假设的改变会给净现值带来什么影响。（各假设互相独立。）

a. 售价下降 10%；

b. 单位变动成本增加 10%。

3. 讨论在考虑资本投资计划时，管理者如何使用要求 1 和要求 2 中得出的数据。

11—19 （机器更新，敏感性分析（考虑所得税）） Frooty 公司生产果酱。公司购进的一台粉碎机已使用 3 年。2013 年 1 月 1 日，公司考虑购买一台新的、效率更高的机器。Frooty 公司有两个方案：（1）继续使用旧机器；（2）卖掉旧机器并购进新机器。新机器的卖方不提供折扣。下面的资料可以帮助管理者决定采用哪个方案（单位：美元）：

	A	B	C
1		旧机器	新机器
2	初始机器投资成本	150 000	190 000
3	自购买日起的使用期限（年）	8	5
4	使用期限末的最终处置价值（用于计算折旧）	20 000	25 000
5	预期每年付现营业成本：		
6	每个甜饼的变动成本	0.25	0.19
7	总固定成本	25 000	24 000
8	税法规定的折旧方法	直线法	直线法
9	预期机器的处置价格		
10	2013 年 1 月 1 日	68 000	190 000
11	2017 年 12 月 31 日	12 000	22 000
12	预计每年生产销售的果酱数量（罐）	475 000	475 000

Frooty 公司适用的所得税税率为 34%。假定处置机器的任何盈亏都在当年发生，作为普通纳税项目缴纳所得税。Frooty 公司的税后应得收益率为 12%。

要求：

1. Frooty 的一位管理人员问你是否要买这台机器。为帮助你分析，请计算：

a. 2013 年 1 月 1 日处置旧机器产生的税后现金流。

b. 使用新机器后每年节省的税后现金流。

c. 新旧机器每年不同的折旧额带来的税收节约。

d. 新旧机器在处置时带来的税后现金流的差异。

2. 根据要求 1 的计算结果用 NPV 法确定 Frooty 是要购买新机器还是继续使用旧机器。

3. 计算公司的税后经营现金节省为多少，才能保证公司的税后应得收益率为 12%。（假定所有有关投资的数据均不改变。）

4. 说明在做决策时还应考虑哪些因素。

11—20 （NPV 和 AARR，目标一致的问题）Eric Scanzillo 是 Ore City Manufacturing 公司 Plate 分厂的管理人员，有机会通过新增价值 430 000 美元的机器来扩建分厂。机器使用直线法计提折旧，期末无残值，使用寿命为 8 年。公司要求的投资回报率为 12%。Scanzillo 估计这项投资每年产生的税前现金流为 110 000 美元，营运资本的投资为 7 500 美元。所得税税率为 30%。

要求：

1. 计算投资的 NPV。

2. 计算项目初始投资的 AARR。

3. Scanzillo 是否应该接受该项目？如果他的奖金取决于 12%的 AARR，是否应该接受？如何化解这一冲突？

11—21 （NPV、通货膨胀和税）Cheap-O 食品店正考虑更换 10 台收银机。旧的机器已经折旧完，没有残值。新机器总价为 899 640 美元。由于新机器比旧机器更有效，Cheap-O 每年可以节省 192 000 美元的现金。新的收银机寿命为 7 年，无处置价值，采用直线法计提折旧。要求的年回报率为 8%。

要求：

1. 根据以上信息，计算项目的 NPV（不考虑所得税）。

2. 假设 192 000 美元的节约成本是实际数，通货膨胀率为 5.5%，重新计算项目的 NPV。

3. 根据要求 1 和要求 2 的结果，Cheap-O 是否应该购买新的收银机？

4. 假定所得税税率为 30%，计算项目 NPV（假定无通货膨胀）。

5. 假定所得税税率为 30%，在通货膨胀率为 5.5%的情况下计算项目的 NPV。

6. 根据要求 4 和要求 5 的结果，Cheap-O 是否应该购买新的收银机？

章末案例

Liquid Chemical 公司

Liquid Chemical 在东南亚地区销售一系列高端化工产品，工厂设在温哥华。由于其化学特性，公司的产品需要特殊的包装。公司非常注重所用容器的特殊性质。Liquid Chemical 拥有一种申请了专利的容器内衬，由 GHL 材料制成，还有专门的部门来维护容器以使之处于良好状态，对于维修过的容器将会用新容器予以替换。

有一段时间，总经理 Tom Walsh 认为，公司如果外购容器可能更省钱，服务质量会更好。经过认真考察，他联系了一家准备生产容器的公司 Packages，并想获得这种特殊容器的报价单。同时，他也要求主计长 Amy Dyer 提供容器部门经营成本的最新数据。

几天后，报价单就到了。Packages 可以供应所有新的容器，一年提供 3 000 个，一共是 600 000 美元。合同期为 5 年，可以每年更新。如果容器数量增加，花费也会按比例增加。另外，如果同意上述合约，Packages 同时提供维护服务，在合同期内每年维护费为 175 000 美元。

Tom Walsh 将报价单上的数据和 Amy Dyer 提供的容器部门年度经营成本的数据进行比较。Dyer 的分析如下（单位：美元）：

直接材料（GHL）		75 000
直接材料（其他）		125 000
直接人工		350 000
部门成本：		
部门经理薪酬	80 000	
租金	17 000	
机器折旧	60 000	
机器维修	13 500	
其他成本	63 000	233 500
		783 500
分配的总部管理费用		69 500
每年容器部门的总成本		853 000

Walsh 的结论是，应该尽快关闭容器部门并和 Packages 签订合约。但他认为在做决定前应该给容器部门的经理 Jake Duffy 一个机会来质疑这个结论。Walsh 把 Duffy 叫来并把结果告诉了他，同时明确指出他的职位不受影响。即便 Duffy 所管的部门关闭了，他仍可去其他空缺职位任职，薪酬和个人发展都不受影响。

Duffy 要求考虑一段时间。第二天，Duffy 跑来告诉 Walsh，在部门关闭前还有许多要考虑的地方。例如，他说："机器设备该如何处理？4 年前花了 480 000 美元，现在幸运的话值 80 000 美元，尽管还可以用 5 年。另外还有去年买的 GHL 材料，价值 300 000 美元。按照现有进度使用，还可以用 3 年。去年只使用了 1/4。如果不用掉就很麻烦。我们买来的价格是 1 500 美元/吨，现在的价格至少是 1 800 美元/吨。如果要卖也不能低于 1 200 美元/吨。"

Walsh 希望讨论的时候 Dyer 也在场。他喊她进来一起重新考虑 Duffy 的想法。"我非常不喜欢这些猜测，" Dyer 说道，"我想我的数据是相当有意义的。另外，如果我们非要问'如果这样将会发什么'，不要忘了场地这个因素。我们每年支付仓库租金 27 500 美元，如果取消这个部门，就不需要租赁仓库，也不需要支付租金了。"

"这是一个关键点，" Walsh 说道，"尽管这样，我还是担心如果关闭容器部门，员工会有什么想法。我觉得找不到其他部门来接纳他们。我想看看 Packages 能否接受其中一部分员工。但有些人已经工作了多年，如 Walters 和 Hines，一毕业就来到公司。他们的辞退成本为每人每年 10 000 美元，而且要支付 5 年。"

Duffy 表现出一丝安慰。他说："我还是不喜欢 Dyer 的结论，分配的总部管理费用 69 500 美元怎么处理？如果我的部门关闭了，你肯定不希望在总部裁员，是不是呢？" Dyer 说："总归要有人来承担这些成本。我们不能在盯着一个部门的时候把他们忽略了。因为我们如果对每个部门都这样的话，最终我们将自认为无须向总经理、会计人员和秘书支付薪酬。但事实上是需要支付薪酬的，请相信我。”

“好了，我想我们应该做出决定了，”Walsh说道，“但我在考虑我们自己维护机器的可能性。你有什么意见，Duffy?”“我不知道，但值得研究。我们可能没有任何机器需要维护，我可以将管理权力移交给其他的管理人员，你们可以一年节省20 000美元，也只需要1/5的员工，但应该保留年纪最大的那些人。你节省不了任何空间，我认为租金会保持不变。我也不认为其他管理费用会超过26 000美元/年。”“那原材料怎么办?”Walsh问道。“我们在维护上花费10%的GHL和其他材料。”Duffy说。

“那好，我会通知Packages一周内给他们答复，在此之前我也会告诉你。”Walsh说道。

说明：

i. Liquid Chemical的所得税税率为40%，税后投资回报率为10%。

ii. 公司采用直接法计提折旧。未来4年每年折旧费用为60 000美元。设备在使用期内全部折旧完。

iii. Liquid Chemical的年度净收入为2 000 000美元。

问题

对Liquid Chemical的三种方案进行NPV分析，分析期限为5年。除了案例给出的信息外，不做其他假设（如通货膨胀率）。

第12章

总预算与责任会计

学习目标

1. 了解总预算及其作用。
2. 了解预算的优点。
3. 编制经营预算及相应的明细预算表。
4. 应用基于电脑的财务计划模型进行敏感性分析。
5. 了解责任中心及责任会计。
6. 确认预算过程中的人为因素。
7. 评价跨国公司中的预算面对的特殊挑战。

在全球经济衰退的 2007—2009 年间，无论是个人还是企业都在经济上面临困难。在这次衰退中出现了一个最热的创新，那就是网站。它能使用户迅速抓取到财务数据，包括账户情况、投资和贷款情况，并能编制一份预算来管理他们的支出和储蓄。Mint. com 是这些网站当中的一个，成立于 2007 年。2009 年，开发 Quicken 和 Turbo Taxde 等软件的 Intuit 公司意识到这些财务网站发展迅速，因此以 1.7 亿美元的金额收购了 Mint. com。

企业和个人一样，需要预算。没有预算，管理人员和员工很难了解他们是否完成了增长和支出的目标。对所有类型的企业来说，预算非常重要：诸如花旗集团等大型金融机构在 2005 年由于房地产泡沫破灭而遭受了巨大的金融损失；沃尔玛等大型零售企业的边际利润减少；苹果公司出售价格很高的商品；豪华酒店丽思-卡尔顿提供高价服务等。

在许多盈利企业中，严格的预算是获得成功和制定决策的关键。例如，西南航空公司利用预算来监控和管理波动的燃油成本；沃尔玛依靠预算来维持极其微薄的利润；吉列利用预算来为剃须刀和刀片制定营销计划。

许多年轻的管理人员通常为预算过程所困惑，因为他们发现预测未来很难，并讨厌上司让他们提高业绩。如果预算可以变化，这些年轻的管理人员可能不喜欢让业绩与自己对着干，并开始视预算为一种游戏："如果我降低业绩预期，我的实际业绩就会变得更好看。"我们稍后将对这些问题进行讨论。现在，我们关注管理人员从预算中获得的好处。

预算帮助管理人员：

1. 与公司不同部门就目标进行沟通，有利于他们协调让客户满意的业务活动。
2. 通过实际业绩和计划目标的比较来进行业绩评价，并了解潜在的问题。
3. 激励员工完成目标。

有趣的是，研究表明，在企业活动中，商业计划增大了企业生存的一种新的风险概率，增加了产品研发和风险活动。① 正如俗语所言，"如果你的计划失败了，那么你也将失败"。

在本章，你将看到预算是基于组织战略，反映的是经营和财务计划。更为重要的是，你将看到预算是人的行为，需要判断和睿智的解释。

---

① 更多细节请参见 F. Delmar and S. Shane, "Does Business Planning Facilitate the Development of New Venture?" *Strategic Management Journal* (December 2003)。

本章要点

● 预算是对公司战略和计划以及如何才能完成这些计划的量化表示。

● 总预算是对特定时期管理人员的经营和财务计划的说明，促使下级单位进行合作与沟通，为评价业绩和方便学习提供了框架，并激励管理人员和员工去完成公司目标。

● 经营预算包括预算的利润表和相关计划。管理人员制定的预算则建立在需要完成的工作和不断改进的机会的基础之上。

● 高层管理人员通过责任中心、二级单位负责某一具体事务的管理人员来确定经营预算。管理人员不需要完全控制所负责的所有收入和成本，因此责任会计关注的是获得信息，而不是追究责任。

● 预算不是机械的工具，而是一项人为活动，要求有说服力、判断力和睿智的解释。当管理得当时，预算能带来尽职、负责任和诚实的交流；当管理不当时，它可能导致博弈和员工的反感。

12.1 预算与预算循环

预算是管理层制定的在某特定期间内行动计划的量化表示，它帮助管理人员协调完成这一计划的各项活动。预算可视为公司在下一期间的行动蓝图，不仅包括财务计划，而且包括非财务计划。财务预算量化了管理层对未来收入、现金流量和财务状况的预期，所以财务报表不仅可以反映过去，而且可以涉及将来，如预算利润表、预算现金流量表、预算资产负债表。财务预算的基础可以是非财务预算，非财务指标包括产量、销售量、员工人数和即将投放市场的新产品数量等。

12.1.1 战略计划和经营计划

当预算融入公司战略时，发挥的作用更好。战略具体说明的是一个组织如何将自身能力与市场机会结合在一起以达到目标。在制定成功的战略时，管理人员要考虑如下问题：

1. 本组织的总体目标是什么？

2. 我们在将自己区别于其他竞争者时，如何为客户创造价值？

3. 我们的产品是地方性的、区域性的、全国性的还是全球性的？什么样的趋势会影响市场？经济、产业和我们的竞争对手如何影响本组织？

4. 何种形式的组织和财务结构对我们最有利？

5. 可提供选择的战略有什么风险？如果我们看好的计划失败了，有哪些应急计划可供使用？

一家公司，如家得宝，可以制定以低价提供有品质产品或服务的战略。其他公司，如保时捷或丽思-卡尔顿，则可以与其他竞争对手不同，以更高的价格提供独特的产品或服务。图表 12—1 表明战略计划通过长期预算来描述，经营计划则通过短期预算来描述。但故事远不止如此！图表中的箭头有的向前指，有的向后指。向后的箭头说明预算会导致计划和战略的变化。预算将战略或计划可能的效果反馈给管理者，以便管理者评估战略风险和机会。有时这些反馈可以促使管理人员修改计划和战略。

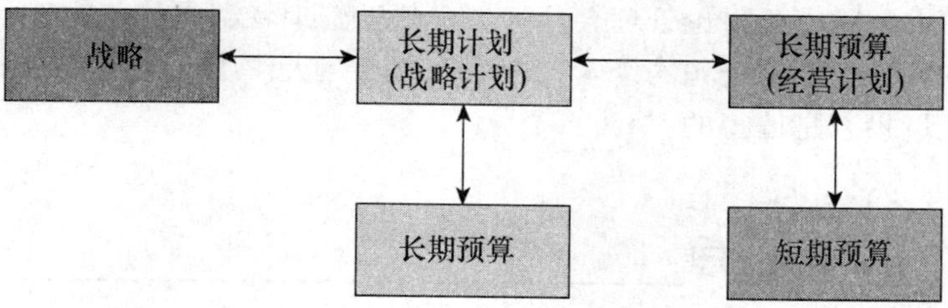

图表 12—1　战略、计划和预算

波音 747-8 型飞机项目就很好地说明了预算是如何帮助管理人员修订经营计划的。波音公司认为，与正在开发的 787 型梦幻客机共享设计来重新配置 747 型喷气式飞机是相对节省成本的方式。但持续产生的成本和延误影响了这一战略：早在 2012 年，747-8 型飞机项目已经超出预算 20 亿美元，并推迟一年问世。波音公司发现，105 架 747-8 型飞机订单实质上并不能产生任何盈利。由于预算揭示了在设计、返工和生产环节超出预期的成本，波音公司决定暂停这一计划并加快喷气式飞机的生产进度。一些航空专家建议波音公司考虑采取更为有效的措施，如终止 747-8 型飞机项目中客机的研发。

□ 12.1.2　预算循环与总预算

一旦从事了管理职业，预算将是你职业生涯中的重要部分。管理良好的公司通常在一个财年经历以下预算循环：

1. 在财年开始之前，不同层级的管理人员根据过去的业绩、市场反馈和预期未来的变化，制定下一财年的计划。例如，经济衰退后预计的经济复苏可能会使管理人员计划在下一期增加销售、提高产量和增加营销费用。经理层和管理会计师一起制定整个公司的计划以及下属单位（如各部分或分支机构等）的业绩。

2. 在年初，高管给下属经理一个参考框架、一套具体的财务或非财务的预期计划，这套计划将会用来与他们的实际业绩进行比较。

3. 在整个年度里，管理会计师帮助经理调查计划的变动情况，如销售出现非预期下滑。如有必要，要采取纠正措施，如改变产品特征、降价促销或者削减成本以维持盈利。

上面三个步骤描述的是持续的预算的相关过程。这一过程中的核心就是总预算。**总预算**（master budget）反映了公司一定时期（通常为一年）内的经营决策和财务计划，由一系列财务预算报表组成。总预算是预算期内所有计划的基础，它对经营决策和财务决策都有影响。

- 经营决策致力于如何使组织中的稀缺资源得到最好的利用。
- 财务决策致力于怎样筹集资金来获取上述资源。

不同的公司对预算有不同的称呼。例如，预算财务报表有时又叫**预计报表**（pro forma statements）；还有许多公司将预算称为目标（targeting），如惠普公司；也有些公司把预算直接叫做利润计划（profit plan），如日产汽车和欧文斯康宁（Owens

Corning）等公司；微软则把目标称为承诺（commitments），并将公司层面的目标分解至各部门，与组织、团队甚至个人相联系。

本书的重点是讨论管理会计师怎样帮助管理者制定经营决策，因此本章着重论述经营预算。预算在公司的经营管理中发挥着巨大作用，因此管理者在设计、分析预算方面大量投入是值得的。

12.2 预算的优点

预算是大部分管理控制体系的一个重要组成部分。只要管理得当，预算可以：

- 促进公司内部的沟通和协调；
- 提供业绩评价的框架；
- 激励管理者和员工。

12.2.1 协调与沟通

协调就是全面组织和平衡生产或服务的各个方面，组织并平衡所有的部门和所有的业务职能，以达到公司的目标。沟通就是让所有的部门和职能机构理解并接受这些目标。

协调促使业务主管考虑各种业务、各个部门及公司总体各方面的关系。Pace 是总部设在英国的一家电子产品制造企业，其主要产品是有线电视数字机顶盒。产品经理通过和营销部门的协调沟通，可以获悉市场什么时候对产品有需求，从而合理地安排生产。营销部门通过与顾客的协调和沟通，可以对数字机顶盒的未来市场需求做出更精准的预测。

假如 Pace 的一个大客户 BSkyB 正打算开展一项新的高清个人电视机服务。如果 Pace 的营销部门能够获取这项服务的具体日期，生产部门就可以得到这一信息，接着联系材料供应部门组织备料等。这里要重点理解的是，如果在预算制定阶段和产品生产阶段，Pace 都能协调好内部各职能部门以及供应商和顾客之间的关系，它就能更好地在顾客需要时生产出相应数量的高清个人电视机。

12.2.2 评价业绩与促进学习的框架标准

预算使得公司的管理人员可以根据预测的业绩来评价实际的业绩。预算能克服以过去表现作为业绩评价基础的两个局限。第一个局限是过去的业绩包含了无效和低水准的表现。例如一家移动电话公司 Mobile Communication 要考核 2013 年销售人员的业绩。假如 2012 年有许多销售人员因不了解市场而离职（用 Mobile 总裁的话说，“他们在炎炎夏季卖不出去冰淇淋”）。以这些离职人员的销售表现作为 2013 年的业绩评价基准就未免太低了。

第二个局限是未来或许与过去相差甚远。仍以 Mobile Communication 为例。假如 2013 年公司的收益提高了 20%，而 2012 年的收益只提高了 10%，这是否可以说明销售人员的业绩显著呢？不要急于做出肯定的回答，请考虑以下事实。2012 年 11

月，该行业贸易协会预期 2013 年本行业收入的增长率为 40%，而 2013 年的实际收入增长率也确实达到了 40%。这样一来，Mobile 公司 2013 年 20%的实际收入增长率就意味着负效用，尽管它超过了 2012 年的 10%。因此，用 40%作为预算增长率来评估 2013 年的销售业绩比用 2012 年的历史数据更好。

需要记住，预算并非只是公司用来评价业绩的标准。许多公司也将业绩与同行进行比较。只利用预算会导致下属设定的是他们能够实现的目标。① 当然，所有层级的管理人员都意识到了这个问题，因此都对员工制定了更具挑战性的预算。当然，预算是高层管理者和下属经理谈判的最终结果。在年末，高层管理人员获得竞争对手的业绩和外部市场的信息，这对他们很有价值，可以用来评价下属的业绩。

预算最有价值的地方在于它帮助管理人员收集信息以改进未来的业绩。当实际业绩未到达预算或计划结果时，促使管理人员去思考这些问题：发生了什么？为什么会发生？如何保证此类现象不再出现？这种调查和学习也是预算能够帮助改进业绩的最重要原因之一。

□ 12.2.3　激励管理者与其他员工

研究表明，富有挑战性的预算能够改善业绩。不能完成预算目标被视为一种失职，而大多数人拼命工作的动机与其说是渴望成功，不如说是为了避免这种失职。当他们距离目标越来越近时，就会越发努力。基于这些原因，许多管理者为下属设计的目标是富有挑战性的，同时又是可达到的。② 适当的压力会提高业绩，但难度太大、不切实际的预算只会带来焦虑而不会产生激励，因为达成目标遥遥无期。通用电气的前 CEO 杰克·韦尔奇认为，富有挑战性的预算能使人才充分发挥他们的潜能，鼓励创造性思维，从而激励管理者和员工，并使他们感到满足。

□ 12.2.4　管理预算中的挑战

预算过程涉及所有层级的管理人员。高层管理人员想让低层管理人员参与到预算过程中来，因为他们每天面对公司的经营实践，有一线的经历和专门的知识。低层管理人员参与进来也增强了他们对预算的责任感。这就是自下而上的预算过程。

但预算过程很耗时间。据估计，高层管理人员要将 10%～20%的时间花在预算上，财务计划部门则要花 50%的时间。③ 对大多数组织来说，编制年度预算需要花几个月的时间，消耗大量资源。

大到跨国公司，小到本地企业，都普遍使用预算。这说明预算系统的好处超过了其成本。为了获得预算带来的好处，所有层级的管理人员都要理解和支持预算以及管理控制系统的所有方面。这对于低层管理人员参与预算制定以及成功地管理预算来说

---

① 相关例子请参见 J. Hope and R. Fraser，beyond budgeting (boston：Harvard business school press，2003)，作者同样对管理人员管理预算过于严格的做法（即使市场环境使得预算失效）提出了批评。

② 详细的讨论和设定具体目标的例子请参见 G. Latham，“The Motivational Benefits of Goal-Setting，” *Academy of Management Executive* 18，No. 4 (2004)。

③ See P. Horvath and R. Sauter，“Why Budgeting Fails：One Management System is Not Enough，” *Balanced Scorecard Report* (September 2004).

是非常重要的。低层管理人员如果认为高层管理者不相信预算，则在参与预算制定的过程中会表现得不积极。

预算也不应该管得过于严格。获得预算对其自身来说并不意味着结束，尤其是当环境变化剧烈的时候。管理人员可以努力支持预算，但如果一些计划外的修理和广告宣传发生及可能影响公司长期利益的情况出现时，管理人员则要承担额外的支出。另一方面，2007—2009 年经济萧条时期出现的消费者需求急剧下降，导致古驰等设计商削减其广告预算并暂停其计划内的精品小店的开业。梅西百货和其他零售商一样，坚持金融危机前订好的计划，并只能降价、裁员。JC 彭尼最终在 2009 年失去了 20 亿美元的销售项目，但在此期间激进的业务活动使其在经济衰退中存活下来并开始了新的复杂的存货管理计划，而且在下一个节日季开始盈利。

成功之匙

管理人员利用预算来进行战略分析，促进公司内部各部门的合作和沟通，为评价业绩和促进学习提供一个框架，并激励下属管理人员和其他员工。要使预算有效，管理人员必须支持预算，并在经济环境变化的情况下保持预算的灵活性。

12.3 编制经营预算

预算通常有一个时间区间，如一个月、一个季度、一年，等等。一个预算期也可以分为若干子期间。例如，一个为期 12 个月的现金预算可以分解成 12 个月度预算，以定期协调现金的流入和流出。

12.3.1 预算的时间跨度

编制预算的目的引导管理人员确定预算的时间跨度。在为哈雷-戴维森 500cc 新型摩托车做预算时，如果目的是预估这种新款摩托车的总体盈利性，预算期为 5 年（或更长）可能较合适，而且应覆盖设计、生产、销售、顾客服务等方面。相反，为学校演出做预算时，目的就是估计所有的现金支出，则从计划到正式演出的 6 个月时间是较合适的。

预算期最常见的是一年，并经常划分为月和季。年度预算数据经常随时间推移而修正。例如，在第二季度末，管理人员通常根据前 6 个月获得的新信息对后两个季度的预算进行修正。例如，Amerigroup 是一家健康保险公司，由于 H1N1 导致的流感疫情使成本超出了预期，它必须对 2009 年第三季度和当年的成本预算进行重大修正。

企业已越来越多地使用滚动预算，**滚动预算**（rolling budgets/rolling forecast）亦叫**连续预算**（continuous budget），按一定周期及时更新，以保证未来任何时间都有一个特定预算。伊莱克斯是一家全球性的设备制造公司，拥有一个 3～5 年的战略计划和一个为期 4 个季度的滚动预算。2012 年 4 月—2013 年 3 月为期 4 个季度的滚动预算到下个季度就变成了 2012 年 7 月—2013 年 6 月的滚动预算。依此类推，总有一个为期 12 个月的滚动预算。滚动预算不断地促使管理层为即将到来的 12 个月做打算，而不论当前是哪一个季度。其他公司，如欧洲领先的聚烯烃塑料生产商 Borealis，总部位于曼彻斯特的生命科学研究和制造公司 Millipore，北欧和波罗的海地区最大的金融服务集团 Nordea，都编制滚动财务预算，滚动期为 5 个季度。EMC 使用滚动期为 6 个季度的滚动预算，使得预算能够一直进行调整以适应不断变化的市场环境。

□ 12.3.2 经营预算的编制步骤

要解释清楚如何编制预算，最好的办法是举实例说明。Stylistic Furniture 公司是一家高档咖啡桌生产商，产品有两种：Casual 和 Deluxe。2012 年末，Stylistic 的 CEO Rex Jordan 考虑如何对董事会成员要求在下一年增加 10%的利润做出回应。Jordan 利用第 1 章介绍的五步决策制定法进行决策。

1. 识别问题与不确定性。需要关注的问题是：制定战略并编制一份实现利润增长 10%的预算。这存在许多不确定性。Stylistic 能否让利润最大的 Deluxe 的销量大幅增长呢？Stylistic 将面对什么样的价格压力？材料成本会上升吗？Stylistic 能够通过提高效率来降低成本吗？

2. 获取信息。Stylistic 的管理人员收集了当年桌子销量的信息。他们高兴地发现 Deluxe 的销量要好于预期。另外，Casual 的关键竞争对手遇到了质量问题，不太可能在 2013 年解决。但遗憾的是，Stylistic 的管理人员同时发现 2012 年直接材料的价格略有上涨。

3. 预测未来。Stylistic 的管理人员非常自信，认为只要再加大一点营销力度，将会促使 Deluxe 的销量增长，并有可能使价格比 2012 年还要高。他们同样不担心 Casual 的价格压力，因为它的一个关键竞争对手正面临质量问题。

采购经理预计直接材料的价格将会和 2012 年保持一致。生产经理认为尽管其他投入的价格升高，效率提升可以使生产桌子的成本维持在 2012 年的水平。如果 Stylistic 想保持 12%的经营边际利润（即经营利润/销售收入=12%）并提高销售收入和营业利润，那么实现效率提升很关键。

4. 选择方案做出决策。Jordan 和他的管理人员对增加 Deluxe 销量的战略很有信心。尽管决策存在风险，但这是 Stylistic 实现利润增长 10%的最好办法。

5. 实施决策、评价业绩与学习改进。第 13 章将要讨论，管理人员将实际业绩与预测业绩进行比较，以了解事情为什么会这样或那样发展以及如何将事情做得更好。Stylistic 的管理人员也想知道他们对 Casual 和 Deluxe 产品的价格预测是否正确，以及直接材料的价格增长是否超过（或低于）预期，效率是否提升。了解这些对 Stylistic 很重要，因为它要为后续年份编制预算。

Stylistic 的管理人员开始编制 2013 年的预算。图表 12—2 是 Stylistic Furniture 总预算的图解，包括 2013 年 Stylistic 经营和财务预算的财务预测。图表 12—2 中浅灰色、中等灰色和深灰色的方框代表预算利润表及辅助报表材料，统称**经营预算**(operating budget)。

收入预算（浅灰色方框）通常是经营预算的起点。辅助报表材料（中等灰色方框）量化了价值链上不同业务——从研发到分销——的预算。这些辅助材料构建起预算利润表——经营预算的汇总报表（用深灰色标出）。

图表 12—2 的最下面一行是**财务预算**（financial budget），它是总预算的一部分，包括资本预算、现金预算、预算资产负债表和预算现金流量表，它侧重于经营活动及

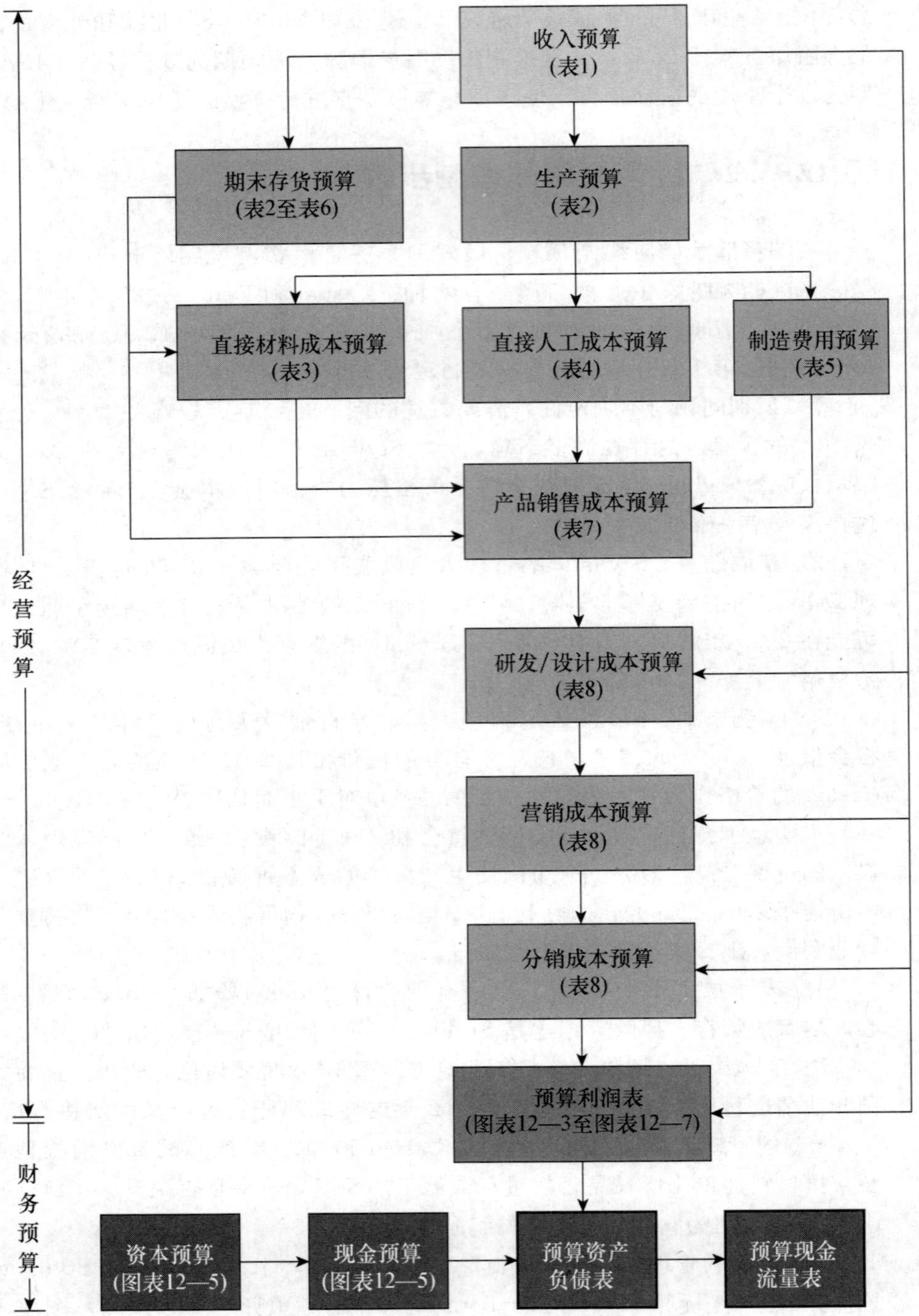

图表 12—2 Stylistic Furniture 总预算概况

计划资本支出对现金的影响。管理会计人员利用现金预算和预算利润表来准备其他两份财务报表——预算资产负债表和预算现金流量表。

经过对价值链上不同业务职能负责的最高管理层和部门经理多轮讨论协商后，总预算才能生效。下面我们介绍编制 2013 年 Stylistic Furniture 经营预算的准备步骤。本章的附录列示了 Stylistic 的现金预算，这也是总预算中另一个关键组成部分。

许多公司都有一本预算手册，描述了公司准备预算的一些特殊指示和信息。尽管内容不尽相同，但下面的一些基本步骤适用于制造业公司编制经营预算。从收入预算开始，每一项预算都按逻辑逐步列示。当你浏览这些准备过程时，请思考两件事情：（1）准备每一项预算需要的信息；（2）管理人员能够改进业绩的措施。

步骤 1：编制收入预算。Stylistic 当前出售两种咖啡桌：Casual 和 Deluxe。2012 年，Stylistic 的管理人员想引进第三种桌子的生产线，但最终放弃了。他们现在要为 2013 年 Casual 和 Deluxe 的数量和价格做出预算。

收入预算通常是编制预算的起点，因为生产水平、存货水平以及由此发生的制造成本和非制造成本通常都取决于预测的销售量和收入水平。

许多因素会影响销售预测，这些因素包括近期销售量、宏观经济状况、行业状况、市场调研、价格政策、广告和促销、竞争情况以及政策法规等。Stylistic 实现利润增长 10%这一目标的关键是将 Deluxe 的销量从 2012 年的 8 000 张增长到 2013 年的 10 000 张。

销售经理和销售代表通过收集顾客需求、市场潜力和竞争对手等信息来制定收入预算。他们要讨论如何对两种产品进行最好的定位、定价和促销。与高层管理人员一起，他们要考虑不同的措施，如增加产品功能、进行电子广告宣传或改变销售激励方式等来增加收入。这些措施的成本都被纳入了不同的成本预算。

管理人员通常通过客户反应管理或销售管理系统来收集这些信息。回归和趋势分析等统计方法也被用来进行销售预测。这些技术使用经济活动的指标和过去的销售数据来预测未来的销售情况。管理人员通常只使用统计分析来进行销售预测。在最后的分析中，销售预测结果应该符合大众的经验和管理者的判断。

讨论完之后，高层管理人员便确定了收入预算中的销量和售价（见图表 12—3）。这些目标被设定用来激励组织实现更高水平的业绩。38 000 000 美元就是预算利润表中的收入额。

图表 12—3　　2013 年 12 月 31 日收入预算

	销量	售价（美元）	总收入（美元）
Casual	50 000	600	30 000 000
Deluxe	10 000	800	8 000 000
合计			38 000 000

收入预算通常是以预计的需求为基础，因为公司产品的需求是实现利润目标的不变因素。但有时其他因素——需求大于可利用的生产能力或某种生产资源发生短缺——会限制预算收入。在这种情况下，管理人员以最大产能为基础编制收入预算，因为销量会受到产量的限制。

步骤 2：编制产量预算（以件为单位）。编制完收入预算后，下一步就是编制 Casual 和 Deluxe 的产量预算。管理人员编制产量预算唯一需要知道的信息是 Stylistic 想维持的完工产品的存货水平。第 10 章已谈到，如果存货水平较高，持有成本、质量成本和毁损成本也较高；存货水平低则会增加准备成本和丧失销售机会。因此，Stylistic 的管理人员想增加 Casual 的库存量以避免以前年度遇到的供应不足现象，而保持 Deluxe 现有的存货水平。

生产经理编制的产量预算如图表 12—4 所示。预计生产的产成品总量取决于预计销售量和预计存货变动量：

预计生产量＝预计销售量＋期末产成品目标存货－期初产成品存货

图表 12—4 **2013 年 12 月 31 日产量预算** 单位：件

	Casual	Deluxe
预计销售量（图表 12—3）	50 000	10 000
加：期末产成品目标存货	11 000	500
总需求量	61 000	10 500
减：期初产成品存货	1 000	500
预计生产量	60 000	10 000

产量预算可以用来计算不同的预算成本（如直接材料、直接人工和制造费用），这些都是 2013 年要发生的成本，与收入预算一起可以反映出 2013 年的效率提升是否达到预期。回顾决策制定过程中的步骤 3，效率提升能够抵销预计增长的投入成本并维持 12%的边际毛利。一些公司依据过去的结果以及在制定预算数量时如何改进这些结果，其他公司则依据具体的工程设计。管理人员对如何计算预算数量有不同看法，但他们都想找机会降低成本，如重新设计产品、改进流程、实现生产流水化以及减少完成作业（启动机器或运输材料等）的时间。这些改变提高了公司的竞争能力，但也需要进行投资。编制预算是一个比较理想的机会，可以让管理人员评价他们的计划并申请他们需要的任何财务资源。下面我们从直接材料的预算开始。

步骤 3：编制直接材料耗用预算和直接材料采购预算。图表 12—4 产生的预计产量是计算直接材料耗用的数量和金额的关键。直接材料的使用数量取决于 Stylistic 的工人利用这些材料生产桌子的效率。在制定预算时，管理人员通常预计改进生产流程的方式，以便增加产量和减少浪费，从而降低直接材料的耗用和成本。高层管理人员制定预算来促使生产经理降低直接材料的成本并对在产品存货忽略不计。我们在制定 2013 年 Stylistic 的预算时不考虑在产品存货。

与许多公司一样，Stylistic 在电脑系统中保存了一系列原材料的信息，用来不断提高效率。这些信息记录了每一种产品是如何生产的，使用了哪些材料，材料的使用效果，单位完工产品所用材料的数量以及进行生产的地点（生产中心）。

Stylistic 用到的直接材料有两种：红橡木和花岗岩。两种产品的材料用量如下所示：

	单位产品原材料耗用	
	Deluxe	Casual
红橡木	12 英尺	12 英尺
花岗岩	6 平方英尺	8 平方英尺

管理人员预计直接材料的预算价格在 2013 年不会发生变化，并与 2012 年持平：

红橡木	7 美元/英尺
花岗岩	10 美元/平方英尺

直接材料存货使用先进先出法计价。管理会计师利用上述信息计算了直接材料的用量（见图表 12—5A）。

图表 12—5A　　2013 年 12 月 31 日直接材料耗用量预算

	红橡木	花岗岩	合计
实物单位预算			
Casual 的直接材料用量（60 000 张×12 英尺/张或 6 平方英尺/张）	720 000 英尺	360 000 平方英尺	
Deluxe 的直接材料用量（10 000 张×12 英尺/张或 8 平方英尺/张）	120 000 英尺	80 000 平方英尺	
生产耗用量	840 000 英尺	440 000 平方英尺	
成本预算			
期初存货资料（FIFO）：			
红橡木：7 美元/英尺×70 000 英尺	490 000 美元		
花岗岩：10 美元/平方英尺×60 000 平方英尺		600 000 美元	
当期预计采购量：			
红橡木：7 美元/英尺×(840 000 英尺－70 000 英尺)	5 390 000 美元		
花岗岩：10 美元/平方英尺×(440 000 平方英尺－60 000 平方英尺)		3 800 000 美元	
预计耗用的直接材料	5 880 000 美元	4 400 000 美元	10 280 000 美元

编制采购预算需要的唯一新信息是 Stylistic 想维持的直接材料的存货水平。在第 10 章已提到，存货水平过高，会耗费大量现金，增加持有成本、质量成本和毁损成本；但太低又会增加订购成本，并由于存货不足而影响产量。在这一年中，Stylistic 的管理人员计划增加红橡木的存货量而减少花岗岩的存货量。期初和期末存货的计划持有量为：

	直接材料	
	红橡木	花岗岩
期初量	70 000 英尺	60 000 平方英尺
期末量	80 000 平方英尺	20 000 平方英尺

图表 12—5B 是直接材料采购预算：

直接原材料采购量＝直接原材料用量＋直接原材料期末目标存货－直接原材料期初存货

图表 12—5B　　2013 年 12 月 31 日直接材料采购预算

	红橡木	花岗岩	合计
实物存货预算			
生产耗用量（见图表 12—5A）	840 000 英尺	440 000 平方英尺	
加：期末目标存货	80 000 英尺	20 000 平方英尺	
需求合计	920 000 英尺	460 000 平方英尺	
减：期初存货	70 000 英尺	60 000 平方英尺	
采购量	850 000 英尺	400 000 平方英尺	

续前表

	红橡木	花岗岩	合计
成本预算			
红橡木：850 000 英尺×7 美元/英尺	5 950 000 美元		
花岗岩：400 000 平方英尺×10 美元/平方英尺		4 000 000 美元	
采购量	5 950 000 美元	4 000 000 美元	9 950 000 美元

步骤 4：编制直接人工预算。在计算完直接材料成本后，管理人员接着要制定直接人工的预算。生产经理使用人工标准（规定的单位产出的使用时间），来计算直接人工成本的预算（见图表 12—6）。为估计这些成本，管理人员还要考虑工资率、生产方法、流程和效率提升及用工计划等。工人工资以小时计，不需要加班。直接人工工资率为 20 美元/小时。下表是 Casual 和 Deluxe 两种产品需要的用工小时数：

	Casual	Deluxe
直接人工	4 小时	6 小时

直接人工预算如图表 12—6 所示：

图表 12—6　　2013 年 12 月 31 日直接人工预算

	产量（见图表 12—4）	直接人工工时/单位	小时总数	小时工资率（美元）	合计（美元）
Casual	60 000	4	240 000	20	4 800 000
Deluxe	10 000	6	60 000	20	1 200 000
合计			300 000		6 000 000

步骤 5：编制制造费用预算。制造费用成本包括管理、折旧、维护和动力等费用。制造费用十分重要但也具有挑战性，因为要求管理人员理解生产产品的不同作业活动以及这些作业活动的成本动因。Stylistic 的管理人员在作业成本系统中归纳出影响制造费用的两类作业活动：生产经营和机器准备。下表列示了这些作业以及成本动因。

制造费用	变动部分的成本动因	固定部分的成本动因	生产和准备能力（2013）
生产经营成本	直接人工工时	生产能力	300 000 小时
机器准备成本	准备人工工时	准备能力	15 000 小时

作业成本法动因的使用产生了**作业基础预算**（activity-based budgeting，ABB），这是一种关注作业预算成本的预算方法，这些预算成本会影响生产和销售的产品或服务。

在作业成本系统中，Stylistic 的生产经理估计构成制造经营成本的不同来源，寻找机会改进流程和提高效率，如降低次品率和缩短生产时间，并在经营部门确定制造费用的预算数。他们还要确定从其他两个辅助部门获得的资源数量：动力部门的能源千瓦时数和维修部门的维修小时数。辅助部门的经理因此也要计划为生产部门提供支持服务所需的人工成本和材料成本。辅助部门的成本届时会归集（第一阶段成本分配）为制造费用的一部分。第 4 章的附录描述了辅助部门为生产部门提供服务时，辅助部门的成本分配问题。稍后的表 5 的前半部分列示了组成制造经营费用的不同成本来源，即所有变动和固定制造经营费用都由 300 000 直接生产工时（成本动因）产生。

Stylistic 的预算成本中变动成本和固定成本相差很大。先看材料的变动生产费用，管理人员利用历史数据和对生产的了解估计出每一直接制造人工工时的材料成本为 5 美元。总的预算材料成本为：5 美元/工时×300 000 预算直接人工工时＝1 500 000（美元）。总的变动制造经营费用为：21.6 美元/工时×300 000 预算直接人工工时＝6 480 000（美元）。

在固定费用中，Stylistic 的管理人员在确定预算前首先确定 2 520 000 美元的固定制造经营费用来支持 300 000 直接人工工时的产能（Stylistic 可能并不会使用全部产能，但固定制造经营费用仍要耗费 2 520 000 美元）。固定制造经营费用率为 2 520 000/300 000＝8.4（美元/直接人工工时）（不论预算直接人工工时是否会在某些年少于 300 000 小时）。总之，每一直接人工工时将会包括 21.6 美元的变动制造经营费用和 8.4 美元的固定制造经营费用，总计为 30 美元。

Stylistic 的管理人员还要确定两种产品的准备成本，将之前的经验和以后的效率改进考虑进来。

例如，管理人员要考虑以下方面：

- 增加每批次桌子的产量，这样就可以减少批次数，准备成本也随之减少。
- 减少每批次的准备时间。
- 可以通过提高工人的技能水平来减少必要的监督时间。

最后，Stylistic 的管理人员估计了两种产品的准备成本的信息：

	Casual	Deluxe	合计
1. 产量	60 000	10 000	
2. 每批次产量	50	40	
3. 批次数 (1)/(2)	1 200	250	
4. 每批次准备时间	10 小时	12 小时	
5. 总的准备时间 (3)×(4)	12 000 小时	3 000 小时	15 000 小时
6. 每件产品的准备时间 (5)/(1)	0.2 小时	0.3 小时	

与制造成本使用的方法类似，Stylistic 的管理人员估计了构成准备成本的不同类型的成本来源，即所有成本都来自 15 000 准备人工工时（成本动因）：（1）变动部分＝88 美元×预算的 15 000 准备人工工时＝1 320 000（美元）；（2）固定部分＝1 680 000 美元用于支持 15 000 准备人工工时的产能（Stylistic 可能并不会使用全部产能，但固定制造费用仍要耗费 1 680 000 美元）。固定机器的准备成本为 1 680 000/15 000＝112（美元/准备人工工时）（不论预算准备人工工时是否会在某些年少于 15 000 小时）。即每一准备人工工时将包括 88 美元的变动准备成本和 112 美元的固定准备成本，总计为 200 美元。

要注意如何使用作业成本动因（相对于仅仅以产出为基础的动因）来提供额外的具体信息，以帮助改进决策。当然，管理人员必须估计增加额外动因带来的预期收益是否可以超过预期成本。① 图表 12—7 的下半部分总结了变动成本和固定机器准备成

① Stylistic 的例子通过包含在制造费用预算中的制造经营费用和准备成本来解释 ABB。实务中的 ABB 包括价值量不同部分的成本。例如，参见 S. Borjesson, "A Case Study on Activity-Based Budgeting," *Journal of Cost Management* 10, No. 4 (Winter 1997): 7-18。

本的预算情况。

图表 12—7　　2013 年 12 月 31 日直接制造费用预算　　单位：美元

制造经营成本		
变动制造费用成本（300 000 直接人工工时）		
物料（5 美元/直接人工成本）	1 500 000	
间接人工（5.6 美元/直接人工工时）	1 680 000	
动力（7 美元/直接人工工时）	2 100 000	
维修（4 美元/直接人工工时）	1 200 000	6 480 000
固定制造费用成本（支持 300 000 直接人工工时的产能）		
折旧	1 020 000	
监督	390 000	
动力（辅助部门成本）	630 000	
维修（辅助部门成本）	480 000	2 520 000
制造费用成本合计		9 000 000
机器准备成本		
变动制造费用成本（15 000 准备人工工时）		
物料（26 美元/准备人工工时）	390 000	
间接人工（56 美元/准备人工工时）	840 000	
动力（6 美元/直接人工工时）	90 000	1 320 000
固定制造费用成本（支持 15 000 准备人工工时的产能）		
折旧	603 000	
监督	1 050 000	
动力（辅助部门成本）	27 000	1 680 000
机器准备成本合计		3 000 000
总成本		12 000 000

注意，Stylistic 计划按产能进行生产。因此，成本分配基础/成本动因的预算数量等于变动管理费用和固定管理费用——300 000 直接人工工时的制造经营成本和 15 000 准备人工工时的机器准备成本。此处制造经营成本率并没有按变动成本和固定成本分开计算。它等于预算总制造经营成本 9 000 000 美元/300 000 直接人工工时＝30（美元/直接人工工时）。同样，机器准备成本率＝3 000 000 美元/15 000 预算准备人工工时＝200（美元/准备人工工时）。

步骤 6：编制期末存货预算。步骤 2～步骤 5 确定了 2013 年预计发生的总制造费用。第 2 章已提到，制造成本是存货性质的成本：它们分配给在产品存货，然后分配给已售的完工产品。只有当产成品出售以后，这些成本才能记为产品成本。为了确定 2013 年已售产品的预算成本，Stylistic 的管理会计师计算出在 2013 年转入完工产品的制造费用总额。前面已提到在产品的存货可以忽略不计。为了遵守《公认会计准则》的规定，Stylistic 将变动制造费用和固定制造费用都视为产品成本。制造经营成本以 30 美元/直接人工工时的预算率分配给完工产品。机器准备成本则以 200 美元/准备人工工时的预算率分配给完工产品。

图表 12—8A 显示了 2013 年开始生产和已经完工的咖啡桌的成本计算过程。图表 12—8B 说明了在先进先出法下如何用单位成本计算期末产成品目标存货的成本。

图表 12—8A　　2013 年 12 月 31 日期末产成品单位成本的计算

		Product			
		Casual		Deluxe	
	单位投入成本（美元）	每单位投入量	合计（美元）	每单位投入量	合计（美元）
红橡木	7	12 英尺	84	12 英尺	84
花岗岩	10	6 平方英尺	60	8 平方英尺	80
直接人工	20	4 小时	80	6 小时	120
制造经营成本	30	4 小时	120	6 小时	180
机械准备成本	200	0.2 小时	40	0.3 小时	60
合计			384		524

图表 12—8B　　2013 年 12 月 31 日期末存货预算　　单位：美元

	数量	单位成本		合计
直接材料				
红橡木	80 000*	7	560 000	
花岗岩	20 000*	10	200 000	760 000
产成品				
Casual	11 000**	384***	4 224 000	
Deluxe	500**	524***	262 000	4 486 000
期末存货合计				5 246 000

* 数据来自步骤 3，** 来自步骤 2 的表 1，*** 来自表 6A。

步骤 7：编制产品销售成本预算。生产经理和销售经理与管理会计人员一起利用图表 12—5～图表 12—8 的数据编制出图表 12—9——产品销售成本预算，结合收入的数据即可得到 2013 年的预算毛利。

图表 12—9　　2013 年 12 月 31 日产品销售成本预算　　单位：美元

	来源		合计
期初产成品存货（2013 年 1 月 1 日）	已知*		646 000
直接材料耗用	图表 12—5A	10 280 000	
直接人工	图表 12—6	6 000 000	
制造费用	图表 12—7	12 000 000	
产品生产成本			28 280 000
可供销售的产品成本			28 926 000
减：期末产成品存货（2013 年 12 月 31 日）	图表 12—8B		4 486 000
产品销售成本			24 440 000

* 根据 2012 年期末存货价值计算得到：Casual 384 000 美元，Deluxe 262 000 美元。

步骤 8：编制非生产成本预算。图表 12—4～图表 12—9 描述的是 Stylistic 生产成本的预算。Stylistic 在价值链的其他环节也发生了非生产成本，如产品设计、营销和分销成本。和生产成本一样，管理非生产制造费用的关键是了解支持设计、营销和分销的不同作业以及这些作业的动因。价值链中这些职能部门的经理利用流程和效率的改进来编制基于成本动因数量的非生产成本的预算。

设计变化的数量是产品设计成本的成本动因。产品设计成本为固定陈本，价值 1 024 000 美元，由年初计划的产品变化的数量决定。

收入总额是不同比例营销（和销售）成本的成本动因。支付给销售人员的佣金为收入的 6.5%，即 1 美元支付 6.5 美分。管理人员在年初根据预算收入计算出固定的营销成本 1 330 000 美元。

桌子所占的空间——立方英尺数（Casual 18 立方英尺/张×50 000 张+Deluxe 24 立方英尺×10 000 张=1 140 000（立方英尺））是预算分销成本变动部分的成本动因。变动分销成本为 2 美元/立方英尺。分销成本的固定部分为 1 596 000 美元，随着分销能力的变化而变化，在 2013 年为 1 140 000 立方英尺（支持 50 000 张 Casual 桌子和 10 000 张 Deluxe 桌子的分销）。为简便起见，图表 12—10 将 2013 年产品设计、营销和分销成本的预算整合到一张表中。

图表 12—10　　2013 年 12 月 31 日非生产成本预算　　单位：美元

价值链功能	变动性成本	固定性成本	总成本
产品设计	—	1 024 000	1 024 000
营销（变动成本：38 000 000 美元×0.065）	2 470 000	1 330 000	3 800 000
分销（变动成本：2 美元×1 140 000 立方英尺）	2 280 000	1 596 000	3 876 000
	4 750 000	3 950 000	8 700 000

步骤 9：编制预算利润表。CEO 和各部门经理在管理会计人员的帮助下，利用图表 12—3、图表 12—9 和图表 12—10 编制了预算利润表（如图表 12—11 所示）。该图表是预算的一般形式，经理和会计人员可以包含更多详细的信息。利润表编得越详细，需编制的明细表就越少。

图表 12—11　　Stylistic Furniture 的预算利润表　　单位：美元

	A	B	C	D
1	Stylistic Furniture 的预算利润表			
2	2013 年 12 月			
3	收入	图表 12—3		38 000 000
4	产品销售成本	图表 12—9		24 440 000
5	毛利			13 560 000
6	营业成本			
7	产品设计成本	图表 12—10	1 024 000	
8	营销成本	图表 12—10	3 800 000	
9	分销成本	图表 12—10	3 876 000	8 700 000
10	营业利润			4 860 000

预算是跨部门的活动。最高管理层用以实现收入和营业利润目标的战略会影响价值链上不同业务的成本计划。例如，Stylistic 基于营销成本的增加而增加的销售预算是与更高的产品成本相匹配的，这样是为了保证有充足的桌子；也是与更高的分销成本相匹配的，这样是为了及时将桌子运送给顾客。还可参见下面的“实例”专栏：精打细算的丽思-卡尔顿酒店。

Stylistic 的 CEO Rex Jordan 对 2013 年的预算非常满意。该预算要求营业利润比

2012 年增长 10%。完成这一目标的途径是大幅增加 Deluxe 桌子的销售量，在整个价值链中改进流程和提升效率。当 Jordan 仔细阅读预算时，他被附加在预算后的两条建议所吸引：一是，为完成预算销量，Stylistic 需要降价 3%，降价后 Casual 的售价为 582 美元，Deluxe 的售价为 776 美元。二是，直接材料的短缺可能导致直接材料价格在预算的基础上提高 5%，尽管直接材料价格上涨，产品售价预计保持不变。他让管理会计人员 Tina Larsen 用 Stylistic 的财务计划模型来估计这些变化对预算营业利润的影响程度。

实　例　**精打细算的丽思-卡尔顿酒店——总预算**

豪华连锁酒店丽思-卡尔顿的格言是：让先生和女士为先生和女士服务。从迈阿密到韩国，丽思-卡尔顿都有分店，并因其奢华的装饰而闻名。但在优雅的外观背后是对成本的严格控制和预算。正因如此，丽思-卡尔顿才能够提供顾客想要的独特感受。

每一家丽思-卡尔顿酒店的业绩由总经理和主计长负责。他们为酒店编制年度预算，作为业绩评价的基础。预算从销售经理开始，他负责所有的收入（包括酒店客房、会议、婚宴和酒水等）。然后主计长检查相关投入，如：(1) 标准成本，基于每间客房的成本来制定客房预算；(2) 其他标准成本，用来制定会议室和酒水的预算。经过开会讨论之后，公司经理批准同意最后的预算方案。

每家酒店的经理每天查看最新的酒店业绩，并与预算进行比较，必要时采取一些修正措施，如调整房价。每个月酒店的主计长都会从总部收到一份报告，里面介绍了酒店的经营情况和预算执行情况，以及其他连锁店的业绩。酒店经理们经常共享增加收入和减低成本的好点子。这使得公司能够盈利，并能给来自世界各地的顾客提供具有传奇色彩的服务。

成功之匙

管理人员利用营业收入预算为来年的经营活动制定计划。在评估市场机会后，管理人员制定出收入预算并且找到成本动因，以此来确定能够实现收入的生产成本和非生产成本。

12.4　财务计划模型与敏感性分析

财务计划模型（financial planning models）将经营活动、财务活动和其他影响总预算的因素之间的关系用数字表现出来。管理人员可以利用计算机系统（如 ERP）来对这些计划模型进行计算。管理人员使用 ERP 系统中的预算工具来简化预算过程，减少重复输入的数据以及编制预算的时间。ERP 系统存储了大量关于原材料、机器设备、人工、动力、维修等的信息，用于生产不同产品。一旦管理人员确定了不同产品的销量，软件能够迅速计算出生产这些产品的预算成本。ERP 还可以为非生产成本编制预算。

在编制预算时，管理人员不仅要关注他们要实现的目标，还要关注面临的风险，如公司产品的需求突然下降、新的竞争者进入或者投入要素的价格升高等。敏感性分析是一种有用的工具，帮助管理人员评估这些风险。敏感性分析是因果分析，它检验如果预测的数据发生变化或基本假设发生变化，结果将怎样变化。软件包通常会有一个模块，辅助管理人员在计划和预算过程中进行敏感性分析。

为了说明敏感性分析的过程，我们考察对 Stylistic Furniture 2013 年预算模型产生影响的两种情形：

1. Casual 的售价降低 3%，Deluxe 的售价也降低 3%。

2. 红橡木每英尺的价格上涨 5%，花岗岩每平方英尺的价格也上涨 5%。

图表 12—12 列示了两种情形下的预算营业利润情况。

图表 12—12　　Stylisctic Furniture 预算假设的变化对营业利润的影响　　金额单位：美元

	A	B	C	D	E	F	G	H	I
1		关键假设						预算营业利润	
2		销量		售价		直接材料成本			
3		Casual	Deluxe	Casual	Deluxe	红橡木	花岗岩	金额	相对于总预算的变化
4	总预算	50 000	10 000	600	800	7	10	4 860 000	
5	情形一	50 000	10 000	582	776	7	10	3 794 100	下降 22%
6	情形二	50 000	10 000	600	800	7.35	10.5	4 483 800	下降 8%

在情形一下，桌子的售价变化影响收入（见图表 12—3）和变动营销成本（销售佣金，见图表 12—10）。本章末的“学习自测”给出了情形一下的修正方案。同样，直接材料的价格变化也会影响直接材料用量的预算（见图表 12—5A）、期末产成品存货的单位成本（见图表 12—8A）、期末产成品存货预算（见图表 12—8B）和产品销售成本的预算（见图表 12—9）。当管理人员在把这些相关联系考虑进预算决策时，敏感性分析就显得尤为有用。

图表 12—12 显示由于售价的下降，营业利润出现大幅下滑，但如果直接材料价格上涨 5%，营业利润只略微减少。敏感性分析促使 Stylistic 的管理人员考虑应对方案。例如，如果售价在 2013 年下降，Stylistic 可能要选择暂停某些包含在 2013 年预算方案中但不会推迟到下一年的产品开发项目。更一般的情况下，如果一家企业的生存和成功严重依赖于实现一个或多个目标，管理人员则要经常更新他们的预算直到消除不确定性。这些更新后的预算可以帮助管理人员在环境变化时调整支出水平。

本章前面谈到了滚动预算。滚动预算旨在不断更新以反映最新的信息，帮助管理人员对变化的环境和市场需求做出响应。可参见下面的“实例”专栏：滚动预算与 LivingSocial 的高增长风险。

实　例　　滚动预算与 LivingSocial 的高增长风险

LivingSocial 是一家网络公司，向用户提供当地商家的团购打折券。在团购业务快速增长的背景下，LivingSocial 自 2007 年开业以来经历了一次高速增长的过程。公司由原来总部员工 33 人发展到目前在 20 多个国家拥有员工 3 500 人的规模。面对来自 Groupon 和其他对手的竞争，LivingSocial 建立了风险投资基金来招聘新的销售人员，让他们去游说当地商户对食品、瑜伽课程和周末旅行等产品或服务提供网络折扣。在这一发展迅速的行业里，公司采用了一套创新的预算模型，管理人员可以延长传统的预算周期，编制滚动预算。

LivingSocial 每月检查公司和部门的项目，来考虑新的收入机会和必要的成本削减，而不是设定年度收入和费用的目标。这个框架使得管理人员能够平衡新的业务需求和完成长期目标所要求的财务准则。变动预算与滚动预测联系在了一起。例如，公司同意每进入一个新市场或每售出一批商品就奖励这些员工，而不是每年发放 500 000 美元给销售经理作为奖励。LivingSocial 的管理人员利用变动预算来平衡增长和高增长环境下的支出预算。利用变动预算可以使公司在机会出现时就加以利用。但滚动预算和变动预算缺乏长期计划，这需要公司内不同部门间进行合作。正因为如此，LivingSocial 利用滚动和变动预算来放大它的总预算。

近些年来，2007—2009 年的全球经济衰退、油价上涨和汇率变动影响了预算的编制。为了应对这个问题，从消费品企业联合利华到挪威石油天然气生产商 Statoil，都采取了新的措施，在预算和业绩管理过程中考虑了灵活性。

资料来源：Banham，Russ，"Let It Roll，" *CFO Magazine*（May 2011）；O'Sullivan，Kate，"Livingsocial's High-Growth Adventure，" *CFO Magazine*（May 2011）；Adam Satariano，and Douglas Macmillan，"Livingsocial CEO Takes Unusual Low-Tech Path；" *Bloomberg Businessweek*（May 17，2011）.

成功之匙

管理人员利用财务计划模型进行敏感性分析，进而评价和应对由于初始预测数据或者潜在的假设发生变化而不能完成总预算的风险。

12.5 预算与责任会计

为了实现总预算中的目标，高层管理人员一定要协调好所有员工的工作——从高级主管到中层管理人员再到每一位普通员工。为了协调公司的工作，高层管理人员应给每一位管理人员分配任务和责任并让他们对自己的行为负责。公司的组织结构会影响到如何协调内部的工作。

12.5.1 组织结构与责任

组织结构（organization structure）是对组织责任的一种安排。例如，ExxonMobile 公司可以按业务职能（如开采、提炼和销售）来组建。每条业务线上的领导者都在他的职责范围内有制定决策的权力。再如，日用品巨头宝洁公司可以按产品系列或品牌系列来建立组织。分公司（牙膏分公司、香皂分公司等）的经理都有关于分公司内部所有业务职能（生产、营销等）的决策权。

每个管理者——无论什么级别——都负责一个责任中心。**责任中心**（responsibility center）是组织的一个部分、分部或子单元，它的管理者负责一系列特定的经营活动。管理者级别越高，他的责任中心就越大，他的下级通常就越多。**责任会计**（responsibility accounting）就是衡量各责任中心的计划、预算、行动和实际结果的一项制度。责任中心有以下四种主要类型：

1. **成本中心**（cost center）——管理者只对成本负责。

2. **收入中心**（revenue center）——管理者只对收入负责。

3. **利润中心**（profit center）——管理者对收入和成本负责。

4. **投资中心**（investment center）——管理者对投资、收入和成本负责。

丽思-卡尔顿酒店的维修部门是一个成本中心，因为维修部门经理只对成本负责，所以预算强调成本。酒店的销售部门是一个收入中心，因为销售部门经理主要对收入负责，所以预算强调收入。酒店经理则负责一个利润中心，因为他既要对收入负责，又要对成本负责。地区经理负责新酒店的项目投资，同时又要负责收入和成本，因此他负责的是一个投资中心，其预算强调收入、成本及投资。

责任中心可以使个人目标与公司目标更好地保持一致。OPD 是一家办公用品经销商，原来把销售部门当成收入中心，每个销售人员可以按每份订单收入的 3%得到奖金，而不管订单大小、订单处理成本或配送成本高低。然而 OPD 通过顾客盈利能力分析发现许多顾客是不盈利的，原因在于小额订单有高额的订货成本和配送成本。因此 OPD 的管理人员决定把销售部门改为盈利中心，奖励计划改为将当月盈利的 15%作为奖金发给销售人员。每一位顾客的成本包括订货成本和配送成本。这一方案迅速奏效了。OPD 销售人员主动鼓励顾客少下单，每份订单带来的收入却增加了。由于一年中订货成本和配送成本减少了 40%，顾客盈利能力增强了。

□ 12.5.2 反 馈

预算连同责任会计一起为最高管理层提供了不同责任中心管理者的业绩反馈。

实际结果与预算数字的不同也叫差异。如果恰当使用，可以帮助管理人员通过三种方式来执行和评价战略：

1. 提前预警。这些差异使管理者提前发觉那些还不甚明朗的事件，从而使他们尽早采取纠正措施或挖掘有用机会。例如，若当期销售收入小幅下降，管理人员可能要调查是否预示着接下来会有更大幅度的下跌。

2. 业绩评价。这些差异使管理者知道公司战略的实施情况。比如，材料和人工的利用是否有效率？研发费用是否按计划增长？产品保证费是否按计划下降？

3. 战略评估。这些差异为管理者发出信号，告诉他们战略是否奏效。例如，一个公司为了夺取市场份额正在削减成本、改进质量，高层管理者可能发现，尽管市场份额有所增长，但这些措施对销售收入和利润的增长作用甚微，于是他们会考虑重新评估现有战略。

□ 12.5.3 责任和可控性

可控性（controllability）是指某个管理者对其负责的成本、收入或其他项目施加影响的程度。**可控成本**（controllable cost）就是在一定期限内主要受某责任中心管理者影响的成本。在责任会计制度中，经理的业绩报告不包括不可控成本，或者包括不可控成本但与可控成本分开了。例如，机器监管员的业绩报告只关注直接材料、直接人工、动力和材料的数量，而非租金和税费等成本。

在实践中，准确指出什么是可控性并不容易，这至少有以下两方面的原因：

1. 很少有成本只受某一个管理者的影响。例如，直接材料的价格也许会受到采购经理的影响，但这项成本还取决于市场条件，这超出了该管理者的控制范围。耗用的数量也许会受到生产经理的影响，但它还取决于所购材料的质量。而且，管理者经常是以团队的形式一起工作的，怎么可能评价集体决策中的个人责任呢？

2. 在一个相当长的时期内，所有的成本都将在某人的控制下。然而，绝大多数业绩报告侧重于一年或更短的时期，一个现任管理者可能会受到前任遗留下来的许多问题和低效率的影响。例如，现任管理者也许不得不履行与供应商和工会的合同，尽管他不愿意，但这些合同是前任签订的。我们如何从别人的决策结果中把现任管理者实际的控制分离出来呢？现任管理者应负的责任是什么？对这些问题的回答不可能清晰明了。

高层管理者在评价递给他们的报告时，对可控性的理解是不同的。一些 CEO 把预算看成一项必须履行的承诺，没有完成预算就是失职。一位管理者曾说："你可以一次不完成计划，但不可两次不完成计划。"这就迫使管理人员学会在不利环境下工作并每年报告相同的结果。不需要讨论哪些成本是可控的，哪些不是可控的，因为存在可控因素和不可控因素，结果的好坏并不重要。这样做的弊端在于使得管理人员的薪酬受到很大的干扰。如果当因素不可控时管理人员的业绩被评为"差"，而当所有因素可控时业绩却被评为"优"，就会挫伤管理人员的积极性。

其他 CEO 则认为，关注预算数字可能会给管理人员带来过大的压力。这些 CEO 考虑了不可控因素，并只在因素可控时对管理人员的业绩进行评价，例如相对于竞争对手的业绩。采用相对业绩评价法可以消除不受管理人员控制的不利或有利因素带来的影响，对待所有管理人员一视同仁。但挑战在于要找到正确的标准。这种评价方式减轻了在环境复杂的情况下管理人员的压力。

管理者应避免只在评价业绩时考虑可控性。责任会计具有深远的意义，它强调获得信息和知识，而不是控制信息。责任会计帮助管理者首先关注谁可以为他们提供信息，而不是追究谁的责任。丽思-卡尔顿酒店在评价销售经理业绩时，通常会比较实际收入与预算收入的差额。但责任会计更基本的目的是从销售经理那里搜集信息以便他们今后加以改进。让销售经理对销售负责可以促使他们了解那些不受其控制，但在制定增加销量的决策时又很重要的市场行情和动态变化。同样，采购经理对采购成本负责，并不是因为他们能影响市场价格，而是因为他们能预测千变万化的价格并解释价格变化的原因。

责任中心的业绩报告通常会改变管理者的行为，使之朝着最高管理层所希望的方向改变，尽管这样做降低了可控性。比如一个生产部门被设计成一个成本中心，生产经理可能会强调效率，但不会关注销售人员关于加快服务和处理紧急订单的请求，因为它们降低了效率、增加了成本。如果作为利润中心对其评价，生产经理将更多地考虑影响收入的紧急订单业务。他会更加注重决策对成本和收入的双重影响，而不仅仅注重对成本的影响。以呼叫中心为例，如果定位为成本中心，呼叫中心的经理将关注经营成本的控制，如减少客服代表花在每个电话上的时间。如果定位为利润中心，呼叫中心的经理则会鼓励客服代表在顾客服务的效率与向上销售和交叉销售之间进行平衡。惠普、微软、甲骨文和其他公司提供了软件平台来促使呼叫中心从成本中心转变为利润中心。新的理念是："每一个服务电话都是一个销售电话。"

成功之匙

高层管理人员利用责任会计来评价每位责任中心经理的计划、预算、行为和实际结果。责任中心经理的业绩报告通常包括成本、收入和不可控的投资。责任会计将财务要素与管理人员联系起来，是建立在管理人员对一些特殊项目具有最多的知识和信息，而不论其能否完全控制的基础上。

12.6 预算编制中的人为因素

我们为什么要在同一章中讨论两个主题——总预算和责任会计？主要原因是想强调人为因素在编制预算过程中起着至关重要的作用。预算通常被认为是一种机械的工具，因为其本身是不带感情色彩的，然而，管理预算的过程需要教育、说服和睿智的解释。

12.6.1 预算松弛

前面已经提到，当底层管理人员积极参与并完全投入到预算编制过程中时，预算是最有效的。参与使他们对预算过程更加信任、尽职、有责任感。但参与也要求下级或低层管理者都必须“诚实”地与上司沟通。

通常下级可能会进行“博弈”，希望预算松弛。**预算松弛**（budget slack）是指低估预算收入或高估预算成本以使目标更易达到。这种情况通常出现在用预算差异（实际数字与预算数字之间的差额）这一指标评估业绩时。如果最高管理层面临收入下降的情况，机械地全面削减预算成本（比如，各项成本均削减 10%），这时部门经理恐怕不容易在上报预算时保持“完全的诚实”。

预算松弛为管理者提供了抵御环境不利变化的篱笆，但同时也掩盖了公司实际获利的潜力，对最高管理层产生误导，导致资源计划和配置的无效率及不同部门的业务协同变差。

为避免预算松弛，一些公司主要将预算用于制定计划，较少用来评价业绩。他们用多个下一年可以获得的指标来评价管理业绩，如行业环境和相对业绩。这种评价方法比较耗时，且需要仔细判断。

应对预算松弛的另一种方法是在编制预算时获得好的基准数据。以一家饮料装瓶工厂为例，假设最高管理层能够从咨询公司购买其他类似装瓶工厂的生产水平报告，了解到诸如每小时的装瓶数等信息。最高管理层可以将这一独立信息源告知其工厂经理，并利用它来编制预算。使用这种外部基准评价业绩可以减少经理降低预算实现难度的情况发生。

滚动预算是另一种减少预算松弛的方法。前面章节已提到，利用滚动预算的公司通常在一定时期（如 12 个月）内有一份预算。同时在每个季末，对下一季度的预算会替代即将结束的这个季度的预算。与一年一次的预算相比，不断更新预算信息以及提供更多的信息减少了制造预算松弛的机会。

IBM 和柯达等公司设计了一些创新性的业绩评价方法，比如基于预算的准确程度对管理者给予回报。例如，预算利润越高、越准确，分公司经理得到的奖金就越多。①

---

① 关于这一问题更精彩的论述，请参见 Chapter 14（“Formal Models in Budgeting and Incentive Contracts”）of R. S. Kaplan and A. A. Atkinson, *Advanced Management Accounting*, 3rd ed.（Upper Saddle River, NJ: Prentice Hall, 1998)。

另一种避免预算松弛的方法是让管理者定期了解他们的下属在干什么。这并非让管理者对下属的决策和行为发号施令，而是让他们给下属以支持、鞭策，与下属共同提高对工作的认识。定期和下属进行沟通可让管理人员了解经营情况，消除员工在预算中制造松弛的机会。下属和上级可就业绩进行深度对话。管理人员利用主观（和客观）方法来评价业绩，而这些方法的使用都需要以信任为基础。

最高管理层的一部分职责是促使组织在一系列核心价值观和原则上达成共识。这些价值观和原则描述了什么是组织可以接受的行为，什么是不可以接受的。例如，强生公司有一个信条描述了对医生、患者、员工、社区和股东的责任。公司通过培训来教育员工，帮助他们理解他们所期望的行为。管理人员通常由员工晋升而来，因此对员工的活动非常熟悉。管理人员通常也有责任和员工交流并对其进行指导。这些价值观和实践给强生创造了一种文化，可以抑制预算松弛。

□ 12.6.2 延伸目标

许多业绩优秀的公司（如通用电气、微软和诺华）都设置了延伸目标。延伸目标是预期业绩可以实现的水平，但具有挑战性，可能会产生一些不适应。业绩焦虑症促使员工更加努力以获得更好的业绩，但设定非常难甚至不可能实现的目标往往会影响业绩，因为员工可能会放弃努力。Goldman Sachs 等组织则使用了“水平化”弹性目标，通过让员工在他们的岗位之外承担不同的责任或角色，来提升员工的专业发展水平。

延伸目标的主要意义在于它的心理学动机。考虑以下两份提供给销售人员的薪酬合同：

- 销售人员完成 1 000 000 美元的任务可以得到 40 000 美元的薪酬，销售额介于 1 000 000 美元和 1 100 000 美元之间的部分按 4%的比例计提奖励。
- 销售人员完成 1 100 000 美元的任务可以得到 44 000 美元的薪酬，销售额介于 1 000 000 美元和 1 100 000 美元之间的部分则按 4%的比例进行惩罚。

为简化，我们假定销售收入都将处于 1 000 000～1 100 000 美元之间。

显然，如果销售收入在 1 000 000～1 100 000 美元之间的任意水平，销售人员都将获得相同的薪酬。但问题在于两种方案下的心理动机是否一致。支持延伸目标的管理人员认为销售人员对两种方案的心理感受是不一样的。第一种方案看上去很好，因为只要销售收入超过 1 000 000 美元就有奖励。第二种方案中，如果没有达到 1 100 000 美元的销售收入则被视为失败。如果销售管理人员厌恶损失，即失败带来的痛苦超过成功带来的愉悦，那么他们将在第二种方案下努力达到 1 100 000 美元的销售收入水平，避免失败。

道德 任何时候延伸目标带来的压力都可能促使员工做出不合法或不道德的行为。公司越想提升业绩，在培训员工时就越应该强调自己的行为准则来杜绝不合理的行为（如禁止贿赂、单边支付或不诚信交易）或违反价值观的行为（如坚持顾客第一，但对质量不妥协）。

道德问题通常比较微妙，不容易厘清。例如，一家分公司的经理正面临是在 2012 年底还是在 2013 年初对机器进行维修的选择。在 2012 年进行维修通常比较好，因为延迟维修会增加机器报废的可能性。但这样做意味着经理将达不到当年营业利润的延伸目标，并将失去奖金。如果机器报废的风险和损失很大，许多人会认为延迟维修是不道德的。如果风险很小，那么延迟维修是不是不道德的问题就会引发争议。

许多经理人员并不看好预算。对他们来说，“预算”一词和裁员或罢工一样流行。高层管理人员一定要让下属相信预算是帮助他们设定并完成目标的一种工具。与其他管理工具一样，它有优点也有缺点。使用预算应该经过深思熟虑，但不论管理人员对预算的看法如何——是赞成还是反对，它对于管理庸才、失败的组织或者无效的会计系统而言，都不是补救的措施。

□ 12.6.3 改善预算

第 1 章提到了持续改进的重要性，在日本称之为 kaizen。**改善预算**（kaizen budgeting）将预算期内估计的持续改进措施转化为预算数字。许多公司都将削减成本作为战略目标，如美国的通用电气、日本的西铁城手表与丰田等公司利用改善预算来不断降低成本。许多与改善预算相关的成本削减来自许多小的改进，而非巨大的改变。由于管理人员创造了一种欣赏、认同和奖励员工提出建议的文化，因此许多改进都来自员工的建议。工作一线的员工，不论是对生产、销售还是对物流都十分熟悉，知道如何更好地完成工作。

例如，在 Stylisitc Furniture 的预算的九个步骤中，我们假定生产每张 Casual 桌子花费的直接人工工时为 4 小时。改善预算这一方法将规定 2013 年第一季度每张桌子的直接人工工时为 4 小时，第二季度为 3.95 小时，第三季度为 3.9 小时，依此类推。这种不断降低人工工时的做法将减少直接人工成本和变动制造费用，因为这些成本的动因是直接人工。如果 Stylisitc Furniture 不能实现持续改进的目标，管理人员将寻找原因，要么调整目标，要么通过员工找到新的方式来实现流程变革，以加快持续改进。当然，高管应该鼓励所有层级的经理通过改变经营流程和供应链关系去实现更大的、间断的成本削减。

管理人员也可以将改善预算应用于不同的活动，如减少准备时间和准备成本，减少分销成本。特殊活动的改善预算包括为使用改善预算的公司建立总预算的模块。

美国越来越多缺乏资金的州和部门正在使用改善技术让政府工作人员、监管者和政府服务的使用者一起想办法，来减少低效率现象并简化政府办事流程。例如，许多州的环保部门正在实施或正在计划实施改善预算的方案。[①] 另一个例子是，美国邮政部门已经实施许多不同的方案来削减成本。这些案例的成功都取决于人的因素，如管理人员的尽职、守信以及其他员工参与这些变革。

成功之匙

预算管理需要教育、参与、说服和睿智的解释。如果管理得当，预算能使员工尽职、负责和真诚沟通，并被用来作为持续改进的努力的基础。如果管理不当，预算可能会引发博弈和预算松弛——使预算目标更容易实现。

---

① 相关细节参见“State Governments, Including Ohio's Embrace Kaizen to Seek Efficiency via Japanese Methods,” www.Cleveland.com (December12, 2008)。

12.7　跨国公司中的预算

跨国公司，如联邦快递、卡夫和辉瑞等，都在不同国家开展业务。国际业务的好处在于能够进入新的市场获得更多资源，弊端则是在不熟悉的环境下经营，面临汇率的波动。跨国公司是通过不同的货币获取收入、支出费用的，因此在每季度向股东报告经营业绩时必须转换成同一种货币（如美元）。这种转换基于该季度的平均汇率计算得到。这使得跨国公司的管理人员要用不同的货币编制预算，同时还要对汇率进行预测。这要求管理人员对可能影响预算的汇率变化做出估计。为减少汇率变动对业绩的负面影响，财务经理经常使用复杂的方法（如期货、远期和期权合约）来使汇率波动带来的影响最小化（见第 9 章）。除了汇率问题，跨国公司的管理人员还要了解不同国家的政治、法律，尤其是经济环境。例如，在土耳其、津巴布韦和几内亚等国家，年通货膨胀率非常高，导致当地的货币贬值非常快。管理人员还要考虑税收的差异，尤其是当公司在经营所在的国家进行产品或服务的转移时（见第 15 章）。

当全球环境中经营和汇率存在很大的不确定性时，收入的预测更为复杂。一个很自然的问题就是："跨国公司的管理人员是否感觉预算仍是有用的工具?"答案是肯定的。但在这种环境下，预算不是为了评价业绩（当环境多变时这种评价无意义），而是为了帮助公司的管理人员学会调整计划。随着环境和条件的变化，公司修正自己的预算，并用它来沟通和协调需要在公司内部开展的业务。高层管理人员根据"下属管理人员在多变的环境中表现如何"来进行更为主观的业绩评价。

成功之匙

尽管在不同国家的经营存在不确定性以及不同货币的预算存在挑战性，跨国公司的管理人员仍很重视预算和预测外汇利率。管理人员利用预算帮助组织学习并调整计划，以应对变化的环境，而不是用于业绩评价。

附录　现金预算

本章主要阐述了经营预算，它是总预算的一个组成部分。总预算的另一个组成部分是财务预算，它包括资本预算、现金预算、资产负债表预算和现金流量表预算。本附录将侧重现金预算的编制。资本预算已在第 11 章介绍。我们不讨论现金流量表预算和资产负债表预算，这是属于财务会计和公司财务课程的内容，超出了本书的范围。

为什么 Stylistic 的管理人员除了要编制经营收入预算之外，还要编制现金预算呢？回顾一下，Stylistic 的管理会计人员在应计会计基础上编制经营预算（和报告应计营业利润一样）。但 Stylistic 的管理人员同样需要计算现金流，以保证公司有足够的现金在到期时向供应商付款、支付工资以及支付经营费用。Stylistic 可能可以盈利，但收入中包含的现金付款可能会延误，这样就会导致没有足够的可用现金去按计划进行支付。Stylistic 同样也需要制定一个借款计划，以弥补任何现金缺口。制定一个盈利经营计划并不能保证会带来足够的现金，因此 Stylistic 的管理人员除了编制经营收入预算外还需要编制现金预算。

假设 Stylistic Furniture 2012 年 12 月 31 日的现金余额为 300 000 美元。2013 年的预算现金流如下（单位：美元）：

	季度			
	1	2	3	4
来自顾客的收款	9 136 600	10 122 000	10 263 200	8 561 200
支出				
直接材料	2 947 605	2 714 612	2 157 963	2 155 356
工资	3 604 512	2 671 742	2 320 946	2 562 800
生产成本	2 109 018	1 530 964	1 313 568	1 463 450
非生产成本	1 847 750	1 979 000	1 968 250	1 705 000
购买机器	—	—	758 000	—
所得税	725 000	400 000	400 000	400 000

每季度的数据来自本章表 1～表 8 中业务所产生的现金收付，为了让阐述简洁明了并切中要点，有关编制的细节不在此说明。

公司要在每个季度末保持 350 000 美元的最低现金余额。它可以按年利率 12%进行借贷。除非迫不得已，管理层不继续借入短期贷款。根据和银行达成的特殊协议，利息在归还本金时一并计算偿付。假设借款（数额为 1 000 美元的整数倍）发生在季度的起始日，而还款发生在还款季度的结束日。得出的利息额取整数。

假设 Stylistic 的会计拥有以上数据及本章预算中的其他数据信息，他的任务是编制如下预算：

1. 编制 2013 年分季度现金预算表。即按季度编制现金收支表，包括借款、还款和利息支出等项。

2. 编制 2013 年预算利润表。这张表应包括利息支出和所得税（所得税税率为 40%）。

□ 预算的编制

1. 现金预算表是一张预计现金收入和支出的明细表。它预计在既定业务水平上的现金量。图表 12—13 分季度列示了现金预算，以体现现金在不同时间的流量对银行借款和归还的影响。在实际工作中，1 月、1 周甚至 1 天的现金预算对现金的计划和控制十分有帮助。现金预算帮助企业避免不必要的现金闲置及预料不到的现金短缺，因而现金余额是按照需要来确定的。现金预算表一般有以下几个主要部分：

a. 现金可使用量（筹资前）。期初现金余额加上现金收据等于筹资前总的现金可使用量。现金收据取决于应收账款的回收、现金交易和其他方面产生的现金，如租金等。应收账款的回收信息需要做准确估计。关键的因素包括坏账（无法收回的应收账款）历史（Stylistic 不存在这个问题，因为它只与一些大客户进行交易）、销售和回款之间的平均时间间隔。

b. 现金支出包括：

i. 直接材料采购。货物送到后，下月支付全款。

ii. 直接人工和其他工资开支。工资成本在发生当月支付。

iii. 其他成本。取决于时间和信用条件。(Stylistic 的其他成本都是在发生当月支付。) 注意，折旧不耗用现金。

iv. 其他支出。厂房、设备和其他长期投资的支出。

v. 每月支付所得税。

c. 融资。短期融资的要求取决于现金可使用量（图表 12—13 中的 x）、现金支出（图表 12—13 中的 y）和期末最低现金持有量的关系。融资计划取决于现金可使用量与现金需要量之间的关系。如果现金存在短缺，则向外借款。如果现金盈余，则可以用来偿还贷款。

d. 期末现金余额。图表 12—13 中的现金预算给出了自我清偿现金贷款的模式。在第一季度，Stylistic 预计现金短缺 2 147 285 美元。公司因此借短期贷款2 148 000 美元。生产或销售的季节高峰通常要支出大量现金用于采购、工资和其他经营支出。来自顾客的现金收据通常也要滞后于销售。贷款自动清偿指的是公司利用借来的钱购买用于生产和销售的资源，再用销售收入来偿还贷款。这种循环是从现金到存货，再到应收账款，然后返回到现金。

图表 12—13　**Stylistic Furniture 的现金预算**（2013 年 12 月 31 日）　单位：美元

	A	B	C	D	E	F
1		季度				年度合计
2		1	2	3	4	
3	期初现金余额	300 000	350 715	350 657	350 070	300 000
4	加：					
5	收取顾客账款	9 136 600	10 122 000	10 263 200	8 561 200	38 083 000
6	可用现金总量（x）	9 436 600	10 472 715	10 613 857	8 911 270	38 383 000
7	减：					
8	直接材料	2 947 605	2 714 612	2 157 963	2 155 356	9 975 536
9	工资	3 604 512	2 671 742	2 320 946	2 562 800	11 160 000
10	生产成本	2 109 018	1 530 964	1 313 568	1 463 450	6 417 000
11	非生产成本	1 847 750	1 979 000	1 968 250	1 705 000	7 500 000
12	购买机器			758 000		758 000
13	所得税	725 000	400 000	400 000	400 000	1 925 000
14	支付合计（y）	11 233 885	9 296 318	8 918 727	8 286 606	37 735 536
15	所需最低现金余额	350 000	350 000	350 000	350 000	350 000
16	现金需求合计	11 583 885	9 646 318	9 268 727	8 636 606	38 085 536
17	现金溢余（短缺）[a]	(2 147 285)	826 397	1 345 130	274 664	297 464
18	筹资					
19	借款（期初）	2 148 000	0	0	0	2 148 000
20	还款（期末）	0	(779 000)	(1 234 000)	(135 000)	(2 148 000)

21	利息（年利率12%）[b]	0	（46 740）	（111 060）	（16 200）	（174 000）
22	筹资效果合计（z）	2 148 000	（825 740）	（1 345 060）	（151 200）	（174 000）
23	期末现金余额[c]	350 715	350 657	350 070	473 464	473 464

a. 筹资前可用现金总量超出现金需求总量的部分。

b. 注意短期利息支付包含在季末的本金支付中：各季度的利息分别是 779 000×0.12×0.5＝46 740（美元）；1 234 000×0.12×0.75＝111 060（美元）；135 000×0.12＝16 200（美元）。

c. 期末现金余额＝可用现金总量（x）－现金需求总量（y）＋筹资影响合计。

2. 图表 12—14 编制的是预算利润表。它只是图表 12—11 的预算营业利润表的扩展，加入了利息费用和所得税。

图表 12—14 **Stylistic Furniture 预算利润表**（2013 年） 单位：美元

	A	B	C	D
1	收入	图表 12—3		38 000 000
2	产品销售成本	图表 12—9		24 440 000
3	毛利			13 560 000
4	营业成本			
5	研发和产品设计成本	图表 12—10	1 024 000	
6	营销成本	图表 12—10	3 800 000	
7	分销成本	图表 12—10	3 876 000	8 700 000
8	营业利润			4 860 000
9	利息费用	图表 12—13		174 000
10	税息前收益			4 686 000
11	所得税（40%）			1 874 000
12	净利润			2 811 600

为简单起见，在阐述过程中现金收入和支出是明确给出的。但是通常情况下，收入和支出是基于报告项目与相关现金收支之间的差额计算出的。现在考虑应收账款。

年度销售预算可以拆分为月度和季度销售预算。例如，Stylistic 的季度预算分别为 9 282 000 美元、10 332 000 美元、10 246 000 美元和 8 140 000 美元，总额为 38 000 000 美元。

	第 1 季度		第 2 季度		第 3 季度		第 4 季度	
	Casual	Deluxe	Casual	Deluxe	Casual	Deluxe	Casual	Deluxe
预算销量	12 270	2 400	13 620	2 700	13 610	2 600	10 500	2 300
售价（美元）	600	800	600	800	600	800	600	800
预算收入（美元）	7 362 000	1 920 000	8 172 000	2 160 000	8 166 000	2 080 000	6 300 000	1 840 000
预算收入合计	9 282 000		10 332 000		10 246 000		8 140 000	

注意第 2、第 3 季度的销量要高于第 1、第 4 季度，因为天气原因限制了购物顾客的数量。

一旦确定了销售预算，管理会计人员要为编制现金预算准备关于现金收回的资料。现金的收入和支出是根据利润表及资产负债表中以权责发生制为基础记录的项目金额，与相关的现金实际收付金额之差计算的。在前三个季度，Stylistic 估计每个季度 80%的收入都在当季收到，剩余 20%在下一季度收回。每一季度从顾客处收回的现金量计算在下表中（单位：美元）。

现金回收				
	季度			
	1	2	3	4
应收账款期初余额（2013 年 1 月 1 日）	1 711 000			
第 1 季度销售收回（9 282 000 美元×0.8；9 282 000 美元×0.2）	7 425 600	1 856 400		
第 2 季度销售收回（10 332 000 美元×0.8；10 332 000 美元×0.2）		8 265 600	2 066 400	
第 3 季度销售收回（10 246 000 美元×0.8；10 246 000 美元×0.2）			8 196 800	2 049 200
第 4 季度销售收回（8 140 000 美元×0.8）				6 512 000
总计	9 136 600	10 122 000	10 263 200	8 561 200

□ 敏感性分析和现金流

图表 12—12 说明了销售价格和直接材料成本的变化对 Stylistic Furniture 预算营业利润的影响。敏感性分析的一个主要用途就是进行现金流量预算的分析。图表 12—15 概述了图表 12—12 所示的两种组合所涉及的短期借款问题。

图表 12—15　敏感性分析：关键预算假设的变化对 Stylistic Furniture 短期借款的影响　单位：美元

	A	B	C	D	E	F	G	H	I	H
1	方案	售价		直接材料采购成本		预算营业利润	每季度的短期借款和偿还			
2		Casual	Deluxe	红橡木	花岗岩		1	2	3	4
3	1	582	776	7	10	3 794 100	2 352 000	(511 000)	(969 000)	(30 000)
4	2	600	800	7.35	10.5	4 483 800	2 250 000	(651 000)	(1 134 000)	(149 000)

方案 1 的咖啡桌销售单价较低（Casual 为 582 美元，Deluxe 为 776 美元），第 1 季度短期借款的需求为 2 352 000 美元，不能在 2013 年 12 月 31 日还清。方案 2 的直接材料成本上升幅度为 5%，相应的借款需求为 2 225 000 美元，也不能在 2013 年 12 月 31 日还清。敏感性分析帮助管理者预见这些结果，并采取措施把营业现金流量的预期减少幅度降至最低。

学习自测

考虑之前提到的 Stylisitc Furniture 的例子。假定为了保持销售量，Stylisitc 需要降低售价，降价之后，Casual 为 582 美元/张，Deluxe 为 776 美元/张，降价幅度为 3%。其他数据不变。

要求：

编制预算利润表，包括所有必要的辅助性预算项目，但不同于本章提到的那些项目。

解答

图表 12—3 和图表 12—10 将改变。图表 12—3 变动是因为售价的变动影响了收入，图表 12—10 变动是因为收入是营销成本（销售佣金）的成本动因。其余的表都不变，因为售价变动不影响生产成本。修改后的表和新的预算列示如下（金额单位：美元）。

图表 12—3　2013 年收入预算

	售价	单位	总收入
Casual	582	50 000	29 100 000
Deluxe	776	10 000	7 760 000
合计			36 860 000

图表 12—10　2013 年非生产成本预算

业务	变动成本	固定成本	总成本
产品设计		1 024 000	1 024 000
营销（变动成本：36 860 000 美元×0.065）	2 395 900	1 330 000	3 725 900

续前表

业务	变动成本	固定成本	总成本
物流（变动成本：2 美元×1 140 000 立方英尺）	2 280 000	1 596 000	3 876 000
	4 675 900	3 950 000	8 625 900

2013 年 Stylisit Furniture 预算利润表

收入	图表 12—3		36 860 000
产品销售成本	图表 12—9		24 440 000
边际利润			12 420 000
营业成本			
产品设计	图表 12—10	1 024 000	
营销成本	图表 12—10	3 725 900	
分销成本	图表 12—10	3 876 000	8 625 900
营业利润			3 794 100

决策要点

下表以问答的形式总结了本章的学习目标，决策问题代表与学习目标有关的关键问题，指南则是对该问题的回答。

决策问题	指南
1. 什么叫总预算，它有什么用处？	总预算概括了公司所有预算的财务目标，它描述管理层的经营计划和财务计划——公司的财务目标和实现这些目标所使用的手段的概要。预算作为工具本身并无好坏之分，其价值取决于管理者使用它的技巧。
2. 什么时候公司需要编制预算？预算有什么好处？	当公司的预期收益超过预期成本时，需要编制预算。预算的好处有：(1) 促使公司进行战略分析和计划；(2) 为公司提供业绩评价的框架；(3) 激励、鞭策管理者及员工；(4) 促进公司不同部门的协作和沟通。
3. 什么是经营预算，它由哪些部分组成？	经营预算是指预算利润表及其辅助预算材料。经营预算的基础通常是收入预算。以下明细表是根据收入预算以及支持收入预算的作业编制的：生产预算、直接材料耗用预算、直接材料采购预算、直接人工预算、制造费用预算、期末存货预算、产品销售成本预算、研发设计费用预算、营销预算、分销预算，以及顾客服务预算。
4. 如果预算的基本假设发生改变，管理者应该怎么办？如何管理风险？	管理者可以利用财务计划模型——对经营活动、财务活动及影响预算的其他因素之间关系的数学表述。这些模型帮助管理层进行敏感性分析，以测算原始预测数据的变化或预算假定条件的变化对总预算带来的风险，随时根据环境变化对计划做出调整。

5. 公司如何利用责任中心？责任中心经理的业绩报告是否只应包括经理的可控成本？	责任中心是组织的一个部分、分部或子单元，它的管理者负责一系列特定的经营活动。责任中心包括四种主要类型：成本中心、收入中心、利润中心和投资中心。责任会计系统非常有用，因为它们可以测量每个责任中心的计划、预算、行为和实际结果。可控成本是那些在一定期限内主要受某责任中心的管理者影响的成本。责任中心管理者的业绩报告经常包括他们不能控制的成本、收入和投资。责任会计将财务项目分配给管理者的依据是哪位管理者最了解该项目，而不论其能否施加彻底的控制。
6. 为什么说预算中的人为因素很重要？	预算管理需要教育、参与、说服和睿智的解释。如果管理得当，预算能使员工尽职、负责和真诚沟通，并被用来作为持续改进的努力的基础。如果管理不当，预算可能会引发博弈和预算松弛——使预算目标更容易实现。
7. 在跨国公司中预算有哪些特别的挑战？	预算对跨国公司而言非常有用，但同时因为在不同国家经营存在固有的不确定性而具有挑战性。除了在不同国家进行预算，跨国公司的管理人员还要对汇率进行预算，并考虑所处的不同的政治、法律和经济环境。在高度不确定的情况下，管理人员通过预算来帮助组织学习并对变化的环境采取应对措施，而不是评价业绩。

重要术语

activity-based budgeting　作业基础预算
budgetary slack　预算松弛
cash budget　现金预算
continuous budget　连续预算
controllability　可控性
controllable cost　可控成本
cost center　成本中心
financial budget　财务预算
financial planning models　财务计划模型
investment center　投资中心
kaizen budgeting　改善预算
master budget　总预算
operating budget　经营预算
organizational structure　组织结构
pro forma statement　预计报表
profit center　利润中心
responsibility accounting　责任会计
responsibility center　责任中心
revenue center　收入中心
rolling budget　滚动预算
rolling forecast　滚动预算

作　业

简答题

12—1 “战略、计划和预算彼此之间互不相关”。你同意这种说法吗？请给出解释。

12—2 “预算的业绩比以往的业绩能更好地评价管理者的行为”。你同意这种说法吗？请给出解释。

12—3 “生产部门经理和营销部门经理如同水与油一样无法融合”。预算是如何帮助减少生产部门和营销部门之间的冲突的？

12—4 “预算满足成本—效益检验。它们迫使管理者采取不同的行动”。你同意这种说法吗？请给出解释。

12—5 “销售预测是预算的核心”。为什么？

12—6 管理人员如何利用敏感性分析来增加预算收益？

12—7 改善预算的好处是什么？

12—8 描述管理人员如何将非产出基础的成本动因纳入预算。

12—9 解释管理人员选择的责任中心类型（成本、收入、利润、投资）将如何影响其他员工的行为。

12—10 “管理人员必须在营业利润预算前准备现金预算”。你同意这种说法吗？请给出解释。

练习题

12—11 （原材料采购预算）Howell 公司在三个月的销售预算中预计产成品销售 46 000 件。公司上年 12 月 31 日的产成品存货为 10 000 件，该季度末的产成品目标存货为 13 000 件。

生产一件产成品需要 2 加仑的直接材料，该公司上年 12 月 31 日的直接材料存货为 62 000 加仑，该季度末期末目标存货为 52 000 加仑。

要求：回答下列问题：

1. 在 3 月 31 日之前的三个月内 Howell 需要购买多少加仑的直接材料？

2. CEO 在检查预算时会问经营经理哪些问题？

12—12 （收入和生产预算）Posh 公司是一家进行矿泉水的生产和批发的公司，水源位于 North Oregon。公司生产的矿泉水瓶有两类：12 盎司一次性塑料瓶和 1 加仑可回收塑料容器。

要求：回答下列问题：

1. 2013 年 Posh 公司营销部经理计划每月销售 420 000 瓶 12 盎司装矿泉水和 170 000 瓶 1 加仑装矿泉水。平均销售价格估计为：12 盎司装 0.2 美元，1 加仑装 1.5 美元。为 Posh 公司编制 2013 年 12 月 31 日的收入预算。CEO 在检查预算时会问经理哪些问题？

2. 2013 年初 Posh 公司拥有 890 000 瓶 12 盎司装的存货。公司副总裁要求到 2013 年底 12 盎司装存货至少有 680 000 瓶。根据以上销售计划，2013 年 Posh 公司至少要生产多少 12 盎司装的产品？CEO 在检查预算时会问经理哪些问题？

3. 副总裁要求 2013 年底 1 加仑装存货为 240 000 瓶。如果生产预算计划公司 2013 年生产 1 900 000 瓶 1 加仑装的产品，那么在 2013 年 1 月 1 日 Posh 公司 1 加仑装产品的期初存货有多少？

12—13 （收入、生产和采购预算）日本 Yoshida 公司有一个两轮摩托车的制造分部。2013 年 G 型摩托的预计销售量为 895 000 辆。公司的期末目标存货为 90 000 辆，期初存货为 120 000 辆。公司卖给批发商和零售商的预计价格为每辆 405 000 日元。

公司从外部供应商处购买车轮。所购买的轮子都无质量问题。额外用于更换的轮子由该公司的一个独立部门采购。该公司的期末目标存货为 74 000 个轮子，期初存货为 56 000 个轮子，预计购买价格为每个轮子 12 000 日元。

要求：

1. 计算预算收入（单位：日元）。

2. 计算要生产的摩托车数量。

3. 计算预计购买轮子的数量和金额（单位：日元）。

4. Yoshida 的管理人员会采取什么措施来减少轮子的采购成本（假定 G 型摩托的预算销量不变）？

12—14 （生产和直接人工预算）Peterson 公司为婚礼、毕业典礼或其他特殊场合提供艺术画框。主计长 Bob Anderson 负责公司的总预算。他统计了如下信息：

	2013 年				
	1 月	2 月	3 月	4 月	5 月
预计销售数量	14 000	15 000	9 000	10 000	10 000
销售价格（美元）	55	52.5	52.5	52.5	52.5
单位产品的直接人工工时	2.5	2.5	1.0	1.0	1.0
直接人工工时的工资（美元）	12	12	12	14	14

与直接人工工时相关的成本除工资外还包括每小时0.40美元的养老金、每小时0.10美元的员工赔偿保险、每小时0.30美元的员工医疗保险以及社会保险税。假设2013年1月1日社会保险税税率为雇主工资的7.5%和雇员工资的7.5%。由Peterson公司支付的那部分社会保险税纳入直接人工成本。

Peterson公司有一份劳工协议，要求在2013年4月1日将工资提高到每小时14.00美元。可以节省人力的新机器已安装，将在2013年3月1日全部投入运行。公司希望在2013年12月31日有19 500个画框的存货，该公司有政策规定每月的期末存货应为下一个月销售量的100%加上再下个月销售量的50%。

要求：

1. 编制Peterson公司2013年每月及第一季度的生产预算及直接人工预算。两个预算可以用一张表表示。直接人工预算应包括人工工时并详细列示每类人工成本。

2. 说明预算过程会让Peterson的管理人员采取哪些措施。

3. 说明Peterson的管理人员会如何利用要求1中编制出的预算更好地管理公司。

12—15 (以作业为基础编制预算) Jiffy Mart正编制2013年第一季度的以作业为基础的预算。它目前的产品有三类：软饮料（已售商品的35%）、新鲜小吃（已售商品的25%）和包装食品（已售商品的40%）。下表列示了四种消耗间接资源的作业、成本动因和动因率以及每种作业的成本动因预算量。

作业	成本动因	2013年预算动因率（美元）	2013年1月预算成本动因耗用数量		
			软饮料	新鲜食品	包装商品
订货	每份采购订单	45	14	24	14
送货	每次送货	41	12	62	19
货品摆放	每小时	10.5	16	172	94
顾客服务	售出产品数量	0.09	4 600	34 200	10 750

要求：回答下列问题：

1. 2013年1月预算间接总成本是多少？2013年1月每项作业总的预算成本是多少？2013年1月每种产品的间接总成本是多少？

2. 哪种产品的预算间接总成本最大？

3. 根据要求2的答案，与根据产品销售成本中所占比例分摊这些作业成本的方法相比，以作业为基础的预算编制方法给Jiffy Mart带来了什么好处？

12—16 (以作业为基础的预算的改进方法)(续练习题12—15) Jiffy Mart用改善方法（持续改进方法）编制2013年每月的作业成本预算。对于连续的月份，当月的成本动因率都比上一月下降0.4个百分比。2月的预算成本动因率是2013年1月的0.996倍。3月的预算成本动因率是2月的0.996倍，依此类推。假设每月的预算成本动因使用量相同。

要求：回答下列问题：

1. 2013年3月每项作业总的预算成本和预算间接总成本分别是多少？

2. Jiffy Mart采用改善预算法有什么好处？有什么局限？Jiffy Mart该如何应对？

12—17 (责任和可控性)(以下每种情境互相独立) Tropical生产和销售浴缸，同样也经营其他品牌的浴缸。Tropical有一个车间、一个原料仓库（为车间和维修技师提供原料和零部件）以及10辆服务车。技师开车前往顾客处提供服务。Tropical提供汽车、支付油费并提供零部件，但技师自备工具。

1. 在车间，生产经理对采购经理采购的发动机不满意。5月，生产经理停止从仓库领取发动机，开始直接从另一家生产商那里采购。因此5月的实际采购成本要高于预算。

2. 6月车间的管理费用要高于预算。调查发现有一项设施费用增加了，但未进入预算。

3. 每辆车的汽油成本预算是根据服务的地区和预计行驶的里程确定的。第3辆汽车的司机一个月的汽油成本超过了预算。经调查，服务经理发现该司机将公车私用。

4. Tropical 的顾客 Cascades Resort and Spa 只在紧急情况下呼叫客服人员，一般的日常服务则不呼叫。因此，这些服务的材料和人工成本超过了一个签约客户的预算成本。

5. Tropical 的服务技师按小时支付工资。如果每周工作超过 40 小时，则支付加班工资，但包括赶路时间。Fred Friendly 是其中一位技师，经常每周工作超过 40 小时。服务经理对其很满意，但也告诉他要加快工作速度，他的超时工作使得实际服务成本超过了每月的预算量。

6. 今年汽油价格上涨 50%，导致实际汽油成本大大超过预算。

要求：指出以上每种情况下责任和可控性体现在哪里。提出解决问题的方法或改进的建议。

12—18 （生产商的预算表）Lame Specialist 给当地两所高中的运动队生产羊毛毯：

- Knights：红色毛毯，使用 Knights 商标；
- Raiders：黑色毛毯，使用 Raiders 商标。

黑色毛毯要比红色毛毯稍大一些。2013 年预计每种产品投入的直接成本如下：

	Knights	Raiders
红色羊毛	4 码	0 码
黑色羊毛	0 码	5 码
Knights 商标	1	0
Raiders 商标	0	1
直接人工	3 小时	4 小时

2013 年 3 月直接材料的数据如下：

直接材料的实际期初存货（2013 年 3 月 1 日）		
	Knights	Raiders
红色羊毛	35 码	0 码
黑色羊毛	0 码	15 码
Knights 商标	45	0
Raiders 商标	0	60

直接材料的期末目标存货（2013 年 3 月 31 日）		
	Knights	Raiders
红色羊毛	25 码	0 码
黑色羊毛	0 码	25 码
Knights 商标	25	0
Raiders 商标	0	25

2013 年 2 月和 3 月投入的直接材料的单位成本数据如下（美元）：

	2013 年 2 月（实际）	2013 年 3 月（预算）
红色羊毛（每码）	9	10
黑色羊毛（每码）	12	11
Knights 商标（每批）	7	7
Raiders 商标（每批）	6	8
每小时的直接人工成本	26	27

制造费用（包括固定和变动制造费用）以预算直接人工工时为基础分配至每张桌子。2013 年 3 月的预算变动制造费用的工资率为直接人工工时 16 美元，预算固定制造费用工资率为 14 640 美元。变动和固定制造费用均分摊到每一个产成品中。

2013 年 3 月的产成品存货数据如下：

	Knights	Raiders
期初存货数量	12	17
期初存货金额（成本）	1 440 美元	2 550 美元
期末目标存货数量	22	27

2013 年 3 月的预算销售量为 Knights 130 张、Raiders 190 张。2013 年 3 月预算销售价格为 Knights 229 美元、Raiders296 美元。在你的回答中将涉及以下假设条件：

- 在产品存货数量很少，忽略不计。
- 直接材料存货和产成品存货都用先进先出法计算成本。
- 2013 年 3 月直接材料的单位采购成本和单位产成品成本保持不变。

要求：

1. 编制 2005 年 3 月的如下预算：

a. 收入预算；

b. 生产预算；

c. 直接材料耗用预算和直接材料采购预算；

d. 直接人工预算；

e. 制造费用预算；

f. 期末存货预算；

g. 产品销售成本预算。

2. 假设 Lame Specialist 公司决定将持续改进纳入预算，找出两个领域，使公司可以将这两个领域的持续改进纳入要求 1 中的预算表。

12—19 （预算利润表）Videocom 公司是视频会议设备制造商。常规设备按照营销预测进行生产，特殊设备则是在接到订单之后才开始生产。视频会议设备的维修是让客户满意的一个重要方面。近来随着计算机行业不景气，视频会议设备这个细分市场也跟着遭殃，造成 Videocom 公司财务业绩下滑。下面的利润表展示了公司 2012 年的经营成果：

Videocom 公司利润表

2012 年 12 月 31 日 单位：千美元

收入		
设备	6 500	
维修合同	1 800	
收入合计		8 300
产品销售成本		4 700
毛利		3 600
营业成本		
营销成本	680	
分销成本	100	
顾客服务成本	1 500	
管理成本	940	
营业成本合计		3 220
营业利润		380

Videocom 的管理团队正准备编制 2013 年的预算，他们研究了如下信息：

1. 当经济开始复苏时，设备的销售价格有望提高 15%。每份维修合同的定价维持在 2012 年的水平。

2. 设备销量预计增加 8%，维修合同的数量也相应增加 8%。

3. 设备的单位销售成本预计将增加 4%，用以改进技术和提高质量。

4. 营销成本预计增加 290 000 美元，管理成本则预计保持在 2012 年的水平。

5. 分销成本与设备销售量同比例变动。

6. 新增两名维修技师，总成本为 190 000 美元，其中包括工资和差旅费。目的是改善顾客服务和加快反应速度。

7. 不存在设备的期初存货和期末存货。

要求：回答下列问题：

1. 如何编制 2013 年的预算利润表？

2. 预算如何与 Videocom 的战略联系在一起？

3. CEO 在检查预算时会问管理团队哪些问题？

4. 编制预算如何帮助 Videocom 的管理团队更好地管理公司？

12—20 （现金预算）零售市场全年对 Sleds 公司的滑雪板都有需求。在预测了夏末和秋初的购买情况后，公司决定在 5—8 月准备存货。自订单签订之日起零售商便有了付款责任，应在 60 天内支付货款。根据以往经验，Sleds 的会计师预测 10% 的货款在发货当月收到，55% 的货款在下个月收到，35% 的货款将在发货后的第 2 个月收到。每副滑雪板的平均销售价格为 550 美元。

为了满足市场需求，Sleds 公司在 4—7 月提高了产量，因为需要在销售的前一个月将滑雪板生产出来。直接材料在生产当月购买，在下个月付款（自发货日起 30 天内全价付款）。在这一期间没有存货（即产即销），既没有为了存货而生产，没有为了存货购买材料。

直接人工和制造费用每月支付。变动制造费用分配率为每直接人工工时 10 美元。变动营销成本的成本动因是销售拜访的次数，但我们研究的这几个月中没有销售拜访。Sleds 公司每月还发生 5 900 美元的固定制造费用成本和 2 700 美元的固定非制造费用成本。

计划销售量			
5 月	90 个	8 月	110 个
6 月	140 个	9 月	60 个
7 月	170 个	10 月	50 个

直接材料和直接人工的使用量及其成本

	单位产品使用量	单价	单位
木材	7	31 美元	板英尺
玻璃纤维	6	10 美元	码
直接制造人工	6	26 美元	小时

2013 年 7 月 1 日的期初现金余额为 10 000 美元。2012 年 10 月 1 日 Sleds 公司由于现金周转困难借入 25 000 美元票据，利率为 6%，按月付息，

借款期为1年。票据2013年10月1日到期。

要求：回答下列问题：

1. 编制2013年7—9月的现金预算报表，计算应收账款和应付账款是多少？

2. Sleds公司能否在2013年10月1日付清25 000美元的一年期票据？如果不能，你对Sleds公司经理有什么建议？

3. 假设Sleds公司希望维持11 000美元的最低现金余额。公司能够在3个月内维持这样的余额水平吗？如果不能，请推荐一个适当的现金管理战略。

4. 为什么Sleds公司经理要另外编制现金预算？

12—21 （现金预算）2012年12月1日Itallem Wholesale公司准备对到2013年1月31日为止的现金收入和现金支出做出计划。2013年1月31日，一张价值106 000美元的应付票据要兑现。该款项是在2012年9月借入的，以应对11月和12月的季节性高峰期的支付需求。

下面列出了12月1日总分类账户的部分数据（单位：美元）：

现金	99 000	
存货	102 000	
应付账款		86 000

销售条款为：购买之后10天内付款享受3%的折扣，其余货款在销售后一个月之内付清。经验表明，40%的货款在折扣期内收到，15%在购买后一个月内收到，20%在下一个月收到，另外15%无法收到。没有现金销售。

公司产品的平均销售价格为每单位160美元。实际销售额与计划销售额如下（单位：美元）：

10月实际销售额	286 000
11月实际销售额	560 000
12月计划销售额	512 000
1月计划销售额	560 000
2月计划销售额	304 000
2013年6月30日预计销售额合计	3 040 000

所有采购均在15天内付款，所以大约有60%的当月采购在下月付款。单位产品平均采购成本为120美元。期末目标存货是560单位加下月销售量的15%。

本年预计营销、分销和顾客服务成本总计为660 000美元，其中150 000美元为固定成本（包括折旧费用39 600美元），其余成本随销售量变动。固定和变动的营销、分销和顾客服务成本在发生时支付。

要求：

1. 编制2012年12月和2013年1月的现金预算，并编制应收账款的回收、购货付款、营销、分销及顾客服务成本的明细表。

2. 说明为什么Itallem的经理要另外编制现金预算。

12—22 （预算与道德）Jayzee公司的不同部门生产不同的产品，并通过实际成本与产出和预算之间的比较来对部门和部门经理进行评价。部门经理参与制定预算，并提供关于材料、人工和管理费用等投入数量的信息。

Kurt Jackson是生产Z产品的部门经理，他估计了该产品的生产投入量：

投入	单位产出的预算数量
直接材料	8磅
直接人工	30分钟
机器工时	24分钟

该部门每天生产100单位的产品Z，并经常超出预算产量。每100单位的产品Z，公司平均耗用48小时直接人工（8个工人，每人工作6小时）、790磅材料和39.5机器工时。

Jayzee的高管决定执行预算标准，这将对各部门的工人带来挑战，要求Jackson为产品Z设计出更具挑战性的投入标准。他为高管提供了以下投入信息：

投入	单位产出的预算数量
直接材料	7.9磅
直接人工	29分钟
机器工时	23.6分钟

要求：讨论以下问题：

1. 这些预算标准对产品Z的生产部门具有挑战性吗？

2. 为什么你支持Jackson接受这些特别的标准？

3. Jayzee的高管应该采取哪些措施来保证Jackson的标准能够真正实现公司的目标？

12—23 （成本预算与改进）Trendy 生产白色和彩色的 T 恤。投入信息如下：

	价格	数量	单位产出的成本
布料	7 美元/码	1 码/单位	7 美元
人工	14 美元/DMLH	0.25DMLH/单位	3.5 美元

另外，每件 T 恤还需要 3 盎司颜料，成本为 0.4 美元/盎司。白色 T 恤的售价为每件 14 美元，彩色 T 恤为每件 18 美元。公司预计年销售 12 000 件白色 T 恤和 60 000 件彩色 T 恤。

Trendy 现在有机会将目前使用的颜料更换为新型环保颜料，价格为 1.25 美元/盎司。每件 T 恤仍需要 3 盎司颜料。但 Trendy 不愿这么做，因为会增加成本、降低盈利。但环保部门警告说，如果继续使用便宜但不环保的颜料，将对其处以 120 000 美元的罚款。

要求：回答下列问题：

1. 根据上述信息，Trendy 在更换了环保颜料后，财务状况是否会好转？（假定其他成本都不变。）

2. 假定 Trendy 选择了环保颜料。生产经理建议改善成本。如果每月的布料和人工成本分别减少 1%，那么 12 个月后的利润与使用原来的颜料产生的利润相差多少？

3. 参考要求 2，降低材料和人工成本将如何实现？这一计划是否存在问题？

章末案例

Western Pants 公司

Western Pants 是美国历史最悠久的服装企业，成立于 19 世纪中期。由于在市场上占据绝对地位，Western Pants 得以在经济大萧条时期生存下来，依靠的主要产品就是蓝色牛仔裤。直到 1950 年，公司还没有生产过其他产品，甚至没有生产过其他款式的裤子。但市场战略的一个重要变化改变了一切。新的管理者很激进，在那时决定利用 Western Pants 的品牌来销售其他款式的裤子。消费者对推出的男士休闲裤感到很满意。公司几乎每年都根据基本的款式和风格生产出不同款式的裤子。

20 世纪 60 年代早期的管理计划使得 Western Pants 成为第一家裤子生产企业，并推动了免烫领域的变革。对该流程进一步的改进拓宽了纺织材料的种类，它们可以被制成各种时尚的裤子，并经得起机器的冲洗和烘干，以达到 Western Pants 严格的质量控制标准。

随着时尚服装和休闲款式服装成为非正式场合可以接受的着装，休闲裤日渐流行。Western Pants 迅速在喇叭裤市场站稳脚跟，并从那时起成为全球最大的休闲服装生产企业。

如今，除了生产依然流行的蓝色牛仔裤，Western Pants 还生产所有的休闲裤，覆盖男士、男孩和女士。去年公司销售了 7 000 万条休闲裤。

生产

在最近的 20 年里，Western Pants 处在一个令人羡慕的市场地位。在其间的每一年，生产的产品全部销售一空，甚至在年度生产结束前 6 个月就要对已有的客户限量提供产品或者取消新客户的订单。而其他企业面对的却是需求不足，Western Pants 的产量每 5 年翻一番，因此即便产能增长迅速，仍无法满足旺盛的需求。

公司在 150 年里建立了 33 家工厂。产量根据产能而定，当年平均每周生产 20 000 条裤子。除了两三家工厂在整个生产年度里都只生产蓝色牛仔裤外，其他工厂为各部门生产不同款式的休闲裤（见图表 1）。

公司近年来通过和其他独立的服装生产企业签订合同扩大了自身的生产能力。现在大概有 20 家合同企业生产 Western Pants 所有类型的休闲裤（包括蓝色牛仔裤）。去年，合同企业的产量占到了 Western Pants 销量的 1/3。

预算和责任会计系统

“我们将生产工厂视为成本中心（见图表 1），”公司的生产经营副总裁 Wicks 说道，“当然，我们

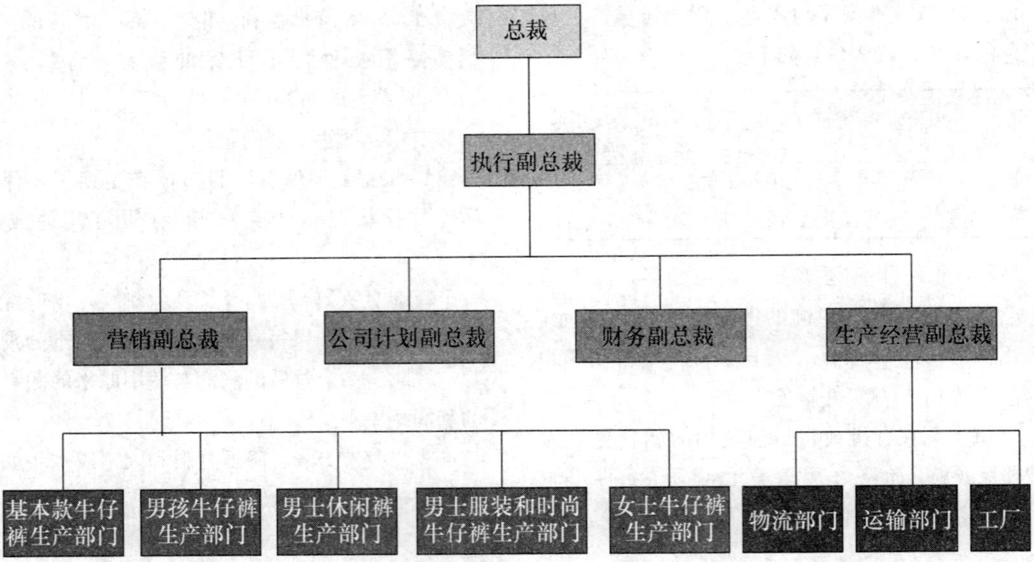

图表 1　组织结构图

对合同企业不进行控制。我们只是向其支付约定的每条裤子的价钱。但我们自己工厂的生产线都要经过专业工程师的彻底检查。我们连续 10 年不断更新信息。我很高兴，能通过这种方式使预算小时数下降。在这些年里，我们绘制了学习曲线，了解到产品更新后需要花多长时间让新产品达到预算的单位生产时间。我们了解生产的每一种基本款式休闲裤中全部生产时间达到预算时间的比率！”

“我们根据这一信息预计每家工厂的成本。营销人员给出每年各款式裤子的生产量，并将信息告诉我们。我们看到每种款式的总生产量后将其分配至各个工厂。如果可能，我们会让一家工厂全年只生产一种款式。这样可以节约准备成本和转换成本。当然，我们生产多少就能销售多少。因此，我们让工厂的产能保持最大化。但遗憾的是，营销部门通常会在生产过程中做一些调整，就像生活中的小插曲一样。不管如何，我们愿意执行这样的计划，每年让两三家工厂生产最基本的蓝色牛仔裤。”

“我和我的下属负责经营预算，提前一年确定每月每家工厂的产量。我们通常是根据工厂以前的产量水平来确定的。当然，我们会在此基础上略作增加。我们希望他们能够有所改进。这些年度预算都会在每个月的月底根据当月的实际情况进行修正。预算数字就是总产量。如果超过了这个数字，我们认为工厂的经理干得好。如果没有实现目标，则会认为工厂没有在合理的速度和效率下运转。缺勤率在每个工厂都非常高，员工离职率也高得出奇。当产量没有实现目标时，我们想知道原因，并且想尽可能快地解决问题。”

“根据每个工厂每月实际的产量，我们通过预算数据来确定每条生产线的人工工时。我们根据实际的工时来计算这一数据以确定作为成本中心的工厂的业绩。你可能会猜想，我们不希望出现比工厂经理业绩下滑更糟糕的情况。”

“我们每个月都会分析工厂的业绩。如果工厂经理实现了目标且成本变化不大，我们会让他知道我们很满意。我会亲自打电话把我的心情告诉他。如果他做得不好，则会把我的担忧告诉他。我想这种快速的反馈很重要。当然，我们也要通过其他方面来对他进行评价，比如是否和社会保持良好的关系，员工是否快乐。拥有 Western Pants 股票的股东对此很关心。”

Western Pants 的奖励体系中包括圣诞奖励。Wicks 和两位副总裁对工厂经理今年的业绩进行主观的打分，分为 1～5 个等级。年底高管通过评价公司全年的业绩和利润来确定奖金基数。奖金基数目前已达到 12 000 美元。每一位经理实际获得的奖金金额等于获得的业绩分数乘以奖金基数。

Western Pants 的管理团队包括许多财务和营销专家。本案例的作者发现，在总部工作的管理人员的得分要高于那些工厂经理。差异一直保持在1分左右。去年公司总部管理人员的得分为3.85，工厂经理的得分只有2.92。

系统评价

Mia Packard是一位刚毕业的会计专业研究生，对Western Pants的生产经营和预算程序提出了一些有益的建议：

"Wicks是我见过的最和蔼的人之一，也是一位非常聪明的企业家。但我不认为他用来评价工厂经理的方法对整个企业有效。不久前，我在参观工厂时偶然发现工厂经理将旺季超出生产预算的休闲裤储存起来，以便在以后产量不足的情况下进行弥补。那位经理因为看到我突然进入他的仓库而感到不安。他告诉我其他经理都是这么做的，并请求我不要告诉Wicks。很明显，这种错误的行为与订单不相符。但我认为这是Western Pants用来评价工厂业绩的配额系统导致了这种行为的发生。我还不能对此进行证明，但我怀疑绝大多数工厂经理没有真正努力实现产量最大化。如果他们增加产量，目标配额就会越来越高，那么他们在责任或要求增加的情况下得不到任何现金奖励。如果我是工厂经理，我也不会让产量在年底前超过配额目标。"

"另外，Wicks也是通过评分当上副总裁的。他也曾经是一位优秀的工厂经理，但他认为每个人都应像他一样管理工厂。例如，在Wicks的工厂每个管理者负责11名工人。但Wicks提高了管理比率，为的是提高领导效率。所有的经理都在为此努力，结果办公室空无一人。最后我们难以得到及时和准确的工厂报告，在我们需要信息时，办公室没有足够的人手来汇总提供。"

"第三件事，最近5年新建了一些工厂，新机器设备较多，但在为新、旧机器计算预算工时时未能区别对待。这使得那些使用旧机器的经理处于不利地位。他们的缝纫机更容易出现故障，需要更多的维修并且使用不太方便。"

资料来源：Horngren/Datar，CASES IN COST ACCOUNTING，(c) 1994. Printed and electronically reproduced by permission of Pearson Education，Inc.，Upper Saddle River，New Jersey.

问题

1. 描述在Western Pants的一个工厂里编制经营成本预算的步骤和过程。

2. Western Pants的管理人员出于什么目的使用预算？

3. 对于工厂经营，总部和工厂经理都做了哪些决策？你认为工厂是成本中心还是利润中心？

4. 工厂存在的哪些问题是由于预算系统导致的？为什么？

5. 你对Western Pants的预算和责任会计系统的变化有什么建议？

第 13 章

弹性预算、差异与管理控制

学习目标

1. 解释静态预算及其差异。
2. 编制弹性预算，并计算弹性预算差异和销售数量差异。
3. 计算直接成本中的价格差异与效率差异。
4. 制定变动与固定制造费用的计划，计算预算的变动与固定制造费用分配率。
5. 确定变动制造费用弹性预算差异在变动制造费用效率差异与耗费差异上的分摊。
6. 计算固定制造费用弹性预算差异与固定制造费用产品数量差异。
7. 解释差异法是如何使实际发生的制造费用与期间内的预算制造费用相一致的。
8. 理解管理人员是如何使用差异的。

每个组织，无论盈利性、成长性如何，都必须重点关注它的支出决策。当顾客受到经济低迷的影响时，管理人员利用预算与差异分析工具来控制成本的需求变得尤为重要。通过分析差异，管理人员可以关注哪些方面的业绩下降了，从而利用他们了解到的信息做出正确的调整，为企业节约可观的资金。

对于像星巴克这样的零售商，为了使每杯高质量的饮料的成本都尽可能地低，深刻理解直接成本是非常重要的。如杜邦、International Paper 和 U. S. Steel 等在资本设备上投资较大的公司，或者像亚马逊和雅虎这样在软件上投资很大的公司，都对控制管理费用率有类似的需求。理解成本行为，编制计划，进行差异分析，以及对结果做出恰当的反应，都是管理人员的重要职能。

在第 12 章中，你已经了解到预算是如何帮助管理人员完成计划职能的。在本章，我们解释预算——特别是弹性预算——是怎样通过计算出的差异帮助管理人员进行控制的。弹性预算与差异使管理人员能够对实际结果与预期表现进行有意义的比较，并明白为什么存在差异。通过在决策实施后使管理人员能够进行业绩评价和学习改进，差异分析对五步决策制定法中的最终决策也是很有帮助的。下面的“本章要点”概述了本章是如何解释评估过程的。

本章要点

● 差异为管理人员提供了正确评估当前业绩的框架，帮助他们采取适当的行动以保证决策的正确实施。差异还为管理人员预测未来提供信息支持。

● 当成本差异的计算与弹性预算相关时，成本差异最有信息含量，能按照真正的产出水平对该时期的总预算进行调整。

● 对于变动成本，弹性预算差异可以分为两部分：(1) 受未预期的投入价格变动影响的部分；(2) 受投入过程中产生的未预期效率变动影响的部分。

● 在标准成本系统中，管理人员用标准价格或比率乘以实际产出所需的标准投入数量，又用标准制造费用分配率乘以实际产出所需的分摊数量，将成本分配到产出上。这不仅简化了会计过程，也使管理人员在比较标准成本与实际发生的成本后能够评价业绩和采取正确行动。

● 标准成本系统下的成本与公司实际发生的成本之间的差异等于弹性预算差异。仅就固定制造费用而言，差异包括产出数量差异，这使管理人员观察到与期初期望水平相关的产量效用的变动。

● 管理人员使用标准来确定与期望结果的偏差。他们基于工程研究、持续的目标改进设定标准，或以同行、最佳实践组织为基准设定标准。

● 公司通常将差异信息作为非财务业绩指标的补充，以提供对管理人员或雇员表现的某个方面的即时反馈，使其能够更快地学习并迅速采取正确的行动。

13.1 静态预算与差异

差异（variance）就是实际结果与预期业绩之间的不同。预期业绩也称**预算业绩**（budgeted performance），是管理人员进行比较的参考。

13.1.1 差异的应用

差异协助管理人员进行计划和控制决策。**例外管理法**（management by exception）是这样一种方法，它更关注与预计情况不符的领域（如一种产品的短缺），而不是与预计情况一致的领域。换言之，通过强调与预计情况不符的领域，差异使管理人员能够将精力放到如设计、工程、产出或顾客体验过程的最重要的领域。例如，假设 Maytag 公司的工厂中与废料和返工相关的实际成本远远高于其预算成本，这一差异引导管理人员探究个中原因，从而及早采取行动，减少未来生产中的废料和返工。有时可能存在较大的有利差异，比如产品制造成本显著下降。管理人员将试图理解成本下降的原因（例如，更好的经营培训或制造方法的改进），以使这种经营实践保持下去并为组织的其他部门所借鉴。

差异也可用于业绩评价。Maytag 的生产线管理人员每个季度的业绩奖金就是与预算经营成本的执行情况挂钩的。

有时差异暗示了战略应该转变。一种新产品如果有过多不佳的比率，或许意味着产品设计存在瑕疵，决策者接下来就可能要重新评估他们的产品战略。

差异分析在很多方面为五步决策制定法的有效性做出了贡献。通过提供正确评估当前业绩的框架，差异分析允许管理人员进行业绩评价和学习改进。反之，管理人员采取正确行动以保证他们的雇员正确实施决策以及取得之前预期的结果。差异使管理人员能够做出更有信息含量的未来预测，进而提高决策的质量。

差异分析的好处不仅仅局限于公司。在当今动荡的经济形势下，许多组织都在与经济衰退抗争，公务员也认识到了使用差异控制来保证稳定的税收增长的重要性。例如，美国亚利桑那州的一个城市斯科茨代尔，每月都对税收与支出进行监控。为什么？该城市的一个目标是使它的自来水使用率保持平稳，呈逐年增加而不会突然大幅增加。通过监控自来水收入弥补当前的支出的程度，同时为未来基础建设项目积累资金，这个城市可以避免对用户收费价格的突然变化。①

① 一些精彩的讨论和其他与政府设置相关的例子可以参见 S. Kavanagh and C. Swanson, "Tactical Financial Management: Cash Flow and Budgetary Variance Analysis," *Government Finance Review* (October 1, 2009)。

差异分析有多重要？一项来自英国特许管理会计师公会（CIMA）2009年7月的问卷调查发现，差异分析是不同规模的组织最常用的成本工具。

□ 13.1.2 静态预算与静态预算差异

我们通过考察一家公司的会计系统来认识差异。本章用不同的级别表明差异分析的详细程度。1级代表最不详细，2级代表比较详细，依此类推。

Webb是一家生产和销售夹克的公司，生产中需要裁缝工艺和很多手工操作。Webb将产品首先销售给批发商，然后由批发商卖给各个服装店及零售连锁店。为简化操作，我们做出以下假定：

1. Webb公司唯一的成本是生产成本，在营销、分销等其他价值链环节中没有成本发生。

2. 假设2013年4月生产的所有产品均在当月售出，所以所有直接材料的购买和使用都在同一个预算时期。

3. 假定没有期初或期末直接材料存货，也没有在产品和产成品存货。

公司有三类变动成本，每类变动成本的预算如下：

成本类别	每件夹克的变动成本（美元）
直接材料成本	60
直接人工成本	16
变动制造费用成本	12
变动成本合计	88

生产数量是直接材料、直接人工和变动制造费用的成本动因，其相应的变动范围是0～12 000件。2013年4月的预算和实际数据如下：

生产0～12 000件夹克的固定生产成本	276 000美元
预算销售价格	120美元/件
预算产量与销售	12 000件
实际销售量	10 000件

静态预算（static budget）或总预算是以预算编制初期计划的产出水平为基础编制的。总预算之所以称为静态预算，是因为该时期的预算是依据单一的计划产出水平编制的。图表13—1的第（3）列显示了2012年底编制的Webb公司2013年的静态预算。对利润表中的每一项来说，图表13—1的第（1）列为实际结果的数据。例如，实际收入为1 250 000美元，实际销售价格为1 250 000÷10 000＝125（美元/件），而预算销售价格为120美元/件。类似地，实际直接材料成本为621 600美元，直接材料单位成本为621 600÷10 000＝62.16（美元/件），而预算直接材料单位成本为60美元/件。本章中，我们将对这些差异出现的潜在原因及其解释进行描述。

1级分析	实际结果 (1)	静态预算差异 (2)=(1)-(3)	静态预算 (3)
销售量（件）	10 000	2 000 U	12 000
收入	1 250 000	190 000 U	1 440 000
变动成本			
直接材料	621 600	98 400 F	720 000
直接人工	198 000	6 000 U	192 000
变动制造费用	130 500	13 500 F	144 000
变动成本合计	950 100	105 900 F	1 056 000
贡献毛益	29 990	84 100 U	384 000
固定成本	285 000	9 000 U	276 000
营业利润	14 900	93 100 U	108 000

93 100 U
静态预算差异

图表 13—1 Webb 公司 2013 年以静态预算为基础的差异分析[a]（美元）

a. F代表对营业利润有利的差异；U代表对营业利润不利的差异。

静态预算差异（static-budget variance）（见图表 13—1 的第（2）列）是指实际结果与相应的静态预算数额之间的差额。

有利差异（favorable variance）（本书用 F 注明）单独看来会导致实际营业利润相对于预算数额的增加。对于收入项，F 意味着实际收入超过预算收入；对于成本项，F 意味着实际成本低于预算成本。**不利差异**（unfavorable variance）（本书用 U 注明）导致实际营业利润相对于预算数额的减少。不利差异在有些国家（比如英国）也称作逆差异。

在图表 13—1 中，不利差异为 93 100 美元，是实际营业利润 14 900 美元与静态预算营业利润 108 000 美元的差额：

营业利润的静态预算差异＝实际结果－静态预算金额
＝14 900－108 000
＝93 100（美元）U

图表 13—1 的分析为管理者提供了关于 93 100 美元营业利润静态预算差异的额外信息。更详细的分析显示了这 93 100 美元是怎样由每个营业利润的分项（收入、各项变动成本和固定成本）加总得到的。

记住，Webb 公司仅生产并销售了 10 000 件夹克，尽管管理者在制定预算时期望的产量为 12 000 件。管理者想知道有多少静态预算差异归因于不准确的销售预测，又有多少静态预算差异归因于 Webb 公司 2013 年的实际表现。因此，管理者创造了弹性预算以便得到更加详细且深入的信息。

成功之匙

管理者使用详细的差异分析，了解为什么实际结果会偏离期初编制的静态预算。这可以帮助管理者进行业绩评价和激励雇员，也能确保管理者采取正确的行动达到或超过设定的目标。

13.2　弹性预算

弹性预算（flexible budget）基于预算期间的实际产出计算预算收入与成本。弹性预算在期末（对于 Webb 公司，为 2013 年 4 月）编制，也就是在得知 10 000 件夹克的实际产出水平之后编制。如果能够正确预测实际产出水平为 10 000 件，Webb 公司就可以在预算期开始时编制预算了，这就是弹性预算。换句话说，弹性预算不是 Webb 公司最初对 2013 年 4 月的计划（记住 Webb 公司计划的产出水平是 12 000 件夹克），而是 Webb 公司提前知道这个月的产出水平是 10 000 件夹克时所做出的预算。为了编制弹性预算，我们给出如下信息：

- 预算销售价格仍然是每件 120 美元，与静态预算的数据相同。
- 预算变动成本仍然是每件 88 美元，与静态预算的数据相同。
- 预算固定成本仍然是 276 000 美元，与静态预算的数据相同。因为实际生产夹克 10 000 件在 0～12 000 的范围内，这一范围内的固定成本是 276 000 美元。因此，不管 Webb 公司的管理者预期产出是 10 000 件还是 12 000 件，做预算时都使用 276 000 美元的固定成本数额。

静态预算和弹性预算之间唯一的区别表现为：静态预算是基于 12 000 件的产出水平编制的，而弹性预算是基于 10 000 件的产出水平编制的；静态预算的基础从 12 000 件被“弹回”或调整为 10 000 件。在编制 10 000 件夹克的弹性预算时，假设所有成本对于夹克的产出数量来说不是变动的就是固定的。

Webb 公司分三步编制它的弹性预算：

步骤 1：确定实际产出数量。2003 年 4 月，Webb 公司生产并销售了 10 000 件夹克。

步骤 2：以预算销售价格和实际产量为基础，计算弹性预算收入。

弹性预算收入＝120×10 000＝1 200 000(美元)

步骤 3：以单位产出的预算变动成本、实际产量和预算固定成本为基础，计算弹性预算成本。

弹性预算变动成本	
直接材料：60 美元/件×10 000 件	600 000 美元
直接人工：16 美元/件×10 000 件	160 000 美元
变动制造费用：12 美元/件×10 000 件	120 000 美元
弹性预算变动成本合计	880 000 美元
弹性预算固定成本	276 000 美元
弹性预算成本合计	1 156 000 美元

Webb 公司按这三个步骤编制了图表 13—2 中第（3）列①的弹性预算，并使用这个弹性预算进行更为详细的差异分析，进一步分解 93 100 美元营业利润的不利静态预算差异。

① 针对 10 000 件夹克的弹性预算假定制造夹克的所有成本要么是完全可变的，要么是完全固定的。如果不是，例如，变动成本非线性或固定成本是加强成本，那么弹性预算对成本的最佳估计就需要包括这些因素。

图表 13—2 展示了 Webb 公司以弹性预算为基础的差异分析，将营业利润的不利静态预算差异 93 100 美元进一步细分为两部分：29 100 美元的不利弹性预算差异和 64 000 美元的不利销售数量差异。**销售数量差异**（sale-volume variance）是弹性预算数量与相应的静态预算数量之间的差异。**弹性预算差异**（flexible-budget variance）是实际结果与相应的弹性预算数额之间的差异。

2 级分析

	实际结果 (1)	弹性预算差异 (2)＝(1)－(3)	弹性预算 (3)	销售数量差异 (4)＝(3)－(5)	静态预算 (5)
销售量（件）	10 000	0	1 000	2 000 U	12 000
收入	1 250 000	50 000 F	1 200 000	240 000 U	1 440 000
变动成本					
直接材料	621 600	21 600 U	600 000	120 000 F	720 000
直接人工	198 000	38 000 U	160 000	32 000 F	192 000
变动制造费用	130 500	10 500 U	120 000	24 000 F	144 000
变动成本合计	950 100	70 100 U	880 000	176 000 F	1 056 000
贡献毛益	29 990	20 100 U	320 000	64 000 U	384 000
固定成本	285 000	9 000 U	276 000	0	276 000
营业利润	14 900	29 100 U	44 000	64 000 U	108 000

2 级：29 100 U 弹性预算差异；64 000 U 销售数量差异

1 级：93 100 U 静态预算差异

图表 13—2 Webb 公司 2013 年以弹性预算为基础的 2 级差异分析（美元）

a. F 代表对营业利润有利的差异；U 代表对营业利润不利的差异。

□ 13.2.1 销售数量差异

请记住，图表 13—2 第（3）列中的弹性预算金额与第（5）列中的静态预算金额都是用预算销售价格、预算单位产品的变动成本和固定成本计算的。唯一的区别是，弹性预算金额的计算计算基础是实际产出水平，而静态预算金额的计算基础是预算产出水平。这项差异称作销售数量差异，是因为它体现了仅仅由于 10 000 件实际销量和12 000 件静态预算预期销量不同而产生的差异。

营业利润的销售数量差异＝弹性预算金额－静态预算金额

＝44 000－108 000

＝－64 000(美元)或 64 000(美元)U

在 Webb 公司的例子中，营业利润的销售数量差异只是由不准确的销售数量预测造成的：实际仅销售了 10 000 件夹克，比预算中的 12 000 件少了 2 000 件。因为：

营业利润的销售数量差异＝预算单位贡献毛益×(实际销售量－静态预算的销售量)

＝(预算销售价格－预算单位变动成本)×(实际销售量－静态预算的销售量)

＝(120－88)×(10 000－12 000)

＝32×(－2 000)

＝－64 000(美元)或 64 000(美元)U

图表 13—2 的第（4）列展示了通过识别销售数量差异的各个项目了解总差异的组成。Webb 公司的管理者认为不利销售数量差异可以归因于以下一个或多个原因：

1. 夹克的总需求并没有如预期的那样增长。
2. 竞争对手抢去了 Webb 公司的市场份额。
3. Webb 公司没有能够对顾客偏好和品味的变化及时做出反应。
4. 制定预算销售目标时没有经过认真的分析和市场调查。
5. 质量问题导致了顾客对 Webb 的夹克不满意。

产生差异的原因会影响 Webb 公司对不利销售数量差异采取的应对措施。例如，如果 Webb 公司认为差异是市场因素造成的（原因 1、原因 2、原因 3 或原因 4），销售经理就有必要对此做出解释并提出修改方案，比如开展一些促销活动。然而如果不利差异是质量问题造成的（原因 5），生产经理就有责任分析原因并提出改进策略，比如改变生产流程或者购买新机器。

静态预算差异比较的是 10 000 件夹克的实际收入及成本与 12 000 件夹克的预计收入及成本。上述差异的一部分——销售数量差异——反映的是不准确的销售预测的影响。排除了销售数量差异的影响，管理者就可以把 2013 年 4 月的实际收入及成本与基于 10 000 件的预算收入及成本进行比较。弹性预算差异是一种更好的经营业绩评估手段，因为这些差异将实际收入与预算收入、实际成本与预算成本进行比较，而且都是以 10 000 件的产出水平为基础的。

□ 13.2.2　弹性预算差异

图表 13—2 的前三列显示的都是实际结果与弹性预算金额的比较，其中弹性预算差异位于第（2）列，显示了利润表中每一项的差异：

弹性预算差异＝实际结果－弹性预算金额

图表 13—2 中营业利润这一项显示了不利弹性预算差异为 29 100 美元（14 900－44 000）。这一不利差异的产生是实际销售价格、单位变动成本和固定成本与预算金额不同造成的。实际和预算的销售价格和单位变动成本为（单位：美元）：

	实际金额	预算金额
销售价格	1 125.00（1 250 000÷10 000）	120.00（1 200 000÷10 000）
单位变动成本	95.01（950 100÷10 000）	88.00（880 000÷10 000）

收入的弹性预算差异称作**销售价格差异**（selling-price variance），这是因为造成这一差异的唯一原因是实际销售价格和预算销售价格存在差异。

销售价格差异＝(实际销售价格－预算销售价格)×实际销售量

＝(125－120)×10 000

＝50 000(美元)F

Webb 公司拥有一个有利的销售价格差异，125 美元的实际销售价格高于 120 美元的预算价格，提高了营业利润。销售经理最有资格对这一差额的产生原因进行推测和解释，比如是因为质量的提升，还是市场价格的整体上涨。Webb 公司的管理者将其归因于价格的上涨。

对于 10 000 件的实际产出水平来说，变动成本的弹性预算差异是不利的。可能是以下一个或多个原因导致的：

1. Webb 公司的某种成本的实际消耗量（如直接材料人工）比预算消耗量更多。
2. Webb 公司的某种成本的实际价格（如直接人工的工资率）比预算价格高。

导致比预算数额更高的消耗量和更高的实际价格的原因可能是：Webb 公司决定生产比原计划更好的产品，或者它的生产和采购环节低效，或者同时存在这两种原因。差异分析不仅能为业绩的评价提供依据，还能为深入的调查提供启示，你应该始终想到这一点。

实际的固定成本 285 000 美元比预算金额 276 000 美元多了 9 000 美元。固定成本的提高降低了营业利润，产生了不利的弹性预算差异，比如工厂租金和监管员工资。

成功之匙

管理者编制弹性预算，以便区分利润变化是产出的偏离（销售数量差异）还是实际运营业绩的偏离（弹性预算差异）导致的。管理者应当将弹性预算差异作为进一步分析的基础，而非业绩好坏的证据。

13.3 价格差异与直接成本投入的效率差异

直接成本投入的弹性预算差异还可以进一步分解为两种更详细的差异：

1. 反映实际投入价格和预算投入价格差别的价格差异；
2. 反映实际投入数量和预算投入数量差别的效率差异。

这些信息可以帮助管理者更好地理解过去的经营状况，更好地制定未来的经营计划。管理者对效率差异的控制力通常要比对价格差异的控制力强，这是因为投入的数量主要受公司内部因素的影响，而价格变化主要受公司外部市场力量的影响。（参见下面的“实例”专栏：星巴克减小直接成本差异来改变现状。）

实例

星巴克减小直接成本差异来改变现状

在咖啡业务上，星巴克已连续多年实现盈利增长。但是当消费者在 2007—2009 年的经济衰退中收紧荷包时，星巴克的利润边际也受到了影响。星巴克的盈利能力依赖于以最低的成本制作饮料，因此对直接成本的深刻理解是非常关键的。在星巴克的门店，关键的直接成本是材料和人工成本。

星巴克的材料成本包括咖啡豆、牛奶、糖浆、酥饼、纸杯和盖子。为削减材料预算成本，星巴克关注两个关键投入：咖啡和牛奶。在下午和晚上客流量小的时段，星巴克不再制作脱咖啡因咖啡和深咖啡的调和物以避免浪费。当牛奶价格升高时，公司采用更健康和低成本的 2%低脂牛奶，并注重减少变质。人工成本占公司年度收入的 24%，是另一个值得重点关注的领域。大多数门店都只雇用几名咖啡师。在其他门店，星巴克采用很多“精益”生产技术使饮料制作流程更加有效。

公司还采取额外步骤使人工成本与定价匹配。每年，星巴克都对饮品进行小幅提价，并引入 VIA 袋装咖啡和其他非劳动密集型产品。星巴克致力于减小差异。从 2008 财年到 2010 财年，不考虑通胀因素，公司削减的门店运营费用达 193 百万美元，降幅达 5.2%。不管在什么经济环境下，持续关注直接成本差异对公司未来的成功都是非常重要的。

资料来源：Based on Annie Gasparro, “Starbucks to raise prices,” *Wall Street Journal* (January 4, 2012); Starbucks Corporation, 2011 Annual Report (Seattle, WA: Starbucks Corporation, 2012); Janet Adamy, “Starbucks brews up new cost cuts by putting lid on afternoon decaf,” *Wall Street Journal* (January 28, 2009); Janet Adamy, “New Starbucks brew attracts customers, flak,” *Wall Street Journal* (July 1, 2008); Craig Harris, “Starbucks slips; lattes rise,” *Seattle Post Intelligencer* (July 23, 2007); Julie Jargon, “Starbucks growth revives, perked by Via,” *Wall Street Journal* (January 21, 2010); Julie Jargon, “Latest Starbucks buzzword: ‘Lean’ Japanese techniques,” *Wall Street Journal* (August 4, 2009); David Kesmodel, “Starbucks sees demand stirring again,” *Wall Street Journal* (November 6, 2009).

□ 13.3.1　获得预算投入价格和预算投入数量

为了计算价格和效率差异，Webb 公司必须获取预算投入价格和预算投入数量。Webb 公司有三个主要的信息来源：(1) 历史数据；(2) 相似公司的数据；(3) 标准。

1. 过去期间的实际投入数据。大多数公司都有实际投入价格与实际投入数量的历史数据。这些历史数据可以用来分析趋势（可以使用第 8 章中讨论的技术）以得到预算价格及数量的估计。

优势：历史数据都是真实的，而不是臆想的，可以作为持续改进的基准。另外，历史数据的取得成本一般较低。

局限：历史数据可能包括过去的低效活动。另外，历史数据没有考虑到预算期间的任何预期变动。

2. 拥有相似流程的其他公司的数据。另一个可能是使用同行业公司或拥有相似流程公司的信息作为基准。

优势：预算数据展示了与其他公司相比有竞争力的基准。例如位于肯塔基州路易斯维尔的 Bapist Healthcare System，就以提供相似的服务和质量并在全美排名前 1/4 的医院作为制定预算的基准。

局限：其他公司的投入价格及数量可能不容易取得，或者与某个特定公司的状况不可比。在 American Apparel 这个每周制造 100 万件服装的公司的洛杉矶工厂，工人的小时工资、工资率和医疗福利都远远高于其远离海岸且生产成本极低的竞争者。

3. 由 Webb 公司制定的标准。**标准**（standard）是深思熟虑后决定的价格、成本或数量，通常用单位数额表示。我们设想 Webb 公司是怎样确定它的标准的。通过工程研究，Webb 公司将夹克的生产流程进行详细的划分。每一步骤都分配标准时间，标准时间是根据熟练工在高效操作设备的情况下完成这一步骤的时间确定的。

优势：(1) 标准时间消除了过去的无效率状况；(2) 考虑了预算期间可能发生的变动。第二个优势的例子为：租用一台新型缝纫机，可加快操作速度，并降低次品率。同样，Webb 公司服装的标准数量是由 1 个熟练工人制作 1 件夹克所需的布料数量确定的。

局限：因为标准的设定并不基于已有的基准，有可能不可行或者使工人产生挫败感。

“标准”一词涉及很多方面：

- **标准投入**（standard input）是精心确定的单位产出，比如制作 1 件夹克需要的布料数量或直接人工工时数。
- **标准价格**（standard price）是精心确定的单位产出的投入价格。以 Webb 公司为例，标准工资率就是直接人工的标准价格。
- **标准成本**（standard cost）是精心确定的单位产出成本，比如 Webb 公司生产 1 件夹克的标准直接人工成本。

$$\text{每件夹克每一变动直接投入的标准成本}=\text{生产 1 单位产品所需的标准投入}\times\text{单位产品的标准价格}$$

每件夹克的标准直接材料成本：生产 1 件夹克需要 2 平方码布料，每平方码的标准价格为 30 美元。

每件夹克的标准直接材料成本＝2×30＝60(美元)

每件夹克的标准直接人工成本：生产 1 件夹克需要 0.8 制造工时，每小时的标准价格为 20 美元。

每件夹克的标准直接人工成本＝0.8×20＝16(美元)

预算和标准有什么关系？预算的范围更广。通过以上内容我们已经知道，预算投入价格、预算投入数量和预算成本并不需要以标准为基础。然而当标准被用以获得预算投入数量及价格时，标准和预算就是同一回事了，可以互相代替。生产一单位产品所需每项投入的标准数量及价格，决定了单位产出的标准成本或预算成本。请回顾本章开头是怎样计算直接材料和直接人工的标准成本的，预算直接材料成本为 60 美元/件，预算直接人工成本为 16 美元/小时。

在标准成本系统中，Webb 公司以高效经营可以达到的水平为标准，并允许存在正常的故障。有些公司使用的理想标准或理论标准是假设在营运效率达到高峰并且不存在机器故障和次品的情况下的水平。显然，这种标准是难以达到的。正如我们在第 12 章中讨论的那样，设置过高的标准会使工人产生挫败感，打击他们的积极性，从而使业绩下降。

□ 13.3.2 计算 Webb 价格差异和效率差异的数据

Webb 公司有两类直接成本。2013 年 4 月生产并销售 10 000 件夹克的两种实际成本如下：

直接材料的采购及耗用

1. 采购并耗用的布料投入量	22 200 平方码
2. 每平方码布料的实际价格	28 美元
3. 直接材料成本（22 000×28）（图表 13—2 的第（1）列）	621 600 美元

直接人工

1. 直接人工工时	9 000
2. 单位直接人工工时的实际价格	22 美元
3. 直接人工成本（9 000×22）（见图表 13—2 第（1）列）	198 000 美元

现在让我们使用 Webb 公司的数据来说明价格差异和效率差异。

价格差异（price variance）是实际价格和预算价格的差额与实际投入量（如直接材料采购或耗用）的乘积。价格差异有时也称投入价格差异或**比率差异**（rate variance），尤其当我们提到直接人工差异时。**效率差异**（efficiency variance）是实际投入数量（如作为直接材料的布料的数量）和达到实际产出水平所需的预算投入量的差额，与预算价格的乘积。效率差异有时也称**用量差异**（usage variance）。接下来我们更详细地探讨价格差异和效率差异，以了解管理者如何使用这些差异改进业绩。

成功之匙

公司计算价格差异是为了估计人工或材料的实际投入价格与预算价格之间的差异对利润的影响。高级管理者可以据此对采购经理（材料）或人力资源经理（人工）进行业绩评价。

13.3.3　价格差异

计算价格差异的公式为：

价格差异＝(投入的实际价格－投入的预算价格)×实际投入量

Webb 公司两种直接成本的价格差异为：

直接成本种类	（投入的实际价格－投入的预算价格）	×	实际投入量	＝	价格差异
直接材料	（28－30）	×	22 200	＝	44 400（美元）F
直接人工	（22－20）	×	9 000	＝	18 000（美元）U

直接材料的价格差异是有利的，因为布料的实际价格比预算价格低，导致营业利润增加。直接人工的价格差异是不利的，因为实际支付的人工工资比预算的工资率高，导致营业利润减少。

管理者应该考虑各种可能导致价格差异的原因。例如，Webb 公司的有利直接材料价格差异也许由以下一个或多个原因造成：

1. 采购经理的议价技巧比预想的要高超。
2. 采购经理选择了一个报价更低的供应商。
3. 采购经理购入了比预算采购量更多的物料，因此获得了数量折扣。
4. 直接材料价格由于没有预料到的供给过剩而降低了。
5. 确定直接材料的预算采购价格时没有对市场状况进行认真的分析。
6. 采购经理愿意接受除价格因素之外的其他因素的不利条款（如低质原材料）。

Webb 公司对材料价格差异采取何种反应与其对差异原因的判断有很大的相关性。假设 Webb 公司的管理者把有利差异归因于高于预算的实际采购量带来了数量折扣。但如果随之增长的存货持有成本超出了数量折扣，公司就无法从大量采购中获得好处。基于这个原因，一些公司规定了较低的材料存货水平，以防止采购经理的大量订货（见第 10 章）。

□ 13.3.4 效率差异

对于任何实际产出水平，效率差异就是实际耗用的投入和实际产出水平下应该耗用的投入之差，投入价格不变，与预算相同：

效率差异＝(实际投入量－实际产出下的预算投入量)×投入的预算价格

其中的思想是：如果一个公司的实际投入量大于实际产出水平下的预算投入量，那么是无效率的；如果实际投入量小于实际产出水平下的预算投入量，那么是有效率的。

Webb 公司每种直接成本的效率差异为：

直接成本种类	（投入的实际价格－投入的预算价格）	×	实际投入量	＝	效率差异
直接材料	[22 200－(10 000×2)]	×	30		
	＝(22 200－20 000)	×	30	＝	66 000（美元）U
直接人工	[9 000－(10 000×0.8)]	×	20		
	＝(9 000－8 000)	×	20	＝	20 000（美元）U

这两个生产效率差异（即直接材料差异和直接人工差异）都是不利的，这是因为实际投入量比预算投入量高，造成了营业利润的减少。

与价格差异一样，造成效率差异的原因也是多方面的。例如，Webb 公司不利的直接人工差异可能由以下一个或多个原因造成：

1. Webb 公司的人力资源部经理解雇了一些素质较低的工人。
2. 生产进度安排不当，致使生产一件夹克要消耗比预算更多的制造工时。
3. 维修部门工作不力，导致制造工时超出预算。
4. 由于没有对操作条件和员工技能进行认真的分析，致使预算工时标准定得太高。

假设 Webb 公司的管理者认定不利差异是机器维修不力造成的，公司就可能组建一个有工厂工程师和机器操作员参与的团队，制定未来的维修计划，以减少影响工时和产品质量的机器故障次数。

成功之匙

公司计算效率差异是为了估计人工和材料投入的实际使用与预算之间的差异对利润的影响。管理者可以通过投入的使用效率评估公司的运营业绩，以及采取正确的步骤调整产出过程或提高劳动力的熟练程度。

图表 13—3 显示了弹性预算差异是怎样被分解成价格差异和效率差异的。以直接材料为例，直接材料的弹性预算差异为 21 600 美元 U，是第（1）列中实际发生的成本（实际投入量×实际价格）和第（3）列中弹性预算（实际产出下的预算投入量×预算价格）的差额。第（2）列（实际投入量×预算价格）被插在第（1）列和第（3）列之间。第（1）列和第（2）列的差为 44 400 美元 F 的价格差异，因为第（1）列是

由实际价格与实际投入量相乘得到的，而第（2）列是由预算价格与实际投入量相乘得到的。第（2）列和第（3）列的差为 66 000 美元 U 的效率差异，因为第（2）列是由实际投入量与预算价格相乘得到的，而第（3）列是由实际产出下的预算投入量与预算价格相乘得到的。我们发现，直接材料价格差异 44 400 美元 F，加上直接材料效率差异 66 000 美元 U，就等于直接材料的弹性预算差异 21 600 美元 U。

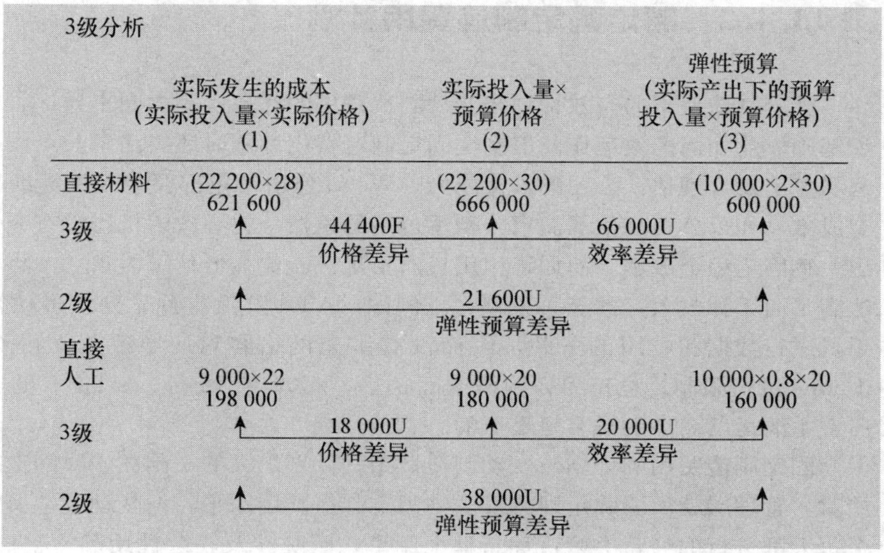

图表 13—3　直接成本差异分析：2013 年 4 月 Webb 公司（美元）

a. F 代表对营业利润有利的差异；U 代表对营业利润不利的差异。

接下来我们将再次使用 Webb 公司的例子来说明变动和固定制造费用的计划和控制。

13.4　计划预算成本和计算制造费用分配率

请回顾一下对 Webb 公司的假定。公司唯一的成本是生产成本。除了直接材料和直接人工外，Webb 公司还发生了变动和固定制造费用。本章中，Webb 公司的变动制造费用包括能源、机器维护、工程支持、间接材料和间接人工的费用，固定制造费用包括厂房租金、工厂设备的折旧和工厂管理者的工资。

13.4.1　制定变动制造费用计划

为了对一项产品或服务的变动制造费用进行有效计划，管理者必须关注那些为顾客创造产品和服务的作业，消除那些非增值作业。Webb 公司的管理者应该对每项作业的变动制造费用进行检查，掌握它们与哪项产品或服务直接相关。例如，顾客希望 Webb 公司的夹克耐穿，那么 Webb 公司的管理者就将高质量的缝合看成是基础作业。因此，包含在公司的变动制造费用中的缝纫机维护，就是一项需要管理者计划的基础作业。类似的维护作业应使成本以一种有效率的方式发生，举例来说，制定维修计划时应进行系统的安排，而不是坐等机器坏掉。对于当今的很多公司而言，如何就更加有效地使用能源做出计划是非常关键的，这也是变动制造费用中迅速增长的组成部分。Webb 公司安装灵敏的电表来监控实际的能源使用，同时也使生产避开销售旺季。

□ 13.4.2 制定固定制造费用计划

固定制造费用的有效计划与变动制造费用的有效计划大同小异，管理者同样仅关注基础作业如何高效运作。但制定固定制造费用计划时还要注意一点：应从公司的长远利益出发合理估计公司的投资能力。Webb 公司每年都要为租用缝纫机支付一笔固定成本，如果公司高估了需求，租用过多的机器，将导致因机器没有充分利用而多支出一笔固定租金成本。而如果租用机器不足——比如低估了需求——将导致因需求无法满足而丢掉收入，甚至失去顾客。例如，AT&T 没有预见到众多顾客使用 iPhone 手机进行数据和应用的下载，因而没有扩充网络容量，导致其不得不对客户使用 iPhone 进行限制。也正因为网络空间狭小，2009 年 12 月，AT&T 的客户满意度在所有主要运营商中的排名是最低的。

固定制造费用的计划与变动制造费用的计划最大的不同在于时间选择。预算期开始时，管理层就需要确定即将发生的固定制造费用水平。但变动制造费用的确定是一个每天都进行的经营决策过程。举个例子，医院涉及一次性用品、单位剂量的药物、缝合线包和医疗废物处置费用，这些是开展作业的数量和性质的函数，也是医师实践模式的函数。然而提供医疗服务的大部分成本是与建筑物、设备和人员工资（这些都是与作业数量无关的固定制造项目）相关的。

□ 13.4.3 标准成本法

我们现在讨论 Webb 公司实行的标准成本制度。**标准成本法**（standard costing）是这样一种成本方法：（1）用标准价格或比率乘以实际产出所需的标准投入数量，以计算单位产出的直接成本；（2）用标准制造费用分配率乘以实际产出所需的分配数量，以分配制造费用。

采用标准成本法，任何产品或服务的标准成本都可以在期初算出来。标准成本法的这一特点使得记录体系变得简单了。计算产品或服务的成本无须记录投入项目的实际成本，也无须记录单个产品或服务每项成本分配基础的实际数量。管理者需要的是变动和固定制造费用的标准制造费用分配率。Webb 公司的管理会计师基于变动和固定制造费用的计划数量及分配的标准数量计算费用率。这个信息来源于第 12 章讨论的预算流程。一旦标准确立，标准成本法下的成本就与实际或正常成本法下的成本没什么关系了。

□ 13.4.4 拟定预算变动制造费用分配率

预算变动制造费用分配率可以通过四个步骤来拟定。在本章中，我们使用“预算分配率”而不是“标准分配率”，来与前面章节中的普通成本法对应。在标准成本法中，预算分配率就是标准分配率。

步骤 1：选择预算期。Webb 公司的预算期为 12 个月，其理由见第 4 章。

步骤 2：选择变动制造费用的分配基础。Webb 公司的经营经理认为变动制造费用的成本动因是机器工时。根据成本—效益原则，公司决定将标准机器工时作为成本分配基础。公司预计 2013 年要达到 144 000 件夹克的预算产出量要消耗 57 600 机器工时（0.40×144 000）。

步骤 3：确定每一成本分配基础的变动制造费用。Webb 公司将所有变动制造费用归入一个单一成本库，包括能源、机器维修、流程支持、间接材料和间接人工。公司预计 2013 年的变动制造费用为 1 728 000 美元。

步骤 4：计算单位成本分配基础的分配率，将变动制造费用分配至单位产出。用步骤 3 中的数据（1 728 000 美元）除以步骤 2 中的数据（57 600 机器工时），得到的 30 美元就是变动制造费用的单位标准机器工时的分配率。

标准成本法下，单位成本分配基础（对 Webb 公司来说是机器工时）的制造费用分配率通常用单位产出的标准分配率表示。这一标准分配率取决于单位产出所需的成本分配基础数量。根据工程研究的结果，Webb 公司估计每单位实际产出需要 0.40 机器工时。

　单位产出的预算变动制造费用分配率
＝单位产出所需的预算投入量×单位产出的预算变动制造费用分配率
＝0.40×30
＝12(美元/件)

Webb 公司将在其 2013 年的静态预算和月度业绩报告中使用 12 美元/件这一数据。

通过计划和控制，管理者希望 Webb 公司的变动制造费用分配率为 12 美元/件。相应地，随着生产的夹克数量的增加，每单位产出的变动制造费用分配率（基于存货成本法）都是 12 美元/件。当然，这也反映了总变动制造费用的蓝图与很多项目（如能源、维修、直接人工等）都是一致的。管理者通过对这些项目进行预算以及对显著差异进行原因分析，以达到对变动制造费用的控制。

□ 13.4.5　拟定固定制造费用分配率

根据定义，固定制造费用在给定期间内为一固定金额，不随与制造费用相关的作业及耗用量水平的变动而变动。固定成本通常包括在弹性预算中，不管在什么产出水平下，都维持相同的金额。回顾一下图表 13—2 和弹性预算的拟定步骤，不管在静态预算还是弹性预算下，固定成本都是 276 000 美元。然而，不要想当然地认为固定成本是不变的。管理者会通过出售设备或解雇员工来削减固定成本。但是与直接材料成本等变动成本不同，固定成本之所以是固定的，是因为它不会随着一定范围内的作业水平的变动而自动增加或减少。

拟定预算固定制造费用分配率的过程与计算预算变动制造费用类似，四个步骤如下所示：

步骤 1：选择预算期间。与变动制造费用相同，固定成本的预算期通常为 12 个月。

步骤 2：选择成本分配基础进行固定制造费用的分配。Webb 公司使用标准机器工时作为固定制造费用的成本分配基础。为什么呢？Webb 公司的管理者相信，从长期来看，固定制造费用会随着机器工时的变化而增加或减少。因此从长期来看，机器工时数是固定制造费用的唯一成本动因。固定制造费用在预算制造费用分配率的计算中以标准机器工时作为分母，称作**基准水平**（denominator level）。简言之，我们假设 Webb 公司 2013 年的预期生产能力为：预算机器工时 57 600 小时，预算产量 144 000 件夹克。

步骤 3：确认每一制造费用分配基础的固定制造费用。因为 Webb 公司的管理者仅使用机器工时作为固定制造费用的分配基础，所以 Webb 公司将所有的固定制造费用都归于单一成本库。这些成本包括折旧、工厂及设备租金、厂部管理人员的工资，以及一些管理成本。Webb 公司 2013 年的预算固定制造费用为 3 312 000 美元。

步骤 4：使用每一成本分配基础的分配率，对生产消耗的固定制造费用进行分配。用步骤 2 中的 57 600 机器工时去除第 3 步中的 3 312 000 美元，得到单位机器工时的固定制造费用 57.50 美元。

$$\begin{aligned}\begin{matrix}\text{预算每单位成本分配}\\\text{基础的固定制造费用}\end{matrix}&=\text{预算固定制造费用总额/成本分配基础的预算耗用量}\\&=3\,312\,000/57\,600=57.50\text{(美元/机器工时)}\end{aligned}$$

在标准成本法中，单位机器工时的固定制造费用 57.50 美元通常用单位产出的标准成本表示。回顾一下 Webb 公司工程研究的估计，每单位产出需要 0.40 机器工时，管理者能够由此计算出每单位产出的预算固定制造费用：

$$\begin{aligned}\begin{matrix}\text{单位产出的预算}\\\text{固定费用}\end{matrix}&=\begin{matrix}\text{单位产出所需的成本}\\\text{分配基础预算耗用量}\end{matrix}\times\begin{matrix}\text{单位成本分配基础的}\\\text{预算固定制造费用}\end{matrix}\\&=0.40\times57.50\\&=23.00\text{(美元/件)}\end{aligned}$$

若编制 2013 年的月度预算，将 3 312 000 美元的年固定制造费用总额除以 12，就可得到每月成本 276 000 美元。

成功之匙

管理者在预算过程中提供的计划和信息是计算预算变动与固定制造费用分配率的基础，该费用分配率被用来将制造费用分配到对应期间的产出中。

13.5 变动制造费用差异

我们现在说明如何用预算变动制造费用分配率来计算 Webb 公司的变动制造费用差异。下面是 2013 年 4 月的资料，公司生产并售出了 10 000 件夹克：

	实际结果	弹性预算值
1. 产量（夹克）	10 000	10 000
2. 机器工时	4 500	4 000
3. 单位产出的机器工时（1×2）	0.45	0.40
4. 变动制造费用	130 500 美元	120 000 美元
5. 单位机器工时的变动制造费用（4÷3）	29.00 美元	30.00 美元
6. 单位产出的变动制造费用（4÷1）	13.05 美元	12.00 美元

弹性预算使得 Webb 公司关注在实际产出 10 000 件夹克时，实际成本及数量与预算成本及数量的差异。

□ 13.5.1 弹性预算分析

变动制造费用弹性预算差异（variable overhead flexible-budget variance）是实际发生的变动制造费用与弹性预算的变动制造费用之差。

变动制造费用弹性预算差异＝实际发生的成本－弹性预算值
＝130 500－120 000
＝10 500(美元)U

这 10 500 美元的不利弹性预算差异意味着 Webb 公司实际变动制造费用超过了实际产出的弹性预算值。Webb 公司的管理者想知道为什么实际成本超过了弹性预算数额。是因为 Webb 公司在生产 10 000 件夹克的过程中使用了比计划更多的机器工时？如果是这样，那么原因是工人对机器的应用不熟练，还是 Webb 公司耗费了更多的变动制造费用，如维修费用？

正如之前对直接成本项目弹性预算差异的阐述，Webb 公司可以进一步分析 10 500美元的不利差异，并分配到效率差异与耗费差异上。

□ 13.5.2 变动制造费用效率差异

变动制造费用效率差异（variable overhead efficiency variance）是实际产出下成本分配基础的实际耗用量与预算耗用量之差，与单位成本分配基础的预算变动制造费用相乘的乘积。

变动制造费用效率差异

$$=\left(\begin{matrix}\text{实际产出下变动制造费}\\\text{用分配基础的实际数量}\end{matrix}-\begin{matrix}\text{实际产出下变动制造费}\\\text{用分配基础的预算数量}\end{matrix}\right)\times\begin{matrix}\text{单位成本分配基础的}\\\text{预算变动制造费用}\end{matrix}$$

＝(4 500－0.40×10 000)×30
＝(4 500－4 000)×30
＝15 000(美元)U

图表 13—4 中的第（2）列和第（3）列显示了变动制造费用的效率差异。该效率差异仅来源于实际数量（4 500 小时）与预算数量（4 000 小时）的差异。变动制造费用效率差异的计算与直接成本效率差异类似，但两者的解释迥然不同。直接成

本项目差异反映了在实际产出下的实际投入与预算投入的差异。例如，法医实验室会与 DNA 实验比较标准时间来计算差异。与此不同，变动制造费用效率差异是基于使用的成本分配方式计算的。Webb 公司不利的变动制造费用效率差异 15 000 美元表示实际机器工时（成本分配基础）比生产 10 000 件夹克所需的预算机器工时多。

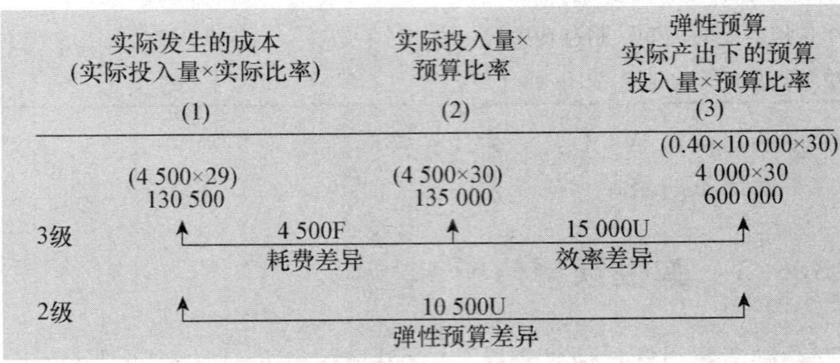

图表 13—4　变动制造费用差异分析：2013 年 4 月 Webb 公司[a]（美元）

a. F 代表对营业利润有利的差异；U 代表对营业利润不利的差异。

下表反映的是 Webb 公司实际机器工时高于预算机器工时的可能原因，以及管理者的反应。

超预算的可能原因	管理者可能的反应
1. 工人的机器操作技术没有预期的那样熟练。	1. 鼓励人力资源部实施更好的员工雇佣计划和培训措施。
2. 生产时间安排不合理，导致机器工时数超出预算。	2. 通过安装生产计划软件改进工厂运营。
3. 机器维护不力，导致生产条件未能达到最佳状态。	3. 保证所有机器的维护工作已完成。
4. Webb 公司接受了一份加急订单，导致机器工时数超出预算。	4. 与销售人员协调生产计划，并实现资源共享。
5. 预算机器工时标准本身设置得太高。	5. 使用更多资源制定合理的标准。

管理层将评价 2013 年 4 月发生 15 000 美元的不利差异的原因，并做出相应的反应。基于差异的原因，无论是制造方面的还是价值链上的其他业务功能（如销售或分销），管理者都需要采取正确的行动。

Webb 公司的管理者发现实际机器工时高于预算机器工时的原因之一是使用了不熟练的工人。因此 Webb 公司开始对雇佣和培训员工进行改进。另一个原因是由于前两个月的机器维护不力，导致 2013 年 4 月的机器运行效率低于预算水平。进一步分析发现，前任工厂经理为了完成每月的预算成本目标而推迟了维修安排。正如我们在第 12 章中讨论的那样，管理者不应当只关注短期预算目标的实现而忽视对长期业绩的损害。如果由于延迟维修而导致出现机器故障的风险加大，工厂经理的做法既危险又不道德。为此 Webb 公司加强了内部维修管理，如果当月未能完成维修任务，经理将受到警告，并需要立即向最高管理层汇报。Webb 公司也尝试教育管理者不要只盯着短期目标，同时对其评估实践进行检查，以确保评价模式不会迫使管理者注重短期目标。

成功之匙

管理者使用变动制造费用效率差异，了解变动制造费用的成本动因效率对利润的影响。该指标比较的是成本动因的实际用量与基于实际产出水平的预算用量。

□ 13.5.3　变动制造费用耗费差异

变动制造费用耗费差异（variable overhead spending variance）是单位成本分配基础的实际变动制造费用与预算变动制造费用之差，与实际产出下变动制造费用分配基础耗用量相乘的乘积。

$$\begin{aligned}&\text{变动制造费用耗费差异}\\&=\left(\begin{array}{c}\text{单位成本分配基础的}\\\text{实际变动制造费用}\end{array}-\begin{array}{c}\text{单位成本分配基础的}\\\text{预算变动制造费用}\end{array}\right)\times\begin{array}{c}\text{实际产出下变动制造费用}\\\text{分配基础的实际耗用量}\end{array}\\&=(29-30)\times 4\,500\\&=-1\times 4\,500\\&=-4\,500(\text{美元})\text{或 }4\,500(\text{美元})\text{F}\end{aligned}$$

Webb 公司 2013 年 4 月单位机器工时的变动制造费用低于预算，故产生有利的变动制造费用耗费差异，图表 13—4 的第（1）、第（2）两列描述了这一差异。

为了理解变动制造费用耗费差异，Webb 公司的管理者需要理解为什么单位成本分配基础的实际变动制造费用（29 美元/机器工时）比预算变动制造费用（30 美元/机器工时）低。

总的来说，Webb 公司耗费了 4 500 机器工时，比弹性预算值的 4 000 机器工时高 12.5%。然而，实际变动制造费用 130 500 美元只比弹性预算 120 000 美元高 8.75%。由于实际变动制造费用的增长率低于弹性预算的机器工时的增长率，因此单位机器工时的实际变动制造费用小于预算值。

变动制造费用包括能源成本、机器维修、间接材料及间接人工。对于 Webb 公司，实际变动制造费用增长率低于机器工时增长率的原因有两个：

1. 变动制造费用中个别项目（如能源、间接材料、间接人工）的实际价格低于预算价格。例如，电力的弹性预算价格为 0.10 美元/千瓦时，而实际价格也许仅为 0.09 美元/千瓦时。

2. 相对于弹性预算，变动制造费用中个别项目的实际使用量的增长率低于机器工时增长率。与弹性预算消耗量为 30 000 千瓦时相比，假设实际能源耗用 32 400 千瓦时，增长率为 8%，事实上这个增长率比 12.5%（实际的 4 500 机器工时与弹性预算的 4 000 机器工时）的机器工时增长率低，这将导致有利的变动制造费用耗费差异。这一差异可全部或部分归因于能源及其他变动制造费用项目的使用效率。

作为五步决策制定法的最后一步，Webb 公司的管理者需要利用变动制造费用差异这个信号，进行业绩评价和学习改进。只有了解了差异产生的原因，Webb 公司才能采取合适的行动，做出准确的预测以改进未来的业绩。

例如，Webb 公司管理者必须分析为什么变动制造费用项目的实际价格与预算价格不同。价格影响可能是由于采购经理的谈判能力强、市场上供给过剩或者直接材料的质量低导致的。Webb 公司应基于真正的差异原因进行分析。例如，如果质量是导致差异的原因，那么 Webb 公司需要引入新的质量管理系统。

类似地，Webb 公司管理者应该理解与变动制造资源相关的使用效率的可能的产生原因。这些原因涉及工人的技术水平、机器的维护以及制造过程的有效性。Webb 公司管理者发现，由于制造流程的改进，Webb 公司在监控资源上的耗费较少。因此，他们正组织跨职能团队以试图获得更好的改进效果。

我们强调，管理者不应总将有利的变动制造费用耗费差异视为合理的。例如，如果 Webb 公司采购低质低价的直接材料，雇用不优秀的监管人员，或者对机器维护不足，那么变动制造费用耗费差异都会是有利的。然而，这些决策很可能损害产品质量，甚至破坏业务的长期前景。

现在我们把注意力转向固定制造费用。

成功之匙

管理者使用变动制造费用耗费差异，来了解预算变动费用分配率与实际变动制造费用的单位成本之间的差异对利润的影响。该指标包括了未预期的价格变化和变动制造费用项目（如能源和间接材料）的使用效率。

13.6 固定制造费用差异

固定成本项目的弹性预算值也包含在期初编制的静态预算中。对固定成本的实际发生值和预算值无须做任何调整。根据定义，固定成本不随相关范围内产出水平的变动而变动。2013 年初，Webb 公司预计每月的固定制造费用为 276 000 美元，而 2013 年 4 月的实际值为 285 000 美元。**固定制造费用弹性预算差异**（fixed overhead flexible-budget variance）是实际发生的固定制造费用与弹性预算的固定制造费用之差。

固定制造费用弹性预算差异＝实际发生的成本－弹性预算值
＝285 000－276 000
＝9 000(美元)U

不利差异是由实际固定制造费用 285 000 美元高出 276 000 美元的预算值造成的，这使得当月的营业利润比预算减少了 9 000 美元。

前面所说的变动制造费用弹性预算差异可分解为耗费差异和效率差异。对固定成本而言，则没有效率差异，这是因为固定成本不受给定期间内机器工时的使用效率的影响。在本章的后面我们可以看到，这不代表公司固定制造费用的使用与效率无关。如图表 13—5 所示，因为没有效率差异，**固定制造费用耗费差异**（fixed overhead spending variance）等于固定制造费用的弹性预算差异值。

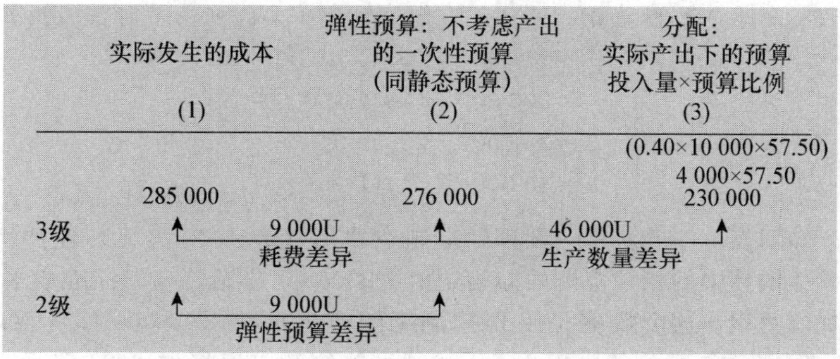

图表 13—5　固定制造费用差异分析：2013 年 4 月 Webb 公司[a]（美元）

a. F 代表对营业利润有利的差异；U 代表对营业利润不利的差异。

固定制造费用耗费差异＝实际发生的成本－弹性预算值

＝285 000－276 000

＝9 000(美元)U

不利的耗费差异的产生原因可能是高昂的厂房租金、厂房和设备的折旧过大或者管理费用过高（如给工厂经理的工资高于预算）。通过差异分析，Webb 公司发现每月的设备租金增长了 9 000 美元。然而，管理层认为其他设备提供商的租金不会比这一新的租金更低了。如果不是这样，管理者会向其他设备提供商租赁设备。

成功之匙

固定制造费用耗费差异使管理者了解固定制造费用的实际耗费与预算期的计划量之间的差异。这使管理者意识到耗费在产能上的资源的未预期的变化。

□ 13.6.1　生产数量差异

现在我们来考察由固定成本导致的生产数量差异。回顾一下，年初 Webb 公司的管理者计算得到的预算固定制造费用分配率是每标准机器工时 57.50 美元。在标准成本法下，Webb 公司的预算固定制造费用以每标准机器工时 57.50 美元的预算分配率分摊到当期产出上，为 23 美元/件（0.40 机器工时/件×57.5 美元/机器工时）。如果 Webb 公司生产 1 000 件夹克，那么 4 月预算的固定制造费用 276 000 美元中有 23 000 美元应当分配给这些夹克。如果 Webb 公司生产 10 000 件夹克，应当分配 230 000 美元。只有当 Webb 公司生产 12 000 件夹克（经营容量）时，所有的 276 000 美元的预算固定制造费用才能全部分配给产出的夹克。这里的重点是，尽管 Webb 公司的预算固定制造费用为 276 000 美元，但并不需要将其全部分配到产出上。理由是 Webb 公司的预算固定制造费用 276 000 美元是为了生产 12 000 件夹克而制定的。如果 Webb 公司没有生产 12 000 件夹克，只需要分配相应的预算固定制造费用即可。

生产数量差异（production-volume variance）是预算固定制造费用与实际产出下的固定制造费用的差额，也称**基准水平差异**（denominator-level variance）。以分配基础单位（Webb 公司机器工时）表示的生产数量差异的计算公式如下：

生产数量差异＝预算固定制造费用－实际产出下所需的预算固定制造费用
＝276 000－(0.4×10 000×57.50)
＝276 000－(23×10 000)
＝276 000－230 000
＝46 000(美元)U

如图表 13—5 所示，预算固定制造费用（276 000 美元）在弹性预算中是定值，在弹性预算中的相关范围内亦为定值。230 000 美元是基于标准成本法计算得到的固定制造费用。这个数值是由预算期间的产出数量（10 000 件）乘以预算单位成本（23 美元/件）得到的。Webb 公司的每单位产出都将加入 23 美元/件的固定制造费用。也就是说，为了将固定制造费用分配到每件夹克上，这些成本被视为变动制造费用。生产数量差异（46 000 美元）就等于单位成本（23 美元/件）乘以未完成的夹克数量（2 000 件＝预算数量 12 000 件－已完成数量 10 000 件）。我们将在下一章探讨不利生产数量差异的可能原因，以及管理方面的应对方式。

管理者应当注意区分固定制造费用的真实表现与其分配给产出的方式。尤其是，虽然将固定制造费用分摊到每单位并以上述方式分配给存货，但管理者应在计划和控制上谨慎使用这种单位化的分配方式。当对固定制造费用进行预测时，管理者应该关注总成本。同样，当管理者出于控制目的分配成本或确定短期内固定的资源总量时，应意识到单位化固定制造费用总会导致错误的决策（回顾第 2 章和第 9 章）。

□ 13.6.2 解释生产数量差异

总的固定成本代表取得生产能力的成本，如厂房及设备租金，即使实际使用的资源比取得的资源少，其价值也不能随之降低。有时固定成本来自合同规定，如租赁成本。有时固定成本来自生产能力取得或处置时的整批成本。例如，如果有一台缝纫机，Webb 公司将可以生产 1 000 件夹克。因为不可能只买缝纫机的一部分，所以 Webb 公司的生产能力的增量是 1 000 件。也就是说，Webb 公司的生产水平是 10 000 件、11 000 件或 12 000 件，而不可能是这些数之间的某个数。

管理层想知道过剩的生产能力是怎样产生的。是因为需求变少了吗？公司需要重新制定生产及营销战略吗？是否存在质量问题？公司是否犯了战略性错误，购置了过多的生产能力？不利的生产数量差异（46 000 美元）产生的原因决定着管理者采取的应对措施。

相反，有利的生产数量差异指的是固定制造费用的过度分配。也就是说，分配到实际产出的成本高于预算的固定制造费用（276 000 美元）。有利的生产数量差异指超过预算固定制造费用（276 000 美元）的部分。

当我们对公司的生产能力决策做出评价，或根据生产数量差异的性质（不利或有利）及大小判断生产能力的使用情况时，要十分谨慎。比如面对 46 000 美元的不利差异，Webb 公司应考虑为什么 4 月只售出了 10 000 件夹克。也许一个新的竞争对手通过降价从 Webb 公司手中抢走了市场份额。为了完成 12 000 件夹克的销售，公司也必须采取降价策略。如果高价销售 10 000 件的收入比低价销售 12 000 件的收入高，不利的生产数量差异就不应归因于此。所以 Webb 公司不能把 46 000 美元的不利差异解释为少销售 2 000 件夹克的经济成本。然而，如果 Webb 公司的管理者预期他们不需要 10 000 件夹克以上的产能，他们可以通过终止某些设备的租约来减少多余产能。

公司应该基于对将来一段时间内需求的预期，战略性地计划工厂的生产能力。2013 年，Webb 公司的预算产出量相当于当时公司生产能力的最大值，而实际需求（及生产数量）低于预算产出，因此公司在 2013 年 4 月产生了不利的生产数量差异。然而这并不意味管理层的生产能力计划是错的。对 Webb 公司所产夹克的需求可能是高度不确定的。考虑到这种不确定性，以及不能满足突然出现的需求（包括损失贡献毛益和减少重复业务）可能产生的成本，Webb 公司的管理者在 2013 年配置富余生产能力也许是一个明智的选择。当然，如果这种需求不可能再次发生，Webb 公司的管理者可能会通过终止某些设备的租约或将设备转租给其他公司来减少不利的生产数量差异。

在判断一项差异是有利的还是不利的之前对其产生的原因进行分析，往往体现了管理层的决策水平，这也能帮助管理者对将来的课题及行动做出决策。是应该减少生产能力，还是应该提高销量，抑或不采取任何行动？基于对形势的分析，Webb 公司的管理者决定减少产能，而非为满足未预期需求保持原有的过剩产能。下面的“实例”专栏提供了一个强调管理者如何利用差异，探寻差异原因，从而进行决策的例子。

实 例　差异分析和标准成本法帮助 Sandoz 管理制造费用

在美国，仿制药越来越重要。Sandoz——瑞士诺华公司下属的价值 95 亿美元的子公司——是最大的制药公司之一。市场定价的压力使 Sandoz 的边际利润越来越微薄。因此，公司必须应对会计上制造费用的挑战。Sandoz 使用标准成本法和差异分析来管理制造费用。

每年，Sandoz 都会基于详细的生产计划、制造费用耗费计划及其他因素编制制造费用预算。Sandoz 还使用作业成本法将预算制造费用分摊到不同的责任中心（混合、调配、片剂、检测和包装）。最后，基于各责任中心每单位产出的作业水平将制造费用分摊到产出中。这个标准产出成本就用来进行营利分析和定价决策。Sandoz 业绩分析的两个重点是制造费用吸收分析和制造费用差异分析。

每月，Sandoz 使用吸收分析对实际产出、实际成本和在产品存货的标准成本进行比较。月度分析评价两种主要趋势：

1. 成本是否与预算相符？如果不相符，需要检查原因并通知相关的管理者。

2. 生产数量和产品组合是否与计划相符？如果不相符，Sandoz 需要检查并调整机器产能和吸收趋势。工厂经理使用吸收分析来决定这是否在预算内，以及设定一个能有效满足客户需求的合适产能。

管理者在责任中心层次上进行制造费用差异的考察。差异帮助管理者做到：(1) 了解机器何时不能运转，制定修理或替换的决策；(2) 找到流程、安排和清洗中的无效率环节，这样可以更有效地使用机器；(3) 检查和改进标准。管理层以月度为基础检查现有的和未来的产能使用，在企业资源计划系统中使用标准小时。在确定产能约束和未来资本需求时，标准是有用的。这些努力带来了更好的定价和产品组合策略，减少了浪费，改进了流程，使 Sandoz 做出有效的产能选择，这些都有利于提升整体的盈利能力。

资料来源：Based on conversations with, and documents prepared by, Eric Evans and Erich Erchr (of Sandoz), 2004; Novartis International AG. 2012. 2011 Annual Report. Basel, Switzerland: Novartis International AG.

成功之匙

固定制造费用生产数量差异向管理者展示了实际的固定制造费用与预算水平之间的差异对利润的影响。这一信息有助于管理者选择公司需要额外的产能或者在未来缩小产能，同时也决定如何更好利用产能，如通过促销增加销量，或重新分配产能使之得到完全利用。

13.7 差异的综合分析

如前所述，对变动制造费用和固定制造费用的差异的计算是不同的。

- 变动制造费用没有生产数量差异。
- 固定制造费用没有效率差异。

图表 13—6 中的图 A 说明了制造费用差异，图 B 说明了固定制造费用差异。通过图表 13—6，我们了解到怎样用图 A、图 B 分析不同的差异。在图 A 和图 B 中：

- 第（1）、第（2）两列之差：耗费差异。
- 第（2）、第（3）两列之差：效率差异（若存在差异）。
- 第（3）、第（4）两列之差：生产数量差异（若存在差异）。

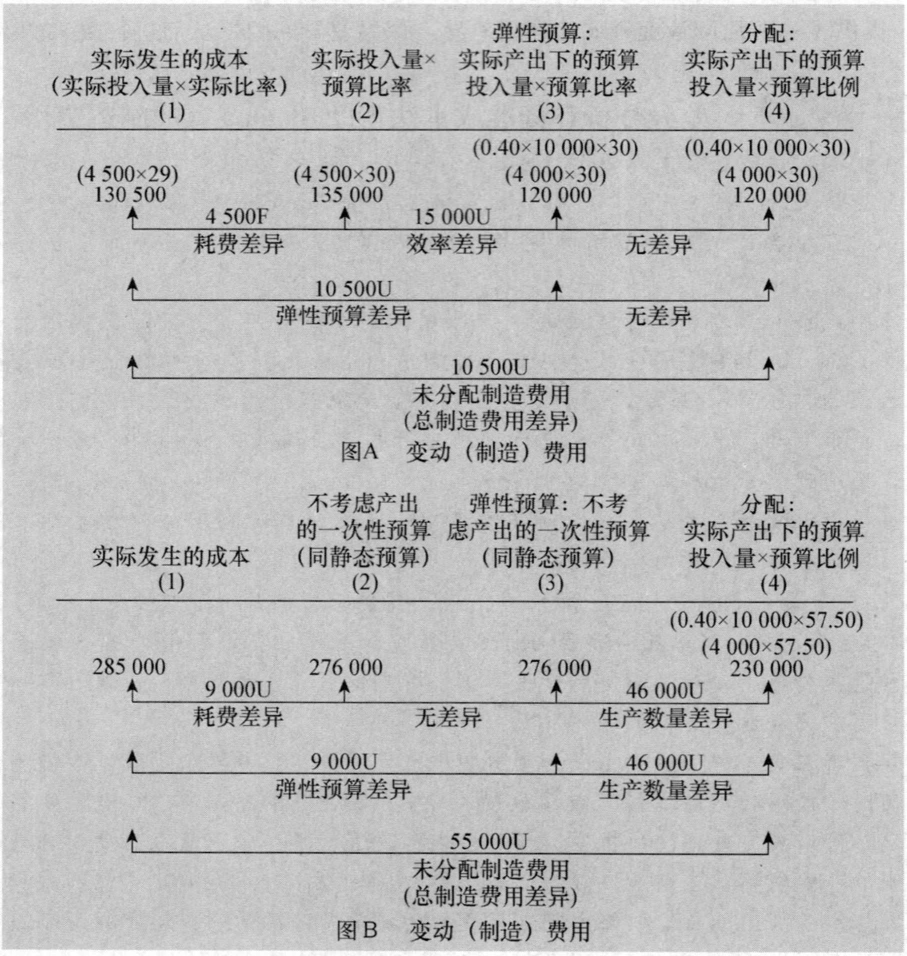

图表 13—6 差异的综合分析：2013 年 4 月 Webb 公司[a]（美元）

a. F 代表对营业利润有利的差异；U 代表对营业利润不利的差异。

图 A 中有效率差异，而图 B 中没有。在给定的预算期间内，固定成本不受营运效率的影响。

图 A 中没有生产数量差异，是因为分配的变动制造费用总是与弹性预算相同。变动成本中不包含任何闲置的生产能力。当夹克的产销量从 12 000 件降为 10 000 件时，预算变动制造费用也同比例减少了。固定成本则不同。图 B 中包含生产数量差异，这是因为公司必须按 12 000 件夹克的计划产出水平支付固定制造费用，即使只生产了 10 000 件，即使生产能力有闲置，支付数额也不变。

Webb 公司确认的差异之间并不是相互独立的。例如，Webb 公司可能购买了低质量的设备（导致有利的变动制造费用耗费差异），使得设备的运转时间超出预算（导致不利的变动制造费用效率差异），并且出现低于预算的产出（导致不利的生产数量差异）。

在通用电气和迪士尼等业务复杂的大公司里，进行详细的差异分析是很常见的。因为管理者不可能从头到尾了解他们职责范围内发生的所有事情。详细的差异分析可以帮助管理者将注意力放在与预期不符的运营上。小企业的管理者能通过个人观察和非财务指标了解运营活动。他们发现需要额外衡量的综合差异的分析价值不大。例如，为简化成本系统，小公司可能不区分变动制造费用和固定制造费用，因为这种区分本身就是不明确的。比如我们从第 2 章和第 8 章了解到，诸如监管、质量控制和材料挑选等成本都包含变动和固定部分，很难完全分离。因此管理者可能使用粗略的差异分析将变动制造费用和固定制造费用合并为总制造费用。

再看图表 13—6，弹性预算和变动及固定制造费用的生产数量差异构成了总制造费用差异 65 500 美元。**总制造费用差异**（total-overhead variance）等于未分配制造费用的总额（回顾一下我们在第 4 章对普通成本法下未分配制造费用的讨论）。同样，直接材料和直接人工的弹性预算差异（见图表 13—3）为 59 600 美元（21 600＋38 000）。以上两个数字加总得到的 125 100 美元，就是标准成本法下分配到单位产出的成本与实际发生的成本之间的差异。在普通成本法下，未分配制造费用的处理方式是，在期末销掉产品销售成本，并在产品销售成本、在产品和产成品中分配。

□ 13.7.1　差异概述

我们完成的对 Webb 公司差异分析的研究，有助于我们回头看看前面的图表，以及将标准成本法的会计功能和业绩评价功能联系起来。图表 13—1 首先确认了来自静态预算营业利润（108 000 美元）与实际营业利润（14 900 美元）之间的 93 100 美元 U 的静态预算差异。图表 13—2 将 93 100 美元 U 的静态预算差异分为 29 100 美元 U 的弹性预算差异和 64 000 美元 U 的销售数量差异。接着，我们展示了更详细的差异，将变动制造费用分为销售价格、直接材料、直接人工的弹性预算差异。对于固定制造费用，弹性预算差异（9 000 美元 U）与耗费差异（9 000 美元 U）是一致的。那么生产数量差异呢？

生产数量差异是销售数量差异的一部分。回顾一下，64 100 美元 U 的销售数量差异指的是少销售 2 000 件夹克所损失的贡献毛益。此损失包括两部分。首先，标准成本法下，固定制造费用的处理与变动制造费用类似。静态预算的营业利润108 000美元除以12 000件夹克等于9美元的单位营业利润。2 000件夹克的差额导致了营业利润18 000美元U的差额（2 000×9）。这个数额就是**营业利润数量差异**（operating-income volume variance）。它等于静态预算的单位营业利润乘以预算产出与实际产出之间的差异值。销售数量差异的另一部分反映了固定制造费用的产能没有得到充分利用，导致产出水平比预算低。这个就是不利的生产数量差异（46 000美元）。总而言之，销售数量差异包括营业利润数量差异和生产数量差异，如下所示：

	营业利润数量差异	18 000美元U
（+）	生产数量差异	46 000美元U
等于	销售数量差异	64 000美元U

现在我们提供将93 100美元U的静态预算差异分为几个部分的汇总图（如图表13—7所示）。注意更高级的差异分析是如何提供业绩评价的详细信息的。

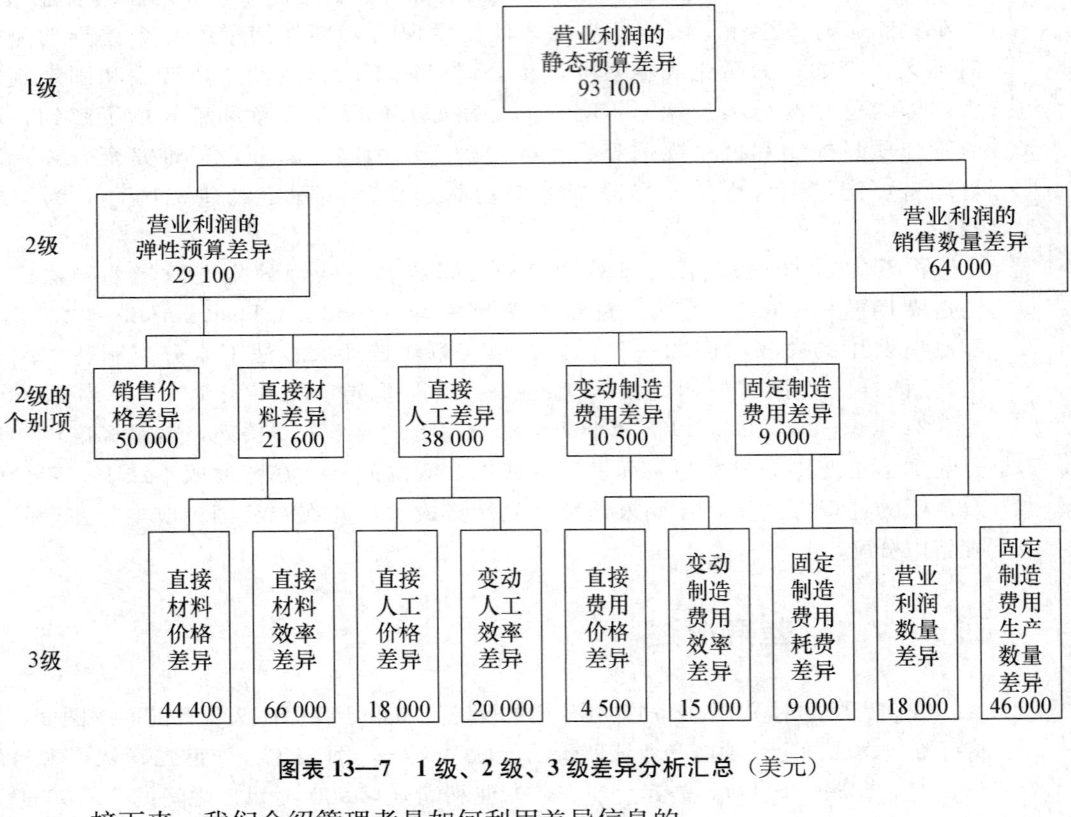

图表13—7 1级、2级、3级差异分析汇总（美元）

接下来，我们介绍管理者是如何利用差异信息的。

13.8 管理者如何应用差异

在实施决策后，管理者使用差异进行业绩评价，以激发组织学习，促进持续改进。差异是预警系统，可以帮助管理者注意到存在的问题与机会。差异分析不仅能帮助管理者评价现阶段行动的有效性和人员表现，而且能帮助管理者进行调整以在未来获得更好的业绩。为确保管理者正确地解释差异和采取恰当的行动，管理者需要意识到，差异的产生存在多种原因。

□ 13.8.1　差异产生的多种原因

管理者不能孤立地分析差异。价值链上某部分的差异的产生原因可能是其他部分决策的结果。试想一下 Webb 公司生产线上不利的直接材料效率差异。以下是产生此差异的可能原因：

1. 产品或生产流程存在设计缺陷。
2. 因工人不熟练或设备故障导致生产线质量差。
3. 对于特定工作的劳动力或机器的分工不当。
4. 为处理销售代表的大量紧急订单而造成生产拥堵。
5. Webb 公司的供应商提供的布料质量不一。

原因 5 考虑了公司供应链上的无效率，从另一个角度提供了不利的直接材料效率差异的解释，如 Webb 公司夹克的布料供应商导致差异。如果可能的话，管理者必须试图了解产生差异的根本原因。

□ 13.8.2　何时调整差异

管理者必须意识到，标准不仅是一个单一的指标，还是一个可接受的投入数量、成本、产出数量或价格的范围。因此，他们希望只发生小的差异。可接受范围内的差异被认为是“控制内的事件”，不需要管理者进行调查或采取行动。那么，什么时候管理者需要调查差异呢？

通常，管理者基于主观判断或根据经验对差异进行调查。对于重要项目，例如产品缺陷，即使只是小差异也需要进行调查和采取行动。对于其他项目，例如直接材料成本、人工成本和维修成本，公司通常的规定是“对所有超过 5 000 美元或 25%的预算成本差异进行调查”。例如，100 万美元的直接材料成本有 4%（40 000 美元）的差异比 10 000 美元修理成本有 20%的差异（2 000 美元）更值得关注。与管理控制系统中的其他方法一样，差异分析也应遵循成本—效益原则。

□ 13.8.3　应用差异的业绩指标

管理者在评价下属的业绩时，经常使用差异分析。一般评价业绩的两个属性：

1. **效果**（effectiveness）：实现一个事先确定的目标或对象的程度，如星巴克的 VIA 即冲即饮咖啡的销售量、市场份额和客户满意度。

2. **效率**（efficiency）：给定产出水平一定时的相对投入量。例如，制造相同数量的 VIA 咖啡，Arabica 咖啡豆的用量越少越有效率，或使用相同数量的 Arabica 咖啡豆，制造的 VIA 咖啡越多越有效率。

正如之前讨论的那样，管理者必须确保他们在使用差异进行业绩评价前理解产生差异的原因。假定 Webb 公司的采购经理刚谈成一笔交易，这会导致有利的直接材料价格差异。有利差异的出现可能是如下原因导致的：

1. 采购经理在与供应商的讨价还价中取胜。

2. 采购经理采取大宗购买、减少订货次数的策略获得了折扣。（然而，短期内无视实际需求量而购入大量存货，会导致存货积压。）

3. 采购经理接受了要价最低的供应商的条件，但在货物发送之前没有检查供应商质检情况。

如果采购经理的业绩仅用价格差异一项指标来衡量，那么评估结果肯定是正面的。原因 1 支持了这一正面结论——采购经理成功地压低了价格。原因 2、原因 3 中的大宗购买或没有认真查验供应商的质检手续，虽然都会带来短期收益，但这种短期收益会很快被增加的存货仓储成本、增加的产品质检成本和上升的次品率所抵消。与有利价格差异带来的收益相比，Webb 公司最终会因原因 2 和原因 3 损失更大。

管理者不应一看到有利差异就认为这是一个“好消息”。

差异分析的一个好处就是它强调了个人的业绩表现。然而如果过分强调任何一个单一的评价尺度（例如，一个人工效率差异或一份消费者等级报告），管理者往往会出于让某个特定的指标好看的目的而做决策。这些行为是与公司的总体目标相悖的，是阻碍因素。如果最高管理层在设计业绩评价方案时忽略了对公司总体目标的强调，这种不好的情况就很容易出现。

□ 13.8.4 组织学习

差异分析的关键是理解差异因何产生以及怎样利用差异评价及改进业绩。例如，为了降低不利的直接材料效率差异，公司可能会优先于其他改进措施，首先在改善产品设计、提高原材料质量和劳动力技术水平方面下工夫。有时一个不利的直接材料效率差异可能是产品战略需要改变的一个信号，因为也许现有产品已不存在进一步降低成本的空间。差异分析不应成为“责备游戏”（即寻找一个替罪羊承担一切与不利差异有关的责任）的工具，而应帮助公司了解已经发生的事情以及怎样能够做得更好。

我们已经讨论过差异的两个作用：业绩评价和组织学习，管理者应在两者之间达到一种微妙的平衡。差异分析对业绩评价很有效，但过分强调业绩评价和实现个人的差异目标就会破坏组织学习和持续改进。为什么呢？因为这样做容易导致为达标而达标，结果往往是那些富有挑战性的、需要创造性和智谋的目标被管理者避之唯恐不及，而那些容易达到的目标成为管理者追逐的对象。例如，如果过分强调业绩评价，Webb 公司的生产经理情愿制定一个生产时间充裕的标准，也不会有动力去改进流程、减少生产时间和降低成本。

过分强调业绩评价也会导致管理者为了达到预算目标、避免不利差异而不惜采取损害公司长远利益的行为。例如，为了在规定时间内完成生产定额，管理者以低劣的质量为代价，催促工人加快生产进度。但如果我们把差异分析看成是一种促进组织学习的方式，这些负面效应就不太可能发生。

成功之匙

管理者将差异分析作为学习和改进的方式，而不是作为惩罚未达标者的手段是非常关键的。过于强调标准的实现会导致设定的目标偏低，以及不恰当的达标行为，这样会导致消极的长期后果。

□ 13.8.5　持续改进

管理者也能使用差异分析来创造一个持续改进的良性循环。该怎么做呢？不断地反复确认差异的产生原因，采取正确的行动并评价行动的结果。当产品刚刚投入生产时，通常改进的机会比较大。一旦显而易见的改进机会被发现，正如低垂的果实较易被摘取，要发现其他机会就需要较多的巧思了。一些公司使用改善预算法（见第 12 章）对连续区间的预算成本进行削减。改善预算法的优点在于它明确了持续改进的目标。

□ 13.8.6　财务与非财务业绩指标

几乎所有公司都同时使用财务指标与非财务指标来进行业绩评价，而非只使用其中的一种。为控制生产流程，监督人员不能等到看到有差异的会计报告才开始工作。相反，这种控制通常需要及时的非财务业绩指标。例如，日产公司的工厂编制废品率和生产安排的报告并将其展示在厂区的显示屏上。

在 Webb 公司，布料在裁剪车间进行剪裁和拼接，对该部门的控制表现为对工人的观察和对非财务指标的掌握，比如生产 1 000 件夹克所用布料的数量，或从开始生产到完工不需要返工的产品比率。Webb 公司的生产经理发现这些非财务指标非常容易理解。同时，Webb 公司的生产经理也会使用一些财务指标来衡量整体的成本效率，来改善经营、帮助决策，比如改变生产夹克的投入组合。财务指标的重要性在于它体现了不同实际作业的经济影响。在某种程度上，需要管理者权衡取舍——通过增加某一实际作业（如剪裁）的成本来降低另一实际指标（如次品率）。

类似地，对 Webb 公司计划和控制其制造费用有用的非财务指标包括：

1. 实际每机器工时耗用的间接材料，相对于预算每机器工时耗用的间接材料。

2. 实际每机器工时耗用的能源，相对于预算每机器工时耗用的能源。

3. 实际每生产一件夹克耗用的机器工时，相对于预算每生产一件夹克耗用的机器工时。

与财务性差异一样，这些非财务性差异也对管理者发现问题有指导作用。这些非财务指标可能会在生产区域每天甚至每小时报告一次。在很多情况下，本章讨论的制造费用差异（如以上三个因素）最初就是以非财务指标的面目出现的。日本一些公司通过引入预算—实际差异分析法和部门之间的内部交易系统来严格控制 CO_2 的排放。其目标是通过提高雇员对减少排放的关注，为未来日本政府制定温室气体排放的削减计划做准备。

总之，财务指标和非财务指标都是用来评价管理者业绩的。仅依赖其中之一会显得非常片面，因为两者是对业绩不同方面的反映。非财务指标（比如之前描述的）提供了有关管理者个人业绩的反馈，财务指标则用于评价总体的效应以及不同的非财务指标之间的平衡。

□ 13.8.7 非制造业中的成本差异

我们已对 Webb 公司的变动及固定制造费用进行了考察。管理者也可以使用差异分析去考察非生产部门的制造费用，以及做出有关价格、管理成本、产品组合的决策。例如，分销成本高的行业，如汽车、耐用消费品、水泥和钢铁行业，应该就变动分销费用的耗费差异及效率差异提供及时可靠的信息。

一些劳动力密集型的服务行业的公司，例如麦当劳，使用标准成本控制人工成本。对于其他服务行业的公司，如航空公司、医院、宾馆和铁路公司，其产出一般分别用飞行英里数、住院天数、住宿天数及货物运输的吨·英里数计量，很难有效地将成本分配至单位产出中。大部分成本是固定间接成本（例如，设备、建筑及员工成本）。有效利用生产能力是盈利的关键，此时固定制造费用差异可以帮助管理者。零售行业的公司，如凯马特（Kmart），也有大量与产量相关的固定成本（如租赁和占有成本）。在凯马特的例子中，销售的下降导致产生未使用的产能和不利的固定成本差异。凯马特通过关闭门店削减固定成本，但它还是在 2002 年 1 月申请破产了。

□ 13.8.8 信息科技对差异的影响

现代信息技术极大地推动了标准成本制度在产品成本和控制方面的应用。例如戴尔和 Sandoz 这样的公司将标准价格和标准数量信息存储在电脑系统中，一台条形码扫描仪记录下材料的收讫，然后立即利用存储的标准价格确认各项材料的成本。材料收讫和购货单相匹配，确定应收账款的金额，同时分离出直接材料的价格差异。

生产结束时，直接材料的标准数量应该已经与电脑化信息进行了比较，此直接材料的电脑化信息是生产场地操作员提交的。这一差额与标准直接材料价格相乘，就是直接材料效率差异。员工登录生产场地终端，输入员工号码、开始及终止时间和参与生产的数量，系统就可以计算出人工差异。如果需要，管理者可以通过这些差异的即时反馈立即采取纠正措施。

信息技术还帮助许多公司提高业绩：

● 全面质量管理可以帮助制造和服务行业的公司控制成本。诸如迪士尼、联邦快递和肯德基等公司有先进的质量管理程序来简化流程和持续监控，同时使用信息技术减少浪费和快速服务。

● 计算机集成制造（CIM）系统有助于像丰田这样的公司使用弹性预算和标准成本法管理材料操作和组织作业。

● 第 10 章介绍的企业资源计划（ERP）系统使公司更容易了解存货的标准、平均和实际成本，以及差异的即时评价。诸如卡特彼勒（Caterpillar）、喜力（Heineken）和保时捷等公司的管理者使用差异信息以确定公司更需要关注的是制造流程还是采购流程。

成功之匙

管理者开发和使用包括 ERP 系统在内的信息技术，极大地促进了标准成本系统和差异分析的低成本使用。

学习自测

David James 是 Doorknob Design Company（DDC）的管理者。该公司是制造昂贵的黄铜球形门拉手的公司。公司使用两种直接成本：直接材料和直接人工。公司的商业分析师认为制造费用与材料使用密切相关，因此，公司以材料使用的重量作为分配制造费用的基础。

2013 年初，DDC 公司的年度预算产量为 400 000 个球形门拉手，对每个产品采用以下标准：

	投入	单位成本
直接材料（黄铜）	0.3 磅，每磅 10 美元	3 美元
直接人工	1.2 小时，每小时 20 美元	24 美元
制造费用		
变动	6 美元/磅×0.3 磅	1.8 美元
固定	15 美元/磅×0.3 磅	4.5 美元
单位标准成本		33.3 美元

2013 年 4 月的实际结果：

产量	35 000 个
直接材料采购	12 000 磅，每磅 11 美元
直接材料使用	10 450 磅
直接人工	38 500 小时 808 500 美元
变动制造费用	64 150 美元
固定制造费用	152 000 美元

要求：

1. 计算 4 月的如下差异，对每个差异是有利的（F）或不利的（U）进行标注：

a. 直接材料价格差异（基于采购）；

b. 直接材料效率差异（基于使用）；

c. 直接人工价格差异；

d. 直接人工效率差异；

e. 变动制造费用耗费差异；

f. 变动制造费用效率差异；

g. 生产数量差异；

h. 固定制造费用耗费差异。

2. James 能否使用某种差异解释其他差异？请举例说明。

解答

1. 参见图表 13—8。特别注意，第 2 列是直接材料的计算：120 000 美元用于直接材料采购，104 500 美元用于直接材料使用。直接材料价格差异基于采购计算得到，因此负责采购的管理者可以立即了解差异的产生原因并做出正确的调整。效率差异是生产经理的责任，因此这个差异发生在材料使用时。

2. 直接材料价格差异表明 DDC 公司在购买黄铜时支付了比计划高的价格。如果是因此采购了更高质量的黄铜，也许可以解释黄铜的使用量为何比计划要少（导致有利的材料效率差异）。相应地，因为 DDC 公司的管理者基于材料使用量分配变动制造费用，所以有利的变动制造费用效率差异出现了。高质量黄铜的采购行为也可以解释为何制造球形门拉手的人工时间比计划要短（导致有利的直接人工效率差异）。最后，不利的直接人工价格差异可能说明雇员比预期更有经验，这也与有利的直接材料和直接人工效率差异相关。

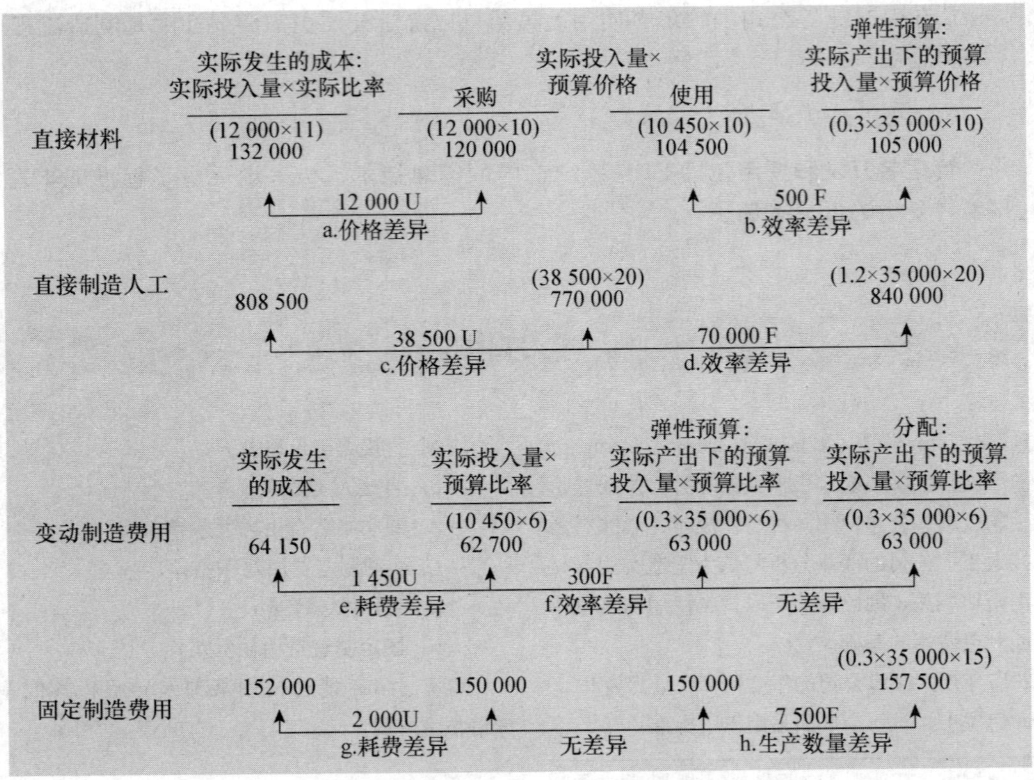

图表 13—8　差异的综合分析：2013 年 4 月 DDC 公司[a]（美元）

a. F 代表对营业利润有利的差异；U 代表对营业利润不利的差异。

决策要点

下面是对本章学习目标的总结，决策问题代表与学习目标相关的关键问题，指南则是对该问题的回答。

决策问题	指南
1. 弹性预算与静态预算有什么不同？为什么公司要使用弹性预算？	静态预算是以某一产出水平为基础的在预算期开始时编制的预算。弹性预算根据预算期的实际产出水平进行调整。弹性预算比静态预算更能协助管理人员洞察差异的产生原因。
2. 怎样编制弹性预算？怎样计算弹性预算差异和销售数量差异？	编制弹性预算应分三步。所有成本不是随产出单位而变动的变动成本，就是固定成本，这三个步骤只需要知道预算售价、每单位预算变动成本、预算固定成本和实际产量即可。静态预算差异可分为弹性预算差异（实际结果与弹性预算金额之差）及销售数量差异（弹性预算销售量与静态预算销售量之差）。
3. 为什么要计算价格差异和效率差异？	计算价格差异和效率差异可协助管理人员洞察业绩的两个不同（但非独立）的层面。价格差异强调实际投入价格与预算投入价格的差异。效率差异则强调实际投入量与实际产出下的预算投入量的差异。

4. 管理者怎样计划制造费用？管理者怎样计算预算制造费用分配率？	为有效计划制造费用，管理者必须仅对主要作业进行计划并有效实施。计划固定制造费用需要选择产能。预算变动（固定）制造费用分配率的计算等于预算变动（固定）制造费用除以成本分摊基础的基准水平。
5. 变动制造费用有哪些差异？	当变动制造费用采用弹性预算时，可以计算变动制造费用效率差异和耗费差异。变动制造费用效率差异衡量成本分配基础的实际消耗量与预算消耗量之差。变动制造费用耗费差异衡量单位成本分配基础的实际成本与预算成本之差。
6. 固定制造费用有哪些差异？	对于固定制造费用而言，静态预算和弹性预算是一致的。预算和实际数额的固定制造费用的差异是弹性预算差异，也是耗费差异。生产数量差异衡量的是预算固定制造费用与以实际产出为基础的固定制造费用之间的差异。
7. 将预算期内实际盈余与预算盈余统一起来的最好方法是什么？	差异的综合分析包括直接材料和直接人工的价格差异和效率差异、变动制造费用的耗费差异和效率差异、固定制造费用的耗费差异和生产数量差异。通过对所有差异进行分析，管理者可将预算期内的实际成本与以产出为分配基础的成本统一起来。
8. 管理者如何使用差异？	管理者在控制、决策实施、业绩评价、组织学习和持续改进中使用差异。在这些情况下使用差异时，管理者并不会关注单一差异，而是对几个差异进行综合考虑。

重要术语

budgeted performance　预算业绩
denominator level　基准水平
denominator-level variance　基准水平差异
effectiveness　效果
efficiency　效率
efficiency variance　效率差异
favorable variance　有利差异
fixed overhead flexible-budget variance　固定制造费用弹性预算差异
fixed overhead spending variance　固定制造费用耗费差异
flexible budget　弹性预算
flexible-budget variance　弹性预算差异
management by exception　例外管理法
operating-income volume variance　营业利润数量差异
price variance　价格差异
production-volume variance　生产数量差异
rate variance　比率差异
sales-volume variance　销售数量差异
selling-price variance　销售价格差异
standard　标准
standard cost　标准成本
standard costing　标准成本法
standard input　标准投入
standard price　标准价格
static budget　静态预算
static-budget variance　静态预算差异
total-overhead variance　总制造费用差异
unfavorable variance　不利差异
usage variance　用量差异
variable overhead efficiency variance　变动制造费用效率差异
variable overhead flexible-budget variance　变动制造费用弹性预算差异
variable overhead spending variance　变动制造费用耗费差异
variance　差异

作 业

简答题

13—1 区分有利差异与不利差异。

13—2 为什么管理者认为弹性预算比静态预算的信息量大？

13—3 列出有利的材料价格差异产生的三个原因。

13—4 试述不利的直接人工效率差异产生的三个原因。

13—5 一位工厂管理者说："和我们工厂的会计打交道真令人沮丧，他只会为他报告里的那些差异找某个人兴师问罪。"请评论以上观点。

13—6 计划固定制造费用与计划变动制造费用有什么不同？

13—7 影响变动制造费用耗费差异的因素是什么？

13—8 假设变动制造费用采用机器工时分摊。试举出三个可能产生有利变动制造费用效率差异的原因。

13—9 计算预算固定制造费用分配率的步骤是什么？

13—10 "制造费用差异应视为互相关联的而非独立的"。试举例说明。

练习题

13—11 （弹性预算）Connolly 公司生产一级方程式赛车专用的轮胎。2013 年 8 月，该公司预计生产并销售 3 500 个轮胎，每个轮胎的变动成本为 75 美元，固定成本总额为 56 500 美元。预算销售价格为每个轮胎 112 美元。2013 年 8 月的实际销售量为 3 400 个，实际销售价格为每个轮胎 113 美元。实际变动成本总额为 278 800 美元，实际固定成本总额为 51 500 美元。

要求：

1. 编制一份业绩报告（类似于图表 13—2），使用弹性预算和静态预算。

2. 对要求 1 的结果进行评价。

13—12 （弹性预算）Harvin 公司生产的公文包的直接材料、直接人工与直接营销（分销）人工的单位预算价格分别为 37 美元、9 美元和 13 美元。该公司总裁对下列业绩报告十分满意：

	实际成本（美元）	静态预算（美元）	差异（美元）
直接材料	373 000	407 000	34 000F
直接人工	97 200	99 000	1 800F
直接营销（分销）人工	133 000	143 000	10 000F

实际产出 9 800 个公文包，假设上述三个直接成本项目皆为变动成本。

要求：总裁的满意有根据吗？使用弹性预算和静态预算，编制修正后的业绩报告。

13—13（弹性预算，倒推）Putnam 公司是一家制造汽车引擎的公司。公司的新会计实习生不小心删除了 2012 年 12 月 31 日的差异分析计算过程。下表是剩余的数据（单位：美元）：

	A	B	C	D	E	F
1	2012 年 12 月 31 日的业绩报告					
2						
3		实际结果	弹性预算差异	弹性预算	销售数量差异	静态预算
4	销售数量	100 000				95 000
5	收入（销售）	716 000				389 500
6	变动成本	485 000				209 000
7	贡献毛益	231 000				180 500
8	固定成本	145 500				95 000
9	营业利润	85 500				85 500

要求：回答下列问题：

1. 所有需要的差异是多少？（如果你是正确的，你会发现总的静态差异是 0。）

2. 实际和预算的销售价格分别是多少？实际和预算的单位变动成本分别是多少？

3. 回顾你所计算的差异，列出可能的原因和潜在的问题。你觉得最重要的收获是什么？

13—14 （价格与效率差异）Seneca 公司是制造灯泡的公司。它为单位产出的直接材料与直接人工确定了如下标准：

直接材料：10 磅，5.4 美元/磅	54.00 美元
直接人工：0.5 小时，29 美元/小时	14.50 美元

2013 年 1 月的预算产成品为 9 760 个，实际产出为 9 600 个。2013 年 1 月的实际结果如下：

直接材料：使用了 95 500 磅	
直接人工：4 700 小时	143 350 美元

假设没有期初直接材料或产成品存货。

本月材料进货为 97 600 磅，总成本为 536 800 美元。投入价格差异在进货时分离，投入效率差异在材料耗用时分离。

要求：

1. 计算 2013 年 1 月直接材料与直接人工的价格差异与效率差异。

2. 评论 Seneca 公司 2013 年 1 月的价格差异和效率差异。

3. 说明为什么公司在不同时点分离材料价格差异和材料效率差异。

13—15 （持续改进）（续练习题 13—14）Seneca 公司采用持续改进方法确定每月的标准成本。2013 年 1 月，直接材料标准成本为 54 美元 1 单位，直接人工成本为 14.5 美元/小时。得益于有效运营，2013 年 2 月的标准值为 1 月的 0.980 倍，3 月的标准值为 2 月的 0.990 倍。除此以外，假设 2013 年 3 月的其他数据与练习题 13—14 相同。

要求：

1. 计算 2013 年 3 月每产出单位的直接材料与直接人工的标准投入数量（保留三位小数）。

2. 计算 2013 年 3 月直接材料与直接人工的价格差异与效率差异（结果四舍五入到整数）。

13—16 （材料与人工差异，标准成本）Dawson 是一家私有的家具制造公司。2012 年 8 月，Dawson 公司每把椅子的标准成本如下：

	每把椅子的标准值
直接材料	投入 2 平方码，5.5 美元/平方码
直接人工	投入 0.5 小时，10.8 美元/小时

下面为实际业绩资料：实际产出椅子 2 600 把；购入并耗用投入 4 700 平方码；每平方码价格为 5.80 美元；直接人工成本共 9 660 美元；实际投入 920 小时，每小时人工价格为 10.50 美元。

要求：

1. 写出直接材料及直接人工的价格差异及效率差异的计算过程，并对产生差异的原因做出合理解释。

2. 假设购入材料 7 000 平方码（每平方码 5.80 美元），但仅耗用了 4 700 平方码。假设差异应在最可能的控制点予以确认，因此直接材料进料价格差异应在采购部门而非生产部门分离。请根据这种方法计算价格差异及效率差异。

13—17 变动制造费用，差异分析。Grand Clothing 公司生产西装。每件西装的成本由三项变动成本（直接材料成本、直接人工成本与制造费用）以及一项固定成本（制造费用）组成。变动制造费用以每件西装的预算直接人工工时为基础进行分配。2013 年 6 月，每件西装预算花费 4 小时人工，每工时的预算变动制造费用为 14 美元。2013 年 6 月预算生产西装 1 020 件。

2013 年 6 月实际开始生产并完工 1 000 件西装，实际变动制造费用为 67 650 美元。无期初或期末存货。6 月的实际制造工时为 4 510 小时。

要求：

1. 计算变动制造费用的弹性预算差异、耗费差异与效率差异。

2. 评论上述结果。

13—18 （固定制造费用，差异分析）（续练习题 13—17）Grand Clothing 公司采用预算直接人工工时来分配固定制造费用。2013 年 6 月固定制造费用的预算为 61 200 美元，实际为 63 900 美元。

要求：

1. 计算固定制造费用耗费差异并评论结果。

2. 计算 2013 年 6 月的生产数量差异。说明 Grand Clothing 公司可由这项差异得出哪些结论。

13—19 （变动制造费用差异分析）Whole Bread 公司制作法式长棍面包，销售给高档杂货店。公司有两类直接成本：直接材料与直接人工。变动制造费用按标准直接人工工时进行分配。以下是该公司的一些相关预算数据：

直接人工	每块面包 0.02 小时
变动制造费用	每直接人工工时 10.00 美元

2012 年 12 月 31 日公司又有如下记录：

计划（预算）产出	3 000 000 块
实际产出	2 400 000 块
直接人工	42 000 小时
实际变动制造费用	558 600 美元

要求：

1. 说明分配变动制造费用的基准。（也就是说，公司预计发生多少直接人工工时。）

2. 进行变动制造费用的差异分析。参照图表 13—6。

3. 讨论差异的计算结果，列出差异产生的可能原因。

13—20 （固定制造费用差异分析）（续练习题 13—19）Whole Bread 公司也按标准直接人工工时分配固定制造费用。2012 年固定制造费用中直接人工工时的单位预算成本为 3 美元。2012 年实际发生的固定制造费用为 284 000 美元。

要求：

1. 进行固定制造费用的差异分析。参照图表 13—6。

2. 分配的固定制造费用是多了还是少了？数额是多少？

3. 评论上述结果。讨论差异的计算结果，列出差异产生的可能原因。

13—21 （制造费用，标准成本制度）一家加拿大电信公司的 Mongolia 分公司对其电话设备的机器化生产采用标准成本制度，其 6 月生产的有关资料如下：

实际发生的变动制造费用	541 690 美元
变动制造费用分配率	每标准机器工时 7 美元
实际发生的固定制造费用	146 300 美元
固定制造费用预算	138 000 美元
机器工时的基准水平	69 000
单位产出的标准机器工时	1.2
产出单位	65 100
实际耗用的机器工时	76 300
期末在产品存货	0

要求：

1. 依图表 13—6 所述的差异分析框架，分析所有的制造费用差异。

2. 说明如何对个别变动制造费用项目进行日常控制。

3. 讨论产生变动制造费用差异的可能原因。

13—22 （变动制造费用，服务部门）Easy Meals Now（EMN）经营送餐服务，该公司已与 20 家餐厅达成协议，为电话或传真订餐的顾客送餐。EMN 公司的变动及固定制造费用均以送餐时间为分配基础。EMN 的所有者 Don King 得到以下关于公司 2013 年 5 月的制造费用信息（金额单位：美元）：

	A	B	C
1	Easy Meals Now（2013 年 5 月）	实际结果	静态差异
2	产出数量（运送次数）	8 600	12 000
3	每次运送时间		0.70
4	运送总时间	5 640	
5	单位变动制造费用		1.75
6	变动制造费用	10 716	
7	固定制造费用	39 200	33 600

要求：

1. 计算 EMN 2013 年 5 月变动制造费用的耗费差异及效率差异。

2. 计算 EMN 2013 年 5 月固定制造费用的耗费差异。

3. 评论 EMN 的制造费用差异，并说明建议 Don King 如何对变动制造费用及固定制造费用进行不同的管理。

13—23 （弹性预算，直接材料差异，直接人工差异）Palermo 雕像公司制作著名历史人物的半身像。所有雕像的大小相同，消耗的原材料数量也相同。以下信息摘自 2013 年公司的静态预算：

预期产销量	6 300 单位
固定成本总额	1 350 000 美元

直接材料及直接人工的标准数量、标准价格和标准单位成本如下：

	标准数量	标准价格	标准单位成本
直接材料	14 磅	12 美元/磅	168 美元
直接人工	3.1 小时	40 美元/磅	124 美元

2013 年实际产销量为 4 800。实际耗用直接材料 62 500 磅，每磅 13.02 美元，实际总成本 813 750 美元。直接人工工时实际消耗了 17 500 小时，每小时人工成本 33.48 美元，因此实际直接人工成本为 585 900 美元。年度固定成本为1 160 000 美元。没有期初及期末存货。

要求：

1. 计算销售数量差异和弹性预算差异。

2. 计算直接材料及直接人工的价格差异及效率差异。

13—24 （差异的综合分析，责任问题）Ultra 是一家制造知名太阳镜镜框和镜片的公司。Ultra 公司使用标准成本制度为直接材料、直接人工和制造费用设定可获得的标准。Ultra 公司需要对标准进行年度修改。部门经理的评价和奖金受他们所在部门业绩的影响，并且他们有责任在部门业绩报告中解释差异的产生原因。

近来，Bravo 产品线出现的制造费用差异引起了一些关注。因为发生了原因不明的不利的材料和人工差异。在月度员工例会上，Bravo 产品线的经理 Stuart Forman 会对差异进行分析并提出改进意见。Forman 会对以下 2012 年的业绩报告进行解释（金额单位：美元）：

	实际结果	静态预算数额
销量	7 350	7 800
收入	573 300	585 000
变动制造费用	338 982	250 380
固定制造费用	100 000	111 000
毛利	134 318	223 620

Forman 收集了以下信息：

2012 年构成标准变动制造成本的三个项目为：

● 直接材料：镜框。静态预算成本 53 820 美元。2012 年的标准投入为 3 盎司/单位。

● 直接材料：镜片。静态预算成本 93 600 美元。2012 年的标准投入为 4 盎司/单位。

● 直接人工：静态预算成本 102 960 美元。2012 年的标准投入为 1.1 小时/单位。

假设没有变动制造费用。

2012 年的实际变动制造成本为：

● 直接材料：镜框。静态预算成本 64 680 美元。实际投入为 4.4 盎司/单位。

● 直接材料：镜片。静态预算成本 145 530 美元。实际投入为 6 盎司/单位。

● 直接人工：静态预算成本 128 772 美元。实际人工费率为 14.6 美元/小时。

要求：

1. 编制包含以下信息的报告：

a. 销售价格差异。

b. 参照图表 13—2 的格式列出营业利润的销售数量差异和弹性预算差异。

c. 以下项目的价格差异和效率差异：

● 直接材料：镜框；

● 直接材料：镜片；

● 直接人工。

2. 分别对要求 1 问题 c 中 Ultra 公司的三个价格差异和效率差异做出解释。

13—25 （弹性预算，整体差异分析）Clarke Products 公司使用标准成本法。它的制造费用（变动及固定）均以标准的直接人工工时（DLH）为分配基础。公司的制造费用分配率来自现有的年度预算。2013 年的制造费用预算的基础是 636 000 单位的预算产出，该产出需要 3 816 000 DLH。公司的生产计划在全年平均安排。

2013 年 5 月公司生产了 74 000 单位的总产出，需要 318 000 DLH。5 月发生的制造费用（MOH）为 340 200 美元。实际成本与年度预算和 1/12 的年度预算的比较如下（单位：美元）：

	2013 年度制造费用预算				2013 年 5 月的实际 MOH 成本
	总额	每产出单位	每 DLH 投入单位	2013 年 5 月 MOH 预算	
变动 MOH					
间接人工	381 600	0.60	0.10	31 800	31 800
供应品	763 200	1.20	0.20	63 600	113 000
固定 MOH					
监督	610 560	0.96	0.16	50 880	42 000
公共服务支出	457 920	0.72	0.12	38 160	58 000
折旧	1 144 800	1.80	0.30	95 400	95 400
合计	3 358 080	5.28	0.88	279 840	340 200

要求：计算 Clarke Products 2013 年 5 月的以下数额：

1. 总制造费用；
2. 变动制造费用耗费差异；
3. 固定制造费用耗费差异；
4. 变动制造费用效率差异；
5. 生产数量差异。

确认差异是有利的（F）还是不利的（U）。

13—26 （非财务差异）Best Friend Canine Products 公司制造高品质狗粮，仅销售给兽医诊所。为保证食品的最高质量和口味，Best Friend 有严格的检查流程。为进行质量控制，Best Friend 设定了每小时检查多少产品，以及通过或未通过检查的产品数量的标准。

Best Friend 预计每生产 11 000 磅食物，就需要检查 1 100 磅食物。检查 1 100 磅狗粮需要花 1 小时。Best Friend 还预计食物的废品率为 5%。5 月，Best Friend 生产了 2 310 000 磅狗粮，利用 205 小时对 220 000 磅狗粮进行了检查。在这 220 000 磅狗粮中，有 11 800 磅狗粮没有通过检查。

要求：

1. 计算两种差异，以确定检查时间比预期多还是少。（参照变动制造费用耗费差异和效率差异的计算方法，但不需要考虑价格。）

2. 计算两种差异，以评估通过检查的狗粮比例。

13—27 （制造费用差异，道德规范）Schmidt 公司使用标准成本法。该公司有两个工厂，一个在科罗拉多州，另一个在密歇根州。对于科罗拉多州的工厂，Schmidt 的年度预算产出为 4 000 000 单位。标准单位人工工时为 0.25，变动制造费用分配率为每直接人工工时 3.25 美元。年度预算固定制造费用为 2 500 000 美元。

对于密歇根州的工厂，Schmidt 的年度预算产出为 4 200 000 单位。标准单位人工工时也为 10.25，变动制造费用分配率为每直接人工工时 3 美元。年度预算固定制造费用仅为 2 310 000 美元。

公司管理层总是使用差异分析来对两个工厂进行业绩评价，并对两个工厂的结果进行比较。

Jim Johnson 是 Schmidt 新雇的管理者。他与密歇根州工厂经理的关系很好，希望其能得到有利评价。Johnson 建议将公司共同的预算固定成本 3 150 000 美元进行分配，将其中 1/3 分配给密歇根州工厂，将其余的 2/3 部分分配给科罗拉多州工厂。他对此的解释是科罗拉多州的物价比密歇根州更高。

年底，科罗拉多州工厂的实际结果报告如下：3 900 000 单位的产出共使用了 1 014 000 人工工时，变动制造费用为 3 244 800 美元，固定制造费用为 2 520 000 美元。密歇根州工厂的实际结果为：4 350 000 单位的产出共使用了 1 218 000 人工工时，变动制造费用为 3 775 800 美元，固定制造费用为 2 400 000 美元。该年的共同固定成本为 3 126 000 美元。

要求：

1. 分别计算两个工厂的预算固定制造费用的每人工工时成本。

a. 不包含分配的共同固定成本；

b. 包含分配的共同固定成本。

2. 分别计算两个工厂的变动制造费用耗费差异与效率差异。

3. 计算两个工厂的固定制造费用耗费差异与数量差异。

a. 不包含分配的共同固定成本；

b. 包含分配的共同固定成本。

4. 说明通过分配共同固定成本，Jim Johnson 的努力是否使密歇根州工厂的业绩看上去比科罗拉多州工厂的好。给出解释。

5. 说明当差异分析被用于业绩评价时，共同固定成本是否应该进行分配。给出解释。

6. 说明你如何看待 Jim Johnson 的行为。

章末案例

Software Associates 公司

> Susan，我刚刚看完季度的利润表。我们超过了计费时间和收入目标，这实在太好了。但是在收入这么高的情况下，为什么我们的账本底线比预算的一半还要低呢？我们明早 8 点能开会讨论一下吗？这样你可以向我解释这个差异。
>
> ——Richard Norton，Software Associates 公司 CEO

在浏览了第二季度的盈亏报表（见图表 1）后，Software Associates 的创始人兼 CEO Norton，让公司的 CFO Susan Jenkins 明早开会。Jenkins 本来打算下班了，但现在需要加班为明早的会议做准备。

图表 1　Software Associates 的利润表

金额单位：美元

	实际	预算
收入	3 264 000	3 231 900
费用	2 967 610	2 615 550
营业利润	296 390	606 350
利润率	9.1%	18.8%

问题 1：基于图表 1 的信息编制差异分析报告。在明早 8 点的会议上，这是否足够向 Norton 解释利润差额？

历史

Richard Norton 在 10 年前创立了 Software Associates，该公司为客户提供系统整合项目。虽然公司成立之初注重的是客户服务，但 Norton 及时地转向了 Web 应用，使公司在 20 世纪 90 年代持续成长。

公司年收入超过 1 200 000 美元，利润边际通常为 15%或 20%。现在，Software Associates 向客户提供两种服务。解决方案业务帮助客户快速制定目标信息管理策略，以及为采用软件解决问题而组织业务和技术资源。典型的服务包括 IT 战略和管理、IT 建设和设计、信息管理以及数据仓储。合同业务通常基于短期项目，为客户提供熟练的软件工程师、程序员和咨询人员，以帮助客户使用符合自己实际的 IT 工具和解决办法。这种服务使客户能在不雇用软件人员的情况下实施主要的 IT 项目。

预算准备

每季度 Norton 和 Jenkins 都会基于年度计划、最近的运营实践和市场信息，为下季度制定详细预算。Norton 知道，由于业务的更新速度快，他不能仅仅依靠年度预算进行管理。他想在制定招聘计划、运营计划和期间预算前，了解一下最近的经营环境和行业趋势。对于季度预算，Jenkins 将公司预期的全职咨询师、每个全职咨询师可服务的小时数、预期的计费率（计费时间与可服务时间的比率）与平均小时计费率相乘来估计咨询收入。她将每个咨询师的平均薪酬（包括额外福利）与全职咨询师的人数相乘来估计咨询费用。然后，她估计以下营业费用，如广告、行政支持、教育和培训、信息系统、房租、管理、邮政和电子通信等费用。Software Associates 的图表 2 包括了 2000 年第二季度的预算和实际的财务结果。

图表 2 Software Associates 预算和实际的利润表

金额单位：美元

	实际	预算
收入	3 264 000	3 231 900
减：		
咨询师工资和福利	2 029 050	1 748 250
营业费用	938 560	877 300
总费用	2 967 610	2 625 550
营业利润	296 390	606 350
利润率（%）	9.1	18.8
营业统计量		
咨询师数量	113	105
服务时间	50 850	47 250
计费时间	39 000	35 910
平均计费率	83.69	90.00

问题 2：基于图表 2 的信息编制差异分析报告。

费用差异

Jenkins 知道季度内的预算营业费用并不全是变动的或固定的。季度内某些费用是随雇用咨询师的数量和工作时间的变动而变动的，其他的则是“固定的”，与咨询师数量无关。显然，咨询费用是随雇用咨询师数量的变动而变动。然而，占有费用在季度内是固定的，除非她想并购或者租用额外空间。计算机和电子通信等费用既是变动的，也是固定的。因为 2000 年第二季度存在盈利差额，Jenkins 知道，她应该好好准备，以便向 Norton 解释为什么费用超过了预算。整个晚上，她花了几个小时研究营业费用的种类，最后形成了图表 3。该图表显示了分类预算营业费用以及她对变化程度的判断，也列示了该期间的实际营业费用。

问题 3：基于图表 3 的信息编制营业费用的耗费差异和数量差异分析报告。

图表 3 Software Associates 的费用项目

金额单位：美元

	实际	预算	差异（%）
广告和促销	22 100	15 100	0
行政和人员支持	225 000	191 250	80
信息系统	126 200	120 000	80
折旧	23 400	22 700	0
认购款	11 800	13 100	80
教育和培训	36 200	38 900	80
机器租赁	23 500	22 440	25
保险	33 600	32 200	0
专业服务	39 500	34 700	0
办公费用	42 100	36 550	100
办公用品	86 200	89 600	80
邮费	27 300	24 700	80
租金—房地产	117 260	117 260	0
电话费	40 000	38 500	100
差旅费	57 800	56 300	100
公共服务支出	26 600	24 000	25
合计	938 560	877 300	

计费比率

Jenkins 想知道为什么实际的咨询师数量会比预算高 8%（见图表 2），而收入仅增加了 1%。是咨询师的产出减少了吗？她知道咨询公司关键的营业统计量是计费率。

问题 4：编制有关收入变化的分析报告，分离数量效应（咨询师数量的增加）和产出效应（计费比率）。

业务范围

到目前为止，Jenkins 感到非常疲惫，想立即回家睡一会儿。正当她准备离开时，她意识到图表 1 和图表 2 只报告了公司的综合财务业绩。她知道公司的两种业务——合同业务和解决方案业务有完全不同的营业特征。显然，Richard Norton不想过于关注业务细节。但是利润边际和单位收入的下降可能在某种程度上受到营业特征的影响。Jenkins勉强回到座位，开始收集有关两种业务的详细信息。几小时后，她得到了图表4的数据。

图表4　Software Associates业务的经营统计

金额单位：美元

	合同业务	解决方案业务	合计
实际			
咨询师数量	64	49	113
计费时间	24 000	15 000	39 000
计费收入	1 344 000	1 920 000	3 264 000
服务时间	28 800	22 050	50 850
咨询成本	1 036 800	992 250	2 029 050
预算			
咨询师数量	56	49	105
计费时间	20 160	15 750	35 910
计费收入	1 088 640	2 143 260	3 231 900
服务时间	25 200	22 050	47 250
咨询成本	756 000	992 250	1 748 250

问题5：使用图表4的额外信息编制实际结果与预算收入、咨询费用及边际的分析报告。

额外信息

最后，Jenkins在凌晨2点到家。对于当天的会议，她认为自己已经准备得很充分了。但是如果有时间的话，她可以多了解其他形式的差异。例如，Norton对收入和计费时间的增长感到非常满意。但这是因为公司做得好，还是因为本季度咨询行业总体的增长比预期快？也就是说，Software Associates在软件咨询业务上的市场份额是增加了还是减少了？Jenkins还假定营业费用的变化仅与咨询师数量相关。她考虑了从事解决方案业务的咨询师是否比从事合同业务的咨询师要求更多的支持。

同样，支持费用的变化与咨询师数量、类型、工作时间或计费时间相关吗？在业务范围内，她使用了平均的计费率和咨询师的单位成本。她需要了解从事每种业务或者每项工作的咨询师组合，以便使业务更经济？她决定在即将到来的下季度思考这些问题，她当前最紧急的任务是赶紧睡觉，以便在几小时后向Richard Norton汇报她的分析结果。

第 14 章

战略、平衡计分卡与战略盈利性分析

学习目标

1. 确定公司采用的基本战略。
2. 了解重组包括哪些内容。
3. 了解平衡计分卡的四个维度。
4. 分析营业利润的变化以评价战略。
5. 识别未利用生产能力并寻求如何运用它。

巴诺、百事和 L. L. Bean，乃至本地的汽车销售商和运输部门都想知道自己做得好不好，以及努力达到的目标应该怎样计分。平衡计分卡可以评价关键的业绩指标，对解答上述问题很有帮助。很多公司都成功运用平衡计分卡来衡量它们的进步。

本章的重点是管理会计信息如何在一个组织的战略执行和评价中发挥作用。战略驱动一个公司的运转并指导经理做出短期和长期决策。下面的“本章要点”概述了本章的关键内容。

本章要点

- 战略确定一个组织如何以不同于其他竞争者的方式为顾客创造价值。公司有两种基本战略：产品差异化——提供比竞争对手更加独特和优质的产品（或服务），使顾客愿意支付更高的价格；成本领先——提供与竞争对手相似的产品，但定价更低，原因在于公司的成本低。
- 为获得产品差异化或成本领先的竞争优势，公司需要重组——重新思考和设计——业务流程以实现产品设计、成本、质量和服务速度的改进。
- 平衡计分卡使用财务和非财务业绩指标，评价一个公司是否达到短期和长期的战略目标。
- 平衡计分卡的工作环节如下：加强学习和发展（员工和信息系统能力）以改进内部业务流程（创新、质量、产品运送和效率），从而提高顾客满意度和市场份额，获得优质、持续的财务业绩。
- 公司可以通过将营业利润的变化分为成长、价格补偿和生产率三部分，来评价产品差异化战略或成本领先战略是否成功。成长部分关注的是销售量对营业利润的影响，价格补偿部分关注的是投入与产品价格变化对营业利润的影响，生产率部分关注的是投入的有效利用对营业利润的影响。
- 公司削减成本的重要方式是减少未利用生产能力。

14.1　什么是战略

战略确定一个组织如何匹配自己的能力和市场机会来实现自己的目标。也就是说，战略确定一个组织如何以不同于其他竞争者的方式为顾客创造价值。例如，零售巨头沃尔玛通过在郊区和偏远地区建立门店，提供低价的更多商品以及每类商品的更少选择为顾客创造价值。与战略一致，沃尔玛通过向供应商大量采购来获得低价，并通过维持一个不提供非必要服务、强调成本意识的环境来降低成本。

在设计战略时，组织必须对它所在的行业有全面的了解。行业分析集中于五种力量：（1）竞争对手；（2）潜在市场进入者；（3）替代品；（4）顾客的讨价还价能力；（5）供应商的讨价还价能力。①。这些力量的综合影响决定了一个组织的潜在盈利。一般而言，更激烈的竞争、更强的潜在进入者、更相似的产品、更苛求的顾客和供应商会使潜在盈利下降。我们以 Chipset 公司为例说明这五种力量，该公司是在调制解调器和通信网络中使用的集成电路设备的生产商。Chipset 生产了个性化产品 CX1，这种标准的、高性能的微芯片有多种应用，CX1 的设计考虑了顾客的许多意见。

1. 竞争对手。CX1 在价格、及时交货和质量方面的竞争形势十分严峻。这个行业的公司有很高的固定成本，在销售价格和充分利用生产能力上有很大的压力。降低产品价格对于公司成长至关重要，因为它将使 LICDs 在数字用户线（DSLs）之类的新应用中具有成本效益。

2. 潜在市场进入者。边际利润小和资本投资高阻碍了新进入者。诸如 Chipset 等公司在降低成本以及与顾客、供应商建立联系方面很有经验。

3. 替代品。Chipset 通过不断改进 CX1 的设计和生产流程来降低成本，以迎合顾客需求以及降低价格，这降低了顾客寻找替代品或新技术来替代 CX1 的风险。

4. 顾客的讨价还价能力。诸如 EarthLink 和 Verizon 能够通过与 Chipset 及其竞争者激烈地谈判来降低价格，因为它们的订单很大。

5. 供应商的讨价还价能力。为了生产 CX1，Chipset 需要高质量的材料（如硅晶片、联接插件、塑胶的或陶制的包装物）以及有技能的工程师、技术人员和生产工人。这使得材料供应商和员工在要求更高的价格和工资方面有一定的讨价还价能力。

总之，激烈的竞争以及员工、供应商较强的讨价还价能力给价格带来了很大的压力。Chipset 已经考虑通过采用两种基本战略——产品差异化和成本领先来应对这些挑战。

产品差异化（product differentiation）是一个组织的能力；使顾客觉得公司的产品和服务要比竞争对手的产品和服务更优质、更独特。惠普曾经在电子行业成功地使自己的产品差异化，默克（Merck）在制药领域、可口可乐公司在软饮料行业都是如此。通过创新产品研发、培养品牌和快速将产品投放市场，这些公司能够提供更好的差异化的产品。管理者运用差异化战略来提高品牌忠诚度和顾客愿意支付的价格。

成本领先（cost leadership）是一个组织的能力：通过提高生产率和效率、消除浪费及严格控制成本来达到比竞争对手更低的成本。许多在各自行业中的成本领先者，如家得宝（建筑产品）、得州仪器（电子消费品）、艾默生电气（Emerson Electric，电动车），都提供与竞争对手相似的而不是差异化的产品，但是以更低的价格销售给顾客。更低的销售价格而不是独特的产品或服务给这些成本领先者带来竞争

① M. Porter，*Competitive Strategy*（New York：Free Press，1980）；M. Porter，*Competitive Advantage*（New York：Free Press，1985）；and M. Porter，"What Is Strategy?" *Harvard Business Review*（November-December 1996）：61-78.

优势。

为评价战略是否成功，公司必须了解其盈利能力来源于产品差异化还是成本领先。例如，保时捷的盈利分析显示盈利能力的增加在于产品产异化战略的执行。产品差异化战略使保时捷的利润边际和销售额增加。家得宝的盈利变化与其提升生产率和质量的成本领先战略密切相关。

Chipset 应该采取什么战略？为了做出决策，Chipset 的管理者绘制了顾客偏好图（见图表 14—1）。y 轴描绘了顾客期望的产品的不同贡献。x 轴刻画了 Chipset 与其遵循产品差异化战略的竞争对手 Visilog，在顾客期望的产品从 1（差）到 5（好）的不同贡献上表现如何。这幅图强调了在任一战略下的权衡。它显示 CX1 的优势在于价格、可测量性①和顾客服务。然而，Visilog 的集成电路设备运行速度更快、功能更强大，而且可以为不同类型的调制解调器和通信网络进行定制。

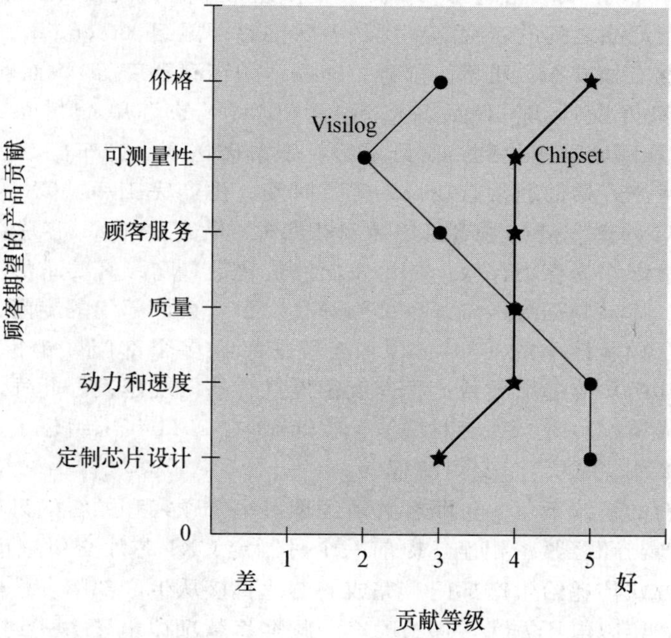

图表 14—1 调制解调器的顾客偏好图

CX1 已经有了一些不同于竞争对手的产品。将 CX1 进一步差异化的成本很高，但它可能允许 Chipset 索要更高的价格。相反，降低 CX1 的成本将使公司可以让产品降价并刺激公司成长，扩大市场份额。CX1 的可测量性使不同的顾客需求得到有效满足。同样，与战略一致，Chipset 的工程人员更善于生产产品和改进流程，而不是设计新产品和开发新技术。通过改进流程可提高生产效率，进而实现低价以获得市场利益，这促使 Chipset 选择了成本领先战略。

为实施成本领先战略，Chipset 必须改善自身内部的生产能力。它必须提高质量、重组流程以减少或消除额外生产能力。同时，它并不想削减人员，因为这将对员工士气造成负面影响并阻碍公司将来的发展。我们在下一节讨论这些内容。

① 指通过改变产品中 CX1 的数量，达到不同性能水平的能力。

成功之匙

管理者制定产品差异化战略以达到更高的盈利水平，因为顾客愿意为他们认为优质和独特的服务支付更高的价格。管理者制定成本领先战略，通过提高生产率和效率、消除浪费和严格控制成本来达到更低的成本。

14.2 建立内控能力：Chipset 改进质量与重组

为了改进质量，即在生产过程中减少不合格品和增加产出，Chipset 需要获得温度和压力等生产过程参量的实时数据，使流程参量保持在严格的范围内。Chipset 必须在质量管理技术方面培训员工，帮助他们找到出现不合格品的原因及预防方法。

Chipset 采取战略的第二个方面是重组订单交付流程。Chipset 的一些顾客对从订购到收到产品之间的时间跨度延长有所抱怨。**重组**（reengineering）是为了提高业绩关键标准（如成本、质量、服务、速度、顾客满意度等），而对业务流程进行的基本再思考和再设计。① 下面以 Chipset 2011 年的订单交付系统为例说明重组。当 Chipset 从顾客那里收到一份订单后，副本被送到生产车间，为生产订购物品制定计划。在生产开始前通常有较长的等待时间。生产完工后，CX1 芯片被送到运输部门，发出的 CX1 数量要与顾客订单数量相匹配。完工的 CX1 芯片在有卡车可以运送给顾客前通常都作为存货存放。如果发出的货物数量与顾客要求的不同，将安排一次专门的运送。运输单据被送到开单部门开具发票，会计部门的专门人员将追踪顾客付款。

符合顾客订单的 CX1 芯片和有关信息在多个部门（销售、生产、运输、开单、会计等部门）传递，导致流程速度很慢且容易出现延误。此外，没有一个人对顾客订单的完成情况负责。为应对挑战，Chipset 在 2011 年末组建了交叉职能团队，并重新设计了 2012 年的订单交付流程。

在新的系统下，一位顾客关系经理对每个顾客和顾客的订单负责。这位经理的工作将生产与顾客紧密相连，提前一个月制定 CX1 芯片交付进度表。顾客订单进度表以电子方式传递给生产部门。完成的芯片直接从生产部门发送给顾客。每次发运后自动生成发票以电子方式传递给顾客，顾客将款项以电子方式划拨到 Chipset 的银行账户。诸如 AT&T，Banca di America e di Italia，Cigna Insurance 以及福特、惠普、Siemens Nixdorf 等公司的经验都表明，当公司跨职能地整合业务流程（如同 Chipset）时，来自重组的利益是极大的。如果 Chipset 只是重组发运或开具发票活动，就不会像重组整个订单交付流程那样获利。成功的重组活动包括改变角色和责任、消除不必要的作业和任务、运用信息技术和提高员工技能。

再看一下图表 14—1，注意 Chipset 战略的相互关系和一致性。为迎合顾客对价格、质量和顾客服务的偏好，Chipset 决定采用成本领先战略。为实现成本领先，Chipset 通过重组流程建立其内控能力。Chipset 的下一个挑战就是有效执行战略。

---

① See M. Hammer and J. Champy, *Reengineering the Corporation: A Manifesto for Business Revolution* (New York: Harper, 1993); E. Ruhli, C. Treichler, and S. Schmidt, "From Business Reengineering to Management Reengineering—A European Study," *Management International Review* (1995): 361-371; and K. Sandberg, "Reengineering Tries a Comeback—This Time for Growth, Not Just for Cost Savings," *Harvard Management Update* (November 2001).

成功之匙

重组帮助管理者对业务流程进行再思考，以及提高诸如成本、质量、服务、速度、顾客满意度等关键业绩指标。

14.3　战略执行和平衡计分卡

诸如好事达保险公司（Allstate Insurance）、蒙特利尔银行（Bank of Montreal）、英国石油公司、陶氏化学（Dow Chemical）等，很多组织都引入了平衡计分卡方法来追踪进展和管理战略的执行。

14.3.1　平衡计分卡

平衡计分卡（balanced scorecard）将组织的使命和战略转化为一系列业绩衡量标准，它们为战略的执行提供了框架。① 平衡计分卡不仅聚焦于实现财务目标，还关注一些非财务目标，这是一个组织为达到财务目标所必须实现的。平衡计分卡从四个维度评价一个组织的业绩：

1. 财务：为股东创造的利润和价值。
2. 顾客：公司在目标市场上的成功。
3. 内部业务流程：为顾客创造价值的内部流程。
4. 学习和成长：支持流程的人员和系统能力。

公司用来追踪业绩的每一维度的标准取决于其战略。之所以被称为“平衡计分卡”，是因为它平衡了在一份报告中评价短期和长期业绩的财务和非财务指标的应用。平衡计分卡降低了经理对短期财务业绩（如季度收益）的重视程度。这是因为非财务的、经营性的指标（如产品质量和顾客满意等）衡量了一个公司为长期发展所做的变化。这些长期变化可能不会在短期收益上立即显现，但是对非财务指标的强有力的改进表明了未来创造经济价值的可能性。例如，在顾客调查和重复购买中衡量的顾客满意度的提升，是未来销售额和收入更高的信号。通过平衡财务指标和非财务指标，平衡计分卡让管理者对短期和长期业绩都给予关注。永远不要忽视关键部分。在营利性公司，平衡计分卡的主要目标是维持长期财务业绩。非财务指标仅仅是难以预测的长期财务业绩的领先指标。

---

① See R. S. Kaplan and D. P. Norton, *The Balance Scorecard* (Boston: Harvard Business School Press, 1996); R. S. Kaplan and D. P. Norton, *The Strategy-Focused Organization: How Balance Scorecard Companies Thrive in the New Business Environment* (Boston: Harvard Business School Press, 2001); R. S. Kaplan and D. P. Norton, *Strategy Maps: Converting Intangible Assets into Tangible Outcomes* (Boston: Harvard Business School Press, 2004); and R. S. Kaplan and D. P. Norton, *Alignment: Using the Balance Scorecard to Create Corporate Synergies* (Boston: Harvard Business School Press, 2006).

为简便起见，本章和大部分文献，以强调长期的财务目标作为营利企业的主要目标。营利性企业对长期的财务、环境和社会目标感兴趣，应用平衡计分卡来实现以上三个目标。

□ 14.3.2 战略图与平衡计分卡

在这部分，我们用Chipset的例子来构建战略图和平衡计分卡的四个维度。为了理解Chipset的管理者在每一维度下用来监控进展的目标和指标，我们必须确认Chipset为了进一步实施成本领先战略所计划采取的行动：质量改进和重组流程。

战略图 设计平衡计分卡的第一步是绘制战略图。**战略图**（strategy map）是描绘一个组织如何通过将财务、顾客、内部业务流程与学习和成长方面具有明确因果关系的战略目标联系起来创造价值的图表。图表14—2展示了Chipset的战略图。沿着箭头查看战略目标之间是如何影响的。例如，给员工授权可以促使员工和组织目标一致，改进流程，从而提高生产质量和生产率，缩短将货物交付给顾客的时间，满足特定交付时间的要求，改进售后服务等，以提高顾客满意度。提高生产质量和生产率可以直接增加营业利润，还可以提高顾客满意度，进而扩大市场份额、增加营业利润和股东价值。

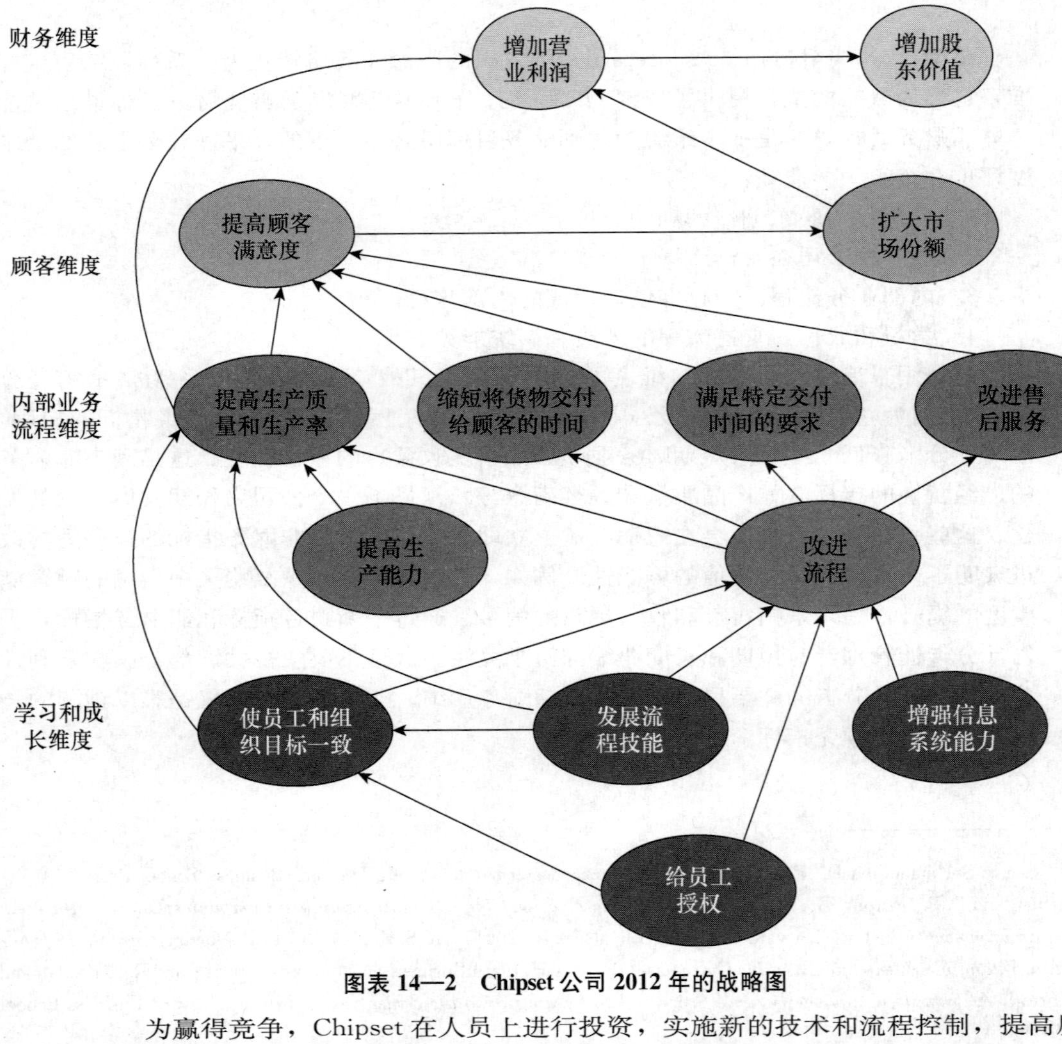

图表14—2 Chipset公司2012年的战略图

为赢得竞争，Chipset在人员上进行投资，实施新的技术和流程控制，提高质量，重组流程。战略图帮助Chipset评价这些作业是否产生财务回报。

如图表14—2所示的战略图中包括很多其他的因果关系。但是，与其他实施平衡计分卡的公司一样，Chipset 仅仅关注那些被认为是很重要的关系，使得平衡计分卡不那么难以理解。

Chipset 使用战略图建立了如图表 14—3 所示的平衡计分卡。平衡计分卡强调四个业绩维度：财务、顾客、内部业务流程、学习和成长。第一列显示了战略图中的战略目标。2012 年初，公司管理者确定了战略目标、指标、行动（完成战略目标所必需的行动）、目标业绩（图表 14—3 的前四列）。

目标	指标	行动	目标业绩	实际业绩
财务维度				
增加营业利润	来自生产率利益的营业利润	管理成本和未利用生产能力	1 850 000 美元	1 912 500 美元
增加股东价值	来自成长的营业利润	增强顾客关系	2 500 000 美元	2 820 000 美元
	收入增长		9%	10%[a]
顾客维度				
扩大市场份额	在通信网络单元的市场份额	识别未来的顾客需求	6%	7%
提高顾客满意度	新顾客	识别新的目标顾客群	1	1[b]
	顾客满意度调查	增强顾客对销售组织的关注	90%顾客给出了两个等级	87%顾客给出了前两个等级
内部业务流程维度				
改进售后服务	服务响应时间	改进顾客—服务流程	4 小时内	3 小时内
提高生产质量和生产率	产出	识别问题的根源并改进质量	78%	79.30%
缩短将货物交付给顾客的时间	订单交付时间	重组订单交付流程	30 天	30 天
满足特定交付时间的要求	及时交付	重组订单交付流程	92%	90%
改进流程	在生产与业务流程上进行大的改进的数目	由生产和销售部门组成研发团队来修正流程	5	5
提高生产能力	控制先进的流程的百分比	组织研发/生产团队来执行先进的控制	75%	75%
学习和成长维度				
使员工和组织目标一致	员工满意度调查	在建立团队的过程中员工的参与和建议	80%的员工给出了前两个等级	88%的员工给出了前两个等级
给员工授权	一线员工被授权管理流程的百分比	监管者更像教练而不是决策制定者	85%	90%
发展流程技能	在流程和质量管理中培训员工的百分比	员工培训项目	90%	92%
增强信息系统能力	有实时反馈的生产流程的百分比	改进在线和离线数据的收集	80%	80%

图表 14—3 Chipset 公司 2012 年平衡计分卡

a. (2012 年收入－2011 年收入)/2011 年收入＝(25 300 000－23 000 000)/23 000 000＝10%。
b. 2012 年顾客的数字从 7 增长到 8。

Chipset 希望使用平衡计分卡的目标来驱动组织获得更好的业绩，因此管理者制定一个比竞争对手高的、可以达到的业绩水平。第五列描述了 2012 年底完成的实际业绩，这一列显示与目标业绩相比 Chipset 运行得如何。

平衡计分卡的四个维度 我们接着描述项目维度，介绍 Chipset 在战略框架下各维度选取的标准。

1. 财务维度。这一维度评价战略的盈利性。因为 Chipset 的关键战略行动是相对于竞争对手降低成本、增加销售量，所以财务维度主要考虑由此带来的 CX1 的营业利润和资本回报。

2. 顾客维度。这一维度识别目标细分市场和公司在这些细分市场上取得成功的标准。为了掌握顾客的有关情况，Chipset 采用在通信网络细分市场上的市场份额、新顾客数量和顾客满意度这样的指标。

3. 内部业务流程维度。这一维度集中于内部运作，内部运作通过给顾客创造价值来促进顾客维度，通过增加股东价值来促进财务维度。在将主要竞争对手设为基准后，Chipset 确定内部业务流程的改进目标，利用的是来自公开的财务报告、当前的价格、顾客、供应商、以前的员工、行业专家和财务分析家等的信息。内部业务流程维度由以下三个子流程组成：

- 创新流程：创造满足顾客需求的产品、服务和流程。这是公司遵循产品差异化战略的重要流程，必须设计和开发新产品以保持市场竞争力。Chipset 正计划通过改进生产技术来降低成本和促进成长。Chipset 通过生产流程的改进数量和控制先进流程的百分比来衡量创新。
- 经营流程：生产并发送现有的满足顾客需求的产品和服务。Chipset 的战略行动是：(a) 提高生产质量；(b) 缩短将货物交付给顾客的时间；(c) 满足特定交付时间的要求。
- 售后服务流程：在销售产品后为顾客提供服务和支持。虽然顾客不需要太多的售后服务，但 Chipset 需要监测自己如何快速、准确地对顾客服务要求做出反应。

4. 学习和成长维度。这一维度确定组织中学习、改进和发展所需的人员和信息能力。这些能力帮助组织获得先进的内部流程，从而为顾客和股东创造价值。Chipset 的学习和成长维度强调以下三个能力：

- 信息系统能力，用有实时反馈的流程的百分比来衡量。
- 员工能力，用流程和质量管理中培训员工的百分比来衡量。
- 动机，用员工满意度和生产、销售员工（一线员工）被授权管理流程的百分比来衡量。

图表 14—3 中的箭头表明了清晰的因果关系：学习和成长维度的收益促进内部业务流程的改善，这又反过来提高顾客满意度、扩大市场份额，最后取得更优异的财务业绩。注意计分卡是如何描述 Chipset 的战略执行元素的。员工授权、培训和信息系统提高了员工满意度并促进了生产经营流程的改进，这又反过来提高了质量，缩短了交付时间，结果提升了顾客满意度并扩大了市场份额。图表 14—3 表明，从财务维度上看，Chipset 的行动是成功的。Chipset 采取成本领先战略获得了巨大的营业利润，成本领先战略促进了其成长。

为保持长期的财务业绩，公司必须加强平衡计分卡不同维度的联系。例如，西南航空公司通过提高员工满意度（学习和成长维度）带来了更高的效率和更快的顾客响应（内部业务流程维度），提高了顾客满意度（顾客维度），最后增加了利润和投资回报（财务维度）。

平衡计分卡的主要好处在于它促进了前文描述的因果思维，即一个作业的改进可带来另一个作业的改进。平衡计分卡也是存在联系或因果关系的计分卡。管理者必须寻找实证证据（而非仅仅依靠直觉）来检验不同联系的有效性和好处。因果计分卡使公司能够关注驱动战略执行的关键因素。如果没有明确的联系，计分卡也就失去了价值。

□ 14.3.3　推行平衡计分卡

成功地推行平衡计分卡需要来自最高管理者的参与和领导。在 Chipset，制定平衡计分卡的团队（由战略计划副总裁领导）与高级经理交流，就有关顾客、竞争对手和技术发展的情况调查执行人员，为平衡计分卡的四个维度目标征求意见。团队接下来一起讨论这些反馈意见并建立有优先次序的目标列表。

在所有高级经理参加的会议上，团队力争在计分卡目标上取得多数人的同意并在选中的目标间建立因果联系。高级经理分成四个组，每一组负责一个维度。另外，通过引入一级管理层和核心职能部门的经理的代表来扩大基础。小组为每一个目标确定标准，并为每一个标准确定信息来源。之后，小组制定最后的计分卡目标、标准、目标业绩和实现目标业绩的行动。

Chipset 的管理者（类似花旗银行、埃克森美孚和 Infosys 的管理者）需要保证每个员工都理解平衡计分卡及其流程。最后的平衡计分卡要传达给所有员工。分享平衡计分卡使工程人员和运营人员能理解顾客满意和不满意的原因，实施 Chipset 的战略。大多数时候，只有一小群管理者了解平衡计分卡。如果限制了平衡计分卡的传达，那么 Chipset 可能会丧失公司中增强员工参与和配合的机会。

Chipset 也鼓励每个部门制定与 Chipset 的主要平衡计分卡（见图表 14—3）相关的平衡计分卡。例如，质量控制部门的平衡计分卡包括部门经理使用的改进产出的标准——质量循环数、统计流程控制图、帕累托图和根源分析（见第 10 章）。部门平衡计分卡使各部门的行动与 Chipset 的战略执行一致。

公司经常使用平衡计分卡来评价管理者业绩并据此给予奖励，以影响管理者行为（参见下面的“实例”专栏：平衡计分卡帮助 Infosys 转变为咨询业领导者）。使用平衡计分卡进行业绩评价扩大了业绩管理视角，激励管理者对业绩的非财务驱动因素给予更多的关注。然而，调查问卷显示，对比其他维度——顾客（19%）、内部业务流程（12%）、学习和成长（14%），公司将更多的权重分配了给财务维度（55%）。公司就将较少的权重分配给非财务指标给出如下理由：难以评价非财务指标的相关重要性；衡量和量化非财务指标是一种挑战；难以在财务业绩差时奖励经理（见第 16 章）。越来越多的制造业、商业、服务业的公司，在提升员工时都将更多权重放在非财务指标上，因为它们相信非财务指标（例如顾客满意度、流程改进、员工动机）能够更好地评价管理者在更高层级岗位上的潜力。基于这种趋势，运营经理在做决策时会更加看重非财务因素，即使这些因素在年度奖励中只占较少的权重。然而，要有效利用平衡计分卡，管理层必须对管理者的业绩和晋升预期等各个重要方面给予更加公正的评价和奖励。

实 例　平衡计分卡帮助 Infosys 转变为咨询业领导者

在 21 世纪早期，Infosys Technologies 处于转型期。这家以 Bangalore 为基础的公司曾是信息技术外包业的市场领导者，但是它需要扩张以满足增加的客户需求。Infosys 投资了很多新领域，包括业务流程外包、项目管理以及管理咨询。为建立一个完整的、帮助这些多样化的新业务保持一致的管理架构，Infosys 采用平衡计分卡来构建和监控战略。

管理层团队在会议上使用平衡计分卡来指导有关顾客、员工、新产品和服务的讨论。平衡计分卡提供的应用、实施和管理方面的一系列流程帮助团队响应甚至预期顾客不断变化的需求。最终，平衡计分卡在业绩评价中的应用也延伸到了组织的其他方面，并将货币激励与公司不同部门的业绩联系起来。经过一段时间，平衡计分卡不仅帮助 Infosys 从技术外包商成功转型为咨询业的领导者，还使 Infosys 的销售额从 1999 年的 1.2 亿美元增长到 2011 年的 568 亿美元。

资料来源：Based on F. Asis Martinez-Jerez, Robert S. Kaplan, and Katherine Miller, "Infosys's relationship scorecard: Measuring transformational partnerships," Harvard Business School Case No. 9-109-006 (Boston: Harvard Business School Publishing, 2011); Infosys Limited, "Infosys—About the Company," Infosys Limited website, accessed March 2012.

14.3.4 针对不同平衡计分卡的不同战略

Chipset 的竞争对手 Visilog 在设计用于调制解调器和通信网络中的定制芯片时，遵循产品差异化战略。Visilog 设计了符合其战略的平衡计分卡。例如，在财务维度，Visilog 评价有多少营业利润来自其产品的溢价；在顾客维度，Visilog 衡量收入中有多大比例来自新产品和新顾客；在内部业务流程维度，Visilog 衡量生产定制芯片的先进生产能力；在学习和成长维度，Visilog 衡量新产品的开发时间。当然，Visilog 运用了图表 14—3 中 Chipset 描述的平衡计分卡的一些指标。收入增长、顾客满意率、订单交付时间、及时交付、一线员工被授权管理流程的百分比和员工满意度也是产品差异化战略中的重要指标。关键是平衡计分卡与公司战略一致。① 图表 14—4 介绍服务业、零售业、制造业公司制定计分卡的一般指标。

图表 14—4　常见的平衡计分卡指标

财务维度

营业利润、收入增长、来自新产品的收入、毛利率、关键领域的成本降低、经济价值增加[a]、投资回报[a]

顾客维度

市场份额、顾客满意度、顾客保持率、满足顾客请求的时间、顾客抱怨数

内部业务流程维度

创新流程：生产能力、新产品或新服务的数量、新产品开发时间、新专利数

经营流程：产出、缺陷率、将货物交付给顾客的时间、及时交付率、完成订单的平均时间、调整时间、生产停工期

① 为简单起见，我们通过遵循成本领先战略或者产品差异化战略的公司的背景来介绍平衡计分卡。当然，在一个公司里，可能对于一些产品成本领先很重要，对于另一些产品差异化很重要。公司将为执行不同的产品战略而分别开发平衡计分卡。在其他情况下，产品差异化可能很重要，但是有些情况下，成本领先也必须实现。平衡计分卡的指标与战略之间应存在因果关系。

售后服务流程：替换和修理缺陷产品的时间、培训顾客使用产品的小时数
学习和成长维度
员工指标：员工受教育水平和技能水平、员工满意度、员工流动率、员工建议采用率、基于个人和团体激励的报酬百分比
技术指标：信息系统可用性、有先进技术控制的流程的百分比

a. 这些标准将在第 16 章阐述。

□ 14.3.5　好的平衡计分卡的特征

设计良好的平衡计分卡有以下几个特征：

1. 它告诉公司战略情况，清晰地表明因果关系——那些描述战略如何执行的不同维度之间的关系。对于每个追求利润的公司而言，平衡计分卡中的每一个指标就是从战略模式到财务结果的因果关系链的一部分。非营利组织设计因果关系链条以达到它们的战略服务目标，例如减少贫困人口数量或提高高中教育比率。

2. 通过把战略转化为一致、相连的可理解和可计量的经营目标集，来帮助将战略传达给组织中的所有人。由平衡计分卡作为指导，经理与员工采取行动、制定决策来实现公司战略。公司有清晰的战略业务单元（SBUs）——例如强生的消费品和药品，在 SBU 层级上制定他们的平衡计分卡。每个 SUB 都有自己的战略和实施目标；建立分离的平衡计分卡使每个 SUB 能够选择有助于实施战略的标准。

3. 在营利性公司，平衡计分卡必须激励管理者采取行动，最终达到财务业绩改善的目标。管理者有时倾向于在创新、质量和顾客满意度上投入很多精力，并将此作为目标。例如，施乐为提高顾客满意度投入很大，却没有在财务上体现出来，因为高水平的顾客满意度并没有转化为顾客忠诚度和更高的销售额。一些公司运用统计方法（如回归分析）来检验非财务指标与财务指标之间的因果关系。用于分析的数据可来自时间序列数据（时间上相关）或截面数据（零售连锁店的各个门店相关）。在 Chipset 的例子中，非财务因素的改进已经带动了财务因素的改进。

4. 平衡计分卡限制了指标的数量，只能确定最关键的指标。例如，Chipset 的平衡计分卡有 16 个指标，每个维度一般有 3～6 个指标。限制指标的数量可以引导管理者将注意力集中在对战略执行有主要影响的指标上。使用太多指标会让管理者难以处理相关信息。

5. 平衡计分卡突出次优权衡，这是管理者在没有很好地考虑经营性指标和财务指标时所做的选择。例如，采取创新和产品差异化战略的公司可能通过减少研发支出来实现短期优异的财务业绩。一个好的平衡计分卡应能表明短期财务业绩有可能通过采取牺牲未来财务业绩的措施实现，因为业绩的首要指标——研发支出和研发产出下降了。

□ 14.3.6　推行平衡计分卡过程中的陷阱

在推行平衡计分卡时需要防范的陷阱包括：

1. 管理者不应设想其中的因果关系是精确的。它们仅仅是臆测。经过一段时间，公司必须收集非财务指标和财务指标之间关系的强度和速率的证据。凭借经验，公司应该变更计分卡，使它包括那些能够衡量财务业绩的最好和最主要（后续指标）的非财务

指标和财务指标。一段时间后了解平衡计分卡的进展情况，有助于避免在一开始就力图设计“最完美”的平衡计分卡。同时，随着业务环境和战略的改变，平衡计分卡的指标也需要改变。

2. 管理者不应总是寻求所有指标的改进。例如，在为了提高服务质量和当前的业绩而努力时，不要超过使这些目标的进一步改进与长期利润最大化不一致的某一点。在设计平衡计分卡时，总是需要考虑成本—收益。

3. 管理者在平衡计分卡中不应仅用客观指标。Chipset 的平衡计分卡既包括客观指标（如营业利润、市场份额、生产产出），也包括主观指标（如顾客满意度和员工满意率）。在运用主观指标时，管理者必须小心权衡这些指标提供更丰富信息带来的收益与其不精确性及潜在的操纵。

4. 尽管存在评价上的挑战，高层管理者在评价管理者和员工时，不应忽略非财务指标。管理者倾向于把精力放在能够衡量的业绩上。评价业绩时如果排除非财务指标，将会使管理者对非财务指标的重视和关注有所减少。

14.3.7 对战略及其执行是否成功的评价

为了评价战略执行是否成功，Chipset 比较了图表 14—3 中的目标业绩和实际业绩这两列。Chipset 实现了以 2012 年竞争对手为基准设置的大多数目标，因为 Chipset 将学习和成长维度的改进迅速转化为财务维度。由于管理者对 Chipset 在学习和成长维度的识别和衡量上采取的战略行动所带来的内部业务流程、顾客标准和财务业绩的改进感到满意，Chipset 将持续改进以完成未达到的目标。

Chipset 将如何了解战略执行上存在的问题？两个维度（学习和成长，内部业务流程）没有达到目标将怎样？

当 Chipset 在学习和成长、内部业务流程维度上的表现好，但在财务和顾客维度上表现不好，而来年没有改善时怎么办？Chipset 的管理者认为，Chipset 在执行上表现不错，因为目标的内部非财务指标得到了改善，但战略是错误的，因为非财务指标的改进对顾客和长期财务业绩没有效果，也没有创造价值。在这种情况下，管理层错误地确定了因果关系，并有效执行了错误的战略。管理者应该重新评价战略和驱动因素。

> **成功之匙**
>
> 平衡计分卡中的“平衡”指的是财务和非财务业绩指标。好的平衡计分卡帮助管理者将战略和组织的成功联系起来，仅对关键指标进行衡量，说明哪里需要达到平衡。在制定平衡计分卡时，管理者应该避免假定因果关系，做出仅对成本有效的改进，而忽视非财务指标和主观指标。

14.4 营业利润的战略性分析

正如我们讨论的那样，Chipset 在多个非财务指标上表现不错，并且本年和下年预计的营业利润也有所增长。Chipset 的管理者可能想要宣布战略取得成功，但是他们没有信心说 Chipset 完全成功地制定并执行了期望的战略。这是因为营业利润的增长仅来源于市场的扩张或竞争对手的破产。或者，像 Chipset 这样选择成本领先战略的公司可能发现营业利润的增加来源于某种程度的产品差异化。为评价战略的成功，管理者和管理会计师需要将战略与营业利润增长的来源相联系。这些是高层管理者和董事会成员在评价业绩的会议中经常讨论的细节。对营业利润的变化进行战略性分析的管理者明白，战略和战略实施的杠杆可以帮助他们实现经营业绩的持续增长。

Chipset 的管理者要想确认他们成功地执行了战略，就需要表明公司的财务业绩和营业利润的提升是得益于达到成本节约目标和市场份额增加。幸运的是，图表 14—3 中 Chipset 平衡计分卡的上面两行显示，生产率（1 912 500 美元）和增长（2 820 000 美元）带来的营业利润均超过了目标。（本章的下一节讨论这些数字是如何得到的。）因为公司战略是成功的，所以 Chipset 的管理者对在未来几年持续获得收益更有信心。

Chipset 的管理会计师将营业利润的变化原因归为产品差异化、成本领先和增长等。管理者期望增长，因为产品差异化或成本领先的成功通常会扩大市场份额并帮助公司成长。对营业利润的变化原因进行划分来评价战略的成功与第 13 章介绍的差异分析类似。然而，其中一个不同之处是：管理会计师是将两个不同期间的实际经营业绩进行比较，而不像差异分析那样将同一时期内实际的经营业绩与预算的经营业绩进行比较。①

我们接着解释一个时期到未来某个时期的营业利润的变化原因是如何划分为产品差异化、成本领先和增长的。② 我们使用 2011 年和 2012 年的数据来说明，因为 Chipset 在 2011 年末和 2012 年初执行了战略的关键部分，并预期这些战略产生的财务结果发生在 2012 年。假定战略的财务结果仅影响 2013 年的营业利润，那么我们可以简单比较 2011 年和 2013 年，如果有必要，我们还可以比较 2011 年与 2012 年和 2013 年。

Chipset 2011 年和 2012 年的数据如下（金额单位：美元）：

	2011 年	2012 年
CX1 的产销量	1 000 000	1 150 000
售价	23	22
直接材料（平方厘米硅片）	3 000 000	2 900 000
每平方厘米直接材料成本	1.40	1.50
生产流程的生产能力（平方厘米硅片）	3 750 000	3 500 000
加工成本（所有制造成本而非直接材料成本）	16 050 000	15 525 000
单位产量的加工成本（第 6 行除以第 5 行）	4.28	4.35

Chipset 的管理者获得了以下资料：

1. 每年的加工成本（人工和制造成本）依赖于以 Chipset 能够加工的硅片数量

① 其他关注两个时期的实际业绩的比较而非实际与预算比较的例子请参见 J. Hope and R. Fraser, *Beyond Budgeting* (Boston: Harvard Business School Press, 2003)。

② 更多细节参见 R. Banker, S. Datar and R. Kaplan, "Productivity Measurement and Management Accounting," *Journal of Accounting, Auditing and Finance* (1989): 528-554; and A. Hayzens and J. Reeve, "Examining the Relationships in Productivity Accounting," *Management Accounting Quarterly* (2000): 32-39。

定义的生产能力。这些成本不会随实际的硅片加工数量的变化而变化。

2. Chipset 没有研发投入。与其他成本相比，Chipset 的营销、销售和顾客服务成本很小。Chipset 的顾客不到 10 个，每次购买大约相同数量的 CX1。由于产品的高技术性质，Chipset 采用跨职能团队的形式来开展营销和销售活动。虽然营销和销售成本很低，但整个 Chipset 组织仍然保持对提高顾客满意度和扩大市场份额的关注。（本章结尾的“学习自测”描述了一种营销、销售和顾客服务成本都很高的情况。）

3. Chipset 的资产结构在 2002 年和 2003 年没有很大差异。

4. 每年的营业利润如下（单位：美元）：

	2011 年	2012 年
收入		
(23 美元/单位×1 000 000 单位；22 美元/单位×1 150 000 单位)	23 000 000	25 300 000
成本		
直接材料成本		
(1.4 美元/平方厘米×3 000 000 平方厘米；1.50 美元/平方厘米×2 900 000 平方厘米)	4 200 000	4 350 000
加工成本		
(4.28 美元/平方厘米×3 750 000 平方厘米；4.35 美元/平方厘米×3 500 000 平方厘米)	16 050 000	15 225 000
总成本	20 250 000	19 575 000
营业利润	2 750 000	5 275 000
营业利润增长		

我们的目标是衡量 2 525 000 美元的营业利润增长有多少是由成功执行公司的成本领先战略带来的。因此，我们分析了三个主要部分：（1）成长；（2）价格补偿；（3）生产率。

成长部分（growth component）衡量的是仅仅由于 2011 年和 2012 年的销售产出变化带来的营业利润增长。**价格补偿部分**（price-recovery component）衡量的是仅仅由于 2011 年和 2012 年 Chipset 投入与产出价格变化带来的营业利润增长。价格补偿部分衡量投入价格变化与产出价格变化的比较。与投入价格的增长相比，成功实施产品差异化战略的公司将能够更快地提高产出价格，提高毛利和营业利润。价格补偿部分将显示为正。

生产率部分（productivity component）衡量的是由于 2012 年投入数量与为达到 2012 年的产出水平 2011 年应投入数量之间的变化带来的成本变化。生产率部分衡量通过有效降低成本的投入带来的营业利润的增长量。一个成功实施成本领先战略的公司能够用更少的投入得到既定的产出：生产率部分将显示为正。假定 Chipset 采取的是成本领先战略，我们预期营业利润的增长应归于生产率部分和成长部分，而不是价格补偿部分。我们现在深入讨论这三个部分。

□ 14.4.1 成长部分

假定其他因素没有变化，成长部分衡量的是由于 CX1 销售量增加（从 2012 年的

1 150 000 单位到 2011 年的 1 000 000 单位）而带来的收入增加减去成本增加。

成长的收入影响

$$\text{成长的收入影响}=\left(\begin{matrix}\text{2012 年实际}\\\text{销售产出量}\end{matrix}-\begin{matrix}\text{2011 年实际}\\\text{销售产出量}\end{matrix}\right)\times \text{2011 年产出价格}$$

$$=(1\,150\,000-1\,000\,000)\times 23$$

$$=3\,450\,000(\text{美元})\text{F}$$

这部分是有利的，因为 2012 年销售量的增加带来了营业利润的增加。营业利润的减少是不利的。

注意，Chipset 保持 2011 年 CX1 价格不变而聚焦于 2011 年与 2012 年销售量的增加，这是因为成长的收入影响衡量的是 Chipset 在 2011 年销售了 1 150 000 单位而非 1 000 000 单位的收入变化。

成长的成本影响　成长的成本影响衡量的是 Chipset 在 2011 年生产了 1 150 000 单位而非 1 000 000 单位的成本变化。为衡量成长的成本影响，Chipset 的管理者区分了变动成本（直接材料成本）和固定成本（加工成本），因为当生产（销售）单位增加时，变动成本成比例增加，而固定成本一般不变。

$$\text{(变动成本)成长的成本影响}=\left(\begin{matrix}\text{为达到 2012 年产出}\\\text{2011 年所需投入量}\end{matrix}-\begin{matrix}\text{达到 2011 年产出}\\\text{实际投入量}\end{matrix}\right)\times\begin{matrix}\text{2011 年}\\\text{投入价格}\end{matrix}$$

$$\text{(直接材料)成长的成本影响}=(3\,000\,000\times 1\,150\,000/1\,000\,000-3\,000\,000)\times 1.40$$

$$=(3\,450\,000-3\,000\,000)\times 1.40$$

$$=630\,000(\text{美元})\text{U}$$

为达到 2012 年产出 2011 年所需投入量也可以用以下公式计算：

$$\text{2011 年单位产出所需投入量}=3\,000\,000/1\,000\,000=3(\text{平方厘米/单位})$$

$$\text{为达到 2012 年产出 2011 年所需投入量}=3\times 1\,150\,000$$

$$=3\,450\,000(\text{平方厘米})$$

$$\text{(固定成本)成长的成本影响}=\left(\begin{matrix}\text{为达到 2012 年产出}\\\text{2011 年所需生产能力}\end{matrix}-\begin{matrix}\text{2011 年实际}\\\text{生产能力}\end{matrix}\right)\times\begin{matrix}\text{2011 年单位}\\\text{生产能力价格}\end{matrix}$$

$$\text{(加工成本)成长的成本影响}=(3\,750\,000-3\,750\,000)\times 4.28=0$$

在一定的产出水平下，加工成本就是固定成本。2011 年 Chipset 拥有以 4.28 美元/平方厘米的成本生产 3 750 000 平方厘米硅片的能力。为了在 2011 年达到 1 150 000 单位的产出，Chipset 需要处理 3 450 000 平方厘米的直接材料，这个数值小于最大生产能力 3 750 000 平方厘米。本章中，我们假定本年（2011 年）有足够的生产能力达到下年（2012 年）的产出。在这个假设下，与生产能力相关的固定成本成长部分的成本影响就为 0。要是 2011 年的生产能力不足以达到 2012 年的产出，我们需要计算为达到 2012 年产出 2011 年所需的额外生产能力。这超出了本书的范围。

成长部分的收入影响		3 450 000 美元 F
成长部分的成本影响		
直接材料成本	630 000 美元 U	
加工成本	0	630 000 美元 U
归于成长部分的营业利润变化		2 820 000 美元 F

14.4.2 价格补偿部分

假定 2011 年的投入产出关系在 2012 年保持不变。营业利润的价格补偿部分衡量的是仅仅由于 2012 年生产 1 150 000 单位 CX1 带来的收入和成本的变化。

价格补偿的收入影响

价格补偿的收入影响 =(2012 年的销售价格－2011 年的销售价格)×2012 年实际产销量
=(22－23)×1 150 000
=－1 150 000(美元)或 1150 000(美元)U

注意，计算关注的是 2011 年和 2012 年 CX1 价格的变化。

价格补偿的成本影响　与成长部分的成本影响一样，Chipset 的管理会计师对变动成本和固定成本的价格补偿的成本影响分别计算。

价格补偿的成本影响 =(2012 年投入价格 － 2011 年投入价格)× 为达到 2012 年产出 2011 年所需投入量

(直接材料)价格补偿的成本影响=(1.50－1.40)×3 450 000
=345 000(美元)U

回想一下，在计算成长的成本影响时，达到 2012 年产出所需的 3 450 000 平方厘米的直接材料已经计算出来了。

固定成本价格补偿的成本影响 =(2012 年生产能力的单位价格 － 2011 年生产能力的单位价格)
×2011 年实际的生产能力(2011 年已存在生产 2012 年产出的生产能力)

对于固定成本，价格补偿的成本影响如下：

加工成本=(4.35－4.28)×3 750 000=262 500(美元)U

回想一下，生产能力的详细分析已体现在计算成长部分的成本影响的过程中。

总之，归于价格补偿的净营业利润减少如下：

价格补偿部分的收入影响		1 150 000 美元 U
价格补偿部分的成本影响		
直接材料成本	345 000 美元 U	
加工成本	262 500 美元 U	607 500 美元 U
归于价格补偿部分的营业利润变化		1 757 500 美元 U

价格补偿分析表明，随着投入价格的上涨，Chipset 不能够将其通过提高 CX1 的价格转嫁给顾客。

14.4.3 生产率部分

营业利润的生产率部分利用 2012 年投入价格来衡量成本是如何降低的，与在 2011 年的投入产出关系下应用的投入和生产能力相比，通过利用更少的投入、更好的投入组合或者更少的生产能力达到 2012 年的产出。

生产率部分的计算使用 2012 年的价格和产出。这是因为生产率部分分离了由数量、组合或投入的生产能力引起的 2011 年和 2012 年成本变化。①

$$\text{(变动成本)生产率的成本影响}=\left(\begin{matrix}\text{达到 2012 年产出}\\\text{利用的实际投入量}\end{matrix}-\begin{matrix}\text{为达到 2012 年产出}\\\text{2011 年所需投入量}\end{matrix}\right)\times\begin{matrix}\text{2012 年的}\\\text{投入价格}\end{matrix}$$

采用给出的 2012 年数据，达到 2012 年产出应使用的实际投入量在成长部分已经计算过。

$$\begin{aligned}\text{(直接材料)生产率的成本影响}&=(2\,900\,000-3\,450\,000)\times1.50\\&=-550\,000\times1.50\\&=-825\,000\text{(美元)或 }825\,000\text{(美元)F}\end{aligned}$$

与 2011 年相比，Chipset 的质量和产量改进减少了达到 2012 年产出所需的直接材料数量。

$$\text{(固定成本)生产率的成本影响}=\left(\begin{matrix}\text{2012 年实际}\\\text{生产能力}\end{matrix}-\begin{matrix}\text{2011 年实际生产能力(2011 年已}\\\text{存在达到 2012 年产出的生产能力)}\end{matrix}\right)\times\text{2012 年生产能力的单位价格}$$

为计算对于固定成本生产率的成本影响，我们采用之前给出的 2012 年数据，达到 2012 年产出应使用的实际生产能力在成长部分已经计算过。

对于固定成本，生产率的成本影响为：

$$\begin{aligned}\text{加工成本}&=(3\,500\,000-3\,750\,000)\times4.35\\&=-1\,087\,500\text{(美元)或 }1\,087\,500\text{(美元)F}\end{aligned}$$

Chipset 的管理者通过卖掉旧设备和解雇工人，将 2012 年的生产能力降低到 3 500 000 平方厘米。

总之，归于生产率的净营业利润增加如下：

生产率部分的成本影响	
直接材料成本	825 000 美元 F
加工成本	1 087 500 美元 F
归于生产率部分的营业利润变化	1 912 500 美元 F

生产率部分表明，Chipset 能够通过提高质量和生产率、削减生产能力和降低成本来增加营业利润。注意，生产率部分只聚焦于成本，所以对于收入没有影响。

图表 14—5 总结了营业利润的成长、价格补偿和生产率部分的变化。一般地，成功执行成本领先战略的公司会显示生产率和成长部分的有利差异。成功执行产品差异化战略的公司会显示价格补偿和成长部分的有利差异。在 Chipset 的例子中，与其战略和战略执行一致，生产率部分为营业利润的增长贡献了 1 912 500 美元，成长部分

① 注意，生产率部分的计算利用实际的投入价格，然而对应的第 7 章和第 8 章的效率差异采用预算价格（实际上，预算价格符合 2011 年的价格）。在生产率的计算中利用 2012 年的价格是因为 Chipset 想使经理基于当前的一般价格选择投入数量来使 2012 年的成本最小化。如果在生产率的计算中利用 2011 年的价格，经理将选择基于一年前流行的不相关的投入价格来选择投入数量！第 7 章和第 8 章使用预算价格不会引起类似问题。为什么呢？因为 2011 年的价格描述一年前发生的事，而预算价格代表对当期价格的预期。而且如果有必要，可以改变预算价格以使它们与当前的实际价格相符。

贡献了 2 820 000 美元。价格补偿部分使营业利润减少了 1 757 500 美元，然而，尽管投入价格上涨，CX1 的售价也会降低。如果 Chipset 实行产品差异化战略并索取更高的价格，那么价格补偿影响可能不会更不利或者更有利。因此，Chipset 的管理者计划在产品特征上适度改变，以将 CX1 区别于其他竞争产品。

图表 14—5 **盈利性战略分析** 单位：美元

	2011 年利润表数量	2012 年成长部分的收入与成本影响	2012 年价格补偿部分的收入与成本影响	2012 年生产率部分的成本影响	2012 年利润表数量
收入	23 000 000	3 450 000 F	1 150 000 U		25 300 000
成本	20 250 000	630 000 U	607 500 U	1 912 000 F	19 575 000
营业利润	2 750 000	2 820 000 F	1 757 500 U	1 912 500 F	5 725 000
			2 975 000 美元 F		
			营业利润变化		

□ 14.4.4 关于成长、价格补偿和生产率部分的进一步分析

如同其他的差异和利润分析一样，Chipset 的管理者希望进一步分析营业利润的变化。例如，Chipset 的成长可能是由于整个行业的市场规模在增长。所以，营业利润的增长可能部分归于行业内有利的市场条件，而不是任何战略的成功执行。很多成长可能是由于管理者对产品降价而得到的生产率收益。在这种情况下，因成本领先而带来的营业利润增加包括除生产率提高外市场份额增加所带来的营业利润增加。以上分析超过了本书的范围。下面的"实例"专栏介绍了营业利润分析是如何帮助百思买改变战略，与亚马逊竞争的。

实例 营业利润分析反映了百思买的战略缺陷

2008 年，在最大的竞争对手电路城破产后，百思买成为电子零售行业无可争议的"王者"。在没有真正的竞争对手的情况下，百思买重申以前成功的激进的"大盒子"式门店扩张战略。2008—2011 年，百思买在全美新增了 346 家门店，使其生产能力提升了 35%，年销售额增长了 100 亿美元。

然而到 2011 年，对公司营业利润的分析揭示了战略缺陷。尽管收入在增加，但 2008—2011 年的营业利润走势平平。同时，同一门店的销售额在下降，但其营销、管理费用却在上升。这些数字表明电子商务影响了百思买的业绩。当公司通过顾客体验和增值服务追求战略的差异时，很多顾客被亚马逊或者其他网上零售商的低价所吸引，在线购买平板电视、电脑和电子摄像机——这是百思买最大的商品类别。为应对挑战，百思买增加了广告投入，提升了电子商务能力，这也增加了制造费用。

为了扭亏为盈，百思买采取了以下举措：(1) 宣布缩减 10%的占地面积、开设更小的售卖智能手机的门店的计划；(2) 进一步扩大其网上业务以便更好地与亚马逊竞争；(3) 通过"Geek Squad"顾客支持业务销售更多的服务。

资料来源：Based on Miguel Bustillo, "Best Buy to Shrink 'Big Box' Store Strategy," *The Wall Street Journal* (April 15, 2011); Andria Cheng, "Best Buy to Scale Back Big-Box Strategy," *Market Watch* (April 14, 2012); Best Buy, Inc. Form 10-K. Best Buy, Inc., Richfield, MN: 2011.

14.4.5　应用五步决策制定框架来提供战略

接下来我们简要介绍第 1 章的五步决策制定法在战略制定中的作用。

1. 识别问题与不确定因素。Chipset 的战略选择依赖于两个不确定因素：(1) Chipset 是否为顾客提供了竞争对手不能复制的额外价值；(2) Chipset 是否建立了必要的内部生产能力来增加价值。

2. 获取信息。Chipset 的管理者绘制了顾客偏好图，来确定顾客期望的不同产品边际和该边际相对于竞争对手是否具有竞争优势。管理者还收集了 Chipset 内部生产能力的数据。Chipset 在设计和研发新产品方面的能力如何？生产和营销能力如何？

3. 预测未来。Chipset 的管理者推断他们不能以成本有效的方式研发新产品。他们相信 Chipset 的优势在于改进质量、重组流程、削减成本和将产品快速运送给顾客。

4. 选择方案做出决策。Chipset 的管理者决策遵循成本领先战略而不是产品差异化战略。这决定了引入的平衡计分卡要与质量改进和流程重组方面的努力相匹配，并需要设计相关的衡量指标。

5. 实施决策、评价业绩与学习改进。在平衡计分卡中，Chipset 的管理者将实际业绩与目标业绩相比较，评价可能的因果关系。他们得知，例如，有先进技术控制的流程的百分比提高可增加收益。因此，就像他们预期的那样，生产率和成长带来了 2012 年的营业利润增长。Chipset 的管理者计划在 2013 年在产品特征上进行适度改变，这可能会有助于将 CX1 与竞争产品区别开。在这种方式下，反馈和学习对未来战略及其执行都很有帮助。

成功之匙

管理者通过将营业利润的变化划分为成长、价格补偿和生产率部分，来评价产品差异化战略或成本领先战略是否成功。

14.5　缩减规模和生产能力的管理

如我们在生产率部分的讨论中看到的，固定成本与生产能力密切相关。与变动成本不同，固定成本不会自动随业务量的变化而变化（例如在生产成本的例子中投入生产的硅片）。那么管理者如何降低基于生产能力的固定成本呢？那就是通过衡量和管理未利用生产能力。**未利用生产能力**（unused capacity）是超过或高于满足当前顾客需求所需的生产能力的能力。为了理解未利用生产能力，有必要区分工程成本与酌量性成本。

14.5.1　工程成本和酌量性成本

工程成本（engineered costs）来源于成本动因（产出）与用来生产这一产出的

（直接或间接）资源之间的因果关系。工程成本与产出之间有密切的、实际可观察的和重复的关系。在 Chipset 的例子中，直接材料成本是直接工程成本，加工成本是间接工程成本。以 2012 年为例，1 150 000 个 CX1 的产出和投入转化为产出的效率导致 2 900 000 平方厘米的硅片被用于生产。预计生产加工成本为 12 615 000 美元（4.35×2 900 000），但实际加工成本（15 225 000 美元）更高，因为这些成本与加工 3 500 000 平方厘米硅片的生产能力相联系（4.35×3 000 000＝15 225 000（美元））。虽然这些成本在短期内是固定的，但从长期来看，产出和所需生产能力（所需加工成本）之间存在因果关系。从长期来看，Chipset 试图将生产能力与其需求相匹配。

一般来说，要实现成本领先，需要对工程成本和管理能力给予更多关注。例如，通用汽车和美国航空等公司正努力实现盈利，因为它们在管理与生产能力相关的工程成本上存在困难。

酌量性成本（discretionary costs）有以下两个重要特征：（1）它们由那些与将要出现的最大数额有关的期间（通常是年度）决策产生；（2）在产出和耗用资源之间没有可计量的因果关系。在资源取得和资源耗用之间通常会有一定时间间隔。酌量性成本包括广告、行政培训、研发、卫生保健等方面的费用，以及法律、人力资源和公共关系等参谋部门的成本。与工程成本不同，酌量性成本与产出之间的关系还是一个黑箱，因为酌量性成本是非重复的、非日常的。酌量性成本中最值得一提的问题是管理者对正在花费的“正确”数额不自信。一个跨国消费品公司的创始人 Lever Brothers 曾经提到：“我在广告上的花费有一半浪费了，但问题是我不知道是哪一半。”①

□ 14.5.2 识别工程成本和酌量性生产成本的未利用生产能力

与酌量性成本相比，识别工程成本的未利用生产能力是非常困难的。考虑工程加工成本。

2012 年初，Chipset 拥有加工 3 750 000 平方厘米硅片的生产能力。2012 年质量和生产率的提高使 Chipset 能够加工 2 900 000 平方厘米的硅片以生产 1 150 000 单位的 CX1。Chipset 制定当年生产能力决策时，2012 年初的未利用生产能力为 850 000 平方厘米（3 750 000－2 900 000）。2012 年的加工成本为 4.35 美元/平方厘米。

$$\begin{aligned}\text{未利用生产能力成本} &= (\text{年初的生产能力成本}-\text{当年使用的生产资源})\\ &= (3\,750\,000\times 4.35)-(2\,900\,000\times 4.35)\\ &= 16\,312\,500-12\,615\,000=3\,697\,500(\text{美元})\end{aligned}$$

由于不存在因果关系，因此很难确定酌量性成本的未利用生产能力。管理层不能确定实际产出所耗用的研发资源，因而不能衡量所用生产能力，也不可能计算出未利用生产能力。

---

① 管理者通常将一些成本描述为基础设施成本——拥有财产、厂房和设备以及职能性组织引起的成本。例如，折旧、长期租金和长期技术性能力的取得成本。这些成本通常是固定成本，因为它们在被使用前获得。基础设施成本可能是工程成本，也可能是酌量性成本。例如，Chipset 为获得生产能力所发生的制造费用是一种基础设施成本，也是工程成本的一个例子。从长期来看，产出和所用制造费用之间有因果关系。为获得技术性能力的研发成本是一种基础设施成本，也是酌量性成本的一个例子，但产出和研发成本之间没有因果关系。

□ 14.5.3　管理未利用生产能力

当意识到存在未利用生产能力时，Chipset 的管理者能采取什么行动？通常有两种选择：消除未利用生产能力或者使用未利用生产能力来增加产出。

近些年，很多公司试图在消除未利用生产能力的同时缩减规模。**缩减规模**（downsizing）又称**合适规模**（rightsizing），是一种整合方式，对流程、产品和人员进行配置，以使成本与那些需要在现在和将来有效果并有效率地执行的作业相匹配。如 AT&T、达美航空、通用汽车、IBM 和 Scott Paper 等公司缩减规模以专注于核心业务，改变机构组织以提高效率、降低成本和改善质量。然而，缩减规模通常意味着削减业务，这会给员工士气和企业文化造成不利影响。

考虑 Chipset 对未利用生产能力的选择。因为在 2012 年它需要加工 2 900 000 平方厘米硅片，所以能将生产能力降至 3 000 000 平方厘米（如前所述，生产能力只能够以 250 000 平方厘米为单位增加或减少），这将会节约成本 3 262 500 美元［(3 750 000－3 000 000)×4.35］。然而 Chipset 的战略不仅是降低成本，还要增长业务。因此，2012 年初，Chipset 只将生产能力减少 250 000 平方厘米——从 3 750 000 平方厘米降至 3 500 000 平方厘米——节约 1 087 500 美元（4.35×250 000）。它为将来的发展保留了一些未利用生产能力。通过避免生产能力的更大削减，它让有技能、有能力的员工的士气未受到影响。这一战略的成功将依赖于 Chipset 实现预期的未来成长。

因为识别酌量性成本的未利用生产能力很困难，所以缩减规模或者用其他方法管理未利用能力也很困难。管理者必须再三斟酌，决定是否减少与所需产品和流程的改善有关的研发成本水平。与工程成本不同，没有明确证据表明管理者在研发成本上是否投入太多（或太少）。

成功之匙

管理者了解生产率改进的重要形式是消除多余的、工程成本（如制造成本）的未利用生产能力。对于管理者来说，识别和管理酌量性成本（如研发成本）的未利用生产能力更困难。

学习自测

遵循产品差异化战略，Westwood 公司生产高品质的厨房抽油烟机 KE8。下面是 Westwood 2011 年和 2012 年的数据（金额单位：美元）：

	2011 年	2012 年
1. 生产和销售 KE8 的数量	40 000	42 000
2. 销售价格	100	110
3. 直接材料（平方英尺）	120 000	123 000
4. 每平方英尺直接材料成本	10	11
5. KE8 的生产能力（单位）	50 000	50 000
6. 加工成本	1 000 000	1 100 000

续前表

	2011 年	2012 年
7. 单位生产能力的加工成本（第 6 行/第 5 行）	20	22
8. 销售和顾客服务能力（顾客人数）	30	29
9. 销售和顾客服务成本	720 000	725 000
10. 每位顾客的销售和服务能力成本	24 000	25 000

2012 年，Westwood 生产的产品无瑕疵并减少了每单位 KE8 耗用的直接材料。每年的加工成本与生产能力有关。销售和顾客服务成本与顾客人数有关，销售和服务职能是用来保持顾客人数的。Westwood 在 2011 年有 23 位顾客，2012 年有 25 位顾客。

要求：

1. 简要描述你将要纳入 Westwood 平衡计分卡的元素。

2. 计算用于解释 2011—2012 年营业利润变化的成长、价格补偿和生产率部分。

3. 说明 Westwood 执行战略是如何获得成功的。请给出解释。

解答

1. 平衡计分卡应该描述 Westwood 的产品差异化战略，包含在平衡计分卡中的元素是：

- 财务维度：由 KE8 的更高毛利和成长带来的营业利润的增长。
- 顾客维度：高端市场的市场份额和顾客满意度。
- 内部业务流程维度：新产品功能、新产品开发时间、制造流程的改进、生产质量、订单交付时间和及时交付。
- 学习和成长维度：产品开发中的员工数量、流程和质量管理中培训的员工比例以及员工满意度评分。

2. 每年的营业利润如下表所示（单位：美元）：

	2011 年	2012 年
收入		
（100 美元/单位×40 000 单位；110 美元/单位×42 000 单位）	4 000 000	4 620 000
成本		
直接材料		
（10 美元/平方英尺×120 000 平方英尺；11 美元/平方英尺×123 000 平方英尺）	1 200 000	1 353 000
加工成本		
（20 美元/单位×50 000 单位；22 美元/单位×50 000 单位）	1 000 000	1 100 000
销售和顾客服务成本		
（24 000 美元/顾客×30 个顾客；25 000 美元/顾客×29 个顾客）	720 000	725 000
总成本	2 920 000	3 178 000
营业利润	1 080 000	1 442 000
营业利润变化	362 000 F	

成长部分

成长的收入影响 =（2012 年实际销售产出量 − 2011 年实际销售产出量）×2011 年产出价格

=(42 000−40 000)×100

=200 000(美元)F

(变动成本)成长的成本影响 =（为达到 2012 年产出 2011 年所需投入量

$$-\begin{pmatrix}达到 2011 年产\\出实际投入量\end{pmatrix}\times\begin{matrix}2011 年\\投入价格\end{matrix}$$

(直接材料)成长的成本影响 =(120 000×42 000/40 000 −120 000)×10
=(126 000−120 000)×10
=60 000(美元)U

(固定成本)成长的成本影响 =(为达到 2012 年产出 2011 年所需生产能力 − 2011 年实际生产能力) × 2011 年单位生产能力价格

对于固定成本，成长的成本影响为：

加工成本：(50 000−50 000)×20=0

销售和顾客服务成本：(30−30)×24 000=0

总之，成长部分的净营业利润增长为：

成长部分的收入影响		200 000 美元 F
成长部分的成本影响		
直接材料成本	60 000 美元 U	
加工成本	0	
销售和顾客服务成本	0	60 000 美元 U
归于成长部分的营业利润变化		140 000 美元 F

价格补偿部分

价格补偿的收入影响 =(2012 年的销售价格 − 2011 年的销售价格) ×2012 年实际产销量
=(110−100)×42 000
=420 000(美元)F

价格补偿的成本影响 =(2012 年投入价格 − 2011 年投入价格) × 为达到 2012 年产出 2011 年所需投入量

直接材料成本：(11−10)×126 000
=126 000(美元)U

(固定成本)价格补偿的成本影响 =(2012 年生产能力的单位价格 − 2011 年生产能力的单位价格) × 2011 年实际生产能力 (2011 年已存在生产 2012 年产出的生产能力)

对于固定成本，价格补偿的成本影响为：

加工成本：(22−20)×50 000=100 000（美元）U

销售和顾客服务成本：(25 000−24 000)×30=30 000（美元）U

总之，归于价格补偿的净营业利润增长如下：

价格补偿部分的收入影响		420 000 美元 F
价格补偿部分的成本影响		
直接材料成本	126 000 美元 U	
加工成本	100 000 美元 U	
销售和顾客服务成本	30 000 美元 U	256 000 美元 U
归于价格补偿部分的营业利润变化		164 000 美元 F

生产率部分

(变动成本)生产率的成本影响 =(达到 2012 年产出利用的实际投入量 − 为达到 2012 年产出 2011 年所需投入量) ×2012 年投入价格

(直接材料)生产率的成本影响 =(123 000−126 000)×11
=−33 000(美元)或 33 000(美元)F

(固定成本)生产率的成本影响 =(2012 年实际生产能力 − 2011 年实际生产能力 −(2011 年已存在生产 2012 年产出的生产能力)) ×2012 年生产能力的单位价格

对于固定成本，生产率的成本影响为：

加工成本：(50 000−50 000)×22=0

销售和顾客服务成本：(29−30)×25 000
=−25 000（美元）或 25 000（美元）F

总之，归于生产率的净营业利润增加如下：

生产率部分的成本影响	
直接材料成本	33 000 美元 F
加工成本	0
销售和顾客服务成本	25 000 美元 F
归于生产率部分的营业利润变化	58 000 美元 F

2011 年与 2012 年营业利润的变化总结如下表所示（单位：美元）：

	2011 年利润表中数量 (1)	2012 年成长部分的收入和成本影响 (2)	2012 年价格补偿部分的收入与成本影响 (3)	2012 年生产率部分的成本影响 (4)	2012 年利润表中数量 (5)＝(1)＋(2)＋(3)＋(4)
收入	4 000 000	200 000 F	420 000 F	—	4 620 000
成本	2 920 000	60 000 U	256 000 U	58 000 F	3 178 000
营业利润	1 080 000	140 000 F	164 000 F	58 000 F	1 442 000

362 000F

营业利润的变化

3. 营业利润分析表明，营业利润的增长源于 Westwood 成功执行产品差异化战略（归因于价格补偿的有利营业利润差异为 164 000 美元）。公司能够继续对产品收取溢价并且扩大市场份额（归因于成长的有利营业利润差异为 140 000 美元）。Westwood 也能够通过提高生产能力获得额外的营业利润（归因于生产率的有利营业利润差异为 58 000 美元）。

决策要点

下面是对本章学习目标的总结，决策问题代表与学习目标相关的关键问题，指南则是对该问题的回答。

决策问题	指南
1. 一个公司能够利用的两种基本战略是什么？	两种基本战略是产品差异化战略和成本领先战略。产品差异化战略给顾客提供优质的、独特的产品和服务。成本领先战略是为了与竞争对手相比实现低成本。当与竞争对手相区别时，公司基于对顾客偏好和自身内部能力的理解来选择战略。
2. 什么是重组？	重组是对业务流程（如订单交付流程）的重新思考，以改善诸如成本、质量、顾客满意度这样的关键业绩标准。
3. 一个组织如何将战略转化为一系列业绩标准？	一个组织可以通过开发能够为战略标准和管理系统提供框架的平衡计分卡来做到。平衡计分卡通过四个维度来衡量业绩：(1) 财务；(2) 顾客；(3) 内部业务流程；(4) 学习和成长。为建立平衡计分卡，组织通过绘制战略图来表示不同战略目标之间的因果关系。
4. 一个公司如何通过分析营业利润的变化来评价战略的成功？	为了评价战略是否成功，公司将营业利润变化细分为成长、价格补偿和生产率部分。成长部分衡量由于销量更多或更少带来的收入和成本变化，假定价格、效率或生产能力没有变化。价格补偿部分衡量由于产出和投入价格变化带来的收入和成本变化。生产率部分衡量由于使用更少投入和削减生产能力带来的成本下降。当营业利润的变化与战略紧密联系时，公司被认为成功地执行了战略。
5. 一个公司能识别未利用生产能力吗？如果能，如何管理未利用生产能力？	一个公司必须首先区分工程成本和酌量性成本。工程成本来自产出和所用资源之间的因果关系。酌量性成本是由那些与将要出现的最大数额有关的期间（通常是年度）决策引起的，它们与投入和产出之间的因果关系没有联系。与酌量性成本相比，更容易识别工程成本的未利用生产能力。通过使成本与需要执行的作业相匹配来缩减规模是管理未利用生产能力的一种方式。

重要术语

balanced scorecard　平衡计分卡
cost leadership　成本领先
discretionary costs　酌量性成本
downsizing　缩减规模
engineered costs　工程成本
growth component　成长部分
price-recovery component　价格补偿部分
product differentiation　产品差异化
productivity component　生产率部分
reengineering　重组
rightsizing　合适规模
strategy map　战略图
unused capacity　未利用生产能力

作　业

简答题

14—1　描述分析一个行业需要考虑的五种关键力量。

14—2　描述两种基本战略。

14—3　是什么顾客偏好图？为什么管理者要利用它？

14—4　战略图是什么？

14—5　平衡计分卡的四个关键维度是什么？

14—6　描述一个好的平衡计分卡的三个特征。

14—7　在使用平衡计分卡时，需要避免的三个重要陷阱是什么？

14—8　描述营业利润战略性分析中的三个关键部分。

14—9　“价格补偿部分是营业利润战略性分析的最重要部分”。你同意这种说法吗？简要评论。

14—10　“与酌量性成本相比，管理工程成本的未利用生产能力更容易”。你同意这种说法吗？简要评论。

练习题

14—11　（平衡计分卡）RT Sports 公司生产工业冷却器。它想通过生产高品质冷却器、及时交付以及低定价来参与竞争和促进发展，因为有许多生产类似冷却器的生产商。RT Sports 认为在 2013 年，生产流程的不断改善和员工满意度的提高对执行战略至关重要。

要求：

1. 说明 RT Sports 采取的是产品差异化战略还是成本领先战略。简要解释。

2. Dryer 公司是 RT Sports 的竞争对手，生产更大规格、更多颜色的隔离冷却器，但比 RT Sports 的定价高。Dryer 的冷却器质量也很好，但是需要更长的生产时间和交付时间。使用价格贡献、交付时间、质量和设计，为 RT Sports 和 Dryer 绘制一幅类似于图表 14—1 的简单的顾客偏好图。

3. 绘制一幅类似于图表 14—2 的战略图，包括你预期的每个平衡计分卡维度的两个战略目标。

4. 介绍你预期的 RT Sports 2013 年平衡计分卡中每个维度的标准。简要解释你的回答。

14—12　（分析成长、价格补偿和生产率部分）（续练习题 14—11）RT Sports 2012 年和 2013 年营业利润变化的分析如下：

2012 年营业利润	2 350 000 美元
增加成长部分	95 000 美元
抵减价格补偿部分	（87 000 美元）
增加生产率部分	225 000 美元
2013 年营业利润	2 583 000 美元

冷却器行业的市场规模在 2013 年没有增长，

投入价格没有变化，RT Sports 降低了冷却器的价格。

要求：回答下列问题：

1. RT Sports 在 2013 年获得的营业利润与你在练习题 14—11 中确定的战略一致吗？

2. 解释生产率部分。通常而言，它仅代表变动成本的节约、固定成本的节约还是两者兼有？

14—13 （战略，平衡计分卡，商品经营）Raneiro & Sons 批量采购 T 恤，对其进行时尚的设计后，卖给大量零售商。Raneiro 希望以其时尚设计闻名，并希望年轻人都能身穿 Raneiro 的 T 恤。Raneiro 给出了 2011 年和 2012 年的数据（金额单位：美元）：

	2011 年	2012 年
1. 购买 T 恤的数量	213 060	253 000
2. 处理 T 恤的数量	12 060	14 500
3. 销售 T 恤的数量（第 1 行—第 2 行）	201 000	238 500
4. 平均售价	28	29
5. 每件 T 恤的平均成本	13	11
6. 管理能力（顾客人数）	4 300	4 050
7. 管理费用	1 419 000	1 377 000
8. 每个顾客的管理费用	330	340

管理费用依赖于 Raneiro 维持的顾客人数，而不是实际服务的顾客人数。Raneiro 在 2011 年有 3 900 位顾客，在 2012 年有 3 800 位顾客。

要求：

1. 说明 Raneiro 采取的是产品差异化战略还是成本领先战略。简要解释。

2. 简要描述你可能纳入 Raneiro 平衡计分卡的关键元素和这样做的原因。

14—14 （营业利润的战略性分析）（续练习题 14—13）沿用练习题 14—13 的资料。

要求：

1. 计算 Raneiro 公司 2011 年和 2012 年的营业利润。

2. 计算能够解释 2011—2012 年营业利润变化的成长、价格补偿和生产率部分。

3. 简要评论你在要求 2 中的回答，这三个部分表明了什么？

14—15 （识别和管理未利用生产能力）（续练习题 14—13）沿用练习题 14—13 的资料。

要求：

1. 基于 2012 年的顾客人数，计算 2012 年初未利用生产能力的数量和成本。

2. 假设 Raneiro 能够在增加 250 位顾客时增加或减少生产能力。计算 2012 年若缩减生产能力，Raneiro 能够节约的最大成本。

3. 说明除成本外，Raneiro 在缩减规模时需要考虑的因素。

14—16 （战略，平衡计分卡，服务性公司）Northland 公司是一个小型信息系统咨询公司，帮助客户运行销售管理软件。Northland 所处的产品市场竞争激烈，为此，Northland 必须以低成本提供高质量服务。Northland 按照工作量向客户收取费用，工作量依赖于销售管理系统的规模和复杂性。Northland 介绍了 2011 年和 2012 年的数据（金额单位：美元）。

	2011 年	2012 年
1. 工作量	40	55
2. 销售价格	45 000	42 000
3. 软件执行人工工时	25 000	28 000
4. 单位软件实现人工工时的成本	57	60
5. 软件实现支持的能力（工作量）	70	70
6. 软件实现支持的总成本	224 000	252 000
7. 单位工作量的软件实现支持能力的成本（第 6 行/第 5 行）	3 200	3 600

软件实现人工工时成本是变动成本，每年的软件实现支持能力的成本依赖于 Northland 选择的维持本年的软件实现支持能力（按照工作量定义）。它不随当年的工作量变化而变化。在年初，管理者凭借自己的判断来决定软件开发人员的数量，软件开发人员及其成本与工作量没有直接关系。

要求：

1. 说明 Northland 采取的是产品差异化战略还是成本领先战略。简要解释。

2. 描述 Northland 平衡计分卡中你将要纳入

的关键元素，解释这样做的原因。

14—17 （营业利润的战略性分析）（续练习题 14—16）沿用练习题 14—16 的资料。

要求：

1. 计算 Northland 2011—2012 年营业利润的变化。

2. 计算能够解释 2011—2012 年营业利润变化的成长、价格补偿和生产率部分。

3. 评论你在要求 2 中的回答。这些部分表明了什么？

14—18 （识别和管理未利用生产能力）（续练习题 14—16）沿用练习题 14—16 的资料。

要求：

1. 基于 2012 年的工作量，计算 2003 年初软件战略支持、软件开发可能存在的未利用生产能力的数量和成本。

2. 假设 Northland 能够以增量 10 单位来增加或减少它的软件战略支持能力。计算在 2012 年通过缩减软件战略支持能力，Northland 能够节约的最大成本。

3. Northland 实际上没有消除任何未利用生产能力，说明 Northland 不缩减规模的可能原因。

14—19 （平衡计分卡）下面是平衡计分卡的维度、战略目标和业绩指标的随机名单。

维度	业绩指标
内部业务流程	废品率
顾客	资产收益率
学习和成长	专利数量
财务	员工流失率
战略目标	净利润
获得新顾客	顾客盈利能力
增加股东价值	流程及时反馈的百分比
保留顾客	销售回报率
改进生产质量	每个员工的平均相关培训时间
发展盈利顾客	权益回报率
增加专有产品	供应商及时交付的百分比
提高信息系统能力	单位产品成本
增强员工技能	每个销售人员带来的利润
供应商及时交付	无错发票的百分比
提高每个销售人员带来的利润	单位产品的顾客成本
介绍新产品	每股收益
最小化发票错误率	新顾客数量
	顾客保留率

要求：从战略目标清单中选择与各维度相关的战略目标，从业绩指标清单中选择最适合各战略目标的业绩指标。

14—20 （平衡计分卡）Petrocal 公司提炼石油并通过其拥有的 Petrocal 加油站卖出。基于市场调研，Petrocal 确定 60%的石油市场由“服务至上的顾客”——愿意为提供优质服务的加油站支付更高价格的中等收入、高收入的个人组成，涉及干净的设备、便利店、友好的员工、快速周转、支持信用卡支付的能力、高辛烷的优质汽油。剩下的 40%的石油市场由“价格购买者”——希望购买最便宜汽油的个人组成。Petrocal 的战略聚焦于 60%的服务至上的顾客。Petrocal 2012 年的平衡计分卡如下表所示。为简便起见，针对每个目标采取的行动已删除。

目标	指标	目标业绩	实际业绩
财务维度			
增加股东价值	价格补偿部分的营业利润变化	90 000 000 美元	90 000 000 美元
	成长部分的营业利润变化	65 000 000 美元	67 000 000 美元
顾客维度			
扩大市场份额	在石油市场上的市场份额	10%	9.8%
内部业务流程维度			
提高石油质量	质量指数	94 点	95 点
提升炼油业绩	炼油可靠指数（%）	91%	91%
保证石油供应	产品供应指数（%）	99%	100%
学习和成长维度			
增加炼油流程能力	有先进技术控制的炼油流程百分比	88%	90%

要求：回答下列问题：

1. 2012 年，Petrocal 的战略执行得成功吗？请给出解释。

2. 你将在学习和成长维度中包括员工满意度和员工培训等指标吗？这些指标对于 Petrocal 实施战略重要吗？为什么？简要解释。

3. 解释 Petrocal 是怎样在未达到目标市场份额的情况下，获得超过其财务目标的业绩的。“在石油市场上的市场份额”是有关市场份额的正确标准吗？简要解释。

4. 内部业务流程维度指标的提高与顾客维度指标的提高之间有因果关系吗？也就是说，你会为内部业务流程维度和顾客维度增加其他指标吗？为什么？简要解释。

5. 在平衡计分卡的财务维度下，你同意 Petrocal 在生产率部分不包括营业利润变化指标的决定吗？简要解释。

14—21（平衡计分卡）Rocky Plain 公司在丹佛大部分地区提供有线网络服务。当地有很多提供相似服务的竞争对手。Rocky Plain 相信财务成功的关键是以低成本提供高质量的服务。现在 Rocky Plain 在安装服务和安装后的支持服务上花了很多时间。这是公司努力削减成本的一个方面。Rocky Plain 2012 年的平衡计分卡如下表所示：

目标	指标	目标业绩	实际业绩
财务维度			
增加股东价值	生产率部分的营业利润变化	1 200 000 美元	400 000 美元
	成长部分的营业利润变化	260 000 美元	125 000 美元
顾客维度			
提高顾客满意度	对顾客调查积极响应	70%	65%
内部业务流程维度			
开发创新服务	研发成本与收入的百分比	12%	15%
提高安装效率	每位顾客的安装时间	5 小时	4.5 小时
学习和成长维度			
提高员工能力	每个员工实际培训时间	10	11
提高领导力技能	举办领导力研讨会的数量	2	1

要求：回答下列问题：

1. 2012 年，Rocky Plain 的战略执行得成功吗？请给出解释。

2. 你将在内部业务流程维度包括开发创新服

务（研发成本）的指标吗？简要解释。

3. 内部业务流程维度标准的提高与顾客维度指标的提高之间有因果关系吗？也就是说，你会为内部业务流程维度和顾客维度增加其他指标吗？为什么？简要解释。

14—22　营业利润的战略性分析。Kelton 公司销售女式服装。Kelton 的战略是提供多样化的服装和顾客服务，并制定高价。Kelton 2011 年和 2012 年的数据如下表所示。为简便起见，假定每位顾客买一件衣服。

	2011 年	2012 年
1. 购买和销售的衣服数量	50 000	50 000
2. 平均销售价格	32 美元	31.50 美元
3. 每件衣服的平均成本	15 美元	16.50 美元
4. 销售和顾客服务能力	62 000 位顾客	52 000 位顾客
5. 销售和顾客服务成本	403 000 美元	291 200 美元
6. 每位顾客的销售和顾客服务成本（第 5 行/第 4 行）	6.50 美元/顾客	5.60 美元/顾客
7. 购买和管理能力	780 种设计	620 种设计
8. 购买和管理成本	62 400 美元	40 300 美元
9. 每种设计的购买和管理成本（第 8 行/第 7 行）	80 美元/设计	65 美元/设计

总的销售和顾客服务成本依赖于 Kelton 选择的维持销售和顾客服务支持能力，而不是 Kelton 实际服务的顾客人数。总的购买和管理成本依赖于 Kelton 选择的维持购买和管理支持能力（按照 Kelton 购买和管理的衣服设计的数量定义）。购买和管理成本不依赖实际购买的衣服设计的数量。Kelton 在 2011 年购买了 710 种设计，在 2012 年购买了 580 种设计。

要求：

1. 说明 Kelton 采取的是产品差异化战略还是成本领先战略。简要解释。

2. 计算 Kelton 2011 年和 2012 年的营业利润。

3. 计算能够解释 2011—2012 年 Kelton 营业利润变化的成长、价格补偿和生产率部分。

4. 说明营业利润的战略性分析是否表明 Kelton 在 2012 年的战略执行是成功的。请给出解释。

章末案例

TWA Parts 公司

TWA Parts（TWAP）的 CEO Ellen Bright 看着面前的两份平衡计分卡。一份来自豪华型汽车部门，显示了良好的财务结果；另一份来自经济型汽车部门，报告了令人失望的财务业绩，但是在非财务目标上表现良好。她想知道自己应该对两个部门的主管执行战略的努力做出何种反馈。

TWAP 是美国一家多元化制造企业旗下的一个价值 66 亿美元的子公司，是美国乃至全球的原装汽车和二手汽车的顶尖生产商。TWAP 受到汽车行业低迷的直接影响。其主要顾客（包括克莱斯勒和通用汽车）都处于破产边缘，即使是强劲的汽车制造商（例如丰田和本田）在全球衰退中也仅卖出很少的汽车。TWAP 有四个顾客中心部门：豪华型汽车部门、经济型汽车部门、中等价位汽车部门和卡车部门，有两种核心生产线——电子生产线和内饰生产线。TWAP 服务于三个市场：北美、欧洲和亚洲。Bright 相信她必须做出战略调整，为利用国际市场机会，尤其是新兴市场（如中国），完美地实施新战略。

高层管理人员会议：确定战略

2008 年 12 月，Bright 准备了一个高层战略会议。豪华型汽车部门的主管 Aaron Eckhard、经济型汽车部门的财务主管 Kim Kwon 以及市场部、生产部、研发部的副主管参与会议。在产品的财务报告（见图表 1）展示后，Bright 发表了她的看法。

图表 1 TWAP 2008 年顾客部门的财务数据

	中小经济型汽车/SUVs/CUVs	中等价位汽车/SUVs/CUVs	豪华型汽车（所有细分市场）	卡车（所有细分市场）	合计
收入	2 255	745	2 939	742	6 681
销售成本	2 100	899	2 560	801	6 360
销售与管理费用	135	244	171	128	678
营业利润	20	(398)	208	(187)	(357)

资料来源：Casewriters.

我们最好的行动将是关闭中等价位汽车部门和卡车部门，因为这些部门在亏损，要将重点放在可能带来最大盈利的部门——豪华型汽车部门（大部分工厂设在欧洲）以及经济型汽车部门。现在，我意识到经济型汽车制造商在美国和亚洲所占的比例很高，但是自从亚洲成为有潜力的新兴市场，我强烈感觉到 TWAP 应该将资源集中到亚洲。我们将关闭美国的工厂，保留主要的欧洲工厂和所有的亚洲工厂。我相信我们可以通过向盈利部门的顾客销售更多产品和吸引新市场（主要是亚洲）的顾客实现整体收入的增长。当然，豪华型和经济型汽车部门拥有极其不同的顾客和顾客价值定位（见图表 2）。

图表 2 2008 年 12 月 TWAP 顾客部门价值定位

最终使用者（或“顾客”）定义的贡献（按照对最终使用者的重要性排序）	中等价位汽车	豪华型汽车	经济型汽车
第一重要	舒适	创新	低成本
第二重要	低成本	性能	节省燃料
第三重要	质量	高质量	质量
顾客（OEM）定义的贡献（按照对 OEM 的重要性排序）			
第一重要	价格	新产品创新	价格
第二重要	顾客服务	产品设计	产品质量
第三重要	及时交付	技术熟练	及时/简洁

资料来源：Casewriters.

基于外部市场调研公司的竞争分析和对我们核心竞争对手的内部分析，我们决定以最低的价格生产高质量的汽车部件，将经济型汽车部门与竞争对手区分开。在经济型汽车领域，我们的主要竞争对手的战略关注点是生产初始成本最低的部件。我们将通过生产业内公认的使用时间长、维护成本低的高质量部件来与竞争对手区分开。我们必须保证我们清晰地向那些以使用时间长、质量高著称的经济型汽车制造商传达了价值定位。

在豪华型汽车部门，我们的战略是生产市场上最新的、高质量的部件。当我们的主要竞争对手追求顾客整合战略时，我们相信，如果我们努力生产行业内最新的、技术领先的汽车零部件，那么原始设备制造商（OEM）就会主动找上门了。

我想听一下各位主管关于你们所在部门怎样帮助公司同时实现财务目标和市场战略的意见。从 Joe 开始发言吧。

Bright 新聘的 CFO Joe Nathan 与大家分享了他的数据：

我设计了一个简单的模型，以便为达到 2011 年 8%的资本收益率（ROCE）和正向现金流而确定关键经济动因。我们预测在 2009 年仅有 45 亿美元的销售收入。这也意味着，在一年中将 ROCE 从 −15% 变成 −7%，我们需要在 2009 年将销售成本（COGS）从占收入的比重由 95% 减至 90%，并在未来两年减至 83%。我们需要更有效地利用资产，不管是旧的还是新的资产——当前我们营运活动的 65% 依赖于旧资产，我们必须达到 90% 的利用率并缩减资产规模。总之，我们为了生存需要使成本降至最低。

豪华型汽车部门的主管 Aaron Eckhard 插话说：

我们一直是产品创新的领导者，这也是顾客一直以来所看重的。我们五年前为高端顾客设计的创新产品逐渐扩展到其他部门。例如卫星广播和蓝牙功能，现在正成为经济型汽车部门的选择。

Bright 询问生产部门的副主管 Michael Milton 的观点，Milton 说：

由于市场的不确定性，OEM 的产品计划有很大不同，因此难以预测它们的产量，从而使生产能力的利用目标很难实现。另外，我们的原材料成本也很难预测，以至于难以控制销售成本。但是我们需要将供应管理、生产和产品运送协调起来，这样才能快速有效地将产品交付给顾客。通过协调生产线，我们需要做到准时、敢冒险，削减原材料成本，提高其他工厂的生产能力利用，在不牺牲产品质量或性能的前提下重新设计产品以降低材料成本。

我们还需要在成本削减目标与满足豪华型汽车生产的新产品和更新产品的需求之间进行权衡。生产车间在进度表之外的停工、不能快速进行生产转换都会给我们带来困扰。更新资本和预防性检修可以降低成本，同时帮助我们做到准时和敢冒险。

经济型汽车部门的主管 Kim Kwon 提出了他的看法：

为获得和保持亚洲经济型汽车的 OEM 顾客，我们必须掌握适时（JIT）生产和精益生产。每个员工必须就这些流程进行培训。

研发部门的副主管 Rita Richardson 对生产采用最新工艺、技术复杂的产品的挑战做出回应：

如果我们在豪华型汽车领域参与竞争，必须与领先的顾客合作，带给市场新的、改良的产品。在欧洲，他们希望我们快速前进——我们必须推出新设计和进行产品创新来适应新的排放规定、安全标准和顾客需求。为缩短新产品研发时间，我们需要对新的 CAD/CAM 软件进行投资，雇用和培训熟练的设计工程师、科学专家和技术人员，对原型设备进行投资，获得这些生产能力。

市场部的副主管 Stewart 补充道：

我们必须积极与亚洲的新顾客合作，以更好地对顾客的需求做出反应。我们的 OEM 顾客正在寻求与他们的供应商更加紧密地合作，来建造他们可以装配的组装系统。最后，我们需要展示 Richardson 提到的研发能力，通过与顾客更紧密的合作来设计他们想要的产品，并改变生产计划。

Milton 回应：

是的，我同意与顾客更紧密地合作，但是我认为我们必须在研发上取得领先。我们必须打好基础，例如在进行创新和吸引新顾客之前，所有工厂都必须关注效率和质量控制。我们的资源并不是无限的。

Richardson 反驳道：

如果你等到所有工厂都完美地生产才开始研发，那么我们会被远远地甩在后面。

Bright 打断讨论说：

我们必须让所有部门都有竞争力，但是各部门会强调各自的价值定位、计划和标准以使自己走上正轨。我们知道，我们的首要战略是以低成本/高质量产品和产品创新面向经济型/豪华型汽车细分市场；我们的财务目标是增加现金流和投资回报；我们的顾客目标是扩大在欧洲和亚洲的市场份额。我们必须改进内部流程、提高员工竞争力来实现以上目标。现在我们需要决定怎样为各部门制定执行计划，来达到目标。我对战略图和平衡计分卡（BSC）非常好奇。为设计好的 BSC，我们必须思考四个维度之间的因果关系。例如，使用 IT 能够怎样帮助产品研发？这些联系将为我们执行项目达到目标奠定基础。我们不能忘记所有的非财务目标必须与财务目标联系起来。

平衡计分卡

在接下来的几周里，战略制定的副主管 Ron Royerson 领导一个项目小组来询问公司副主管和部门经理关于顾客、竞争对手、质量、供应商和内部流程的看法。

在忙碌了好几天之后，小组为豪华型和经济型汽车部门制定了战略图、平衡计分卡、目标和行动计划（豪华型汽车部门的见图表 3（a）和图表 3（b），经济型汽车部门的见图表 4（a）和图表 4（b））。

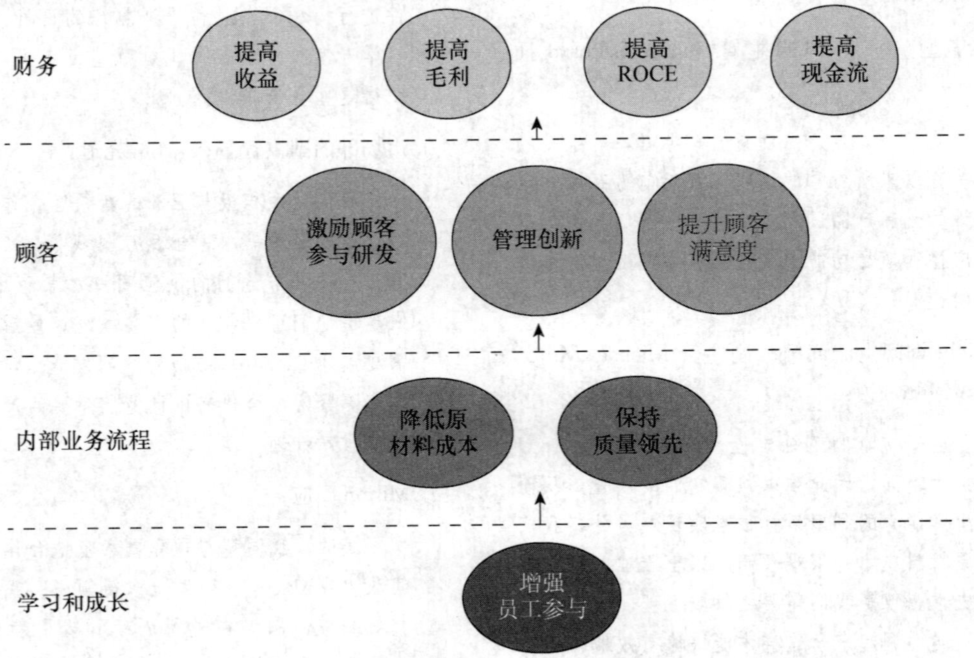

资料来源: Casewriters.

图表 3（a） 2009 财年 TWAP 豪华型汽车部门的战略图

平衡计分卡			行动计划		实际绩效
任务	指标	目标	战略	预算	
		财务维度			
提高 ROCE	● ROCE	−7%			4%
提高现金流	● 截至目前的经营活动现金流	−12 百万美元			8 百万美元
提高收益	● 截至目前的收益	13 亿美元			12 亿美元
提高毛利	● 毛利（%）	14%			
		顾客维度			
提升顾客满意度	● 全球市场份额	5%	“创新”战役	50 百万美元	5%
管理创新	● 顾客问卷：多少顾客（%）认为 TWAP 在创新、产品设计及技术专长方面“突出”	85%	顾客态度问卷	2.5 百万美元	83%
	● 引入新产品的数量	50	启动新产品	50 百万美元	50
激励顾客参与研发	● 与 TWAP 合伙人一起研发新产品的顾客数量	20	合作战略	10 百万美元	10

续前表

平衡计分卡			行动计划		实际绩效
任务	指标	目标	战略	预算	
内部业务流程维度					
降低原材料成本 保持质量领先	● 原材料成本（收益的百分比） ● 降低次品率（每百万）	65% 3 PPM	供应商最优项目 TQM 战略	5 百万美元 10 百万美元	60% 5 PPM
学习和成长维度					
增强员工参与	● 多少员工（%）对他们的工作感到“非常满意”（年度问卷）	80%	员工参与满意度评价	25 百万美元	62%
	● 多少员工（%）对前 12 个月的培训感到“非常满意”	80%			65%

图表 3（b） TWAP 豪华型汽车部门信息

资料来源：Casewriters.

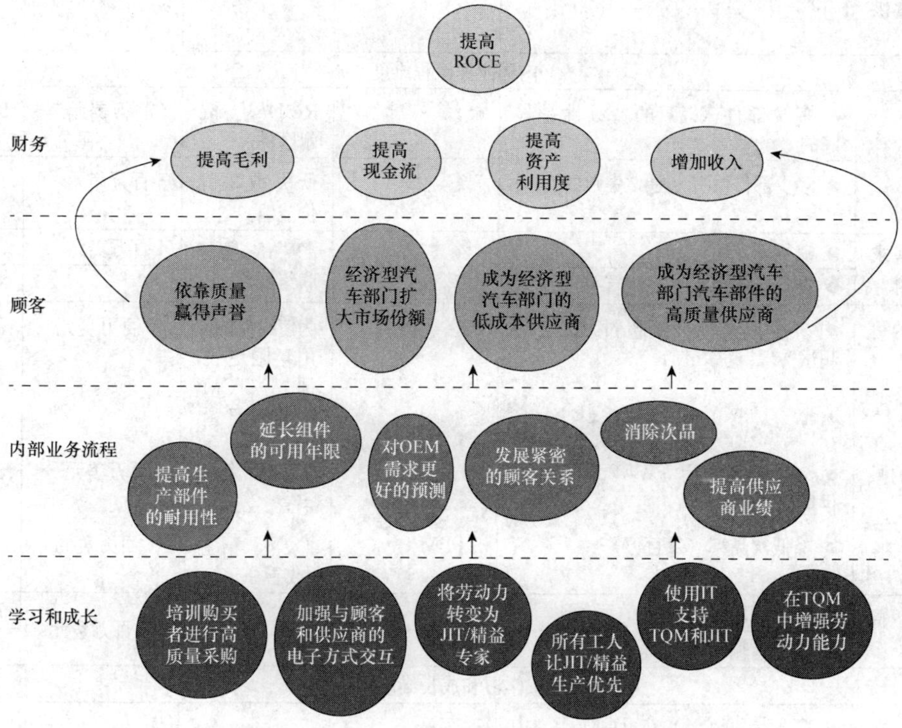

图表 4（a） 2009 财年 TWAP 经济型汽车部门的战略图

资料来源：Casewriters.

平衡计分卡			行动计划		实际绩效
任务	指标	目标	战略	预算	
财务维度					
提高 ROCE	● 提高 ROCE	ROCE	−7%	−12%	
提高现金流	● 截至目前的经营活动现金流	−12 百万美元			−14 百万美元
提高毛利	● 毛利（%）	6%			4%
提高收益	● 截至目前的收益	10 亿美元			9 亿美元
提高资产利用度	● 资产周转率	1.25			1.23

续前表

平衡计分卡			行动计划		实际绩效
任务	指标	目标	战略	预算	
			顾客维度		
扩大市场份额	● 全球市场份额	6%	"最低的成本/最高的质量"战役	50 百万美元	5.9%
成为经济型汽车部门的低成本供应商	● 顾客问卷：多少顾客（%）认为 TWAP 是维护成本最低的	80%	"低成本"战役	3.5 百万美元	75%
依靠质量赢得声誉	● 多少顾客（%）认为公司的保证是"同类之最"	75%	"无问题"替代政策	75 百万美元	70%
成为经济型汽车部门汽车部件的高质量供应商	● 顾客问卷：多少顾客（%）认为 TWAP 的质量是"突出的"	80%	顾客态度问卷	2.5 百万美元	79%
			内部业务流程维度		
提高生产部件的耐用性	● 多少部件（%）的持续性是最好的	65%	R&D 战略：耐磨件	5 百万美元	63%
	● 多少部件（%）是"失败的"	7%	低失败率评价战略	5 百万美元	7%
对 OEM 需求更好的预测	● 缺货	4%	TWAP 现场联络顾客	1 百万美元	2%
	● 存货运输成本（降幅百分比）	35%			35%
延长组件的可用年限	● 多少组件（%）超过 10 年的测试	75%	为使组件的使用年限更长，加入 TQM/R&D 项目	40 百万美元	75%
发展紧密的顾客关系	● 多少顾客认为 TWAP 是最好的供应商	50	TWAP 资格审查	1 百万美元	60
消除次品	● 降低次品率（每百万）	5 PPM	TQM，精益/改善	10 百万美元	4 PPM
提高供应商业绩	● 供应商的评价为 A 的百分比	75%	供应商优化项目	5 百万美元	78%
	● 降低运输平均时间（天）	26			25
			学习和成长维度		
在 TQM 中增强劳动力能力	● 多少员工（%）在 TQM 能力中被认证	50%	TQM 培训	25 百万美元	53%
	● 多少 TQM 工程师被雇用	60	TQM 雇佣项目	2 百万美元	65
将劳动力转变为 JIT/精益专家	● 多少员工（%）得到 JIT 方面的培训	50%	JIT 培训	25 百万美元	52%
	● 多少 JIT/精益项目工程师被雇用	60	JIT/精益雇佣项目	2 百万美元	64
所有工人让 JIT/精益生产优先	● 多少工人（%）依赖于 JIT/精益指标	5%	激励重建	2 百万美元	5%

续前表

平衡计分卡			行动计划		实际绩效
任务	指标	目标	战略	预算	
使用 IT 支持 TQM 和 JIT	● IT 支出的增加比例	20%	提升预测 & 供应商数据系统	40 百万美元	20%
	● 多少员工（%）在改进目标中将信息可取得性认为是“恰当和足够的”	40%	员工参与问卷	2 百万美元	45%
加强与顾客和供应商的电子方式交互	● 多少订单（%）通过流水线/EDI 过程得到	90%	EDI 实施和首次展出项目	5 百万美元	95%
培训购买者进行高质量采购	● 多少买家（%）在高质量采购过程中得到培训	20%	雇佣 & 培训项目	50 百万美元	25%

图表 4（b）　TWAP 经济型汽车部门信息

资料来源：Casewriters.

Eckhard 描述了制定平衡计分卡的经验：

> 我们不能太贪心。我希望关注一些可以帮助我们达到财务目标的重要标准。你有时应有效关注一些事情。这可能是陈词滥调，但有道理。

Kwon 解释了为什么他们部门制定了更加详细的平衡计分卡：

> 平衡计分卡中的许多因果关系对改变行为和使我们的组织达到目标非常关键。当飞行员驾驶飞机时，他不仅要关注高度，而且必须关注空气速度、燃料水平、航线和天气条件。像飞行员一样，我们相信在到达终点的过程中，我们必须同时掌控很多因素。

Eckhard 和 Kwon 都知道 COO 的位置是空缺的，他们都是这个职位的候选人。拥有基于平衡计分卡的更好业绩的部门经理更可能得到这个职位。

六个月之后——2009 年夏季

2009 年 7 月，Bright 复核了 BSC 的结果（图表 3（b）和图表 4（b））。Eckhard 所在部门的现金流和利润超过了目标，她非常满意。她注意到豪华型汽车部门的质量指标略有下降，但是在创新指标上得分很高。总的来说，Eckhard 和他的部门的财务目标完成得很好，使公司的总体财务状况更健康，同时 TWAP 的财报比去年更好。他们与顾客提出的要求也很接近。另一方面，经济型汽车部门没有达到其财务目标。Bright 这一结果感到困惑，因为他们在学习和流程方面非常成功。然而，部门经理认为自己很好地利用了经济型汽车发展良好的预期，这对 TWAP 长期的财务业绩增长有利。

她坐下的同时也在思考：“我看了越多结果，感觉越困惑。我不能判断哪个部门的表现更好。”

问题

1. 描述各部门的业务战略。

2. 对豪华型汽车部门和经济型汽车部门的战略图和平衡计分卡进行评价。在各部门的战略图和平衡计分卡中，你会改变什么？

3. 哪个部门经理更好地制定了战略图和平衡计分卡？

4. 哪个部门经理表现得更好？请给出解释。

第 15 章

转移价格

学习目标

1. 描述管理控制系统及其三要素。
2. 描述分权制的利弊。
3. 解释转移价格及其四种评估标准。
4. 使用三种方法计算转移价格。
5. 解释基于市价的转移价格在完全竞争市场中如何促进目标的一致性。
6. 当转移价格以全部成本加成为基础时避免制定次优决策。
7. 理解存在剩余生产能力时两个分公司就转移价格进行协商所涉及的范围。
8. 建立一个一般性的指导原则来确定最低转移价格。
9. 考虑跨国转移定价中的所得税因素。

转移价格是指一个子单元就自己向同一组织内其他子单元提供服务时收取的价格。例如，福特公司的汽车零件和组装服务都在内部各部门之间进行购买和销售。对于许多制药公司，如默克，它的知识产权被外国子公司所拥有，使得对这些子公司的转移价格成为不同税收管辖权下确认收入的关键因素。高层管理者使用转移价格的目的是：(1) 使管理者关注各自子单元的业绩；(2) 计划和协调不同子单元之间的行动以实现公司收入最大化。转移价格是富有创造性的，同时也是有争议的，因为不同子单元的管理者通常对如何制定转移价格有不同的偏好。例如，一些管理者偏好按照市场价格制定，另一些管理者则偏好仅仅按照成本制定。当跨国公司希望通过对低税率国家的子单元索要高的转移价格以削减其全球所得税税负时，争论就会发生。

本章建立了战略、组织结构、管理控制系统和会计信息之间的联系。我们也会讨论分权制的代价和益处。正如本章要点中强调的，我们将讨论在实现公司总体利润最大化并制定转移价格时，如何决定转移价格以及管理者需要考虑的因素。

本章要点

● 管理控制是帮助和协调组织中的计划与控制决策，指导管理者和其他员工收集和使用信息的一种方式。

● 有效的管理控制应该与组织的战略和目标相匹配，支持分配给管理者的职责，以及激励管理者和其他员工。

● 组织的关键决策是确定组织分权的程度、一个可以提供给低层管理者自主决策权的结构。

● 分权制授权给子单元管理者，使其有更好和更多的即时决策权。分权制的代价是导致子单元活动的重复，也可能使子单元管理者仅以自己部门的利益为重，而不顾公司整体利益。

● 转移价格是一个子单元就自己向同一组织内其他子单元提供服务收取的价格。

● 选择合适的转移价格对于子单元的业绩评价很重要，同时能保证总体目标的一致。

- 管理者基于市场价格、基于提供产品或服务的成本或者基于交易主体的谈判来制定转移价格。
- 如果转移产品存在完美的市场，基于市价的转移价格能为管理者提供合适的激励。
- 基于成本的转移定价方法得到广泛采用。如果价格基于完全成本得到，资源决策可能出现目标不一致的情况。
- 总体来说，转移价格必须至少等于产品或服务到达销售部门所发生的转移和机会增量成本。
- 当商品在国家之间转移时，转移价格在使公司整体税负最小化方面扮演着重要角色。另外，管理者必须认真选择转移价格来平衡顾客税收和关税，以及货币汇回本国的限制和股利分配。

15.1 管理控制系统

管理控制系统（management control system）是一种收集和使用信息的手段，它通过对信息的使用，帮助并协调组织中的计划与控制决策，并指导管理者及员工的行为。一些公司基于平衡计分卡的思想设计管理控制系统。例如，埃克森美孚的管理控制系统包括了平衡计分卡（见第 14 章）中四个维度的财务和非财务信息。设计良好的管理控制系统同时使用公司内部的信息（如净利润和员工满意度），以及公司外部的信息（如股价和顾客满意度）。

15.1.1 正式系统和非正式系统

管理控制系统由正式的和非正式的控制系统组成。一个公司的正式的管理控制系统包括明确的组织规章、业绩衡量方式、激励计划等，主要起到引导管理者和员工行为的作用。正式的管理控制系统是由若干子系统组成的，例如：

- 管理会计系统，提供成本、收入及利润的信息；
- 人力资源系统，提供招聘、培训、缺勤、事故等方面的信息；
- 质量系统，提供残料、废品、返工以及送货延迟等方面的信息。

非正式的管理控制系统包括共有价值观、对组织的忠诚度、组织内成员的共同责任、企业文化，以及其他非书面的但为成员所共同接受的行为准则。许多企业提出了增强价值观和忠诚度的口号，例如福特公司的“质量是首要工作”，家得宝公司的“低价格仅仅是开始”，等等。

15.1.2 有效的管理控制

一个有效的管理控制系统必须与组织战略及组织目标保持高度一致。埃克森美孚可能采取的两种战略是：（1）提供新产品和服务以扩大主要产品领域的市场份额（定位于那些愿意为快速服务、优质设备和存货丰富的便利店支付更多的顾客）；（2）降低成本（定位于价格敏感型顾客）。假设埃克森美孚决定追求前一种战略。管理控制系统必须加强这个目标，埃克森美孚应把管理者的奖金与达到的目标联系起来。

管理控制系统的设计必须支持管理人员的不同组织责任。埃克森美孚不同级别的管理者需要不同种类的信息来完成任务。比如，高层管理者需要股价信息来评价公司创造了多少股东价值。然而，股价对于监督汽油提炼生产线的管理者来说并不重要。这些管理者更关注汽油的及时交付、设备维修期、产品质量、事故和环境问题导致的停工期、每加仑汽油的成本、员工满意度等信息。同样，营销部门的管理者更关注加油站的服务、顾客满意度和市场份额等信息。

有效的管理控制系统应该能激励管理者及员工。其中，**激励**（motivation）是达到设定目标的愿望（目标一致）与对目标的追求（努力）的结合。

目标一致（goal congruence）体现在个人或团体都朝着实现组织目标的方向努力时。也就是说，当管理者为了实现自己利益的最大化而制定决策，同时又能够有效地推动最高管理层的目标的实施。假定埃克森美孚的高层管理者的目标是营业利润最大化。如果管理控制系统仅依据成本来评价炼油部门管理者，那么管理者可能会倾向于成本最小化而忽视产品质量和汽油运送到零售站的及时性。这可能难以使公司整体的营业利润最大化。在这种情况下，管理控制系统不能达到目标一致。

努力（effort）是管理者为实现目标所付出的劳动。它不仅是指体力的付出，如一个工人以最快的速度进行生产，而且包含个人的脑力活动。例如，努力包含管理者在批准新投资前收集、分析数据的勤奋和敏锐。直接观察和奖励个人的努力是不可能的。因此，管理控制系统通过对完成可观测的目标（如利润目标或股票回报）进行奖励来激励员工努力。因为更高程度的努力可以增大公司完成目标的可能性，这个系统可以引导管理者付出努力。奖励可能是物质的（现金、股票、公司汽车使用权或俱乐部的会员资格），也可能是非物质的（更好的职务头衔、更强的责任感、管理更多员工的权力）。管理控制系统必须与组织结构匹配。分权制的组织在评价管理控制系统的有效性时还需要考虑其他因素。

成功之匙

有效的管理控制应该与战略一致，支持管理人员的组织职责，以及激励管理者和其他员工。

15.2 分权制

直到 20 世纪中期，很多公司都以集权制、等级制的形式来进行组织。**集权制**（centralization）是一种权力集中在高层，低层管理者几乎没有决策自由的组织形式。也许高度集权制结构的一个最著名的例子是前苏联，它在 20 世纪 90 年代初瓦解。

现在，组织更多地采用分权制，很多公司将决策权下放给子单元管理者。**分权制**（decentralization）是一种给予低层管理者决策自由的组织结构。**自治权**（autonomy）指制定决策的自主程度。自主程度越高，自治权越大。在讨论分权制的问题时，我们使用“子单元”代指一个组织的任何一个部分。子单元可以是一个大的分公司，如埃克森美孚公司的炼油部门，或者一个小组，如一个地方服装厂只有2人的广告部。

分权制结构的例子有：美国的钢铁巨人纽柯（Nucor）给予工厂经理很大的运营自治权；英国最大的零售商特易购为商店经理提供大范围的自治权。当然，没有公司彻底地分权。在位于北卡罗来纳州的纽柯总部，管理者仍然保持制定总体战略计划、管理公司财务、制定基础工资水平和奖金目标、采购钢铁废料等职责。多大程度的分权是最优的？公司试图选择能使成本效益最大化的分权制。接下来我们讨论分权制的关键收益和代价。

□ 15.2.1 分权制的收益

拥护分权决策和那些放权给子单元管理者的人士声称，它有下列益处：

1. 对子单元的顾客、供应商和员工的需求做出更多的反应。管理者在没有信息时不能做出好的决策。与高层管理者相比，子单元管理者对他们的顾客、竞争对手、供应商和员工更为了解，也更清楚影响员工业绩的因素、改进质量及降低成本的途径。柯达公司声称分权制的两个优势是"增进公司对市场的了解和改善对顾客的服务"。

2. 引导子单元管理者快速决策以获利。分权制加快了决策过程，创造出集权组织所缺乏的竞争优势。集权制由于决策方案层层上报导致决策过程漫长。Interlake Mecalux公司就意识到了日益强化的分权制的这一优点，声称"我们已将决策权更广泛地分散"。在该公司，产品每时每刻都必须是以顾客为导向的，向销售部门释放适当的权力有助于公司对顾客需求做出更快的反应。

3. 激发子单元管理者的积极性。当子单元管理者能发挥更大的个人创造力时，通常会有更大的积极性。强生就是一个高度分权的公司，它认为，"分权制＝创造力＝生产力"。

4. 有助于管理人员的发展和学习。给予管理者更多的责任有助于管理人才库的开发。在这个人才库中，公司可以选拔经验丰富的管理人才担任更高层级的管理职务。同时，通过这个人才库，公司可以了解哪些人不具备管理素质。电子仪表公司泰克（Tektronix）这样表述分权制的益处："实行分权制的公司为管理者提供了一个培训场所和实战场地。在那里，他们为了实现自己的想法而发起产品战役。"

5. 突出子单元管理者关注的焦点。在一个分权制的环境里，小型子单元的管理者容易发现问题的焦点。例如，雅虎（日本）公司的管理者可以发展具有本国特色的知识和技能（当地的广告趋势、文化规范和支付方式），将重点放在日本公司利润的最大化上。由于摆脱了日常经营决策的重担，美国总部的高层管理者能有更多的时间和精力来为整个组织处理战略性决策事务。

□ 15.2.2 分权制的代价

赞成较高程度集权制决策的人士指出，分权政策使公司付出如下代价：

1. 导致次优决策。其产生原因是最高管理层放弃了对某些决策的控制。如果子单元管理者不具备必要的技能或能力来承担职责，会使整个公司的状况变差。

即使子单元管理者足够熟练，**次优决策**（suboptimal decision making）（也叫缺

乏一致性的决策（incongruent decision making）、**功能不良的决策**（dysfunctional decision making））也可能在某项决策能为子单元带来益处但不足以抵消整个公司付出的代价或遭受的损失时发生。次优决策最可能发生在子单元之间存在高度依赖性时，比如说一个子单元的最终产品是另一个子单元的直接原材料或由另一个子单元销售。举个例子，假定由于新的流行游戏的发布，任天堂（Nintendo）的营销团队收到来自澳大利亚的 Wii 控制台的额外订单。以成本作为评价标准的日本的生产经理可能不愿意安排这个紧急订单，因为这会影响生产进度进而提高生产成本。然而从任天堂的角度看，不供应控制台也是一个问题，因为澳大利亚的顾客愿意支付溢价，而且当前的供应也会刺激未来对其他任天堂游戏的订购。

2. 导致管理者专注于子单元而非整个公司。某个子单元管理者可能把公司其他部门的管理者视同外来的竞争对手，这就导致管理者认为子单位的相对业绩比公司目标更加重要。因此，管理者不愿意援助面临紧急事件的其他部门或者与它们共享信息。2010 年关于丰田汽车召回的听证会显示，丰田的日本分部不与其美国、亚洲和欧洲分部共享关于工程问题的信息或缺陷报告，这种现象很常见。丰田宣布它们会改变这种不正常的行为。

3. 导致产出重复。如果一个组织的子单元从事相同的作业，它们的内部竞争可能导致在外部市场的失败，因为各部门可能发现通过模仿组织内部的成功产品抢走其他子单元的市场份额比从外部其他公司抢走市场份额更容易。最后，这会导致顾客的混乱和各部门独特优势的丧失。一个典型的例子来自通用汽车，该公司不得不逐渐缩小奥兹莫比尔、庞蒂亚克和土星等分部的规模，最后破产重组。类似地，Conde Nast Publishing 最初创办的美食杂志 *Bon Appetit* 和 *Gourmet*，因追求相同的顾客群和广告商，最后都受到了损害。*Gourmet* 杂志在 2009 年 11 月停刊。①

4. 导致经济活动重复进行。尽管子单元在不同的市场上经营，公司的一些子单元可能分别承担相同的作业。在一个高度分权制的公司中，每个子单元可能存在员工职能重叠的现象，例如人力资源和信息技术。对于这些职能而言，采取集权制将有助于组织的团结、精简，可以减少某些冗余的作业。例如，瑞士的能源和自动化技术的全球领先者 ABB 集团就是一个分权化组织，但它将涉及多个业务单元的资源决策（例如管道输送和安装、工程和建造服务）集权化，成本节约的效果显著。子单元分享诸如信息技术和人力资源等服务变得流行起来，因为这可以比各子单元独自购买这种服务节约 30%～40%的成本。

□ 15.2.3 利弊的比较

要选择一种能执行公司战略的组织结构形式，高层管理者必须比较分权制的利弊，这种比较通常是分职能进行的。针对美国和欧洲公司的调查统计显示，实行分权制的子单元最常做的决策是有关货源供应、产品组合和产品广告的。在这些领域，子单元的管理者根据当地的信息更快地做决策。而子单元最不常做的决策是有关长期融资方式和渠道选择的。在这些方面，公司的管理者知道更多关于不同市场中融资条款

① 有关完全不同的环境下分权制失败案例的比较，参见 Jack Shafer，"How Conde Nast is Like General Motors: The Magazine Empire as Car Wreck，" *Slate* (October 5，2009)，www.slate.com/id/2231177/。

的信息，能够获取最好的条件。所得税集权化战略可以使组织权衡和管理亏损子单元与盈利子单元的收入。一般而言，当公司面临不稳定的环境，对所从事的工作需要掌握详细的当地情况，且子单元之间很少存在相互依赖关系时，采用分权制好处更大。

15.2.4 跨国公司的分权制

跨国公司（在多个国家经营的公司）通常实行分权制。因为对一个子公司遍布全球的企业进行集权控制，无论从实物还是从实际上来说都是不可能的。同时，不同国家的语言、风俗、文化、商业实务、规则、法律和规章的差别很大。分权制使不同国家的管理者能够充分利用他们对当地经济和政治情况的了解制定决策，以应对他们各自所处环境中的不稳定性。例如，全球性电子公司飞利浦的总部在荷兰，但它把在印度和新加坡的电视机销售和定价权交给了当地的管理者。跨国公司经常调整国外分公司和公司总部的管理者，调换岗位以及分权制可帮助发展管理者的能力，使其能在全球环境下搞好经营，提高他们的工作能力。

跨国公司采用分权制也难免有一些缺陷。其中最首要的问题就是缺乏控制及其导致的风险。著名的英国投资银行巴林银行（Baring PLC）于 1995 年倒闭，就是因为它在新加坡的分支机构进行了一笔未授权的交易，使公司损失了 10 亿美元。与此相类似，2011 年 10 月，瑞士最大的银行瑞银集团（UBS）在伦敦的交易员避开风险控制，进行未授权交易，导致损失 23 亿美元。瑞银集团的总经理和副经理都因这一丑闻而被解雇。很多采用分权制的跨国公司都会同时将自己的管理控制系统设计成为可以衡量、监控分支机构业绩的形式。另外，信息及通信技术的发展也有助于报告和控制数据的流动。

15.2.5 责任中心的选择

回顾一下第 12 章，责任中心是指这样的组织的部门或子单元，其管理者对某项特定的作业负责。无论是集权制还是分权制的组织，在评价其子单元的业绩时，都会采用四种责任类型中的一种或几种的组合：

1. 成本中心——管理者只对成本负责。
2. 收入中心——管理者只对收入负责。
3. 利润中心——管理者同时对成本和收入负责。
4. 投资中心——管理者同时对投资、成本和收入负责。

上述责任中心的划分并未提到分权制和集权制的组织形式。为什么呢？因为在集权制和分权制的极端例子中，都可以找到上述责任中心。

一个常见的错误观念是，利润中心（在某些情况下也是投资中心）是分权制子单元的同义词，成本中心则是集权制子单元的同义词。实际上，利润中心可以存在于一个高度集权的织中，成本中心也可以存在于一个高度分权的组织中。例如，一个作为利润中心的分公司的经理，可能完全没有决策权。他们对引入新产品和服务或者做出超过预先设定数额的开支的决策，要向公司总部申请批准。1984—2005 年，当 Michael Eisner 管理传媒和娱乐巨头迪士尼公司时，战略计划部门对商业计划进行非常仔细的监管，这导致管理者不愿意提出新想法。[①] 在其他公司，诸如信息技术等部门可能成为成本中心，但是他们的经理却可能有较大的自主权去决定资本支出，以及从何处购买原材料和服务。总之，“利润中心”和“成本中心”这些名称与一个组织的分权程度无关。在接下来的几个章节中，我们描述在分权制组织结构下对子单元的业绩评价。

成功之匙

分权制使子单元管理者有权力，也使得管理者能够更加快速地响应当地的决策制定。然而，在没有恰当控制的情况下，分权制也使得作业和服务重复，导致子单元管理者仅从子单元利益出发，而忽视组织整体利益。

15.3 转移价格

在实行分权制的公司，大部分决策权均掌握在单个子单元手中。在这种情况下，控制系统通过转移价格来协调它们的运作及业绩。

转移价格（transfer price）是指一个子单元（部门或分公司）就自己向同一组织内其他子单元提供产品或服务收取的价格。例如，如果一个汽车生产商拥有一个独立的发动机生产部门，那么转移价格就是指发动机生产部门向汽车装配部门提供发动机时收取的价格，这个转移价格为卖方（本例中指发动机生产部门）创造了收入，使买方（本例中指装配部门）消耗了成本，从而影响了双方的营业利润。营业利润往往被用来评价各子单元的业绩，并用以激励管理者。**中间产品**（intermediate product）是同一组织内部从一个子单元转移到另一个子单元的产品或服务。这些产品要么被接受方子单元再加工，要么直接转卖给顾客，当然，这是当产品从生产部门转移到销售部门时。

从某个角度来看，转移定价是一种奇特的现象。在同一组织中的交易无疑是非市场的，产品或服务没有在开放的市场中买卖。但是，在一个公司的子单元间确定转移价格却带有明显的市场味道。转移价格的理论基础是：子单元管理者（如发动机生产部门的管理者）在决策时只需集中考虑他们的决策对自己单元的影响，而不去评估对整个公司的影响。从这方面看，转移价格减轻了子单元管理者的信息加工和决策的工作量。在一个设计巧妙的转移定价系统中，子单元（发动机生产部门）业绩的最大化能带动整个公司业绩的最大化。

15.3.1 评估转移价格的标准

正如在所有的管理控制系统中，转移价格应该帮助实现公司的战略目标，并适应组织的结构。转移价格需要达到四个关键标准：

1. 促进目标一致，使得部门经理在采取行动追求自身利益时与高层管理者的目

---

① 当 2005 年 Robert Iger 代替 Eisner 成为 CEO 时，他首先采取的行动是解散战略计划部门，给予迪士尼的业务单元（公园和度假地、顾客产品和媒体网络）更多的权力。

标相符。

2. 引导管理者付出高水平的努力。应该鼓励卖出产品或服务的子单元降低成本，买进产品或服务的子单元有效地获取并利用投入资金。

3. 帮助高层管理者评估子单元及其管理者的业绩。

4. 如果高层管理者偏爱高度分权制，那么转移价格应该促进子单元在决策方面的高度自治。也就是说，一个寻求其单元收入最大化的子单元管理者应该有一定的自由，能够自主选择是按转移价格与公司内的其他子单元交易，还是与外部公司交易。

成功之匙

对于设计良好的转移价格，各部门经理可在使公司利润最大化的同时为他所在的部门做出最好的决策。

15.4 计算转移价格

高层管理者可以使用三种方法确定转移价格：

1. 基于市价的转移价格。高层管理者可能选择同类产品或服务的公开标价，如一个交易网站上公布的价格，来作为转移价格。另外，他们也可能选择其子单元对外部顾客收取的价格作为内部转移价格。

2. 基于成本的转移价格。高层管理者可能基于生产该产品的成本来选择转移价格，比如变动生产成本、变动和固定生产成本、产品的全部成本。产品的全部成本包括所有生产成本加上其他与产品相关的业务职能成本（研发、设计、营销、分销和顾客服务等）。这些成本可以是预算成本，也可以是实际成本。有时，基于成本的转移价格包括成本加成或销售毛利，它们代表了子单元的投资回报。

3. 混合的转移价格。混合转移价格需要同时考虑成本和市价信息。高层管理者可能会管理这样的价格，例如，通过明确指出转移价格为内部制造和运输产品的成本与可比的产品市价的平均值。在其他情况下，混合的转移价格可能采用销售单元确认的收入与采购单元确认的成本之间的差异。获得混合的转移价格最常见的方法是谈判——子单元管理者就相互之间的转移价格进行协商，然后决定是在内部还是外部进行交易。此时，他们可能会参考成本和市场价格信息。混合的转移价格常用在市价不断波动和变化时。

高层管理者在什么情况下使用哪个选择？为回答这个问题，我们接下来考察三种转移定价方法的具体实施过程，了解它们之间的不同。我们使用目标一致、管理层付出努力、评价子单元业绩和子单元自治四个标准来考察 Horizon Petroleum 公司的转移定价过程。

15.4.1 制定转移价格的范例

Horizon 石油公司有两个分公司，每个分公司都是利润中心。其中，运输分公司负责在墨西哥马塔莫罗斯附近的油田购买原油，同时还负责从马塔莫罗斯到美国得克萨斯州休斯敦的原油管道输送工作，精炼分公司则经营休斯敦精炼厂，专门将原油加工成汽油。为简便起见，假设汽油是精炼厂唯一可出售的产品，生产一桶汽油需要两桶原油。

假设每个分公司的变动成本随单一成本动因的变化而变化。这种单一成本动因分别是运输分公司运送的原油桶数和精炼分公司生产的汽油桶数。每单位的固定成本则是根据预算年产量（即运送的原油产量及生产的汽油产量）来计算的。另外，Horizon 公司所有的非美国交易成本及收入也都用美元进行报告，使用市场汇率进行折算。

- 运输分公司已获取从马塔莫罗斯地区的某些油田“购得”原油的权力，它与这些油田签订了一份长期合同，根据合同规定以 72 美元/桶的价格购得原油，然后将它们运到休斯敦，最后将它们“卖给”精炼分公司。从马塔莫罗斯的油田到休斯敦的输油管每天可以承运 40 000 桶原油。
- 精炼分公司已经达到其生产能力，每天加工 30 000 桶原油，平均每天用掉从 Horizon 运输分公司运来的 10 000 桶原油和向其他供应商购买的 20 000 桶原油（85 美元/桶）。
- 精炼分公司以每桶 190 美元的价格出售汽油。

图表 15—1 显示了 Horizon 公司各分公司单位产品的固定成本和变动成本以及购买原油、销售汽油的外部市价。表中尚缺的是从运输分公司到精炼分公司的实际转移价格。这个转移价格因其确定方法的不同而变化。考虑下面三种不同的转移定价方法：

1. 以休斯敦的竞争市场价格为基础计算，得到每桶 85 美元的基于市价的转移价格。

2. 基于全部成本 105%的转移价格。全部成本是在指从马塔莫罗斯购进的原油成本加上运输分公司自身的变动及固定成本（参考图表 15—1）：1.05×(72＋1＋3)＝79.80（美元）。

3. 协商确定的转移价格，为每桶原油 82 美元，这个价格介于基于市价的转移价格与基于成本的转移价格之间。我们在本章的后面对管理者决定协商价格的多种方式进行描述。

图表 15—1　　　Horizon 石油公司的经营数据　　　单位：美元

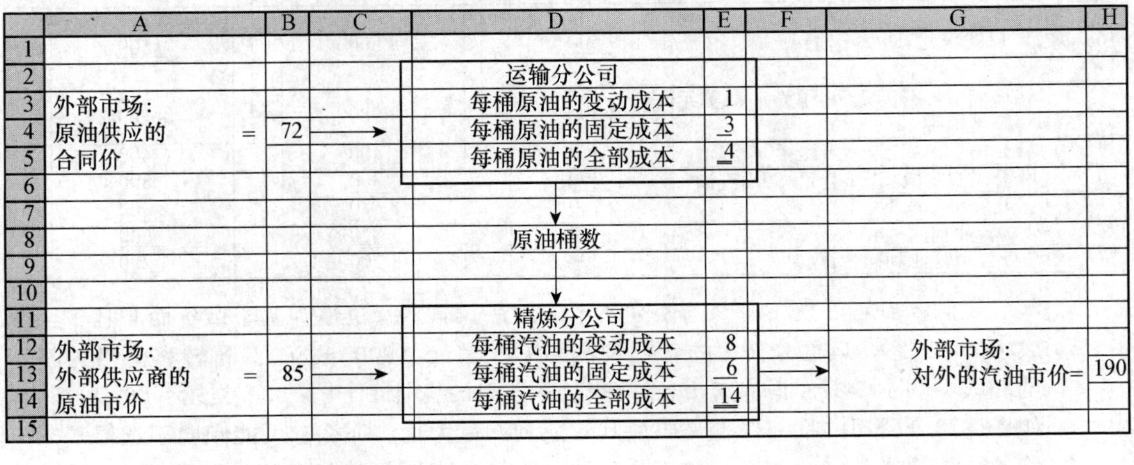

图表 15—2 显示的是根据每种转移价格方法计算的每 100 桶原油带给各分公司的营业利润。可见，转移价格给卖方带来了收入，使买方增加了相应的成本，而将所有分公司的经营结果合并时，收入和成本就全抵销了。计算时，我们假设采用不同的方法确定的转移价格在一定的范围内，不会影响各分公司的决策及行为，从而改变图表 15—1 所示的数据关系。也就是说，Horizon 公司从购买、运输再到精炼的全过程中，不管使用何种内部转移价格，每 100 桶原油可赚取的利润和卖出 50 桶汽油的收入都是 1 200 美元。

营业利润＝收入－在马塔莫罗斯每桶原油的采购成本－运输部门成本－炼油部门成本

＝(190×50)－(72×100)－(4×100)－(14×50)

＝9 500－7 200－400－700＝1 200(美元)

注意在三种方法中，把两个分公司的营业利润加起来就是 Horizon 的总利润 1 200美元。现在保持总营业利润不变，我们集中考虑不同的转移定价方法对 Horizon 各分公司营业利润的影响。接下来的部分显示不同的转移定价方法会使管理者采取不同的行动，导致不同的总营业利润。

图表 15—2　　不同的转移定价方法下，Horizon 石油公司每 100 桶原油带给各分公司的营业利润

单位：美元

	A	B	C	D	E	F	G	H
1	产出和销售数据							
2	运输的原油数量= 100							
3	汽油销售数量= 50							
4								
5		基于市价的转移价格=85美元/桶		基于全部成本105%的转移价格=79.80美元/桶			混合的转移价格82美元/桶	
6	运输分公司							
7	收入（85美元/79.80美元/82）	8 500			7 980		8 200	
8	减：							
9	原油采购成本，72美元×100桶原油	7 200			7 200		1 200	
10	分公司变动成本，1美元×100桶原油	100			100		100	
11	分公司固定成本，3美元×100桶原油	300			300		300	
12	分公司总成本	7 600			7 600		7 600	
13	分公司营业利润	900			380		600	
14								
15	精炼分公司							
16	收入（190美元×50桶汽油）	9 500			9 500		9 500	
17	减：							
18	转移成本，85美元/79.50美元/82美元×100桶原油	8 500			7 980		8 200	
19	分公司变动成本，8美元×50桶汽油	400			400		400	
20	分公司固定成本，6美元×50桶汽油	300			300		300	
21	分公司总成本	9 200			8 680		8 900	
22	分公司营业利润	300			820		600	
23	两个分公司营业利润合计	1 200			1 200		1 200	

我们来看看图表 15—2 前两列所示的方法。若转移价格为基于市价而非基于全部成本的 105%，运输分公司的营业利润多 520 美元（900－380）。若转移价格为基于全部成本的 105%而非基于市价，精炼分公司的营业利润多 520 美元（900－380）。如果运输分公司的唯一标准是要使其营业利润最大化，那么它可能倾向于选择基于市价的转移价格。与此相反，精炼分公司可能倾向于选择基于全部成本的 105%的转移

价格，以使其营业利润最大化。协商转移价格为每桶 82 美元，介于全部成本的 105%与市价之间。这个价格将 1 200 美元的营业利润在两个子公司之间平均分配，这也是两个分公司谈判的结果。

出于这些原因，子单元的管理者在确定转移价格时煞费心思就不足为奇了，特别是那些收入或晋升直接与分公司的营业利润挂钩的管理者。为减少子单元管理者对分公司的过分关注，许多公司根据子单元和全公司的营业利润对子单元管理者进行奖励。

我们接下来更详细地检验基于市价、基于成本和混合的转移价格。我们将展示将转移价格的选择与管理者的资源决策相结合，如何决定公司层面的营业利润的分配。

成功之匙

子单元管理者非常关注转移价格，因为不同的方法导致不同的子单元利润水平，进而影响管理者的业绩评价和薪酬水平。

15.5 基于市价的转移价格

当下列三个条件能够同时得到满足时，使用市场价格作为转移价格可产生最优决策：(1) 中间市场是完全竞争市场；(2) 子单元之间的相互依赖程度最弱；(3) 就公司整体来说，在外部市场而非内部买卖产品并不会增加额外的成本或收入。

15.5.1 完全竞争市场的情形

完全竞争市场（perfectly competitive market）是指同一产品在市场上只有单一的买卖价格，任何人都不能仅凭自己的力量来影响价格。在完全竞争市场的条件下采用市场价格作为转移价格，企业可以同时实现四个目标：(1) 目标一致；(2) 管理层付出努力；(3) 评价子单元业绩；(4) 子单元自治。

仍以 Horizon 公司为例，假设在休斯敦地区存在一个完全竞争的石油市场。因此，运输分公司和精炼分公司能以 85 美元/桶的价格卖出和买进原油，只要双方愿意，可以不论价格为多少。Horizon 公司希望它的管理者能在内部买卖原油。试想如果 Horizon 的分公司管理者拥有可以从外部买卖原油的自由，他们将制定怎样的决策呢？若在两个分公司间的转移价格低于 85 美元，那么运输分公司会愿意把全部原油以每桶 85 美元的价格卖给休斯敦地区的外部购买者。若转移价格高于 85 美元，精炼分公司将从外部供应商处购买原油。只有 85 美元的转移价格才能促使运输分公司和精炼分公司进行内部交易。也就是说，此时，在外部市场交易对于双方都不利。

假定 Horizon 根据各分公司的营业利润来评估其管理者的业绩，那么不论是内部交易还是外部交易，只要有利可图，运输分公司都将尽可能多地卖出原油。同样，只要有利可图，精炼分公司也将尽可能多地买进原油。在每桶 85 美元的转移价格下，最大化分公司的营业利润同样使 Horizon 整个公司的营业利润最大化。此外，分公司的管理者受利益驱使将努力加强管理以使它们各自的营业利润最大化。市价也可用来评估经济的生产能力和每个分公司各自的盈利性。例如，如果在基于市价的转移价格下，精炼分公司持续出现低或负的利润，Horizon 公司可能考虑关闭精炼分公司，只经营运输并销售原油给休斯敦地区其他精炼厂的业务。

□ 15.5.2 处理价

当供大于求时，市场价格就会低于历史平均水平。如果预期这种价格下降只是暂时性的，那么这种低水平市价就被称为“处理价”。通常，确定一个现行市价是不是处理价是一件困难的事。在 2006—2008 年世界范围的商品价格突涨之前，一些矿物和农产品（包括镍、铀和小麦）的价格常年处在人们认为偏低的水平。

如果市场正处于处理价水平时期，应该采用哪种转移价格来判断管理者的经营业绩呢？一些公司采用处理价，另一些公司采用长期平均价格或“正常”市价来制定转移价格。在短期内，如果处理价高于供应此产品或服务的增量成本，供应方分公司的管理者就可以接受处理价。如果处理价被用作转移价格，销售分公司将显示亏损，因为处理价没有超过部门的全部成本。若采用长期平均市价，迫使管理者以高于现行市价的价格内部购买，将有损于购买方分公司的短期业绩。但是，采用长期平均市价提供了一种更好的标准来评估供应方分公司的长期生存能力。当然，如果预计价格将长期偏低，那么公司应该采用处理价作为转移价格；如果处理价低于关闭生产设备所能节省的变动成本和固定成本，那么供应方分公司的管理者将处理掉生产设备，购买方分公司则将从外部供应商处购买产品。

□ 15.5.3 不完全竞争

如果市场不是完全竞争的，销售价格会影响销售产品的质量。假设一个汽车经销商为了卖出更多新的或二手的汽车，不得不降低汽车的价格。类似的情形也发生在日用品行业或者软件行业中。面对一个不完全竞争的市场，销售部门的管理者将为中间产品选择一个能够使部门营业利润最大化的价格和质量组合。如果将转移价格设定为这个价格，采购部门可能发现获得该产品的花费极大，而且会导致亏损。该部门可能决定不采购这种产品。然而，从公司整体的角度出发，如果销售部门将产品运输到采购部门进行进一步处理和销售，会使利润最大化。因此，当中间产品的市场是不完全竞争的时，为促使该产品有效转移，转移价格通常必须低于外部市场价格（但是高于销售部门的变动成本）。①

---

① 考虑一个下属的分公司 S 生产中间产品的公司。分公司 S 的生产能力为 15 单位，变动单位成本为 2 美元。不完全竞争指的是中间产品有一条向下的需求曲线——如果分公司 S 希望销售 Q 单位，它必须将市场价格降到 $P=20-Q$。分公司的利润函数因此为 $Q\times(20-Q)-2Q=18Q-Q^2$。简单的计算显示了对于分公司 S 来说，最优决策是销售 9 单位的中间产品，因此获得 81 美元的利润。现在，假定同一公司的分公司 B 可以使用该中间产品，在发生 4 美元的变动单位成本后，可以 12 美元的价格向外部市场出售。既然分公司 S 还有额外的生产能力（它只使用了 15 单位生产能力中的 9 单位），很明显，从公司的利益来看，分公司 S 应该生产额外单位的产品并将其转移到分公司 B。公司可以从单位产品中得到 12－2－4＝6（美元）的增量利润。然而，如果中间产品的转移价格与市场价格 11 美元相等，分公司 B 将会拒绝交易，因为它将会因此亏损（单位产品亏损 12－11－4＝－3（美元））。

为解决这一矛盾，转移价格应该设定得比外部价格稍低，以引导采购分公司进行内部转移。在我们的例子中，销售价格必须高于分公司 S 的 2 美元变动成本，但是低于分公司 B 的 8 美元贡献毛益。也就是说，转移价格必须低于市场价格（11 美元），并有最低限 3 美元。我们在本章介绍混合的转移价格时将会进一步讨论转移价格可接受范围的问题。

成功之匙

在竞争市场上，将中间产品的转移价格设定为市场价格是有效的。在不完全竞争市场上，为了促使采购部门管理者寻求内部转移，转移价格应该设定为市场价格的合理折价。

15.6 基于成本的转移价格

当没有市场价格可以参考或需要花很高的成本才能得到，比如，市场不是完全竞争的、产品很特别，或内部转让的产品可能从质量上和服务上都有别于市场上流行的产品时，基于成本的转移价格是非常有帮助的。

15.6.1 以全部成本为基础

在实务中，许多公司都以全部成本为基础来计算转移价格。为接近市场价格，基于成本的转移价格有时为全部成本加成。然而，这种转移价格可能会导致次优决策。假设 Horizon 公司将内部转移价格定为全部成本的 105%。在休斯敦的精炼分公司平均每天从当地的供应商那里购买 20 000 桶原油，该供应商将原油直接交付给精炼分公司，购买和交付的成本为每桶 85 美元。为减少原油的购买成本，精炼分公司了解到在马塔莫罗斯地区有一个独立供应商 Gulfmax 公司，愿意以每桶 79 美元的价格每天为精炼分公司提供 20 000 桶原油，货物送到 Horizon 公司设在马塔莫罗斯的输油管即可。依据 Horizon 公司的组织结构，这 20 000 桶原油将由运输分公司先买下，然后运到休斯敦，再将它卖给精炼分公司。假设输油管有富余的运油能力，在不影响承运原来合同规定的每天 10 000 桶原油的同时，仍能以每桶 1 美元的变动成本承运新的 20 000 桶原油，那么 Horizon 石油公司是从马塔莫罗斯的独立供应商那里购买原油成本更低，还是从休斯敦的供应商那里购买成本更低？对精炼分公司而言，哪种情况下成本更低？

以下分析将表明，从马塔莫罗斯的独立供应商 Gulfmex 那里购买原油将可能使 Horizon 公司的整体利润最大化。下面的分析比较了这两种方案下两个分公司的增量成本。假设不论采用哪一种方案，运输分公司的固定成本都一样，也就是说，如果不运输 Gulfmex 每天 20 000 桶的原油，运输分公司也不能节省任何固定成本。

- 方案 1：从休斯敦供应商那里购买 20 000 桶原油，价格是每桶 85 美元。Horizon 公司因此承担的总成本是 20 000×85=1 700 000（美元）。
- 方案 2：从马塔莫罗斯的独立供应商那里购买 20 000 桶原油，价格是每桶 79 美元，并以每桶 1 美元的变动成本运到休斯敦。Horizon 公司因此承担的总成本是 20 000×(79+1)=1 600 000（美元）。

从 Gulfmex 公司购买原油可以使 Horizon 公司节省 100 000 美元（1 700 000－1 600 000）的总成本。

假设运输分公司向精炼分公司索要的转移价格是全部成本的 105%，精炼分公司会发现，从马塔莫罗斯的独立供应商那里购买原油，其成本将上升。

$$\text{转移价格}=1.05\times\left(\begin{array}{c}\text{从马塔莫罗斯的独立供应商}\\ \text{Gulfmex 那里购买原油的购买价格}\end{array}+\begin{array}{c}\text{运输分公司的}\\ \text{单位变动成本}\end{array}+\begin{array}{c}\text{运输分公司的}\\ \text{单位固定成本}\end{array}\right)$$

=1.05×（79+1+3）
=1.05×83
=87.15(美元)

● 方案 1：从休斯敦供应商那里购买 20 000 桶原油，价格是每桶 85 美元。精炼分公司因此承担的总成本是 20 000×85=1 700 000（美元）。

● 方案 2：从马塔莫罗斯的独立供应商 Gulfmex 那里购买 20 000 桶原油，再卖给精炼分公司，精炼分公司因此承担的总成本是 20 000×87.15=1 743 000（美元）。

作为一个利润中心，精炼分公司若从休斯敦供应商那里购买原油，则其短期营业利润可实现最大化。

精炼分公司从运输分公司处获得的每桶油的变动成本为 87.15 美元；如果转移 10 桶油，精炼分公司花费 871.50 美元；如果转移 100 桶油，花费 8 715 美元。然而，每桶油实际的变动成本为 80 美元（从 Gulfmax 处购买原油所需的 79 美元加上运输到休斯敦所需的 1 美元）。剩下的 7.15 美元（87.15－80）是运输分公司的固定成本和加成。全部成本加成的转移价格使精炼分公司将运输分公司的固定成本被认为是变动成本，导致目标不一致。

Horizon 的高层管理者是否应该干预和强制精炼分公司从运输分公司处采购呢？高层管理者的干预会削弱分权制，那么 Horizon 的高层管理者可能将精炼分公司从外部供应商处购买原油的决策视作分权制不可避免的成本，而不加干预。当然，在阻止代价很大的错误时，进行一些干预有时也是必要的。但是干预和约束的重复发生会使 Horizon 从分权制转向集权制。

那么，什么样的转移价格能使运输分公司和精炼分公司的目标都与总公司的目标一致呢？最低的转移价格是 80 美元/桶。如果转移价格低于 80 美元/桶，运输分公司就不可能有动力去购买 Gulfmex 公司的原油来运输。最高的转移价格是 85 美元/桶。如果转移价格高于 85 美元/桶，精炼分公司就会从休斯敦的外部市场而非运输分公司采购原油。80～85 美元/桶之间的转移价格都可以促使目标一致：如果精炼分公司从马塔莫罗斯的 Gulfmex 处购买原油，两个分公司的利润都有所增加，而且 Horizon 公司的营业利润也会增加。

如果没有采用基于市价的转移价格，Horizon 公司的高层管理者不容易确定在运输分公司投资的盈利性，因此也难以决定是保留还是卖掉运输管道线。而且，如果转移价格基于运输分公司的实际成本，这将不能够促使运输分公司控制成本。因为运输分公司所有的无效成本都将作为基于实际全部成本转移价格的一部分转移。实际上，在“全部成本的 105%”规则下，运输分公司因浪费而产生的任何额外成本都将给分公司带来 5%的利润。

会计师事务所和研究者的调查表明，尽管有限制，管理者更喜欢采用基于全部成本的转移价格，原因是：(1) 它们在长期决策时可以代表相关成本；(2) 它们有助于在变动成本和固定成本的基础上确定对外销售的价格；(3) 它们的应用较简单。然而，基于全部成本的转移价格会产生很多问题。子单元的间接成本如何分配给产品？确定正确的作业、成本池和成本分配基础了吗？是选择实际分配率还是预算分配率？这些问题与第 4 章介绍的分配固定成本时遇到的问题类似。很多公司基于预算率和生产能力制定转移价格，因为这克服了采购部门中实际成本和未使用生产能力成本的无效问题。

成功之匙

当转移价格基于全部成本加成制定时，次优决策面临风险，因为采购部门管理者意识到每个转移单位的成本将高于从公司角度来看的实际（变动）成本。

15.6.2 以变动成本为基础

正如前文所述，以 80 美元/桶的变动成本从运输分公司转移 20 000 桶原油到精炼部门实现了目标一致。因为运输分公司的变动成本（同时也是 Horizon 公司的相对增量成本）低于外部供应商收取的价格 85 美元/桶，所以精炼分公司将从运输分公司购买原油。制定与变动成本相等的转移价格有其他好处。对每桶原油变动成本的了解有助于精炼分公司制定决策，例如第 9 章讨论的短期定价决策。然而，在 80 美元/桶的转移价格下，运输分公司将遭受损失，精炼分公司则赚取大笔利润，因为它只需支付运输分公司的变动成本。解决这个问题的一种方法是让精炼分公司将一笔资金转移到运输分公司以弥补固定成本并为运输分公司带来一些营业利润，运输分公司则继续以变动成本作为转移价格。精炼分公司为使用运输分公司的运输能力而支付报酬，形成固定的付款。这样，各个分公司的利润就可以用来评估它们及其管理者的业绩了。

15.7 混合的转移价格

再考虑一下 Horizon 公司。就像之前看到的那样，运输分公司有未使用的运输能力，可以 80 美元/桶的增量成本将原油由马塔莫罗斯运至休斯敦。这样，从 Horizon 公司整体的角度来看，精炼分公司从运输分公司购买原油才能使公司利润最大化（每桶 80 美元的增量成本与每桶 85 美元的增量成本相比）。但是，只有转移价格介于 80 美元和 85 美元之间时，精炼分公司和运输分公司才会都有兴趣进行这项交易（因此实现目标一致）。

对于任何内部交易，总有销售分公司基于其成本结构不愿接受低于最低水平的转移价格。在 Horizon 公司，运输分公司可接受的最低价格为 80 美元/桶。也总有采购分公司不愿意让给定两种金额（内部交易产生的最终贡献和从外部采购可比中间产品的价格）中的较低者超过最高转移价格。对于精炼分公司，向外部主体售出每桶石油产生 182 美元的贡献（190 美元的价格减去 8 美元精炼的变动成本）。因为生产一桶石油需要两桶原油，这等于每桶原油产生 91 美元的贡献。当价格高于 91 美元时，精炼分公司将会因为从运输分公司采购原油而遭受损失。另一方面，精炼分公司可以从开放市场以 85 美元的价格采购原油而不是从内部转移。于是可行的最高转移价格为 91 美元与 85 美元中的较低者，在这种情况下为 85 美元。之前我们也看到转移价格在最低价格（80 美元）和最高价（85 美元）之间将促进目标一致。我们现在描述公司尝试制定转移价格的三种不同方式。

15.7.1 按比例分配转移价格上下限之间的差价

Horizon 公司还可以选择另一种基于成本的转移定价方法，即在精炼分公司和运输分公司之间在公平的基础上按某种比例分配转移价格之间的上下限差价 5 美元（精炼分公司愿意支付的最高价 85 美元－运输分公司可以承受的最低价 80 美元）。简单的解决方法是平均分配差异，则转移价格为 82.5 美元。然而，这种方法忽视了两个分公司发生的相关成本，可能导致各分公司最终产品的利润边际完全不同。另一种方法是，以两个分公司承担的变动成本为基础来分配 5 美元的差异。使用图表 15—1 的数据，变动成本为：

运输分公司承运 100 桶原油的变动成本（1 美元×100）	100 美元
精炼分公司精炼 100 桶原油生产出 50 桶汽油的变动成本（8 美元×50）	400 美元
总变动成本	500 美元

对于 5 美元的差异，运输分公司应该保留（100÷500）×5＝1（美元），精炼分公司应该保留（400÷500）×5＝4（美元）。也就是说，原油的转移价格为 81 美元/桶（79 美元的采购成本＋1 美元的变动成本＋运输分公司保留的 1 美元）。实际上，这种方法产生预算的变动成本加成的转移价格。这种“加成”表示制定的转移价格高于变动成本。

在决定按每桶 1 美元和 4 美元来分配总公司营业利润中新增加的每桶 5 美元的利润之前，这两个分公司必须就它们的变动成本交换信息。实际上，每个公司都不能以一种彻底分权制的方式从事经营活动（至少在这笔交易中是如此）。每个分公司都有可能夸大它的变动成本以获取对其有利的转移价格。在之前的例子中，假定运输分公司宣称每桶原油从 Gulfmax 运输到休斯敦需要 2 美元的成本。增加的成本将基于变动成本的最低价格提升到 79＋2＝81（美元/桶）；最高价格仍然是 85 美元/桶。在最高和最低价格之间有 4 美元差异，运输分公司此时可以保留（200÷(200＋400))×4＝1.33（美元），于是产生了一个更高的转移价格 82.33 美元/桶。精炼分公司同样也能宣称其精炼 100 桶原油的变动成本高于 400 美元。因此，为成功使用比例分配方法，需要分公司之间高度信任、交换信息或对成本信息进行客观的审核。

□ 15.7.2 协商定价

协商定价是最常见的制定混合转移价格的方法。在这种方法下，高层管理者不用对交易部门间的最终利润进行特定分配。最终转移价格由销售和采购子单元协商制定。以 Horizon 公司为例，运输分公司和精炼分公司可以通过协商制定双方都可接受的价格。

就像之前描述的那样，最低的和最高的可接受转移价格分别为 80 美元/桶和 85 美元/桶。转移价格究竟应该位于其间的哪个位置？这个问题取决于多个因素：交易双方的议价能力；运输分公司掌握的关于精炼分公司对其服务的需求信息；精炼分公司掌握的关于其他可利用原油来源的信息。如果 Horizon 评价各分公司业绩的标准是营业利润，那么议价问题将更为敏感。一般地，协商价格与成本或市价都没有什么必然联系，但是这两个信息对确定议价起点是非常有用的。

考虑以下情形：假定精炼分公司接受一份供应特殊加工的汽油的订单。采购和供给原油的增量成本仍是 80 美元/桶。然而，假定只有当运输分公司提供的原油价格不超过 82 美元/桶时，精炼分公司才能盈利。① 在这种情况下，转移价格在 80～82 美元/桶之间时才能使两个分公司盈利。谈判可让两个分公司获得可接受的转移价格。相反，基于规则的转移价格，例如基于市场价格的 85 美元/桶和基于全部成本加成的 87.15 美元/桶，都将使 Horizon 错过这个盈利机会。

协商转移价格强有力地保护分公司自治的作用，同时它也能刺激每个分公司的管理者努力提高自己分公司的营业利润。调查问卷显示，15%～20%的公司基于分公司之间的谈判制定转移价格。唯一的不足之处在于在谈判过程中要花费时间和精力。

成功之匙

协商定价是指在可行价格范围内，通过特定分享规则或允许分公司管理者之间谈判来制定价格。

15.7.3 双重定价

很少有单一基于成本的转移价格可以同时满足目标一致、管理层付出努力、评价子单元业绩和子单元自治这四个目标，因此，有些公司转而采取**双重定价**（dual pricing）法，即用两种独立的定价法来确定分公司之间每一笔交易的价格。比如说，在总公司内部转让产品时，卖方分公司使用的是全部成本加成的价格，而买方分公司为购买这批产品支付的却是市价，这就是一种双重定价。假设 Horizon 公司从马塔莫罗斯的独立供应商 Gulfmex 那里以每桶 79 美元的价格购买原油。在为运输分公司和精炼分公司之间的转让编制会计分录时，可以采用下面的方法：

1. 借记精炼分公司（买方）以市价为转移价格，每桶原油 85 美元。
2. 贷记运输分公司（卖方）以全部成本的 105%为转移价格，每桶原油 87.15 美元。
3. 借记总公司账户两种转移价格的差额 2.15 美元（87.15－85）。

双重定价法促使目标一致。因为精炼分公司并没有由于从运输分公司那里而不是从外部供应商那里购买原油遭受损失。运输分公司得到了公司补贴。在双重定价下，Horizon 公司作为一个整体，营业利润少于两个分公司利润之和。

双重定价法虽然能够缓解目标不一致的问题，但终因它纯粹是一种成本补偿式的转移定价法而在实际操作中未得到广泛应用。高层管理者的担心之一是，它导致位于不同税务管辖区的分公司在计算应纳税收入时出现问题。例如，在本例中，运输分公司向墨西哥相关部门纳税，精炼分公司则向美国相关部门纳税。担心之二是，由于影响供应方总收入的是成本而非市价，双重定价法有可能将管理者与市场竞争隔离开来。

成功之匙

双重定价是记录同一笔交易中采购部门和销售部门的不同价格的实践。

---

① 例如，假定每桶特殊加工的汽油可以 200 美元的价格售出，但是它需要更高的精炼变动成本 36 美元/桶。在这种条件下，每桶汽油对精炼分公司的增量贡献为 164 美元，这也意味着精炼分公司最多为每桶原油支付 82 美元（因为生产一桶汽油需要两桶原油）。

15.8 制定转移价格的一般原则

图表 15—3 概括了用本章所述标准确定转移价格的不同方法的特性。如图表所示，很难有符合所有标准的定价方法。管理者在定价时，必须同时考虑：（1）市场环境；（2）转移定价系统的目标；（3）目标一致、管理层付出努力、评价子单元业绩和子单元自治（若需要）四个标准。组织最终采用的转移价格取决于经济形势和公司已做出的决定。安永会计师事务所（Ernst & Young）对公司实践的调查问卷以及管理会计师协会的反馈表明，基于全部成本的转移定价方法在实践中更常用，其次是基于市场的转移定价和协商转移定价方法。①

图表 15—3　　不同转移定价方法的比较

标准	市价	成本	协商
取得目标一致性	是，当处于竞争市场时	经常，但不总是	是
激励管理者付出努力	是	是，当以预算成本为基础时；如果以实际成本为基础，缺乏控制成本的积极性	是
对评估子单元业绩有用	是，当处于竞争市场时	困难，除非转移价格超过全部成本	是，但转移价格受议价能力影响
保持子单元的自治性	是，当处于竞争市场时	不，因为其以准则为基础	是，因为其以子单元之间的协商为基础
其他因素	市场不存在，或不完善或处于危机时期	对决定产品和服务的全部成本有用；容易实施	议价和协商需要时间，而且当情况改变时可能需要再次复核

到目前为止的讨论强调，除非存在一个中间产品的完全竞争市场，通常有一系列可能的转移价格引致目标一致。我们现在提供制定最低转移价格的一般指导原则。下面的公式在许多情况下都是制定最低转移价格的第一步：

最低转移价格＝截至转移时的单位增量成本＋供应方分公司的单位机会成本

在这里，增量成本是指与产品或服务的生产和转让直接相关的附加成本。机会成本是指如果产品或服务在内部转让，供应方分公司为此放弃的最大利润。比如说，如果供应方分公司是在生产能力范围内生产产品，那么进行内部交易而不是外销的机会成本就是市价减去变动成本。这是因为内部每转移一单位产品，供应方就放弃了外销一单位产品本应该获取的利润。我们将增量成本和机会成本区分开的原因是，会计核算系统记录了增量成本，却不记录机会成本。这里的指导原则能够衡量最低转移价格的原因就在于，当且仅当转移价格能弥补供应方生产产品的增量成本和因内销而放弃的机会成本时，供应方才愿意把产品卖给组织内的子单元。下面我们以 Horizon 公司为例说明特定情况下的上述原则。

① Current Trends and Corporate Cases in Transfer Pricing, by Roger Tang with IMA Foundation for Applied Research, Institute of Management Accountants (Westport, CT: Quorum Books, 2002).

1. 存在一个完全竞争的中间产品市场，供应方分公司没有闲置生产能力。若休斯敦的原油市场是完全竞争的，此时运输分公司可将其运输的全部原油以每桶 85 美元的价格卖到外部市场，且没有闲置生产能力。那么，运输分公司根据长期合同采购原油的增量成本（见图表 15—1）是每桶 73 美元（每桶 72 美元的购买成本＋每桶 1 美元的变动运输成本），从 Gulfmex 以市价购买原油的成本为每桶 80 美元（79 美元的购买成本＋1 美元的变动运输成本）。运输分公司内部转让原油的机会成本是由于不把原油卖给外部市场而放弃的每桶原油的贡献毛益：根据长期合同购买原油的 12 美元（市价 85 美元－变动成本 73 美元）和从 Gulfmex 处购买原油的 5 美元（市价 85 美元－变动成本 80 美元）。在每一种情况下，有：

每桶最低转移价格＝每桶增量成本＋每桶机会成本＝73＋12＝85(美元)

或者 ＝80＋5＝85（美元）

2. 存在一个不完全竞争的中间产品市场，供应方分公司有闲置生产能力。当市场是不完全竞争的时，只有价格降低才会使企业增加生产能力。之所以存在闲置的生产能力，就是因为降价是不合算的——可能会降低营业利润。

如果运输分公司存在闲置生产能力，那么内部转让原油的机会成本就是零，因为该公司并没有放弃任何外部销售利润，也就并没有因内部转让而放弃任何贡献毛益。在这种情况下，有：

每桶最低转移价格＝每桶增量成本＝根据长期合同购进原油的价格 73 美元/桶
或从 Gulfmex 购进原油的价格 80 美元/桶

但是总的来说，在不完全竞争的市场上，由于价格对需求的影响，机会成本仍存在，而且计量机会成本是非常复杂的，转移价格要随不断变化的供给、需求水平而变化。一般没有一个固定的转移价格，而是针对不同的供给、需求量，根据相应的增量成本和机会成本确定。

3. 不存在中间产品市场。在 Horizon 的例子中，如果运输分公司运输的原油只能卖给精炼分公司（如 TAR 含量高），而不能卖给外部厂商，那么也就没有了中间产品市场。这样，内部供应原油的机会成本是零，因为没有贡献毛益可以放弃。根据一般性指导原则，Horizon 公司的运输分公司可接受的最低转移价格是增量成本（每桶 73 或 80 美元）。前面我们也提到，在增量成本与 85 美元之间的任何价格都可以达成目标一致。

成功之匙

在竞争市场上，高层管理者必须使用市场价格作为转移价格；在其他情形下，销售分公司的增量成本和机会成本之和是可以引致目标一致的可接受价格范围的最低限。

15.9 跨国转移价格与税收

对于全世界管理者来说，转移价格是重要的应优先考虑的会计问题。安永会计师事务所在 2010 年对 25 个国家的跨国公司的调查发现，74%的母公司和 76%的子公司相信转移价格对其组织来说“绝对重要”或“非常重要”，理由是如果母公司选择了合适的转移价格政策，公司可以节约一大笔税收。考虑谷歌公司，它在英国互联网搜索领域占有 90%的份额，2004—2010 的广告收入达 60 亿美元。尽管英国公司的所得税税率为 28%，谷歌在此期间仅支付了 800 万美元的税收。这怎么可能？谷歌将其知识产权转移到 Google Ireland Holdings，这家爱尔兰公司的管理层集中在百慕大，因此免交爱尔兰税收。当谷歌的收入来自英国顾客时，另一个不同的爱尔兰实体 Google Ireland Limited（位于都柏林）贷记这个数额。谷歌的大约 88%的非美国收入都是从这个实体流入的。然而，这个实体记录了最小数额的税前利润，因为它为使用谷歌的知识产权向百慕大/爱尔兰公司支付版税。这笔钱通过谷歌旗下无员工的 Netherlands Holdings BV（Amsterdam）公司支付，而不是直接支付，因为后者会导致缴纳爱尔兰的持有税。① 这些技巧一年为谷歌节约大约 10 亿美元。其他建立在知识产权基础上的公司也采用相同的转移定价的做法，包括 Facebook、微软和 Forest Laboratories。这样的利润转移安排估计为这些公司每年节约至少 600 亿美元。②

转移价格经常影响税收。这里的税收不仅包括所得税，还包括工资税、消费税、关税、销售税、增值税、环境税和其他政府征收税。在这里，我们只是强调，在制定转移价格时，税收因素尤其是所得税因素是非常重要的。

□ 15.9.1 纳税最小化时的转移定价

采用图表 15—2 中 Horizon 公司的数据。假设位于墨西哥的运输分公司需要缴纳所得税——营业利润的 30%；而在美国的精炼分公司适用 20%的所得税税率。此时，对于 Horizon 整个公司而言，选择以全部成本的 105%来确定内部转移价格将会使它的全部所得税支出最小化，因为这种方法使其在墨西哥的所得税费用最小化，而墨西哥的税率高于美国。

转移定价方法	100 桶原油的营业利润（美元）			100 桶原油的应缴所得税（美元）		
	运输分公司（墨西哥）(1)	精炼分公司（美国）(2)	合计 (3)＝(1)＋(2)	运输分公司（墨西哥）(4)＝0.30×(1)	精炼分公司（美国）(5)＝0.20×(2)	合计 (6)＝(4)＋(5)
市价	900	300	1 200	270	60	330
全部成本的 105%	380	820	1 200	114	164	278
协商价格	600	600	1 200	180	120	300

考虑税收因素给制定转移价格带来了一些新问题。税收问题有时可能会与转移定价的其他目标发生冲突。假设休斯敦的原油市场是完全竞争的，那么根据我们前面讲到的原则，选用市价来制定转移价格将可以使 Horizon 公司同时实现目标一致、管理

① 这个安排常被税务计划者表述为“Double Irish”或“Dutch Sandwich”，包括通过 Netherlands 在两个爱尔兰实体之间转移；参见 http://www.businessweek.com/technology/google-tax-cut/google-terminal.html。苹果公司使用这个结构的详细描述参见 http://www.nytimes.com/interactive/2012/04/28/business /Double-Irish-With-A-Dutch-Sandwich.html? ref=business.

② 理解美国公司的利润全部返回美国而不向 IRS 支付任何税负是很重要的。因此，高层管理者有动机在海外而非美国持有现金以及进行再投资。例如，2012 年 3 月，苹果拥有 640 亿美元的海外现金。苹果的 CFO Peter Oppenheimer 说：“我们认为现行的税收法律为那些原本在美国的公司设置了经济阻碍，否则它们可以将资金转移至国内。”

层付出努力这两个目标，还能使 Horizon 公司有办法评价各分公司的盈利能力。但是从税收的角度来看，这种方法不够好，它要缴纳比较多的税。从税收角度看，Horizon 公司显然会选用成本的 105%作为转移价格。但是即使不考虑其他目标，这也是很难实现的。美国和墨西哥的税法都对这样的选择有所限制。在这个例子中，尤其是在墨西哥，当地的税收部门完全可以发现 Horizon 公司的避税动机及其在墨西哥少申报的利润，它们很可能会采取一切方法来防止公司通过转移定价把利润转移到精炼分公司（参见下面的“实例”专栏：转移价格的争论中断了 Fiji Water 的流动）。

实 例 **转移价格的争论中断了 Fiji Water 的流动**

从 2008 年到 2010 年，总部在美国的 Fiji Water 公司参与了一次激烈的关于斐济群岛与政府的转移定价的争论，斐济群岛是装瓶工厂的所在地。当 Fiji Water 在斐济群岛生产出来时，公司价值链上的所有其他作业——进口、分装和零售——发生在销售 Fiji Water 产品的 40 个国家。随着时间的推移，斐济群岛政府开始关注 Fiji Water 的转移定价操纵，即以非常低的价格向公司的美国总部卖出在斐济群岛生产的矿泉水。

因此，斐济税收和海关局（Fiji Islands Revenue and Customs Authority，FIRCA）在 2008 年 1 月中止了 Fiji Water 的出口，并指控 Fiji Water 进行转移定价操控。FIRCA 的行政长官 Jitoko Tikolevu 说：“在斐济，完全由美国所有的 Fiji Water 的子公司以单价 4 美元/加仑向其在美国的母公司销售，然而在美国，同样的公司以 50 美元/加仑的价格出售。”Fiji Water 立刻向斐济的高等法院对 FIRCA 提出诉讼，辩称其在全球范围内以 20～28 美元的价格销售矿泉水，并且由于投资于“大量的资产、雇员和为了快速成为成功的产品所必需的营销活动”，其实并没有赚钱。

在 FIRCA 和 Fiji Water 之间关于转移定价的争论因为斐济的政局不稳定而没有得到解决。在 Fiji Water 仍以 4 美元/加仑的价格销售在斐济群岛的装瓶工厂生产的矿泉水时，斐济政府对 Fiji Water 生产的矿泉水执行了新的每升征收 15 美分消费税的政策。在对这一新税种提出质疑后，2010 年末公司同意支付该笔税收。如这个例子所示，转移定价方案和税收细节始终是各国政府持续关注的问题。

资料来源：Based on Robert Matau，“Fiji Water explains saga，” *Fiji Times*（February 9，2008）；James McMaster and Jan Novak.“Fiji Water and corporate social responsibility—Green makeover or ‘green-washing’?” The University of Western Ontario Richard Ivey School of Business No. 909A08（London，Ontario：Ivey Publishing，2009）；Paul Chapman，“Fiji Water reopens Pacific bottling plant，” *The Telegraph*（December 1，2010）.

美国《国内税收法典》（Internal ReVenue Code）的第 482 条也对跨国转移定价制定了规范。该法典要求，公司在与其外国分公司或子公司交易有形或无形财产时，必须采用其与无关联的第三者交易时的价格。与第 482 条相关的法令认为，公司制定转移定价时可以选择基于市价或基于成本加成，但是成本的加成数量必须能反映类似交易的贡献毛益。①

对于 Horizon 公司来说，如果休斯敦市场是完全竞争的，可能会迫使它在制定运输分公司与精炼分公司之间的转移价格时选择 85 美元/桶的市价。它还可以以自己销售给运输分公司不发生营销及分销成本为借口，成功地申请采用低于市价的转移价格。例如，如果营销和分销成本为 2 美元/桶，Horizon 可以制定 83 美元/桶（85－2）的转

① J. Styron，“Transfer Pricing and Tax Planning：Opportunities for US Corporation Operating Abroad，” *CPA Journal Online*（November 2007）；R. Feinschreiber（Ed.），*Transfer Pricing Handbook*，3rd ed.（New York：Wiley，2002）.

移价格，即用销售价格减去营销和分销成本。在《国内税收法典》下，Horizon 公司可以取得税收部门对该转移定价方法的提前批准，称为预先定价协议（advance pricing agreement，APA）。APA 是一份规定了年限的约束性协议，旨在避免纳税方和税务部门在转移定价问题上进行不必要的争论而造成损失。2011 年底，APA 计划已经完成了 1 015 个 APA 项目，接受了 258 个新的请求。仅在 2011 年，有 42 个 APA 项目执行，其中 34 个是涉及税收条约国家的双边协定。例如，沃尔玛在 2007 年签署了第一份中美双边 APA。

近来的全球衰退迫使政府制定更严格的交易规则，更加强烈地追求税收。根据 2008 年毕马威会计师事务所（KPMG）的报告，1995—2007 年，制定转移价格规则的国家数量增长了 4 倍。在中国（到目前为止，外国业务享有优惠待遇），相关机构发布了要求跨国公司提交扩展的转移定价文件。印度、加拿大、土耳其和希腊等国家开始严格监管转移定价，尤其关注知识产权价值、后台功能成本和各种类型的损失。在美国 2009 年发布了通过限制和停止一些常用的税收漏洞来缩小美国国税局（IRS）估计的 3 450 亿美元的“税收差距”的计划。该计划不直接处理转移定价实践，却使 IRS 在执行中更加激进。该部门 2009 年在国际事务部增加了 1 200 名员工，2010 年预计再雇用 800 人。2011 年，IRS 任命其负责转移定价的首位主管；2012 年初，大范围开展技术公司的调查，包括亚马逊、Adobe、Jupiter Networks 和雅虎。仅针对亚马逊，2005—2012 年 IRS 就增加了与转移定价相关的 15 亿美元税收。2006 年，IRS 在转移定价的争论中赢得了最大的胜利，要求英国的制药和保健公司葛兰素史克为 1989—2005 年的收益支付 34 亿美元的税收。当然，IRS 在争论中并不总是取得成功，参见下面的“实例”专栏：赛门铁克在与 IRS 的转移定价争论中赢得 5.45 亿美元。

实例　**赛门铁克在与 IRS 的转移定价争论中赢得 5.45 亿美元**

赛门铁克（Symantec）是美国一家大型软件公司，在 2009 年赢得了一场官司，节约了 5.45 亿美元有争议的税款。IRS 正寻找的这笔税收欠款属于赛门铁克在 2005 年收购的 Veritas Software 公司。这场争论源于公司的转移定价，这是一系列决定公司如何在不同税收监管下确定价格、费用和成本分配的复杂规则。

在 Verita 与其位于爱尔兰的子公司之间的费用和成本分配问题，会影响与数据存储软件和设备相关的各种无形资产（例如电脑程序和生产流程技术）的研发。根据协议，1999—2001 年 Veritas Ireland 为这个权利支付了 1.6 亿美元。基于现金流折现分析，IRS 声称转移权利的实际价值接近 16.75 亿美元。因此，IRS 认为交易以美国母公司的利润损失为代价增加了 Veritas Ireland 的利润，因此减少了公司在美国的纳税。

然而 Veritas 维持了之前合适的做法。Veritas 证实 1.6 亿美元的数字是基于版权率得到的，这涉及从初始设备制造权到将美国公司的软件和技术整合到运营系统中。在判决过程中，美国税收法庭支持了这一点，并认为 IRS 关于无形资产的估值是“随意的、多变的、不合理的”。虽然赛门铁克在这场官司中胜出，在印度有关可比数据和跨年数据的使用的其他转移定价案例中却失败了。

资料来源：Based on Cabell Chinnis, et al., “Tax court upends IRS's billion dollar buy-in valuation adjustment n ‘Veritas’,” Mondaq Business Briefing (December 17, 2009); John Letzing, “Symantec wins $545M opinion in tax case,” Dow Jones News Service (December 11, 2009); Anonymous “Indian Revenue opportunism rules out multiple year data,” *Transfer Pricing Week* (August 17, 2011).

□ 15.9.2 为多重目标设计的转移价格

我们已经看到高层管理者使用转移价格政策达到多重目标。有时一个价格要满足所有目标（如所得税最小化、实现目标一致、激励管理者付出努力）是不可行的。因此，企业会选择两本账，一本用于报税，另一本用于内部管理。当然，保留两本账是有代价的。如农业和建筑设备业的全球领先者 Case New Holand 公司，也反对法定报告系统和内部报告系统必须反映相同信息的规定。然而，AnswerThink Consulting Group 针对大公司（收入在 20 亿美元以上）的调查问卷发现，77%的公司认为应遵循"最优实践"，使用分开的报告系统来追踪内部定价信息，大约有 25%的公司不认同。例如，微软认为应"切断"转移定价，采用分开的公司设计的规则和账户，这样的内部计量系统如 Microsoft Accounting Principles，或 MAPs。① 微软的管理控制的关键在于，希望当地管理者可以对产品的盈利性负责，同时为每条生产线建立合适的销售和营销水平。为建立销售和营销水平，公司为每个地区的每个产品创建了盈利报表，并在不考虑有效税收的前提下对一般行政管理成本和研发成本在销售部门间进行分配。

尽管公司没有这种正式的分开的报告系统，高层管理者还是会非正式地调整转移价格以满足纳税最小化和有激励作用的条款之间的平衡。考虑一家制造半导体产品的跨国公司，该公司通过其在不同国家的销售组织销售产品。为了使纳税最小化，母公司的转移价格定得非常高，因此降低了外国销售组织的营业利润。因为销售组织在制定转移价格上没有发言权，所以基于低利润来惩罚该国销售经理就是不合适的。因此，另一种解决办法是，该公司仅根据直接贡献（收入减去销售成本）评价销售经理的业绩。也就是说，为获得半导体产品发生的转移价格在评估业绩时被剔除了。当然，这不是完美的解决方法。通过忽视获得产品的成本，销售经理有动机在当地的营销上开支过多（从公司层面的视角来看）。如果这种影响是巨大的，公司管理层必须干涉，评估这些数额和情况，以及针对管理者制定特定的运营法则和目标。更普遍的情形是，滞纳税款转移价格政策的采用促使管理者在较低管理水平上使用非财务业绩指标（产品产量、载货量、顾客响应时间或部门销售）获得更好的评价和奖励。②

□ 15.9.3 转移定价的其他问题：关税和消费税

当进口产品时，转移定价还会影响关税和消费税。与所得税问题相类似，公司进口货物时会尽量降低转移价格以便减少应缴的关税和消费税。

除上述影响转移定价方法的因素之外，某些国家对向国外汇回利润及股利的限制也会构成公司选择某种转移定价方法的动机。通过提高在这些国家中产品和服务的转移价格，公司可以在不违反股利和收入的相关限制的条件下寻求增加支付的现金。

---

① 更多细节参见 I. Springsteel, "Separate but Unequal," *CFO Magazine*（August 1999）。

② Cools et al. "Management control in the transfer pricing tax compliant multinational enterprise," *Accounting, Organizations and Society*（August 2008）, provides an illustrative case study of this issue in the context of a semiconductor product division of a multinational firm.

成功之匙

在跨国背景下，高层管理者必须认真选择转移价格来平衡纳税最小化（所得税、关税和消费税）、货币返还问题和部门经理业绩的评价。

学习自测

Pillercat公司是一个高度分权的公司，下属分公司的管理者对于购买和销售都有全部的决策权。其拖拉机分公司的生产每年需要关键性部件——曲轴2 000个，机械分公司是这种部件的主要供应商之一。

然而，拖拉机分公司刚刚宣布，在今后的两年里将从两个外部供应商那里以每个200美元的价格购买所需的全部曲轴，原因是机械分公司最近决定在今后的两年里将曲轴价格从200美元涨到220美元。

机械分公司的经理Juan Gomez觉得提价10%是完全正当的，因为该公司最近刚购买了一些生产曲轴的专业设备，折旧费和劳动力成本提高了。Gomez希望Pillercat公司的总裁要求拖拉机分公司从机械分公司处以单价220美元购买所需的全部曲轴。下表列出了关键数据（金额单位：美元）。

	A	B
1	拖拉机分公司采购曲轴的数量	2 000
2	每个曲轴的外部供应商市场价格	200
3	每个曲轴在机械分公司的变动成本	190
4	每个曲轴在机械分公司的固定成本	20

要求：回答下列问题：

1. 拖拉机分公司在以下任何一种情况下从机械分公司购买曲轴，对Pillercat公司整体带来的益处或坏处是多少？（用年营业利润反映。）

a. 机械分公司用于生产曲轴的设备没有其他用途。

b. 机械分公司将这些设备用于其他生产，每月将节省现金支出29 000美元。

c. 机械分公司的这些设备没有其他用途，并且外部供应商将曲轴价格降到每个185美元。

2. 如果你是Pillercat的总裁，对于Juan Gomez要求拖拉机分公司从机械分公司处购买所需的全部曲轴，你会如何回答？你的答复会不会不同于按要求1中的问题a、问题b、问题c计算得到的方案？为什么？

解答

1. 拖拉机分公司一年里从内部购买曲轴的相关数据计算如下（单位：美元）：

	A	B	C	D
1		情形		
2		(a)	(b)	(c)
3	拖拉机分公司采购曲轴的数量	2 000	2 000	2 000
4	每个曲轴的外部供应商市场价格	200	200	185
5	每个曲轴在机械分公司的变动成本	190	190	190
6	机械分公司向拖拉机分公司供应曲轴的机会成本	—	29 000	—
7				
8	购买总成本（2 000×200，200，185）	400 000	400 000	370 000
9	从机械分公司那里购买的总成本（2 000×190）	380 000	380 000	380 000
10	机械分公司的总机会成本	—	29 000	—
11	总相关成本	380 000	409 000	380 000
12	从机械分公司购买，Pillercat年营业利润的增加（减少）	20 000	(9 000)	(10 000)

本章介绍的“一般性指导原则”也可用来作为确定三种情况下转移价格的第一步，如下表所示（单位：美元）：

	A	B	C	D	E	F	G
1	情形	截至转让时的单位增量成本	+	供应分公司的单位机会成本	=	转移价格	外部市场价格
2	a	190	+	0	=	190	200
3	b	190	+	14.50[a]	=	204.50	200
4	c	190	+	0	=	190	185

a. 单位机会成本＝总机会成本÷曲轴数量＝29 000÷2 000＝14.50（美元/单位）

将转移价格与外部市场价格进行比较，拖拉机分公司在情形 a 下从机械分公司购买曲轴，在情形 b 和情形 c 下从外部供应商处购买曲轴，都可使 Pillercat 公司的年营业利润最大化。

2. Pillercat 公司是一个高度分权的公司。如果不强迫转让，拖拉机分公司将使用外部供应商。在要求 1 中的情形 b、情形 c 下，这么做对公司总体是理想的，但在情形 a 下，这么做就是不理想的。

假设在要求 1 中的情形 a 下，机械分公司拒绝以每个曲轴 200 美元的价格出售。这意味着总公司短期内将损失 20 000 美元。那么高层管理者是否应加以干预并强迫机械分公司以每个曲轴 200 美元的价格转让呢？这种干预将会有损分权制的经营理念。许多高层管理者不愿意干预，因为他们认为这 20 000 美元是潜在的不够理想的决策的成本，它在分权制下偶然发生。但是这个成本达到多高的水平才会使干预的愿望变得不可阻止呢？是 30 000 美元，还是 40 000 美元？

任何对下级决策的干预都会削弱分权制的实际效果。当然，这类干预对于预防重大失误有时是必要的。但是，经常的干预和限制无异于将一个分权制的组织变成一个集权制的组织。

决策要点

下面是对本章学习目标的总结，决策问题代表与学习目标相关的关键问题，指南则是对该问题的回答。

决策问题	指南
1. 什么是管理控制系统，如何设计？	管理控制系统是一种收集信息、使用信息的手段，它被用来帮助和协调组织中的计划与控制决策，还可指导组织成员的行为。有效的管理控制系统应与组织战略保持高度一致，并且能适应组织的结构，激励管理者和员工为实现组织目标而努力。
2. 分权制的利弊分别是什么？	分权制的好处包括：(1) 对当地需求做出更多的反应；(2) 加快决策过程；(3) 增强子单元管理者的积极性；(4) 有助于管理人员的发展和学习；(5) 突出子单元管理者关注的焦点。分权制的代价包括：(1) 导致次优决策（控制损失）；(2) 导致经济活动重复进行；(3) 降低对组织的忠诚度；(4) 增加收集信息的成本。
3. 什么是转移价格？它能实现什么目标？	转移价格是指一个子单元（部门或分公司）就自己向同一组织内其他子单元提供的产品或服务收取的价格。它能实现目标一致、管理层付出努力、评价子单元业绩和子单元自治（若需要）。

4. 什么方法可以计算转移价格？	转移价格可以以市价为基础制定、以成本为基础制定或协商决定。不同的转移定价方法为子单元带来不同的收入和成本，进而影响它们的营业利润。
5. 待转移产品处于完全竞争市场时采用何种转移价格？	在一个完全竞争市场上，若没有富余生产能力，分公司经理就可以以市场价格随意买卖任意数量的产品或服务。以市价制定转移价格可以激励管理者像在外部市场进行交易那样在公司内部进行交易。
6. 当以完全成本加成作为转移价格时将出现什么问题？	建立在成本基础上的转移价格使买方将卖方的固定成本和加成都视为自己的变动成本，从而导致次优决策。买方宁愿从外部购买产品以节省变动成本，但这样做实际上并不能节省变动成本。
7. 存在富余生产能力时两个部门就转移价格进行协商涉及的范围是什么？	存在富余生产能力时，协商决定的转移价格一般都应该在上、下限之间，其中，下限指卖方愿意销售产品的最低价（它的变动成本）；上限指买方愿意支付的最高价（它从外部市场购买产品的价格）。
8. 决定转移价格下限的一般性指导原则是什么？	制定转移价格的一般性指导原则阐明，最低转移价格等于截至转让时所承担的增量成本加上供应方分公司因在内部转移产品或服务而承担的单位机会成本。
9. 决定转移价格时要考虑的所得税因素是什么？	转移定价可以通过在税率较低的国家确认较多的利润、在税率较高的国家确认较少的利润来减少公司整体的所得税支付。

重要术语

autonomy　自治权
centralization　集权制
decentralization　分权制
dual pricing　双重定价
dysfunctional decision making　功能不良的决策
effort　努力
goal congruence　目标一致
incongruent decision making　缺乏一致性的决策
intermediate product　中间产品
management control system　管理控制系统
motivation　激励
perfectly competitive market　完全竞争市场
suboptimal decision making　次优决策
transfer price　转移价格

作　业

简答题

15—1　描述你用来评价管理控制系统有效性的三个标准。

15—2　请给出分权制的三个好处和两个代价。

15—3　转移定价系统应具有怎样的特性？

15—4　“所有的转移价格制定方法对分公司营业利润的影响都一样”。你同意这种说法吗？请给出解释。

15—5　在什么条件下以市价为基础的转移价格是理想的？

15—6　以全部成本为基础的转移价格的一个主要局限性是什么？

15—7　“在协商决定转移价格时，成本及市价信息是没用的”。你同意这种说法吗？为什么？

15—8 “根据制定转移价格的一般性指导原则，最低转移价格将取决于供应方分公司是否有闲置的生产能力”。你同意这种说法吗？为什么？

15—9 管理者在选择转移定价方法时，为什么要考虑所得税因素？

15—10 除税收以外的什么问题在制定跨国企业的转移价格时很重要？

练习题

15—11 （评价管理控制系统，平衡计分卡）Experience Parks Inc.（EPI）在美国经营 12 个主题公园。公司的宣传语是“感受刺激”，其使命是向各年龄段的参观者提供刺激的主题公园经历。EPI 公司的战略强调干净环境的重要性、有效的群体管理和愉快的员工。当然，增加股东价值也是战略的驱动力。

要求：

1. 假设 EPI 使用平衡计分卡方法（见第 14 章）来建立管理控制系统。列出 EPI 可能用来评价四个平衡计分卡维度（财务维度、顾客维度、内部流程维度、学习和成长维度）中每个维度的三个指标。

2. 说明 EPI 与财务维度和顾客维度相关的管理控制在以下三个管理者中如何区分：礼物店经理，公园总经理，公司 CEO。

15—12 （分权制的收益与代价）Branca Markets 是一家传统的连锁超市，它通过在片区内收购区域性公司来获得进入有机的健康食物零售市场的渠道。Branca 想要独立经营新收购的门店。

其中一个选择是 Fresh Source，在美国大西洋沿岸中部地区有 20 家连锁店。所有 20 家门店的采购由公司办公室集中完成。门店经理在门店管理中必须遵守严格的指导原则以保持门店的一致性。门店经理的评价基础是公司办公室确定的利润目标。

另一个选择是 Singing Moon，在美国东北部有 30 家连锁店。Singing Moon 的经理在产品供应方面有很大的自主权，可以向当地的生产有机食品的农场主采购。门店经理的奖励基于超过自己制定的与公司股票期权相关的投资回报目标。一些经理成了公司的重要股东，甚至可以自己决定新门店的开设。然而，增加的自主权导致同一地理位置的 Singing Moon 门店之间的竞争和大减价，结果使毛利降低。

要求：

1. 试描述 Fresh Source 是一个集权的还是分权的组织，请给出解释。

2. 试描述 Singing Moon 是一个集权的还是分权的组织，讨论其组织结构的收益与代价。

3. 说明各连锁店的门店被认为是成本中心、收入中心、利润中心还是投资中心；这如何与门店经理的业绩评价结合起来。

4. 假设 Branca 选择收购 Singing Moon。说明 Branca 应该采取什么行动来促进门店经理与公司的目标一致。

15—13 （跨国转移定价，不同转移定价方法的影响，全球所得税支出最小化）User Able 电脑公司总部设在旧金山，主要生产及销售台式电脑。它有三个分公司，分别设在不同的国家：

a. 中国分公司——生产存储设备及键盘；

b. 韩国分公司——使用中国分公司生产的零部件和本分公司生产的部件组装电脑；

c. 美国分公司——包装并分销电脑。

每个分公司都是一个利润中心，各分公司为一台电脑付出的成本如下：

中国分公司：变动成本＝875 元人民币
固定成本＝1 575 元人民币

韩国分公司：变动成本＝375 000 韩元
固定成本＝525 000 韩元

美国分公司：变动成本＝75 美元
固定成本＝175 美元

- 在中国，营业利润适用的税率是 32%；
- 在韩国，营业利润适用的税率是 24%；
- 在美国，营业利润适用的税率是 40%。

在美国，每台电脑的零售价为 3 400 美元，假设外币兑换汇率为：

7 元人民币＝1 美元

1 500 韩元＝1 美元

中国和韩国分公司还将它们的部分产品使用自己的商标在当地出售。中国分公司销售给当地制造商一台电脑的存储设备及键盘的价格是 2 800 元人民币，韩国分公司在当地销售一台组装好的电脑的价格是 1 725 000 韩元。

要求：

1. 使用以下转移定价方法计算各分公司每台电脑的税后利润：(a) 基于市价；(b) 基于全部成本的200%；(c) 基于变动成本的300%。(所得税没有包括在以成本为基础的转移价格的计算中。)

2. 说明对整个 User Able 公司而言，哪种方法可以使每台电脑的净利润最大化。

15—14 (跨国转移定价，全球税收支出最小化) Questron公司在它设在宾夕法尼亚州的 Scranton分厂生产电子通信设备，营销分公司遍布全球。其中，德国的 Hamburg 分公司从美国进口100 000单位的路由器。现有信息如下：

美国分公司适用的所得税税率	35%
德国分公司适用的所得税税率	40%
德国进口税税率	15%
每个路由器的变动生产成本	275 美元
每个路由器的全部生产成本	400 美元
在德国该产品的售价(不含营销和分销成本)	575 美元

假设美国及德国的税法规定：转移价格应该设定在单位生产总成本400美元和德国市场同类进口产品的市价475美元之间。德国进口关税以产品转移到德国的价格为基点征收。任何应该支付的进口关税都可以作为抵扣的费用，从德国的计税收入中扣除。

要求：

1. 假设美国分公司销售给德国分公司100 000个路由器，分别按下列转移定价方法计算美国及德国分公司的税后利润。(a) 基于单位全部成本；(b) 基于市价。(所得税不包括在以成本为基础的转移价格的计算中。)

2. 为了使整个公司的进口关税及所得税支出最小化，Questron公司应选用哪种转移定价方法？注意，转移价格必须处于单位总生产成本400美元和德国市场同类产品市价475美元之间。解释你的思路。

15—15 (跨国转移价格，目标一致)(续练习题15—14) 假设美国分公司可以在美国市场上以450美元的价格销售尽可能多的路由器，无营销及分销成本。

要求：

1. 从公司整体的角度看，是将100 000个路由器在美国当地销售，还是将它们转移给德国分公司更能使税后利润最大化？列出计算过程。

2. 假设各分公司有自主权决定各分公司的税后利润最大化，说明在练习题15—14要求2中计算出的转移价格是否会促使美国分公司的管理者选择本题要求1中的最优行为。给出解释。

3. 计算美国分公司管理者能接受的最低转移价格。说明对于公司整体而言，比起练习题15—14要求2中所计算出的要支付的关税和所得税，这一价格是否会使该公司支付得更多。如果答案是肯定的，计算需多支付多少。

15—16 (有关制定转移价格的争议) Michael-Brown公司生产拖拉机和其他重型农用机械，它是以分权制的方式组建的，每一个生产分公司都作为一个独立的利润中心来经营。每个分公司经理都被赋予自行决策产品是内部转让还是外部销售的权力。在过去的几年里，C分公司一直是从A分公司购买它所需的拖拉机发动机部件。然而，当得知A分公司将单位售价提高到155美元时，C分公司经理决定从外部购买这些发动机。

C分公司能在市场上以145美元的单价购买这种发动机。A分公司最近安装了一些高级专用设备，造成较高额的折旧费，因此它坚持认为除非提高价格，否则它将不能从投资中获取足够的回报。A分公司经理将它与C分公司之间的争议反映到了高层管理者那里，以期得到他们的支持。下面是A分公司呈报的数据：

C分公司每年购买的拖拉机发动机部件数量	1 500 单位
A分公司生产一个拖拉机发动机部件的变动成本	115 美元
A分公司生产一个拖拉机发动机部件的固定成本	25 美元

要求：回答下列问题：

1. 假设A分公司的内部设施没有其他用途。那么，若C分公司从外部供应商那里以每单位145美元的价格购买这种部件，从公司整体的角度看，能否从中受益？部件的转移价格应如何设定才能使分公司经理采取既满足自身利益也满足公司整体利益的行动。

2. 假设A分公司的内部设施不会有任何闲

置。那么，若不为 C 分公司生产 1 500 单位的部件，A 分公司的设备和其他设施将用于其他生产，每年可节约 24 000 的现金，那么 C 分公司是否应该从外部供应商那里购买部件呢？列出计算过程。

3. 假设 A 分公司的内部设施没有其他用途，外部供应商的价格降低了 35 美元，那么 C 分公司是否应该从外部供应商那里购买这些部件呢？如何设定这些部件的转移价格，才能使得各个以分公司利益为出发点的分公司经理采取给整个公司带来最大利益的行为？

15—17 （有关制定转移价格的争议）（续练习题 15—16）使用练习题 15—16 中的资料。假设 A 分公司可以每单位 158 美元的价格将 1 500 单位部件销售给其他顾客，每销售一个部件，都要发生新增的营销变动成本 3 美元。

要求：如果 C 分公司以 145 美元的单价向外部供应商购买 1 500 单位的部件，说明 Michael-Brown 公司是否会从中受益。列出你的计算过程。

15—18 （道德，转移定价）Wertheim 工业公司下设的 Stevens 分公司生产一种名为 R25 的部件。这个分公司一直将这种部件的变动成本的 150%设定为转移价格，转让给 Parker 分公司。R25 的单位变动成本是 18 美元。Stevens 分公司的管理会计人员 Jim Laker，把他的助手 Sarah Tanner 叫到办公室，对该助手说：“我认为你对 R25 的固定成本和变动成本的划分不是很正确。R25 的单位变动成本应该高于 18 美元。”

Tanner 知道，如果将 R25 的变动成本提高，Stevens 分公司的利润就会增加。这样分公司雇员的奖金也会增加。但是，Tanner 并不想改变他一直使用的区分固定成本和变动成本的方法，因为他已经习惯了。然而，Tanner 也认识到固定成本和变动成本的划分并不是一直都很明显。

要求：

1. 用以下两种不同的单位变动成本作为计算转让价格的基础，计算 Stevens 分公司转让 10 000 个 R25 的贡献毛益：(a) 单位变动成本是 18 美元；(b) 单位变动成本是 22 美元。

2. 评价 Laker 关于变动成本的建议是否符合职业道德。说明如果 Tanner 接受 Laker 的建议，改变单位变动成本，是否符合职业道德；Tanner 应该采取什么样的步骤来解决这个问题。

15—19 （恰当的转移价格）Mod Wheel 公司是一家生产高档自行车的公司，下设 A，B 两个分公司。A 分公司负责生产自行车框架，B 分公司负责组装。零部件和最终产品都有交易市场，每个分公司都是利润中心。自行车框架的转移价格被设定为长期平均市价。现有资料如下：

最终产品预计零售价	340 美元
中间产品长期平均市价	250 美元
B 分公司增量成本	130 美元
A 分公司增量成本	140 美元

B 分公司经理的计算如下：

最终产品售价		340 美元
转移价格（市价）	250 美元	
增量成本	130 美元	380 美元
产品贡献（损失）		(40) 美元

要求：回答下列问题：

1. 如果 A 分公司没有富余生产能力，B 分公司是否应从 A 分公司购买产品？现在以市价作为转移价格合理吗？列出计算过程。

2. 假设 A 分公司每月最大生产能力为 2 000 单位，销售给中间市场的数量为 1 200 单位，这 800 单位剩余产品应销售给 B 分公司吗？应使用什么转移价格？假设由于一系列原因，A 分公司将坚持 250 美元的价格。也就是说，即使生产能力闲置，A 分公司也不会降价。

3. 假设 A 分公司提议以 210 美元的转移价格转让 800 单位产品给 B 分公司，对整个公司而言，将有怎样的影响？如果你是 B 分公司的经理，你会接受 210 美元的价格吗？为什么？

15—20 （不完全竞争市场的转移定价）（续练习题 15—19）沿用练习题 15—19 的资料。

要求：回答下列问题：

1. 假设 A 分公司有两个选择：(a) 对外降价至 242 美元，则销售量会上升至 2 000 单位；(b) 保持对外销售价 250 美元，销售 1 200 单位，然后以某种可以使 A 分公司盈利的价格转移 800 单位至 B 分公司。什么样的转移价格可以使 A 分公司在两种情况下的利润相同？这会与公司按照本章所述的一般性指导原则，追求公司整体利益而得出的转移价格相同吗？

2. 假设市场销售价降至 242 美元，对外销售增至 1 600 单位。B 分公司在价格可以接受的情况下希望从 A 分公司那里得到 800 单位产品。为简便起见，同时假设 A 分公司富余的 400 单位生产能力无外部需求。

a. 运用一般性指导原则，可以得出正确经济决策的最低转移价格是多少？忽略业绩评价因素。

b. 比较不同方法对整个公司的总贡献。为什么上述推荐的转移价格可以得出最优经济决策？

15—21 转移价格制定方法的选择对分公司营业利润的影响。Cran Health 公司是一家蔓越莓生产企业，拥有两个分公司，即种植分公司和加工分公司。现在所有种植的蔓越莓都由加工分公司加工为蔓越莓果汁，销往生产蔓越莓混合果汁的大型饮料公司。加工分公司每 1 000 磅蔓越莓生产 500 加仑果汁。两个分公司的成本和市价数据如下（单位：美元）：

	A	B	C	D
1	种植分公司		加工分公司	
2	每磅蔓越莓的变动成本	0.06	生产每加仑果汁的变动加工成本	0.35
3	每磅蔓越莓的固定成本	0.34	生产每加仑果汁的固定成本	0.37
4	每磅蔓越莓在外部市场的销售价格	0.58	每加仑果汁的销售价格	2.40

要求：

1. 2013 年 6 月 Cran Health 公司种植 440 000 磅蔓越莓并将其加工成蔓越莓果汁，计算该公司的营业利润总额。

2. Cran Health 公司提取分公司营业利润的 6%作为奖金来激励分公司经理努力工作。运用以下转移价格方法计算 2013 年 6 月各分公司经理的奖金：

a. 基于全部成本的 175%。

b. 基于市场价格。

3. 说明各分公司经理将偏好哪种转移价格方法；Cran Health 公司如何解决转移价格问题带来的矛盾。

15—22 （成本加成转移定价方法中的目标一致问题，双重定价）（续讨论题 15—21）假设 Cran Health 公司按照全部成本的 175%制定转移价格。公司总裁 Pat Borges 决定在 Cran Health 公司实行分权制，于是向各分公司经理发了一份备忘录，上面写着："从现在开始，Cran Health 公司的各分公司都可以就其原材料采购和最终产品销售自行决策。"

要求：

1. 给出一个例子，说明公司在使用全部成本的 175%来制定转移价格的同时采用分权制可能出现的目标一致问题。

2. Borges 正在调查是否选用双重价格就可以减少公司的目标一致问题。种植分公司转出的蔓越莓以全部成本的 175%计价，加工分公司转入的蔓越莓则以市价计价。在这种双重价格下，计算 2013 年 6 月种植 440 000 磅蔓越莓并进一步加工和销售后，各分公司的营业利润。

3. 说明为什么要求 2 中计算的各分公司营业利润之和可能与整个公司种植和加工 440 000 磅蔓越莓赚取的利润不等。

4. 说明如果 Cran Health 公司采用要求 2 中提到的双重价格，会产生什么问题。

15—23 （转移定价，生产能力的利用）Shome 公司由半导体分公司和加工控制分公司组成。每一个分公司都是作为独立的利润中心来运营。半导体分公司雇用工人来生产两种不同的电子配件：新的高能力的高级芯片和老的名为"O-KAY"的芯片。下面是这两种产品的成本数据（单位：美元）：

	Xcel 芯片	Dcel 芯片
直接材料	10	8
直接人工，4 小时×25 美元；2 小时×25 美元	100	50

由于对工人有高技术水平的要求，半导体分公司设定的工作时间是每年 55 000 小时。

Xcel 芯片的最大需求为每年 13 750 单位。市场对 Dcel 芯片需求很大，每个可以卖到 65 美元。

加工控制分公司只生产加工控制部件一种产品。下面是该产品的成本结构：

- 直接材料（电路板）：80 美元；
- 直接人工（3.5 小时×10 美元）：35 美元。

每个控制部件目前的市价为 125 美元。

一项联合调查显示：在生产加工控制部件时，可以用 Xcel 芯片来取代目前正在使用的电路板。加工控制部件的直接人工成本不变。改进的加工控制部件可以卖到 185 美元。

要求：回答下列问题：

1. 计算销售 Xcel 芯片和 Dcel 芯片的小时贡献毛益。如果半导体分公司没有将 Xcel 芯片转让给加工控制分公司，那么半导体分公司应该分别销售多少 Xcel 芯片和 Dcel 芯片呢？列出计算过程。

2. 加工控制分公司希望今年能销售 1 250 个加工控制部件。从 Shome 公司的角度考虑，加工控制分公司应该从半导体分公司那里转入 1 250 个 Xcel 芯片来代替电路板吗？列出计算过程。

3. 什么转移价格或价格区间可以保证分公司经理的目标一致？列出计算过程。

4. 如果半导体分公司的人工生产能力为 60 000 小时而非 55 000 小时，要求 3 的答案会有所不同吗？列出计算过程。

章末案例

Shuman Automobiles 公司

Clark Shuman 是一家汽车经销商的所有者兼总经理，他快要退休了，并且想放弃对业务流程的控制权。（目前的财务报表见图表 1。）他在社区建立的声誉使得他相信最近的业务增长会持续下去。在 Shuman 看来，他强调以新车销售为主要业务的长期政策已经取得成功。这与对顾客关系的密切关注结合在一起，产生了一系列重复业务，公司的销售增长到了一个新的水平。因此，他希望通过组织变化来适应新情况，尤其是希望卸下日复一日的管理重担。

图表 1 **Shuman Automobiles 公司当年年末的利润表** 单位：美元

新车的销售收入		6 879 371	
新车的销售成本	6 221 522		
销售酬劳	137 470	6 358 992	
		520 379	
交易津贴		154 140	
新车毛利			366 239
二手车的销售收入		3 052 253	
二手车的销售成本	2 623 100		
销售酬劳	92 815	2 715 915	
		336 338	
交易津贴		56 010	
二手车毛利			280 328
			646 567
顾客服务的销售收入		980 722	
工作的成本		726 461	
		254 261	

修理方面的服务工作			
费用	238 183		
成本	245 915	(7 732)	
服务工作毛利			246 529
经销权毛利			893 096
管理费用			345 078
税前利润			548 018

因此，Shuman 将业务部门分为三个：新车销售部门、二手车销售部门和服务部门。他指派了三个他信任的员工担任新部门的经理：Janet Moyer，负责新车销售；Paul Fiedler，负责二手车销售；Nate Bianci，负责服务部门。这些人都为公司服务了许多年。

每个经理被告知，要像独立的公司那样经营所负责的部门。为了给新经理以激励，他们的薪酬将按照部门毛利的百分比计算。

在 Janet Moyer 接手新车销售部门后，有顾客希望在购买标价为 14 400 美元的新车时将其旧车折价变卖。在达成交易前，Moyer 不得不确定她将给顾客的旧车提供的折价。她知道如果没有旧车折价，为了与其他经销商竞争，她将对该款新车优惠 8%进行销售。然而，她也希望不会因提供过低的折价款而失去交易。

她从与顾客的谈话中感觉到，顾客对其旧车价值的估计过高。在这种情况下，Moyer 可能不得不准备做出牺牲来达成交易。这款新车放在仓库已经有一段时间了，这个车型的销量也不是太好，因此如果能赚钱的话，她愿意达成交易。

为了评估旧车的价值，二手车销售部门的经理 Fiedler 与 Moyer 和顾客一起到停车场去检查了这辆车。Fiedler 估计这辆车需要花费大约 840 美元进行修理，然后能以大约7 100 美元的价格售出。在修理之后，他可以以大约 6 100 美元的批发价格买进或卖出。零售汽车经销商关于二手车价格的手册“Blue Book”，将有良好性能的该车型价格定为 5 500～5 800 美元。这个范围代表了过去几月这个地区的该车型售价的分布情况。Fiedler 估计他可以在下周的区域二手车拍卖会上售出现在的这辆车（在没有进行任何修理的情况下），得到大概 5 000 美元。

新车销售部门经理有权以任何她认为合适的价格购买这辆车，但是她也必须负责处理这辆车。她可以试着说服二手车销售部门的经理来接管这辆车，并接受二手车销售部门经理的估价，或者由她自己通过批发渠道或拍卖来处理这辆车。不管 Moyer 选择哪种方式，销售新车以获利是她的责任，而不受折价车的影响。Moyer 说，主要目标必须是“在满足顾客需求与将新车移出仓库之间进行权衡——仅当二手车的定价足够高且有更多的选择之时”。

在权衡了所有因素（包括顾客个性）后，考虑到顾客同意按照标价购买新车，Moyer 决定为二手车支付 6 500 美元。在一轮讨价还价后，顾客同意降低原来设定的价格，最后以 6 500 美元成交。签署了必要的文件之后，顾客把新车开走了。

Moyer 回到办公室，向最近加入公司的会计师 Joanne Brunner 解释了这一情况。在听取了 Moyer 的解释后，Brunner 在会计账簿中记录了这笔交易。当她看到从制造商那里买来的新车成本为 12 240 美元时，她就不确定自己应该记录的旧车的价值了。因为新车标价为 14 400 美元，而成本为 12 240 美元，Brunner 推断新车的销售毛利为 2 160 美元。然而 Moyer 为旧车支付了 6 500 美元，而且旧车还需要 840 美元的修理费，应以 7 100 美元零售或者以 6 100 美元批发售出。这是否意味着新车交易是亏损的呢？Brunner 不确定自己知道这个问题的答案。她也不确定自己记录在存货价值上的二手车价值应是多少。Brunner 决定先记录下 6 500 美元的价值，再等待她的上级给予指导。

当二手车销售部门的经理 Fiedler 发现 Brunner 的做法时，语气强硬地说他将不会接受6 500美元的二手车估价。他的陈述如下：

“我的二手车销售部门不得不拒绝这辆车，除非 Moyer 同意自己接管。我绝不会就这辆车给顾客支付 6 500 美元。我不会支付超过批发价格减去维修成本得出的 5 260 美元。你知道，我的部门也必须盈利。我自己的利润依赖销售二手车的毛利，我不能忍受我的利润遭受损失，Moyer 对顾客太慷慨了！”

Brunner 回复说她不想引起麻烦，只是简单地将汽车以收购成本记录，因为这是她学到的最好的会计实践。她对 Fiedler 的回应在总经理 Clark Shuman 和服务部门经理 Nate Bianci 到来时被打断了。Shuman 拿起电话打给了 Moyer，叫她立刻过来。

“好吧，Bianci，” Shuman 说，“现在我们都在这儿了，你能告诉他们你刚才告诉我的事情吗?”

Bianci 说：“麻烦是那个折价车。Moyer 和 Fiedler 在考虑修理成本为 840 美元时都是对的。遗憾的是，他们没有注意到后轴是断裂的；这将需要在销售前替换好。需要使用的部件和人工大约为 640 美元。

“除此以外，” Bianci 接着说，“还有一件更困扰我的事。在我们现在使用的会计系统中，我不能就相同的工作对内部部门索要和对外部顾客一样的价格。你可以看到在我的部门报表（见图表 2）上，去年我因内部工作几乎损失了 8 000 美元。就像这样的修理工作，成本是 1 480 美元，我甚至不能保本。如果我为外部顾客提供成本为 1 480 美元的服务，我能索要大概 2 000 美元。Blue Book 对该汽车需要的修理工作定价为 1 960～2 040 美元，我总是取中间值。这将会给我的部门带来 520 美元的毛利，我自己的收入也依靠这个毛利。既然我所在部门的绝大部分工作是为了折价车的再销售进行修理，我发现我应该能够索要与外部修理工作相同的费用。”

此时 Fiedler 和 Moyer 立刻予以回应。Fiedler 成功地打断 Moyer：“车轴的事是挺遗憾的，但很难看出后轴是断裂的。希望 Bianci 下次幸运些。我还等着他帮助我修理那些待销售的车。”

Moyer 在表示认同之后补充道：“但这个错误不是我的问题。无论如何，服务部门想要在对公司内部的工作上盈利是很滑稽的。公司不可能将产品从左手销售到右手来赚钱。”

此时，Clark Shuman 感到有些困惑。他认为刚才说的所有事情可能有些是真的，但不确定有多少。很明显，他需要采取行动来解决当前的问题，并避免问题的再次发生。他命令会计师 Brunner，“计算一下在整个交易中他们到底赚了多少”，他回到办公室思考如何才能更好地使他的经理们为公司赚钱。

图表 2　　Shuman Automobiles 公司当年年末服务部门费用分析　　单位：美元

	为顾客服务	内部修理工作	合计
工作的数量	3 780	468	4 248
直接人工	302 116	98 820	400 936
供应	103 966	32 755	136 721
部门管理费用	84 592	27 670	112 262
	490 684	159 245	649 919
零部件	235 787	86 670	322 457
	726 461	245 915	972 376
向顾客和其他部门索取的费用	980 722	238 183	1 218 905
毛利（损失）	245 261	(7 732)	246 529
制造费用部分			140 868
当年的部门利润			105 661

事情发生一星期后，Clark Shuman 还是不知道应该采取什么行动来激励经理。在这个星期中，Bianci 向他报告二手车的修理费用为1 594 美元，其中 741 美元是在购买时发现的问题的修理成本，剩下的 853 美元是更换后轴的成本。为了使自己在修理工作上得到更多酬劳，Bianci 浏览了最近几个

月的顾客发票，并找出与折价车相似的例子。发票上的金额平均为 2 042 美元，平均成本为 1 512 美元。(管理费用没有分摊到工作上。) 另外，Bianci 还收到了来自 Brunner 的类似图表 2 的成本分析报告。Bianci 告诉 Shuman，这是服务部门费用的典型分布。

问题

1. 假设新车交易是圆满的，修理后的二手车以 7 100 美元的价格出售，Shuman 的修理成本为 1 594 美元。假定所有销售人员都只有工资（没有佣金），总的管理费用也是固定的。公司总体交易（例如，新车和修理过的二手车销售）的增量毛利是多少?

2. 假设例子中的每个部门（新车销售部门、二手车销售部门、服务部门）都是利润中心。假设在问题 a 到问题 c 中修理花费均为 1 594 美元。

a. 在你看来，折价车（未修理的）在从新车销售部门转移到二手车销售部门时的价值应该为多少？为什么？

b. 在你看来，服务部门能够就折价车向二手车销售部门索要多少费用？为什么？

c. 给定你对问题 a 和问题 b 的答案，这笔交易中每个部门的增量毛利将是多少?

3. 有没有什么战略可以使公司得到比上述假定（例如，修理和销售折价车）的情况更多的利润？请给出解释。在回答这个问题时，假定服务部门在生产能力范围内经营。

4. 你感觉确定三个利润中心的方式适合 Shuman 吗？如果是，请解释为什么，包括对该方式好于其他方式的解释。如果不是，提出更好的方案并解释为什么这个方案比三个利润中心的方式和其他你能想到的方案更好。

第 16 章

业绩评价与薪酬

学习目标

1. 选择平衡计分卡中的财务和非财务业绩评价指标。

2. 检验评价业务单元业绩的会计基础指标，包括投资回报率（ROI)、剩余收益（RI)、和经济增加值（EVA)。

3. 分析公司如何选择关键的业绩指标。

4. 理解业绩目标的选择和薪酬制度的设计。

5. 指出在度量不同国家营运部门的业绩时遇到的困难。

6. 理解薪酬设计中薪金和激励的作用。

7. 描述控制的四个杠杆以及其必要性。

学期末，你将得到一个评分，它是对你本学期成绩的评价。你的评分可能包含很多因素——家庭作业、小测验、考试与课堂参与。其中某些因素会比其他因素更好地反映你的知识吗？在决定你的最终成绩时，不同指标的相对权重是否会影响你在不同因素上付出的努力呢？无视你的表现就给予你高的分数公平吗？这些问题也在公司将管理者业绩与薪酬相联系的过程中反复出现。不能将业绩与薪酬联系起来就将导致失败。2007—2009 年的金融危机就与不同金融服务公司的管理者为获得报酬承担过大风险相关。例如，保险巨头 American International Group（AIG）的首席执行官 Martin Sullivan 将公司带向破产边缘的同时仍继续获得薪酬。因为不能将薪酬与业绩很好地联系起来，AIG 的董事会的奖励政策最终导致公司在 2008 年被政府接管。

公司评价业绩与奖励管理者都是为了激励管理者实施公司战略达到目标。如果指标是不合适的或者不能与持续的业绩相联系，管理者可能会在背离公司目标的情况下改进业绩评价和提高报酬。正如下面的“本章要点”中指出的，本章讨论业绩评价的总体设计、实施和使用，这是决策制定过程的最后一步。

本章要点

- 以会计数字为基础的内部财务指标长期广泛地应用于业绩评价，例如，投资回报率、剩余收益和销售回报率。
- 投资回报率强调投资函数产生的收益，但是将它作为业绩指标使用会导致目标不一致。剩余收益和经济附加值作为业绩指标更可能实现目标一致。
- 在为子单元管理者设计会计基础的指标时，公司需要制定多种决策，包括哪个指标在哪个时间段计算，关键项目例如“投资”的定义，以及每个指标特定部分的计算。
- 公司应该针对子单元的性质专门确定目标水平和反馈过程，以及信息系统和业绩评价方案。
- 为比较不同国家之间的子单元管理者业绩，高层管理者必须就经营环境的差异作出调整，考虑价格水平和汇率的公平。
- 为制止不道德和不诚实的行为，公司必须权衡业绩的推动力与其他控制杠杆（例如行为标准、监督准则、任务与核心价值的表述、有效的讨论和争论过程）的应用。

16.1　财务与非财务业绩指标

正如我们之前看到的（见第 14 章），很多组织越来越多地将下属单位的财务和非财务指标集中在一份被称为平衡计分卡的报告中。不同公司的平衡计分卡的侧重点有所不同，但指标都是根据公司战略确定的。比如，连锁旅馆 Hospitality Inns 的战略是提供超值的顾客服务以赢得比竞争对手更高的入住率。Hospitality Inns 在其平衡计分卡中使用如下指标：

1. 财务维度——股价、净利润、销售回报率、投资回报率、经济附加值。
2. 顾客维度——不同地理位置旅馆的市场份额、顾客满意度、反复光顾的平均值。
3. 内部流程维度——预订和入住以及餐厅的顾客服务时间、旅馆和房间的清洁度、客房服务的质量、清理房间的时间、餐厅体验的质量、向顾客提供新服务的数量（无线网络和电子游戏）、计划和建造新旅馆的时间。
4. 学习和成长维度——员工受教育水平和技能水平、员工满意度、员工流失率、员工培训时间、信息系统的使用。

所有平衡计分卡的实施目标都是以学习和成长维度的改善带来内部流程维度的改进，进而提升财务和顾客维度。Hospitality Inns 也使用平衡计分卡指标来评价管理者的业绩并给予奖励。

某些业绩指标，如计划和建造新旅馆的时间，与企业长远发展相关。其他指标，如入住花费的时间以及客房服务质量，与企业的短期经营状况相关。本章中，我们集中讨论子单元在企业短期和长期经营中应用最广泛的业绩指标。这些都是基于企业日常会计数据的内部财务指标。在本章的后面部分，我们讨论为什么公司同时使用财务指标和非财务指标来评价业绩。

业绩评价的会计指标的设计需要以下几个步骤：

步骤 1：选择与企业最高管理层财务目标一致的指标。营业利润、净利润、资产回报率或销售利润率是度量下属单位财务业绩的最佳指标吗？

步骤 2：选择步骤 1 中每个指标相关的细节。一旦公司选择了特定的业绩指标，就必须确定指标的不同部分的计算方法。例如，如果选定的指标是资产回报率，这一业绩指标是计算一年的还是多年的？资产是定义为总资产还是净资产（总资产减总负债）？资产是以历史成本计价，还是以现行成本计价？

步骤 3：选择步骤 1 中每个业绩指标的目标水平和反馈机制。是否所有单位都应以同一资产应得收益率作为目标？生产业绩报告是每天、每周还是每月向高层管理者报告？

管理者不必依次采取上述步骤。各个步骤中考虑的问题是相互关联的，高层管理者在决定业绩的会计指标之前，要对上述问题进行反复研究。上述每个问题的答案决定于高层管理者的看法，即综合考虑业绩指标如何实现目标一致的行为标准、管理者付出的努力、评价子单元的业绩与子单元自治等（见第 15 章）。

16.2　业务单元的会计基础指标

公司一般采用四个指标来衡量子单元的业绩。我们将以 Hospitality Inns 为例来说明这些指标。

Hospitality Inns 拥有并经营三家旅馆，分别位于旧金山、芝加哥和新奥尔良。图表 16—1 是这三家旅馆 2012 年经营状况的相关数据。目前，Hospitality Inns 并未向三家旅馆分摊公司的长期债务。图表的数据表明新奥尔良旅馆的营业利润最高，为 510 000 美元，芝加哥旅馆次之，为 300 000 美元，旧金山旅馆最低，仅有 240 000 美元。但这种比较是否意味着新奥尔良旅馆是最“成功”的呢？上述营业利润比较的最大不足是忽略了不同旅馆间投资规模的差异，**投资**（investment）是指产生利润的资源或资产。问题不是营业利润有多大，而是与投入资源相比营业利润有多大。

包括对投资的衡量的业绩评价有三种方法：投资回报率、剩余收益、经济附加值。业绩评价的第四种方法是销售利润率，没有衡量投资。

图表 16—1　　Hospitality Inns 2012 年年度财务数据　　单位：千美元

	A	B	C	D	E
1		旧金山旅馆	芝加哥旅馆	新奥尔良旅馆	合计
2	销售收入	1 200 000	1 400 000	3 185 000	5 785 000
3	变动成本	310 000	375 000	995 000	1 680 000
4	固定成本	650 000	725 000	1 680 000	3 055 000
5	营业利润	240 000	300 000	510 000	1 050 000
6	长期负债利息（10%）				450 000
7	税前利润				600 000
8	所得税（30%）				180 000
9	净利润				420 000
10	净账面价值				
11	流动资产	400 000	500 000	660 000	1 560 000
12	长期资产	600 000	1 500 000	2 340 000	4 440 000
13	总资产	1 000 000	2 000 000	3 000 000	6 000 000
14	流动负债	50 000	150 000	300 000	500 000
15	长期负债				4 500 000
16	股东权益				1 000 000
17	负债与股东权益合计				6 000 000

□ 16.2.1　投资回报率

投资回报率（return on investment，ROI）是由会计利润除以会计计量投资额得到的会计指标。

$$投资收益率=\frac{利润}{投资额}$$

投资回报率是评价业绩时最常用的指标，原因有二：（1）它将反映盈利性的所有要素——销售收入、成本和投资额——都纳入一个百分数；（2）它可用来与公司其他投资机会的收益水平相比较。但是，与任何单一指标一样，在使用投资回报率指标时应谨慎，并注意与其他指标相结合。

投资回报率通常又称会计收益率或应计会计收益率（见第 11 章），管理者通常在度量单个部门或分公司业绩时用"ROI"，而在评估一个项目时用"应计会计收益率"。企业可以根据需要改变投资回报率分子、分母的定义，例如，有些企业用营业利润做分子，有些企业则用税后基础的净利润做分子。一些企业用总资产做分母，另一些则用总资产减去流动负债即长期负债与权益做分母。

现在考虑图表 16—1 中三个旅馆的 ROI，我们以营业利润做分子，以总资产做分母（单位：美元）。

旅馆	营业利润	÷	总资产	=	ROI
旧金山	240 000	÷	1 000 000	=	24%
芝加哥	300 000	÷	2 000 000	=	15%
新奥尔良	510 000	÷	3 000 000	=	17%

比较投资回报率指标，我们发现旧金山旅馆最充分地利用了总资产。

每个旅馆经理都可以采用如下方法来提高其 ROI：增加收入或降低成本（增大分子），或者减少投资（减小分母）。旅馆经理甚至可以在营业利润下降时通过大幅减少总资产提高 ROI。例如，芝加哥旅馆的营业利润下降了 4%，从 300 000 美元降至 288 000 美元［300 000×（1－0.04）］，总资产下降了 10%，从 2 000 000 美元降至 1 800 000 美元［2 000 000×（1－0.10）］。新奥尔良旅馆的 ROI 将会从 15%上升到 16%（288 000÷1 800 000）。

ROI 指标作如下分解将能更好地说明问题：

$$\frac{利润}{投资}=\frac{收入}{投资}\times\frac{利润}{收入}$$

上述分析方法称为杜邦盈利分析方法。该方法确认了创造利润的两个基本要素：增加单位收入产生的利润或使用资产产生更多的收入。改进任何一个要素而保持另一个要素不变，就可以提高 ROI。

假设 Hospitality Inns 的高层管理者将 30%的 ROI 作为旧金山旅馆必须达到的投资收益指标，怎样才能达到这一指标呢？利用杜邦分析方法，下表（金额单位：美元）列出了可以将旧金山旅馆的 ROI 从 24%提至 30%的三种选择。

	营业利润 (1)	收入 (2)	总资产 (3)	营业利润/收入 (4)＝(1)÷(2)	×	收入/总资产 (5)＝(2)÷(3)	=	营业利润/总资产 (6)＝(4)×(5)
当前 ROI	240 000	1 200 000	1 000 000	20%	×	1.2	=	24%
减少资产，保持收入和营业利润不变	240 000	1 200 000	800 000	20%	×	1.5	=	30%
增加收入，保持资产和营业利润不变	300 000	1 500 000	1 000 000	20%	×	1.5	=	30%
降低成本以增加营业利润，保持收入和资产不变	300 000	1 200 000	1 000 000	25%	×	1.2	=	30%

其他选择，如提高单位售价，可以同时增加单位资产的收入与单位收入产生的利

润。ROI 指标还表明，管理人员可以通过减少对流动资产或长期资产的投资额来提高投资收益。某些管理人员只注意提高产品销售收入或控制产品生产成本对提高投资回报率的作用，却忽略了减少资产数量可以起到同样的作用。减少投资额意味着减少闲置现金、管好应收账款、合理确定存货水平并有效地使用固定资产。

□ 16.2.2 剩余收益

剩余收益（residual income，RI）是会计利润减去投资额要求的回报的会计指标。

剩余收益＝利润－(应得收益率×投资额)

应得收益率乘以投资额构成投资估算成本，**估算成本**（imputed cost）在特定情况下需要确认，但因为它是机会成本，所以在会计系统中一般并不考虑。Hospitality Inns 的估算成本为公司可以从其他风险特征相同的投资项目中获取的回报。

假定每个旅馆面对相同的风险。Hospitality Inns 将各旅馆的剩余收益确定为旅馆营业利润减去总资产所要求的 12％的投资报酬。给定 12％的应得收益率，计算如下（单位：美元）：

旅馆	营业利润	－	应得收益率×投资额	＝	剩余收益
旧金山	240 000	－	(12％×1 000 000)	＝	120 000
芝加哥	300 000	－	(12％×2 000 000)	＝	60 000
新奥尔良	510 000	－	(12％×3 000 000)	＝	150 000

新奥尔良旅馆的剩余收益最高。RI 一般受规模影响——对于给定水平的业绩来说，规模越大的分公司的 RI 越高。

有些公司喜欢使用 RI 指标，因为这些公司的管理人员的经营目标是追求投资收益绝对值而不是相对值（ROI）最大化。剩余收益最大化这一目标意味着一个部门只要能够赚取超过要求的投资回报的利润，该部门就应该扩张。

单纯追求投资回报率最大化的目标可能会导致某些高盈利部门拒绝投资于一些项目，而这些项目从公司整体角度看应该进行投资。假设 Hospitality Inns 正在考虑更新旧金山旅馆的房间并进行装修。这将使营业利润增加 70 000 美元，总资产增加 400 000 美元，扩张的 ROI 为 17.5％（70 000÷400 000），这对 Hospitality Inns 整体是有利的，因为超过了应得收益率，但从旧金山旅馆自身的角度看，扩大经营规模将导致 ROI 下降。

扩张前的投资回报率＝240 000÷1 000 000＝0.24 或 24％

扩张后的投资回报率＝(240 000＋70 000)÷(1 000 000＋400 000)

＝0.221 或 22.1％

如果旧金山旅馆管理人员的奖金是由 ROI 为基准确定的，则选择扩大经营规模的方案将导致管理人员的奖金减少。那么，管理者将认为扩张是不利的。相反，如果该旅馆管理人员的奖金是由 RI 的多寡决定的，则旧金山旅馆的管理人员将会发现扩大经营规模对他们是有利的：

扩张前的剩余收益＝240 000－(12％×1 000 000)＝120 000(美元)

扩张后的剩余收益＝310 000－(12%×1 400 000)＝142 000(美元)

用RI作为子单元管理人员的业绩评价指标，比用ROI作为业绩评价指标更能与公司目标保持一致。

注意，扩张后的ROI是扩张前ROI和当前项目ROI的加权平均值。因此，无论何时，只要新项目的回报率高于应得收益率（本例中为12%）但低于分公司当前的ROI（本例中为24%），分公司经理都倾向于拒绝该项目，尽管这个项目是股东希望投资的。① 另一方面，RI是线性加总的指标，也就是说，扩张后的RI总是等于扩张前RI与当前项目RI的加总。为在上述例子中加以证实，注意项目的RI是70 000－12%×400 000＝22 000（美元），正好是扩张后RI与扩张前RI之差。因此，以RI作为评价指标的经理将会选择RI为正的项目进行投资。股东希望管理者这样做；换句话说，RI实现了目标一致。

□ 16.2.3 经济增加值②

许多公司使用经济增加值，它是一种特殊的剩余收益计算方式。**经济增加值**（economic value added，EVA）等于税后营业利润减去税后加权平均资本成本，乘以总资产减去流动负债的差。

EVA＝税后营业利润－[加权平均资本成本×(总资产－流动负债)]

EVA替换了RI计算中的下列数字：（1）利润对应税后营业利润；（2）应得收益率对应税后加权平均资本成本；（3）投资对应总资产减去流动负债。③

我们以图表16—1中Hospitality Inns的数据为例来说明EVA的计算。加权平均资本成本（WACC）等于该集团所有长期投资的税后平均成本。该公司的长期资金有两种来源：(a) 长期负债，其市场价值和账面价值都是450万美元，利率为10%；(b) 权益资本，市场价值450万美元，账面价值100万美元。④ 由于利息成本是可抵税的且所得税税率为30%，因此负债融资的税后实际成本为0.10×(1－税率)＝0.10×(1－0.30)＝0.10×0.70＝0.07或7%。权益资本成本是投资者不能投资于与Hospitality Inns风险类似的其他项目的机会成本。权益资本成本为14%。⑤ 利用权益和负债的市场价值计算WACC：

---

① 类似地，业绩不好（比如ROI为7%）的分公司经理可能希望接受回报率在7%～12%之间的项目，尽管这些投资机会不能实现股东要求的收益率。

② S. O' Byrne and D. Young，EVA and Value-Based Management：A Practical Guide to Implementation（New York：McGraw-Hill，2000）；J. Stein，J. Shiely，and I. Ross，The EVA Challenge：Implementing Value Added Change in an Organization，（New York：John Wiley and Sons，2001）.

③ 在使用EVA时，公司经常对在《公认会计准则》下报告的营业利润与资产数字进行调整。例如，计算EVA时，具有长期利益的成本（如研发、重组成本与租金）都视为资产（并摊销），而不是作为当期营业成本。调整的目的是更好地代表带来收益的经济资产，尤其是无形资产，具体的调整应该视企业的具体情况而定。

④ Hospitality Inns的权益资本市场价值超过了账面价值，是因为账面按历史成本计价，并不能反映公司资产的现在价值，还有一个原因就是各种无形资产（比如商标）在《公认会计准则》下并没有列示在资产负债表的当期资产中。

⑤ 风险调整权益资本成本计算的细节，参见J. Van Horne，Financial Management and Policy，12th ed.（Upper Saddle River，NJ：Prentice Hall，2002）。

$$\begin{aligned}\text{WACC}&=\frac{(0.07\times 负债市场价值)+(0.14\times 权益市场价值)}{负债市场价值+权益市场价值}\\&=\frac{(0.07\times 4\,500\,000)+(0.14\times 4\,500\,000)}{4\,500\,000+4\,500\,000}\\&=\frac{945\,000}{9\,000\,000}\\&=0.105 或 10.5\%\end{aligned}$$

由于每个分公司都面临同样的风险，因此公司所有旅馆的 WACC 都是一样的。总资产减去流动负债（见图表 16—1）也可以这样计算：

$$\begin{aligned}总资产-流动负债&=长期资产+流动资产-流动负债\\&=长期资产+营运资产\end{aligned}$$

式中，营运资金＝流动资产－流动负债。

则旅馆的税后营业利润为：

$$\begin{aligned}营业利润\times(1-税率)&=营业利润\times(1-0.30)\\&=营业利润\times 0.70\end{aligned}$$

Hospitality Inns 的 EVA 计算如下：

旅馆	税后营业利润	－	〔加权平均资本成本	×	（总资产－流动负债）〕	＝	EVA
旧金山	240 000×0.7	－	〔10.5%	×	（1 000 000－50 000）〕	＝	68 250
芝加哥	300 000×0.7	－	〔10.5%	×	（2 000 000－150 000）〕	＝	15 750
新奥尔良	510 000×0.7	－	〔10.5%	×	（3 000 000－300 000）〕	＝	73 500

新奥尔良旅馆拥有最高的经济增加值。EVA 像 RI 一样，要求管理者计算长期资本和营运资金的成本。只有当税后营业利润超过资本的投资成本才有价值。为了提高 EVA，管理者必须：（a）运用相同的资本获得更多的收益；（b）用更少的资本获得同样的收益；（c）投资于回报更高的项目。①

诸如 Briggs & Stratton、可口可乐、CSX、Equifax 和 FMC 等公司的管理者都利用估计的 EVA 的影响来指导他们的决策。分公司管理者发现 EVA 很有价值，因为它允许自己参与分公司层次的资本成本的决策，而以前往往是公司层次的决策。将实际达到的 EVA 与预测的 EVA 相比较，对评价业绩与提供反馈很有价值。铁路公司 CSX 在运用了 EVA 之后决定将三辆机车而不再是四辆投入运营，它要求准点卸货，而不像原来那样让火车提前到达几个小时。结果由于节省了燃料成本和减少了机车的投资成本而赚取了更高的利润。

□ 16.2.4 销售利润率

销售利润率（return on sales，ROS）是另一个常用的度量指标，同时也是杜邦

① 注意在 EVA 的计算中使用分公司税后营业利润加总，（240 000＋300 000＋510 000）×0.7＝735 000（美元），超过了公司 420 000 美元的净利润。这个差异来自长期负债导致的公司税后利息费用，数额为 450 000×0.7＝315 000（美元）。因为 EVA 指标包括对加权平均资本成本（WACC）的要求，WACC 已包含了税后负债成本，EVA 计算中的利润数字应该反映利息支付前的税后利润。税后营业利润（通常在实践中为 NOPAT 或净税后营业利润）则是 EVA 计算中相关的分公司利润指标。

盈利分析方法中 ROI 的一个部分。我们采用营业利润除以收入来计算每个旅馆的 ROS，如下表所示（金额单位：美元）。

旅馆	营业利润	÷	销售收入	=	ROS
旧金山	240 000	÷	1 200 000	=	20.0%
芝加哥	300 000	÷	1 400 000	=	21.4%
新奥尔良	510 000	÷	3 185 000	=	16.0%

新奥尔良旅馆的 ROS 最高。但是按照指标 ROI，RI，EVA 排序，它却是业绩最差的。

□ 16.2.5　业绩指标的比较

下面是按不同业绩评价指标对三家旅馆经营业绩的排序：

旅馆	ROI	RI	EVA	ROS
旧金山	24%（1）	120 000（2）	68 250（2）	20.0%（2）
芝加哥	15%（3）	60 000（3）	15 750（3）	21.4%（1）
新奥尔良	17%（2）	150 000（1）	73 500（1）	16.0%（3）

按 ROI 与 EVA 得到的排序是相同的，它们不同于按 ROI 与 ROS 得到的排序。以旧金山旅馆与新奥尔良旅馆的 ROI 与 RI 排序为例。新奥尔良旅馆有较低的 ROI。虽然它的营业利润仅是旧金山旅馆营业利润的两倍多一点（510 000 美元 vs. 240 000 美元），但它的总资产是旧金山旅馆的三倍（300 万美元 vs. 100 万美元）。新奥尔良旅馆有较高的 RI，因为在抵减 12%的投资回报后，它有更高的利润。芝加哥旅馆的 ROS 最高，但 ROI 最低，因为虽然它的单位收入带来了很高的利润，但单位投资产生的收入较少。是不是一种指标一定比其他指标好呢？不是这样的，每个指标只是很好地评价了业绩的不同方面。

ROS 衡量的是公司怎样有效地管理成本。由于 ROI，RI 或 EVA 全面考虑了收益及投资的因素，对于综合性业绩的评价比 ROS 更适合。ROI 表明了哪些投资产生了最高的回报。RI 或 EVA 克服了 ROI 中企业目标不一致的问题。有些管理者倾向于使用 EVA，因为它考虑了税收的影响，而税前 RI 指标没有考虑。有些管理者则更喜欢使用税前 RI 指标，因为它容易计算，而且在多数情况下，它与 EVA 的结论一致。一般来说，公司会使用多种指标来评价业绩。

成功之匙

管理者可以通过提高收入、降低成本和减少投资来提高 ROI 或 RI。RI 及其变形 EVA 都比 ROI 更能促进目标一致。EVA 使会计调整成为必要之举，因为管理者更难进行操纵。

16.3　业绩评价的细节

对公司来说，仅仅确定拟使用的业绩指标还不够。公司必须确定如何计算指标。

决策中还需要考虑指标计算的时间范围、关键项目（如投资）的定义和每个业绩指标特定部分的计算。

□ 16.3.1 供选择的时间范围

设计会计基础的业绩指标的关键因素是选择指标的时间范围。ROI，RI，EVA与ROS的计算反映的是单一会计期间，在我们的例子中是一年。管理者可能采取这样的行动——短期内使指标值上涨，但这与公司的长期利益相矛盾。比如，管理者在年度最后3个月内可能缩减研发费用与厂房维修费用来达到目标营业利润水平。正因为如此，许多公司采用多年的ROI，RI，EVA与ROS来衡量子单元的业绩。

评价子单元在多年里的业绩的另一个原因是，当期采取的行动的收益可能在短期指标（如当年的ROI或RI）上无法显现。比如，投资一家新的旅馆在短期内可能对ROI与RI有不利影响，但在长期内对ROI与RI有利。

多年的分析突出了RI指标的另一个优点：投资项目寿命期内所有现金流的净现值等于RI的净现值。① 这一特征意味着：管理者采用净现值法进行决策，并用多年的RI来评价管理者的业绩，可以实现目标一致。

激励管理者从长远角度考虑问题的另一种方法是根据公司股票价格的变化来奖励他们。因为股票价格会将当期决策的预期未来影响包含进去，这样就会扩展管理者选择的时间范围。

□ 16.3.2 供选择的投资的定义

公司对分公司的投资采用不同的定义。在构建会计基础的业绩指标中通常使用的四种定义如下：

1. 总资产——包括全部资产，不考虑资产的持有目的。

2. 在用总资产——企业总资产减去闲置资产和为将来使用而购买的资产。例如，如果图表16—1中新奥尔良旅馆有一部分土地是为将来扩大经营购置的，目前并未使

---

① 很感谢Gabriel Preinreich在1938年提出这一等式。我们以旧金山旅馆为例来说明这一等式。假设对旧金山旅馆投资400 000美元，每年增加营业利润70 000美元：营业现金流每年增加150 000美元减去每年的折旧80 000美元（400 000/5），假定采用直线折旧法，期末无残值。应得收益率为12%，现金流的净现值与剩余收益如下（单位：美元）：

	第0年	第1年	第2年	第3年	第4年	第5年	净现值
(1) 税后现金流	−400 000	150 000	150 000	150 000	150 000	150 000	
(2) 一美元的现值（12%）	1	0.89286	0.79719	0.71178	0.63552	0.56743	
(3) 现值：(1)×(2)	−400 000	133 929	119 578	106 767	95 328	85 114	140 716
(4) 营业利润		70 000	70 000	70 000	70 000	70 000	
(5) 年初资产		400 000	320 000	240 000	160 000	80 000	
(6) 资本成本 (5)×12%		48 000	38 400	28 800	19 200	9 600	
(7) 剩余收益：(4)−(6)		22 000	31 600	41 200	50 800	60 400	
(8) 剩余收益现值 (7)×(2)		19 643	25 191	29 325	32 284	34 273	140 716

用，则该旅馆的在用资产总额将不包括那一块土地的价值。

3. 在用总资产减去流动负债——总资产扣除由短期债权人融资购买的在用资产。这一定义方式的一个负面影响是，它可能促使子单元管理者超量使用短期融资，因为短期债务可以减少投资额数量。

4. 所有者权益——将负债分配给子单元，并从它们的资产总额中减去这些分配的负债。这一方法的一个不足是将旅馆管理者的运营决策与高层管理者的融资决策混在一起。

采用 ROI 或 RI 的公司一般将投资定义为总资产。当高层管理者指导其子单元管理者持有闲置或额外的资产时，采用在用总资产更能说明问题。采用 EVA 的公司将投资定义为在用总资产减去流动负债，它的基本原理是子单元管理者可以经常影响自己的短期融资决策。

□ 16.3.3　供选择的资产衡量

为了设计会计基础的业绩指标体系，我们必须考虑计算投资额时用到的各种资产计量方法。资产计量应该用历史成本还是现行成本？应折旧资产的计算应该是用总账面成本（原始取得成本）还是净账面价值（原始取得成本减去累计折旧）？

现行成本　现行成本（current cost）是指目前重新购置一套与现有资产完全相同的资产所需的费用。如果目前无法购买到完全相同的资产，则是指购置一套能够提供与现有资产完全相同服务的资产所需的费用。当然，在此基础上得到的 ROI 与基于历史成本的 ROI 是不同的。

我们利用 Hospitality Inns 的例子（见图表 16—1）来计算现行成本的 ROI，然后把它和历史成本法下得到的 ROI 进行比较。假设每家旅馆的长期资产如下（金额单位：美元）：

	旧金山	芝加哥	新奥尔良
已使用年限（到 2012 年底）	8	4	2
账面总值	1 400 000	2 100 000	2 730 000
累计折旧	800 000	600 000	390 000
账面净值（到 2012 年底）	600 000	1 500 000	2 340 000
2012 年折旧	100 000	150 000	195 000

Hospitality Inns 预计使用年限为 14 年，设备期末无残值，采用直线法计提折旧。

建筑成本指数表明了 8 年来建筑成本是如何变化的，Hospitality Inns 的建筑成本指数（设 2004 年底为 100）如下：

	2005 年	2006 年	2007 年	2008 年	2009 年	2010 年	2011 年	2012 年
建筑成本指数	110	122	136	144	152	160	174	180

在本章前面部分，我们计算出旧金山旅馆的投资回报率为 24%，芝加哥旅馆为 15%，新奥尔良旅馆为 17%。旧金山旅馆的投资回报率较高的原因之一是，它的固

定资产价值是按 1995 年（8 年前）的建筑价格标准计算的，其他两个旅馆则是按近年较高的建筑价格标准计算的，从而降低了其 ROI。

旅馆	历史成本 ROI	现行成本 ROI
旧金山	24%	10.8%
芝加哥	15%	11.1%
新奥尔良	17%	14.7%

图表 16—2 展示了以现行成本为基础一步步计算 ROI 所需的长期资产和折旧的方法。我们利用这些计算结果，近似估计出为达到各旅馆目前的营业利润水平所需购置资产的成本。（计算剩余利润和 EVA 时也可做相似的调整。）按现行成本调整的结果使旧金山的 ROI 降低了一半多。为了确认现行成本而调整资产，可以排除因建筑价格水平不同而引起的投资基数差异。与历史成本投资回报率相比，现行成本投资回报率可以更好地衡量投资的现时经济回报。如果 Hospitality Inns 现在要进行投资，投资于新奥尔良旅馆所产生的 ROI 最好。

图表 16—2　Hospitality Inns 的 ROI：使用 2012 年末的现行成本估计值计算折旧和长期资产

金额单位：美元

	A	B	C	D	E	F	G	H
1	步骤 1：将使用历史成本计量的账面长期资产转换成 2012 年底的现行成本							
2		按照历史成本计量的账面长期资产	×	(2012 年的建设成本指数	÷	建设期的建设成本指数)	=	按照 2012 年底的现行成本计量的账面长期资产
3	旧金山	1 400 000	×	(180	÷	100)	=	2 520 000
4	芝加哥	2 100 000	×	(180	÷	144)	=	2 625 000
5	新奥尔良	2 730 000	×	(180	÷	160)	=	3 071 250
6	步骤 2：使用 2012 年底现行成本计算长期资产的净额（假定每个旅馆估计的使用期限为 14 年）							
7		2012 年底的现行成本计量的账面长期资产	×	(估计的剩余使用年限	÷	估计的总使用年限)	=	使用 2012 年底现行成本计算的长期资产净额
8	旧金山	2 520 000	×	(6	÷	14)	=	1 080 000
9	芝加哥	2 625 000	×	(10	÷	14)	=	1 875 000
10	新奥尔良	3 071 250	×	(12	÷	14)	=	2 632 500
11	步骤 3：计算 2012 年总资产的现行成本（假定每个旅馆的流动资产已用 2012 年的美元计量）							
12		2012 年底的流动资产（来自图表 16—1）	+	从步骤 2 得到的长期资产	=	2012 年底总资产的现行成本		
13	旧金山	400 000	+	1 080 000	=	1 480 000		
14	芝加哥	500 000	+	1 875 000	=	2 375 000		
15	新奥尔良	660 000	+	2 632 500	=	3 292 500		
16	步骤 4：计算 2012 年折旧费用的现行成本							

17		按照 2012 年底的现行成本计量的账面长期资产（来自步骤 1）	÷	估计的剩余使用年限	=	折旧费用的现行成本		
18	旧金山	2 520 000	÷	14	=	180 000		
19	芝加哥	2 625 000	÷	14	=	187 500		
20	新奥尔良	3 071 250	÷	14	=	219 375		
21	步骤 5：使用现行成本折旧费用计算 2012 的营业利润							
22		历史成本营业利润	−	2012 年折旧费用的现行成本（来自步骤 4）	−	历史成本折旧费用)	=	使用现行成本折旧费用计算的 2012 年的营业利润
23	旧金山	240 000	−	(180 000	−	100 000)	=	160 000
24	芝加哥	300 000	−	(187 500	−	150 000)	=	262 500
25	新奥尔良	510 000	−	(219 375	−	195 000)	=	485 625
26	步骤 6：使用现行成本估计的长期资产和折旧费用计算 ROI							
27		使用现行成本折旧费用计算的 2012 年的营业利润（来自步骤 3）	＋	2012 年底总资产的现行成本（来自步骤 3）	=	使用现行成本估计的 ROI		
28	旧金山	160 000	÷	1 480 000	=	10.8%		
29	芝加哥	262 500	÷	2 375 000	=	11.1%		
30	新奥尔良	4 85 625	÷	3 292 500	=	14.7%		

现行成本法的不足之处在于某些资产的现行成本估计起来难度较大。因为这要求公司不仅要考虑物价水平的上涨，还要在考虑赚取与今天同等利润的成本时纳入技术进步因素。

长期资产 选择账面原值还是账面净值？管理者通常使用资产的历史成本计算 ROI，所以就产生了采用资产原值还是净值的讨论。利用图表 16—1 的数据，分别按原值和净值计算厂房、设备的 ROI 如下（金额单位：美元）：

旅馆	营业利润（来自图表 16—1）(1)	总资产的账面净值（来自图表 16—1）(2)	累计折旧 (3)	总资产账面原值 (4)=(2)+(3)	2012 年使用总资产账面净值计算的 ROI (5)=(1)÷(2)	2012 年使用总资产账面原值计算的 ROI (6)=(1)÷(4)
旧金山	240 000	1 000 000	800 000	1 800 000	24%	13.3%
芝加哥	300 000	2 000 000	600 000	2 600 000	15%	11.5%
新奥尔良	510 000	3 000 000	390 000	3 390 000	17%	15.0%

如果使用原值计算，较早的旧金山旅馆的 ROI（13.3%）要低于较晚的新奥尔良旅馆的 ROI（15%）。赞成使用原值的人认为，使用原值便于不同部门和单元间的比较，例如，使用原值计算，较新的新奥尔良旅馆的房间和设备投资回报率要高于较早建成的旧金山旅馆，很可能这反映了旧金山旅馆盈利能力的下降。相反，如果使用资产账面净值，则会隐藏这一事实，因为投资基数不断减少，造成旧金山旅馆的 ROI 上升——本例中为 24%。这一升高了的比率会使投资者认为旧金山旅馆的盈利能力

并未下降，从而误导投资者。

赞成使用净值的人则认为，使用净值可以避免某些混乱与错误，因为：(1) 与资产负债表上所反映的资产总值一致；(2) 与扣除固定资产折旧的净利润的计算结果一致。有关公司实务的调查表明，在企业内部进行业绩评价时，大多采用固定资产净值而不是原值。

成功之匙

为子单元经理设计会计基础的指标，需要他们就以下三个方面做出决策：(1) 计算指标的时间范围；(2) 关键项目（如投资）的定义；(3) 每个业绩指标特定部分的计算。

16.4 业绩与反馈的目标水平

现在我们已经知道不同类型的指标以及如何进行选择，接下来关注管理者如何制定和衡量业绩的目标水平。

16.4.1 选择业绩的目标水平

基于历史成本的会计指标往往对评价新投资的经济回报有偏差，有时甚至会对企业的扩张产生误导。虽然有这些不足，但历史成本方法还是可以通过调整 ROI 的目标值来评估现在的业绩。回顾 Hospitality Inns 的例子，我们应该认识到各旅馆修建的时间不同，这意味着它们拥有不同的建筑成本指数。高层管理者可以通过适当调整 ROI 的目标值来达到比较业绩的目的，比如把旧金山旅馆的 ROI 定为 26%，芝加哥旅馆为 18%，新奥尔良旅馆为 19%。

公司往往会忽视将实际结果与目标或预算业绩进行比较。为了避免历史成本会计度量的缺陷，公司应该详细讨论预算的目标值，并且为特定的分部、特定的会计系统、特定的业绩评价确定合适的预算。例如，如果高层管理者能够让分部管理者将其注意力都集中于未来预算年度的收益如何能够真正有所增加，那么无论是采用 ROI，RI 或 EVA，还是基于历史成本或现行成本的财务指标，很多有关资产评价与利润衡量的问题都可得到解决。

设立目标的一种流行做法是设定持续改进目标。如果一个公司采用 EVA 作为业绩指标，高层管理者可以根据 EVA 的逐年变化，而不是 EVA 的绝对指标来评价经营状况。根据 EVA 的持续改进评价业绩使 EVA 的最初算法不再那么重要。

在为财务业绩指标建立目标时，公司同时使用平衡计分卡来决定顾客、内部业务流程、学习和成长维度的目标。例如，Hospitality Inns 将就员工培训和员工满意度、预订和入住的顾客服务时间、客房服务的质量、顾客满意度建立每个旅馆必须达到的 ROI 和 EVA 目标。

16.4.2　选择信息反馈的时间

设计会计基础的业绩评价体系的最后一步是确定反馈的时间。信息反馈的时间主要取决于：(1) 该信息对企业成功的重要性；(2) 接受信息的特定管理层；(3) 公司信息技术的复杂程度。例如，旅馆的客房部主任对每天或每周的订房率感兴趣，因为旅店的大部分成本均为固定成本，因此如何达到更高的订房率以及如何采取措施遏制订房率的下降趋势对旅馆的财务业绩尤为重要。如果 Hospitality Inns 对订房和结账都采用电脑处理的话，这些数据是很容易获得的。高层领导者只需要每月综合的订房信息。在某些情况下，由于芝加哥旅馆的资产销售比低，因此他们也可能需要每周的信息。

在平衡计分卡中，反馈时间指标是不同的。例如，每个旅馆的人力资源经理每年对员工满意度进行评价，因为做出评价往往需要很长时间。然而，客房清洁部经理对客房服务质量的评价时间较短，比如一星期，因为短时间内的低水平服务将长期损害旅馆的声誉。另外，管理者能够在短时间内发现和解决清洁问题。

成功之匙

公司应该针对子单元的特征、在用的会计系统和计算中使用的特定业绩指标，确定预算和管理者及员工的反馈时间。

16.5　跨国公司的业绩评价指标

我们的讨论仍关注一个国家中一个公司的不同分公司的业绩评价。接下来讨论当管理者比较跨国公司分公司的业绩时遇到的更多的困难。①

不同国家的经济、法律、政治、社会、文化环境差异显著。例如在新加坡这样的开放经济体设立分公司与在委内瑞拉这样控制价格和受到威胁的封闭经济体中是不同的。

- 某些国家的政府对公司产品限制销售价格并实施控制。例如，亚洲、拉丁美洲和东欧对特定产品征收关税以遏止进口。

- 不同国家原料、熟练劳动力的供给情况，以及材料、劳务成本和基础性设施（动力、运输与通信）也可能千差万别。例如，位于印度尼西亚的公司在运输上的花费占产品成本的 30%，而位于中国的只占 12%。

- 在不同国家运营的分公司记录其业绩所使用的货币不同，于是汇率波动及通货膨胀问题也起着举足轻重的作用。例如巴拉奎、尼日利亚、越南这类快速发展的经济体面临双重通胀，使得这些国家的分公司业绩在使用美元计量时变差了。

因为存在上述差异，为了比较不同国家的业绩指标，进行调整是必需的。

---

① M. Z. Iqbal, *International Accounting-A Global Perspective* (Cincinnati: South-Western College Publishing).

□ 16.5.1 以国外通货来计算国外分公司的 ROI

假设 Hospitality Inns 在墨西哥城投资新建了一家旅馆，投资主要包括建筑以及装修费用。同时假定：

- Hospitality Inns 投资当日 2011 年 12 月 31 日的汇率为：10 比索=1 美元。
- 2012 年，墨西哥比索大幅贬值。2002 年 12 月 31 日汇率为：15 比索=1 美元。
- 2012 年度平均汇率为：[(10+15)÷2] =12.5 比索=1 美元。
- 墨西哥城旅馆投资额（总资产）为 30 000 000 比索。
- 墨西哥城旅馆 2012 年营业利润为 6 000 000 比索。

以历史成本为基础的墨西哥城旅馆的 ROI 是多少？

为了回答这个问题，我们首先要决定：该用比索还是美元来计算 ROI？如果用美元来计算 ROI，该采用什么汇率呢？如何对墨西哥城旅馆（HIMC）的 ROI 与规模大致相当的新奥尔良旅馆（HINO）进行比较？对该问题的回答可能会为制定未来的投资决策提供有用的信息。

$$\text{HIMC 的 ROI(以比索计价)}=\frac{\text{营业利润}}{\text{总资产}}=\frac{6\,000\,000}{30\,000\,000}=20\%$$

HIMO 的 ROI（20%）高于 HINO（17%）。这是否意味着就 ROI 标准而言，HIMC 的业绩优于 HINO 呢？未必。为什么？因为两者经营所处的经济环境大相径庭。

2012 年，比索与美元的比价急速下降。研究显示，比索贬值与墨西哥较高的通货膨胀有关。墨西哥高通胀的后果是 HIMC 对旅馆房间的收费更高，这样会产生较高的营业收入，并导致更高的 ROI，通货膨胀掩盖了真实的经济收益，使得以历史成本计算出来的 ROI 高得不切实际。为什么？因为如果没有通货膨胀，HIMC 的房屋价格以及由此而来的营业收入会低得多。两国通货膨胀率的差异误导了以比索计价的 HIMC 的 RIO 和以美元计价的 HINO 的 RIO 之间的直接比较。

□ 16.5.2 以美元来计算国外分公司的 RIO

为了使以历史成本为基础的 RIO 具有更大的可比性，方法之一是将 HIMC 的业绩换算为以美元计。但是为了使比较富有意义，我们应该采取何种汇率呢？假设 2012 年的营业利润均匀取得。我们使用平均汇率 12.5 比索=1 美元将营业利润由比索换算成美元：6 000 000 比索÷12.5=480 000 美元。用 2012 年更高的比索兑美元汇率而不是用 2011 年 12 月 31 日的汇率去除营业利润的效应是：换算成以美元计时，以比索计的营业利润并未因通货膨胀而有任何增加。

我们应该用什么汇率来换算 HIMC 30 000 000 比索的总资产呢？应该用 2011 年 12 月 31 日资产获得时的汇率，即 3 比索=1 美元。因为 HIMC 的资产账面价值是以 2011 年 12 月 31 日成本入账的，并未因 2012 年墨西哥的通货膨胀而改变。既然资产账面价值并未受到随后的通货膨胀的影响，用此汇率将之换算成美元就无大碍。采用 2011 年 12 月 31 日后的汇率是不合适的，因为这些汇率含有 2012 年的高通胀率。总资产应该换算为 30 000 000 比索÷10=3 000 000 美元。则

$$\text{HIMC 的 ROI}=\text{营业利润}/\text{总资产}=\frac{480\ 000}{3\ 000\ 000}=16\%$$

这些调整使得两家旅馆以历史成本为基础的 RIO 可以进行比较了，因为它们剔除了两国通胀率差异的影响。HIMC 的 RIO（16%）低于 HINO 的 RIO（17%）。

以比索计算剩余收益也遇到了与以比索计算 RIO 同样的问题。相反，以美元计算 HIMC 的剩余收益调整了汇率变动，使得与 Hospitality Inns 其他旅馆的比较更容易。

$$\begin{aligned}\text{HIMC 的剩余收益}&=480\ 000-(12\%\times 3\ 000\ 000)\\&=480\ 000-360\ 000=120\ 000(\text{美元})\end{aligned}$$

这低于 HINO 150 000 美元的剩余收益。在解释 HIMC 和 HINO 的 RIO 与剩余收益时，要注意它们是以历史成本为基础进行计算的。然而，它们的确都属于新型旅馆。

> **成功之匙**
>
> 为比较不同国家的子单元的经理业绩，高层管理者必须将经营条件的差异考虑在内，并对通胀率和货币兑换率的变化进行调整。

16.6　管理者与组织单元的业绩评价的区别①

我们仍然关注公司如何进行子单元（比如分公司）的业绩评价。然而，子单元经理的业绩评价与子单元的业绩评价是一致的吗？如果子单元的业绩良好，是否意味着经理的业绩良好呢？本节中，我们讨论公司应将管理者的业绩评价与其所在子单元的业绩评价区别开来。企业通常任命最能干的管理者负责实力最弱的部门，以期改变其境况。这种努力可能要花上几年才可见到成效。此外，管理者的努力也只能做到把部门的 RIO 提升到可被接受的最低水平。与其他部门相比，该部门的利润水平仍然较低。但是，若由部门的较差业绩推断出该部门管理者表现不佳，显然是错误的。因为分公司的业绩可能受到经济形势的不利影响，而这些是管理者所不能控制的。

考虑 Hospitality Inns 的墨西哥城旅馆（HIMC）。假设虽然墨西哥发生了很严重的通货膨胀，但由于政府的价格管制，墨西哥城旅馆并不能提高房价。由于比索的减值以美元计算，墨西哥城旅馆的业绩将很差，那么，高层管理者能否就此得出结论：墨西哥城旅馆的管理者业绩差呢？可能不能，为什么呢？因为墨西哥城旅馆差的业绩差可能主要是法律因素导致的，这是管理者所不能控制的。

接下来，我们将说明评估独立子单元的经理业绩的基本原则，这些原则适用于组织的各个层级。后面几个小节将在个体工作者层面与最高管理者层面上就具体的例子进行讨论。我们将以 RI 作为业绩评价指标来说明这些原则。

---

① 此节（部分）摘自 S. Huddart，N. Melumad，and Reichilstein 准备的教学笔记。

□ 16.6.1 基本平衡：激励创造与风险控制

公司对管理者和员工的业绩评价如何影响他们的薪酬？薪酬的含义非常宽泛，从没有直接基于业绩激励（或奖金）的固定工资（如某些政府官员所处的情形），到完全基于业绩的报酬（如房地产经纪人所处的情形）。大多数管理者的薪酬是工资以及与业绩挂钩的奖金的某种结合。所以在设计管理者的薪酬时，我们需要考虑如何在激励创造与风险控制之间实现平衡。我们以 Hospitality Inns 为例来阐明这种平衡。

Indra Chungi 拥有 Hospitality Inns 连锁店。Roger Brett 掌管 Hospitality Inns 的旧金山旅馆（HISF）。假定 Chungi 用 RI 来度量业绩。为了改进 RI，Chungi 希望 Brett 提高销售额、控制成本、提供及时而周到的服务、减少营运资金。但是，即使 Brett 完成了所有这些工作，也不能保证取得满意的结果。HISF 的 RI 受到许多因素的影响，有些超出了 Chungi 和 Brett 的控制范围，例如，旧金山经济衰退，或者最近发生了可能会对 HISF 带来不利影响的地震等。另一方面，某些不可控因素也可能会对旅馆的剩余收益产生有利的影响，如竞争对手附近的道路在修。不可控因素使旧金山旅馆的利润具有不确定性，并存在风险。

作为一位企业家，Chungi 并不担心承担风险，但 Brett 不愿承担风险。确保 Brett 规避风险的方法之一是向他支付固定工资，而不论取得什么样的剩余收益。所有风险都由 Chungi 承担。然而，还存在一个问题：Brett 付出的努力难以监控，并且这种不以业绩为基础的薪酬不能激励 Brett 更加努力地工作，除了保住自己的工作或提高个人价值之外，Brett 不愿付出额外的脑力和体力劳动。

道德风险（moral hazard）① 描述了这样一种情形：与所有者期望的努力程度（或准确信息）相比，员工愿意付出的努力要少得多（或者报告不真实信息），因为员工的努力程度（或信息的有效性）无法得到精确的监控和加强。在某些重复性工作（如电子装配工作）中，主管可以监控工人的行动，道德风险问题就不会发生。然而，管理者的工作常常是收集信息，并在获得信息的基础上做出判断，所以监控管理者的工作就越发困难。

对 Brett 不支付工资，仅仅在某些业绩评价指标（例如 RI）的基础上付给薪酬，也会产生另外一些担忧。现在 Brett 受到激励，努力增加 RI，因为他的薪酬将会随 RI 的增长而增长。但是基于 RI 给 Brett 支付薪酬也会使他去冒险。因为 HISF 的 RI 并不仅仅取决于 Brett 的努力，同时也取决于诸如本地经济状况等 Brett 无力控制的因素。

Brett 不愿承担风险，因此，Chungi 必须支付 Brett 额外的补偿。这样，平均而言，采用以业绩为基础的激励方式，比支付 Brett 固定工资花费的钱更多。为什么要说“平均而言”呢？因为 Chungi 支付给 Brett 的薪酬会随 RI 结果的变动而变动。对这些结果进行平均处理后，与支付给 Brett 的固定工资相比，以业绩为基础的薪酬会花费 Chungi 更多的钱。在薪酬方案中设计一定的工资和基于业绩的奖金的动机，是为了平衡激励带来的利益与将不可控风险带给管理者的额外成本。

---

① “道德风险”一词源于描述如下情形的保险合同：保险的覆盖范围使得投保人并不像没有投保时那样爱惜自己的财产。保险合同中针对道德风险采取的办法是规定免赔额（即对损失低于某一特定数额不负赔偿责任）。

□ 16.6.2　激励强度与财务和非财务指标

哪些因素会影响激励强度呢？也就是说，对管理者报酬的激励应在多大程度上与工资挂钩？为了回答这一问题，我们需要理解管理者采取达到所有者目标的行为在多大程度上影响业绩指标。

良好的业绩评价指标随管理者业绩的变化而显著变化，但与超出管理者控制范围的因素的变化关系不大。良好的业绩评价指标能够激励管理者，但是限制了管理者承受不可控风险的程度，从而减少了为使管理者接受激励机制而付出的激励成本。较差的业绩评价指标不受管理者业绩的影响，不能促使管理者去改善业绩。当所有者有更多的良好指标时，他们就能够更加依赖激励管理者的报酬系统。

工资在缺乏良好的业绩评价指标的情况下起着主导作用，如某些公司员工或政府官员所处的情形。然而这并不是说完全没有激励因素；晋升与加薪的确依赖于某些综合的业绩评价指标，但激励作用并不直接。当具有较好的度量指标，并且监控员工工作难度很大时，如在房地产机构中，报酬中的激励因素很多。

Chungi 采用平衡计分卡的多个维度来评价 Brett，因为平衡计分卡中的非财务指标——顾客满意度和入住花费的时间、清洁房间、客房服务——与 Brett 的行为更相关。比如 RI 这样的财务指标，由于受到 Brett 不可控的外部地方经济状况的影响而与 Brett 的行为不相关。剩余收益对度量旅馆的经济变动状况而言可能是一个非常优良的指标，但它只能片面地反映 Brett 的工作业绩。

采用平衡计分卡中的非财务指标的另一个原因是，这些指标遵循了 Hospitality Inns 的战略，而且是未来业绩的驱动因素。采用这些非财务指标评价管理者能够激励他们采取保持长期业绩的行动。因此，利用平衡计分卡的四个维度进行业绩评价可以同时促进短期行为和长期行为。

□ 16.6.3　基准与相对业绩评价

所有者经常采用基准来评价业绩。代表最佳实践的基准可从整个组织内部或者外部获得。在 Hospitality Inns 的例子中，基准可以是另一家相似的旅馆，Hospitality Inns 内部的或外部的都可以。假设 Brett 对收入、成本和投资负有责任。评估 Brett 的业绩时，Chungi 可能想用一家规模相似的旅馆作为基准，这家旅馆也受与影响 HISF 相同的不可控因素（例如，地区、人口趋势和经济形势）的影响。如果这些因素都相同，那么两家旅馆的业绩差异仅仅是因为两位管理者的业绩差异所致。基准方法也称相对业绩评价，“过滤掉”了那些具有共性的不可控因素的影响。

两位负责管理同一企业内部相似业务的管理者的业绩是否可以成为相互的基准呢？答案是肯定的，但问题是，这些基准的使用可能会不利于激励这些管理者互相帮助。也就是说，某管理者更努力地工作或其他管理者表现欠佳，都会使该管理者的业绩评价指标表现优异。当管理者不通力协作时，公司就会受损。从这个角度来说，采用内部基准评价业绩可能导致目标冲突（参见下面的“实例”专栏：史泰博避免业绩评价隐患）。

实 例 **史泰博避免业绩评价隐患**

为了有效评价公司业绩，组织不应依据等级边界和关系来构建业绩矩阵。对组织而言，尽管基于其部门表现对管理者进行评价是很自然的，但评价的局限性容易导致次优化和公司的内部矛盾。为改善公司业绩，组织需要理解和评价成功和盈利的关键驱动因素。

对于价值250亿美元的办公品供应零售商史泰博（Staples）而言，业绩评价的关键是顾客满意度。史泰博高满意度的顾客比其他顾客会带来更多盈利，并且他们更可能向其他潜在客户推荐公司。以前，史泰博的领导者关注部门或职能的费用指标（比如仓库的营业费用占销售额的比例）。因此，很多管理者都是有经验的成本经理，但是这创造的是一个很多人能够“成功地”达到目标但史泰博仅仅得到部分成功的环境。

为解决这个业绩评价问题，史泰博激励管理者为顾客提供优质服务，尽管这意味着超越他们的预算目标。公司能够证明服务投资是如何转化为高毛利产品销售额的快速增长的。因此，公司奖励了那些虽然在其部门的费用指标上“失败了”，但因份额指标而带来更多利润的管理者。这样做的效果十分显著：史泰博的销售额在最近5年里提高了29%，或56亿美元。

资料来源：Based on Michael Hammer, “The Seven Deadly Sins of Performance Measurement and How To Avoid Them.” *MIT Sloan Management Review* 48 (Spring 2007): 19-28; Staples, Inc. 2011 Annual Report. Framingham, Massachusetts: Staples, Inc., 2012.

□ 16.6.4 个人作业层面上的业绩评价

在个人作业层面上评价业绩时会有两个问题：（1）为多重任务的作业设计业绩指标；（2）为团队作业设计业绩指标。

执行多重任务 作为工作的一部分，大多数雇员不只是执行一项任务。营销代表不仅销售产品，还为客户提供支持，并收集市场信息。生产工人同时负责产品的质量和数量。雇主希望雇员在自己工作的各项任务或各个方面之间合理分配时间和精力。

例如，考虑汽车修理厂的技工。他们的工作至少涉及两个方面：（1）修理工作——修理的汽车越多，工厂的收入就越高；（2）顾客满意度——工作质量越高，顾客可能就越满意。如果雇主希望雇员同时关注这两个方面，就必须对这两方面的业绩进行有效的度量并提供相应的薪酬。

假设雇主容易度量汽车修理的数量，较难度量质量。如果雇主实行计件工资制，仅仅基于实际修理的数量给工人支付报酬，则工人可能以牺牲质量来提高修理数量。Sears Auto Center 就曾遇到这个问题，当时他们为技工引入了计件工资率。Sears 管理层采取以下三步来激励技工平衡数量和质量：（1）管理层放弃了计件工资制，改为不强调修理数量的计时工资制。技工的晋升和加薪取决于管理层兼顾修理数量和质量时对每一位技工综合业绩的评价。（2）Sears 管理层开始利用诸如顾客满意度调查、不满顾客数量或顾客投诉数量等数据，来评估雇员。（3）Sears 管理层也雇用独立机工对修理质量进行随机检查。

以团队为基础的报酬设计 许多生产、营销、设计问题都需要员工多方面的技能、经验和判断并发挥他们的才智加以解决。在这种情况下，员工团队的效果要优于单个人独自工作。① 公司在团队业绩的基础上对个人进行奖励。这样基于团队的激励可以鼓励员工为实现共同目标互相帮助。

不同的公司对团队的激励方式不同。Colgate Palmolive 根据每个团队的业绩进行奖励。Norartis 根据整个公司的业绩来奖励团队——只有公司达到了特定目标，才会给团队一定数量的红利。为了鼓励团队技能的发展，Tennessee Eastman 的技能激励计划根据团队技能列表（如交流与互相帮助的意愿）来奖励团队成员。以团队为基础的补偿是否受人青睐在很大程度上取决于企业的文化和管理风格。例如，对团队激励报酬的批评之一是阻碍对个人表现的激励，损害了整体业绩。另一个问题是如何管理那些对团队成功没有贡献但也分享了团队奖金的团队成员。

□ 16.6.5　高级经理的业绩评价与薪酬

前述业绩评价原则同样适用于高级经理薪酬计划。这些薪酬计划同时以财务和非财务度量指标为基础，由以下几部分组成：（1）基本工资；（2）年度激励，如基于实现年度剩余收益的现金红利；（3）长期激励，如股票期权（将在后续章节中论及）；（4）额外福利，如人寿保险、看得见风景的办公室或者私人秘书。

设计优良的计划采用的是一种报酬混合制，谨慎地兼顾风险（不可控因素对业绩评价以及报酬的影响）以及短期和长期激励。例如，根据年度 EVA 来评价业绩，将会激化高级经理对短期收益的重视。采用 EVA 和 5 年期的股票期权计划，将激励高级经理采取长期视野。

股票期权赋予高级经理在一定期限内以特定价格（也称交割价格）购买公司股票的权利。假设 2012 年 9 月 16 日，Hospitality Inns 公司给予其 CEO 在 2020 年 6 月 30 日之前任何时刻按照每股 49 美元（2012 年 9 月 16 日市价）的价格购买 20 万股公司股票的权利。如果 2018 年 3 月 24 日 Hospitality Inns 股票的价格升至每股 69 美元，CEO 行使了全部 20 万股的期权，每股可赚 20 美元（69－49），即他会赚得 400 万美元。如果整个期间 Hospitality Inns 股票价格都低于 49 美元，CEO 将可能放弃他购买股票的权利。这样，将 CEO 的报酬与股价的增长联系起来，股票期权计划就有助于 CEO 改进公司的长期业绩以提高公司股票价格（参见下面的“实例”专栏：政府收购、利润记录和华尔街薪酬困境）。②

实　例　　**政府收购、利润记录和华尔街薪酬困境**

在 2008 年被政府收购之后，华尔街的公司仍在 2009—2011 年向其员工支付了十几亿美元的奖金。因此，基于华尔街在金融危机中的导火索角色，公众十分愤怒。在 2008 年损失了 428 亿美元后，华尔街的公司在 2009—2011 年记录了 1 025 亿美元的利润。这一结

---

① *Teams That Click: The Results-Driven Manager Series* (Boston: Harvard Business School Press, 2004).

② 尽管股票期权可以通过将 CEO 的报酬与股价上涨联系来加强激励，但也因促使 CEO 不恰当地或违法提高股权价值的行为而受到指责。参见 J. Fox, “Sleazy CEOs Have Even More Options Tricks,” www.money.cnn.com/2006/11/13/magazines/fortune/options_scandals.fortune/index.htm (accessed August 12, 2012)。

果对投行管理者和华盛顿的政策制定者提出了质疑："在接受了2008年的公开支持后，银行家的薪酬应该如何发放?"

华尔街的高薪人员通常是投资银行家或雇用他们的公司高层。华尔街的公司习惯于以投资银行家所在部门的总利润的固定份额向他们支付薪酬。这种模式持续了很多年，很多人认为就是这种模式导致银行家承担了过多的风险，最终导致美国的财务系统濒临崩溃。

近年来，华尔街的公司改变了奖金发放办法来抚慰公众。公司的奖金池，或分配给奖金的收入份额降低了，并且公司引入了更多长期的奖金计划。例如在Goldman Sachs，高层管理者在2009年未收到现金奖励，而是得到了必须持有5年的公司股份。然而2010年，Goldman Sachs的合伙人将其工资提高了3倍，并得到153亿美元的奖金。

随着公众的持续监督和"占领华尔街"运动的出现，有关投资银行家薪酬的争论仍将是未来几年大企业、普通民众和华盛顿的热点话题。

资料来源：Based on Michael Corkery, "Goldman bows to pressure, makes changes to compensation." *Wall Street Journal* "Deal Journal" blog, December 10, 2009; Douglas J. Elliott, "Wall Street Pay: A Primer." Washington, DC: The Bookings Institution 2010; Matt Phillips, "Goldman: Employees don't mind record low pay ratios." *Wall Street Journal* "MarketBeat" blog, February 3, 2010; Adam Shell, "Despite recession, average Wall Street bonus leaps 25%" USA, February 24, 2010; *Wall Street Journal*; Sam Gustin, "Average Wall Street Bonus Dips to $120k After Bad 2011." USA, March 1, 2012, *Time*; Liz Rappaport, "Goldman Boosts Pay of Partners." USA, January 29, 2011, *Wall Street Journal*; Jill Treanor, "Goldman Sachs bankers to receive $15.3bn in pay and bonuses." UK, January 19, 2011, *The Guardian*.

美国证券交易委员会（SEC）颁布新准则，要求对高级经理的报酬计划给予更详细的披露。2011年，为了遵循这些准则，例如喜达屋酒店及度假村集团（Starwood Hotels and Resorts）披露了一张薪酬表，显示了公司5位高级人员在2008年、2009年和2010年度得到的工资、奖金、股票期权、其他股票收益以及其他报酬。包括喜来登酒店、威斯汀酒店和W酒店这些品牌的喜达屋同时披露了其确定管理者薪酬和进行业绩比较所使用的同行公司。这些公司包括旅馆和连锁行业的公司（比如Host、万豪酒店集团（Marriott）和温德姆酒店集团（Wyndham）），也包括在其他相关行业中有着相似收入的公司（比如高露洁、耐克和星巴克）。投资者利用这些信息来评价薪酬与业绩之间的关系，与一般公司、相同规模的公司、同行业的公司进行比较。

SEC准则还要求公司公布其高级经理薪酬计划背后的基本原则和用以确定薪酬的业绩标准，比如盈利率、销售增长率以及市场份额等。在年度报告中，喜达屋将这些原则表述为：增强公司的竞争地位，提供激励和保留员工的平衡方法，以及使高级经理的利益与股东利益一致。喜达屋使用每股收益和EBITDA作为业绩标准，为所有管理者制定年度激励方案。另外，每个管理者都有财务和非财务业绩指标的个人计分卡。公司董事会确定公司的总体战略方向。于是董事会为经理建立个人目标和战略目标以支持公司的总体目标，这些目标同时也处于经理的控制范围。

成功之匙

公司应该权衡激励管理者达到组织目标的好处与管理者面临风险的额外成本，来对管理者制定薪酬计划。这激发了与管理者行动相关的业绩矩阵的使用，而不受到超越管理者控制的因素影响，也不会导致管理者过度强调其任务。

16.7　战略和控制杠杆①

本章强调了公司在实施战略中使用的数量型财务指标与非财务业绩评价指标的角色。这些指标，比如 ROI，RI，EVA，顾客满意度和员工满意度，以及监控关键的业绩变量，可以帮助管理者追踪进展以达到公司战略目标。因为这些指标帮助诊断公司表现是否与预期一致，它们被叫做**诊断控制制度**（diagnostic control systems）。公司通过使管理者对目标负责以及对达到目标的管理者给予奖励，来激励管理者。然而，关键是由于业绩压力的存在，可能会导致管理者走捷径，对数字进行错误报告以使他们的表现比本来的要好，就像安然、世通、Tyco 和 Health South 等公司那样。为避免不道德的行为和贿赂行为，公司需要权衡由诊断控制制度——四个控制杠杆之一导致的业绩压力，另外三个杠杆是边界制度、信念制度和交互控制制度。

16.7.1　边界制度

边界制度（boundary systems）描述的是对所有员工的期望行为标准和控制准则，尤其是禁止的行为。对于管理者来说，行为符合伦理是首要的。特别地，子单元管理者报告的数字不应该源于"做假账"，例如，高估资产、低估负债、编造利润和低估成本。

商业准则引导恰当的个人行为。下面是 Caterpillar 的《全球范围的控制准则》的节选：

> 当我们在适当的法律和规则框架下控制经济业务时，仅仅符合法律是不够的。我们还追求……我们不能从事那些导致或者将要导致个人利益与公司利益相冲突的行为。②

分公司管理者通常会使用来自高层管理者"符合预算"的压力作为不遵守法律或道德的会计政策和程序的借口。大部分激励压力都是合理的，只要高层的言论与控制准则都要求所有管理者采取正当行为。管理者应该对员工进行道德方面的培训。无论不道德行为会为公司带来多大收益，他们都应该受到严厉谴责。诸如 Lockheed-Martin 等公司，经常对员工不符合商业道德准则的行为进行评价来强调符合道德的行为。

很多组织还制定了明确的边界来制止损害环境的行为。诸如水污染和空气污染等环境违法行为在美国和其他国家的法律下会受到高额处罚，甚至坐牢。在很多国家，环境责任超越了法律要求。

承担社会责任的公司会制定积极的环境目标和指标，并且报告这些业绩。德国、瑞士、荷兰和斯堪的纳维亚地区的公司将环境业绩报告作为一系列社会责任（比如员工福利和社区发展活动）的一部分披露。例如，杜邦将环境业绩作为所有员工工资评价报告的一个项目。Duke Power 公司对减少固体垃圾、减少排放和废弃物、实施环境计划的员工进行奖励。结果使 Duke Power 达到了所有的环境目标。

---

① 更多的讨论参见 R. Simons，*Levers of Control*：*How Managers Use Innovative Control Systems to Drive Strategic Renewal*（Boston：Harvard Business School Press，1995）。

② 资料来源：Based on LACP 2010 Vision Awards Annual Reports Competition.

16.7.2 信念制度

信念制度（belief systems）清楚地表达了公司的使命、目的和核心价值。当管理者与员工、股东、顾客和社区交流时，他们描述了期望所有管理者和员工接受的行为规范和形式。例如，强生公司在其信条中描述了自己的价值和规范，以激励所有管理者和员工。① 信念制度对员工起到内在激励作用使他们不考虑奖金和晋升等外部奖励而通过优异表现获得自我满足。内部激励来自强烈的责任感、有趣和创新性的工作、工作时的自豪感、对组织的承诺，以及与同事之间的个人联系。高度的内部激励会提升业绩，因为管理者和员工在完成重要任务、对工作感到满意以及预见到个人成长机会时都很有成就感。

16.7.3 交互控制制度

交互控制制度（interactive control systems）是正式的信息制度，管理者一般用它来吸引公司关注和研究关键的战略问题。管理者使用交互控制制度来就关键问题进行持续的交流，以及参与下级的决策制定活动。过多关注诊断控制制度和关键业绩变量会导致组织忽视将要出现的影响企业业务的威胁和机会——技术变化、顾客偏好、规则和行业竞争。交互控制制度通过强调和追踪公司面临的战略不确定性来解决问题，例如柯达和 Fujifilm 面对的数字影像技术，美国航空公司打破常规的航线，IBM 顾客偏爱的迷你型电脑和微电脑。控制杠杆的关键是针对这种重要的不确定性进行经常性的面对面交流，从而对假设和行动计划开展讨论和争论。新的战略从交互的对话和争论中产生。交互控制制度迫使忙碌的管理者从目前的管理活动中摆脱出来，将注意力转向针对未来的机会和威胁为组织定位。

为达到关键业绩指标而评价和奖励管理者是公司业绩的重要驱动因素，但是公司必须平衡诊断控制制度与其他控制杠杆——边界制度、信念制度和交互控制制度，来保证在追求业绩的同时，没有以丧失正确的商业伦理、灵感的价值、对未来威胁和机会的关注为代价。

成功之匙

为防止不道德和不诚实的行为，公司必须对诊断控制制度导致的对业绩的追求与另外三个控制杠杆——边界制度（行为标准和控制准则）、信念制度（使命和核心价值）、交互控制制度（进行讨论和争论）——进行权衡。

学习自测

Home Run Sports 的棒球部门生产与销售棒球，2013 年 2 月的预算数据如下：

流动资产	400 000 美元
长期资产	600 000 美元

① 信条全文可以通过 www.jnj.com/connect/about-jnj/jnj-credo/获取。

总资产	1 000 000 美元
生产产出	200 000 个/月
目标 ROI（营业利润/总资产）	30%
固定成本	400 000 美元/月
变动成本	4 美元/个

要求：

1. 计算为达到 30%的目标 ROI 所需的最小单位售价。

2. 用要求 1 中的售价及杜邦分析法，把目标 ROI 划分为两部分。

3. 试用要求 1 中的售价计算棒球部门 2013 年 2 月的剩余收益。Home Run Sports 在计算部门剩余收益时采用的是部门总资产 12%的必要报酬率。

4. 部门经理 Amanda Kelly 除工资之外，还可获得月度剩余收益 3%的红利。计算她的红利。你认为为什么应该给予 Kelly 工资和基于业绩的红利？Kelly 不喜欢承担风险。

解答

1. 目标营业利润＝30%×1 000 000＝300 000（美元）

设 P 为售价，则

销售额－变动成本－固定成本＝营业利润

$200\,000P-(200\,000\times 4)-400\,000=300\,000$

$200\,000P=300\,000+800\,000+400\,000$

$P=7.50$

验证：

销售额 200 000×7.50	1 500 000
变动成本 200 000×4	800 000
贡献毛益	700 000
固定成本	400 000
营业利润	300 000

2. 杜邦分析法将投资回报率分为两部分：销售利润率（利润/收入）与投资周转率（收入/投资额）。

$(利润/收入)\times(收入/投资)=利润/投资$

$(300\,000/1\,500\,000)\times(1\,500\,000/1\,000\,000)$

$=300\,000/1\,000\,000$

$0.2\times 1.5=0.30$ 或 30%

3. 剩余收益＝营业利润－投资必要报酬

＝300 000－(0.12×1 000 000)

＝300 000－120 000

＝180 000（美元）

4. 该部门经理的奖金为＝180 000×0.03＝5 400（美元）

有许多 Kelly 不可控的因素（如宏观经济形势）影响棒球部门的 RI。这些不可控因素使棒球部门的盈利性不确定且风险高。因为 Kelly 不喜欢承担风险，所以不考虑剩余收益而给她支付稳定的工资。但是这样的薪酬设计会有道德风险问题，因为 Kelly 的努力很难得到监督。如果没有基于业绩制定的薪酬计划，Kelly 不会格外努力地工作，只要保住工作或维持自己的价值就可以了。

不支付工资而只根据剩余收益来奖励 Kelly，会使她有动机努力工作，但也会使她去冒险，因为影响剩余收益从而影响她薪酬的很多因素是无法控制的。只是基于业绩的报酬设计会使 Home Run Sports 增加成本，因为他要补偿 Kelly 承担的不可控风险。包含了工资与基于剩余收益的业绩红利的薪酬设计是合理的，它平衡了承担不可控风险的收益与成本。

决策要点

下面是对本章学习目标的总结，决策问题代表与学习目标相关的关键问题，指南则是对该问题的回答。

决策问题	指南
1. 公司在平衡计分卡中采用的财务指标与非财务指标是什么？	诸如投资回报率、剩余收益等财务指标可以反映出管理者和组织子单元的经营业绩的重要方面，但在很多情况下，我们需要用顾客维度、内部业务流程维度、学习和成长维度中的顾客满意度、次品数和生产率等非财务指标来对财务指标做补充。

2. 作为子单元管理者业绩评价的投资回报率（ROI）、剩余收益（RI）和经济增加值（EVA）的相对好处是什么？	投资回报率有两个部分：收益除以收入（销售回报率）和收入除以投资（投资流转率）。管理者可以通过提高收入、降低成本和减少投资来提高 ROI。然而，ROI 可能导致高盈利部门的管理者拒绝符合公司利益的项目，因为接受此项目会降低部门的 ROI。 剩余收益是收入减去投资的必要回报额。RI 比 ROI 更容易促进目标一致。通过 RI 评价，管理者也与选择长期项目使用的折现现金流一致。 经济增加值是 RI 计算值的变形。EVA 等于税后营业利润减去加权平均资本成本（税后）之差与总资产减去流动负债之差的乘积。
3. 在什么框架下公司应该评价业绩，在计算每个业绩指标中各部分时应该怎样选择？	多年维度会促使管理者考虑他们行为的长期影响，以及阻止对短期利润的短视。当构建会计基础业绩指标时，公司必须首先确定投资的定义。他们也必须选择在进行投资计算时衡量资产使用历史成本还是现行成本，在计算减值资产时选择账面总值还是账面净值。
4. 公司应该使用什么目标，应该在何时对管理者相对于目标的业绩进行反馈？	公司应该详细讨论预算的目标值，并且为特定的子单元、特定的会计系统、特定的业绩评价设置合适的预算。一般地，公司可以通过强调预算和目标以持续改进来克服业绩评价中资产估值和收入度量方面的问题。即时反馈对于使管理者实施纠正偏离目标业绩的行动很重要。
5. 公司如何比较在不同国家运营的分公司的业绩？	由于不同国家法律、政治、社会、经济背景及货币的差异，对不同国家的分公司进行比较是有困难的。应根据各个国家通货膨胀状况以及汇率的不同来调整 ROI 的计算。
6. 为什么要将工资与激励相结合来向管理者支付薪酬？	公司根据管理者的业绩支付薪酬来对他们进行激励，但由于管理者的工作业绩可能会受到其控制范围以外的因素的影响，因此他们要承担一定的风险。公司的所有者选择工资与激励相结合的薪酬设计来平衡激励与风险控制的收益与成本。
7. 控制的四个杠杆是什么？为什么公司需要实施它们？	控制的四个杠杆是诊断控制制度、边界制度、信念制度和交互控制制度。实施控制的四个杠杆可帮助公司追求业绩，合理经营，激励员工，并对战略威胁和机会做出反应。

重要术语

belief systems　信念制度

boundary systems　边界制度

current cost　现行成本

diagnostic control systems　诊断控制制度

economic value added（EVA）　经济增加值

imputed cost　估算成本

interactive control systems　交互控制制度

investment　投资

moral hazard　道德风险

residual income（RI）　剩余收益

return on investment（ROI）　投资回报率

作　业

简答题

16—1　确定会计业绩评价指标的三个步骤是什么？

16—2　在杜邦分析体系中，影响 ROI 的因素是哪几个？

16—3　“虽然 ROI 与 RI 在计算时都使用了投资额和投资利润这两个数据，但它们是不同的指标”。你同意这种说法吗？请给出解释。

16—4　阐述经济增加值。

16—5　在评价跨国公司业绩时，有哪些特殊问题？

16—6　为什么区分管理人员的工作业绩与其所管理的部门（单元）的业绩很重要？请举例说明。

16—7　“管理人员应根据其工作业绩获得报酬，他们不应领取工资”。你同意这种说法吗？请给出解释。

16—8　说明基准在评价管理人员业绩时的作用。

16—9　说明公司员工工作中的多重任务所产生的激励问题。

16—10　描述控制的四个杠杆。

练习题

16—11　（投资回报率，三个公司的比较）投资回报率一般表示如下：

$$\frac{\text{利润}}{\text{投资额}}=\frac{\text{收入}}{\text{投资额}}\times\frac{\text{利润}}{\text{收入}}$$

要求：

1. 说明将投资回报率的计算分为两部分有什么好处。

2. 完成下面的表：

	同一行业的不同公司		
	A	B	C
收入（美元）	500 000	200 000	?
利润（美元）	150 000	60 000	?
投资（美元）	250 000	?	1 000 000
销售利润率	?	?	3%
投资周转次数	?	?	2.0
ROI	?	6%	?

完成之后，就上述数据评价三个公司的业绩。

16—12　（投资收益分析，两个分公司的比较，杜邦分析法）Beyond Learning 公司下设两个分公司：Test Preparation 和 Language Arts。近三年各分公司的经营业绩如下（单位：百万美元）：

	A	B	C	D	E	F	G
1		营业利润	营业收入	总资产	营业利润/营业收入	营业收入/总资产	营业利润/总资产
2	Test Preparation 分公司						
3	2011 年	660	7 500	1 875	?	?	?
4	2012 年	780	?	?	8.0%	?	41.6%
5	2013 年	1 160	?	?	12.5%	4	?
6	Language Arts 分公司						
7	2011 年	620	2 480	1 550	?	?	?
8	2012 年	?	3 500	2 500	21%	?	?
9	2013 年	?	?	2 500	?	2	23%
10	Beyond Learning 公司						
11	2011 年	1 280	9 980	3 425	?	?	?
12	2012 年	?	?	?	?	?	?
13	2013 年	?	?	?	?	?	?

要求：

1. 完成上面的表。

2. 使用杜邦分析法解释各分公司与总公司 2011—2013 年的营业利润与总资产比率的变化，并做简要评述。

16—13　（ROI 与 RI）New Athletics 公司生产一系列户外运动装备。它最新成立的分公司 Golf Technology 制造和销售单一产品——AccuDrive，这是一家高尔夫俱乐部用全球定位卫星技术来提高高尔夫球手击球准确性的产品。AccuDrive 的需求对价格变化不敏感。下面是关于 New Athletics 的一个投资中心 Golf Technology 的数据：

年固定成本	28 000 000 美元
每个 AccuDrive 的变动成本	350 美元
AccuDrive 平均年销售量	160 000 美元
该分公司平均年营运资产	44 000 000 美元

要求：回答下列问题：

1. 如果 AccuDrive 的销售价格为 570 美元/个，Golf Technology 的 ROI 是多少？

2. 如果管理层要求分公司的 ROI 至少为 30%，Golf Technology 分公司应该为 AccuDrive 制定的最低销售价格是多少？

3. 假定 New Athletics 基于 RI 而不是 ROI 来评价投资中心的业绩。如果公司的必要回报率为 22%，Golf Technology 分公司应该为 AccuDrive 制定的最低销售价格是多少？

16—14 （衡量业绩的财务指标和非财务指标及目标一致）Precision 设备公司专营医疗设备，该行业的竞争非常激烈。两年前，公司总裁 Pedro Mendez 决定修订原有的薪酬计划（过去，公司根据各分公司的营业利润来发放管理者的奖金）。现在，公司希望新的计划能促使管理者更关注顾客重视的领域，以便在不增加成本的情况下增加经济增加值。除此以外，新的计划还希望能激励管理者降低返工成本、减少退货并促进即时送货。具体而言，奖金每半年支付一次，基本奖金为利润的 2%，然后根据下列数据进行调整：

a. （i）如果返工成本高于营业利润的 2%，超过部分将从管理者的奖金中扣除；

（ii）如果返工成本低于或等于营业利润的 2%，奖金不做调整。

b. （i）如果 98%的产品实现即时送货，奖金增加 4 000 美元，如果 96%～98%的产品实现即时送货，奖金增加 1 500 美元；

（ii）如果即时送货的产品比例低于 96%，奖金不变。

c. （i）如果退货低于或等于销售额的 1.5%，奖金增加 2 500 美元；

（ii）如果退货高于销售额的 1.5%，奖金扣掉 50%。

注意：如果根据上述方法计算得出的奖金数为负，则不予支付，也不递延至以后年度。

2013 年是 Precision 公司实行新的报酬计划的第一年，该公司的两个分公司 Central 和 Western 的经营状况如下表所示（金额单位：美元）。2012 年，在原有的报酬计划下，这两个经理分别得到奖金 20 295 美元和 15 830 美元。

	Central 分公司		Western 分公司	
	2013 年 1 月 1 日至 2013 年 6 月 30 日	2013 年 7 月 1 日至 2013 年 12 月 31 日	2013 年 1 月 1 日至 2013 年 6 月 30 日	2013 年 7 月 1 日至 2013 年 12 月 31 日
销售额	3 150 000	3 300 000	2 137 500	2 175 000
营业利润	346 500	330 000	256 500	304 500
即时送货	95.4%	97.3%	98.2%	94.6%
返工成本	8 625	8 250	4 500	6 000
退货	63 000	52 500	33 560	31 875

要求：回答下列问题：

1. Mendez 为什么引入新的薪酬计划？也就是说，Mendez 为什么要除利润外还采用这些业绩指标？

2. 2013 年两个分公司经理各自的两次奖金金额是多少？

3. 新的薪酬计划对分公司经理的行为有什么影响？它实现 Mendez 的目标了吗？你希望对新的薪酬计划做哪些修正？

16—15 （ROI，RI，EVA）Accelerate Auto 公司经营一个新车分公司（销售高性能的运动型汽车）和一个性能部件分公司（销售为家庭汽车提高性能的零件）。2012 年分公司的一些财务指标如下（金额单位：美元）：

	A	B	C
1		新车分公司	性能部件分公司
2	总资产	40 000 000	31 562 500
3	流动负债	6 100 000	8 300 000
4	营业利润	2 600 000	2 525 000
5	必要回报率	9%	9%

要求：

1. 为每个分公司计算 ROI，使用营业利润作为利润的衡量指标，总资产作为投资的衡量指标。

2. 为每个分公司计算 RI，使用营业利润作为利润的衡量指标，总资产减去流动负债作为投资的衡量指标。

3. 新车分公司的经理 William Abraham 认为性能部件分公司通过“增加很多短期负债”的方式来增加 RI。计算一个不受短期负债数额影响的 RI。评论结果。

4. Accelerate Auto 公司有两种融资方式：一是长期贷款，价值 19 000 000 美元，年息 10%；另一种是权益资本，价值 9 000 000 美元，资金成本为 14%。该公司适用的所得税税率为 35%。计算各分公司的 EVA。

5. 利用你之前的计算结果评价各分公司的相对业绩。

16—16 （ROI，RI，资产计量）Cole 公司近期宣布获利最多的分公司经理将得到奖金。三个分公司的经理可以选择采用 ROI 还是 RI 来衡量盈利性，同时可决定是采用资产原值还是资产账面净值来衡量投资。Cole 将利润定义为营业利润，将投资定义为总资产。今年的有关信息如下（单位：美元）：

分公司	资产账面原值	累计折旧	营业利润
Fowler	2 103 000	1 100 000	220 500
Baldwin	1 360 000	786 000	156 000
Ulster	826 000	531 000	99 900

计算 RI 时，公司的必要收益率为 9%。

要求：各分公司经理分别选择一种奖金计算方法，使自己的分公司排名第一。确认每个经理选择的盈利性计算方法，给出相应的计算过程。

16—17 （跨国公司业绩的衡量，ROI，RI）Pioneer 公司在美国、挪威生产相同的产品。在美国和挪威都采用分权制管理。以下信息是 2012 年的；ROI 使用营业利润除以总资产计算得到：

	美国分公司	挪威分公司
营业利润	?	7 560 000 挪威克郎
总资产	8 000 000 美元	54 000 000 挪威克郎
ROI	14%	?

投资均发生在 2011 年 12 月 31 日。Pioneer 公司在挪威投资时，2011 年 12 月 31 日的汇率为 6 挪威克郎=1 美元。2012 年挪威克朗快速贬值，导致 2012 年 12 月 31 日的汇率为 8 挪威克郎=1 美元。即 2012 年平均汇率为［(6+8)÷2=7］挪威克郎=1 美元。

要求：回答下列问题：

1. a. 2012 年美国分公司的营业利润是多少？

b. 2012 年美国分公司的投资回报率是多少？（以挪威克郎计。）

2. Pioneer 的高层管理者希望了解 2012 年哪个分公司的 ROI 更好，你能告诉他吗？简述理由。

3. 你认为哪个分公司有更好的 RI 业绩？请给出解释。必要收益率（按美元计算）是 13%。

16—18 （风险分担，激励，基准与多重任务）MACO 公司的 Peterson 分公司负责汽车蓄电池的销售。公司在经营和投资方面给予该分公司经理很大的自主权，并考虑了如下几种薪酬方案：(1) 向该分公司的经理支付固定薪酬；(2) 不支付任何固定薪酬，仅根据由奖金支付前的营业利润得到的 ROI 决定其薪酬；(3) 向分公司经理支付部分固定薪酬，其余薪酬将按 ROI 的高低而定。假设该分公司经理是风险规避者。

要求：回答下列问题：

1. 每一个薪酬方案的优劣如何？

2. 假设 MACO 公司在汽车蓄电池行业内与 Crown 公司竞争。Crown 公司的规模与 MACO 公司的 Peterson 分公司相同，经营环境非常相似。MACO 公司的高层管理者考虑以 Peterson 分公司的投资回报率与 Crown 公司的投资回报率之差作为分公司经理的考核指标。但 Peterson 分公司的经理 Starks 对这一考核指标感到不满，认为这是不公平的，因为 Crown 公司的经营业绩是他无法控制的，Starks 的这一抱怨是否成立？为什么？

3. 假设 Starks 没有投资决策权，投资决策由公司总部决定。在这种情况下，以 ROI 作为 Starks 的业绩指标是否合理？ROI 是衡量 Peterson 分公司经济波动的良好指标吗？请给出解释。

4. Peterson 分公司的销售人员负责销售与售后服务工作。销售额很容易衡量。虽然从长期来看，售后服务的好坏对 Peterson 分公司至关重要，但它并未引入关于售后服务的业绩评价指标。Peterson 分公司的经理只想根据销售额支付销售佣金，他认为这种评价方法有两个好处：(a) 它将促使销售人员努力开展销售工作；(b) 只有当公司能够获取收入时，它才支付销售人员应得的薪酬。你认为这种业绩评价方式和薪酬支付方式是否合理？为什么？

16—19 （建立在历史成本和现行成本基础上的 ROI 业绩评价法）Natural Bounty 公司有三个分公司，分别加工、包装新鲜果汁。反映历史成本的会计记录可以提供 2012 年的信息如下（单位：美元）：

	Passion Fruit 分公司	Kiwi Fruit 分公司	Mango Fruit 分公司
收入	900 000	1 600 000	2 500 000
营业成本（不含厂房折旧）	550 000	830 000	900 000
厂房折旧	80 000	180 000	270 000
营业利润	270 000	590 000	1 330 000
流动资产	475 000	520 000	700 000
长期资产——厂房	160 000	1 260 000	2 700 000
总资产	635 000	1 780 000	3 400 000

Natural Bounty 公司为每个分公司的固定资产设定的有效年限为 12 年，无残值，使用直线折旧法，截至 2012 年底，Passion Fruit 分公司已组建 10 年，Kiwi Fruit 分公司已组建 5 年，Mango Fruit 分公司已组建 2 年。Natural Bounty 公司的建筑成本指数如下（2002 年底为 100）：

2002 年	2007 年	2010 年	2012 年
100	130	180	190

由于流动资产的周转次数较高，公司管理层认为使用历史成本和使用现行成本的效果基本相同。

要求：

1. 使用历史成本计算各分公司的 ROI（营业利润除以总资产）。简述你的结论。

2. 使用图表 16—2 的方法计算各分公司的投资回报率（计算折旧和长期资产估计时使用现行成本）。简述你的结论。

3. 说明在评价三个分公司经理的业绩时，使用现行成本与使用历史成本相比有什么优势。

16—20 （跨国公司，异质风险，利润、ROI 和 RI 的比较）Zeiss Multinational 公司在美国、德国和新西兰均有分公司。美国分公司是三家分公司中建立最久的，其资本成本为 6.5%。德国分公司开设于 3 年前，当时的汇率为 1 欧元＝1.40 美元。德国分公司是 Zeiss 公司中大型的分公司，其资本成本为 10%。新西兰分公司是今年建立的，汇率为 1 新西兰元（NZD）＝0.75 美元，资本成本为 13%。本年度的平均汇率为 1 欧元＝1.50 美元，1NZD＝0.60 美元。三家分公司的其他信息如下：

	指标	目标业绩	实际业绩
长期资产	24 214 700 美元	11 897 321 欧元	7 343 744 NZD
营业收入	23 362 940 美元	6 250 000 欧元	5 718 750 NZD
营业费用	18 520 000 美元	4 200 000 欧元	4 250 000 NZD
所得税税率	40%	35%	25%

要求：

1. 将德国和新西兰的货币数据转换为以美元为单位，以便于比较。计算各分公司的税后营业利润并进行比较。

2. 使用税后营业利润计算 ROI。对各分公司进行比较。

3. 使用税后营业利润和各分公司的资本成本计算剩余收益并进行比较。

4. 使用税前营业利润而不是净利润重新计算要求 2。说明为什么会有巨大差异；这对业绩评价意味着什么。

16—21 （ROI，RI，杜邦分析法，投资决策，平衡计分卡）World Information Group 有两家主要的分公司：Print 和 Internet。2011 年和 2012 年的财务数据如下（以百万美元计）：

	A	B	C	D	E	F	G
1		营业利润		收入		总资产	
2		2011 年	2012 年	2011 年	2012 年	2011 年	2012 年
3	Print	3 780	5 850	18 700	18 800	18 450	22 500
4	Internet	560	754	25 100	26 000	11 250	13 000

两个分公司经理的年薪基于分公司的 ROI（定义为营业利润除以总资产）。如果一个分公司报告 ROI 增加，它的管理层自动获得奖金；然而，报告 ROI 降低的分公司管理层不得不向 World Information Group 的董事会进行解释，而且不能得到任何奖金。

Print 分公司的经理 Carol Mays 正考虑一项对新的电算化报告和打印系统投资 15.5 亿美元的提议。新系统的技术发展水平和快速打印能力将为分公司增加 3.1 亿美元的营业利润。World Information Group 对各分公司使用 16%的必要报酬率。

要求：

1. 使用杜邦利润分析法来解释两个分公司 2012 年 ROI 的差异。使用 2012 年的总资产作为投资基础。

2. 说明为什么 Mays 对接受新系统的投资提议不感兴趣，尽管她知道新技术的好处。

3. World Information Group 的 CEO Brett 正考虑将分公司的 RI 作为分公司经理的报酬基础。

a. 计算各分公司 2012 年的 RI。

b. 说明 RI 指标的使用是否会促使 Mays 接受投资新系统的提议。

4. Gostkowski 认为对年度 ROI 的关注会对 World Information Group 的客户有长期影响。如果有的话，说明你会向 Gostkowski 推荐什么指标。请简要解释。

16—22 （道德，管理者业绩评价）Stanford Semiconductors 制造特定零件，以 50 美元/单位的价格销售。Stanford 的制造成本包括 6 美元/单位的变动成本和 16 000 000 美元的固定成本。Stanford 每年还发生 1 800 000 美元的固定营销成本。

Stanford 使用吸收成本法计算营业利润，也就是说，Stanford 通过总制造成本除以年度产出计算单位制造成本。Stanford 对所有存货都使用这一成本率，并在存货销售时将其转入利润表的费用。2014 年对 Stanford 来说是艰难的一年，期望销量仅为 400 000 单位。对这些零件的需求是波动的，所以 Stanford 总是保持最低存货量。

要求：

1. 计算 Stanford 2014 年的营业利润：（a）如果 Stanford 生产 400 000 单位；（b）如果 Stanford 生产 500 000 单位。

2. 生产比销售量更多的产品以得到更好的表现，Stanford Semiconductors 的总经理 Randy Franklin 的这一行为是不道德的吗？Franklin 的薪酬中包括基于营业利润的奖金。请给出解释。

3. 说明 Franklin 要求分销商购买比需求更多的产品的行为是不是不道德的。Stanford 遵循的是货物到达分销商即计入销售的行业惯例。请给出解释。

章末案例

Enager Industries 公司

我不明白。我有一项赚钱的新产品计划，但是高层管理者拒绝了这项计划。无论我们对新产品如何定价，都预期得到 390 000 美元的税前利润。这将会使我们的税后每股盈余增加超过 10 美分，比上年总经理年报中增加 10 美分的每股收益更高。当总经理利用 EPS 吸引股东时，其下属仍然拒绝这个赚钱的项目是没有道理的。

说这番话的是 Enager Industries 公司 Consumer Products 分公司的经理 Sarah McNeil。Enager 是一家成长迅速的年轻的公司，目前的收入水平在 2.22 亿美元以上。（见图表 1 和图表 2。）

图表 1 **利润表** 单位：美元

	12 月 31 日	
	上年	本年
销售额	212 193	222 675
销售成本	162 327	168 771
毛利	49 866	53 904
其他费用：		
研发费用	12 096	12 024
销售和管理费用	19 521	20 538
利息费用	1 728	2 928
合计	33 345	35 490
税前利润	16 521	18 414
所得税费用	5 617	6 261
净利润	10 904	12 153
已发行股票	1 500 000	1 650 000
每股收益	7.27	7.37

图表 2 **资产负债表** 单位：美元

资产	12 月 31 日	
	上年	本年
流动资产：		
现金与短期投资	4 212	4 407
应收账款	41 064	46 821
存货	66 486	76 401
总流动资产	111 762	127 629
厂房与设备：		
初始成本	111 978	137 208

续前表

资产	12 月 31 日	
	上年	本年
累计折旧	38 073	47 937
净值	73 905	89 271
投资与其他资产	6 429	9 357
总资产	192 096	226 257
负债和所有者权益		
流动负债		
应付账款	29 160	36 858
应付税金	3 630	3 135
一年内到期的长期负债	0	4 902
总流动负债	32 790	44 895
递延所得税	1 677	2 955
长期负债	37 866	46 344
总负债	72 333	94 194
普通股	52 104	58 536
留存收益	67 659	73 527
总所有者权益	119 763	132 063
总负债和所有者权益	192 096	226 257

Enager 有三个分公司：Consumer Products，Industrial Products 和 Professional Services，每个分公司贡献 1/3 的销售额。Consumer Products 是最老的分公司，设计、制造和营销一系列家庭用具，尤其是厨房用品。Industrial Products 分公司生产机械工具以满足顾客的特定需求，例如，大型的“加工车间”，需要几个月的特定工作来完成。Professional Services 分公司是最近加入 Enager 的，收购了一家提供土地计划、园艺造型、工程建筑和咨询工程服务的大型公司。因其在新的土地开发项目的环境影响研究方面的实力而增长迅速。

由于工作性质的不同，各分公司可以看成是独立的公司。仅有少数公司层面的经理和员工，他们的工作是协调三个分公司之间的活动。协调工作的一个方面是所有超过 1 500 000 美元的新项目计划必须提交公司财务副总 Henry Hubbard 审核。Hubbard 最近拒绝了 McNeil 的新项目计划，具体数据参见图表 3。

图表 3　　新产品计划的财务数据

金额单位：美元

1.	项目的资产投资*：	
	现金	150 000
	应收账款	450 000
	存货	900 000
	厂房和设备+	1 500 000
	总计	3 000 000
2.	成本数据：	
	单位变动成本	9.00
	不同的固定成本（每年）‡	510 000
3.	价格/市场估计（每年）：	

单位价格	销售数量	盈亏平衡销售量（单位）
18.00	100 000	56 667
21.00	75 000	42 500
24.00	60 000	34 000

*假设 100 000 单位的销售量。
+年度生产能力为 120 000 单位。
‡新厂房和设备按直线法计提折旧。

业绩评价

以前，各分公司作为利润中心，其利润预算是由公司总经理与分公司经理协商制定的。那时，Enager 的总经理 Carl Randall 开始关注高利率及其对公司盈利性的影响。在 Hubbard 的推动下，Randall 决定将每个分公司当做投资中心，以便于将分公司产生的利润与其对应的资产联系起来。

两年前，Enager 开始基于资产回报率（定义为净利润除以总资产）对各分公司进行评价。分公司的净利润是由税前利润减去公司管理费用的一部分（分配基础为分公司的收入）和所得税费用的一部分（税率乘以分公司利润减去分配的公司管理费用）得到的。尽管 Hubbard 意识到有多种方式可以定义分公司利润，他和 Randall 都倾向于采用这种方法，因为它“使分公司部分的加总等于公司总体”。

类似地，Enager 的总资产分配到三个分公司。因为各分公司的经营非常独立，将大部分资产（包括应收账款）分配到合适的分公司是非常容易的。公司的办公资产，包括中央控制现金账户，基于分公司收入分配给分公司。所有的固定资产以资产负债表价值计量，也就是以初始成本减去累计的直线法折旧。

于是，三个分公司资产的加总等于公司资产负债表的数额（本年 12 月 31 日的 226 257 美元）。

两年前，Enager 的资产回报率为 5.2%。根据 Hubbard 的计算，与之相应的“总回报”为 9.3%；他将总回报定义为息税前利润（EBIT）除以年末总资产。Hubbard 认为像 Enager 这样的公司至少应该有 12%的总回报，尤其是在给定公司需要向其债务人支付的利率之时。因此他规定各分公司经理尽量赚取 12%的总回报。为了将回报率提高到这个水平，Hubbard 决定新的投资计划必须达到 15%的回报率才能通过。

近两年的结果

Hubbard 和 Randall 对转变为投资中心比较满意，因为今年对于 Enager 的竞争对手来说是很困难的一年。Enager 使其资产回报率从 5.2%提高到 5.7%，总回报从 9.3%提高到 9.5%。

尽管取得了进步，Hubbard 仍向 Industrial Products 的经理施压，要求提高资产回报率，并暗示该分公司没有“承担工作量”。该分公司经理反对这种评价，并说“如果我们像 Consumer Products 那样拥有大量旧机器”，我们也能取得更高的回报。Randall 反驳说他不能理解评论的相关性，并补充道：“我不知道为什么旧资产获得的回报应该高于新资产，难道就因为旧资产成本更低?”

今年的结果使 Randall 既失望又困惑。资产回报率从 5.7%下降到 5.4%，总回报率从 9.5%下降到 9.4%，同时销售回报率（净利润除以销售额）从 5.1%上升到 5.5%，所有者权益回报率从 9.1%上升到 9.2%。Professional Services 分公司轻松地超过了 12%的总回报率目标，Consumer Products 的资产回报率为 10.8%，Industrial Products 的回报率仅为 6.9%（见图表 4）。这样的结果促使 Randall 向 Hubbard 说了如下一番话：

> 你知道，在我的职业生涯里，大多数时间从事的是营销工作，但是直到最近我才理解了投资回报率的概念。现在我看到我们的毛利在升高，每股收益也在升高；然而两项投资的回报率都在下降，资本回报率不变，所有者权益回报率在上升。我不太明白这些差异。

另外，最近两年来我们的经理之间的关系紧张。Professional Services 的经理好像做得很好，她也对我给予她的奖励非常满意。但是每次我遇到 Industrial Products 的经理时，她都目光犀利地看着我。上星期，当我正和 Consumer Products 的经理吃午饭时，Industrial Products 的产品发展经理走到我们面前，表达了她对你那天拒绝新项目计划的不满。

我想知道我是否应该采纳人力资源部的 Karen Kraus 在大学参加为期两天的组织发展研讨会后带回的想法。她认为我们应该让所有的公司经理和分公司经理就整个投资回报率问题进行一天的交流。

图表 4 **今年的总资产回报计算金额** 金额单位：美元

分公司	销售额	EBIT	W/C	固定资产	分配率	总资产	总 ROA
Consumer Products	74.3	10.8	60.8	34.6	4.6	100.0	10.8%
Industrial Products	74.2	7.2	44.4	54.7	4.6	103.7	6.9%
Professional Services	74.2	3.3	18.0	0.0	4.6	22.6	14.6%
总计	222.7	21.3	123.2	89.3	13.8	226.3	9.4%

问题

1. 为什么 McNeil 的新项目计划被拒绝了？这是合理的吗？

2. 编制今年的现金流量表。将它与可比的利润表和资产负债表相联系，对于 Enager Industries 的财务状况，你得出了什么结论？

3. 评价 Randall 和 Hubbard 实施投资中心概念的方式。什么缺陷是他们没有预料到的？

4. 如果有未预料到的情况，Randall 应对他的投资中心方式做些什么？

附　录

表 1

1 美元复利终值

$S=P(1+r)^n$, $P=1.00$ 美元

期间	2%	4%	6%	8%	10%	12%	14%	16%	18%	20%	22%	24%	26%	28%	30%	32%	40%	期间
1	1.020	1.040	1.060	1.080	1.100	1.120	1.140	1.160	1.180	1.200	1.220	1.240	7.260	1.280	1.300	1.320	1.400	1
2	1.040	1.082	1.124	1.166	1.210	1.254	1.300	1.346	1.392	1.440	1.488	1.538	1.588	1.638	1.690	1.742	1.960	2
3	1.061	1.125	1.191	1.260	1.331	1.405	1.482	1.561	1.643	1.728	1.816	1.907	2.000	2.097	2.197	2.300	2.744	3
4	1.082	1.170	1.262	1.360	1.464	1.574	1.689	1.811	1.939	2.074	2.215	2.364	2.520	2.684	2.856	3.036	3.842	4
5	1.104	1.217	1.338	1.469	1.671	1.762	1.925	2.100	2.288	2.488	2.703	2.932	3.176	3.436	3.713	4.007	5.378	5
6	1.126	1.265	1.419	1.587	1.772	1.974	2.195	2.436	2.700	2.986	3.297	3.635	4.002	4.398	4.827	5.290	7.530	6
7	1.149	1.316	1.504	1.714	1.949	2.211	2.502	2.826	3.185	3.583	4.023	4.508	5.042	5.629	6.275	6.983	10.541	7
8	1.172	1.369	1.594	1.851	2.144	2.476	2.853	3.278	3.759	4.300	4.908	5.590	6.353	7.206	8.157	9.217	14.758	8
9	1.195	1.423	1.689	1.999	2.358	2.773	3.252	3.803	4.435	5.160	5.987	6.931	8.005	9.223	10.604	12.166	20.661	9
10	1.219	1.480	1.791	2.159	2.594	3.106	3.707	4.411	5.234	6.192	7.305	8.594	10.086	11.806	13.786	16.060	28.925	10
11	1.243	1.539	1.898	2.332	2.853	3.479	4.226	5.117	6.176	7.430	8.912	10.657	12.708	15.112	17.922	21.199	40.496	11
12	1.268	7.601	2.012	2.518	3.138	3.896	4.818	5.936	7.288	8.916	10.872	13.215	16.012	19.343	23.298	27.983	56.694	12
13	1.294	1.665	2.133	2.720	3.452	4.363	5.492	6.886	8.599	10.699	13.264	16.386	20.175	24.759	30.288	36.937	79.371	13
14	1.319	1.732	2.267	2.937	3.797	4.887	6.261	7.988	10.147	12.839	16.182	20.319	25.421	31.691	39.374	48.757	111.120	14
15	1.346	1.801	2.397	3.172	4.177	5.474	7.138	9.266	11.974	15.407	19.742	25.196	32.030	40.565	51.186	64.359	155.568	15

续前表

期间	2%	4%	6%	8%	10%	12%	14%	16%	18%	20%	22%	24%	26%	28%	30%	32%	40%	期间
16	1.373	1.873	2.540	3.426	4.595	6.130	8.137	10.748	74.129	18.488	24.086	31.243	40.358	51.923	66.542	84.954	217.795	16
17	1.400	1.948	2.693	3.700	5.054	6.866	9.276	12.468	16.672	22.186	29.384	38.741	50.851	66.461	86.504	112.139	304.913	17
18	1.428	2.026	2.854	3.996	5.560	7.690	10.575	14.463	19.673	26.623	35.849	48.039	64.072	85.071	112.455	148.024	426.879	18
19	1.457	2.107	3.026	4.316	6.116	8.613	12.056	16.777	23.214	31.948	43.736	59.568	80.731	108.890	146.192	195.391	597.630	19
20	1.486	2.191	3.207	4.661	6.727	9.646	13.743	19.461	27.393	38.338	53.358	73.864	101.721	139.380	190.050	257.916	836.683	20
21	1.516	2.279	3.400	5.034	7.400	10.804	15.668	22.574	32.324	46.005	65.096	91.592	128.169	178.406	247.065	340.449	1 171.356	21
22	1.546	2.370	3.604	5.437	8.140	12.100	17.861	26.186	38.142	55.206	79.418	113.574	161.492	228.360	321.184	449.393	1 639.898	22
23	1.577	2.465	3.820	5.871	8.954	13.552	20.362	30.376	45.008	66.247	96.889	140.831	203.480	292.300	417.539	593.199	2 295.857	23
24	1.608	2.563	4.049	6.341	9.850	15.179	23.212	35.236	53.109	79.497	118.205	174.631	256.385	374.144	542.801	783.023	3 214.200	24
25	1.641	2.666	4.292	6.848	10.835	17.000	26.462	40.874	62.669	95.396	144.210	216.542	323.045	478.905	705.641	1 033.590	4 499.880	25
26	1.673	2.772	4.549	7.396	11.918	19.040	30.167	47.414	73.949	114.475	175.936	268.512	407.037	612.998	917.333	1 364.339	6 299.831	26
27	1.707	2.883	4.822	7.988	13.110	21.325	34.390	55.000	87.260	137.371	214.642	332.955	512.867	784.638	1 192.533	1 800.927	8 819.764	27
28	1.741	2.999	5.112	8.627	14.421	23.884	39.204	63.800	102.967	164.845	261.864	412.864	646.212	1 004.336	1 550.293	2 377.224	12 347.670	28
29	1.776	3.119	5.418	9.317	15.863	26.750	44.693	74.009	121.501	197.814	319.474	511.952	814.228	1 285.550	2 015.381	3 137.935	17 286.737	29
30	1.811	3.243	5.743	10.063	17.449	29.960	50.950	85.850	143.371	237.376	389.758	634.820	1 025.927	1 645.505	2 619.996	4 142.075	24 201.432	30
35	2.000	3.946	7.686	14.785	28.102	52.800	98.100	180.314	327.997	590.668	1 053.402	1 861.054	3 258.135	5 653.911	9 727.860	16 599.217	130 161.112	35
40	2.208	4.801	10.286	21.725	45.259	93.051	188.884	378.721	750.378	1 469.772	2 847.038	5 455.913	10 347.175	19 426.689	36 118.865	66 520.767	700 037.697	40

表 2

1 美元复利现值

$$P=\frac{S}{(1+r)^n},\ S=1.00\text{ 美元}$$

期间	2%	4%	6%	8%	10%	12%	14%	16%	18%	20%	22%	24%	26%	28%	30%	32%	40%	期间
1	0.980	0.962	0.943	0.926	0.909	0.893	0.877	0.862	0.847	0.833	0.820	0.806	0.794	0.781	0.769	0.758	0.714	1
2	0.961	0.925	0.890	0.857	0.826	0.797	0.769	0.743	0.718	0.694	0.672	0.650	0.630	0.610	0.592	0.574	0.510	2
3	0.942	0.889	0.840	0.794	0.751	0.712	0.675	0.641	0.609	0.579	0.551	0.524	0.500	0.477	0.455	0.435	0.364	3
4	0.924	0.855	0.792	0.735	0.683	0.636	0.592	0.552	0.516	0.482	0.451	0.423	0.397	0.373	0.350	0.329	0.260	4
5	0.906	0.822	0.747	0.681	0.621	0.567	0.519	0.476	0.437	0.402	0.370	0.341	0.315	0.291	0.269	0.250	0.186	5
6	0.888	0.790	0.705	0.630	0.564	0.507	0.456	0.410	0.370	0.335	0.303	0.275	0.250	0.227	0.207	0.189	0.133	6
7	0.871	0.760	0.665	0.583	0.513	0.452	0.400	0.354	0.314	0.279	0.249	0.222	0.198	0.178	0.159	0.143	0.095	7
8	0.853	0.731	0.627	0.540	0.467	0.404	0.351	0.305	0.266	0.233	0.204	0.179	0.157	0.139	0.123	0.108	0.068	8
9	0.837	0.703	0.592	0.500	0.424	0.361	0.308	0.263	0.225	0.194	0.167	0.144	0.125	0.108	0.094	0.082	0.048	9
10	0.820	0.676	0.558	0.463	0.386	0.322	0.270	0.227	0.191	0.162	0.137	0.116	0.099	0.085	0.073	0.062	0.035	10
11	0.804	0.650	0.527	0.429	0.350	0.287	0.237	0.195	0.162	0.135	0.112	0.094	0.079	0.066	0.056	0.047	0.025	11
12	0.788	0.625	0.497	0.397	0.319	0.257	0.208	0.168	0.137	0.112	0.092	0.076	0.062	0.052	0.043	0.036	0.018	12
13	0.773	0.601	0.469	0.368	0.290	0.229	0.182	0.145	0.116	0.093	0.075	0.061	0.050	0.040	0.033	0.027	0.013	13
14	0.758	0.577	0.442	0.340	0.263	0.205	0.160	0.125	0.099	0.078	0.062	0.049	0.039	0.032	0.025	0.027	0.009	14
15	0.743	0.555	0.417	0.315	0.239	0.183	0.140	0.108	0.084	0.065	0.051	0.040	0.031	0.025	0.020	0.016	0.006	15
16	0.728	0.534	0.394	0.292	0.218	0.163	0.123	0.093	0.071	0.054	0.042	0.032	0.025	0.019	0.015	0.012	0.005	16
17	0.714	0.513	0.371	0.270	0.198	0.146	0.108	0.080	0.060	0.045	0.034	0.026	0.020	0.015	0.012	0.009	0.003	17
18	0.700	0.494	0.350	0.250	0.180	0.130	0.095	0.069	0.051	0.038	0.028	0.021	0.016	0.012	0.009	0.007	0.002	18
19	0.686	0.475	0.331	0.232	0.164	0.116	0.083	0.060	0.043	0.031	0.023	0.017	0.012	0.009	0.007	0.005	0.002	19

续前表

期间	2%	4%	6%	8%	10%	12%	14%	16%	18%	20%	22%	24%	26%	28%	30%	32%	40%	期间
20	0.673	0.456	0.3.12	0.215	0.149	0.104	0.073	0.051	0.037	0.026	0.019	0.014	0.010	0.007	0.005	0.004	0.001	20
21	0.660	0.439	0.294	0.199	0.135	0.093	0.064	0.044	0.031	0.022	0.015	0.011	0.008	0.006	0.004	0.003	0.001	21
22	0.647	0.422	0.278	0.184	0.123	0.083	0.056	0.038	0.026	0.018	0.013	0.009	0.006	0.004	0.003	0.002	0.001	22
23	0.634	0.406	0.262	0.170	0.112	0.074	0.049	0.033	0.022	0.015	0.010	0.007	0.005	0.003	0.002	0.002	0.000	23
24	0.622	0.390	0.247	0.158	0.102	0.066	0.043	0.028	0.019	0.013	0.008	0.006	0.004	0.003	0.002	0.001	0.000	24
25	0.610	0.375	0.233	0.146	0.092	0.059	0.038	0.024	0.016	0.010	0.007	0.005	0.003	0.002	0.001	0.001	0.000	25
26	0.598	0.361	0.220	0.135	0.084	0.053	0.033	0.021	0.014	0.009	0.006	0.004	0.002	0.002	0.001	0.001	0.000	26
27	0.586	0.347	0.207	0.125	0.076	0.047	0.029	0.018	0.011	0.007	0.005	0.003	0.002	0.001	0.001	0.001	0.000	27
28	0.574	0.333	0.196	0.116	0.069	0.042	0.026	0.016	0.010	0.006	0.004	0.002	0.002	0.001	0.001	0.000	0.000	28
29	0.563	0.321	0.185	0.107	0.063	0.037	0.022	0.014	0.008	0.005	0.003	0.002	0.001	0.001	0.000	0.000	0.000	29
30	0.552	0.308	0.174	0.099	0.057	0.033	0.020	0.012	0.007	0.004	0.003	0.002	0.001	0.001	0.000	0.000	0.000	30
35	0.500	0.253	0.130	0.068	0.036	0.019	0.010	0.006	0.003	0.002	0.001	0.001	0.000	0.000	0.000	0.000	0.000	35
40	0.453	0.208	0.097	0.046	0.022	0.011	0.005	0.003	0.001	0.001	0.000	0.000	0.000	0.000	0.000	0.000	0.000	40

表 3

1 美元年金终值*

$$S_n=\underline{(1+r)^n-1}$$

期间	2%	4%	6%	8%	10%	12%	14%	16%	18%	20%	22%	24%	26%	28%	30%	32%	40%	期间
1	1.000	1.000	1.000	1.000	1.000	1.000	1.000	1.000	1.000	1.000	1.000	1.000	1.000	1.000	1.000	1.000	1.000	1
2	2.020	2.040	2.060	2.080	2.100	2.120	2.140	2.160	2.180	2.200	2.220	2.240	2.260	2.280	2.300	2.320	2.400	2
3	3.060	3.122	3.184	3.246	3.310	3.374	3.440	3.506	3.572	3.640	3.708	3.778	3.848	3.918	3.990	4.062	4.360	3
4	4.122	4.246	4.375	4.506	4.641	4.779	4.921	5.066	5.215	5.368	5.524	5.684	5.848	6.016	6.187	6.362	7.104	4
5	5.204	5.416	5.637	5.867	6.105	6.353	6.610	6.877	7.154	7.442	7.740	8.048	8.368	8.700	9.043	9.398	10.946	5
6	6.308	6.633	6.975	7.336	7.716	8.115	8.536	8.977	9.442	9.930	10.442	10.980	11.544	12.136	12.756	13.406	16.324	6
7	7.434	7.898	8.394	8.923	9.487	10.089	10.730	11.414	12.142	12.916	13.740	14.615	15.546	16.534	17.583	18.696	23.853	7
8	8.583	9.214	9.897	10.637	11.436	12.300	13.233	14.240	15.327	16.499	17.762	19.123	20.588	22.163	23.858	25.678	34.395	8
9	9.755	70.583	11.491	12.488	13.579	14.776	16.085	17.519	19.086	20.799	22.670	24.712	26.940	29.369	32.015	34.895	49.153	9
10	10.950	12.006	13.181	14.487	15.937	17.549	19.337	21.321	23.521	25.959	28.657	31.643	34.945	38.593	42.619	47.062	69.814	10
11	12.169	13.486	14.972	16.645	18.531	20.655	23.045	25.733	28.755	32.150	35.962	40.238	45.031	50.398	56.405	63.122	98.739	11
12	13.412	15.026	16.870	78.977	21.384	24.133	27.271	30.850	34.931	39.581	44.874	50.895	57.739	65.510	74.327	84.320	139.235	12
13	14.680	16.627	18.882	21.495	24.523	28.029	32.089	36.786	42.219	48.497	55.746	64.110	73.751	84.853	97.625	112.303	195.929	13
14	15.974	18.292	21.075	24.215	27.975	32.393	37.581	43.672	50.818	59.196	69.010	80.496	93.926	109.672	127.913	149.240	275.300	14
15	17.293	20.024	23.276	27.152	31.772	37.280	43.842	51.660	60.965	72.035	85.192	100.815	119.347	141.303	167.286	197.997	386.420	15
16	18.639	21.825	25.673	30.324	35.950	42.753	50.980	60.925	72.939	87.442	104.935	126.011	151.377	181.868	218.472	262.356	541.988	16
17	20.012	23.698	28.213	33.750	40.545	48.884	59.118	71.673	87.068	105.931	129.020	157.253	191.735	233.791	285.014	347.309	759.784	17
18	21.412	25.645	30.906	37.450	45.599	55.750	68.394	84.141	103.740	128.117	158.405	195.994	242.585	300.252	371.518	459.449	1 064.697	18
19	22.841	27.671	33.760	47.446	51.159	63.440	78.969	98.603	123.414	154.740	194.254	244.033	306.658	385.323	483.973	607.472	1 491.576	19
20	24.297	29.778	36.786	45.762	57.275	72.052	91.025	115.380	146.628	186.688	237.989	303.601	387.389	494.213	630.165	802.863	2 089.206	20

续前表

期间	2%	4%	6%	8%	10%	12%	14%	16%	18%	20%	22%	24%	26%	28%	30%	32%	40%	期间
21	25.783	31.969	39.993	50.423	64.002	81.699	104.768	134.841	174.021	225.026	291.347	377.465	489.110	633.593	820.215	1 060.779	2 925.889	21
22	27.299	34.248	43.392	55.457	71.403	92.503	120.436	157.415	206.345	271.031	356.443	469.056	617.278	811.999	1 067.280	1 401.229	4 097.245	22
23	28.845	36.618	46.996	60.893	79.543	104.603	138.297	183.601	244.487	326.237	435.861	582.630	778.771	1 040.358	1 388.464	1 850.622	5 737.142	23
24	30.422	39.083	50.816	66.765	88.497	118.155	158.659	213.978	289.494	392.484	532.750	723.461	982.251	1 332.659	1 806.003	2 443.821	8 032.999	24
25	32.030	47.646	54.865	73.106	98.347	133.334	181.871	249.214	342.603	471.981	650.955	898.092	1 238.636	1 706.803	2 348.803	3 226.844	11 247.199	25
26	33.671	44.312	59.156	79.954	109.182	150.334	208.333	290.088	405.272	567.377	795.165	1 114.634	1 567.682	2 185.708	3 054.444	4 260.434	15 747.079	26
27	35.344	47.084	63.706	87.351	121.100	169.374	238.499	337.502	479.221	681.853	971.102	1 383.146	1 968.719	2 798.706	3 971.778	5 624.772	22 046.910	27
28	37.051	49.968	68.528	95.339	134.210	190.699	272.889	392.503	566.481	819.223	1 185.744	1 716.101	2 481.586	3 583.344	5 164.311	7 425.699	30 866.674	28
29	38.792	52.966	73.640	103.966	148.631	214.583	312.094	456.303	669.447	984.068	1 447.608	2 128.965	3 127.798	4 587.680	6 714.604	9 802.923	43 214.343	29
30	40.568	56.085	79.058	113.263	164.494	241.333	356.787	530.312	790.948	1 181.882	1 767.081	2 640.916	3 942.026	5 873.231	8 729.985	12 940.859	60 501.081	30
35	49.994	73.652	111.435	172.317	271.024	431.663	693.573	1 120.713	1 816.652	2 948.341	4 783.645	7 750.225	12 527.442	20 188.966	32 422.868	51 869.427	325 400.279	35
40	60.402	95.026	154.762	259.057	442.593	767.091	1 342.025	2 360.757	4 163.213	7 343.858	12 936.535	22 728.803	39 792.982	69 377.460	120 392.883	207 874.272	1 750 091.741	40

* 每个周期末的支出(或收入)。

表 4

1 美元年金现值*

$$P_n=\frac{1}{r}\left[1-\frac{1}{(1+r)^n}\right]$$

期间	2%	4%	6%	8%	10%	12%	14%	16%	18%	20%	22%	24%	26%	28%	30%	32%	40%	期间
1	0.980	0.962	0.943	0.926	0.909	0.893	0.877	0.862	0.847	0.833	0.820	0.806	0.794	0.781	0.769	0.758	0.714	1
2	1.942	1.886	1.833	1.783	1.736	1.690	1.647	1.605	1.566	1.528	1.492	1.457	1.424	1.392	1.361	1.331	1.224	2
3	2.884	2.775	2.673	2.577	2.487	2.402	2.322	2.246	2.174	2.106	2.042	1.981	1.923	1.868	1.816	1.766	1.589	3
4	3.808	3.630	3.465	3.312	3.170	3.037	2.914	2.798	2.690	2.589	2.494	2.404	2.320	2.241	2.166	2.096	1.849	4
5	4.713	4.452	4.212	3.993	3.791	3.605	3.433	3.274	3.127	2.991	2.864	2.745	2.635	2.532	2.436	2.345	2.035	5
6	5.601	5.242	4.917	4.623	4.355	4.111	3.889	3.685	3.498	3.326	3.167	3.020	2.885	2.759	2.643	2.534	2.168	6
7	6.472	6.002	5.582	5.206	4.868	4.564	4.288	4.039	3.812	3.605	3.416	3.242	3.083	2.937	2.802	2.677	2.263	7
8	7.325	6.733	6.210	5.747	5.335	4.968	4.639	4.344	4.078	3.837	3.619	3.421	3.241	3.076	2.925	2.786	2.331	8
9	8.162	7.435	6.802	6.247	5.759	5.328	4.946	4.607	4.303	4.031	3.786	3.566	3.366	3.184	3.019	2.868	2.379	9
10	8.983	8.111	7.360	6.710	6.145	5.650	5.216	4.833	4.494	4.192	3.923	3.682	3.465	3.269	3.092	2.930	2.414	10
11	9.787	8.760	7.887	7.139	6.495	5.938	5.453	5.029	4.656	4.327	4.035	3.776	3.543	3.335	3.147	2.978	2.438	11
12	10.575	9.385	8.384	7.536	6.814	6.194	5.660	5.197	4.793	4.439	4.127	3.851	3.606	3.387	3.190	3.013	2.456	12
13	11.348	9.986	8.853	7.904	7.103	6.424	5.842	5.342	4.910	4.533	4.203	3.912	3.656	3.427	3.223	3.040	2.469	13
14	12.106	10.563	9.295	8.244	7.367	6.628	6.002	5.468	5.008	4.611	4.265	3.962	3.695	3.459	3.249	3.061	2.478	14
15	12.849	11.118	9.712	8.559	7.606	6.811	6.142	5.575	5.092	4.675	4.315	4.001	3.726	3.483	3.268	3.076	2.484	15
16	13.578	11.652	10.106	8.851	7.824	6.974	6.265	5.668	5.162	4.730	4.357	4.033	3.751	3.503	3.283	3.088	2.489	16
17	14.292	12.166	10.477	9.122	8.022	7.120	6.373	5.749	5.222	4.775	4.391	4.059	3.771	3.518	3.295	3.097	2.492	17
18	14.992	12.659	10.828	9.372	8.201	7.250	6.467	5.818	5.273	4.812	4.419	4.080	3.786	3.529	3.304	3.104	2.494	18
19	15.678	13.134	11.158	9.604	8.365	7.366	6.550	5.877	5.316	4.843	4.442	4.097	3.799	3.539	3.311	3.109	2.496	19

续前表

期间	2%	4%	6%	8%	10%	12%	14%	16%	18%	20%	22%	24%	26%	28%	30%	32%	40%	期间
20	16.351	13.590	11.470	9.818	8.514	7.469	6.623	5.929	5.353	4.870	4.460	4.110	3.808	3.546	3.316	3.113	2.497	20
21	17.011	14.029	11.764	10.017	8.649	7.562	6.687	5.973	5.384	4.891	4.476	4.121	3.816	3.551	3.320	3.116	2.498	21
22	17.658	14.451	12.042	10.201	8.772	7.645	6.743	6.011	5.410	4.909	4.488	4.130	3.822	3.556	3.323	3.118	2.498	22
23	18.292	14.857	12.303	10.371	8.883	7.718	6.792	6.044	5.432	4.925	4.499	4.137	3.827	3.559	3.325	3.120	2.499	23
24	18.914	15.247	12.550	10.529	8.985	7.784	6.835	6.073	5.451	4.937	4.507	4.143	3.831	3.562	3.327	3.121	2.499	24
25	19.523	15.622	12.783	10.675	9.077	7.843	6.873	6.097	5.467	4.948	4.514	4.147	3.834	3.564	3.329	3.122	2.499	25
26	20.121	15.983	13.003	10.810	9.161	7.896	6.906	6.118	5.480	4.956	4.520	4.151	3.837	3.566	3.330	3.123	2.500	26
27	20.707	16.330	13.211	10.935	9.237	7.943	6.935	6.136	5.492	4.964	4.524	4.154	3.839	3.567	3.331	3.123	2.500	27
28	21.281	16.663	13.406	11.051	9.307	7.984	6.961	6.152	5.502	4.970	4.528	4.157	3.840	3.568	3.331	3.124	2.500	28
29	21.844	16.984	13.591	11.158	9.370	8.022	6.983	6.166	5.510	4.975	4.531	4.159	3.841	3.569	3.332	3.124	2.500	29
30	22.396	17.292	13.765	11.258	9.427	8.055	7.003	6.177	5.517	4.979	4.534	4.160	3.842	3.569	3.332	3.124	2.500	30
35	24.999	18.665	14.498	11.655	9.644	8.176	7.070	6.215	5.539	4.992	4.541	4.164	3.845	3.571	3.333	3.125	2.500	35
40	27.355	19.793	15.046	11.925	9.779	8.244	7.105	6.233	5.548	4.997	4.544	4.166	3.846	3.571	3.333	3.125	2.500	40

* 每个周期末的支出(或收入)。

图书在版编目（CIP）数据

管理会计：决策制定与业绩激励/达塔等著；王立彦等译．—北京：中国人民大学出版社，2015.3
（工商管理经典译丛．会计与财务系列）
ISBN 978-7-300-20847-3

Ⅰ.①管… Ⅱ.①达…②王… Ⅲ.①管理会计 Ⅳ.①F234.3

中国版本图书馆 CIP 数据核字（2015）第 035029 号

工商管理经典译丛·会计与财务系列
管理会计
——决策制定与业绩激励
斯坎特·达塔
马达夫·拉詹 著
王立彦 谌嘉席 郭 放 译
Guanli Kuaiji

出版发行 中国人民大学出版社
社 址 北京中关村大街 31 号 邮政编码 100080
电 话 010－62511242（总编室） 010－62511770（质管部）
010－82501766（邮购部） 010－62514148（门市部）
010－62515195（发行公司） 010－62515275（盗版举报）
网 址 http://www.crup.com.cn
http://www.ttrnet.com(人大教研网)
经 销 新华书店
印 刷 北京东君印刷有限公司
规 格 185 mm×260 mm 16 开本 版 次 2015 年 4 月第 1 版
印 张 39 插页 1 印 次 2015 年 4 月第 1 次印刷
字 数 925 000 定 价 78.00 元

PEARSON ALWAYS LEARNING

为了确保您及时有效地申请培生整体教学资源，请您务必完整填写如下表格，加盖学院的公章后传真给我们，我们将会在2～3个工作日内为您处理。

需要申请的资源（请在您需要的项目后划“√”）：

□ 教师手册、PPT、题库、试卷生成器等常规教辅资源

□ MyLab 学科在线教学作业系统

□ CourseConnect 整体教学方案解决平台

请填写所需教辅的开课信息：

采用教材			□中文版 □英文版 □双语版
作　者		出版社	
版　次		ISBN	
课程时间	始于　年　月　日	学生人数	
	止于　年　月　日	学生年级	□专科 □本科 1/2 年级 □研究生 □本科 3/4 年级

请填写您的个人信息：

学　校			
院系/专业			
姓　名		职　称	□助教 □讲师 □副教授 □教授
通信地址/邮编			
手　机		电　话	
传　真			
official email（必填）（eg：xxx@ruc. edu. cn）		email（eg：xxx@163. com）	
是否愿意接受我们定期的新书讯息通知：	□是	□否	

系/院主任：__________（签字）

（系/院办公室章）

______年______月______日

100013 北京市东城区北三环东路 36 号环球贸易中心 D 座 1208 室
电话：(8610) 57355169
传真：(8610) 58257961
Please send this form to：Service. CN@pearson. com
Website：www. pearson. com

教师教学服务说明

中国人民大学出版社工商管理分社以出版经典、高品质的工商管理、财务会计、统计、市场营销、人力资源管理、运营管理、物流管理、旅游管理等领域的各层次教材为宗旨。

为了更好地为一线教师服务，近年来工商管理分社着力建设了一批数字化、立体化的网络教学资源。教师可以通过以下方式获得免费下载教学资源的权限：

在“人大经管图书在线”（www. rdjg. com. cn）注册，下载“教师服务登记表”，或直接填写下面的“教师服务登记表”，加盖院系公章，然后邮寄或传真给我们。我们收到表格后将在一个工作日内为您开通相关资源的下载权限。

如您需要帮助，请随时与我们联络：

中国人民大学出版社工商管理分社

联系电话：010-62515735，62515749，62515987

传　　真：010-62515732，62514775　　　　电子邮箱：rdcbsjg@crup. com. cn

通讯地址：北京市海淀区中关村大街甲 59 号文化大厦 1501 室（100872）

教师服务登记表

<table>
<tr><td>姓 名</td><td></td><td>□先生　□女士</td><td>职　称</td><td colspan="2"></td></tr>
<tr><td>座机/手机</td><td colspan="2"></td><td>电子邮箱</td><td colspan="2"></td></tr>
<tr><td>通讯地址</td><td colspan="2"></td><td>邮　编</td><td colspan="2"></td></tr>
<tr><td>任教学校</td><td colspan="2"></td><td>所在院系</td><td colspan="2"></td></tr>
<tr><td rowspan="3">所授课程</td><td>课程名称</td><td>现用教材名称</td><td>出版社</td><td>对象（本科生/研究生/MBA/其他）</td><td>学生人数</td></tr>
<tr><td></td><td></td><td></td><td></td><td></td></tr>
<tr><td></td><td></td><td></td><td></td><td></td></tr>
<tr><td>需要哪本教材的配套资源</td><td colspan="5"></td></tr>
<tr><td>人大经管图书在线用户名</td><td colspan="5"></td></tr>
<tr><td colspan="6">院/系领导（签字）：
院/系办公室盖章</td></tr>
</table>